니까야 강독 I

출가자의 길

초기불전연구원

그분
부처님
공양 올려 마땅한 분
바르게 깨달으신 분께 귀의합니다.

Namo tassa Bhagavato Arahato Sammāsambuddhassa

제1권 목차

들어가는 말 15

제1편 부처님 그분 27

편안함 경 (A3:38) 29
늙음 · 병듦 · 죽음

출가 경 (Sn3:1) 33
세존의 수행 일화

삿짜까 긴 경 (M36) 39
부처님의 성도과정

성스러운 구함 경[聖求經] (M26) 77
법륜을 굴리시기까지

존중 경 (S6:2) 112
법, 세존의 의지처

초전법륜 경 (S56:11) 118
부처님의 최초설법, 팔정도와 사성제

무아의 특징 경 (S22:59) 127
부처님의 두 번째 설법, 오온무아

불타오름 경 (S35:28) 134
부처님의 세 번째 설법, 12처 무아

제2편 출가자의 길 139

끊임없이 반조해야 함 경(A10:48) 142
출가자가 끊임없이 반조해야 하는 열 가지

깃발 경(S11:3) 145
삼보는 출가자의 깃발

행하기 어려움 경(S38:16) 151
실행하기 어려운 세 가지

까시 바라드와자 경(S7:11) 153
출가자의 농사

안다까윈다 경(A5:114) 159
신참 출가자가 유념해야 할 다섯 가지

졸고 있음 경(A7:58) 162
졸음, 어떻게 극복할 것인가

빠하라다 경(A8:19) 170
불교의 특징 여덟 가지

불[火] 경 (A7:68) 179
출가자의 생명, 계행

경우 경(A5:48) 189
피할 수 없는 다섯 가지

간병실 경(S36:8) 194
죽음, 어떻게 대면할 것인가

인식 경(A7:46) 201
출가자가 가져야 하는 일곱 가지 인식

출가 경(A10:59) 213
출가자가 가져야 하는 열 가지 인식

원숭이 경(S47:7) 215
원숭이와 마음챙김

깔라마 경(A3:65) 219
수행의 척도, 탐 · 진 · 치

모든 번뇌 경(M2) 231
번뇌, 어떻게 다스릴 것인가

지워 없앰 경(M8) 256
오염원, 어떻게 지워 없앨 것인가

옷감의 비유 경(M7) 278
오염원을 극복하는 다섯 단계의 가르침

여섯씩 여섯[六六] 경(M148) 295
해체해서 보기의 위력

제3편 라훌라의 길, 불자(佛子)의 길 311

으뜸 품(A1:14:3-1) 313
암발랏티까에서 라훌라를 교계한 경(M61) 314
라훌라를 교계한 긴 경(M62) 327
라훌라 경(A4:177) 345
라훌라 경(Sn2:11) 347
눈[眼] 경(S18:1) 351
라훌라 경1(S22:91) 355
라훌라 경2(S22:92) 357
라훌라를 교계한 짧은 경(M147) 359

제4편 계·정·혜 삼학 367

사문 경(A3:81) 371
삼학, 사문이 해야 할 일

들판 경(A3:82) 373
삼학, 출가자가 해야 할 일

외움 경(A3:85) 374
삼학이 진정한 학습계목이다

사문과경(沙門果經, D2) 377
출가생활의 결실

코끼리 발자국 비유의 짧은 경(M27) 455
계·정·혜의 정형구와 코끼리 발자국

길들임의 단계 경 (M125) 478
계·정·혜의 정형구와 코끼리 길들이기

선(禪) 경 (A9:36) 494
4禪-4처를 모두 닦아야 번뇌가 다하는가

참고 문헌 501

찾아보기 515

약어

A.	Aṅguttara Nikāya(앙굿따라 니까야, 증지부)
AA.	Aṅguttara Nikāya Aṭṭhakathā = Manorathapūraṇī(증지부 주석서)
AAṬ.	Aṅguttara Nikāya Aṭṭhakathā Ṭīkā(증지부 복주서)
ApA.	Apadāna Aṭṭhakathā(아빠다나(譬喩經) 주석서)
Be	Burmese-script ed. of M.(미얀마 육차결집본)
BG.	Bhagavadgīta(바가왓 기따)
BHD	Buddhist Hybrid Sanskrit Dictionary
BHS	Buddhist Hybrid Sanskrit
BL	Buddhist Legends(Burlingame)
BPS	Buddhist Publication Society
BvA.	Buddhavaṁsa Aṭṭhakathā
CBETA	CBETA Chinese Electronic Tripitaka Collection: CD-ROM
CMA	A Comprehensive Manual of Abhidhamma(아비담맛타 상가하)
CPD	Critical Pāli Dictionary
C.Rh.D	C.A.F. Rhys Davids
D.	Dīgha Nikāya(디가 니까야, 장부)
DA.	Dīgha Nikāya Aṭṭhakathā = Sumaṅgalavilāsinī(장부 주석서)
DAṬ.	Dīgha Nikāya Aṭṭhakathā Ṭīkā(장부 복주서)

Dhp.	Dhammapada(법구경)
DhpA.	Dhammapada Aṭṭhakathā(법구경 주석서)
Dhs.	Dhammasaṅgaṇi(담마상가니, 法集論)
DhsA.	Dhammasaṅgaṇi Aṭṭhakathā = Aṭṭhasālinī(법집론 주석서)
DPL	A Dictionary of the Pali Language(Childers)
DPPN.	G. P. Malalasekera's *Dictionary of Pali Proper Names*
Dv.	Dīpavaṁsa(島史), edited by Oldenberg
DVR	A Dictionary of the Vedic Rituals, Sen, C. Delhi, 1978.
Ee	Roman-script ed. of M.
EV1	Elders' Verses I(장로게 영역, Norman)
EV2	Elders' Verses II(장로니게 영역, Norman)
GD	Group of Discourse(숫따니빠따 영역, Norman)
Ibid.	*Ibidem*(전게서, 前揭書, 위의 책)
It.	Itivuttaka(如是語)
ItA.	Itivuttaka Aṭṭhakathā(여시어 경 주석서)
Jā.	Jātaka(本生譚)
JāA.	Jātaka Aṭṭhakathā(본생담 주석서)
KhpA.	Khuddakapātha Aṭṭhakathā(쿳다까빠타 주석서)
KS	Kindred Sayings(상윳따 니까야 영역, Rhys Davids, Woodward)
Kv.	Kathāvatthu(까타왓투, 論事)
KvA.	Kathāvatthu Aṭṭhakathā(까타왓투 주석서)
LBD	Long Discouurse of the Buddha(디가 니까야 영역, Walshe)
M.	Majjhima Nikāya(맛지마 니까야, 중부)

MA.	Majjhima Nikāya Aṭṭhakathā = Papañcasūdanī(중부 주석서)
MAT.	Majjhima Nikāya Aṭṭhakathā Ṭīkā(중부 복주서)
Mil.	Milindapañha(밀린다왕문경)
MLBD	Middle Length Discouurse of the Buddha(중부 영역, Ñāṇamoli)
Mvu.	Mahāvastu(북전 大事, Edited by Senart)
Mhv.	Mahāvaṁsa(大史), edited by Geiger
MW	Monier-Williams′ Sanskrit-English Dictionary
Nd1.	Mahā Niddesa(大義釋)
Nd1A.	Mahā Niddesa Aṭṭhakathā (대의석 주석서)
Nd2.	Cūla Niddesa(소의석)
Netti.	Nettippakaraṇa(指道論)
NMD	Ven. Ñāṇamoli′s *Pali-English Glossary of Buddhist Terms*
Pe.	Peṭakopadesa(藏釋論)
PED	*Pāli-English Dictionary* (PTS)
Pm.	Paramatthamañjūsā = Visuddhimagga Mahāṭīkā(청정도론 복주서)
Ps.	Paṭisambhidāmagga(무애해도)
Ptṇ.	Paṭṭhāna(發趣論)
PTS	Pāli Text Society
Pug.	Puggalapaññatti(人施設論)
PugA.	Puggalapaññatti Aṭṭhakathā (인시설론 주석서)
Pv.	Petavatthu (아귀사)
Rv.	Ṛgveda(리그베다)
S.	Saṁyutta Nikāya(상윳따 니까야, 상응부)
SA.	Saṁyutta Nikāya Aṭṭhakathā = Sāratthappakāsinī(상응부 주석서)
SAṬ.	Saṁyutta Nikāya Aṭṭhakathā Ṭīkā(상응부 복주서)
Se	Sinhala-script ed. of M.(스리랑카본)

Sk.	Sanskrit
Sn.	Suttanipāta(숫따니빠따, 경집)
SnA.	Suttanipāta Aṭṭhakathā(숫따니빠따 주석서)
SS	Ee에 언급된 S.의 싱할리어 필사본
Sv	Sāsanavaṁsa(사사나왐사, 교단의 역사)
s.v.	*sub verbō(under the word)*
Te	Thai-script ed. of M.(태국본)
Thag.	Theragāthā(테라가타, 장로게)
ThagA.	Theragāthā Aṭṭhakathā(장로게 주석서)
Thig.	Therīgāthā(테리가타, 장로니게)
ThigA.	Therīgāthā Aṭṭhakathā(장로니게 주석서)
Ud.	Udāna(감흥어)
UdA.	Udāna Aṭṭhakathā(감흥어 주석서)
Uv	Udānavarga(북전 출요경, 出曜經)
VĀT	Vanarata, Āananda Thera
Vbh.	Vibhaṅga(위방가, 分別論)
VbhA.	Vibhaṅga Aṭṭhakathā = Sammohavinodanī(분별론 주석서)
Vin.	Vinaya Piṭaka(율장)
VinA.	Vinaya Piṭaka Aṭṭhakathā = Samantapāsādikā(율장 주석서)
Vis.	Visuddhimagga(청정도론)
v.l.	variant reading(이문, 異文)
VRI	Vipassanā Research Institute
VṬ	Abhidhammaṭṭha Vibhavinī Ṭīkā(위바위니 띠까)
Vv.	Vimānavatthu(천궁사)
VvA.	Vimānavatthu Aṭṭhakathā(천궁사 주석서)

Yam. Yamaka(쌍론)

YamA. Yamaka Aṭṭhakathā = Pañcappakaraṇa(야마까 주석서)

Ybhūś Yogācārabhūmi Śarirārthagāthā(범본 유가사지론)

디가 니까야 각묵 스님 옮김, 초기불전연구원, 2006, 3쇄 2010

맛지마 니까야 대림 스님 옮김, 초기불전연구원, 2012

상윳따 니까야 각묵 스님 옮김, 초기불전연구원, 2009

앙굿따라 니까야 대림 스님 옮김, 초기불전연구원, 2006~2007

육차결집본 Vipassana Research Institute(인도) 간행 육차결집 본

월슈 Long Discouurse of the Buddha(디가 니까야 영역본, Walshe)

리즈 데이빗 *Dialogues of the Buddha* (디가 니까야 영역본, T. W. Rhys Davids)

냐나몰리 스님/보디 스님

The Middle Length Discourses of the Buddha(맛지마 니까야 영역본)

보디 스님 *The Connected Discourses of the Buddha*(상윳따 니까야 영역본)

우드워드 *The Book of the Kindred Sayings*(상윳따 니까야 영역본)

청정도론 대림 스님 옮김, 초기불전연구원, 2004, 4쇄 2012.

아비담마 길라잡이 대림스님/각묵스님 옮김, 초기불전연구원, 2002, 9쇄 2011

초기불교이해 각묵스님 지음, 초기불전연구원, 2010, 3쇄 2012

일러두기

(1) 삼장(Tipitaka)과 주석서(Aṭṭhakathā)들은 별다른 언급이 없는 한 모두 PTS본(Ee)임.
『디가 니까야 복주서』(DAṬ)를 제외한 모든 복주서(Ṭīkā)들은
미얀마 육차결집본(Be, 인도 Vipassana Research Institute 간행)이고,
『디가 니까야 복주서』(DAṬ)는 PTS본이며, 『청정도론』은 HOS본임.
M89는 『맛지마 니까야』의 89번째 경을 뜻함.
M.ii.123은 PTS본(Ee) 『맛지마 니까야』 제2권 123쪽을 뜻함.
M89/ii.123은 『맛지마 니까야』의 89번째 경으로 『맛지마 니까야』 제2권
123쪽에 나타남을 뜻함.

(2) 각 경의 단락번호는 『디가 니까야』와 『상윳따 니까야』와 『앙굿따라 니까야』는 PTS본(Ee)의 단락번호를 따랐고 『맛지마 니까야』는 냐나몰리 스님/보디 스님을 따랐음.

(3) 『청정도론 복주서』(Pm)의 숫자는 미얀마 6차결집본(VRI)의 문단번호임.

(4) [ ] 안의 숫자는 모두 PTS본(Ee)의 페이지 번호임.

(5) { } 안의 숫자는 PTS본(Ee)의 게송번호임.

(6) 빠알리어는 정체로 표기하였고 영어는 이탤릭체로 표기하였음.

들어가는 말

통합종단인 대한불교 조계종의 교육원은 승가교육의 체계화 작업을 통해서 2011년과 2012년에 걸쳐 기본교육기관인 강원의 교과목을 정비하고 대폭적으로 개선하였다. 그리하여 강원의 교과목을 초기불교, 대승불교, 선불교, 한문불전, 계율과 윤리, 참여불교, 불교와 불교사, 포교와 실천의 7개 분야로 구성된 필수과정(30과목)과 선택과정(7과목)으로 확정하였다. 이러한 7개 분야의 강원 교과목 가운데 초기불교 교과목으로는 <초기불교 이해>, <초기불전 I>, <초기불전 II>, <아비달마의 이해>라는 네 과목이 개설되었다. 이렇게 초기불교는 강원의 일학년과 이학년 과정의 주요교과목으로 채택되어서 한국불교의 근간이 되는 가르침으로 자리 잡게 된 것이다.

이 가운데 <초기불교 이해> 과목은 초기불전연구원이 출간한 『초기불교 이해』가 주교재로 채택되었다. 선택과목인 <아비달마의 이해>도 초기불전연구원에서 출간한 『아비담마 길라잡이』(상/하)가 주교재의 하나로 강의지침서에 포함되어 있다. 그리고 이번에 초기불전연구원에서 출간하는 『니까야 강독 I』과 『니까야 강독 II』는 나머지 두 과목인 <초기불전 I>과 <초기불전 II>의 교재를 염두에 두고 엮은 것이다.

우리는 출가자이다. 그러면 출가자인 우리는 어떻게 살아야 하는가? 우리의 스승 부처님께서는 여기에 대해서 어떻게 교계하셨는가? 이것은 편집자가 출가한 뒤로 항상 품고 있는 문제의식이다. 이것이 어찌 편집자 혼자만의 문제의식이겠는가? 역사적으로 출가를 결행한 모든 부처님 제자들이 가질 수밖에 없는 근원적인 질문일 것이다. '출가자는 어떻게 살아야 하는가.'라는 문제의식을 가지고 편집자는 본서 『니까야 강독 I』을 엮었다. 그래서 책의 부제목도 '출가자의 길'로 정하였다. 본서는 출가자의 길이라는 주제로 출가자인 우리가 스스로를 점검하고 반성하고 버리고 닦아야 할 부처님의 가르침을 모았다.1)

---

1) 부처님[佛]의 가르침[敎]이 바로 불교이다. 당연히 부처님은 역사적으로 실존하셨던 석가모니(釋迦牟尼, Sakyamuni) 부처님이다. 역사적으로 실존하셨던 석가모니 부처님의 가르침은 남방의 니까야(Nikāya)와 북방의 『아함』(阿含, āgama)으로 전승되어 온다. 니까야와 『아함』은 초기불교의 분명한 전거(典據)가 된다.

4부 니까야는 『디가 니까야』(Dīgha Nikāya), 『맛지마 니까야』(Majjhima Nikāya), 『상윳따 니까야』(Saṁyutta Nikāya), 『앙굿따라 니까야』(Aṅguttara Nikāya)이다. 일본에서는 각각 장부(長部), 중부(中部), 상응부(相應部), 증지부(增支部)로 옮겼다. 이들은 모두 부처님과 직계제자들의 가르침을 담은 것이다. 그러므로 초기불교의 가장 중요한 자료이다.

여기에다 『쿳다까 니까야』(Khuddaka Nikāya, 小部)의 『숫따니빠따』(經集, Suttanipāta), 『법구경』(法句經, Dhammapāda), 『자설경』(自說經, Udāna), 『여시어경』(如是語經, Itivuttaka), 『장로게』(長老偈, Theragāthā), 『장로니게』(長老尼偈, Therīgāthā), 『본생담』(本生譚, Jātaka)의 7가지는 당연히 부처님과 직계제자들의 가르침인 초기불교의 영역에 포함되어야 한다. 오히려 『숫따니빠따』와 『법구경』은 학자들이 4부 니까야보다 더 주목하는 부처님의 말씀이기도 하다.

4아함(āgama)은 『장아함』(長阿含), 『중아함』(中阿含), 『잡아함』(雜阿含), 『증일아함』(增一阿含)이다. 이들은 한문으로 축약되어 번역되었기 때문에 이것만으로는 일차자료가 되기에는 불충분하다. 그래서 본서에서는 니까야에 전승되어오는 부처님과 직계제자들의 가르침을 주제별로 뽑아서 싣고 있다. 『율장』(Vinaya)은 승가의 계율과 승단의 규정을 모은 것이기 때문에 니까야를 중심으로 부처님의 가르침(Dhamma)을 살펴보는 본서에서는 다루지 않는다.

사실 초기불전의 대부분은 부처님께서 비구들 즉 출가자들을 대상으로 하여 설하신 가르침을 담고 있다. 그러므로 초기불전의 거의 전부가 부처님께서 출가자들에게 설하신 것이라 해도 무방하다. 그러나 출가자들에게 하신 부처님 말씀은 너무 방대하기 때문에 본서에서는 이 가운데 편집자가 판단하기에 이제 막 출가한 후배 스님들에게 요긴하다고 판단되는 경들을 가려 뽑아서 싣는다.

여기서 사용하고 있는 '출가자'라는 술어는 빱바지따(pabbajita)를 옮긴 것이고 '출가'는 빱밧자(pabbajjā)를 옮긴 것이다. 이 술어들은 동사 빱바자띠(pabbajati)에서 파생된 단어이다. 이들 단어는 pra(*fro, pro-*, 앞으로) + √vraj(*to wander*)에서 파생된 것인데 문자적으로는 '앞으로 나아가다.'라는 뜻이다. '출가자'로 옮기는 pabbajita는 이 동사에서 파생된 과거분사로 '출가한 [자]'로 직역되고 '출가'로 옮기는 pabbajjā는 이 동사의 여성명사이다.

초기불전의 수백 군데에서 출가(pabbajjā)는 "집에서 나와 출가하다(agārasmā anagāriyaṁ pabbajati)."(D1 §2.6 등)라는 정형구로 나타난다. 그래서 『상윳따 니까야』 제6권 「초전법륜 경」(S56:11)에 해당하는 주석서는 "출가자(pabbajita)란 재가의 족쇄(gihi-saṁyojana)를 자른 뒤에(chinditvā) 출가를 결행한 자(pabbajj-upagata)"(SA.iii.297)라고 설명하고 있다. 그리고 『앙굿따라 니까야 주석서』는 "출가자란 재가에 머무는 것(ghar-āvāsa)을 버리고 교법(sāsana)에 출가를 결행한 자를 말한다."(AA.v.38)라고 출가자를 정의한다. 『맛지마 니까야 주석서』는 "출가라는 것은 재생연결(paṭisandhi, 다시 태어남)을 받는 것과 같다."(MA.iii.154)라고 풀이하는데 출가는 세속적인 것을 모두 버리고 다시 태어나는 것이라는 의미이다.

이처럼 출가자란 세속적인 소유물이나 의무나 규범을 버리고 불교교단에 들어와서 수계를 하고 독신으로 교학과 수행에 전념하는 자를 뜻하는 술어로 초기불전과 주석서 문헌의 도처에 나타나고 있다. 20세가 넘어 비구계를 수지한 출가자를 비구(比丘, bhikkhu)라 부르고, 20세가 되지 않아 사미계를 수지한 출가자를 사미(沙彌, sāmaṇera)라고 부른다. 같이하여 비구니(比丘尼, bhikkhunī)와 식카마나(sikkhamānā, 式叉摩那, 식차마나)와 사미니(沙彌尼, sāmaṇerī)도 출가자라 부른다. 초기불전에서 pabbajita(출가자)와 pabbajjā(출가)라는 술어는 대부분 불교교단의 출가자에게만 적용되어 나타난다.

붓다고사 스님은『디가 니까야』제2권「대념처경」(D22)에 대한 주석에서 "도를 닦는 자는 누구나 비구라고 이름한다. … 도를 닦는 자는 신이든 인간이든 모두 비구라는 명칭을 가지게 된다."(DA.iii.755)라고 강조하고 있다. 그러므로 본서에서 언급하는 '출가자의 길'이라는 술어를 오직 출가한 비구 · 비구니 · 사미 · 사미니 스님들에게만 적용시킬 필요는 없을 것이다. 오히려 여기에 가려 뽑아 싣고 있는 출가자의 길에 해당되는 금구의 말씀은 해탈 · 열반이라는 우리의 스승 부처님이 제시하신 궁극적 행복을 실현하기 위해서 정진하는 사부대중 모두에게 해당되는 길로 받아들여야 할 것이다.

본서는 전체가 네 편으로 구성되어 있다. 이 가운데 제1편은 "부처님 그분"에 관한 경들을 모은 것이다. 불교(佛教)는 부처님[佛, Buddha]의 가르침[教, sāsana]이다. 그러면 부처님은 누구인가? 당연히 부처님은 역사적으로 실존하셨던 석가모니(釋迦牟尼, Sakyamuni) 부처님이다. 부처님의 탄생지로 알려진 네팔의 룸비니에 지금도 우뚝 서있는 아쇼카 대왕(BC 268년~BC233년 즉위)의 석주에는 "hida budhe jāte Sākyamuni(여기서 석가모니 부처님이 탄생하셨도다)."로 명기되어 있다. 이것은 석가모니 부처님의 실존을 만천하에 천명하는 명문(銘文)이다.

불교는 역사적으로 실존하셨던 석가모니 부처님의 가르침이다. 불교 2600년사의 흐름은 모두 이처럼 역사적으로 실존하셨던 석가모니 부처님 즉 고따마 싯닷타(Gotama Siddhattha, Sk. Gautama Siddhartha) 그분으로부터 출발한다. 이처럼 부처님으로부터 시작하였으며 아난다, 사리뿟따, 마하깟사빠, 아누룻다 존자 등의 많은 부처님의 직계제자들이 전승해온 가르침을 우리는 초기불교라 한다. 아비담마(아비달마), 반야중관, 유식, 여래장, 정토, 밀교, 선불교로 전개되어온 후대의 모든 불교의 흐름은 그분 부처님이 깨달으시고 45년간 설법하셨던 그 가르침을 뿌리로 해서 전개된다.2)

그래서 한국불교를 대표하는 대한불교 조계종의 종헌 제1장 종명 및 종지 제2조도 "본종은 석가세존의 자각각타 각행원만한 근본교리를 봉체하며 …"라고 규정하고 있고 종헌 제2장 본종, 기원 및 사법 제4조에도 "본종은 석가모니불을 본존불로 한다."고 명시하고 있다. 그리고 제5

---

2) 부처님은 몇 세 때 출가하셨을까? 부처님의 출가에 대한 경전적인 근거는 있는가? 있다. 이미 니까야에서 부처님은 여기에 대해서 직접 말씀하고 계신다.

세존의 마지막 행적을 담고 있는 『디가 니까야』 제2권 「대반열반경」(D16)에서 부처님께서는 임종하시기 직전에 부처님을 뵙고 당신의 마지막 출가 제자가 된 수밧다 유행승에게 이렇게 말씀하고 계신다.

"수밧다여, 29세가 되어 나는 무엇이 유익함인지를 구하여 출가하였노라. 수밧다여, 이제 51년 동안 출가 생활을 하면서 바른 방법과 법을 위해서 [여러] 지방에 머물렀나니 이밖에는 사문이 없다."(D16 §5.27)

그리고 같은 경 §2.25에서 세존께서는 "아난다여, 이제 나는 늙어서 나이 들고 노후하고, 긴 세월을 보냈고 노쇠하여, 내 나이가 여든이 되었다. 아난다여, 마치 낡은 수레가 가죽 끈에 묶여서 겨우 움직이는 것처럼 여래의 몸도 가죽 끈에 묶여서 겨우 [살아] 간다고 여겨진다."(D16 §2.25)라고 말씀하고 계시기도 하다.

이처럼 부처님께서는 29세에 출가하셨고, 6년간의 고행과 깨달음을 증득하신 뒤 45년간의 전법을 포함한 51년간 출가생활을 하셨으며, 그래서 80세에 반열반하신 것이다.

조에 "본종은 석가모니불의 기원을 단기 1789년(서기 기원전 544년)으로써 기산한다."라고 명시하고 있는데 이것은 세계불교도우의회(WFB)에서 공인하는 기원전 543년 설과도 기본적으로 같다. 이처럼 조계종 종헌은 초기불교의 존재를 전적으로 인정하고 있으며 이러한 초기불교의 가르침을 잘 깨닫는 것을 통합종단인 대한불교 조계종의 근본 목적으로 한다고 명시하고 있다.

그러므로 출가자의 길은 우리의 스승이시고 불교의 교조이신 부처님 그분을 아는 데서부터 출발해야 한다. 본서 제1편은 "부처님 그분"이라는 제목으로 부처님 그분은 어떤 분이셨으며 어떻게 해서 부처님이 되셨으며 부처님이 되신 후에 무엇을 말씀하셨는가를 담고 있는 경들 여덟 개를 뽑아서 싣고 있다.

본서 제2편은 "출가자의 길"에 관한 부처님 말씀들을 모은 것이다. 본서가 '출가자는 어떻게 살아야 하는가?'라는 문제의식을 가지고 엮은 것이기 때문에 책의 부제목도 '출가자의 길'로 정하였다. 그러므로 출가자의 길에 관한 부처님의 가르침을 모은 본편은 본서 전체에게 가장 비중을 두고 엮은 부분이기도 하다. 그래서 싣고 있는 경들도 18개로 가장 많다. 본편에서 편집자는 출가자인 우리가 의지해야 하고(예를 들면 「깃발 경」(S11:3)) 스스로를 점검하고(「끊임없이 반조해야 함 경」(A10:48)) 반성하고(「불[火] 경」(A7:68)) 극복하고(「졸고 있음 경」(A7:58)) 닦아야 하는(「출가 경」(A10:59)) 등의 부처님의 가르침을 모으려고 노력하였다.

본서 제3편의 주제는 "라훌라의 길, 불자(佛子)의 길"이다. 우리는 불자다. 우리는 부처님의 자녀 즉 부처님의 아들·딸이라는 말이다. 그러면 부처님의 아들·딸인 우리는 어떻게 살아야 하는가. 역사적으로 부처님의 아들은 라훌라 존자다. 그러므로 부처님의 아들·딸인 우리도 세존의 아들인 라훌라 존자에게 부처님께서 직접 말씀하신 것을 따라서 살면 될 것이다. 다행히 니까야에는 세존께서 라훌라 존자가 출가하던 7살 때 설하신 「암발랏티까에서 라훌라를 교계한 경」(M61)을 비롯하여 20세에 비구계를 받고 아라한이 될 때 설하신 「라훌라를 교계한 짧은 경」(M147)까지의 여러 가르침들이 전승되어 온다.

라훌라 존자에게 하신 이런 가르침은 우리 불자들이 깨달음을 실현하는데 필요한 순차적인 가르침의 전형이 된다고 할 수 있다. 그래서 본서 제3편에서는 세존께서 라훌라 존자에게 설하신 경들 9개를 모아서 가능하면 연대기적인 순서에 따라 싣고 있다. 특히 라훌라 존자는 출가한 스님이기에 편집자를 비롯한 부처님의 출가제자인 스님들은 라훌라 존자에 대한 세존의 순차적인 가르침을 반드시 음미해봐야 한다고 강조하고 싶다.

본서 제4편은 "계 · 정 · 혜 삼학"이라는 주제로 우리 출가자가 닦아야 할 길인 삼학에 관계된 부처님 말씀을 담았다. 계 · 정 · 혜 삼학(三學, tisso sikkhā)은 이미 초기불전의 여러 곳에서 수행자가 공부지어야 하는 조목으로 강조되어 나타나고 있다. 그래서 『디가 니까야』 제3권 「합송경」(D33)에 "세 가지 공부지음(tisso sikkhā)이 있으니, 높은 계를 공부지음[增上戒學], 높은 마음을 공부지음[增上心學 = 삼매를 공부지음], 높은 통찰지를 공부지음[增上慧學]이다."(D33 §1.10)로 언급되고 있다. 그리고 『앙굿따라 니까야』 「사문 경」(A3:81)에서도 "비구들이여, 사문에게는 세 가지 사문이 해야 할 일이 있다. 무엇이 셋인가? 높은 계를 공부짓고 높은 마음을 공부짓고 높은 통찰지를 공부짓는 것이다. 비구들이여, 이것이 세 가지 사문이 해야 할 일이다."(A3:81)라고 강조하고 계신다. 본편에서는 초기불전 가운데서 삼학을 설하신 가르침으로 잘 알려진 「사문과경」(D2)을 비롯한 7개의 경들을 싣고 있다.

이처럼 본서는 전체가 네 개의 편으로 구성되어 있으며 제1편에는 부처님의 출가와 성도과정과 초기의 설법에 관계된 8개의 경을 담았다. 제2편에는 우리 출가자가 반드시 유념해야 할 가르침 18개를 실었으며, 제3편에는 부처님의 아들인 라훌라 존자와 관계된 9개의 경을 담았고, 제4편에는 삼학에 관계된 가르침 7개를 담았다. 이렇게 하여 본서는 모두 42개의 초기불전을 담고 있다.

본서에 가려 뽑아서 싣고 있는 초기불전은 모두 초기불전연구원에서 번역 출간한 4부 니까야를 토대로 하였다. 이 가운데 『맛지마 니까야』와 『앙굿따라 니까야』는 대림 스님이 옮긴 것이고 『디가 니까야』와 『상윳따 니까야』는 편집자가 번역한 것이다. 초기불전연구원에서 아직 출간하지 않은 『숫따니빠따』에 포함된 경들은 대림 스님과 편집자가 옮긴 것이다.

부처님의 말씀은 일차결집에서 합송이 되어서 니까야로 전승되어 온다. 이 가운데 『디가 니까야』(길게 설하신 경)는 아난다 존자의 제자들에게 부촉해서 그분들이 계승해 가도록 하였으며, 『맛지마 니까야』(중간 길이로 설하신 경)는 사리뿟따 존자의 제자들에게, 『상윳따 니까야』(주제별로 모은 경)는 마하깟사빠 존자의 제자들에게, 『앙굿따라 니까야』(숫자별로 모은 경)는 아누룻다 존자의 제자들에게 각각 부촉해서 전승하도록 하였다 한다.(DA.i.15, 『디가 니까야』 제3권의 부록인 『디가 니까야 주석서』 「서문」 §39 참조)

주석서의 설명에 의하면 『디가 니까야』에는 34개 경이, 『맛지마 니까야』에는 152개 경이, 『상윳따 니까야』에는 7762개 경이, 『앙굿따라 니까야』에는 9557개 경이 담겨있어서 4부 니까야에 담겨있는 경들은 모두 17505개가 된다고 한다.(AA. i.17) 그러나 초기불전연구원에서는 이를 각각 34개 경과 152개 경과 2904개 경과 2305개 경으로 옮겼다. 이렇게 하여 초기불전연구원에서 옮긴 4부 니까야에는 모두 5395개의 경이 담겨있다. PTS본(Ee)에는 모두 5419개로 편집이 되어있고 VRI

의 육차결집본(Be)에는 10325개로 엮어져 있다.[3]

그러면 PTS(Ee)본과 PTS본을 저본으로 하여 번역한 초기불전연구원 번역본과 육차결집본과 주석서에서 밝히는 경의 개수가 왜 이렇게 차이가 나는가? 먼저 분명히 밝히고 싶은 것은 내용에는 하나도 다른 부분이 없다는 것이다. PTS본과 스리랑카본(Se), 미얀마본(Be), 태국본(Te) 등은 단어의 철자법이 서로다른 부분이 있고 혹 문장이 생략된 부분이 드물게 나타나기도 하지만, 내용이 다른 경이 새로 첨가된다거나 특정한 경이 누락된다거나 하는 경우는 없다.

그런데도 불구하고 주석서에서 언급하고 있는 경의 개수와 PTS본 등에 나타나는 경의 개수가 왜 이렇게 차이가 나는가? 그것은 후대에 경을 편집하는 편집자들 혹은 결집회의의 주재자들이 경을 어떻게 편집하여 개수를 정했는가 하는 차이이다. 그래서 판본에 따라서 어떤 경은 앞 경에 포함된 것으로 편집되어 나타나기도 하고 어떤 부분은 한 경에서 독립된 경으로 편집되기도 한 것이다.

초기불전연구원은 경을 옮김에 있어서 항상 몇 가지 원칙을 중시하고 있다. 이들 원칙에 대해서는 이미 초기불전연구원에서 역출한 다른 책들의 역자 서문 등에서 밝혔다. 번역의 원칙에 대한 제목만을 간추리면 다음과 같다. 첫째, 주석서를 중시하였다. 둘째, 『청정도론』을 중시하였다. 셋째, 『아비담마 길라잡이』를 중시하였다. 넷째, 술어를 한글화하려 노력하였다.

중요한 술어를 한글화한 원칙에 대해서는 『청정도론』 해제 §16 『청정도론』에 나타나는 주요단어들의 한글번역에 대하여를 참조하고 번역에 대한 일반원칙에 대한 더 자세한 설명은 『디가 니까야』 역자 서문 §6 번역에 임하는 몇 가지 태도를 참조하기 바란다.

---

3) 각각의 니까야에 포함된 경의 개수와 특징 등에 대해서는 『맛지마 니까야』 역자 서문 27쪽 이하와 74쪽 이하를 참조할 것.

불교 경전에 조금 익숙한 독자들은 본서에 실려 있는 『앙굿따라 니까야』와 『상윳따 니까야』의 몇몇 경들을 보고 조금 의아해할 수도 있을 것이다. 왜냐하면 본서에는 "이와 같이 나는 들었다."라는 정형구와 "한때 세존께서는 사왓티에서 제따 숲의 급고독원에 머무셨다."는 부분이 나타나지 않는 경들 몇 편이 실려 있기 때문이다. 이것은 역자들이 이렇게 생략하여 옮긴 것이 결코 아니다. PTS본(Ee) 뿐만 아니라 스리랑카본(Se), 미얀마본(Be), 태국본(Te) 등에도 이렇게 생략되어 편집되어 있다. 그 이유가 무엇인가? 다른 특별한 이유는 없다. 『상윳따 니까야』와 『앙굿따라 니까야』의 경들은 그 개수가 너무 많고 특히 그 길이가 짧기 때문에 경을 편집한 옛 스승들이 도입부의 이런 문장들을 모두 생략해서 편집했을 뿐이다.

본서에 싣고 있는 경들은 이 생략된 부분을 복원하여 옮긴 경우도 있고 전통적인 방법대로 생략하여 옮긴 경우도 있다. 경전 도입부의 문단을 생략한 경우와 반복되는 정형구들을 생략한 경우 등에 대해서는 『상윳따 니까야』 제1권의 역자 서문 §12(74쪽 이하)와 『앙굿따라 니까야』 제1권의 역자 서문 §7(26쪽 이하)을 참조하기 바란다.

출가자의 길에 대한 부처님 말씀을 편집자의 기준으로 가려 뽑는다는 것은 편집자의 역량을 넘어선 일이다. 어떤 기준으로 뽑을 것인가, 아니 부처님의 금구의 말씀을 후학이 임의로 뽑아서 책을 만들고 더군다나 금구의 말씀에 해설을 붙인다는 것은 금해야 하는 일이 아닌가를 두고 편집자는 많은 고민을 하였고 이 문제를 두고 대림 스님과 진지한 토론을 넘어서 설전까지 하기도 하였다. 그러나 후배 스님들께 도움을 드리는 니까야 강독 교재를 만들 수밖에 없는 것도 초기불교를 자신의 신념으로 삼고 출가생활을 하고 있고 초기불전 번역까지 하고 있는 편집자와 같은 출가자가 감당해야 할 어쩔 수 없는 역할일 것이다. 여기에 뽑아서 실은 부처님 말씀들은 전적으로 편집자의 판단에 따라 선택한 것이다. 출가자의 길에 대해서 더 깊은 문제의식을 가진 분은 꼭 니까야 전체와 니까야의 해설에 대한 최고의 권위를 가진 주석서인 『청정도론』을 정독하시기를 간곡히 부탁드린다.

지난 2012년은 본원이 개원한지 10년이 되는 해였고 그에 맞춰 4부 니까야도 완역하게 되었다. 본원의 선임연구원이신 황경환 거사님의 후원과 동호회 법우님들의 헌신으로 같은 해 11월 18일에는 삼성동 코엑스 그랜드볼룸에서 4부 니까야 완역 봉헌법회도 가졌다. 900명이 넘는 많은 불자님들이 자리를 빛내주셨다. 그리고 대림 스님과 편집자가 소속되어 있는 대한불교 조계종에서도 총무원장 자승 스님께서 4부 니까야를 완역한 공로로 대림 스님과 편집자에게 표창장을 주셨다. 본서는 총무원장 스님께서 표창장과 함께 주신 포상금으로 출간한다. 역경불사의 중요성을 인정해주셔서 표창장과 상금을 주신 총무원장 스님께 깊은 감사의 말씀을 드리고 따뜻한 관심으로 역경불사를 성원해주시고 지켜봐주시는 조계종 교육원장 현응 스님과 교육부장 법인 스님께도 감사드린다. 앞으로도 게으르지 않고 더 열심히 빠알리 삼장을 번역해서 성원에 보답하고자 한다.

본서의 출간에는 많은 분들의 노력이 담겨있다. 본서의 교정은 초기불전연구원 까페(cafe.daum.net/chobul)의 동호회 임원이신 자나난다 송영상 법우님, 마보 이선행 법우님, 도산 양지원 법우님, 오서현 법우님, 여래자 이정인 법우님, 케마와띠 김학란 법우님, 하루 김청 법우님이 해주셨다. 그리고 본서의 색인 작업은 자나난다 송영상 법우님이 맡아서 해주셨다. 열과 성을 다해 교정과 색인 작업을 해주신 일곱 분의 법우님들께 깊은 감사의 말씀을 드린다. 본서의 말미에 싣고 있는 찾아보기는 본서의 최종 편집 이전에 작성한 것이다. 그러다보니 본서의 찾아보기에 인용된 쪽 번호 가운데는 드물기는 하지만 실제 쪽 번호보다

한 페이지 정도 다르게 인용된 부분이 있다. 독자들의 양해를 바란다.

그리고 본서에는 역경불사를 후원해주시기 위해서 매달 후원금을 보내주시는 초기불전연구원의 후원회원 여러분들의 정성이 담겨있다. 후원회원 여러분들께도 감사의 말씀을 드린다. 아울러 초기불교를 자신의 신념으로 삼고 살아가면서 부처님의 원음을 배우고 실천하기 위해서 노력하면서 초기불전연구원을 성원해주시는 초기불전연구원 까페(cafe.daum.net/chobul)의 7천명에 가까운 법우님들과 초기불전연구원 까페 동호회 김석화 연합회 회장님을 위시한 여러 임원 법우님들과 동호회 회원 여러 불자님들께도 감사한 마음을 전하다. 끝으로 인쇄에 관계된 제반사항을 잘 마무리해서 좋은 책으로 출판해주신 <문성인쇄>의 관계자 여러분들께도 고맙다는 말씀을 드린다.

끝으로 본서가 이제 막 출가한 후학 스님들과 초기불교를 자신의 신념으로 삼고 살아가는 불자님들의 수행에 조금이라도 도움이 되기를 바라면서 들어가는 말을 접는다.

제1편

부처님 그분

불교(佛敎)는 부처님[佛, Buddha]의 가르침[敎, sāsana]이다. 그러면 부처님은 누구인가? 당연히 부처님은 역사적으로 실존하셨던 석가모니(釋迦牟尼, Sakyamuni) 부처님이다. 부처님의 탄생지로 알려진 네팔의 룸비니에 지금도 우뚝 서있는 아쇼카(아소까) 대왕(BC268년 ~BC233년 즉위)의 석주에는 "hida budhe jāte Sākyamuni(여기서 석가모니 부처님이 탄생하셨도다)."로 명기되어 있다. 이것은 석가모니 부처님의 실존을 만천하에 천명하는 명문이다.

부처님의 입멸에 대한 학설로는 네 가지 정도를 들 수 있다.
첫째가 기원전 543년 입멸 설로 모든 남방 불교국가에서 전해 내려오는 설이다. 이것이 세계불교도우의회(WFB)의 정설이다. 그래서 올해 2013년은 불기로 2556년이 된다. 이 설에 의하면 아쇼카 대왕의 즉위연도는 불멸 275년 후가 된다. 우리나라와 인도는 BC 544년으로 계산해서 2013년을 2557년으로 표기한다.
그리고 기원전 486년 입멸 설이 있는데 중성점기설(衆聖點記說)이라고도 한다. 부처님의 입멸 후 매년 『율장』에 점을 하나씩 계속 찍었다고 하는 『역대삼보기』(歷代三寶紀)의 기록에 의거한 것이다. 그 외에도 기원전 386년 혹은 383년 입멸 설, 기원전 483년 입멸 설 등이 있다. 우리나라에서 예로부터 쓰던 것으로 BC 1027년 갑인(甲寅) 4월 8일에 탄생하여 BC 949년 임신(壬申) 2월 15일에 입멸하셨다고 보는 설이 있다.

물론 많은 불전과 논서에서 전하는 아쇼카 대왕의 즉위 연대는 불멸 후 100~200년에 걸쳐 있기 때문에 어떠한 추정도 단정적인 것일 수는 없다. 그렇지만 연대에 무관심했던 인도의 상황을 고려할 때, 이 만큼이나 상세하게 연도를 추정할 수 있다는 자체가 경탄할 만하다.

불교는 바로 역사적으로 실존하셨던 바로 그분 석가모니 부처님의 가르침이다. 불교 2600년사의 흐름은 모두 이처럼 역사적으로 실존하셨던 석가모니 부처님 즉 고따마 싯닷타(Gotama Siddhattha, Sk. Gautama Siddhartha) 그분으로부터 출발한다. 후대의 모든 불교는 그분이 깨달으시고 45년간 설법하셨던 그 가르침을 뿌리로 해서 전개된다.

출가자의 길은 우리의 스승이시고 불교의 교조이신 석가모니 부처님 그분을 아는 데서부터 출발한다. 그래서 본서 제1편에는 부처님 그분은 어떤 분이셨으며 어떻게 해서 부처님이 되셨으며 어떻게 전법을 시작하셨는가를 담고 있는 경들 여덟 개를 실었다.

편안함 경

늙음 · 병듦 · 죽음에 대한 자각

Sukhumāla Sutta(A3:38)

【해설】

출가는 괴로움의 자각에서부터 비롯된다. 이 세상에는 태어남 · 늙음 · 병듦 · 죽음이라는 근원적인 괴로움이 있다. 이 세상 그 누구도 피할 수 없는 엄연한 사실이다. 이처럼 생 · 노 · 병 · 사를 먼저 갈한다 해서 이를 염세주의와 관련지으면 곤란하다. 이것은 염세주의와 아무 상관없는 지금 · 여기에 있는 명명백백한 실존이다. 본경에서 세존께서는 이 사실에 대한 자각을 담담하게 풀어내고 계신다.

본경에서 세존께서는 유년시절에 유복하게 사셨음을 직접 말씀하신다. 그렇지만 세존께서는 늙음과 병듦과 죽음이라는 엄연한 사실을 직시하셨음을 밝히고 계신다. 부처님께서는 이 문제를 해결하기 위해서 출가하신 것이다.

본경뿐만 아니라 초기불전의 여러 곳에서 세존께서는 깨달으시기 전 보살이었을 때 가졌던 이러한 사유를 밝히고 계신다. 몇 가지를 여기에 인용해본다.

"비구들이여, 내가 깨닫기 전, 아직 완전한 깨달음을 성취하지 못한 보살이었을 때 이런 생각이 들었다. '참으로 이 세상은 고통으로 가득하구나. 태어나고 늙고 죽고 죽어서는 다시 태어난다. 그러나 늙음 · 죽음이라는 이 괴로움으로부터 벗어남을 꿰뚫어 알지 못한다. 도대체 어디서 늙음 · 죽음이라는 이 괴로움으로부터 벗어남을 꿰뚫어 알 것인가?' 라고."(「도시 경」(S12:65) §3)

"나는 왜 내 자신이 태어나기 마련이면서 … 늙기 마련이면서 … 병들기 마련이면서 … 죽기 마련이면서 … 슬퍼하기 마련이면서 … 오염되기 마련이면서 오염되기 마련인 것을 구하는가? 참으로 나는 내 자신이 [이런 것들에서] 재난을 알아 오염이 없는 위없는 유가안은인 열반을 구하리라."(「성스러운 구함 경」(M26) §13)

"내가 깨닫기 전, 아직 바른 깨달음을 성취하지 못한 보살이었을 때 내게 이런 생각이 들었다. '재가의 삶이란 막혀있고 때가 낀 길이지만 출가의 삶은 열린 허공과 같다. 재가에 살면서 더할 나위 없이 완벽하고 지극히 청정한 소라고둥처럼 빛나는 청정범행을 실천하기란 쉽지 않다. 그러니 나는 이제 삭발을 하고 가사를 입고 집을 떠나 출가하리라.'"(「삿짜까 긴 경」(M36) §12; 「상가라와 경」(M100) §9)

"재가에 머묾이란 속박이니/ 그것은 먼지구덩이이다./ 그러나 출가는 열린 곳[露地]이니/ 이런 것을 보고서 출가하셨다."(「출가 경」(Sn3:1) §2)

1. 이와 같이 나는 들었다. 한때 세존께서는 사왓티에서 제따 숲의 급고독원[4]에 머무셨다.

그곳에서 세존께서는 "비구들이여."라고 비구들을 부르셨다. "세존이시여."라고 비구들은 세존께 응답했다. 세존께서는 이렇게 말씀하셨다.

"비구들이여, 나는 편안했고 아주 편안했고 지극히 편안했다. 비구들이여, 나의 아버지는 궁궐에 연못을 만들게 했다. 한곳에는 청련이 피었고, 한곳에는 홍련이 피었고, 한곳에는 백련이 피었다. 그것은 나를 위한 것이었다. 까시[5]의 전단향이 아닌 것은 사용하지 않았고,

---

4) 사왓티(Sāvatthi)와 제따 숲(Jet-vana)과 급고독원 혹은 아나타삔디까 원림(Anāthapiṇḍikassa ārāma)에 대해서는 본서 79쪽 이하에 싣고 있는 『맛지마 니까야』 제1권 「성스러운 구함 경」(M26) §1의 주해를 참조할 것.

5) 까시(Kāsi 혹은 Kāsikā)는 부처님 당시 인도 중원의 16국 가운데 하나로 바라나시(Bārānasi)를 수도로 하였다. 까시와 바라나시는 초기경에 거의 동일시되고 있다. 지금도 바라나시에서 만든 비단과 천과 향은 유명하다.

모자는 까시의 [비단으로] 만든 것이었고 외투도 까시의 것이었고, 하의도 까시의 것이었고, 상의도 까시의 것이었다. 비구들이여, 더위, 추위, 먼지, 풀, 이슬과 닿지 않도록 하기 위해 밤낮으로 내게 하얀 일산이 씌워졌다.

비구들이여, 나는 세 개의 궁전을 가졌었는데 하나는 겨울용이었고, 하나는 여름용이었고, 하나는 우기용이었다. 비구들이여, 우기의 넉 달 동안에는 우기를 위해 지은 궁전에서 순전히 여자 악사들에 의한 연회를 즐기면서 아래로 내려가지 않았다. 비구들이여, 다른 사람들의 집에서는 하인과 일꾼들에게 시큼한 죽과 함께 싸라기밥을 음식으로 주었지만 나의 아버지 집에서는 쌀밥과 고기반찬을 주었다."

2. "비구들이여, 이와 같은 영화을 누렸고 이와 같이 지극히 편안했던 나에게 이와 같은 생각이 들었다. '배우지 못한 범부는 자기 스스로도 늙기 마련이고 늙음을 극복하지 못한 채 다른 늙은 사람을 보고는 자신도 늙기 마련이라는 것을 잊어버리고 싫어하고 부끄러워하고 혐오스러워한다. 나도 또한 늙기 마련이고 늙음을 극복하지 못했다. 만약 내가 늙기 마련이고 늙음을 극복하지 못한 채 다른 늙은 사람을 보고는 싫어하고 부끄러워하고 혐오스러워한다면 그것은 나에게 적절치 않다.' 비구들이여, 이와 같이 내가 숙고했을 때 젊음에 대한 나의 자부심이 완전히 사라져버렸다.

'배우지 못한 범부는 자기 스스로도 병들기 마련이고 병을 극복하지 못한 채 다른 병든 사람을 보고는 자신도 병들기 마련이라는 것을 잊어버리고 싫어하고 부끄러워하고 혐오스러워한다. 나도 또한 병들기 마련이고 병을 극복하지 못했다. 만약 내가 병들기 마련이고 병을 극복하지 못한 채 다른 병든 사람을 보고는 싫어하고 부끄러워하고 혐오스러워한다면 그것은 나에게 적절치 않다.' 비구들이여, 이와 같이 내가 숙고했을 때 건강에 대한 나의 자부심이 완전히 사라져버렸다.

'배우지 못한 범부는 자기 스스로도 죽기 마련이고 죽음을 극복하지 못한 채 다른 죽은 사람을 보고는 자신도 죽기 마련이라는 것을 잊어버리고 싫어하고 부끄러워하고 혐오스러워한다. 나도 또한 죽기 마련이고 죽음을 극복하지 못했다. 만약 내가 죽기 마련이고 죽음을 극복하지 못한 채 다른 죽은 사람을 보고는 싫어하고 부끄러워하고 혐오스러워한다면 그것은 나에게 적절치 않다.' 비구들이여, 이와 같이 내가 숙고했을 때 장수에 대한 나의 자부심이 완전히 사라져버렸다."

출가 경

세존의 수행 일화

Pabbajjā Sutta(Sn3:1)

【해설】
본경은『숫따니빠따』제3장「대품」에 나타나는 경이다. 주석서에 의하면 본경은 부처님의 사촌 동생이면서 부처님의 말년 24년을 부처님의 시자로 있었던 아난다 존자가 부처님의 출가를 칭송하기 위해서 읊은 게송이라고 한다.(SnA.ii.381) 본경은 세존을 가장 잘 알고 있는 아난다 존자의 입을 통해서 부처님의 출가에 대해서 가장 사실적으로 알 수 있는 경이라 생각되어서 여기에 싣는다.

1. 눈을 가진 자가 어떻게 출가를 하셨는지
[그분은] 어떻게 검증을 하면서
출가를 결행하셨는지
[이제] 나는 [그분의] 출가에 대해서 칭송하리라. {405}

2. 재가에 머묾이란 속박이니
그것은 먼지 구덩이이다.
그러나 출가는 열린 곳[露地]이니
이런 것을 보고서 [그분은] 출가하셨다. {406}

3. 출가를 결행하고서는
몸으로 악한 업을 피하셨고

말로 짓는 나쁜 행위를 버렸으며
생계를 청정하게 하셨다. {407}

4. 부처님은 마가다[6]의 산으로 에워싸인
라자가하[7]로 들어가셨으니
수려하고 빼어난 상호를 가진 분은
탁발을 하기 위해서였다. {408}

5. 궁전에 서있던 빔비사라[8] [왕]이 그분을 보았다.

---

6) 마가다(Magadha)는 부처님 시대에 인도 중원의 16국 가운데서 꼬살라와 더불어 가장 강성했던 나라이며 결국은 16국을 통일한 나라이다. 물론 왕조는 바뀌었지만 마가다 지방에서 흥기한 마우리야(Maurya) 왕조의 3대 왕인 아소까 대왕이 인도를 통일하였다. 그러므로 인도는 마가다가 가장 정통이라고도 할 수 있다. 수도는 라자가하(Rājagaha)였으며 빔비사라(Bimbisāra) 왕과 그의 아들 아자따삿뚜(Ajātasattu)가 부처님 재세 시에 왕위에 있었다.
부처님 재세 시에 마가다는 동으로는 짬빠(Campā) 강, 남으로는 윈다(Vindhyā) 산맥, 서로는 소나(Soṇa) 강, 북으로는 강가(Gaṅgā) 강이 그 경계였으며 강가 강 북쪽은 웨살리를 비롯한 릿차위(Licchavi)들의 땅이었다.

7) '왕(rāja)의 집(gaha)'으로 직역되며 그래서 중국에서 왕사성(王舍城)으로 옮긴 라자가하(Rājagaha)는 부처님 시대에 인도 중원의 16국 가운데서 꼬살라(Kosala)와 더불어 가장 강성했던 나라인 마가다(Magadha)의 수도였다. 빔비사라(Bimbisāra) 왕과 그의 아들 아자따삿뚜(Ajātasattu)가 부처님 재세 시에 이곳의 왕위에 있었다. 왕사성(王舍城)으로 옮겨져서 우리에게도 익숙한 지명이며, 지금도 전세계 불교도들의 순례 행렬이 끊이지 않고 있다.

8) 빔비사라 혹은 세니야 빔비사라 마가다 왕(rājā Māgadha Seniya Bimbi-sāra)은 부처님 당시에 마가다의 왕이었다. 주석서는 "많은 군대(senā)를 가졌다고 해서 '세니야'라 한다. '빔비'는 황금(suvaṇṇa)이다. 그러므로 뛰어난(sāra) 황금과 같은 색깔(vaṇṇa)을 가졌기 때문에 '빔비사라'라고 한다."(DA.i.280)라고 그의 이름을 설명하고 있다. 『맛지마 니까야』 제3

상호를 구족한 그분을 보고서 이렇게 읊조렸다. {409}

6. "그대들은 저 사람을 보시오.
수려하고 풍만하고 빼어난 이가
당당함을 구족하여
앞만을 쳐다보며 걷고 있소. {410}

7. 시선을 아래로 두고 마음챙기고 있으니
그는 정녕 낮은 가문의 사람이 아닐 것이오.
왕의 전령들을 보내어
저 비구가 어디로 가는지 살펴보시오." {411}

8. 명령을 받은 왕의 전령들은
'비구는 어디로 가는가?
그는 어디에 사는가?'라고 [생각하며]
그의 뒤를 따라갔다. {412}

권 「외투 경」(M88) 등과 『상윳따 니까야』 「꼬살라 상윳따」(S3) 등에서 많이 나타나는 빠세나디 꼬살라 왕처럼 마가다의 빔비사라 왕도 부처님께 대한 믿음이 아주 돈독하였다.
그는 15살에 왕위에 올라서 52년간을 왕위에 있었다고 한다. 부처님은 빔비사라 왕보다 5살이 위였다고 하며(Mhv.ii.25.; Dpv.iii.50) 빠세나디 꼬살라 왕은 부처님과 동갑이었다.(『맛지마 니까야』 제3권 「법탑 경」(M89) §19) 본경의 주석서에 의하면 빔비사라 왕은 세존께서 깨달음을 얻으면 제일 먼저 라자가하를 방문해 주시기를 청하였고 세존께서는 실제로 그렇게 하셨다고 한다.(SnA.ii.386)
그래서 세존께서 머물도록 지은 최초의 절이 우리에게 죽림정사로 알려진 웰루와나(Veḷuvana)이다. 이렇게 빔비사라는 세존이 깨달음을 증득하신 때부터 그가 아들 아자따삿뚜에게 시해될 때까지 37년간을 부처님의 든든한 후원자가 되어, 불교가 인도 중원에 정착하는 데 큰 기여를 한 왕이다.

9. 감각대문을 보호하고 잘 단속하여
집집마다 차례로 탁발하면서
알아차림과 마음챙김을 갖춘 그분은
곧 발우를 채웠다. {413}

10. 그분은 탁발을 한 뒤에
그 성자는 도시를 나가서
빤다와 [산]으로 들어가셨다.
이곳이 그분이 머무시는 곳이다. {414}

11. 그분이 거처로 들어가는 것을 보고
전령들은 그분에게 다가갔다.
그러자 그 중 한 전령은
돌아가서 왕에게 보고하였다. {415}

12. "대왕이시여, 이 비구는
빤다와 [산]의 동쪽에 있는 동굴에
호랑이처럼 황소처럼 사자처럼
그렇게 앉아있나이다." {416}

13. 전령의 말을 듣자 끄샤뜨리야 [왕]은
멋진 수레를 타고 황급히 빤다와 산으로 갔다. {417}

14. 끄샤뜨리야 [왕]은 수레가 갈 수 있는 곳까지 수레로 가서
거기서 내린 뒤에 발로 걸어서 그를 만나러 갔다. {418}

15. 거기에 당도한 왕은 앉아서 인사를 나누었다.
기억할만한 이야기로 담소한 뒤 이렇게 말하였다. {419}

16. "그대는 젊었고 전도유망하며
인생의 초년에 들어선 젊은이입니다.
수려한 용모를 갖추었으니
그대는 끄샤뜨리야 태생인 듯합니다. {420}

17. 군대의 우두머리가 되어서
[나의] 군대를 빛나게 해주시오.
그대에게 재물을 주리니 그것을 즐기시오.
그대의 태생을 묻노니 말해주시오." {421}

18. "왕이시여, 히말라야 산의 바로 아래에
한 부족이 있습니다.
부유하고 용감함을 갖추었으며
꼬살라 [나라]에 속합니다. {422}

19. 족성으로는 태양의 후예9)라 하며
태생으로는 사꺄10)라 부릅니다.

---

9) '태양의 후예'는 ādicca를 옮긴 것인데 태양(아디띠, aditi)의 아들이라는 뜻이다. 『디가 니까야』 「제석문경」(帝釋問經, D21) §2.9에서 신들의 왕 삭까(Sakko devarājā, 인드라, 제석(帝釋) 혹은 석제(釋提)로 한역됨)도 부처님을 태양의 후예라고 칭하고 있다.

10) '사꺄'는 Sākiyā(사끼야)를 옮긴 것이다. 니까야의 다른 곳에서는 사꺄(Sakyā)로도 나타나며 초기불전연구원에서는 중국의 음역인 석가(釋迦)와 비슷한 발음인 '사꺄'로 통일하여 옮기기 때문에 여기서도 사꺄로 옮겼다. 이것은 부처님의 족성이면서 태어나신 나라의 이름이며 우리에게 석가족(釋迦族)으로 알려져 있다. 초기불전에는 석가족이나 나라 이름에 대해서 Sakyā, Sakkā, Sākiyā의 세 가지 표현이 나타난다. 사꺄(Sakyā)에 대한 논의는 『상윳따 니까야』 제3권 「걸식 경」(S22:80) §1의 주해를 참조하기 바란다.

나는 그 가문으로부터 출가했습니다.11)
대왕이여, 감각적 욕망을 동경해서가 아닙니다. {423}

20. 나는 감각적 욕망이 위험함을 보았고
그것에서 벗어남[出離]을 보았습니다.
안은함으로 [출가하였으며] 정진을 할 것입니다.
나의 마음은 이 [정진을] 기뻐합니다."12) {424}

---

11) 『디가 니까야』 제1권 「암밧타 경」(D3) §1.16의 경문에 의하면 사꺄족(석가족, 釋迦族)은 사까(sāka) 나무에서 유래하였다. 사까(sāka)는 학명으로는 Tectona grandis인데 요즘 최고의 목재로 인기 있는 티크(Teak) 나무를 말한다.
사꺄의 어원과 사꺄족의 유래에 대해서는 「암밧타 경」(D3) §1.16의 경문과 해당 주해를 참조할 것.

12) [ ] 안의 단어는 모두 주석서(SnA.ii.385)를 참조하여 넣었다.

삿짜까 긴 경

부처님의 성도과정

Mahā-saccaka Sutta(M36)

【해설】

초기불전 가운데서 부처님의 성도과정을 담은 대표적인 경들로는 『맛지마 니까야』 제1권의 「성스러운 구함 경」(M26)과 제2권의 「삿짜까 긴 경」(M36)을 들 수 있다. 그리고 이것은 제3권 「보디 왕자 경」(M85)과 「상가라와 경」(M100)과 제1권 「두려움과 공포 경」(M4) §§23~33과 「두 가지 사유 경」(M19) §§14~24 등에도 나타난다.[13] 특히 이 가운데 M26, M36, M85, M100의 네 개의 경은 거의 같은 내용을 담고 있으며, 부처님의 성도과정을 잘 보여주고 있다. 이 가운데서도 「성스러운 구함 경」(M26)과 「삿짜까 긴 경」(M36)은 반복되는 정형구의 생략(peyyala) 없이 전문을 잘 담고 있어서 부처님의 성도과정을 설명할 때 많이 인용되고 있다. 그래서 이 두 개의 경을 본서에 싣는다.

이 두 개의 경들 가운데 「성스러운 구함 경」(M26)은 부처님이 깨달으시고 전법을 결심하신 후 오비구에게 법을 전하시는 것에 초점을 맞추고 있기 때문에(§§22~30) 부처님이 어떤 과정을 통해서 무엇을 깨달으셨는가에 대한 언급은 없다. 그러므로 세존이 고행을 버리고 발상의 대전환을 가져오시는 과정과 깨달음을 증득하시는 과정 등에 대한 것은 본경 즉 「삿짜까 긴 경」(M36)이 가장 좋은 자료가 된다 할 수 있다. 그래서 본경을 먼저 실었다.

---

13) 이 여섯 개 경을 「성스러운 구함 경」(M26)과 「삿짜까 긴 경」(M36)을 중심에 놓고 비교한 것은 『맛지마 니까야』 제1권 역자 서문 §2와 주해를 참조하기 바란다.

본경은 웨살리 큰 숲의 중각강당에서 삿짜까와 나누신 대화인데 부처님의 성도과정을 구체적으로 묘사하고 있다. 본경에서 부처님의 고행을 상세하게 묘사하는 부분과(§§20~30) 특히 부처님께서 고행을 버리고 수행을 통한 행복을 인정하는 진지한 사유를 하시는 대목(§§31~33)은 우리가 관심 있게 봐야 할 부분이라 생각한다. 이렇게 해서 세존께서는 네 가지 禪을 체득하시고(§§34~37) 이를 바탕으로 숙명통과 천안통을 증득하시고 누진통을 통해서 깨달음을 실현하시는데(§§38~44) 본경에 이 과정이 자세히 나타나고 있기 때문에 본경은 부처님의 성도과정을 바르게 알 수 있는 가장 중요한 경이라 할 수 있다.

그러나 본경의 주목적은 이러한 부처님의 성도과정을 밝히는 데 있는 것은 아니다. 본경은 부처님께서 수행하실 때에 어떤 괴로운 느낌[苦受]도 세존의 마음을 제압하지 못했고(§20 이하) 아울러 어떤 즐거운 느낌[樂受]도 세존의 마음을 제압하지 못했음을 밝히기 위해서(§34 이하) 설하신 경이다. 그리고 본경에서 우리의 관심을 끄는 또 하나는 부처님께서도 낮잠이나 잠을 주무시는가 하는 문제이다. (§§45~47)

부처님의 성도과정은 본경 §13 이하에서 설명되고 있다. 부처님은 알라라 깔라마와 웃다까 라마뿟따 회중에서 무소유처와 비상비비상처를 체득했지만 궁극이 아님을 아신 후 버리고 떠나신다.(§§14~15) 그리고 본경 §§16~29는 부처님이 행하신 극심한 고행을 묘사하고 있다. 다시 §30 이하에서는 고행이 깨달음을 성취하기 위한 길이 아님에 사무치시고 어릴 때 농경제 때 체험한 초선을 떠올리시고 '이것이 깨달음을 위한 길이다.'라고 생각하셨다.(§31) 그래서 이것을 초선으로 하여 발판을 만들어서(§34) 제2·3·4선을 증득하시고(§§35~37) 초경에 숙명통을(§§38~39), 이경에 천안통을(§§40~41), 삼경에 누진통을 체득하셔서(§§42~43) 마침내 깨달은 분이 되신 것이다.(§44)

1. 이와 같이 나는 들었다. 한때 세존께서는 웨살리에서 큰 숲의 중각강당에 머무셨다.

2. 그때 세존께서는 오전에 옷매무새를 가다듬고 발우와 가사를 수하시고 웨살리로 탁발을 가셨다.

3. 그때 니간타의 후예 삿짜까가 웨살리에서 산책을 나와 이리저리 경행하다가 큰 숲의 중각강당으로 왔다.14) 아난다 존자가 니간타의 후예 삿짜까가 멀리서 오는 것을 보았다. 그를 보고 아난다 존자는 세존께 말씀드렸다.

"세존이시여, 니간타의 후예 삿짜까가 오고 있습니다. 이 사람은 논객이고 스스로 학문이 깊은 자라 말하며 많은 사람들에게 성자로 인정되고 있습니다. 그러나 세존이시여, 이 사람은 부처님을 비방하려 하고 법을 비방하려 하고 승가를 비방하려 합니다. 세존이시여, 그러니 세존께서 연민히 여기시어 잠시 앉아계시면 좋겠습니다."

세존께서는 마련된 자리에 앉으셨다. 그러자 니간타의 후예 삿짜까가 세존께 다가갔다. 가서는 세존과 환담을 나누었다. 유쾌하고 기억할만한 이야기로 서로 담소를 하고서 한 곁에 앉았다. 한 곁에 앉아서 니간타의 후예 삿짜까는 세존께 이렇게 말씀드렸다.

4. "고따마 존자시여, 어떤 사문·바라문들은 몸을 닦는 수행에만 몰두하며 머물고 마음을 닦는 수행에는 몰두하지 않습니다. 고따마 존자시여, 그들은 몸에서 일어난 몸의 괴로운 느낌을 경험하게 됩니다. 고따마 존자시여, 전에 어떤 사람이 몸의 괴로운 느낌을 경

---

14) 주석서에 의하면 이번에 삿짜까가 세존을 뵈러 온 것은 잠에 대한 질문(niddā-pañha), 특히 '낮잠(divā supita)'에 대한 질문을 드리기 위해서라고 한다.(MA.ii.284) 이 낮잠에 대한 질문은 본경 §45에 나타난다.

험할 때 허벅지가 마비되고 심장이 딱딱하게 굳고 입에서는 뜨거운 피가 나오고 미치고 정신이상을 일으키게 되었습니다. 고따마 존자시여, 그의 마음은 몸에 종속되고 몸의 지배하에 놓입니다. 그것은 무슨 이유입니까? 마음을 [238] 닦지 않았기 때문입니다.

고따마 존자시여, 반면에 어떤 사문 · 바라문들은 마음을 닦는 수행에만 몰두하며 머물고 몸을 닦는 수행에는 몰두하지 않습니다. 고따마 존자시여, 그들은 마음과 마음부수에서 일어난 괴로운 느낌을 경험합니다. 고따마 존자시여, 전에 어떤 사람이 정신적인 괴로운 느낌을 경험할 때 허벅지가 마비되고 심장이 딱딱하게 굳고 입에서는 뜨거운 피가 나오고 미치고 정신이상을 일으키게 되었습니다. 고따마 존자시여, 그의 몸은 마음에 종속되고 마음의 지배하에 놓입니다. 그것은 무슨 이유입니까? 몸을 닦지 않았기 때문입니다.

고따마 존자시여, 그래서 제게 이런 생각이 들었습니다. '지금 고따마 존자의 제자들은 마음을 닦는 수행에만 몰두하여 머물지 몸을 닦는 수행에는 몰두하지 않는다.'라고."

5. "악기웻사나[15]여, 그러면 그대는 어떤 것이 몸을 닦는 것이라고 들었는가?"

"예를 들면 난다 왓차, 끼사 상낏짜, 막칼리 고살라가 있습니다.[16]

고따마 존자시여, 그들은 나체수행자이고, 관습을 거부하며 살고, 손에 [받아] 핥아서 먹고, [음식을 주려고] 오라 하면 가지 않고, [음식을 주려고] 서라 하면 서지 않으며, 가져온 음식을 받지 않고, [내

---

15) 악기웻사나(Aggivessana)에 대해서는 『맛지마 니까야』 제2권 「삿짜까 짧은 경」(M35) §4의 주해를 참조할 것.

16) 복주서에 의하면 난다 왓차(Nanda Vaccha), 끼사 상낏짜(Kisa Saṅkicca), 막칼리 고살라(Makkhali Gosāla)의 세 사람은 아지와까 수행자들이다. (MAṬ.iii.123) 막칼리 고살리에 대해서는 본경 §48의 주해를 참조할 것.

몫으로] 지칭된 것을 받지 않으며, 초청에 응하지 않고, 그릇에서 떠 주는 음식을 받지 않고, 항아리에서 퍼 주는 것을 받지 않고, 문지방을 넘어와서 주는 것을 받지 않고, 막대기를 넘어와서 주는 것을 받지 않고, 절굿공이를 넘어와서 주는 것을 받지 않으며, 두 사람이 먹고 있을 때 받지 않고, 임신부에게 받지 않고, 젖 먹이는 여자에게 받지 않고, 남자에게 안겨 있는 여자에게 받지 않으며, [보시한다고] 널리 알린 그 음식을 받지 않고, 개가 옆에서 보고 있을 때 받지 않고, 파리떼가 날아다닐 때 받지 않고, 생선과 고기를 받지 않고, 곡차와 일주, 발효주를 마시지 않습니다.

그들은 한 집만 가서 음식을 받고 한 입의 음식만 먹고, 두 집만 가서 음식을 받고 두 입의 음식만 먹고 … 일곱 집만 가서 음식을 받고 일곱 입의 음식만 먹고, 한 닷띠의 음식만 구걸하고, 두 닷띠의 음식만 구걸하고, … 일곱 닷띠의 음식만 구걸하며, 하루에 한 번만, 이틀에 한 번만 … 이런 식으로 보름에 한 번만 음식을 먹으며 삽니다."[17]

6. "악기웻사나여, 그런데 그들은 정말 그것으로만 삶을 영위하는가?"

"아닙니다, 고따마 존자시여. 어떤 때는 아주 좋은 딱딱한 음식을 먹고, 아주 좋은 부드러운 음식을 먹고, 아주 좋은 것을 맛보고, 아주 좋은 것을 마십니다. 그래서 [다시] 그들의 몸은 원기로 충만하고 튼튼하고 살찌게 됩니다."

"악기웻사나여, 그들은 처음에는 버리고 나중에는 다시 취한다. 그래서 이와 같이 몸이 살찌기도 하고 여위기도 한다. 악기웻사나여, 그런데 그대는 어떤 것이 마음을 닦는 것이라고 들었는가?"

---

17) 본 문단은 「사자후의 긴 경」(M12) §45와 동일하다.

니간타의 후예 [239] 삿짜까는 마음을 닦는 수행에 대해 세존의 질문을 받았으나 대답하지 못했다.

7. 그러자 세존께서는 니간타의 후예 삿짜까에게 이렇게 말씀하셨다.

"악기웻사나여, 그대가 처음에 말한 몸을 닦는 수행은 성자의 율에서는 몸을 닦는 법다운 수행이 아니다. 악기웻사나여, 그대는 몸을 닦는 수행에 대해서도 모르는데 어찌 다시 마음을 닦는 수행을 알겠는가? 악기웻사나여, 이제 어떻게 해서 그가 몸을 닦지 않은 사람, 마음을 닦지 않은 사람, 몸을 닦은 사람, 마음을 닦은 사람이 되는지 그것에 대해 잘 듣고 마음에 잘 잡도리하라. 이제 나는 설하리라."

"그러겠습니다, 존자시여."라고 니간타의 후예 삿짜까는 세존께 대답했다.

세존께서는 이렇게 말씀하셨다.

8. "악기웻사나여, 어떻게 사람이 몸을 닦지 않고 마음을 닦지 않은 자가 되는가?

악기웻사나여, 여기 [법을] 배우지 못한 범부에게 즐거운 느낌이 일어난다. 그가 그 즐거운 느낌을 경험하면 그 즐거운 느낌을 갈망하고 그 즐거운 느낌이 지속되길 갈망한다. 그런 그에게 이제 그 즐거운 느낌이 소멸한다. 즐거운 느낌이 소멸하고 다시 괴로운 느낌이 일어난다. 그가 그 괴로운 느낌을 경험하면 근심하고 상심하고 슬퍼하고 가슴을 치고 울부짖고 광란한다. 악기웻사나여, 그에게 일어난 그 즐거운 느낌은 마음을 제압하면서 머무나니 그것은 몸을 닦지 않았기 때문이고, 그에게 일어난 그 괴로운 느낌은 몸을 제압하면서 머무나니 그것은 마음을 닦지 않았기 때문이다.

악기웻사나여, 이와 같이 양 측면 모두, 즉 몸을 닦지 않았기 때문에 이미 일어난 즐거운 느낌이 그의 마음을 제압하여 머물고, 마음을 닦지 않았기 때문에 이미 일어난 괴로운 느낌이 그의 몸을 제압하여 머무는 사람은 누구든지 이와 같이 몸을 닦지 않고 마음을 닦지 못한 자이다."

9. "악기웻사나여, 어떻게 사람이 몸을 닦고 마음을 닦은 자가 되는가?

악기웻사나여, 여기 [법을] 잘 배운 성스러운 제자에게 즐거운 느낌이 일어난다. 그는 그 즐거운 느낌을 경험하더라도 그 즐거운 느낌을 갈망하지 않고 그 즐거운 느낌이 지속되길 갈망하지 않는다. 그런 그에게 이제 그 즐거운 느낌이 소멸한다. 즐거운 느낌이 소멸하고 다시 괴로운 느낌이 일어난다. 그는 그 괴로운 느낌을 경험하더라도 근심하지 않고 괴로워하지 않고 탄식하지 않고 가슴을 치지 않고 울부짖지 않고 광란하지 않는다. 악기웻사나여, 그에게 일어난 그 즐거운 느낌은 마음을 제압하지 않나니 그것은 몸을 닦았기 때문이고, 그에게 일어난 그 괴로운 느낌은 몸을 제압하지 않나니 그것은 마음을 닦았기 때문이다.

악기웻사나여, 이와 같이 양 측면 모두, 즉 몸을 닦았기 때문에 이미 일어난 즐거운 느낌이 [240] 그의 마음을 제압하지 않고, 마음을 닦았기 때문에 이미 일어난 괴로운 느낌이 그의 몸을 제압하지 않는 사람은 누구든지 이와 같이 몸을 닦고 마음을 닦은 자이다."

10. "저는 '고따마 존자는 몸을 닦은 분이고 마음을 닦은 분이다.' 라고 이와 같이 고따마 존자께 믿음이 생깁니다."

"악기웻사나여, 참으로 그대는 [나의 덕을] 해치고 비방하는 말을 하는구나. 그렇지만 나는 그대에게 설명하리라. 악기웻사나여, 내가 삭발을 하고 가사를 입고 집을 떠나 출가한 이후 이미 일어난 즐거운 느낌이 마음을 제압하면서 머물거나, 혹은 이미 일어난 괴로운 느낌이 몸을 제압하면서 머무는 그런 경우란 없었다."

11. "정말 고따마 존자께는 이미 일어난 즐거운 느낌이 마음을 제압하면서 머문 적이 없었다는 말입니까? 정말 고따마 존자께는 이미 일어난 괴로운 느낌이 몸을 제압하면서 머문 적이 없었다는 말입니까?"

12. "악기웻사나여, 어찌 없었겠는가? 악기웻사나여, 내가 깨닫기 전,18) 아직 바른 깨달음19)을 성취하지 못한 보살20)이었을 때 내

---

18) "'깨닫기 전(pubbeva sambodhā)'이라 했다. '깨달음(sambodha)'이란 성스러운 도를 얻음(ariyamaggappatti 즉 예류도부터 아라한도까지 = 네 가지 도에 대한 지혜(catūsu maggesu ñāṇa — SA.ii.21))을 말한다." (MA.i.113)

19) "'바른 깨달음을 성취하지 못한(anabhisambuddha)'이란 네 가지 진리(사성제)를 꿰뚫지 못한 것(appaṭividdha-catusacca)이다."(MA.i.113; AA.ii.365)

20) '보살(bodhisatta, Sk. bodhisattva)'은 bodhi(覺, √budh, *to enlighten*)와 satta(有情, √as, *to be*)의 합성어이다. 그래서 중국에서는 覺有情으로 옮기기도 하였다. 그러나 주로 보리살타(菩提薩埵)로 음역하였고, 보살(菩薩)로 줄여서 옮긴 경우도 많다. 문자적인 의미는 '깨달음(bodhi)을 추구하는 존재(satta)'이다. 중요한 것은 본경과 『상윳따 니까야』 제2권 「위빳시 경」(S12:4)과 『디가 니까야』 제2권 「대전기경」(D14) 등에서 보듯이 초기불전들에서 보살(bodhisatta)은 항상 깨닫기 전의 부처님들께만 적용되는 술어라는 점이다. 초기불전에서는 부처님이 깨달음을 성취해서 붓다라고 불리기 이전의 상태만을 보살 즉 보디삿따로 부른다.
대승불교 운동을 주도하던 사람들은 이 점을 중시하여 보살이라는 개념을 보편화시켰다(*universalize*). 그들은 깨달음을 성취하기 위해서 노력하는 모든 생명체들도 보살이라 불러야 한다는 아주 설득력 있는 주장을 하였

게 이런 생각이 들었다. '재가의 삶이란 막혀있고 때가 낀 길이지만 출가의 삶은 열린 허공과 같다. 재가에 살면서 더할 나위 없이 완벽하고 지극히 청정한 소라고둥처럼 빛나는 청정범행을 실천하기란 쉽지 않다. 그러니 나는 이제 삭발을 하고 가사를 입고 집을 떠나 출가하리라.'라고."

13. "악기웻사나여, 그런 나는 나중에 아직은 연소하고 젊고 머리가 검고 축복받은 젊음을 구족한 초년기에 부모님이 원치 않아 눈물을 흘리며 통곡하심에도 불구하고 삭발을 하고 가사를 입고 집을 떠나 출가했다."

고, 이렇게 보살이라는 개념을 보편화시키는 데 성공하여 대승불교 운동은 도도한 흐름을 타고 지금까지 전개되고 있는 것이다.

아래 주석서의 인용에서 보듯이 빠알리 주석가들은 보살(보디삿따, bodhi-satta)을 두 가지 어원으로 해석하고 있다. 산스끄리뜨로 적어보면, 첫째는 bodhi-sattva(깨달음의 중생)이요 둘째는 bodhi-sakta(깨달음에 몰두함, Sk. sakta는 √sañj(*to hang*)의 과거분사임)이다.

"여기서 '깨달음(bodhi)'이란 지혜(ñāṇa)이다. ① 깨달음을 가진 중생(bodhimā satta)이 '보살(bodhi-satta)'이다. 지혜를 가지고(ñāṇavā) 통찰지를 가진(paññavā) 현자(paṇḍita)라는 뜻이다. 이전의 부처님들의 발아래서 마음을 기울였을(abhinīhārata) 때부터 시작해서 그는 현명한 중생이었다. 암둔(闇鈍, andha-bāla)하지 않다고 해서 보살이라 한다. 예를 들면 다 자란 연꽃(paduma)이 물위로 솟아올라서 햇빛을 받으면 필연적으로(avassaṁ) 활짝 피게 되나니 이것을 만개한 연꽃(bujjhanaka-paduma, 문자적으로는 깨달은 연꽃)이라 하는 것과 같다. 그와 같이 이전의 부처님들의 곁에서 수기(授記, vyākaraṇa)를 받았기 때문에 필연적으로(avassaṁ) 끊임없이(anantarāyena) 바라밀(pāramī)을 완성하여 깨달을 것이다(bujjhissati)라고 해서 깨달을 중생(bujjhanaka-satta)이라 한다. 그래서 보살이다.

② 그리고 네 가지 도에 대한 지혜라 불리는 깨달음(bodhi)을 지속적으로 원하면서(patthayamāna) [삶을] 영위한다(pavattati)고 해서, 깨달음에 몰두(satta)하고 전념(āsatta)한다고 해서 보살이라 한다."(SA.ii.21)

14. "그런[21] 나는 이와 같이 출가하여 무엇이 유익함[善]인가를 구하고 위없는 평화로운 경지를 찾아 알라라 깔라마[22]를 만나러 갔다. 가서는 알라라 깔라마에게 이렇게 말했다.

"알라라 깔라마시여, 이 법과 율에서 청정범행을 닦고자 합니다."

악기웻사나여, 이렇게 말하자 알라라 깔라마는 내게 이렇게 말했다.

"존자는 머무십시오. 이 법은 이 법에 대해 지혜가 있는 사람이라면[23] 오래지 않아 자기 스승과 동등한 것을 스스로 최상의 지혜로 알고 실현하고 증득하여 머물 수 있는 그런 법입니다."

---

21) 이하 알라라 깔라마와 웃다까 라마뿟따를 참예하여 수행하는 부분(§§14~16)은 『맛지마 니까야』 제1권 「성스러운 구함 경」(M26) §§15~17과 동일하다.

22) 본경에서 보듯이 알라라 깔라마(Āḷāra Kālāma)는 세존께서 출가하여 사문이 되신 뒤에 만난 첫 번째 스승이다. 알라라 깔라마는 세존께 무소유처의 경지를 가르쳤다. 세존께서는 즉시에 이 경지를 터득하셨지만 이것이 "바른 깨달음으로, 열반으로 인도하지 못한다. 그것은 단지 무소유처에 다시 태어나게 할 뿐이다."(본경 §15-4)라고 이 법에 만족하지 않고 떠나셨다. 본경 §22에 의하면 세존께서는 깨달음을 증득하신 뒤에 첫 번째 설법을 할 상대로 알라라 깔라마를 떠올리지만 천신들이 알라라 깔라마가 칠일 전에 임종했다고 알려준다.

알라라 깔라마에 대한 언급은 부처님의 성도과정을 담고 있는 본경과 『맛지마 니까야』 제2권 「삿짜까 긴 경」(M36) 등을 제외하고는 의외로 초기불전에 거의 나타나지 않는다. 『디가 니까야』 제2권 「대반열반경」(D16) §§4.26~4.34에 알라라 깔라마의 제자인 뿍꾸사 말라뿟따의 일화가 나타나고 있으며 이것은 『청정도론』 X.19에서 언급되고 있다. 그리고 『앙굿따라 니까야』 제1권 「바란두 경」(A3:124)에는 보살(세존)이 알라라 깔라마 문하에서 수행할 때에 그 아쉬람에 같이 있었다고 하는(AA.ii.375) 바란두까 깔라마가 언급되고 있는 정도이다.

23) '[이 법에 대해] 지혜가 있는 사람이라면'은 yattha viññū puriso(지혜로운 사람이면)를 옮긴 것이다. 주석서에서 이것을 "이 법에 대해 지혜가 있는 사람이라면(yasmin dhamme paṇḍito puriso)"(MA.ii.171)이라고 설명하고 있어서 주석서대로 옮겼다.

악기웻사나여, 그런 나는 오래지 않아 즉시에 그 법을 증득했다. 악기웻사나여, 그런 나는 입술을 두드리자마자 말하자마자[24] 지혜로운 말과 확신에 찬 말[25]을 했다. 그래서 나는 '나는 알고 본다.'라고 선언했고 다른 사람들도 그렇게 말했다."

"악기웻사나여, 그런 내게 이런 생각이 들었다.

"알라라 깔라마는 단순히 믿음만으로[26] '나는 이 법을 스스로 최상의 지혜로 알고 실현하고 증득하여 머문다.'라고 선언하는 것이 아니라, 참으로 알라라 깔라마는 이 법을 알고 보면서 머문다."

악기웻사나여, 그러자 나는 알라라 깔라마를 만나러 가서 이렇게 말했다.

"깔라마 존자시여, 어떻게 이 법을 스스로 최상의 지혜로 알고 실현하고 증득하여 머문다고 선언하십니까?"

악기웻사나여, 이렇게 말하자 알라라 깔라마는 무소유처에 대해 설명해주었다.[27]

악기웻사나여, 그런 내게 이런 생각이 들었다.

---

24) "'입술을 두드리자마자(oṭṭha-pahata-mattena)'라는 것은 스승이 그에게 말해준 것에 응하기 위해 입술을 움직이자마자라는 뜻이고, '말하자마자(lapita-lāpana-mattena)'라는 것은 스승이 그에게 말해준 것을 그대로 따라 하자마자라는 말이다."(MA.ii.171)

25) "'지혜로운 말(ñāṇa-vāda)'이란 '나는 안다.'라고 하는 말이고, '확신에 찬 말(thera-vāda)'이란 '나 장로가 여기 있노라.'라고 확신에 차서 하는 말(thira-bhāva-vāda)이다."(MA.ii.171)

26) "'단순히 믿음만으로(kevalaṁ saddhāmattakena)'라는 것은 통찰지로써 실현하지 않고 단순히 청정한 믿음만(suddha saddhā-mattaka)으로 그렇게 주장하는 것이 아닐 것이라고 생각하는 말이다."(MA.ii.171)

27) "무소유처를 마지막으로 하는(ākiñcaññāyatana-pariyosānā) 일곱 가지 증득(satta samāpatti)을 나에게 알려주었다는 말이다."(MA.ii.171)
이 무소유처는 네 가지 무색계 증득 가운데 세 번째로, 세간적인 것이지 출세간적인 것이 아니기 때문에 열반으로 인도하는 것은 아니다.

"알라라 깔라마에게만 믿음[28]이 있는 것이 아니라 나에게도 믿음이 있다. 알라라 깔라마에게만 정진이 있는 것이 아니라 나에게도 정진이 있다. 알라라 깔라마에게만 마음챙김이 있는 것이 아니라 나에게도 마음챙김이 있다. 알라라 깔라마에게만 삼매가 있는 것이 아니라 나에게도 삼매가 있다. 알라라 깔라마에게만 통찰지가 있는 것이 아니라 나에게도 통찰지가 있다. 참으로 나는 알라라 깔라마가 스스로 최상의 지혜로 알고 실현하고 증득하여 머문다고 선언하는 그 법을 실현하기 위해 정진하리라.""

"악기웻사나여, 그런 나는 오래지 않아 즉시에 그 법을 스스로 최상의 지혜로 알고 실현하고 증득하여 머물렀다. 악기웻사나여, 그러자 나는 알라라 깔라마를 만나러 갔다. 가서는 알라라 깔라마에게 이렇게 말했다.

"깔라마 존자시여, 당신은 이렇게 '나는 이 법을 스스로 최상의 지혜로 알고 실현하고 증득했다.'라고 선언하십니까?"

"존자여, 나는 이렇게 이 법을 스스로 최상의 지혜로 알고 실현하고 증득했다고 선언합니다."

"깔라마 존자시여, 나도 이렇게 이 법을 스스로 최상의 지혜로 알고 실현하고 증득했다고 선언합니다."

"존자여, 존자와 같은 분이 우리의 동료 수행자가 되는 것은 참으로 우리에게 이득이고 큰 축복입니다. 이처럼 내가 스스로 최상의 지

---

28) "이 믿음 등 다섯 가지는 일곱 가지 증득을 얻기 위한 믿음 등이다." (MA.ii.171)
이 다섯 가지는 니까야에서 다섯 가지 기능[五根, pañca indriya]과 다섯 가지 힘[五力, pañca bala]으로 불리며 37보리분법에 포함되어 있다. 다섯 가지 기능에 대해서는 『초기불교 이해』 324쪽 이하와 『상윳따 니까야』 제5권 해제 §8 「기능[根] 상윳따」(S48)와 「기능 상윳따」(S48)에 포함된 경들의 주해들을 참조할 것.

혜로 알고 실현하고 증득하여 선언한 그 법을 존자도 스스로 최상의 지혜로 알고 실현하고 증득하여 머뭅니다. 그리고 존자가 스스로 최상의 지혜로 알고 실현하고 증득하여 머무는 법을 나도 스스로 최상의 지혜로 알고 실현하고 증득하여 선언합니다.

이처럼 내가 아는 그 법을 존자가 알고, 존자가 아는 그 법을 내가 압니다. 이와 같이 나처럼 존자도 그렇고 존자처럼 나도 그러합니다. 오십시오, 존자여. 우리 둘이 함께 머물면서 이 무리를 지도해 나갑시다."

악기웻사나여, 이와 같이 나의 스승이었던 알라라 깔라마는 제자인 나를 자신과 동등한 위치에 놓고 나를 크게 공경했다. 악기웻사나여, 그런 내게 이런 생각이 들었다.

"이 법은 염오로 인도하지 못하고, 탐욕의 빛바램으로 인도하지 못하고, 소멸로 인도하지 못하고, 고요함으로 인도하지 못하고, 최상의 지혜로 인도하지 못하고, 바른 깨달음으로 인도하지 못하고, 열반으로 인도하지 못한다.[29] 그것은 단지 무소유처에 다시 태어나게 할 뿐이다."[30]

---

29) 여기서 '염오', '탐욕의 빛바램', '소멸', '고요함', '최상의 지혜', '바른 깨달음', '열반'의 일곱 가지는 각각 nibbidā, virāga, nirodha, upasama, abhiññā, sambodha, nibbāna를 옮긴 것이다. 주석서는 이렇게 설명한다. "[알라라 깔라마의] 이 일곱 가지 증득의 법(satta-samāpatti-dhammā)은 윤회(vaṭṭa)에 대해 염오 등으로 인도하지도 못하고, 네 가지 도에 대한 바른 깨달음(catu-magga-sambodha)으로, 열반을 실현하는 것으로 인도하지도 못한다는 말이다."(MA.ii.172)

30) "'그것은 단지 무소유처에 다시 태어나게 할 뿐이다(yāvadeva ākiñcaññ-āyatanūpapattiyā).'라는 것은 60,000겁의 수명을 가진 무소유처에 태어나는 한 그만큼만 살고 그이상은 살 수 없다. 그 기간이 다하면 그곳에서 죽어 더 낮은 세계로 돌아온다. 그가 이르는 그곳은 태어남과 늙음과 죽음[生老死, jātijarāmaraṇa]에서 벗어나지 못하고(aparimutta) 염라대왕의

악기웻사나여, 그런 나는 그 법에 만족하지 않고 그 법을 염오하면서 떠나갔다."[31]

15. "악기웻사나여, 그런 나는 유익한 것[善]을 구하고 위없는 평화로운 경지를 찾아 웃다까 라마뿟따[32]를 만나러 갔다. 가서는 웃다까 라마뿟따에게 이렇게 말했다.

"웃다까 라마뿟따시여, 이 법과 율에서 청정범행을 닦고자 합니다."

덫에 갇혀 있는 것(maccu-pāsa-parikkhitta)이다."(MA.ii.172)

31) "그때부터 마하살(mahāsatta)은, 마치 배고픈 사람이 맛있는 음식을 얻어 극진한 대접과 함께 먹고 나서 담즙이나 점액으로 [생긴 병 때문에] 토하고 난 뒤에는 또 다시 한 덩이의 음식을 먹으리라는 마음이 일어나지 않듯이, 이런 일곱 가지의 증득을 불굴의 정진(ussāha)으로 얻었지만 그 증득들에서 이런 다시 돌아옴(punar-āvattika) 등의 재난(ādīnava)을 보자 또 다시 이 법으로 전향하고, 증득하고, 머물고, 출정하고, 반조하리라는(āvajjissāmi vā samāpajjissāmi vā adhiṭṭhahissāmi vā vuṭṭhahissā-mi vā paccavekkhissāmi vā) 마음이 일어나지 않았다."(MA.ii.172)

32) 본경과 「성스러운 구함 경」(M26)에서 보듯이 웃다까 라마뿟따(Uddaka Rāmaputta)는 세존께서 처음 출가하여 찾았던 두 스승 가운데 두 번째 사람이었으며 그는 세존께 비상비비상처를 가르쳤다.

『상윳따 니까야』 제4권 「웃다까 경」(S35:103)에서 세존께서는 "웃다까 라마뿟따는 지혜의 달인이 아니면서도 '나는 지혜의 달인이다.'라고 말하고, 일체승자가 아니면서도 '나는 일체승자다.'라고 말하고, 종기의 뿌리를 파내지 못했으면서도 '나의 종기의 뿌리는 파내어졌다.'라고 말한다."라고 비판하신 뒤에 이 말의 참다운 의미를 불교식으로 설명하고 계신다. 그리고 『앙굿따라 니까야』 제2권 「왓사까라 경」(A4:187)에서도 라마뿟따가 언급되는데 주석서(AA.iii.164)와 DPPN은 이 라마뿟따가 웃다까 라마뿟따라고 언급하고 있다. 이외에는 웃다까 라마뿟따는 초기불전에서 잘 언급되고 있지 않다.

문자적으로 라마뿟다(Rāmaputta)는 라마(Rāma)의 아들(putta)이라는 뜻이다. 아래에서 보듯이 그의 부친인 라마는 비상비비상처의 경지를 가르쳤다. 그는 부친으로부터 비상비비상처에 대한 가르침을 들었지만 그 경지는 증득하지 못한 것으로 여겨진다. 아래 주해를 참조할 것.

악기웻사나여, 이렇게 말하자 웃다까 라마뿟따는 나에게 이렇게 말했다.

“존자는 머무십시오. 이 법은 이 법에 대해 지혜가 있는 사람이라면 오래지 않아 자기 스승과 동등한 것을 스스로 최상의 지혜로 알고 실현하고 증득하여 머물 수 있는 그런 법입니다.”

악기웻사나여, 그런 나는 오래지 않아 즉시에 그 법을 증득했다. 악기웻사나여, 그런 나는 입술을 두드리자마자 말하자마자 지혜로운 말과 확신에 찬 말을 했다. 그래서 나는 ‘나는 알고 본다.’라고 선언했고 다른 사람들도 그렇게 말했다.

악기웻사나여, 그런 내게 이런 생각이 들었다.

“라마는 단순히 믿음만으로 ‘나는 이 법을 스스로 최상의 지혜로 알고 실현하고 증득하여 머문다.’라고 선언하는 것이 아니라, 참으로 라마는 이 법을 알고 보면서 머문다.”

악기웻사나여, 그러자 나는 웃다까 라마뿟따를 만나러 가서 이렇게 말했다.

“라마뿟따 존자시여, 어떻게 이 법을 스스로 최상의 지혜로 알고 실현하고 증득하여 머문다고 선언하십니까?”

악기웻사나여, 이렇게 말하자 웃다까 라마뿟따는 비상비비상처에 대해 설명해주었다.

악기웻사나여, 그런 내게 이런 생각이 들었다.

“라마에게만 믿음이 있는 것이 아니라 나에게도 믿음이 있다. 라마에게만 정진이 있는 것이 아니라 나에게도 정진이 있다. 라마에게만 마음챙김이 있는 것이 아니라 나에게도 마음챙김이 있다. 라마에게만 삼매가 있는 것이 아니라 나에게도 삼매가 있다. 라마에게만 통찰지가 있는 것이 아니라 나에게도 통찰지가 있다. 참으로 나는 라마가 스스로 최상의 지혜로 알고 실현하고 증득하여 머문다고 선언하는 그 법을 실현하기 위해 정진하리라."

악기웻사나여, 그런 나는 오래지 않아 즉시에 그 법을 스스로 최상의 지혜로 알고 실현하고 증득하여 머물렀다. 악기웻사나여, 그러자 나는 웃다까 라마뿟따를 만나러 갔다. 가서는 웃다까 라마뿟따에게 이렇게 말했다.

"존자시여, 라마는 이렇게 '나는 이 법을 스스로 최상의 지혜로 알고 실현하고 증득했다.'라고 선언하셨습니까?"

"존자여, 라마는 이렇게 이 법을 스스로 최상의 지혜로 알고 실현하고 증득했다고 선언하셨습니다."

"라마뿟따 존자시여, 나도 이렇게 이 법을 스스로 최상의 지혜로 알고 실현하고 증득하여 머뭅니다."

"존자여, 존자와 같은 분이 우리의 동료 수행자가 되는 것은 참으로 우리에게 이득이고 큰 축복입니다. 이처럼 라마가 스스로 최상의 지혜로 알고 실현하고 증득하여 선언한 그 법을 존자도 스스로 최상의 지혜로 알고 실현하고 증득하여 머뭅니다. 그리고 존자가 스스로 최상의 지혜로 알고 실현하고 증득하여 머무는 그 법을 라마도 스스로 최상의 지혜로 알고 실현하고 증득하였다고 선언했습니다.

이처럼 라마가 알았던 그 법을 존자가 알고, 존자가 아는 그 법을 라마가 알았습니다. 이와 같이 라마처럼 존자도 그렇고 존자처럼 라마도 그러했습니다. 오십시오, 존자여. 그대가 이 무리를 지도해주십시오."[33)]

---

33) 보살과 웃다까 라마뿟따의 이 대화에서 보듯이 라마뿟따의 부친인 라마(Rāma)는 비상비비상처의 경지를 증득하였다. 라마뿟따는 부친이 천명한 비상비비상처의 경지를 가르치고는 있었지만 그 경지는 증득하지 못했다. 그래서 비상비비상처의 경지를 체득한 보살을 자신의 '스승의 위치(ācariya

악기웻사나여, 이와 같이 나의 동료였던 웃다까 라마뿟따는 나를 스승의 위치에 올려놓고 나를 크게 공경했다. 악기웻사나여, 그런 내게 이런 생각이 들었다.

"이 법은 염오로 인도하지 못하고, 탐욕의 빛바램으로 인도하지 못하고, 소멸로 인도하지 못하고, 고요함으로 인도하지 못하고, 최상의 지혜로 인도하지 못하고, 바른 깨달음으로 인도하지 못하고, 열반으로 인도하지 못한다. 그것은 단지 비상비비상처에 다시 태어나게 할 뿐이다."

악기웻사나여, 그런 나는 그 법에 만족하지 않고 그 법을 염오하면서 떠나갔다."

16. "악기웻사나여, 그런 나는 유익한 것[善]을 구하고 위없는 평화로운 경지를 찾아 마가다 지방에서 차례로 유행하다가 우루웰라의 장군촌[34)]에 이르렀다. 그곳에서 아름다운 땅과 매력적인 숲과 유유히 흐르는 깨끗한 강과 아름다운 강기슭과 근처에 탁발할 수 있는 마을을 보았다. 악기웻사나여, 그런 내게 이런 생각이 들었다.

"땅은 풍요롭고 숲은 상쾌하다. 유유히 흐르는 강은 맑고, 강기슭은 아름답다. 근처에는 탁발할 수 있는 마을이 있다. 참으로 이곳은

-ṭṭhāna)'에 올려놓았으며 보살은 그를 자신의 '동료(sabrahmacāri)'라고 언급하고 있다.

34) "'장군촌(Senā-nigama)'은 장군의 마을(senāya nigama)이라는 뜻이다. 처음 겁이 생길 때에 그곳에 장군이 살았던 이유로 그 마을을 장군촌이라고 불렀다고 한다. 혹은 세나니(Senāni)는 수자따의 아버지이고, 그의 마을(gama)이라는 뜻이다."(MA.ii.173)
주석서는 이처럼 Senānigama를 Sena-nigama로도 끊어 읽고 Senāni-gama로도 끊어 읽어서 두 가지로 뜻을 설명하고 있다. 전자는 장군(sena) 촌(성읍, nigama)이라는 뜻이 되고, 후자는 수자따 아버지의 이름인 세나니(Senāni)의 마을(gama)이라는 뜻이 된다.

용맹정진을 원하는 선남자들이 용맹정진하기에 적합한 곳이다.""

17. "악기웻사나여, 전에 들어본 적이 없는 세 가지 비유가 즉시 내게 떠올랐다. 악기웻사나여, 예를 들면 젖은 생나무 토막이 물위에 떠있는데 그때 어떤 사람이 '불을 지피고 열을 내리라.'라고 생각하면서 부시 막대를 가지고 왔다 하자. 악기웻사나여, 이를 어떻게 생각하는가? 그 사람은 물위에 떠있는 저 젖은 생나무 토막에다 부시 막대를 비벼 불을 지피고 열을 낼 수 있겠는가?"

"아닙니다, 고따마 존자시여. 왜냐하면 그것은 젖은 생나무 토막이고 더군다나 [241] 물속에 있기 때문입니다. 결국 그 사람은 지치고 짜증나게 될 것입니다."

"악기웻사나여, 그와 같이 어떤 사문이나 바라문들이 있어 육체적으로나 정신적으로[35] 감각적 욕망들을 멀리 떨쳐버리지 못한 채 머물거나, 혹은 감각적 욕망에 대한 열망, 애착, 홀림, 갈증, 열병을 안으로 잘 제거하지 못하고 가라앉히지 못한 자들이 있다. 그 사문·바라문들은 비록 격렬하고 괴롭고 혹독하고 사무치고 호된 느낌을 느끼더라도 지와 견과 위없는 바른 깨달음[36]을 얻을 수 없고, 비록 그런 느낌을 느끼지 않더라도 그들은 지와 견과 위없는 바른 깨달음을 얻을 수가 없다. 악기웻사나여, 이것이 내가 전에 들어본 적이 없

---

35) Ee와 Se에는 kāyena ceva kāmehi avūpakaṭṭhā(육체적으로 감각적 욕망을 멀리 떨쳐버리지 못하고)라고 되어있지만 Be에는 kāyena ceva cittena ca kāmehi avūpakaṭṭhā(육체적으로나 정신적으로 감각적 욕망을 멀리 떨쳐버리지 못하고)라고 나타난다. 문맥상으로도 후자가 더 적합하다고 판단하여 역자는 이를 따라 옮겼다. 냐나몰리 스님도 역자처럼 '육체적으로나 정신적으로'로 옮겼다.(냐나몰리 스님/보디 스님, 335쪽 참조)

36) "여기서 '지(ñāṇa)'와 '견(dassana)'과 '위없는 바른 깨달음(anuttara sambodha)'은 출세간도(lokuttara-magga)를 말한다."(MA.ii.287)

는 즉시에 떠오른 첫 번째 비유이다."[37)]

18. "악기웻사나여, 참으로 전에 들어본 적이 없는 두 번째 비유가 즉시 내게 떠올랐다. 악기웻사나여, 예를 들면 젖은 생나무 토막이 물에서 멀리 떨어진 땅바닥에 놓여있는데 그때 어떤 사람이 '불을 지피고 열을 내리라.'라고 생각하면서 부시 막대를 가지고 왔다 하자. 악기웻사나여, 이를 어떻게 생각하는가? 그 사람은 물에서 멀리 떨어진 땅바닥에 놓여있는 저 젖은 생나무 토막에다 부시 막대를 비벼 불을 지피고 열을 낼 수 있겠는가?"

"아닙니다, 고따마 존자시여. 왜냐하면 그것은 물에서 멀리 떨어진 땅바닥에 놓여있기는 하나 젖은 생나무토막이기 때문입니다. 결국 그 사람은 지치고 짜증나게 될 것입니다."

"악기웻사나여, 그와 같이 어떤 사문이나 바라문들이 있어 육체적으로나 정신적으로 감각적 욕망들을 멀리 떨쳐버리지 못한 채 머물거나, 혹은 감각적 욕망에 대한 열망, 애착, 홀림, 갈증, 열병을 안으로 잘 제거하지 못하고 가라앉히지 못한 자들이 있다. 그 사문·바라문들은 비록 격렬하고 괴롭고 혹독하고 사무치고 호된 느낌을 느끼더라도 지와 견과 위없는 바른 깨달음을 얻을 수 없고, 비록 그런 느낌을 느끼지 않더라도 그들은 지와 견과 위없는 바른 깨달음을 얻

---

37) "이 비유의 뜻은 다음과 같다. 오염원인 감각적 욕망(kilesa-kāma)에 의해 감각적 욕망의 대상을 버리지 못한 자는 젖은 무화과 나무토막(alla sakhīra udumbara-kaṭṭha)과 같다. 물속에 잠겨있는 상태는 오염원인 감각적 욕망에 젖어 있는 것과 같다. 오염원인 감각적 욕망에 의해 감각적 욕망의 대상을 버리지 못한 자들이 격렬한 느낌(opakkamikā vedanā)에 의해서도 출세간도를 얻을 수 없는 것은 젖어있는 나무를 비록 열심히 비벼도 불을 피울 수 없는 것과 같다. 그 사람들이 격렬한 느낌이 없이도 출세간도를 얻을 수 없는 것은 비비지 않아도 불을 얻을 수 없는 것과 같다."(MA.ii.287)

을 수가 없다. 악기웻사나여, 이것이 내가 전에 들어본 적이 없는 즉시에 떠오른 두 번째 비유이다."

19. "악기웻사나여, 참으로 전에 들어본 적이 없는 세 번째 비유가 즉시 [242] 내게 떠올랐다. 악기웻사나여, 예를 들면 물기 없는 마른 장작이 물에서 멀리 떨어진 땅바닥에 놓여있는데 그때 어떤 사람이 '불을 지피고 열을 내리라.'라고 생각하면서 부시 막대를 가지고 왔다 하자. 악기웻사나여, 이를 어떻게 생각하는가? 그 사람은 물에서 멀리 떨어진 땅바닥에 놓여있는 저 물기 없는 마른 장작에다 부시 막대를 비벼 불을 지피고 열을 낼 수 있겠는가?"

"그렇습니다, 고따마 존자시여. 그것은 왜냐하면 그 장작이 마르고 물기가 없으며 게다가 물에서 멀리 떨어진 땅바닥에 놓여있기 때문입니다."

"악기웻사나여, 그와 같이 어떤 사문이나 바라문들이 있어 육체적으로나 정신적으로 감각적 욕망들을 멀리 떨쳐버리고서 머물고, 혹은 감각적 욕망에 대한 열망, 애착, 홀림, 갈증, 열병을 안으로 잘 제거하고 가라앉힌 자들이 있다. 그 사문 · 바라문들은 비록 격렬하고 괴롭고 혹독하고 사무치고 호된 느낌을 느끼더라도 지와 견과 위없는 바른 깨달음을 얻을 수 있고, 비록 그런 느낌을 느끼지 않더라도 그들은 지와 견과 위없는 바른 깨달음을 얻을 수 있다. 악기웻사나여, 이것이 내가 전에 들어본 적이 없는 즉시에 떠오른 세 번째 비유이다. 악기웻사나여, 이들이 내가 전에 들어본 적이 없는 즉시에 떠오른 세 가지 비유이다."

20. "악기웻사나여, 그런 내게 이런 생각이 들었다. '나는 아랫니에다 윗니를 얹고 혀를 입천장에 대고 마음으로 마음을[38] 제압하고

압박하고 항복시키리라.'라고. 그래서 나는 아랫니에다 윗니를 덮고 혀를 입천장에 대고 마음으로 마음을 제압하고 압박하고 항복시켰다. 내가 그렇게 아랫니에다 윗니를 얹고 혀를 입천장에 대고 마음으로 마음을 제압하고 압박하고 항복시키자 겨드랑이에서 땀이 흘렀다. 악기웻사나여, 마치 힘센 사람이 허약한 사람의 머리통을 잡거나 어깨를 붙잡아 제압하고 압박하고 항복시키듯이 나는 아랫니에다 윗니를 얹고 혀를 입천장에 대고 마음으로 마음을 제압하고 압박하고 항복시켰다. 내가 그렇게 아랫니에다 윗니를 얹고 혀를 입천장에 대고 마음으로 마음을 제압하고 압박하고 항복시키자 겨드랑이에서 땀이 흘렀다. 악기웻사나여, 비록 내게는 불굴의 정진이 생겼고 나태하지 않았고 마음챙김이 확립되어 잊어버림이 없었지만 고통스러운 용맹정진으로 인해 나의 몸이 극도로 긴장되었고 [243] 안정되지 않았다.

악기웻사나여, 내게 비록 이러한 괴로운 느낌이 일어났지만 그것이 내 마음을 제압하지는 못했다."39)

21. "악기웻사나여, 그런 내게 이런 생각이 들었다. '나는 숨을 쉬지 않는 禪을 닦으리라.'라고. 악기웻사나여, 그런 나는 입과 코로 들숨과 날숨을 멈추었다. 악기웻사나여, 그렇게 내가 입과 코로 들숨과 날숨을 멈추자 귓구멍에서 바람이 나오면서 굉음이 났다. 마치 대

---

38) "'마음으로 마음을(cetasā cittaṁ)'이란 것은 유익한 마음[善心, kusala-citta]으로 해로운 마음[不善心, akusala-citta]을 제압하고 압박하고 항복시킨다는 말이다."(MA.ii.289)

39) 여기서부터 아래 §25까지 각 문단의 끝에 반복해서 나타나는 이 문장은 위 §11에서 삿짜까가 "정말 고따마 존자께는 이미 일어난 괴로운 느낌이 몸을 제압하면서 머문 적이 없었다는 말입니까?"라고 질문 드린데 대한 세존의 대답이다.

장장이가 풀무를 불면 굉음이 나듯이 그와 같이 내가 입과 코로 들숨과 날숨을 멈추자 귓구멍에서 바람이 나오면서 굉음이 났다. 악기웻사나여, 비록 내게는 불굴의 정진이 생겼고 나태하지 않았고 마음챙김이 확립되어 잊어버림이 없었지만 고통스러운 용맹정진으로 인해 나의 몸이 극도로 긴장되었고 안정되지 않았다.

악기웻사나여, 내게 비록 이러한 괴로운 느낌이 일어났지만 그것이 내 마음을 제압하지는 못했다."

22. "악기웻사나여, 그런 내게 이런 생각이 들었다. '나는 숨을 쉬지 않는 禪을 닦으리라.'라고. 악기웻사나여, 그런 나는 입과 코로 들숨과 날숨을 멈추었다. 악기웻사나여, 그렇게 내가 입과 코로 들숨과 날숨을 멈추자 거센 바람이 머리를 내리쳤다. 마치 힘센 사람이 예리한 칼로 머리를 쪼개듯이 그와 같이 내가 입과 코와 귀로 들숨과 날숨을 멈추자 거센 바람이 머리를 내리쳤다. 악기웻사나여, 비록 내게는 불굴의 정진이 생겼고 나태하지 않았고 마음챙김이 확립되어 잊어버림이 없었지만 고통스러운 용맹정진으로 인해 나의 몸이 극도로 긴장되었고 안정되지 않았다.

악기웻사나여, 내게 비록 이러한 괴로운 느낌이 일어났지만 그것이 내 마음을 제압하지는 못했다."

23. "악기웻사나여, 그런 내게 이런 생각이 들었다. '나는 숨을 쉬지 않는 禪을 닦으리라.'라고. 악기웻사나여, 그런 나는 입과 코로 들숨과 날숨을 멈추었다. 악기웻사나여, 그렇게 내가 입과 코로 들숨과 날숨을 멈추자 머리에 심한 두통이 생겼다. 마치 힘센 사람이 [244] 단단한 가죽 끈으로 머리에 머리띠를 동여맨 것처럼 그와 같이 내가 입과 코와 귀로 들숨과 날숨을 멈추자 머리에 심한 두통이 생겼

다. 악기웻사나여, 비록 내게는 불굴의 정진이 생겼고 나태하지 않았고 마음챙김이 확립되어 잊어버림이 없었지만 고통스러운 용맹정진으로 인해 나의 몸이 극도로 긴장되었고 안정되지 않았다.

악기웻사나여, 내게 비록 이러한 괴로운 느낌이 일어났지만 그것이 내 마음을 제압하지는 못했다."

24. "악기웻사나여, 그런 내게 이런 생각이 들었다. '나는 숨을 쉬지 않는 禪을 닦으리라.'라고. 악기웻사나여, 그런 나는 입과 코로 들숨과 날숨을 멈추었다. 악기웻사나여, 그렇게 내가 입과 코로 들숨과 날숨을 멈추자 거센 바람이 배를 도려내었다. 마치 능숙한 백정이나 백정의 도제가 예리한 도살용 칼로 배를 도려내듯이 그와 같이 내가 입과 코와 귀로 들숨과 날숨을 멈추자 거센 바람이 배를 도려내었다. 악기웻사나여, 비록 내게는 불굴의 정진이 생겼고 나태하지 않았고 마음챙김이 확립되어 잊어버림이 없었지만 고통스러운 용맹정진으로 인해 나의 몸이 극도로 긴장되었고 안정되지 않았다.

악기웻사나여, 내게 비록 이러한 괴로운 느낌이 일어났지만 그것이 내 마음을 제압하지는 못했다."

25. "악기웻사나여, 그런 내게 이런 생각이 들었다. '나는 숨을 쉬지 않는 禪을 닦으리라.'라고. 악기웻사나여, 그런 나는 입과 코로 들숨과 날숨을 멈추었다. 악기웻사나여, 그렇게 내가 입과 코로 들숨과 날숨을 멈추자 몸에 큰 불이 붙었다. 마치 힘센 두 사람이 힘없는 사람의 양팔을 잡고 숯불 구덩이 위에서 지지고 태우듯이 그와 같이 내가 입과 코와 귀로 들숨과 날숨을 멈추자 몸에 큰 불이 붙었다. 악기웻사나여, 비록 내게는 불굴의 정진이 생겼고 나태하지 않았고 마음챙김이 확립되어 잊어버림이 없었지만 고통스러운 용맹정진으로

인해 나의 몸이 극도로 긴장되었고 안정되지 않았다.

악기웻사나여, 내게 비록 이러한 괴로운 느낌이 일어났지만 그것이 내 마음을 제압하지는 못했다."

26. "악기웻사나여, [245] 그러자 신들이 나를 보고 이렇게 말했다. '사문 고따마는 죽었다.'라고. 다른 신들은 이렇게 말했다. '사문 고따마는 죽지 않았다. 그렇지만 그는 죽어가고 있다.'라고. 다른 신들은 이렇게 말했다. '사문 고따마는 죽은 것도 아니고, 죽어가는 것도 아니다. 사문 고따마는 아라한[40]이다. 아라한은 이처럼 머문다.'라고."

27. "악기웻사나여, 그런 내게 이런 생각이 들었다. '나는 모든 음식을 끊고 수행하리라.'라고. 악기웻사나여, 그러자 신들이 다가와서 이렇게 말했다. '존경하는 분이시여, 당신이 모든 음식을 끊어버리고 수행하시는 것은 안 됩니다. 존경하는 분이시여, 만약 당신이 모든 음식을 끊어버리고 수행을 하시면 우리는 당신께 하늘 음식을 당신의 털구멍으로 공급해드릴 것입니다. 그것으로 당신은 연명할

---

40) 문자적으로 '아라한(阿羅漢, Arahan, 應供)'은 √arh(*to deserve*)의 현재분사를 취해서 명사화한 것으로 '존경을 받을 만한 사람'이라는 뜻이다. 이 단어는 이미 바라문교 『제의서』의 하나인 『샤따빠타 브라흐마나』(Śatapathabrāhmaṇa) 등 베다문헌에도 등장하고 있는데 『샤따빠타 브라흐마나』에는 마치 아라한 즉 존경받아야 할 분이 그 마을을 방문하면 소를 잡아서 대접하는 것과 같다는 문구가 나타난다고 한다.(『금강경 역해』 54쪽 참조) 이 술어는 자이나 문헌에도 나타난다. 본경의 여기 이 문맥에 나타나는 아라한은 이런 의미로 이해하면 되겠다.
이렇게 고대인도 문헌에서 존경받아야 할 분이라는 의미로 쓰이던 이 아라한이라는 술어는 초기불교에 자연스럽게 받아들여져서 불교 최고의 경지인 번뇌 다한 자를 뜻하게 되었다. 아라한에 대해서는 『청정도론』 VII.4~25와 XXII.28~30을 참조할 것.

수 있을 것입니다.'라고. 악기웻사나여, 그런 내게 이런 생각이 들었다. '만약 내가 완전한 단식을 공포했는데도 이 신들이 내게 하늘 음식을 털구멍으로 공급해주고 내가 또 그것으로 연명한다면 나는 거짓말을 하는 것이 된다.'라고. 악기웻사나여, 그런 나는 그 신들에게 '필요 없소.'라고 거절했다."

28. "악기웻사나여, 그런 내게 이런 생각이 들었다. '나는 아주 적은 양의 음식을 먹으리라. 녹두죽이건 대두 죽이건 완두콩 죽이건 검은콩 죽이건 그것을 한 움큼씩만 먹으리라.'라고. 악기웻사나여, 그런 나는 아주 적은 양의 음식을 먹었나니 녹두죽이건 대두 죽이건 완두콩 죽이건 검은콩 죽이건 그것을 한 움큼씩만 먹었다. 악기웻사나여, 내가 그렇게 아주 적은 양의 음식을 먹자 내 몸은 극도로 여위어 갔다. 그렇게 적은 음식 때문에 나의 사지는 마치 아시띠까 넝쿨의 마디나 깔라 풀의 마디와 같았다. 그렇게 적은 음식 때문에 나의 엉덩이는 마치 낙타의 발처럼 되었다. 그렇게 적은 음식 때문에 나의 등뼈는 줄로 엮어둔 구슬처럼 되었다. 그렇게 적은 음식 때문에 나의 갈빗대들은 오래된 집의 서까래가 허물어지고 부서지듯이 허물어지고 부서졌다. 그렇게 적은 음식 때문에 내 동공 안에서 눈동자의 빛은 마치 깊은 우물에서 물빛이 깊고 멀리 들어가 보이듯이 깊고 멀리 들어가 보였다. 그렇게 적은 음식 때문에 나의 머리 가죽은 마치
[246] 익지 않은 쓴 호리병박이 바람과 햇빛에 시들듯이 시들었다.

악기웻사나여, 그렇게 적은 음식 때문에 나의 뱃가죽이 등뼈에 달라붙어 내가 뱃가죽을 만져야지 하면 등뼈가 잡혔고, 등뼈를 만져야지 하면 뱃가죽이 잡혔다. 악기웻사나여, 그렇게 적은 음식 때문에 내가 대변이나 소변을 보려고 하면 머리가 땅에 꼬꾸라졌다. 악기웻사나여, 그렇게 적은 음식 때문에 몸을 편안하게 하려고 손으로 사지

를 문지르면 뿌리가 썩은 털들이 몸에서 우수수 떨어져나갔다."

29. "악기웻사나여, 사람들은 나를 보고서 이렇게 말했다. '사문 고따마는 검다.'라고. 다른 사람들은 이렇게 말했다. '사문 고따마는 검은 것이 아니라 푸르다.'라고. 다른 사람들은 이렇게 말했다. '사문 고따마는 검지도 푸르지도 않고 황금색 피부를 가졌다.'라고. 악기웻사나여, 그렇게 적은 음식 때문에 나의 깨끗하고 맑은 피부색이 파괴되어 갔다."

30. "악기웻사나여, 그런 내게 이런 생각이 들었다.

'과거의 사문들이나 바라문들이 어떠한 격렬하고 괴롭고 혹독하고 사무치고 호된 느낌을 경험했다 하더라도 이것이 가장 지독한 것이고 이보다 더한 것은 없다. 미래의 사문들이나 바라문들이 어떠한 격렬하고 괴롭고 혹독하고 사무치고 호된 느낌을 경험한다 하더라도 이것이 가장 지독한 것이고 이보다 더한 것은 없다. 현재의 사문들이나 바라문들이 어떠한 격렬하고 괴롭고 혹독하고 사무치고 호된 느낌을 경험하더라도 이것이 가장 지독한 것이고 이보다 더한 것은 없다.

그러나 나는 이런 극심한 고행으로도 인간의 법을 초월했고 성자들에게 적합한 지와 견의 특별함을 증득하지 못했다. 깨달음을 얻을 다른 길이 없을까?'"

31. "악기웻사나여, 그런 내게 이런 생각이 들었다.

'아버지가 삭까족의 농경제 의식을 거행하실 때 나는 시원한 잠부나무 그늘에 앉아서 감각적 욕망을 완전히 떨쳐버리고 해로운 법들을 떨쳐버린 뒤 일으킨 생각과 지속적 고찰이 있고, 떨쳐버렸음에서 생긴 희열과 행복이 있는 초선(初禪)을 구족하여 머물렀던 적이 있었는데,[41] 혹시 그것이 깨달음을 위한 길[42]이 되지 않을까?'

악기웨사나여, 그런 내게 그 기억을 따라서 이런 알음알이가 [즉시에] 일어났다.43)

---

41) "삭까의 왕에게는 농경제 축제를 행하는 날(vappa-maṅgala-divasa)이 있었다. 그때는 여러 가지 맛있는 음식을 장만하고 도시의 길도 깨끗이 청소하고 물을 담은 항아리를 준비하고 깃발을 세우는 등 온 시가지를 천상의 왕궁처럼 장엄했다. 모든 하인들과 고용인들은 새 옷을 차려입고 향과 꽃으로 장식하여 왕궁에 모였다. 준비된 쟁기들은 모두 금과 은으로 도금되었고, 왕은 많은 수행원들과 함께 아들을 데리고 갔다. 그곳에 한 그루 잠부나무가 있었는데 무성한 가지와 함께 시원한 그늘이 있었다.
그 나무 아래 왕자의 자리를 마련하고 그 위로 금빛 별무늬가 새겨진 일산을 세우고 휘장으로 보호하게 하고는 왕은 모든 장신구로 장엄하여 대신들에 둘러싸여 밭가는 곳으로 갔다. 그곳에서 왕은 금 쟁기를 집어 들었고, 대신들은 은 쟁기를 집어 들고 여기저기서 쟁기질을 했지만 왕은 이쪽 끝에서 저쪽 끝으로 혹은 저쪽 끝에서 이쪽 끝으로 갔다. 왕이 쟁기질을 하는 곳에 풍성한 수확(mahā-sampatti)이 있었다. 그래서 보살을 돌보면서 주위에 앉아있던 시중들도 그것을 보기 위해 휘장 밖으로 나갔다.
그때 보살이 주위를 둘러보았지만 아무도 없이 홀로 있는 것을 확인하고 신속하게 자리에서 일어나 가부좌를 하고 들숨날숨을 챙겨(ānāpāne pari-ggahetvā) 초선(初禪, paṭhama-jjhāna)에 들었다. 시중들은 식사 후 잠시 경행을 했고, 다른 나무들의 그늘은 없어졌지만 오직 그 나무의 그늘은 잘 장엄한 채 드리워져 있었다. 시중들은 '사랑스러운 아들이 홀로 있다.'라고 생각하면서 얼른 휘장을 열고 안으로 들어가 보살이 가부좌를 하고 앉아있는 신통(pāṭihāriya)을 보고는 왕에게 아뢰었다. 왕이 급히 와서 그 신통을 보고 '아들이여, 이것이 너를 위한 두 번째 경배이다.'라고 말하면서 아들에게 인사했다. 이것을 두고 이렇게 말씀하신 것이다."(MA.ii. 290~291)

42) "'깨달음을 위한 길(maggo bodhāya)'이라 하셨다. 여기서 '길[道, magga]'이란 들숨날숨에 대한 마음챙김을 통한 초선(ānāpānassati-paṭhama-jjhāna)이 깨달음을 성취하기 위한 길이라는 말씀이다."(MA.ii. 291)

43) '그 기억을 따라서 이런 알음알이가 [즉시에] 일어났다.'는 satānusāri-viññāṇaṁ ahosi를 옮긴 것이다. 여기서 satānusāri는 sati와 anusāri의 합성어이다. sati는 '마음챙김'으로 옮기는, 초기불전에서 가장 중요한 술어이지만 여기서는 문맥상 sati의 어원인 √smṛ(*to remember*)의 기본 의미인 '기억'으로 이해하였다. 냐나몰리 스님도 *memory*로 옮기고 있다.

'이것이 깨달음을 위한 길이다.'"

32. "악기웻사나여, 그런 내게 이런 생각이 들었다.

'이 [247] 행복[44]은 감각적 욕망들과도 상관없고 해로운 법들과도 상관없는데, 그것을 내가 왜 두려워하는가?'

악기웻사나여, 그런 내게 이런 생각이 들었다.

'나는 감각적 욕망들과도 상관없고 해로운 법들과도 상관없는 그

그리고 anusāri는 anu+√sṛ(*to flow*)에서 파생된 형용사로 따름을 뜻하고 중국에서는 隨順(수순)으로 옮기기도 하였다. 주석서는 다음과 같이 설명하고 있다.

"[농경제 때 체험한 이 경지는] 깨달음을 위한 길(bodhāya maggo)이 바로 되지는 않고 들숨날숨에 대한 마음챙김을 통한 초선이 될 것이라는 말씀이다. 여기서 기억이 일어나서(uppanna-sati) 바로 그 다음에(anantaraṁ) 알음알이가 일어난 것(uppanna-viññāṇa)을 두고 satānusāri-viññāṇa 즉 기억을 따라서 알음알이가 일어남이라 한다."(MA.ii. 291)

한편 satānusāri-viññāṇa는 『디가 니까야』 제3권 「정신경」(D29) §27에도 "쭌다여, 과거에 대해서 여래에게는 이전의 것을 기억하는 알음알이가 있다. 그는 원하는 만큼 무엇이든지 기억한다."라는 문맥에서도 나타나는데 거기서는 '이전의 것을 기억하는 알음알이'로 옮겼다.

『디가 니까야 주석서』는 이 복합어를 그곳의 문맥에 따라서 "전생을 기억하는 것과 함께하는(pubbe-nivāsa-anussati-sampayuttaka) 지혜(ñāṇa)"(DA.iii.914)로 설명하고 있어서 그렇게 옮긴 것이다. 이렇게 볼 때 satānusāri-viññāṇa에서 sati는 기억으로 이해하는 것이 훨씬 타당하다.

44) "여기서 '행복(sukha)'이란 들숨날숨에 대한 마음챙김을 통한 초선의 행복(ānāpāna-ssati-paṭhama-jjhāna-sukha)을 말한다."(MA.ii.291)

여기서 '행복'으로 옮기는 단어는 sukha이다. 초기불전연구원에서는 즐거운 느낌(sukha-vedanā), 괴로운 느낌(dukkha-vedanā), 괴롭지도 즐겁지도 않은 느낌(adukkhamasukha-vedanā)의 세 가지 느낌의 하나로 나타나는 sukha는 대부분 '즐거움'으로 옮기고 여기서처럼 초선 등의 정형구에 나타나는 sukha나 느낌의 문맥에서 나타나지 않는 sukha는 '행복'으로 옮기고 있다.

런 행복을 두려워하지 않는다.'"45)

33. "악기웻사나여, 그런 내게 이런 생각이 들었다.

'이렇게 극도로 야윈 몸으로 그런 행복을 얻기란 쉽지 않다. 나는 쌀밥과 보리죽 같은 덩어리진 음식을 먹으리라.'

악기웻사나여, 그런 나는 쌀밥과 보리죽 같은 덩어리진 음식을 먹었다.

악기웻사나여, 그때에 다섯 비구들46)이 '참으로 우리의 사문 고따마가 법을 증득한다면 그것을 우리에게 알려줄 것이다.'라고 생각하면서 나를 시중들고 있었다. 악기웻사나여, 그러나 내가 쌀밥과 보리죽 같은 덩어리진 음식을 먹자 그 다섯 비구들은 '사문 고따마는 호사스러운 생활을 하고 용맹정진을 포기하고 사치스러운 생활에 젖어 있다.'라고 생각하면서 나를 혐오하여 떠나가버렸다."

34. "악기웻사나여, 그런 나는 덩어리진 음식을 먹고 감각적 욕망을 완전히 떨쳐버리고 해로운 법[不善法]들을 떨쳐버린 뒤 일으킨 생각[尋]과 지속적 고찰[伺]이 있고, 떨쳐버렸음에서 생긴 희열[喜]과 행복[樂]이 있는 초선(初禪)을 구족하여 머물렀다.

악기웻사나여, 내게 비록 이러한 즐거운 느낌이 일어났지만 그것

---

45) 이 구절은 고행에 대한 부처님의 반성이 깊이 담겨 있는 말씀이다. 그리고 감각적 욕망에 기인한 행복이나 즐거움이 아닌, 수행을 통한 행복을 인정하는 중요한 말씀이기도 하다. 여기에 대해서는 『맛지마 니까야』 제1권 「괴로움의 무더기의 짧은 경」(M14) §20에 나타나는 "행복으로 행복은 얻어지지 않습니다. 괴로움으로 행복은 얻어집니다."라는 니간타들의 강변과 여기에 대한 세존의 대응도 참조할 것.

46) '다섯 비구들' 혹은 '오비구(五比丘, pañcavaggiyā bhikkhū)'에 대해서는 본서에서 본경의 다음에 싣고 있는 「성스러운 구함 경」(M26) §24의 주해와 「무아의 특징 경」(S22:59) §2의 주해를 참조할 것.

이 내 마음을 제압하지는 못했다."[47]

35. "그런 나는 일으킨 생각[尋]과 지속적 고찰[伺]을 가라앉혔기 때문에 더 이상 존재하지 않으며] 자기 내면의 것이고, 확신이 있으며, 마음의 단일한 상태이고, 일으킨 생각과 지속적 고찰은 없고, 삼매에서 생긴 희열과 행복이 있는 제2선(二禪)을 구족하여 머물렀다.

악기웻사나여, 내게 비록 이러한 즐거운 느낌이 일어났지만 그것이 내 마음을 제압하지는 못했다."

36. "그런 나는 희열이 빛바랬기 때문에 평온하게 머물렀고, 마음챙기고 알아차리며[正念·正知] 몸으로 행복을 경험했다. 이 [禪 때문에] '평온하고 마음챙기며 행복하게 머문다.'고 성자들이 묘사하는 제3선(三禪)을 구족하여 머물렀다.

악기웻사나여, 내게 비록 이러한 즐거운 느낌이 일어났지만 그것이 내 마음을 제압하지는 못했다."

37. "그런 나는 행복도 버리고 괴로움도 버리고, 아울러 그 이전에 이미 기쁨과 슬픔을 소멸하였으므로 괴롭지도 즐겁지도 않으며, 평온으로 인해 마음챙김이 청정한 제4선(四禪)을 구족하여 머물렀다.

악기웻사나여, 내게 비록 이러한 즐거운 느낌이 일어났지만 그것이 내 마음을 제압하지는 못했다."

38. "그런 나는 이와 같이 마음이 집중되고, 청정하고, 깨끗하고, 흠이 없고, 오염원이 사라지고, 부드럽고, 활발발하고, 안정되고, 흔들림이 없는 상태에 이르렀을 때 [248] 전생을 기억하는 지혜[宿命通]

---

47) 여기서부터 아래 §44까지 반복해서 나타나는 이 문장은 위 §11에서 삿짜까가 "정말 고따마 존자께는 이미 일어난 즐거운 느낌이 마음을 제압하면서 머문 적이 없었다는 말입니까? "라고 질문 드린 데 대한 세존의 대답이다.

로 마음을 향하게 했다.

그런 나는 한량없는 전생의 갖가지 삶들을 기억했다. 즉 한 생, 두 생, 세 생, 네 생, 다섯 생, 열 생, 스무 생, 서른 생, 마흔 생, 쉰 생, 백 생, 천 생, 십만 생, 세계가 수축하는 여러 겁, 세계가 팽창하는 여러 겁, 세계가 수축하고 팽창하는 여러 겁을 기억했다. '어느 곳에서 이런 이름을 가졌고, 이런 종족이었고, 이런 용모를 가졌고, 이런 음식을 먹었고, 이런 행복과 고통을 경험했고, 이런 수명의 한계를 가졌고, 그곳에서 죽어 다른 어떤 곳에 다시 태어나 그곳에서는 이런 이름을 가졌고, 이런 종족이었고, 이런 용모를 가졌고, 이런 음식을 먹었고, 이런 행복과 고통을 경험했고, 이런 수명의 한계를 가졌고, 그곳에서 죽어 다시 여기 태어났다.'라고. 이처럼 한량없는 전생의 갖가지 모습들을 그 특색과 더불어 상세하게 기억해냈다."

39. "악기웻사나여, 이것이 내가 밤의 초경(初更)에 증득한 첫 번째 명지(明知)48)이다. 마치 방일하지 않고 열심히, 스스로 독려하며 머무는 자에게 무명이 제거되고 명지가 일어나고 어둠이 제거되고 광명이 일어나듯이, 내게도 무명이 제거되고 명지가 일어났고 어둠이 제거되고 광명이 일어났다.

악기웻사나여, 내게 비록 이러한 즐거운 느낌이 일어났지만 그것이 내 마음을 제압하지는 못했다."

40. "그런 나는 이와 같이 마음이 집중되고, 청정하고, 깨끗하고, 흠이 없고, 오염원이 사라지고, 부드럽고, 활발발하고, 안정되고, 흔들림이 없는 상태에 이르렀을 때 중생들의 죽음과 다시 태어남을

---

48) 본경에 나타나는 세 가지 명지[三明, te-vijjā]와 명지(明知, vijjā)에 대해서는 『맛지마 니까야』 제1권 「두려움과 공포 경」(M4) §28을 참조할 것.

[아는] 지혜[天眼通]로 마음을 향하게 했다.

그런 나는 청정하고 인간을 넘어선 신성한 눈[天眼]으로 중생들이 죽고 태어나고, 천박하고 고상하고, 잘생기고 못생기고, 좋은 곳[善處]에 가고 나쁜 곳[惡處]에 가는 것을 보고, 중생들이 지은 바 그 업에 따라 가는 것을 꿰뚫어 알았다. '이들은 몸으로 못된 짓을 골고루 하고 말로 못된 짓을 골고루 하고 또 마음으로 못된 짓을 골고루 하고, 성자들을 비방하고, 아주 나쁜 견해를 지니어 사견업(邪見業)을 지었다. 이들은 몸이 무너져 죽은 뒤 처참한 곳[苦界], 불행한 곳[惡處], 파멸처, 지옥에 태어났다. 그러나 이들은 몸으로 좋은 일을 골고루 하고 말로 좋은 일을 골고루 하고 마음으로 좋은 일을 골고루 하고 성자들을 비방하지 않고 바른 견해를 지니고 정견업(正見業)을 지었다. 이들은 몸이 무너져 죽은 뒤 좋은 곳[善處], 천상세계에 태어났다.'라고. 이와 같이 나는 청정하고 인간을 넘어선 신성한 눈으로 중생들이 죽고 태어나고, 천박하고 고상하고, 잘생기고 못생기고, 좋은 곳[善處]에 가고 나쁜 곳[惡處]에 가는 것을 보고, 중생들이 지은 바 그 업에 따라 가는 것을 꿰뚫어 알았다."

41. "악기웻사나여, 이것이 내가 밤의 이경(二更)에 증득한 두 번째 명지(明知)이다. 마치 방일하지 않고 열심히, 스스로 독려하며 머무는 자에게 무명이 제거되고 명지가 일어나고 어둠이 [249] 제거되고 광명이 일어나듯이, 내게도 무명이 제거되고 명지가 일어났고 어둠이 제거되고 광명이 일어났다.

악기웻사나여, 내게 비록 이러한 즐거운 느낌이 일어났지만 그것이 내 마음을 제압하지는 못했다."

42. "그런 나는 이와 같이 마음이 집중되고, 청정하고, 깨끗하고,

흠이 없고, 오염원이 사라지고, 부드럽고, 활발발하고, 안정되고, 흔들림이 없는 상태에 이르렀을 때 모든 번뇌를 소멸하는 지혜[漏盡通]로 마음을 향하게 했다.

그런 나는 '이것이 괴로움이다.'라고 있는 그대로 꿰뚫어 알았고, '이것이 괴로움의 일어남이다.'라고 있는 그대로 꿰뚫어 알았고, '이것이 괴로움의 소멸이다.'라고 있는 그대로 꿰뚫어 알았고, '이것이 괴로움의 소멸로 인도하는 도닦음이다.'라고 있는 그대로 꿰뚫어 알았다. '이것이 번뇌다.'라고 있는 그대로 꿰뚫어 알았고, '이것이 번뇌의 일어남이다.'라고 있는 그대로 꿰뚫어 알았고, '이것이 번뇌의 소멸이다.'라고 있는 그대로 꿰뚫어 알았고, '이것이 번뇌의 소멸로 인도하는 도닦음이다.'라고 있는 그대로 꿰뚫어 알았다."

43. "내가 이와 같이 알고 이와 같이 볼 때 나는 감각적 욕망에 기인한 번뇌[欲漏]에서 마음이 해탈했다. 존재에 기인한 번뇌[有漏]에서도 마음이 해탈했다. 무명에 기인한 번뇌[無明漏]에서도 마음이 해탈했다. 해탈했을 때 해탈했다는 지혜가 생겼다. '태어남은 다했다. 청정범행은 성취되었다. 할 일을 다 해 마쳤다. 다시는 어떤 존재로도 돌아오지 않을 것이다.'[49]라고 꿰뚫어 알았다."

44. "악기웻사나여, 이것이 밤의 삼경(三更)에 내가 증득한 세 번째 명지(明知)이다. 마치 방일하지 않고 열심히, 스스로 독려하며 머무는 자에게 무명이 제거되고 명지가 일어나고 어둠이 제거되고 광명이 일어나듯이, 내게도 무명이 제거되고 명지가 일어났고 어둠이 제거되고 광명이 일어났다.

---

49) 이 정형구에 대한 설명은 본서 제2편에 싣고 있는 「졸고 있음 경」(A7:58) §11의 주해를 참조할 것.

악기웻사나여, 내게 비록 이러한 즐거운 느낌이 일어났지만 그것이 내 마음을 제압하지는 못했다."

45. "악기웻사나여, 나는 수백의 대중들에게 법을 설한 것을 기억한다. 아마 그 사람들은 제각기 나에 대해 이렇게 생각할 것이다. '사문 고따마는 오직 나를 위해 법을 설하신다.'라고. 악기웻사나여, 그러나 그렇게 여겨서는 안 된다. 여래는 그들을 깨우치기 위해서 공평하게 그들에게 법을 설할 뿐이다. 악기웻사나여, 설법을 마치고 나면 나는 항상[50] 머무는 이전의 삼매의 표상[51]에 안으로 마음을 확

---

50) '항상'은 niccakappaṁ niccakappaṁ을 옮긴 것이다. 직역하면 nicca(영원한)-kappaṁ(겁 동안) nicca(영원한)-kappaṁ(겁 동안)이 되어서 '영겁 동안' 혹은 '영원히'라는 의미가 된다. 그런데 주석서는 nicca-kappaṁ을 항상(nicca-kālaṁ)으로 설명하고 있어서(MA.v.82 등) '항상'으로 옮겼다.

사실 kappa가 겁(劫)이라는 엄청나게 긴 시간 단위로만 항상 쓰이는 것이 아닌 것으로 주석서는 해석하고 있다. 예를 들면 『디가 니까야』 제2권 「대반열반경」(D16) 등에 "누구든지 네 가지 성취수단[四如意足]을 닦고, 많이 [공부]짓고, 수레로 삼고, 기초로 삼고, 확립하고, 굳건히 하고, 부지런히 닦은 사람은 원하기만 하면 일 겁을 머물 수도 있고, 겁의 남은 기간이 다하도록 머물 수도 있다."(D16 §3.3; 『상윳따 니까야』 제6권 「탑묘 경」(S51:10) §5)라고 나타나는데, 주석서에 의하면 여기서 겁은 수명의 겁(āyukappa)을 뜻한다고 하며, 그것은 백 년이라고 한다.(SA.iii.251; AA.iv.149) 그 당시 인간이 살 수 있는 수명의 한계를 다 채울 때까지 머물 수 있다는 뜻이다.

사실 niccakappaṁ niccakappaṁ을 '영겁에서 영겁으로'로 직역하면 아주 극적인 표현이 될 수 있지만 현재 우리가 쓰는 영겁이라는 어법과 여기에서 뜻하는 niccakappaṁ은 그 의미가 다르다고 이해해서 그냥 '항상 오래오래' 정도로 옮겼다.

'겁(劫, kappa)'에 대해서는 『상윳따 니까야』 제2권 「산 경」(S15:5)의 내용과 §3의 주해와 제6권 「탑묘 경」(S51:10) §5의 주해 등을 참조할 것.

51) '삼매의 표상(samādhi-nimitta)'에 대해서는 다른 주석서의 설명을 인용한다.

립하고 고요하게 하고 전일하게 하고 집중한다."52)

"그것에 관해선 고따마 존자를 믿을 수 있습니다. 왜냐하면 그분은 아라한이시고 정등각자이시기 때문입니다. 그런데 고따마 존자께서는 낮에 낮잠 주무신 것을 기억하십니까?"

46. "악기웻사나여, 나는 여름의 마지막 달에 공양을 마치고 탁발에서 돌아와서 가사를 네 겹으로 접어서 깔고 오른쪽 옆구리로 누워 마음챙기고 잘 알아차리면서[正念·正知] 잠을 잤던 것을 기억한다."

"고따마 존자시여, 어떤 사문·바라문들은 이것을 두고 미혹에 빠져 머무는 것이라고 말합니다."

"악기웻사나여, [250] 이런 것을 두고 미혹하다거나 미혹하지 않다고 하는 것이 아니다. 악기웻사나여, 어떻게 미혹한 사람이 되고 미

"'어떤 한 가지 삼매의 표상(aññatara samādhi-nimitta)'이란 38가지의 대상(명상주제)을 가진 [삼매] 가운데서 어떤 하나의 삼매가 삼매의 표상이다."(AA.iii.230)

『청정도론』「삼매 품」(III~XI)에는 삼매를 닦는 명상주제로 40가지를 들어서 하나하나를 상세하게 설명하고 있다. 그러나 주석서에는 38가지 명상주제라는 말이 자주 나타난다.(『맛지마 니까야』 제1권 「말살 경」(M8) §18의 주해 참조) 이러한 대상 중의 하나를 가진 삼매를 삼매의 표상이라고 주석서는 설명하고 있다.

52) '나는 항상 머무는 이전의 삼매의 표상에 안으로 마음을 확립하고 고요하게 하고 전일하게 하고 집중한다.'는 tasmiṁ yeva purimasmiṁ samādhi-nimitte ajjhattameva cittaṁ saṇṭhapemi sannisādemi ekodikaromi samādahāmi yena sudaṁ niccakappaṁ nicca-kappaṁ viharāmīti를 옮긴 것이다. 주석서는 이 문장을 다음과 같이 설명한다.

"내가 항상(nicca-kālaṁ) 그 공한 과의 삼매(suñña phala-samādhi)에 머무는데 그 '삼매의 표상(samādhi-nimitta)'에 마음을 확립하고 집중한다고 말씀하시는 것이다."(MA.ii.292)

공한 과의 삼매에 대해서는 『맛지마 니까야』 제4권 「공(空)에 대한 긴 경」(M122) §6과 주해들을 참조할 것.

혹하지 않은 사람이 되는지 그것을 이제 듣고 잘 마음에 잡도리하라. 나는 설하리라."

"그러겠습니다, 존자시여."라고 니간타의 후예 삿짜까는 세존께 대답했다.

세존께서는 이렇게 말씀하셨다.

47. "악기웻사나여, 누구든지 그가 정신적 오염원이고 다시 태어남을 가져오고 두렵고 괴로운 과보를 가져오고 미래의 태어남과 늙음과 죽음을 초래하는 번뇌들을 제거하지 못했다면, 그를 나는 미혹한 사람이라고 부른다. 악기웻사나여, 번뇌를 제거하지 못했기 때문에 미혹한 사람이 된다.

악기웻사나여, 누구든지 그가 정신적 오염원이고 다시 태어남을 가져오고 두렵고 괴로운 과보를 가져오고 미래의 태어남과 늙음과 죽음을 초래하는 번뇌를 제거했다면, 그를 나는 미혹하지 않은 사람이라고 부른다. 악기웻사나여, 번뇌를 제거했기 때문에 미혹하지 않은 사람이 된다.[53]

악기웻사나여, 여래는 정신적 오염원이고 다시 태어남을 가져오고 두렵고 괴로운 과보를 가져오고 미래의 태어남과 늙음과 죽음을 초래하는 번뇌들을 모두 제거하고 그 뿌리를 자르고 줄기만 남은 야자

---

53) '번뇌를 제거했기 때문에 미혹하지 않은 사람이 된다(āsavānañhi pahānā asammūḷho hoti).'라고 하셨다. 번뇌의 제거(āsavānaṁ pahāna)는 그가 깨달은 사람이냐 미혹한 사람(sammūḷha)이냐를 판단하는 기준이 된다. 그래서 불교의 최고의 성자인 아라한은 항상 번뇌 다한 자(khīṇāsava)로 여러 경들에서 묘사되고 있는 것이다.(『맛지마 니까야』 제1권 「뱀의 비유 경」(M22) §42 등) 그런 것이지 잠을 자느냐 마느냐는 깨달음이나 미혹하지 않음을 판단하는 기준이 되지 못함을 여기서 부처님께서는 분명히 드러내 보여주신다.

수처럼 만들고 멸절시켜 미래에 다시는 일어나지 않게끔 했다.

악기웻사나여, 예를 들면 야자수가 그 윗부분이 잘리면 다시 자랄 수 없는 것처럼, 여래는 정신적 오염원이고 다시 태어남을 가져오고 두렵고 괴로운 과보를 가져오고 미래의 태어남과 늙음과 죽음을 초래하는 번뇌를 모두 제거하고 그 뿌리를 자르고 줄기만 남은 야자수처럼 만들고 멸절시켜 미래에 다시는 일어나지 않게끔 했다."

48. 이렇게 말씀하셨을 때 니간타의 후예 삿짜까는 세존께 이렇게 말씀드렸다.

"경이롭습니다, 고따마 존자시여. 놀랍습니다, 고따마 존자시여. 고따마 존자께서는 이와 같이 거듭되는 무례한 말과 비방하는 조의 말투로 대응해도 피부색이 깨끗하고 안색이 밝아서 참으로 아라한・정등각자에게 어울립니다. 고따마 존자시여, 전에 저는 뿌라나 깟사빠와 논쟁을 벌였던 것을 기억합니다. 그는 논쟁을 시작하더니 엉뚱한 말로 받아넘기고 회피하고 화를 내고 분노하고 불만을 드러내었습니다. 그러나 고따마 존자께서는 이와 같이 거듭되는 무례한 말과 비방하는 조의 말투로 대응해도 피부색이 깨끗하고 안색이 밝아서 참으로 아라한・정등각자에게 어울립니다.

고따마 존자시여, 전에 저는 막칼리 고살라와 … 아지따 께사깜발라와 … 빠꾸다 깟짜야나와 … 산자야 벨랏티뿟따와 … 니간타 나따뿟따와 논쟁을 벌였던 것을 기억합니다.54) 그는 논쟁을 시작하더니 엉뚱한 말로 [251] 받아넘기고 회피하고 화를 내고 분노하고 불만을 드러내었습니다. 그러나 고따마 존자께서는 이와 같이 거듭되는

54) 여기 언급되고 있는 육사외도에 대한 주해와 그들의 더 자세한 주장에 대해서는 본서에 싣고 있는 「사문과경」(D2) §16 이하를 참조할 것.

무례한 말과 비방하는 조의 말투로 대응해도 피부색이 깨끗하고 안색이 밝아서 참으로 아라한 · 정등각자에게 어울립니다.

고따마 존자시여, 저는 이제 가봐야 할 것 같습니다. 바쁘고 해야 할 일이 많습니다."

"악기웻사나여, 지금이 적당한 시간이라면 그렇게 하라."

그러자 니간타의 후예 삿짜까는 세존의 설법을 크게 기뻐하고 감사드리면서 자리를 떠났다.[55]

---

55) "여기서 세존께서는 이 니간타에게 두 개의 경(M35와 M36)을 설하셨다. 앞 경은 한 개의 바나와라 분량이고, 이번 경은 한 개 반의 바나와라 분량이다. 이렇듯 두 개 반의 바나와라 분량의 경을 듣고도 이 니간타는 어떤 [진리의] 관통(abhisamaya)도 증득하지 못했고, 교단에 출가하지도 않았고, 삼보에 귀의하지도 않았다. 그런데 세존께서는 무엇 때문에 법을 설하셨는가? 미래의 영향력(vāsanattha)을 위해서이다.
왜냐하면 세존께서는 '이 사람이 지금은 강한 의지가 없다. 그러나 내가 열반에 든 후 200년이 지난 후 땀바빤니 섬(Tambapaṇṇi-dīpa, 스리랑카)에 불교가 전래될 것인데, 그곳에서 이 사람은 장자의 집에 태어나서 시절인연이 도래할 때 출가하여 삼장을 배워 위빳사나를 증장시켜 무애해(paṭisambhidā)를 겸한 아라한과를 얻어서 깔라붓다락키따(Kāḷa-Buddharakkhita)라는 이름의 번뇌 다한 위대한 사람이 될 것이다.'라는 것을 보셨기 때문이다. 이것을 보시고 미래의 영향력 때문에 가르침을 설하셨다."(MA.ii.293)
바나와라(bhāṇavārā)는 문자 그대로 '암송(bhānā)의 전환점(vāra)'이라는 말인데 성전을 외워 내려가다가 한 바나와라가 끝나면 쉬었다가 다시 외우는 것이 반복되고 그 다음 바나와라가 끝나면 또 다시 쉬었다가 시작한다. 한 바나와라는 8음절로 된 사구게(四句偈)로 250게송의 분량이라 한다. 그래서 총 4×8×250=8000음절이 된다. 한편 삼장은 모두 2547개에 해당되는 바나와라를 가진다고 한다.

성스러운 구함 경[聖求經][56]

법륜을 굴리시기까지

Ariyapariyesanā Sutta(M26)

【해설】

니까야 전체에서 부처님의 성도과정을 담고 있는 경을 들라면 본경과 바로 앞에 실은 「삿짜까 긴 경」(M36)을 들 수 있다. 그러나 본경에는 세존께서 깨달음을 실현하시는 구체적인 과정은 나타나지 않는다. 대신에 본경은 부처님께서 깨달음을 증득하신 후에(§18) 전법에 대한 사유를 하시고(§§19~21) 바라나시로 가셔서 오비구를 교화하는 부분을(§§26~31) 자세히 드러내고 있다.

본경은 람마까 바라문의 아쉬람에서 법담을 나누며 모여 있는 비구들에게(§4) 하신 설법을 담고 있다. 먼저 세존께서는 "두 가지 구함이 있나니 성스럽지 못한 구함과 성스러운 구함이 그것이다."(§5)라고 말문을 여신 후에, 성스럽지 못한 구함을 설명하시고(§§5~11), 생·노·병·사와 슬픔과 오염되기 마련인 것에서 재난을 알아 오염이 없는 위없는 유가안은인 열반을 구하는 것이 성스러운 구함이라 말씀하신다.(§12) 그런 뒤에 §13 이하에서 부처님께서 성스러운 것을 구하여 출가하여 수행하시던 일을 말씀하신다.

먼저 알라라 깔라마 회상으로 찾아가서 그가 가르치던 무소유처를 빠르게 증득하였고(§15) 다시 웃다까 라마뿟따를 찾아가서 그가 가르치

---

56) Ee와 Se에는 본경의 제목이 Ariyapariyesanā Sutta(성스러운 구함 경)로 나타나고 Be와 Be 주석서에는 본경 §32에 나타나는 '올가미 더미(pāsarāsi)'를 경제목으로 채택하여 Pāsarāsi Sutta(올가미 더미 경)으로 나타난다. 역자는 Ee와 Se를 따랐다.

던 비상비비상처를 얼마 지나지 않아 증득하였지만 역시 같은 이유로 떠나셨다.(§16)

그 후 세존께서는 혹독한 고행을 하셨는데 이 일화는 M36에 나타나고 본경에는 나타나지 않는다. 이런 과정을 거쳐서 부처님께서는 마침내 위없는 유가안은인 열반을 증득하셨다.(§17) 부처님이 4선 - 3명을 통해서 깨달음을 증득하신 과정도 본경에는 나타나지 않고 이것 역시 M36에 나타난다. 본경에서는 깨달으시고(§18) 범천의 권청을 받고 전법을 결심하시고(§§19~21) 오비구를 가르치신 일화(§§26~30)가 중점적으로 언급되고 있다.

깨달으신 뒤 부처님께서는 법을 설하기보다는 무관심으로 기울었다고 본경은 표현하고 있다.(§19) 그러나 대범천이 와서 설법해 주시기를 간곡하게 권청하자(§20) 마침내 전법을 하기로 결심하시고(§21) 그 대상으로 알라라 깔라마와 웃다까 라마뿟따를 떠올리셨으나 그들이 모두 얼마 전에 임종한 것을 알고(§§22~23) 오비구에게 설법을 하기로 결심하시고(§24) 바라나시 녹야원으로 떠나신다. 도중에 아지와까 [유행승인] 우빠까를 만나기도 하시면서(§25) 녹야원에 도착하셨다.

처음에 오비구는 부처님이 고행을 포기하고 '호사스러운 생활을 하고 용맹정진을 포기하고 사치스러운 생활에 젖어 있는' 수행자라 오해하고 환영하지 않았지만(§26) 세존께서는 그들을 간곡하게 설득하셔서 그들을 확신시킬 수가 있었다.(§§27~29) 이렇게 하여 오비구도 마침내 태어남이 없는 위없는 유가안은인 열반을 증득했다.(§30) 오비구는 부처님의 최초의 설법인 「초전법륜 경」(S56:11)을 듣고 모두 예류자가 되었으며 「무아의 특징 경」(無我相經, S22:59)을 듣고 모두 아라한과를 얻었다.(MA.ii.192)

그리고 본경에서 세존께서는 다섯 가닥의 얽어매는 감각적 욕망에 묶이지 않고 홀리지 않고 푹 빠지지 않아서 재난을 보고 벗어남을 비유와 함께 말씀하시고(§§31~33) 다시 4선 - 4처 - 상수멸의 구차제멸을 설하시어(§§34~42) 이 각각에 대해서 「미끼 경」(M25) §§12 ~ 20처럼 "이 비구를 일러 마라를 눈멀게 했고, 마라의 눈을 발판이 없도록 그렇게 빼버려 그 사악한 [마라]가 볼 수 없는 곳으로 갔다고 한다."(§§34~42)라고 말씀하고 계신다.

1. 이와 같이 나는 들었다. 한때 세존께서는 사왓티57)에서 제따 숲58)의 아나타삔디까 원림(급고독원)59)에 머무셨다.

---

57) 사왓티(Sāvatthi)는 꼬살라(Kosala) 국의 수도였다. 꼬살라는 부처님 재세 시에 인도에 있었던 16개국(16국은 『앙굿따라 니까야』 제1권 「팔관재계 경」(A3:70) §17을 참조할 것.) 가운데 하나였으며 16국은 차차 서로 병합되어 나중에는 마가다(Magadha)와 꼬살라 두 나라로 통일되었다. 부처님 재세 시에는 빠세나디(Pasenadi) 왕이 꼬살라를 통치하였고, 그의 아들 위두다바(Viḍūḍabha)가 계승하였다. 부처님께서 말년에 24년 정도를 이곳 사왓티의 제따와나 급고독원에 머무시는 등 부처님과 아주 인연이 많았던 곳이다.
주석서에 의하면 사왓티라는 이름은 두 가지에서 유래했다고 한다. 첫째는 사왓타(Savattha)라는 선인(仙人, isi)의 거처가 있던 곳이었기 때문에 붙인 이름이라 한다. 마치 꾸삼바 선인의 거처가 있던 곳을 꼬삼비라 하는 것과 같다. 둘째는 이곳에 대상(隊商, sattha)들이 모여들어서 '어떤 상품이 있어요?'라고 물으면 '모든 게 다 있습니다(sabbam atthi).'라고 대답했다고 해서 sāvatthi라 했다고 한다.(SnA.i.300; UdA.55, PsA.iii.532 등) 주석서들에서 사왓티를 당시 인도의 가장 큰 6대 도시 가운데 하나라고 했을 정도로 사왓티는 번창한 곳인데 이런 사정을 보여주는 설명이라 할 수 있겠다.

58) 제따(Jetā)는 사왓티(Sk. 슈라와스띠)를 수도로 한 꼬살라의 빠세나디 왕의 왕자 이름으로 √ji(*to win*)에서 파생되었으며 '승리자'라는 뜻이다. 아나타삔디까(Anāthapiṇḍika, 급고독) 장자가 자신의 고향인 사왓티에다 원림을 만들려고 이 땅을 구입하기 위해 수많은 수레에 황금을 가득히 가져와서 땅에 깔았고(이 일화는 인도와 남방불교와 북방불교에 그림과 조각으로 많이 남아 있다.) 그 신심에 감격한 왕자가 공동으로 기증해서 원림(ārama)을 만들었다는 감동적인 이야기는 불자들이 잘 알고 있다. 주석서에 의하면 아나타삔디까 장자는 이 땅을 구입하기 위해서 1억 8천만의 돈을 지불했다고 하며 제따 왕자는 이 돈을 모두 대문을 짓는 데 사용했다고 한다.(MA.i.50; UdA.56)

59) 원문은 Anāthapiṇḍikassa ārāma이다. Anāthapiṇḍika는 급고독(給孤獨)으로 한역되었으며 '무의탁자에게 음식을 베푸는 사람'이라는 뜻이다. 부처님 재세 시 재가신도 가운데서 제일가는 이름으로 우리에게 잘 알려져 있다. 급고독 장자에 대해서는 『앙굿따라 니까야』 제2권 「수닷따 경」

2. 그때 세존께서는 오전에 옷매무새를 가다듬고 발우와 가사를 수하시고 사왓티로 탁발을 가셨다. 그때 많은 비구들이 아난다 존자를 만나러 갔다. 만나러 가서는 아난다 존자에게 이와 같이 말했다.

"도반 아난다여, 우리가 세존의 면전에서 설법을 들은 지가 오래되었습니다. 도반 아난다여, 우리는 세존의 면전에서 설법을 들을 수 있으면 참 좋겠습니다."[60]

(A4:58) §1의 주해를 참조할 것.

이 제따 숲[祇園]의 아나타삔디까 원림 즉 급고독원은 우리나라에서는 기원정사(祇園精舍)로 잘 알려진 곳이고 세존께서 말년 19년간을 여기서 보내셨다고 한다.(DhA.i.3; BuA.3; AA.i.314) 사왓티의 동쪽 원림[東園林]에 있는 미가라마따(녹자모)의 강당(『앙굿따라 니까야』 제1권 「족쇄경」(A2:4:5) §1의 주해 참조)에 머무신 것을 합치면 세존께서는 사왓티에서만 24년 정도를 보내셨다. 세존께서 아난다 존자를 시자로 삼으신 것도 여기 계시기 시작할 무렵이었다.

깨달으신 후 보내신 세존의 45년간의 삶은 크게 두 부분으로 나누어 볼 수 있다. 전반부 20여 년은 인도 중원을 다니면서 법의 전도에 역점을 두셨고 나머지 25년 가까운 세월은 이 아늑하고 편안한 기원정사에 머무시면서 사리뿟따 존자를 위시한 제자들과 교법을 체계화하는 데 중점을 두셨다. 물론 해제 때에는 제자들과 여러 곳으로 유행을 하셨지만 후반부 24년을 사왓티 한 곳에서만 머무셨다는 것은 분명 법체계화와 깊은 관련이 있다고 볼 수 있을 것이다.

그렇기 때문에 152개의 본 『맛지마 니까야』의 경들 가운데 절반에 가까운 대략 69개의 경들이 이곳에서 설해진 것으로 나타나는 것도 우연은 아니다. 사왓티의 급고독원은 법체계화에 중점을 둔 부처님 후반부의 삶과 깊은 관계가 있는 곳이기 때문이다.

60) "이들 오백 명의 비구들은 지방에 살던 사람으로 십력(十力)을 가진 분(dasa-bala)을 뵈리라고 하면서 사왓티로 왔다. 거기서 그들은 스승님의 모습을 뵙기는 했지만 법문을 듣지는 못했다. 하지만 그들은 스승님을 존경하는 마음 때문에 '스승님이시여, 저희들에게 법문을 설해주십시오.'라고 말을 할 수 없었다. 부처님들은 존경받는 분들(garū)이시기 때문이다. 사자와 사슴 왕처럼 혼자 다니셨고, 발정 난 코끼리처럼, 목을 치켜세운

"도반들이여, 그렇다면 람마까 바라문61)의 아쉬람으로 가십시오. 그러면 세존의 면전에서 설법을 들을 수 있을 겁니다."62)

"그러겠습니다, 도반이여."라고 그 비구들은 아난다 존자에게 응답했다.

3. 그때 세존께서는 사왓티에서 탁발하여 공양을 마치시고 탁발에서 돌아와 아난다 존자를 부르셨다.

"아난다여, 동쪽 원림[東園林]63)의 녹자모 강당64)으로 가서 낮 동

독사처럼, 불무더기처럼 접근할 수가 없었기 때문이다. 이와 같이 접근할 수 없는 스승님을 그 비구들이 직접 찾아가 청할 수 없어 아난다 존자에게 청을 한 것이다."(MA.ii.163~164)

61) 람마까 바라문(Rammaka brāhmaṇa)은 본경에만 나타나는 듯하며 주석서는 그에 대한 아무 설명을 하지 않는다. 한편 람마까(rammaka, Sk. ramyaka)는 찟따(Citta, Citra, 음3월) 달의 다른 이름으로도 쓰인다.

62) "왜 아난다 장로는 그 비구들을 람마까 바라문의 아쉬람(Rammakassa brāhmaṇassa assama)으로 가라고 했는가? 십력을 가진 분의 활동이 장로에게 분명히 드러났기 때문(pākaṭa-kiriyatā)이다. 장로는 '오늘 스승님께서는 제따 숲에서 머무시고는 동쪽 원림에서 낮 동안을 머무실 것이다. 오늘 동쪽 원림에서 머무시고 제따 숲에서 낮 동안을 머무실 것이다. 오늘은 혼자서 탁발을 가실 것이다. 오늘은 비구 대중과 함께 가실 것이다. 이때쯤 마을에서 나오실 것이다.'라고. 그렇다면 그가 타심통(ceto-pariya-ñāṇa)을 가졌는가? 그렇지는 않다. 추측(anumāna-buddhi)하여 알고 실천해 온 행위(kata-kiriya)로 안다."(MA.ii.164)

63) 동쪽 원림[東園林, Pubbārāma]은 사왓티의 동쪽 대문 밖에 있는 원림이다. 세존께서는 사왓티의 제따 숲 아나타삔디까 원림(급고독원)에 머무시면서 낮 동안에는 이 동원림에서 지내셨다고 한다.(DhpA.i.413; MA.i.369) 바로 이곳에 위사카(Visākhā)가 세존과 승단을 위해서 본경의 녹자모 강당(Migāramātu-pāsāda)을 건립하였다.

64) 녹자모 강당(Migāramātu-pāsāda)은 위사카(Visakhā)가 지은 강당이다. 그녀는 상인이었던 그녀의 시아버지 미가라에 의해 어머니의 대접을 받았기 때문에 미가라마따(Migāramātu, 녹자모, 鹿子母)라고 불렸다. 그 일화는 다음과 같다.

안을 머물자."

"그러겠습니다. 세존이시여."라고 아난다 존자는 세존께 대답했다. 그러자 세존께서는 아난다 존자와 함께 동쪽 원림[東園林]의 녹자모 대강당으로 가서 낮 동안을 머무셨다. 그때 세존께서는 해거름에 [낮 동안의] 홀로 앉음에서 일어나셔서[65] 아난다 존자를 부르셨다.

"아난다여, 동 꼿타까[66]로 목욕을 가자."

위사카의 시아버지 미가라는 처음에는 니간타(Nigaṇṭha)를 따르던 신도였는데, 나중에 그의 며느리 위사카의 설득으로 휘장 뒤에서나마 부처님의 설법을 듣고 예류과를 얻었다고 한다. 그래서 그의 며느리에게 너무도 감사하여 '당신은 오늘부터 나의 어머니요.'라고 했다고 한다. 그래서 그녀는 위사카라는 이름보다 미가라의 어머니(미가라마따, 鹿子母)로 더 알려지게 되었다고 한다.(MA.ii.296; DhpA.i.387; AA.i.220)

65) "'해거름에 [낮 동안의] 홀로 앉음에서 일어나셔서(sāyaṇhasamayaṁ paṭisallānā vuṭṭhito)'라고 하였다. 그 강당에는 제자들의 방 큰 것 두 개 사이에 세존의 방이 있었다. 장로가 문을 열고 방안을 치우고 먼지와 쓰레기를 버리고 침상과 의자를 정리하여 스승님께 알렸다. 스승님께서 방에 들어가셔서 마음챙기고 알아차리시면서 사자처럼(sīhaseyya) 오른쪽 옆구리로 누워 피로를 가라앉힌 뒤 일어나서 과의 증득(phala-samāpatti)에 들어 앉으셨다가 해거름에 그 증득에서 나오셨다. 그것과 관련하여 말한 것이다."(MA.ii.165~166)

66) "동 꼿타까(Pubbakoṭṭhaka)는 동쪽에 있는 꼿타까였다. 사왓티에 있는 원림은 어떤 때에는 크고 어떤 때에는 작았는데, 위빳시 부처님 당시에는 일 요자나의 크기였고, 시키 부처님 당시에는 세 가우따의 크기였고, 깟사빠 부처님 당시에는 스무 우사바의 크기였다고 한다. 이 동 꼿타까는 원림의 크기가 스무 우사바였던 깟사빠 부처님 당시 동문에 꼿타까라고 있던 것이다. 그것이 지금은 동 꼿타까로 나타났다.
깟사빠 부처님 당시 아찌라와띠라는 강이 도시를 에워싸고 흘러 동 꼿타까에 이르자 물길에 의해 무너져 큰 호수가 되었다. 그것은 제방도 있었고 서서히 깊어갔다. 그곳에는 각각의 목욕 장소가 있었는데 하나는 왕을 위한 것이고, 하나는 시민들을 위한 것이고, 하나는 비구 상가를 위한 것이고, 또 하나는 부처님을 위한 것이었다."(MA.ii.166)
요자나(yojana)는 중국에서 유순(兪旬, 踰旬)으로 음역을 하였는데 √

"그러겠습니다, 세존이시여."라고 아난다 존자는 세존께 대답했다. 그리하여 [161] 부처님께서는 아난다 존자와 더불어 동 꼿타까로 목욕을 가셨다. 동 꼿타까에서 목욕을 하고 나와 가사 하나만을 입고 몸을 말리고 계셨다. 그때 아난 존자는 세존께 이렇게 말씀드렸다.

"세존이시여, 이 근처에 람마까 바라문의 아쉬람이 있습니다. 세존이시여, 람마까 바라문의 아쉬람은 상쾌한 곳입니다. 세존이시여, 람마까 바라문의 아쉬람은 편안합니다. 세존이시여, 세존께서 자비를 베푸시어 람마까 바라문의 아쉬람을 방문해주시면 좋겠습니다."

세존께서는 침묵으로 승낙하셨다.

4. 그러자 세존께서는 람마까 바라문의 아쉬람으로 가셨다. 그때 비구들은 람마까 바라문의 아쉬람에서 법담을 나누며 모여 있었다. 그러자 세존께서는 문밖에 서서 그 이야기가 끝나는 것을 기다리고 계셨다. 그때 세존께서는 이야기가 끝난 것을 아시고 '어흠' 하고 헛기침을 하시며 문을 가볍게 두드리셨다. 그 비구들은 세존께 문을 열어드렸다. 세존께서는 람마까 바라문의 아쉬람에 들어가셔서 마련해 드린 자리에 앉으셨다. 자리에 앉으신 세존께서는 비구들에게 말씀하셨다.

"비구들이여, 무슨 이야기를 하기 위해 지금 여기에 모였는가? 그리고 그대들이 하다 만 이야기는 무엇인가?"

"세존이시여, 세존에 대한 이야기를 하던 중에 세존께서 오셨습

---

yuj(*to yoke*)에서 파생된 중성명사이다. 어원이 암시하듯이 이것은 [소에] 멍에를 얹어서(yoke) 쉬지 않고 한 번에 갈 수 있는 거리인데 1 요자나는 대략 7마일 즉 11km 정도의 거리라고 한다.(PED)

그리고 1가우따(gāvuta)는 4분의 1 요자나의 거리이고 1우사바(usabha)는 대략 200피트 즉 60m 정도의 거리라 한다.

니다."

"장하구나, 비구들이여. 비구들이여, 이처럼 법담을 나누기 위해 모여 있다니, 믿음으로 집을 나와 출가한 그대 좋은 가문의 아들들에게 참으로 어울리는 일이구나. 비구들이여, 그대들이 함께 모이면 오직 두 가지 할 일이 있나니, 법담을 나누거나 성스러운 침묵을 지키는 것이다."

두 가지 구함

5. "비구들이여, 두 가지 구함이 있나니 성스럽지 못한 구함과 성스러운 구함이 그것이다.

비구들이여, 그러면 무엇이 성스럽지 못한 구함인가?

비구들이여, 여기 어떤 사람은 자신이 태어나기 마련이면서 또한 태어나기 마련인 것을 구하고, 자신이 늙기 마련이면서 [162] 늙기 마련인 것을 구하고, 자신이 병들기 마련이면서 병들기 마련인 것을 구하고, 자신이 죽기 마련이면서 죽기 마련인 것을 구하고, 자신이 슬퍼하기 마련이면서 슬퍼하기 마련인 것을 구하고, 자신이 오염되기 마련이면서 오염되기 마련인 것을 구한다."

6. "비구들이여, 그러면 무엇을 태어나기 마련인 것이라고 하는가?

비구들이여, 아들과 아내가 태어나기 마련인 것이다. 하인과 하녀가 태어나기 마련인 것이다. 염소와 양이 태어나기 마련인 것이다. 닭과 돼지가 태어나기 마련인 것이다. 코끼리와 소와 수말과 암말이 태어나기 마련인 것이다. 금과 은이 태어나기 마련인 것이다. 비구들이여, 이런 재생의 근거[67]들이 태어나기 마련인 것이다.[68] 여기에 묶이고 홀리고 집착하여 자신이 태어나기 마련이면서 또한 태어나기 마련인 것을 구한다."

7. "비구들이여, 그러면 무엇을 늙기 마련인 것이라고 하는가? 비구들이여, 아들과 아내가 늙기 마련인 것이다. 하인과 하녀가 … 염소와 양이 … 닭과 돼지가 … 코끼리와 소와 수말과 암말이 … 금과 은이 늙기 마련인 것이다. 비구들이여, 이런 재생의 근거들이 늙기 마련인 것이다. 여기에 묶이고 홀리고 집착하여 자신이 늙기 마련이면서 늙기 마련인 것을 구한다."

8. "비구들이여, 그러면 무엇을 병들기 마련인 것이라고 하는가? 비구들이여, 아들과 아내가 병들기 마련인 것이다. 하인과 하녀가 … 염소와 양이 … 닭과 돼지가 … 코끼리와 소와 수말과 암말이 병들기 마련인 것이다.[69] 비구들이여, 이런 재생의 근거들이 병들기 마련인 것이다. 여기에 묶이고 홀리고 집착하여 자신이 병들기 마련이면서 병들기 마련인 것을 구한다."

9. "비구들이여, 그러면 무엇을 죽기 마련인 것이라고 하는가? 비구들이여, 아들과 아내가 죽기 마련인 것이다. 하인과 하녀가 … 염소와 양이 … 닭과 돼지가 … 코끼리와 소와 수말과 암말이 죽기 마련인 것이다. 비구들이여, 이런 재생의 근거들이 죽기 마련인 것이

---

67) '재생의 근거(upadhi)'에 대해서는 『맛지마 니까야』 제2권 「메추라기 비유 경」(M66) §14의 주해를 참조할 것.

68) "이런 다섯 가닥의 얽어매는 감각적 욕망인 재생의 근거(upadhi)들이 '태어나기 마련인 것(jāti-dhammā)'이라는 말씀이다."(MA.ii.170)

69) "'병들기 마련인 것(byādhi-dhamma)'의 목록에서 금과 은(jāta-rūpa)은 제외되었다. 왜냐하면 이 금은은 두통 등의 병듦이 없고, 중생들에게서처럼 죽음이라 부르는 사망도 없고 슬픔도 일어나지 않기 때문이다. 그러나 철(aya) 등의 오염원(saṅkilesa)에 오염되기 때문에 아래 '오염되기 마련인 것(saṅkilesa-dhamma)'의 목록에는 포함되었다."(MA.ii.170)

다. 여기에 묶이고 홀리고 집착하여 자신이 죽기 마련이면서 죽기 마련인 것을 구한다."

10. "비구들이여, 그러면 무엇을 슬퍼하기 마련인 것이라고 하는가?

비구들이여, 아들과 아내가 슬퍼하기 마련인 것이다. 하인과 하녀가 … 염소와 양이 … 닭과 돼지가 … 코끼리와 소와 수말과 암말이 슬퍼하기 마련인 것이다. 비구들이여, 이런 재생의 근거들이 슬퍼하기 마련인 것이다. 여기에 묶이고 홀리고 집착하여 자신이 슬퍼하기 마련이면서 슬퍼하기 마련인 것을 구한다."

11. "비구들이여, 그러면 무엇을 오염되기 마련인 것이라고 하는가?

비구들이여, 아들과 아내가 오염되기 마련인 것이다. 하인과 하녀가 오염되기 마련인 것이다. 염소와 양이 오염되기 마련인 것이다. 닭과 돼지가 오염되기 마련인 것이다. 코끼리와 소와 수말과 암말이 오염되기 마련인 것이다. 금과 은이 오염되기 마련인 것이다. 비구들이여, 이런 재생의 근거들이 오염되기 마련인 것이다. 여기에 묶이고 홀리고 집착하여 자신이 오염되기 마련이면서 오염되기 마련인 것을 구한다."

12. "비구들이여, 그러면 무엇이 성스러운 구함인가?

비구들이여, 여기 어떤 사람은 자신이 태어나기 마련이지만 태어나기 마련인 것에서 재난을 알아 [163] 태어남이 없는 위없는 유가안은인 열반을 구하고, 자신이 늙기 마련이지만 늙기 마련인 것에서 재난을 알아 늙음이 없는 위없는 유가안은인 열반을 구하고, 자신이 병들기 마련이지만 병들기 마련인 것에서 재난을 알아 병이 없는 위없는 유가안은인 열반을 구하고, 자신이 죽기 마련이지만 죽기 마련인 것에서 재난을 알아 죽음이 없는 위없는 유가안은인 열반을 구하고, 자신이 슬퍼하기 마련이지만 슬퍼하기 마련인 것에서 재난을 알아 슬픔이 없는 위없는 유가안은인 열반을 구하고, 자신이 오염되기 마련이지만 오염되기 마련인 것에서 재난을 알아 오염이 없는 위없는 유가안은인 열반을 구한다."

깨달음의 추구

13. "비구들이여, 나도 역시 깨닫기 전, 아직 정등각을 성취하지 못한 보살이었을 때 내 자신이 태어나기 마련이면서 태어나기 마련인 것을 구했다. 내 자신이 늙기 마련이면서 … 내 자신이 병들기 마련이면서 … 내 자신이 죽기 마련이면서 … 내 자신이 슬퍼하기 마련이면서 … 내 자신이 오염되기 마련이면서 오염되기 마련인 것을 구했다.

비구들이여, 그런 내게 이런 생각이 들었다.

'나는 왜 내 자신이 태어나기 마련이면서 태어나기 마련인 것을 구하고 … 나는 왜 내 자신이 늙기 마련이면서 … 나는 왜 내 자신이 병들기 마련이면서 … 나는 왜 내 자신이 죽기 마련이면서 … 나는 왜 내 자신이 슬퍼하기 마련이면서 … 나는 왜 자신이 오염되기 마련이면서 오염되기 마련인 것을 구하는가? 참으로 나는 내 자신이 태어나기 마련이면서 태어나기 마련인 것에서 재난을 알아 태어남이 없는 위없는 유가안은인 열반을 구하고, 내 자신이 늙기 마련이면서 … 내 자신이 병들기 마련이면서 … 내 자신이 죽기 마련이면서 … 내 자신이 슬퍼하기 마련이면서 … 내 자신이 오염되기 마련이면서 오염되기 마련인 것에서 재난을 알아 오염이 없는 위없는 유가안은인 열반을 구하리라.'"

14. "비구들이여, 그런 나는 나중에 아직은 연소하고 젊고 머리가 검고 축복받은 젊음을 구족한 초년기에 부모님이 원치 않아 눈물을 흘리며 통곡하심에도 불구하고 삭발을 하고 가사를 입고 집을 떠나 출가했다."

15. "그런 나는 이와 같이 출가하여 유익한 것[善]을 구하고 위없는 평화로운 경지를 찾아 알라라 깔라마를 만나러 갔다. 가서는 알라라 깔라마에게 이렇게 말했다.

"알라라 깔라마시여, 이 법과 율에서 청정범행을 닦고자 합니다."

… <위 「삿짜까 긴 경」 (M36) §14와 같음> …

비구들이여, 그런 나는 그 법에 만족하지 않고 그 법을 염오하면서 떠나갔다."

16. "비구들이여, 그런 나는 유익한 것[善]을 구하고 위없는 평화로운 경지를 찾아 웃다까 라마뿟따를 만나러 갔다. 가서는 웃다까 라마뿟따에게 이렇게 말했다.

"웃다까 라마뿟따시여, 이 법과 율에서 청정범행을 닦고자 합니다."

… <위 「삿짜까 긴 경」 (M36) §15와 같음> …

비구들이여, 그런 나는 그 법에 만족하지 않고 그 법을 염오하면서 떠나갔다."

17. "비구들이여, 그런 나는 유익한 것[善]을 구하고 위없는 평화로운 경지를 찾아 마가다 지방에서 차례로 유행하다가 우루웰라의 장군촌에 이르렀다. 그곳에서 [167] 아름다운 땅과 매력적인 숲과 유

유히 흐르는 깨끗한 강과 아름다운 강기슭과 근처에 탁발할 수 있는 마을을 보았다. 비구들이여, 그런 내게 이런 생각이 들었다.

"땅은 풍요롭고 숲은 상쾌하다. 유유히 흐르는 강은 맑고, 강기슭은 아름답다. 근처에는 탁발할 수 있는 마을이 있다. 참으로 이곳은 용맹정진을 원하는 좋은 가문의 아들[善男子]들이 용맹정진하기에 적합한 곳이다."

깨달음

18. "비구들이여, 그런 나는 자신이 태어나기 마련이면서 태어나기 마련인 것에서 재난을 알아 태어남이 없는 위없는 유가안은인 열반을 구하여 태어남이 없는 위없는 유가안은인 열반을 증득했다.

자신이 늙기 마련이면서 늙기 마련인 것에서 재난을 알아 늙음이 없는 위없는 유가안은인 열반을 구하여 늙음이 없는 위없는 유가안은인 열반을 증득했다.

자신이 병들기 마련이면서 병들기 마련인 것에서 재난을 알아 병이 없는 위없는 유가안은인 열반을 구하여 병이 없는 위없는 유가안은인 열반을 증득했다.

자신이 죽기 마련이면서 죽기 마련인 것에서 재난을 알아 죽음이 없는 위없는 유가안은인 열반을 구하여 죽음이 없는 위없는 유가안은인 열반을 증득했다.

자신이 슬퍼하기 마련이면서 슬퍼하기 마련인 것에서 재난을 알아 슬픔이 없는 위없는 유가안은인 열반을 구하여 슬픔이 없는 위없는 유가안은인 열반을 증득했다.

자신이 오염되기 마련이면서 오염되기 마련인 것에서 재난을 알아 오염이 없는 위없는 유가안은인 열반을 구하여 오염이 없는 위없는 유가안은인 열반을 증득했다. 내게는 지와 견이 생겼다.70) '나의 해탈은 확고부동하다.71) 이것이 나의 마지막 태어남이다. 더 이상 다시 태어남[再生]은 없다.'라고."

19. "비구들이여, 그런 내게 이런 생각이 들었다.72)

---

70) "'지와 견이 생겼다(ñāṇañca pana me dassanaṁ udapādi).'는 것은 모든 법들을 볼 수 있는 능력(sabba-dhamma-dassana-samattha)과 일체지(sabbaññuta-ññāṇa)가 생겼다는 말이다."(MA.ii.174)
"'나의 해탈은 확고부동하다. … 지와 견이 생겼다.'는 것은 반조의 지혜(paccavekkha-ṇañāṇa)이다."(AA.ii.348; DA.i.220)
"'나의 해탈은 확고부동하다. … 지와 견이 생겼다."를 역자는 부동해탈지견(不動解脫知見, akuppa-vimutti-ñāṇa-dassana)이라는 술어로 정착시킨다. 부동해탈지견과 구경해탈지(究竟解脫知)와 해탈지견(解脫知見)의 비교에 대해서는 『상윳따 니까야』 제2권 「깨닫기 전 경」(S14:31)의 마지막 주해를 참조할 것.
'확고부동한 마음의 해탈(akuppā ceto-vimutti)'에 대해서는 『맛지마 니까야』 제1권 「심재 비유의 긴 경」(M29) §7의 주해를 참조할 것.

71) "'나의 해탈은 확고부동하다(akuppā me vimutti).'는 것은 아라한과의 해탈이 흔들리지 않기(akuppatā) 때문에 확고부동하고, 또한 흔들리지 않는 대상(akupp-ārammaṇatā) 때문에 확고부동하다. 왜냐하면 이 해탈은 탐욕 등에 의해 흔들리지 않고, 흔들리지 않는 열반을 대상으로 삼기 때문에 확고부동하다는 말이다."(MA.ii.174)

72) 이하 본경의 §§19~21과 거의 같은 내용이 『율장』(Vin.i.4~7)과 『상윳따 니까야』 제1권 「권청(勸請) 경」(S6:1) 전체와 『디가 니까야』 제2권 「대전기경」(D14) §§3.1~3.7에도 나타나고 있다. 주석서는 이 일화는 깨달음을 이루신 뒤 8번째 칠 일(aṭṭhama sattāha)에 염소치기의 니그로다 나무(ajapāla-nigrodha) 아래에서 있었던 것이라 적고 있다.(SA.i.195) 수자따(Sujātā)가 고행을 그만두신 세존께 우유죽을 공양올린 곳이 바로 이 염소치기의 니그로다 나무 아래였다고 한다.(J.i.16, 69)
한편 주석서(MA.ii.181~186)는 세존께서 깨달음을 증득하신 뒤 초전법륜을 결심하시기 전의 7×7=49일 동안에 하셨던 일을 자세하게 적고 있다. 그것을 간단하게 정리하면 다음과 같다.
① 세존께서는 깔라 용왕의 거처가 있는(Kālanāgarājassa bhavana) 만제리까(Mañjerika, ApA.77)라는 숲에서 깨달으셨는데 첫 번째 칠 일

'내가 증득한 이 법은 심오하여 보기 어렵고 깨닫기 어렵고 고요하고 수승하고 사유의 영역을 넘어섰고 미묘하여 오로지 현자들만이 알아볼 수 있을 것이다.[73] 그러나 사람들은 집착을 좋아하고[74] 집착

은 깨달은 바로 그 장소에서 가부좌한 하나의 자세로 좌정하고 계셨다.

② 두 번째 칠 일은 깨달음을 증득하신 바로 그 자리와 그 나무[菩提樹, bodhi-rukkha]를 눈을 깜빡이지 않고 쳐다보면서 보내셨다.

③ 세 번째 칠 일은 그곳 가까이에서 동쪽에서 서쪽으로 길게 포행을 하시면서 보내셨다.

④ 네 번째 칠 일은 신들에게 『논장』(論藏, Abhidhamma-piṭaka)을 자세하게 설하셨다.

⑤ 다섯 번째 칠 일은 보리수 아래로부터 염소치기의 니그로다 나무로 가셔서 아비담마에 대한 조직적인 도(naya-magga)를 명상하셨다.

⑥ 여섯 번째 칠 일은 무짤린다(Mucalinda) 나무아래에서 머무셨다.

⑦ 일곱 번째 칠 일은 왕의 처소(Rājāyatana)라 불리는 나무아래서 머무셨다.

이렇게 일곱 번째 칠 일을 보내신 뒤에 여덟 번째 칠 일에는 다시 염소치기의 니그로다 나무 아래로 가셔서 본경의 이 부분과 『상윳따 니까야』 제1권 「권청(勸請) 경」(S6:1)에 나타나는 전법을 주저하는 사유를 하셨고, 사함빠띠 범천은 세존께서 이 세상에 법을 설해주시기를 간청하게 된다.

73) "'내가 증득한 이 법(adhigato kho myāyaṁ dhammo)'이란 통찰한 사성제의 법(catu-sacca-dhammo)을 말한다.

'심오하다(gambhīra).'는 것은 밝게 드러난 상태와 반대되는 말이다.

'보기 어렵다(duddasa).'는 것은 심오하기 때문에 보기 어렵다, 쉽게 볼 수 없다는 말이다.

'깨닫기 어렵다(duranubodha).'는 것은 보기 어렵기 때문에 깨닫기 어렵다, 쉽게 깨달을 수 없다는 말이다.

'고요하다(santa).'는 것은 가라앉았다(nibbuta)는 말이고, '수승하다(paṇī-ta).'는 것은 괴로움이 미치지 못한다는 말인데, 이 둘은 오직 출세간(lokuttara)과 관련하여 말한 것이다.

'사유의 영역을 넘어섰다(atakkāvacara).'는 것은 사유로써는 들어갈 수 없고(takkena avacaritabbo ogāhitabbo na hoti) 오직 지혜(ñāṇa)로써만 들어갈 수 있다는 말이다.

'미묘하다(nipuṇa).'는 것은 미세하다는 말이고, '현자만이 알아볼 수 있다(paṇḍita-vedanīya).'는 것은 바른 도닦음(sammā-paṭipada)으로 수행

을 기뻐하고 집착을 즐긴다. 집착을 좋아하고 집착을 기뻐하고 집착을 즐기는 사람들이 이런 경지, 즉 '이것에게 조건이 됨'인 연기[75]를 보기는 어려울 것이다. 또한 모든 형성된 것들의 가라앉음,[76] 모든 재생의 근거[77]를 완전히 놓아버림, 갈애의 멸진, 탐욕의 빛바램, 소멸,[78] 열반[79]을 보기도 어려울 것이다. 설혹 [168] 내가 법을 가르친

한 현자들만이 이해할 수 있다는 말이다."(MA.ii.174)

74) "'집착을 좋아하고(ālaya-ratā)'에서 집착은 ālaya를 옮긴 것이다. 중생들은 다섯 가지 얽어매는 감각적 욕망에 집착하기(allīyanti) 때문에 다섯 가지 얽어매는 감각적 욕망을 '집착(ālaya)'이라 부르고, 108가지의 갈애(taṇhā)에 집착하기 때문에 '집착'이라 부른다. 그 집착과 함께 좋아하기 때문에 집착을 좋아하고라고 하셨다."(MA.ii.174)
108가지 갈애에 대해서는 『상윳따 니까야』 제2권 「분석 경」(S12:2) §8의 주해를 참조할 것.

75) '이것에게 조건이 됨[此緣性, idappaccayatā]'과 '연기(緣起, paṭiccasam-uppāda)'는 동일한 뜻을 가진 다른 표현이다. 연기란 조건 짓는 법들(paccaya-dhammā)을 말한다. 즉 '태어남을 조건하여 늙음·죽음이 있다.'라는 연기의 구문에서는 '태어남'이 바로 연기이고, 조건 짓는 법이고, 이것에게(imesaṁ) 조건이 됨(paccayā)이다. 즉 늙음·죽음에게 태어남은 조건이 됨이다. 대신 여기서 늙음·죽음은 조건 따라 생긴 법(paṭicca-samuppanna-dhamma)이라 부르지 연기라고 부르지 않는다. 상세한 설명은 『청정도론』 제17장 통찰지의 토양을 참조할 것.

76) "이 이하의 표현들은 모두 열반을 지칭한다. 열반에 이르러서는 모든 형성된 것들의 동요(vipphanditāni)가 가라앉고(sammanti) 고요해지기(vūpasammanti) 때문에 열반을 '모든 형성된 것들의 가라앉음(sabba-saṅkhāra-samatha)'이라 부른다."(SA.ii.175)

77) "'재생의 근거(upadhi)'라 했다. 여기에 괴로움이 놓이기 때문에 우빠디(upadhi, 재생의 근거)라고 한다. 즉 무더기(蘊) 등을 말한다."(DAṬ.ii.76)

78) "'소멸(nirodha)'이라고 하셨다. 모든 재생의 근거들이 완전히 놓아졌고, 모든 갈애들이 멸진되었고, 모든 오염원에 대한 탐욕(kilesa-rāgā)이 빛바랬고, 모든 괴로움이 소멸되었다. 그래서 '모든 재생의 근거를 완전히 놓아버림, 갈애의 멸진, 탐욕의 빛바램, 소멸'(sabbūpadhipaṭinissaggo taṇhā kkhayo virāgo nirodho)이라고 하셨다."(SA.ii.175)

다 하더라도 저들이 내 말을 이해하지 못한다면 그것은 나를 피로하게 만들 뿐이고, 나를 성가시게 할 뿐이다.'

그때 나에게 이전에 들어보지 못한 게송이 즉흥적으로 떠올랐다.

'내가 어렵게 증득한 법을[80]
과연 설할 필요가 있을까?

---

79) '열반'의 범어는 nibbāna(Sk. nirvāna)인데 이것은 접두어 nis와 vāna로 분해가 된다. 일반적으로 nibbāna는 nis+√vā(*to blow*, 혹은 √vṛ, *to cover*)에서 파생된 과거분사로 이해한다. 특히 열반(Sk. nirvāna)의 언급은 인도의 대문법가 빠니니(Pāṇini)의 문법서인 『아슈따다이』(Aṣṭa-dhyayī) VII.ii.20에도 "nirvāṇo 'vāte"로 나타나는데 풀이하면 "nis를 접두어로 가진 동사 √vā(*to blow*)가 바람(vāta)을 뜻하는 단어를 주어로 가지지 않을 때 그것의 과거분사형은 nirvāṇa이다."로 해석된다. 이처럼 빠니니도 열반을 과거분사로 설명했다.
그런데 본경에 해당하는 주석서는 nibbāna에 대한 다른 어원을 내어놓는다. 즉 nibbāna(Sk. nirvāna)는 접두어 nis와 vāna로 분해가 된다. 주석서는 여기서 vāna를 숲을 뜻하는 vana의 곡용형으로 간주하여 숲으로 뒤덮인 곳(즉 밀림, *jungle*)을 뜻하며(PED) 주석서에서는 이것을 갈애의 밀림이라는 의미로 사용하고 있다. 그래서 주석서는 nibbāna(열반)을 다음과 같이 설명하고 있다.
"갈애(taṇhā)는 각각의 존재로써 다른 존재를(bhavena bhavaṁ) 얽히게 하거나 혹은 결과와 함께 업(kamma)을 엮기 때문에(vinati saṁsibbati) vāna(갈애, 밀림)라고 부른다. 이런 와나에서 벗어남(vānato nikkhan-taṁ)이 nibbāna(열반)이다."(MA.ii.175)
"결과와 함께 업을 엮는다는 것은 갈애를 가진 자는 미래에 다시 태어난다는 뜻이다."(DAṬ.ii.77)

80) '어렵게 증득한(kicchena adhigataṁ)'이라고 하셨다. 주석서에 따르면 부처님들께는 도닦음이 어려운 것(dukkhā paṭipadā)은 아니었다. 왜냐하면 부처님들은 네 가지 도를 쉽게 얻으셨기 때문이다. 그러나 바라밀을 완성하실 때에(pāramī-pūraṇa-kāle) 탐욕과 성냄과 어리석음에 휩싸인 자들이 보살이 얻은 것을 요구할 때 머리를 베고 목에서 피를 뽑고 눈을 뽑고 아들과 부인을 주면서 얻은 도와 관련해서 '내가 어렵게 증득한 법'이라고 말씀하신 것이라고 한다.(MA.ii.175)

탐욕과 성냄으로 가득한 자들이
이 법을 깨닫기란 실로 어렵다.
흐름을 거스르고[81] 미묘하고 심오하고
보기 어렵고 미세하여
어둠의 무더기에 덮여 있고
탐욕에 물든 자들은 보지 못한다.'[82]

비구들이여, 이와 같이 숙고할 때 내 마음은 법을 설하기보다는 무관심[83]으로 기울었다."

20. "비구들이여, 그때 사함빠띠 범천[84]은 그의 마음으로 내 마

---

81) "'흐름을 거스르고(paṭisoṭa-gāmiṁ)'란 영원함 등의 흐름을 거스르는 무상 · 고 · 무아 · 부정(anicca, dukkha, anattā, asubha)의 이런 네 가지 진리의 법(catu-sacca-dhamma)을 두고 말씀하신 것이다."(MA.ii.176)

82) "'어둠의 무더기(tamo-khandha)'란 무명의 더미(avijjā-rāsi)를 말하고, '탐욕에 물들었다(rāgarattā).'는 것은 감각적 욕망의 탐욕(kāma-rāga)과 존재의 탐욕(bhava-rāga)과 사견의 탐욕(diṭṭhi-rāga)에 물들었다(rattā)는 말이다."(MA.ii.176)

83) "'무관심(appossukkatā)'이란 관심이 없음(nirussukka-bhāva)이니 가르치고자 하지 않음(adesetu-kāmatā)을 뜻한다."(MA.ii.176; SA.i.197) 그러면 왜 이와 같은 마음을 내셨을까? 주석서를 요약하면 다음과 같다. 일체지(sabbaññutā)를 얻고서 중생들의 오염원이 두꺼움(kilesa-gahana-tā)과 법의 심오함(gambhīratā)을 반조해 보셨기(paccavekkhanta) 때문이다. 그리고 자신이 무관심으로 기울면 범천이 권청할 것이라는 것을 아셨기 때문이기도 하다. 중생들은 범천을 높이 평가하기 때문에 범천이 권청을 하면 중생들은 법을 듣고자 하는 마음이 조금씩 일어날 것이기 때문이다."(MA.ii.176~177; SA.i.197~198)

84) "사함빠띠 범천(brahmā Sahampati)은 옛날 깟사빠 세존의 교단에서 사하까(Sahaka)라는 이름의 장로였다. 그가 초선을 증득하여 초선의 세계(paṭhama-jjhāna-bhūmi, 초선천)에 겁의 수명을 가진 대범천으로 태어났다. 그곳에서 그를 사함빠띠 범천이라고 불렀는데, 이렇게 해서 그는 사함빠띠 범천이라 불리었다."(MA.ii.177)

음의 일으킨 생각을 알고서 이런 생각을 했다.

'여래 · 아라한 · 정등각자께서 법을 설하기보다는 무관심으로 마음을 기울이신다면 세상은 망할 것이고, 세상은 파멸할 것이다.'

비구들이여, 그러자 사함빠띠 범천은 마치 힘센 사람이 구부린 팔을 펴고 편 팔을 구부리듯이 그렇게 재빨리 범천의 세상에서 사라져 내 앞에 나타났다. 비구들이여, 그때 사함빠띠 범천은 한쪽 어깨가 드러나게 윗옷을 입고 나를 향해 합장하고 이렇게 말했다.

"세존이시여, 세존께서는 법을 설하소서. 선서께서는 법을 설하소서. 눈에 먼지가 적게 낀 중생들이 있습니다. 그들은 법을 듣지 못하면 타락할 것입니다. 그 법을 이해할만한 자들이 있을 것입니다."

비구들이여, 사함빠띠 범천은 이렇게 말했다. 이렇게 말하고 다시 다음과 같이 말했다.

"때 묻은 자들이 궁리해 낸[85] 청정치 못한 법이
전에 마가다에 나타났습니다.
불사의 문[86]을 여소서.

사함빠띠 범천(brahmā Sahampati)은 본경에서 보듯이 이 세상에 불교가 시작되는 데 극적인 역할을 하고 있다. 여기서 보듯이 법의 바퀴를 굴릴 것을 간청하는 자도 사함빠띠 범천이고 세존이 입멸하시자 맨 처음 게송을 읊은 자도 그다.(『상윳따 니까야』 제1권 「반열반 경」(S6:15) {608} 등) 그가 어떻게 막강한 신이 되었는가는 『상윳따 니까야』 제5권 「사함빠띠 범천 경」(S48:57) §5를 참조할 것.

그 외에도 『상윳따 니까야』에만 해도 사함빠띠 범천은 S6:2; 3; 10; 12; 13; S11:17; S22:80; S47:18, 43에 나타나고 있다.

85) "'때 묻은 자들이 궁리해 낸(samalehi cintito)'이란 때가 있는 육사외도들(cha satthārā)이 궁리해 낸 것을 말한다."(MA.ii.178)

86) "'불사의 문(amatassa dvāra)'이란 열반으로 향하는 문인 성스러운 도(ariya-magga)를 말한다. 탐욕 등의 때가 없는 정등각자께서 깨달으신 그 사성제의 법을 이 중생들로 하여금 듣게 해달라고 세존께 간청하는

때 없는 분이 깨달으신 법을 듣게 하소서.

마치 바위산 꼭대기에 서면
주변의 사람들을 두루 볼 수 있듯이
현자시여, 모든 것을 볼 수 있는 눈을 가진 분이시여
그와 같이 법으로 충만한 궁전에 올라
슬픔을 제거한 분께서는
슬픔에 빠져있고 태어남과 늙음에 압도된
저들을 굽어 살피시오소서.

일어서소서. [169] 영웅이시여, 전쟁에서 승리하신 분이시여
대상의 지도자시여, 빚 없는 분이시여, 세상에 유행하소서.
세존께서는 법을 설하소서.
법을 이해할만한 자들이 있을 것입니다."[87]

21. "비구들이여, 그러자 나는 범천의 간청을 충분히 알고 중생에 대한 연민으로 부처의 눈[佛眼]으로 세상을 두루 살펴보았다. 비구들이여, 나는 부처의 눈으로 세상을 두루 살펴보면서 중생들 가운데는 [눈에] 때가 엷게 낀 사람도 있고 두텁게 낀 사람도 있고, 기능이 예리한 사람도 있고[88] 둔한 사람도 있고, 자질이 선량한 사람도 있고 나쁜 사람도 있고, 가르치기 쉬운 사람도 있고 어려운 사람도 있

(yācati) 것이다."(MA.ii.178)

87) §20의 이 마지막 게송은 『상윳따 니까야』 제1권 「권청 경」(S6:1) {560}과 「부처님을 찬양함 경」(S11:17) {919}와 같다.

88) "'기능이 예리한(tikkh-indriya)'이란 것은 믿음, 정진 등 다섯 가지 기능[五根, pañc-indriya]이 예리한 것을 말하고, '자질이 선량하다(svākāra).'는 것은 믿음, 정진 등의 자질이 아름다운 것(sundarā)을 말한다."(MA.ii.181)

으며, 어떤 사람들은 저 세상과 비난에 대해 두려움을 보며 지내는 것도 보았다.

예를 들면 어떤 청련이나 홍련이나 백련은 물속에서 생겨나 물속에서 성장하고 물에 잠겨 그 속에서만 자란다. 어떤 청련이나 홍련이나 백련은 물속에서 생겨나 물속에서 자라서 물의 표면까지 나온다. 어떤 청련이나 홍련이나 백련은 물속에서 생겨나 물속에서 성장하여 물 위로 올라와 당당하게 서서 물에 젖지 않는다.

비구들이여, 그와 같이 나는 부처의 눈으로 세상을 두루 살펴보면서 중생들 가운데는 [눈에] 때가 엷게 낀 사람도 있고 드텁게 낀 사람도 있고, 기능이 예리한 사람도 있고 둔한 사람도 있고, 자질이 선량한 사람도 있고 나쁜 사람도 있고, 가르치기 쉬운 사람도 있고 어려운 사람도 있으며, 어떤 사람들은 저 세상과 비난에 대해서 두려움을 보며 지내는 것도 보았다.

비구들이여, 그때 나는 사함빠띠 범천에게 게송으로 대답했다.

> "그들에게 감로의 문은 열렸다.
> 귀를 가진 자, 자신의 믿음을 보여라.89)
> 범천이여, 이 미묘하고 숭고한 법을
> 피로해질 뿐이라는 생각에90)

---

89) "'믿음을 보여라(pamuñcantu saddhaṁ).'는 것은 불사(不死, amata)라고 불리는 열반의 문인 성스러운 도를 설했으니 이제 모든 사람들은 자기 자신의 믿음(attano saddhā)을 보내라(pamuñcantu), 펴 보여라(vissajj-entu)는 말씀이다."(MA.ii.181)

90) "'피로해질 뿐이라는 생각 때문에(vihiṁsa-saññī)'라고 하셨다. 이것은 '내 몸과 입이 피로해질 뿐이라는 생각 때문에 설하지 않았다. 그러나 이제 모든 사람들이 믿음의 그릇(saddhā-bhājana)을 가지고 오라. 그들의 사유(saṅkappa)를 충족시켜 주리라.'는 말씀이다."(MA.ii.181)

사람들에게 설하지 않았다."

비구들이여, 그러자 사함빠띠 범천은 '나는 세존께서 법을 설하시도록 기회를 제공했다.'라고 [생각하면서] 내게 절을 올리고 오른쪽으로 돌아 [경의를 표한] 뒤 그곳에서 사라졌다."

22. "비구들이여, 그런 내게 이런 생각이 들었다.

'누구에게 제일 먼저 법을 설해야 할까? 누가 이 법을 빨리 이해할 수 있을까?'

비구들이여, 그런 내게 이런 생각이 들었다.

'알라라 깔라마는 지자이시고 슬기롭고 현명하며 오랫동안 [눈에] 때가 엷게 낀 분이다. 나는 [170] 알라라 깔라마에게 제일 먼저 법을 설하리라. 그는 이 법을 빨리 이해할 것이다.'

비구들이여, 그러자 천신들이 내게 와서 이렇게 말했다.

"세존이시여, 알라라 깔라마는 칠 일 전에 임종했습니다."

그러자 내게도 '알라라 깔라마는 칠 일 전에 임종을 했다.'라는 지와 견이 일어났다.[91] 비구들이여, 그런 내게 이런 생각이 들었다.

'알라라 깔라마는 크게 잃었구나![92] 그가 이 법을 들었더라면 즉시 이해했을 것이다.'"

23. "비구들이여, 그런 내게 이런 생각이 들었다.

'누구에게 제일 먼저 법을 설해야 할까? 누가 이 법을 빨리 이해할

---

91) "세존께서는 천신들이 소식을 알려주어 알고 계셨지만 스스로 일체지로 살펴보아 칠 일 전에 여기서 임종하여 무소유처에 태어난 것을 보셨다. 그것을 두고 '지와 견이 일어났다(ñāṇañca pana me dassanaṁ udapādi).'고 한다."(MA.ii.186)

92) "칠 일만 더 살아있었더라면 얻어야 할 도와 과를 얻을 수 있었을 텐데 칠 일 전에 임종함으로써 그가 잃은 것이 크다는 것이다."(MA.ii.186)

수 있을까?'

비구들이여, 그런 내게 이런 생각이 들었다.

'웃다까 라마뿟따는 지자이시고 슬기롭고 현명하며 오랫동안 [눈에] 때가 엷게 낀 분이다. 나는 웃다까 라마뿟따에게 제일 먼저 법을 설하리라. 그는 이 법을 빨리 이해할 것이다.'

비구들이여, 그러자 천신들이 내게 와서 이렇게 말했다.

'세존이시여, 웃다까 라마뿟따는 지난밤에 임종했습니다.'

그러자 내게도 '웃다까 라마뿟따는 지난밤에 임종을 했다.'라는 지와 견이 일어났다. 비구들이여, 그런 내게 이런 생각이 들었다.

'웃다까 라마뿟따는 크게 잃었구나! 그가 이 법을 들었더라면 즉시 이해했을 것이다.'"

24. "비구들이여, 그런 내게 이런 생각이 들었다.

'누구에게 제일 먼저 법을 설해야 할까? 누가 이 법을 빨리 이해할 수 있을까?'

비구들이여, 그런 내게 이런 생각이 들었다.

'내가 용맹정진을 할 때 오비구(五比丘)[93]가 나를 시봉하면서 내게

---

93) '오비구(五比丘)'는 pañcavaggiyā bhikkhū를 옮긴 것이다. 직역하면 다섯 명의 무리에 속하는 비구들이다. 경에 나타나는 오비구는 예외 없이 이곳 녹야원에서 부처님의 첫 출가제자가 된 꼰단냐 등의 다섯 비구들을 말한다. 그러므로 이 술어는 불특정한 다섯 명의 비구를 뜻하는 명사가 아니라 꼰단냐 존자를 위시한 특정한 다섯 비구를 뜻하는 고유명사이다. 그래서 '오비구(五比丘)'로 옮겼으며 니까야 전체에서 문객에 따라서 '다섯 비구'로 풀어서 옮기기도 하였다.

오비구의 이름은 꼰단냐(Koṇḍañña, 혹은 안냐꼰단냐, Aññā-Koṇḍañña, 『상윳따 니까야』 제1권 「꼰단냐 경」(S8:9)에 나타남), 밧디야(Bhaddiya), 왑빠(Vappa), 마하나마(Mahānāma, 『상윳따 니까야』 제4권 「족쇄 경」(S41:1) §4의 주해 참조), 앗사지(Assaji, 『맛지마 니까야』 제2권

많은 도움을 주었다. 나는 그 오비구에게 제일 먼저 법을 설하리라. 그들은 이 법을 즉시 이해할 것이다.'

비구들이여, 그때 이런 생각이 들었다.

'지금 오비구는 어디에 머물고 있을까?'

비구들이여, 나는 인간의 능력을 넘어선 청정한 하늘눈[天眼]으로 오비구가 바라나시에서 이시빠따나의 녹야원94)에 머물고 있는 것을 보았다."

법을 설하심

25. "비구들이여, 나는 우루웰라에서 흡족하게 머물고는 바라나시로 유행을 떠났다. 비구들이여, 아지와까 [유행승]인 우빠까95)가 가야와 보리좌의 중간쯤에서96) 길 가는 나를 보고 이렇게 말했다.

「삿짜까 짧은 경」(M35) §3의 주해 참조)이다.
오비구는 부처님의 처음 설법(『상윳따 니까야』 제6권 「초전법륜 경」(S56:11)을 듣고 이때 이미 유학(sekha)이 되어 있었으며(『율장』(Vin.i.10~12)), 부처님이 이 세상에서 하신 두 번째 설법인 『상윳따 니까야』 제3권 「무아의 특징 경」(S22:59, 無我相經)을 듣고 아라한과를 증득하였다고 『율장』 『대품』(Vin.i.13~14)과 「무아의 특징 경」의 마지막에 나타나고 있다.

94) 바라나시(Bārāṇasi)와 이시빠따나(Isipatana)와 녹야원(Migadāya)에 대해서는 『맛지마 니까야』 제4권 「진리의 분석 경」(M141) §1의 주해를 참조할 것.

95) 아지와까 [유행승]인 우빠까(Upaka ājīvaka)는 본경에만 나타난다. 이 우빠까는 『앙굿따라 니까야』 제2권 「우빠까 경」(A4:188)에 나타나고 있는 우빠까 만디까뿟따(Upaka Maṇḍikāputta) 혹은 만디까의 아들 우빠까와는 다른 사람이다. 후자는 데와닷따(Devadatta)의 추종자였다고 한다.(AA.iii.166)

96) "가야와 보리좌(Bodhi-maṇḍa)의 사이인 세 가우따 거리 이내의 장소를 말한다. 보리좌에서 가야까지는 세 가우따의 거리이고, 바라나시까지는 열여덟 요자나의 거리였다."(MA.ii.188)

"도반이여, 그대의 감관은 밝습니다. 피부색은 청정하고 빛이 납니다. 도반이여, 그대는 어느 분께로 출가했습니까? 그대의 스승은 누구십니까? 그대는 어느 분의 가르침을 따르고 [171] 있습니까?"

비구들이여, 이렇게 말했을 때 나는 아지와까 [유행승]인 우빠까에게 게송으로 대답했다.

"나는 일체승자요, 일체지자이며
어떤 것에도 물들지 않고
일체를 버리고 갈애가 다하여 해탈했고
스스로 최상의 지혜로 알았으니
누구를 스승이라 부르겠는가?[97]

나에게는 스승도 없고 유사한 이도 없으며
지상에도 천상에도 나와 견줄 이 없네.
나는 세상에서 아라한이고 위없는 스승이며

1요자나(yojana)는 약 11킬로미터의 거리이고 1가우따(gāvuta)는 4분의 1 요자나의 거리이다.

97) "'일체승자(sabbābhibhū)'라는 것은 욕계, 색계, 무색계의 삼계의 법을 극복했다는 것이고, '일체지자(sabbavidū)'라는 것은 삼계의 법과 출세간계의 법을 다 알았다는 말이다.
'어떤 것에도 물들지 않는다(sabbesu dhammesu anupalitto).'는 것은 삼계의 법들에 대해 오염원에 의해 물들지 않는다는 뜻이고, '일체를 버렸다(sabbaṁ jaho).'는 것은 모든 삼계의 법들을 버렸다는 것이고, '갈애가 다하여 해탈했다(taṇhākkhaye vimutto).'는 것은 갈애가 다한 열반을 대상으로 하여 해탈했다는 말이다.
'스스로 최상의 지혜로 알았다(sayaṁ abhiññāya).'는 것은 사계(四界, 욕계 · 색계 · 무색계 · 출세간)의 법(catu-bhūmaka-dhamma)을 오직 스스로 다 알았다는 말이고, '누구를 스승이라 부르겠는가?(kam uddiseyya)'라는 것은 다른 누구를, '이 사람이 나의 스승이다.'라고 부르겠는가라는 말이다."(MA.ii.189)

유일한 정등각자이고 [모든 번뇌가] 꺼졌고
적멸을 이루었다네.98)

나는 까시의 성으로 가서 법의 바퀴[法輪]를 굴리리라.
어두운 이 세상에 불사(不死)의 북을 울릴 것이다."

"도반이여, 그대가 선언한 바와 같이 그대는 무한한 승리자가 되기에 적합합니다."

"번뇌 다한 나 같은 사람들이야말로
진정한 승리자이니
우빠까여, 일체의 악한 법을 정복했기에
나는 승리자이다."

비구들이여, 이렇게 말하자 그 아지와까 [유행승]인 우빠까는 "도반이여, 그렇게 되길 바랍니다."라고 말하고서 머리를 흔들면서 다른 길로 떠났다."

26. "비구들이여, 그때 나는 차례대로 유행을 하여 바라나시 이시빠따나의 녹야원에 있는 오비구를 찾아갔다. 비구들이여, 오비구는 멀리서 내가 오는 것을 보았다. 보고는 서로 합의했다.

---

98) "'나에게 스승이 없다(na me ācariyo atthi).'라는 것은 출세간법에 관한 한 나에게 스승이 없다는 말이고, '나와 견줄 이가 없다(sadiso me na vijjati).'라는 것은 나와 대응할 이가 없다는 말이다.
'정등각자(sammāsambuddha)'란 바른 원인으로 바른 방법으로(sahetunā nayena) 네 가지 진리를 스스로 깨달은 자(sayaṁ buddho)를 말하고, '[모든 번뇌가] 꺼졌다(sīti-bhūta).'는 것은 모든 오염원의 불길이 꺼짐(sabba-kiles-aggi-nibbāpana)으로써 꺼진 것이고, '적멸을 이루었다(nibbuta).'는 것은 오염원들(kilesā)이 적멸했다는 말이다."(MA.ii.189)

"도반들이여, 저기 사문 고따마가 오고 있습니다. 그는 호사스러운 생활을 하고 용맹정진을 포기하고 사치스러운 생활에 젖어있습니다.[99] 그가 오면 아무런 인사도 하지 말고, 일어서지도 말고, 그의 발우와 가사를 받아주지도 맙시다. 그러나 만일 그가 원한다면 앉을 수는 있도록 자리는 마련해줍시다."

비구들이여, 그러나 내가 점점 가까이 다가가자 오비구는 그들 스스로의 합의를 지킬 수 없었다. 한 사람은 마중 나와 발우와 가사를 받아 들었고, 다른 사람은 자리를 마련하고, 또 다른 사람은 발 씻을 물을 가져왔다. 그러나 그들은 나의 이름을 부르고 "도반이여."라고 말을 걸었다."

27. "비구들이여, 나는 오비구에게 이렇게 말했다.

"비구들이여, 여래(如來)를 이름으로 불러서도 안 되고 '도반이여.'라고 불러서도 안 된다. 비구들이여, 여래는 아라한[공양받아 마땅한 사람, 應供]이고, 바르게 [172] 완전한 깨달음을 성취한 사람[正等覺者]이다. 비구들이여, 귀를 기울여라. 불사(不死)는 성취되었다. 내 이제 그대들에게 가르쳐주리라. 그대들에게 법을 설하리라. 내가 가르친 대로 따라 실천하면, 그대들은 오래지 않아 좋은 가문의 아들들이 바르게 집을 떠나 출가하는 목적인 그 위없는 청정범행의 완성을 지금·여기에서 최상의 지혜로 알고 실현하고 구족하여 머물 것이다."

비구들이여, 이렇게 말하자 오비구는 내게 이렇게 말했다.

"도반 고따마여, 그런 행동과 그런 도닦음과 그런 난행고행으로도 인간의 법을 초월했고 성자들에게 적합한 지와 견의 특별함[100]이 성

---

99) "'호사스러운 생활(bāhullika)'과 '사치스러운 생활(āvatta bāhullāyā)'이란 옷 등이 많고 사치스러운 것을 말한다."(MA.ii.191)

100) "성자들에게 적합한 지와 견의 특별함(alam-ariya-ñāṇa-dassana-

취되지 않았습니다. 그대는 이제 호사스러운 생활을 하고 용맹정진을 포기하고 사치스러운 생활에 젖어있습니다. 그런 그대가 어떻게 인간의 법을 초월했고 성자들에게 적합한 지와 견의 특별함을 증득하겠습니까?"

비구들이여, 오비구가 이와 같이 말했을 때 나는 그들에게 이렇게 대답했다.

"비구들이여, 여래는 호사스러운 생활을 하지도 용맹정진을 포기하지도 사치스러운 생활에 젖지도 않았다. 비구들이여, 여래는 아라한이고, 바르게 완전한 깨달음을 성취한 사람이다. 비구들이여, 귀를 기울여라. 불사는 성취되었다. 내 이제 그대들에게 가르쳐주리라. 그대들에게 법을 설하리라. 내가 가르친 대로 따라 실천하면, 그대들은 오래지 않아 좋은 가문의 아들들이 바르게 집을 떠나 출가하는 목적인 그 위없는 청정범행의 완성을 지금 · 여기에서 최상의 지혜로 알고 실현하고 구족하여 머물 것이다."

비구들이여, 두 번째에도 오비구는 내게 이렇게 말했다.

"도반 고따마여, 그런 행동과 그런 도닦음과 그런 난행고행으로도 … 인간의 법을 초월했고 성자들에게 적합한 지와 견의 특별함을 증득하겠습니까?"

비구들이여, 그때에도 나는 오비구에게 대답했다.

"비구들이여, 여래는 호사스러운 생활을 하지도 … 구족하여 머물 것이다."

비구들이여, 세 번째에도 오비구는 내게 이렇게 말했다.

---

visesa)'이란 성자들에게 적합하거나(yutta) 성자가 되기에 충분한 지와 견이라 불리는 특별함(visesa)이다. 신성한 눈[天眼]의 지혜, 위빳사나의 지혜, 도의 지혜, 과의 지혜, 반조의 지혜가 지와 견의 동의어이다."(AA. i.58)

"도반 고따마여, 그런 행동과 그런 도닦음과 그런 난행고행으로도 … 인간의 법을 초월했고 성자들에게 적합한 지와 견의 특별함을 증득하겠습니까?"

비구들이여, 그때에도 나는 오비구에게 대답했다.

"비구들이여, 여래는 호사스러운 생활을 하지도 … 구족하여 머물 것이다.""

28. "비구들이여, 오비구가 이와 같이 말했을 때 나는 그들에게 이렇게 대답했다.

"비구들이여, 그대들은 이전에 내가 이렇게 말하는 것을 본 적이 있는가?"

"없습니다, 존자시여."101)

"비구들이여, 여래는 호사스러운 생활을 하지도 용맹정진을 포기하지도 사치스러운 생활에 젖지도 않았다. 비구들이여, 여래는 아라한이고, 바르게 완전한 깨달음을 성취한 사람이다. 비구들이여, 귀를 기울여라. 불사는 성취되었다. 내 이제 그대들에게 가르쳐주리라. 그대들에게 법을 설하리라. 내가 가르친 대로 따라 실천하면, 그대들은 오래지 않아 좋은 가문의 아들들이 바르게 집을 떠나 출가하는 목적인 그 위없는 청정범행의 완성을 지금·여기에서 최상의 지혜로 알고 실현하고 [173] 구족하여 머물 것이다.""

29. "비구들이여, 드디어 나는 오비구를 확신시킬 수가 있었다.102) 비구들이여, 두 비구를 가르치는 동안 세 비구가 탁발을 나갔

---

101) 이제까지는 '고따마'라는 이름과 '도반이여(āvuso)'라는 호칭으로 불렸는데 지금은 윗사람을 대하는 호칭인 '존자시여(bhante)'라고 바뀌었다. 그들이 부처님이 깨달은 분이라는 것을 인정하는 대목이다.

102) "세존께서는 그때 포살일(즉 보름)에(uposatha-divase yeva) 그들에게

다. 세 비구가 탁발하여 가져오면 우리 여섯 명이 연명을 했다. 비구들이여, 세 비구를 가르치는 동안 두 비구가 탁발을 나갔다. 두 비구가 탁발하여 가져오면 우리 여섯 명이 연명을 했다."[103]

30. "비구들이여, 오비구는 나에게 이런 교훈을 받고 이런 가르침을 받아 자신들이 태어나기 마련이면서 태어나기 마련인 것에서 재난을 알아 태어남이 없는 위없는 유가안은인 열반을 구하여 태어남이 없는 위없는 유가안은인 열반을 증득했다.

자신들이 늙기 마련이면서 … 자신들이 병들기 마련이면서 … 자

오셨다. 그래서 다섯 명의 비구들에게 내가 깨달은 사람이라는 것을 알게 할 수가 있었다는 말이다. 그리고는 꼰단냐(Koṇḍañña) 장로를 증인(kāya-sakkhi)으로 하여 사성제에 대한 「초전법륜 경」(S56:11)을 설하셨다. 설법이 끝났을 때 [꼰다냐] 장로는 [제일 먼저] 많은 범천과 함께 예류과를 증득했다." (MA.ii.192)

이처럼 최초의 설법에서 세존께서는 중도인 팔정도를 천명하고 사성제를 드러내신 뒤 닷새 뒤에는 『상윳따 니까야』 제3권에 「무아의 특징 경」(S22:59)으로 포함되어 있는 오온무아에 대한 가르침을 다시 설하셔서 오비구는 모두 아라한이 되었다. 이런 일화는 『율장』 『대품』(Vin.i.7~14)에 전승되어 온다.

103) "이 문단은 첫째 날부터 시작하여 그 비구들을 가르치기 위해 마을로 탁발도 가지 않은 것을 보이시기 위해 말씀하신 것이다. 그 비구들에게 명상주제(kamma-ṭṭhāna)에 대해서 일어난 때를 제거해주시기 위해서(uppanna-mala-visodhan-attha) 세존께서는 항상 원림 내에 머무셨다. 그들은 명상주제에 대해 때가 일어날 때마다 세존께 다가가서 여쭈었고, 세존께서도 그들이 앉아있는 곳에 가셔서 때를 제거해 주셨다.

이와 같이 세존께서 공양도 거르시면서(nīhaṭa-bhatta) 그들을 가르치실 때 왑빠(Vappa) 장로는 바로 첫째 날에 예류자가 되었고, 밧디야(Bhaddiya) 장로는 둘째 날에, 마하나마(Mahānāma) 장로는 셋째 날에, 앗사지(Assa -ji) 장로는 넷째 날에 예류자가 되었다. 그러자 세존께서는 닷새째 날에 그들을 모두 한 곳에 모아놓고 「무아의 특징 경」[無我相經, S22:59]을 설하셨고, 그 경이 끝났을 때 그들은 모두 아라한과를 얻었다."(MA.ii. 192)

신들이 죽기 마련이면서 … 자신들이 슬퍼하기 마련이면서 … 자신들이 오염되기 마련이면서 오염되기 마련인 것에서 재난을 알아 오염이 없는 위없는 유가안은인 열반을 구하여 오염이 없는 위없는 유가안은인 열반을 증득했다.[104)]

그들에게 지와 견이 생겼다. '우리의 해탈은 확고부동하다. 이것이 마지막 태어남이다. 더 이상 다시 태어남[再生]은 없다.'라고."

감각적 욕망

31. "비구들이여, 다섯 가닥의 얽어매는 감각적 욕망이 있다. 무엇이 다섯인가?

원하고 좋아하고 마음에 들고 사랑스럽고 감각적 욕망을 짝하고 매혹적인, 눈으로 인식되는 형색들이 있다. … 귀로 인식되는 소리들이 있다. … 코로 인식되는 냄새들이 있다. … 혀로 인식되는 맛들이 있다. 원하고 좋아하고 마음에 들고 사랑스럽고 감각적 욕망을 짝하고 매혹적인, 몸으로 인식되는 감촉들이 있다.

비구들이여, 이것이 다섯 가닥의 얽어매는 감각적 욕망이다."

32. "비구들이여, 어떤 사문이나 바라문이든지 간에 이들 다섯 가닥의 얽어매는 감각적 욕망에 묶이고 홀리고 푹 빠져서 재난을 보지 못하고 벗어남에 대한 통찰지가 없이[105)] 그것을 즐기면, '그들은

---

104) 『율장』 『대품』에 의하면 오비구는 부처님의 처음 설법인 『상윳따 니까야』 제6권 「초전법륜 경」(S56:11)을 듣고 유학(sekha)이 되었으며(Vin.i.10~12) 부처님의 두 번째 설법인 「무아의 특징 경」(S22:59)을 듣고 아라한과를 증득하였다고 한다.(Vin.i.13~14) 그리고 「무아의 특징 경」의 마지막에도 이렇게 나타나고 있다.

105) "'벗어남에 대한 통찰지가 없다(anissaraṇa-paññā).'는 것에서 벗어남은 반조의 지혜(paccavekkhaṇa-ñāṇa)를 말한다. 그 반조의 지혜가 없다는

불행을 만났고 재난을 얻었고 사악한 [마라][106]의 손아귀에 들어갔다.'라고 알아야 한다.

비구들이여, 예를 들면 숲 속의 사슴이 묶인 채 올가미 더미 위에 누워있다면, '그는 불행을 만났고 재난을 얻었고 사악한 [마라]의 손아귀에 들어갔다. 사냥꾼이 오더라도 그가 가고 싶은 곳으로 달려갈 수 없을 것이다.'라고 여겨지는 것과 같다.

비구들이여, 그와 같이 어떤 사문이나 바라문이든지 간에 이들 다섯 가닥의 얽어매는 감각적 욕망에 묶이고 홀리고 푹 빠져서 재난을 보지 못하고 벗어남에 대한 통찰지가 없이 그것을 즐기는 자들은 '불행을 만났고 재난을 얻었고 사악한 [마라]의 손아귀에 들어갔다.'라고 알아야 한다."

33. "비구들이여, 어떤 사문이나 바라문이든지 간에 이들 다섯 가닥의 얽어매는 감각적 욕망에 묶이지 않고 홀리지 않고 푹 빠지지 않아서 재난을 보고 벗어남에 대한 [174] 통찰지를 갖추어서 수용하면, '그들은 불행을 만나지 않았고, 재난을 얻지 않았고, 사악한 [마라]의 손아귀에 들지 않았다.'라고 알아야 한다.[107]

비구들이여, 예를 들면 숲 속의 사슴이 묶이지 않은 채 올가미 더미 위에 앉아만 있다면 '그는 불행을 만나지 않았고 재난을 얻지 않았고 사냥꾼의 손아귀에 들지 않았다. 사냥꾼이 오더라도 그가 가고 싶은 곳으로 달려갈 수 있을 것이다.'라고 여겨지는 것과 같다.

말이다."(MA.ii.193)
반조의 지혜는 「역마차 교대 경」(M24) §2의 주해를 참조할 것.

106) '사악한 [마라]'에 대해서는 「미끼 경」(M25) §7의 주해를 참조할 것.

107) 이것은 출가생활에 필요한 네 가지 필수품(catu-paccaya)을 바르게 수용하는 것(paribhoga)을 말한다. 본서에 실려 있는 「모든 번뇌 경」(M2) §§13~16의 '수용함으로써 없애야 할 번뇌들' 편을 참조할 것.

비구들이여, 그와 같이 어떤 사문이나 바라문이든지 간에 이들 다섯 가닥의 얽어매는 감각적 욕망에 묶이지 않고 홀리지 않고 푹 빠지지 않아서 재난을 보고 벗어남에 대한 통찰지를 갖추어 수용하면, '그들은 불행을 만나지 않았고 재난을 얻지 않았고 사악한 [마라]의 손아귀에 들지 않았다.'라고 알아야 한다."

34. "비구들이여, 예를 들면 숲 속 사슴이 숲의 밀림에서 다닐 때 두려움 없이 가고 두려움 없이 서고 두려움 없이 앉고 두려움 없이 잠을 자는 것과 같다. 그것은 무슨 까닭인가? 사냥꾼의 영역을 벗어났기 때문이다.

비구들이여, 그와 같이 비구는 감각적 욕망들을 완전히 떨쳐버리고 해로운 법들을 떨쳐버린 뒤, 일으킨 생각[尋]과 지속적 고찰[伺]이 있고, 떨쳐버렸음에서 생긴 희열과 행복이 있는 초선(初禪)을 구족하여 머문다.

비구들이여, 이 비구를 일러 '마라를 눈멀게 했고, 마라의 눈을 발판이 없도록 그렇게 빼버려 그 사악한 [마라]가 볼 수 없는 곳으로 갔다.'라고 한다."

35. "비구들이여, 다시 비구는 일으킨 생각과 지속적 고찰을 가라앉혔기 때문에 [더 이상 존재하지 않고], 자기 내면의 것이고, 확신이 있으며, 마음의 단일한 상태이고, 일으킨 생각과 지속적 고찰은 없고, 삼매에서 생긴 희열과 행복이 있는 제2선(二禪)을 구족하여 머문다.

비구들이여, 이 비구를 일러 '마라를 눈멀게 했고, 마라의 눈을 발판이 없도록 그렇게 빼버려 그 사악한 [마라]가 볼 수 없는 곳으로 갔다.'라고 한다."

36. "비구들이여, 다시 비구는 희열이 빛바랬기 때문에 평온하게 머물고, 마음챙기고 알아차리며[正念 · 正知] 몸으로 행복을 경험한다. [이 禪 때문에] 성자들이 그를 두고 '평온하고 마음챙기며 행복하게 머문다.'고 묘사하는 제3선(三禪)을 구족하여 머문다.

비구들이여, 이 비구를 일러 '마라를 눈멀게 했고, 마라의 눈을 발판이 없도록 그렇게 빼버려 그 사악한 [마라]가 볼 수 없는 곳으로 갔다.'라고 한다."

37. "비구들이여, 다시 비구는 행복도 버리고 괴로움도 버리고, 아울러 그 이전에 이미 기쁨과 슬픔을 소멸하였으므로 괴롭지도 즐겁지도 않으며, 평온으로 인해 마음챙김이 청정한[捨念淸淨] 제4선(四禪)을 구족하여 머문다.

비구들이여, 이 비구를 일러 '마라를 눈멀게 했고, 마라의 눈을 발판이 없도록 그렇게 빼버려 그 사악한 [마라]가 볼 수 없는 곳으로 갔다.'라고 한다."

38. "비구들이여, 다시 비구는 물질[色]에 대한 인식을 완전히 초월하고 부딪힘의 인식을 소멸하고 갖가지 인식을 마음에 잡도리하지 않기 때문에 '무한한 허공'이라고 하면서 공무변처(空無邊處)를 구족하여 머문다.

비구들이여, 이 비구를 일러 '마라를 눈멀게 했고, 마라의 눈을 발판이 없도록 그렇게 빼버려 그 사악한 [마라]가 볼 수 없는 곳으로 갔다.'라고 한다."

39. "비구들이여, 다시 비구는 공무변처를 완전히 초월하여 '무한한 알음알이[識]'라고 하면서 식무변처(識無邊處)를 구족하여 머문다.

비구들이여, 이 비구를 일러 '마라를 눈멀게 했고, 마라의 눈을 발판이 없도록 그렇게 빼버려 그 사악한 [마라]가 볼 수 없는 곳으로 갔다.'라고 한다."

40. "비구들이여, 다시 비구는 식무변처를 완전히 초월하여 '아무것도 없다.'라고 하면서 무소유처(無所有處)를 구족하여 머문다.

비구들이여, 이 비구를 일러 '마라를 눈멀게 했고, 마라의 눈을 발판이 없도록 그렇게 빼버려 그 사악한 [마라]가 볼 수 없는 곳으로 갔다.'라고 한다."

41. "비구들이여, 다시 비구는 무소유처를 완전히 초월하여 [175] 비상비비상처(非想非非想處)를 구족하여 머문다.

비구들이여, 이 비구를 일러 '마라를 눈멀게 했고, 마라의 눈을 발판이 없도록 그렇게 빼버려 그 사악한 [마라]가 볼 수 없는 곳으로 갔다.'라고 한다."

42. "비구들이여, 다시 비구는 비상비비상처를 완전히 초월하여 상수멸(想受滅)을 구족하여 머문다. 그리고 그의 통찰지로 [진리를] 보아서 번뇌를 남김없이 소멸한다.

비구들이여, 이 비구를 일러 '마라를 눈멀게 했고, 마라의 눈을 발판이 없도록 그렇게 빼버려 그 사악한 [마라]가 볼 수 없는 곳으로 갔고, 세상에 대한 집착을 초월했다.'라고 한다."

세존께서는 이와 같이 설하셨다. 그 비구들은 흡족한 다음으로 세존의 말씀을 크게 기뻐했다.

존중 경[108)]

법, 부처님의 의지처

Gārava Sutta(S6:2)

【해설】

본경은 참다운 귀의처를 밝히신 경으로 우리에게 잘 알려져 있다.

세존께서는 정등각을 이루신 뒤에 네란자라 강둑에 있는 염소치기의 니그로다 나무 아래에 앉아서 다음과 같이 깊이 사유하신다. '아무도 존중할 사람이 없고 의지할 사람이 없이 머문다는 것은 괴로움이다. 참으로 나는 어떤 사문이나 바라문을 존경하고 존중하고 의지하여 머물러야 하는가?'(§2)

그렇다. 존중하고 의지할 사람이 없이 머문다는 것은 괴로운 일이다. 부처님께서도 이렇게 스스로에게 말씀하시는데 우리 범부중생이야 말해 무엇하겠는가? 황막한 광야를 치달리는 것과 같은 우리의 삶에서 진정한 의지처란 무엇인가? 이러한 고뇌에서 인류에게 종교가 생긴 것이리라. 그러면 참다운 귀의처, 끝내 우리에게 아무런 해코지도 퇴락도 상처도 주지 않는 진정한 의지처란 무엇인가?

세존께서는 자신의 의지처가 되어줄 세상의 모든 것을 두루 고찰해보았지만 자신에게 귀의처가 되어줄 그 어떤 존재도 발견하지 못하셨다.(§§3~7) 이것은 결코 세존의 자만심이 아니다. 깨달은 분은 있는 그대로 보시는 분이다. 초기경들의 도처에서 세존께서는 당신을 능가할 어떤 존재도 보지 못한다고 단언하고 계신다. 만일 자신을 능가하

---

108) 본경은 『앙굿따라 니까야』 제2권 「우루웰라 경」 1(A4:21)과 같은 내용을 담고 있다. 그런데 「우루웰라 경」 1은 세존께서 급고독원에서 비구들에게 설하시는 것으로 나타나고 있으며, 본경에 나타나는 해탈지견에 해당하는 내용도 나타나지 않는다.

는 다른 존재를 보셨다면 부처님은 당연히 그런 존재를 찬탄하셨을 것이고 그런 존재를 의지처로 삼으셨을 것이다. 이렇게 고찰하신 뒤 마침내 세존께서는 다음의 결론에 도달하셨다. '참으로 나는 내가 바르게 깨달은 바로 이 법(dhamma)을 존경하고 존중하고 의지하여 머물리라.'(§7)

이것은 우리에게도 잘 알려진 가르침이며 불교를 대표하는 말씀이기도 하다. 의지처가 없는 사람은 깨달은 분일지라도 괴로운 것이다. 세존께서는 마침내 법을 의지처로 삼겠노라고 결심하셨으며 이것은 45년간 전법에 헌신한 부처님의 삶에서 그대로 입증되고 있다. 세존께서는 당신의 의지처인 그 법을 선포하셨고, 그 법으로 중생들을 제접하셨으며, 꾸시나라(Kusināra)의 사라쌍수 아래서 반열반에 드시면서도 "법과 율이 그대들의 스승이 될 것이다."(D16 §6.1)라고 유훈을 남기셨다. 우리의 스승 세존께서 이처럼 법등명과 법귀의를 천명하셨는데 하물며 그분의 제자인 우리는 말해 무엇 하겠는가? 불자들이 가슴 깊이 새겨야 할 가르침이다.

1. 이와 같이 나는 들었다. 한때 세존께서는 처음 완전한 깨달음을 성취하시고 나서 우루웰라의 네란자라 강둑에 있는 염소치기의 니그로다 나무[109] 아래에서 머무셨다.[110] [139]

2. 그때 세존께서 한적한 곳에 가서 홀로 앉아있는 중에 문득 이런 생각이 마음에 일어났다.

'아무도 존중할 사람이 없고 의지할 사람이 없이 머문다는 것은 괴로움이다. 참으로 나는 어떤 사문이나 바라문을 존경하고 존중하고 의지하여 머물러야 하는가?'

---

109) 염소치기의 니그로다 나무(ajapaala-nigrodha)에 대해서는 『상윳따 니까야』 제5권 「범천 경」(S47:18) §1의 주해를 참조할 것.

110) 주석서는 이 일화는 깨달음을 이루신 뒤 5번째 칠 일(pañcama sattāha)에 있었다고 적고 있다.(SA.i.203)

3. 그러자 세존께 이런 생각이 일어났다.

'내가 아직 완성하지 못한 계의 무더기[戒蘊]가 있다면 그것을 완성하기 위해서 나는 다른 사문이나 바라문을 존경하고 존중하고 의지하여 머물러야 할 것이다. 그러나 나는 신과 마라와 범천을 포함한 세상에서, 사문·바라문과 신과 사람을 포함한 무리 가운데에서, 나보다도 더 계를 잘 구족하여 내가 존경하고 존중하고 의지하여 머물러야 할 다른 어떤 사문이나 바라문도 보지 못한다.'

4. '내가 아직 완성하지 못한 삼매의 무더기[定蘊]가 있다면 그것을 완성하기 위해서 나는 다른 사문이나 바라문을 존경하고 존중하고 의지하여 머물러야 할 것이다. 그러나 나는 신과 마라와 범천을 포함한 세상에서, 사문·바라문과 신과 사람을 포함한 무리 가운데에서, 나보다도 더 삼매를 잘 구족하여 내가 존경하고 존중하고 의지하여 머물러야 할 다른 어떤 사문이나 바라문도 보지 못한다.'

5. '내가 아직 완성하지 못한 통찰지의 무더기[慧蘊]가 있다면 그것을 완성하기 위해서 다른 사문이나 바라문을 존경하고 존중하고 의지하여 머물러야 할 것이다. 그러나 나는 신과 마라와 범천을 포함한 세상에서, 사문·바라문과 신과 사람을 포함한 무리 가운데에서, 나보다도 더 통찰지를 잘 구족하여 내가 존경하고 존중하고 의지하여 머물러야 할 다른 어떤 사문이나 바라문도 보지 못한다.'

6. '내가 아직 완성하지 못한 해탈의 무더기[解脫蘊]가 있다면 그것을 완성하기 위해서 다른 사문이나 바라문을 존경하고 존중하고 의지하여 머물러야 할 것이다. 그러나 나는 신과 마라와 범천을 포함한 세상에서, 사문·바라문과 신과 사람을 포함한 무리 가운데에서,

나보다도 더 해탈을 잘 구족하여 내가 존경하고 존중하고 의지하여 머물러야 할 다른 어떤 사문이나 바라문도 보지 못한다.'

7. '내가 아직 완성하지 못한 해탈지견의 무더기[解脫知見蘊]가 있다면 그것을 완성하기 위해서 다른 사문이나 바라문을 존경하고 존중하고 의지하여 머물러야 할 것이다. 그러나 나는 신과 마라와 범천을 포함한 세상에서, 사문·바라문과 신과 사람을 포함한 무리 가운데에서, 나보다도 더 해탈지견을 잘 구족하여 내가 존경하고 존중하고 의지하여 머물러야 할 다른 어떤 사문이나 바라문도 보지 못한다.111) 참으로 나는 내가 바르게 깨달은 바로 이 법을 존경하고 존중하고 의지하여 머무르리라.'

8. 그러자 사함빠띠 범천이 마음으로 세존께서 마음에 일으킨 생각을 알고서 마치 힘센 사람이 구부렸던 팔을 펴고 폈던 팔을 구부리는 것처럼 범천의 세계에서 사라져서 세존 앞에 나타났다. 그때 사함빠띠 범천은 한쪽 어깨가 드러나게 윗옷을 입고 땅에 오른쪽 무릎을 꿇은 뒤 세존을 향해 합장하고 이렇게 말씀드렸다. [140]

---

111) "여기서 계의 무더기부터 네 개의 무더기는 세간적인 것과 출세간적인 것(lokiya-lokuttarā)으로 설하셨다. 그러나 해탈지견(vimutti-ñāṇadassana)은 오직 세간적인 것(lokiyam eva)이다. 이것은 반조의 지혜(paccavekkhaṇa-ñāṇa)이기 때문이다."(SA.i.204)
반조의 지혜는 해탈의 경지에서 나와서 생기는 것이기 때문에 세간적인 것이라고 설명하고 있다. 『청정도론』에서는 ① 도에 대한 반조 ② 과에 대한 반조 ③ 버린 오염원들에 대한 반조 ④ 남아있는 오염원들에 대한 반조 ⑤ 열반에 대한 반조의 다섯 가지 반조를 들고 있다. 자세한 것은 『청정도론』 XXII.19 이하를 참조할 것. 반조의 지혜에 대해서는 아래 「브라흐마데와 경」(S6:3) §2의 주해도 참조할 것.

9. "참으로 그러하옵니다, 세존이시여. 참으로 그러하옵니다, 선서시여. 세존이시여, 과거의 아라한·정등각자이신 세존들께서도 역시 오직 법을 존경하고 존중하고 의지하여 머물렀습니다. 세존이시여, 미래의 아라한·정등각자이신 세존들께서도 역시 오직 법을 존경하고 존중하고 의지하여 머무를 것입니다. 세존이시여, 지금의 아라한·정등각자이신 세존께서도 역시 오직 법을 존경하고 존중하고 의지하여 머무십시오."

10. 사함빠띠 범천은 이렇게 말했다. 이렇게 말한 뒤 다시 [게송으로] 이렇게 말했다.

"과거에 완전하게 깨달은 모든 분들도
미래의 모든 부처님들도
완전하게 깨달은 현재의 부처님도
모두 많은 사람들의 근심을 없애주시네. {562}
그분들은 모두 정법을 공경하며
사셨고 살고 계시며 또한 살아가실 것이니
이것이 모든 부처님들의 법다움이라네. {563}

그러므로 자신의 이익을 위해서
위대한 것을 추구하는 자
이러한 부처님들의 교법을 기억하여
정법을 존중해야 하리라." {564}

<『앙굿따라 니까야』 제2권 「우루웰라 경」 1(A4:21)에는 아래의 문단이 더 나타나고 있다.>

"비구들이여, 사함빠띠 범천은 이렇게 말하였다. 이렇게 말한 뒤 나에게 절을 올리고 오른쪽으로 [세 번] 돌아 [경의를 표한] 뒤에 그곳에서 자취를 감추었다. 비구들이여, 그러자 나는 범천의 간청을 충분히 고려하여 이것이 나에게 적절하다고 판단한 뒤, 참으로 내가 바르게 깨달은 바로 이 법을 존경하고 존중하고 의지하여 머물렀다. 비구들이여, 승가가 성립되어 위대함[112]을 구족하게 되자 나의 승가도 역시 크게 존중되었다.[113]"[114]

---

112) "네 종류의 위대함이 있다. 그것은 구참 비구들이 많은 것, 나이 들고 젊고 어린 비구들이 다양하게 많은 것, 청정범행을 닦는 비구들이 많은 것, 공양을 많이 얻는 것이다."(AA.iii.26)

113) "그러면 언제 세존께서는 승가에 존경을 표하셨는가? 마하빠자빠띠(Mahāpajāpati)가 기워서 만든 새 옷 두 벌을 보시하였을 때이다. 세존께서는 그때 자신에게 가져온 그 옷을 두고 "고따미여, 승가에 보시하라. 승가에 보시하면 나를 존경하는 것도 되고 승가를 존경하는 것도 될 것이다."(M142/iii.253)라고 말씀하시면서 승가에 존경을 표하셨다."(AA.iii.26)

114) 이 §4는 『상윳따 니까야』 「존중 경」(S6:2)에는 나타나지 않는다. 이처럼 『앙굿따라 니까야』 「우루웰라 경」 1(A4:21)은 승가에 대한 존중을 강조하는 것으로 끝맺고 있다. 부처님은 법을 존중하시고 부처님은 또 승가를 존중하시기 때문에 승가를 존중하는 것은 부처님과 법을 함께 다 존중하는 것이라는 논법을 사용하고 계신다고 여겨진다.

초전법륜 경

부처님의 최초설법, 팔정도와 사성제

Dhammacakkappavattana Sutta(S56:11)

【해설】

본경은 부처님의 최초의 설법을 담고 있는 가르침이다. 그래서 경의 제목도 「초전법륜 경」이라 붙였다. 본경은 중도인 팔정도와 사성제를 천명하시는 가르침인데 이것은 『율장』(Vin.i.10~12)에도 나타나고 있고, 『맛지마 니까야』 「진리의 분석 경」(M141)과 『위방가』(분석론, Vbh.99~105)에서 분석되고 있으며, 『청정도론』 XVI.32~83과 『위방가 주석서』(VbhA.93~112)에서 설명이 되고 있다.

「진리 상윳따」(S56)에 포함된 경들, 특히 그 가운데서도 제6장까지에 포함된 60개의 경들은 세존께서 사성제를 통찰할 것을 고구정녕하게 설하시는 가르침이기 때문에 모두 중요하지만 그 가운데에서도 가장 중요한 경을 들라면 역시 부처님의 최초의 설법을 담고 있는 본경 즉 「초전법륜 경」(S56:11)을 들어야 한다.

본경은 오비구에게 중도(中道, majjhimā paṭipadā)의 천명을 시작으로 설법을 하셔서 중도인 팔정도를 설하시고, 연이어서 사성제를 설하시는 경이다. 중도로 팔정도를 천명하시는 중요한 경이지만 경의 전체 내용은 사성제를 정의하는 것이 주된 내용이기 때문에 본경을 『상윳따 니까야』의 「도 상윳따」(S45)에 포함시키지 않고 「진리 상윳따」(S56)에 포함시킨 것으로 보인다.

1. 이와 같이 나는 들었다. 한때 세존께서는 바라나시에서 이시빠따나의 녹야원[115]에 머무셨다.

2. 거기서 [421] 세존께서는 오비구116)를 불러서 말씀하셨다.

3. "비구들이여, 출가자가 가까이하지 않아야 할 두 가지 극단이 있다. 무엇이 둘인가?

그것은 저열하고 촌스럽고 범속하고 성스럽지 못하고 이익을 주지 못하는 감각적 욕망들에 대한 쾌락의 탐닉에 몰두하는 것과, 괴롭고 성스럽지 못하고 이익을 주지 못하는 자기 학대에 몰두하는 것이다. 비구들이여, 이러한 두 가지 극단을 의지하지 않고 여래는 중도(中道)를 완전하게 깨달았나니, [이 중도는] 안목을 만들고117) 지혜를 만들며, 고요함과 최상의 지혜와 바른 깨달음과 열반으로 인도한다."

4. "비구들이여, 그러면 어떤 것이 여래가 완전하게 깨달았으며, 안목을 만들고 지혜를 만들며, 고요함과 최상의 지혜와 바른 깨달음과 열반으로 인도하는 중도인가?

그것은 바로 여덟 가지 구성요소를 가진 성스러운 도[八支聖道]이니, 바른 견해, 바른 사유, 바른 말, 바른 행위, 바른 생계, 바른 정진, 바른 마음챙김, 바른 삼매이다.

비구들이여, 이것이 바로 여래가 완전하게 깨달았으며, 안목을 만들고 지혜를 만들며, 고요함과 최상의 지혜와 바른 깨달음과 열반으로 인도하는 중도이다."

---

115) 바라나시와 이시빠따나의 녹야원에 대해서는 본경 바로 다음에 인용하고 있는 「무아의 특징 경」(S22:59) §1의 주해를 참조할 것.

116) '오비구'는 pañcavaggiyā bhikkhū를 옮긴 것이다. 오비구는 세존이 깨달음을 성취하시기 전에 고행을 하실 때부터 가까이에서 따라다니던 석가족 출신의 바라문 수행자들이다. 여기에 대해서는 『상윳따 니까야』 제3권 「무아의 특징 경」(S22:59) §2의 주해를 참조할 것.

117) 『상윳따 니까야』 제4권 「라시야 경」(S42:12) §4의 주해를 참조할 것.

5. "비구들이여, 이것이 괴로움의 성스러운 진리[苦聖諦]이다. 태어남도 괴로움이다. 늙음도 괴로움이다. 병도 괴로움이다. 죽음도 괴로움이다. [근심·탄식·육체적 고통·정신적 고통·절망도 괴로움이다.][118] 싫어하는 [대상]들과 만나는 것도 괴로움이다. 좋아하는 [대상]들과 헤어지는 것도 괴로움이다. 원하는 것을 얻지 못하는 것도 괴로움이다. 요컨대 취착의 [대상인] 다섯 가지 무더기[五取蘊] 자체가 괴로움이다."

6. "비구들이여, 이것이 괴로움의 일어남의 성스러운 진리[苦集聖諦]이다. 그것은 바로 갈애이니, 다시 태어남을 가져오고[119] 즐김과 탐욕이 함께하며[120] 여기저기서 즐기는 것[121]이다. 즉[122] 감각적 욕망에 대한 갈애[欲愛],[123] 존재에 대한 갈애[有愛],[124] 존재하지

---

118) [ ] 안의 부분은 soka-parideva-dukkha-domanass' upāyāsā pi dukkhā를 옮긴 것인데 Se, Be에는 나타나지 않고 Ee에만 나타난다. 물론 고성제를 정의하는 다른 경들(『디가 니까야』「대념처경」(D22) 등)에서는 나타나지만 대부분의 이「초전법륜 경」의 판본들에는 나타나지 않는다는 것이 정설이다. 그래서 역자는 [ ] 안에 넣어서 이 부분을 옮겼다.

119) "'다시 태어남을 가져오고(ponobbhavikā)'라는 단어는 다음과 같이 설명된다. '다시 태어남을 만든다.'는 뜻이 '뿌놉바와(punobbhava)'이고, '습관적으로 다시 태어남을 만드는 것'이 '뽀놉바위까(ponobbhavikā, 다시 태어남을 가져오는 것)'이다."(DA.iii.799)
더 자세한 설명은『상윳따 니까야』제3권「짐 경」(S22:22) §5의 주해를 참조할 것.

120) "'즐김과 탐욕이 함께하며(nandi-rāga-sahagatā)'라는 것은 [갈애가] 즐김과 탐욕과 뜻으로는 하나라는 뜻이다."(DA.iii.799)

121) "'여기저기서 즐기는 것(tatratatra-abhinandini)'이란 어느 곳에서 몸을 받더라도 즐거워한다는 뜻이다."(DA.iii.800)

122) "'즉(seyyathidaṁ)'이란 부사로서 '만약 어떤 것이 그것인가라고 한다면'이란 뜻이다."(DA.iii.800)

123) "'감각적 욕망에 대한 갈애[欲愛, kāma-taṇhā]'란 다섯 가닥의 감각적 욕

않음에 대한 갈애[無有愛]125)가 그것이다."

7. "비구들이여, 이것이 괴로움의 소멸의 성스러운 진리[苦滅聖諦]이다. 그것은 바로 그러한 갈애가 남김없이 빛바래어 소멸함,126) 버림, 놓아버림, 벗어남, 집착 없음이다."127)

8. "비구들이여, 이것이 괴로움의 소멸로 인도하는 도닦음의 성

망에 대한 탐욕의 동의어이다."(DA.iii.800)

124) "'존재에 대한 갈애[有愛, bhava-taṇhā]'란 존재를 열망함에 의해서 생긴 상견(常見, sassata-diṭṭhi)이 함께하는 색계와 무색계의 존재에 대한 탐욕과 禪을 갈망하는 것의 동의어이다."(DA.iii.800)

125) "'존재하지 않음에 대한 갈애[無有愛, vibhava-taṇhā]'라는 것은 단견(斷見, uccheda-diṭṭhi)이 함께하는 탐욕의 동의어이다."(DA.iii.800)

126) "'남김없이 빛바래어 소멸함(asesa-virāga-nirodha)'이라는 등은 모두 열반의 동의어들이다. 열반을 얻으면 갈애는 남김없이 빛바래고 소멸하기 때문이다. 그러므로 갈애가 남김없이 빛바래어 소멸함이라고 설하셨다. 열반을 얻으면 갈애가 떨어지고 놓아지고 풀어지지 달라붙지 않는다. 그러므로 열반은 버림, 놓아버림, 벗어남, 해탈, 집착 없음이라 불린다."(DA.iii.800~801)

127) "열반은 하나이지만 그 이름은 모든 형성된 것들의 이름과 반대되는 측면에서 여러 가지이다. 즉 남김없이 빛바램, 남김없이 소멸함, 버림, 놓아버림, 벗어남, 집착 없음, 탐욕의 멸진, 성냄의 멸진, 어리석음의 멸진, 갈애의 멸진, 취착 없음, 생기지 않음, 표상 없음, 원함 없음, 업의 축적이 없음, 재생연결이 없음, 다시 태어나지 않음, 태어날 곳이 없음, 태어나지 않음, 늙지 않음, 병들지 않음, 죽지 않음, 슬픔 없음, 비탄 없음, 절망 없음, 오염되지 않음이다."(DA.iii.801)

여기에 언급되고 있는 26개의 열반의 동의어는 원어로는 각각 다음과 같다.(모두 주격으로 표기했음)

asesavirāgo, asesanirodho, cāgo, paṭinissaggo, mutti, anālayo, rāgakkhayo, dosakkhayo, mohakkhayo, taṇhakkhayo, anuppādo, appavattaṁ, animittaṁ, appaṇihitaṁ, anāyūhanaṁ, appaṭisandhi, anupapatti, agati, ajātaṁ, ajaraṁ, abyādhi, amataṁ, asokaṁ, aparidevaṁ, anupāyāsaṁ, asaṁkiliṭṭhaṁ.

스러운[128] 진리[苦滅道聖諦]이다. [422] 그것은 바로 여덟 가지 구성요소를 가진 성스러운 도[八支聖道]이니, 즉 바른 견해[正見], 바른 사유[正思惟], 바른 말[正語], 바른 행위[正業], 바른 생계[正命], 바른 정진[正精進], 바른 마음챙김[正念], 바른 삼매[正定]이다.”

9. “비구들이여, 나에게는 ‘이것이 괴로움의 진리이다.’라는, 전에 들어보지 못한 법들에 대한 눈[眼]이 생겼다. 지혜[智]가 생겼다. 통찰지[慧]가 생겼다. 명지[明]가 생겼다. 광명[光]이 생겼다.[129] ‘이 괴로움의 진리는 철저하게 알아져야 한다.’라는, 전에 들어보지 못한 법들에 대한 눈[眼]이 생겼다. 지혜[智]가 생겼다. 통찰지[慧]가 생겼다. 명지[明]가 생겼다. 광명[光]이 생겼다. ‘이 괴로움의 진리는 철저하게 알아졌다.’라는, 전에 들어보지 못한 법들에 대한 눈[眼]이 생겼다. 지혜[智]가 생겼다. 통찰지[慧]가 생겼다. 명지[明]가 생겼다. 광명[光]이 생겼다.”

10. “비구들이여, 나에게는 ‘이것이 괴로움의 일어남의 진리이다.’라는, 전에 들어보지 못한 법들에 대한 눈[眼]이 생겼다. 지혜[智]가 생겼다. 통찰지[慧]가 생겼다. 명지[明]가 생겼다. 광명[光]이 생겼

---

128) “‘성스러운(ariyo)’이라는 것은 도에 의해서 파괴되어야 할 오염원들을 멀리 여의어 성스러운 상태가 되었으므로 성스럽다고 한다.”(*Ibid*)

129) 이 정형구는 『상윳따 니까야』 제2권 「위빳시 경」 등(S12:4~10) §16과 §29(12연기에 대해)와, 「도시 경」(S12:65) §6과 §9(12연기에 대해)와, 제4권 「지혜 경」(S36:25) §4 등(느낌에 대해)과, 『상윳따 니까야』 제5권 「전에 들어보지 못함 경」(S47:31) §3 등(사념처에 대해)과, 『상윳따 니까야』 「지혜 경」(S51:9) §3 등(4정근에 대해)에도 나타난다.
여기서 눈[眼], 지혜[智], 통찰지[慧], 명지[明], 광명[光]은 각각 cakkhu, ñāṇa, paññā, vijjā, āloka를 옮긴 것이다. 눈 등은 모두 지혜의 동의어(ñāṇa-vevacana)이고 명지는 꿰뚫음(paṭivedha)의 뜻이다.(SA.ii.21)

다. '이 괴로움의 일어남의 진리는 버려져야 한다.'라는, 전에 들어보지 못한 법들에 대한 눈[眼]이 생겼다. 지혜[智]가 생겼다. 통찰지[慧]가 생겼다. 명지[明]가 생겼다. 광명[光]이 생겼다. '이 괴로움의 일어남의 진리는 버려졌다.'라는, 전에 들어보지 못한 법들에 대한 눈[眼]이 생겼다. 지혜[智]가 생겼다. 통찰지[慧]가 생겼다. 명지[明]가 생겼다. 광명[光]이 생겼다."

11. "비구들이여, 나에게는 '이것이 괴로움의 소멸의 진리이다.'라는, 전에 들어보지 못한 법들에 대한 눈[眼]이 생겼다. 지혜[智]가 생겼다. 통찰지[慧]가 생겼다. 명지[明]가 생겼다. 광명[光]이 생겼다. '이 괴로움의 소멸의 진리는 실현되어야 한다.'라는, 전에 들어보지 못한 법들에 대한 눈[眼]이 생겼다. 지혜[智]가 생겼다. 통찰지[慧]가 생겼다. 명지[明]가 생겼다. 광명[光]이 생겼다. '이 괴로움의 소멸의 진리는 실현되었다.'라는, 전에 들어보지 못한 법들에 대한 눈[眼]이 생겼다. 지혜[智]가 생겼다. 통찰지[慧]가 생겼다. 명지[明]가 생겼다. 광명[光]이 생겼다."

12. "비구들이여, 나에게는 '이것이 괴로움의 소멸로 인도하는 도닦음의 진리이다.'라는, 전에 들어보지 못한 법들에 대한 눈[眼]이 생겼다. 지혜[智]가 생겼다. 통찰지[慧]가 생겼다. 명지[明]가 생겼다. 광명[光]이 생겼다. '이 괴로움의 소멸로 인도하는 도닦음의 진리는 닦아져야 한다.'라는, 전에 들어보지 못한 법들에 대한 눈[眼]이 생겼다. 지혜[智]가 생겼다. 통찰지[慧]가 생겼다. 명지[明]가 생겼다. 광명[光]이 생겼다. '이 괴로움의 소멸로 인도하는 도닦음의 진리는 닦아졌다.'라는, 전에 들어보지 못한 법들에 대한 눈[眼]이 생겼다. 지혜[智]가 생겼다. 통찰지[慧]가 생겼다. 명지[明]가 생겼다. 광명[光]이 생겼다."

13. "비구들이여, 내가 이와 같이 세 가지 양상과 열두 가지 형태[130]를 갖추어서 네 가지 성스러운 진리를 있는 그대로 알고 보는 것이 지극히 청정하게 되지 못하였다면 나는 위없는 바른 깨달음을 실현하였다고 [423] 신과 마라와 범천을 포함한 세상에서, 사문·바라문과 신과 사람을 포함한 무리 가운데에서 스스로 천명하지 않았을 것이다."

14. "비구들이여, 그러나 내가 이와 같이 세 가지 양상과 열두 가지 형태를 갖추어서 네 가지 성스러운 진리를 있는 그대로 알고 보는 것이 지극히 청정하게 되었기 때문에 나는 위없는 바른 깨달음을 실현했다고 신과 마라와 범천을 포함한 세상에서, 사문·바라문과 신과 사람을 포함한 무리 가운데에서 스스로 천명하였다. 그리고 나에게는 '나의 해탈은 확고부동하다. 이것이 나의 마지막 태어남이며, 이제 더 이상의 다시 태어남[再生]은 없다.'라는 지와 견이 일어났다."

15. 세존께서는 이렇게 말씀하셨다. 오비구는 마음이 흡족해져서 세존의 말씀을 크게 기뻐하였다. 이 상세한 설명[授記][131]이 설해

---

130) '세 가지 양상'과 '열두 가지 형태'는 각각 ti-parivaṭṭa와 dvādas-ākāra를 옮긴 것이다.
"'세 가지 양상(ti-parivaṭṭa)'이란 ① 진리에 대한 지혜(sacca-ñāṇa) ② 역할에 대한 지혜(kicca-ñāṇa) ③ 성취된 지혜(kata-ñāṇa)라 불리는 세 가지 양상을 말한다. 여기서 첫 번째는 사성제 각각에 대한 여실한 지혜(yathābhūta ñāṇa)이고, 두 번째는 철저히 알아야 하고(pariññeyya) 버려야 하고(pahātabba) 실현해야 하고(sacchikatabba) 닦아야 하는(bhāvetabba) 사성제 각각에 대해서 행해져야 하는 역할을 아는 지혜(kattabba-kicca-jānana-ñāṇa)이며, 세 번째는 이러한 역할이 성취된 상태를 아는 지혜(kata-bhāva-jānana-ñāṇa)이다.
'열두 가지 형태(dvādas-ākāra)'란 사성제 각각에 대해서 위의 세 가지 지혜를 곱하면 12가지 형태가 되는 것을 말한다."(SA.iii.297)

졌을 때 꼰단냐 존자에게는 '일어나는 법은 그 무엇이건 모두 소멸하기 마련인 법이다[集法卽滅法].'라는 티 없고 때가 없는 법의 눈[法眼]이 생겼다.

16. 이와 같이 세존께서 법륜을 굴리셨을 때132) 땅의 신들이 외쳤다.

"세존께서는 바라나시에 있는 이시빠따나의 녹야원에서 이러한 위없는 법륜을 굴리셨나니, 어떤 사문도 바라문도 신도 마라도 범천도 이 세상의 그 누구도 이것을 멈추게 할 수 없도다."라고.

17. 땅의 신들의 소리를 듣고 사대왕천의 신들이 외쳤다.

"세존께서는 바라나시에 있는 이시빠따나의 녹야원에서 이러한 위없는 법륜을 굴리셨나니, 어떤 사문도 바라문도 신도 마라도 범천도 이 세상의 그 누구도 이것을 멈추게 할 수 없도다."라고.

---

131) '상세한 설명[授記]'으로 옮긴 veyyākaraṇa(웨야까라나)에 대해서는 『상윳따 니까야』 제3권 「무아의 특징 경」(S22:59) §7의 주해를 참조할 것.

132) "'법륜(dhamma-cakka)'에는 꿰뚫음의 지혜(paṭivedha-ñāṇa)와 가르침의 지혜(desanā-ñāṇa)가 있다. 사성제에 대해서 생겨난 열두 가지 형태의 꿰뚫음의 지혜와 이시빠따나에 앉으셔서 열두 가지 형태의 진리를 가르치신 것에 의해서 굴려진 가르침의 지혜, [이 둘을] 법륜이라고 한다. 이 둘은 십력을 갖추신 (부처님)의 가슴(ura)에서 굴려지는 지혜(pavatta-ñāṇa)이다.
안냐꼰단냐(Aññā-Koṇḍañña) 장로와 18꼬띠(koṭi, 1꼬띠는 천만을 뜻함)의 범천들이 예류과에 확립되기(sotāpatti-phale patiṭṭhāti) 전까지는 세존께서는 법륜을 '굴리시는(pavatteti)' 것이었고, 확립되었을 때는 법륜이 '굴려진(pavattita)' 것이다. 이것을 두고 '세존께서 법륜을 굴리셨을 때(pavattite ca pana bhagavatā dhammacakke)'라고 한 것이다."(SA.iii.298)
두 가지 지혜에 대해서는 『상윳따 니까야』 제2권 「십력 경」1(S12:21) §3의 주해도 참조할 것.

18. 사대왕천의 신들의 소리를 듣고 삼십삼천의 신들이 … 야마천의 신들이 … 도솔천의 신들이 … 화락천의 신들이 … 타화자재천의 신들이 … 범신천의 신들이 외쳤다.

"세존께서는 바라나시에 있는 이시빠따나의 녹야원에서 이러한 위없는 법륜을 굴리셨나니, [424] 어떤 사문도 바라문도 신도 마라도 범천도 이 세상의 그 누구도 이것을 멈추게 할 수 없도다."라고.

19. 이처럼 그 찰나, 그 짧은 시간, 그 순간에 범천의 세상에 이르기까지 그 소리는 퍼져나갔다. 그리고 이만 개의 세계는 흔들렸고 강하게 흔들렸고 요동쳤으며, 측량할 수 없이 광휘로운 빛이 나타났나니 그것은 신들의 광채를 능가하였다.

20. 그때 세존께서는 감흥어를 읊으셨다.

"참으로 꼰단냐는 완전하게 알았구나. 참으로 꼰단냐는 완전하게 알았구나."라고.

이렇게 해서 꼰단냐 존자는 안냐꼰단냐[133]라는 이름을 가지게 되었다.

---

133) '안냐(aññā)'가 초기불전에서 전문술어로 쓰이면 이것은 구경의 지혜를 뜻한다. "'구경의 지혜(aññā)'란 아라한과(arahatta)를 뜻한다."(AA.iv.200)는 주석서의 설명처럼 이것은 아라한과를 얻었을 때 생기는 지혜를 나타낸다. 그리고 이것은 아라한과를 얻은 뒤에 "태어남은 다했다. 청정범행은 성취되었다. 할 일을 다 해 마쳤다. 다시는 어떤 존재로도 돌아오지 않을 것이다."라고 선언하는 지혜를 뜻한다. 이러한 선언을 '구경의 지혜를 드러내다(aññaṁ vyākaroti)'로 초기불전의 여러 곳에서 표현하고 있다.(『상윳따 니까야』 제5권 「동쪽 원림 경」 1(S48:45) §3 등 참조)
그러나 여기서는 꼰단냐 존자가 예류과를 얻은 것을 두고 이렇게 표현하고 계신다. 안냐꼰단냐 존자(āyasmā Añña-Koṇḍañña)에 대해서는 『상윳따 니까야』 제1권 「꼰단냐 경」(S8:9) §2의 주해를 참조할 것.

무아의 특징 경

부처님의 두 번째 설법, 오온무아

Anattalakkhaṇa Sutta(S22:59)

【해설】

본경은 부처님이 이 세상에서 하신 두 번째 설법으로 『율장』 『대품』(Vin.i.13~14)에서 언급되고 있는 유명한 가르침이다. 오비구는 부처님의 처음 설법인 앞의 「초전법륜 경」(S56:11)을 듣고 이때 이미 유학(sekha)이 되어 있었으며, 본경을 듣고 아라한과를 증득하였다고 본경의 마지막에 나타나고 있다.
Ee의 경제목은 다섯(Pañca)이다. 본경에 나타나는 오비구를 뜻하는 것으로 보이는데 다섯 자체로는 큰 의미가 없다. 그래서 Be를 따랐다. 우리에게도 「무아상경」(無我相經)으로 알려져 있다. DPPN도 이 제목으로 설명하고 있고 보디 스님도 이것을 경제목으로 택했다.

본경을 위시한 『상윳따 니까야』 제3권 「무더기 상윳따」(Khandha-saṁyutta, S22)에 포함된 159개 경들 가운데 28개 경들은 오온의 무상 · 고 · 무아를 통찰하여 오온에 대한 염오-이욕-해탈-구경해탈지를 설하는 전형적인 경이다. 이미 『상윳따 니까야』 제2권 「라훌라 상윳따」(S18) 「눈[眼] 경」(S18:1) §5의 주해 등에서도 누차 밝혔지만 여기서 염오-이욕-해탈-구경해탈지는 차례대로 강한 위빳사나-도-과-반조를 뜻한다. 주석서를 인용하면 다음과 같다.
"'염오(nibbidā)'란 염오의 지혜(nibbidā-ñāṇa)를 말하는데, 이것으로 강한 위빳사나(balava-vipassanā)를 드러내고 있다."(SA.ii.53. 「의지처 경」(S12:23) §4에 대한 주석)
"'탐욕의 빛바램(이욕, virāga)'이란 도(magga, 즉 예류도 일래도, 불환도, 아라한도)이다. '탐욕이 빛바래므로 해탈한다.'는 것은 탐욕의 빛바램이라는 도에 의해서 해탈한다라는 과(phala)를 설하셨다. '해탈하면 해탈했다는 지혜가 있다.'라는 것은 여기서 반조(paccavekkhaṇā)를 설하셨다."(MA.ii.115)

또 다른 주석서를 인용하자면 다음과 같다.

"'염오'는 강한 위빳사나이고 '탐욕의 빛바램'은 도이다. '해탈과 [해탈] 지견(vimutti-ñāṇadassana)'은 과의 해탈과 반조의 지혜(paccavekkhaṇa-ñāṇa)를 뜻한다."(AA.iii.228)

이 주석서에서는 있는 그대로 알고 봄[如實知見]을 얕은 단계의 위빳사나라고 설명하고 있다.

한편 염오-이욕-소멸을 실현하는 것을 설하고 있는 「과거 · 현재 · 미래 경」 1(S22:9) 등에 대한 주석서에서도 당연히 염오는 강한 위빳사나요, 이욕은 도요, 소멸은 아라한과라고 밝히고 있다. 여기에 대해서는 『상윳따 니까야』 제2권 「연기 경」(S12:1) §4의 주해와 특히 「의지처 경」(S12:23) §4의 주해들도 참조할 것.

1. 이와 같이 나는 들었다. 한때 세존께서는 바라나시에서 이시빠따나의 녹야원에 머무셨다.[134)]

---

134) 바라나시(Bārāṇasi)는 부처님 당시 인도 중원의 16국 가운데 하나였던 까시까(Kāsikā, 혹은 Kāsi)의 수도였고 지금도 힌두교의 대표적 성지로 널리 알려진 곳이다. 현재 인도에서 사용하고 있는 공식 명칭은 Vārāṇasi (와라나시)이다. 까시까(까시)는 부처님 당시에는 꼬살라(Kosala)로 합병되어 꼬살라의 빠세나디 왕이 다스리고 있었다고 한다. 바라나시는 강가강 옆에 있었기 때문에 수로의 요충이었다.

이시빠따나(Isipatana)는 부처님의 초전법륜지로 우리에게 잘 알려진 곳이다. 지금의 사르나트(Sārnath)로 바라나시에서 15㎞ 정도 떨어진 곳에 있다. 세존께서 우루웰라(Uruvelā)에서 고행을 그만두시자 다섯 비구는 이곳에 와서 머물렀다. 『맛지마 니까야 주석서』는 이시빠따나라는 지명의 유래를 다음과 같이 설명하고 있다.

"예전에 벽지불(paccekabuddha)들이 간다마다나(Gandhamādana) 산(히말라야에 있음)에서 7일 동안 멸진정에 들었다가 걸식을 하기 위해 허

2. 거기서 세존께서는 "비구들이여."라고 오비구[135]를 부르셨다. "세존이시여."라고 비구들은 세존께 응답했다. 세존께서는 이렇게 말씀하셨다.[136]

공을 날아오다가 이곳에 내려서(nipatati) 도시로 들어가서 걸식을 하여 공양을 마친 후 다시 이곳에서 허공으로 올라(uppatati) 떠났다고 한다. 그래서 성자(isi)들이 이곳에 내리고 이곳에서 올라갔다고 해서 이시빠따나(Isipatana)라 한다."(MA.ii.188)

녹야원으로 옮긴 원어는 Migadāya(미가다야)이다. 주석서는 "사슴(miga)들에게 두려움 없이 머무는 장소(abhayattha)로 주어졌기 때문에 미가다야라 한다."(MA.ii.188)고 설명하고 있다. 중국에서 녹야원(鹿野苑)으로 옮겼다. 부처님께서 다섯 비구에게 처음 설법(S56:11)을 하신 바로 그 동산이다.

한편 초기불전에는 라자가하의 맛다꿋치 녹야원(『상윳따 니까야』 제1권 「돌조각 경」(S1:38) §1; 「돌조각 경」(S4:13) §1; D16 §3.42), 박가의 악어산 베사깔라 숲에 있는 녹야원(『상윳따 니까야』 제4권 「나꿀라삐따 경」(S35:131) §1; M15), 사께따의 안자나 숲에 있는 녹야원(『상윳따 니까야』 제1권 「까꾸다 경」(S2:18) §1), 우준냐의 깐나까탈라 녹야원(M90) 등 여러 곳의 녹야원이 나타난다. 불교 수행자들뿐만 아니라 당시 여러 교단의 수행자들이 유행을 하다가 머물렀던 곳이기도 하다. 아마 각 지역에서 사슴을 보호하는 곳으로 지정한 곳인 듯하다.

135) '오비구'는 pañcavaggiyā bhikkhū를 옮긴 것이다. 직역하면 다섯 명의 무리에 속하는 비구들이다. 경에 나타나는 오비구는 예외 없이 이곳 녹야원에서 부처님의 첫 출가제자가 된 꼰단냐 등의 다섯 비구들을 말한다. 그러므로 이 술어는 불특정한 다섯 명의 비구를 뜻하는 명사가 아니라 꼰단냐 존자를 위시한 특정한 다섯 비구를 뜻하는 고유명사이다. 그래서 오비구(五比丘)로 옮겼다.

오비구의 이름은 꼰단냐(Koṇḍañña, 혹은 안냐꼰단냐, Aññā-Koṇḍañña, 『상윳따 니까야』 제1권 「꼰단냐 경」(S8:9)에 나타남), 밧디야(Bhaddiya), 왑빠(Vappa), 마하나마(Mahānāma, 『상윳따 니까야』 제4권 「족쇄 경」(S41:1) §4의 주해 참조), 앗사지(Assaji, 『상윳따 니까야』 「앗사지 경」(S22:88)에 나타남)이다. 오비구는 『상윳따 니까야』 제6권 「초전법륜 경」(S56:11)에도 나타나고 있다.

3. "비구들이여, 물질은 무아다.[137] 만일 물질이 자아라면 이 물질은 고통이 따르지 않을 것이다. 그리고 물질에 대해서 '나의 물질은 이와 같이 되기를. 나의 물질은 이와 같이 되지 않기를.'이라고 하면 그대로 될 수 있을 것이다.

비구들이여, 그러나 물질은 무아이기 때문에 물질은 고통이 따른다. 그리고 물질에 대해서 '나의 물질은 이와 같이 되기를. 나의 물질은 이와 같이 되지 않기를.'이라고 하더라도 그대로 되지 않는다.

비구들이여, 느낌은 [67] … 인식은 … 심리현상들은 … 알음알이

---

136) "아살하 달(음 6월)의 보름에(Āsāḷhi-puṇṇama-divase) 「초전법륜 경」(S56:11)을 설하신 뒤로 오비구는 차례대로 예류과(sotāpatti-phala)에 확립되었다. 그래서 '이제 이들의 번뇌를 모두 멸진하기 위해서(āsava-kkhayāya) 법을 설할 것이다.'라고 하시면서 그 뒤 다섯 번째 날에 [본경을] 설하셨다."(SA.ii.278)

137) 『맛지마 니까야 주석서』는 무아인 이유를 다음의 넷으로 설명하고 있다. "공하고, 주인이 없고, 지배자가 아니고, 자아와 반대된다는 뜻(suñña-assāmika-anissara-attapaṭikkhep-aṭṭha)에 의해서, 이러한 네 가지 이유(kāraṇa) 때문에 '무아(anatta)'이다."(MA.ii.113)

『청정도론』도 이렇게 설명하고 있다.

"'일어난 형성된 것들[行]은 머묾에 이르지 말고, 머묾에 이른 것은 늙지 말고, 늙음에 이른 것은 무너지지 마라.'고 이 세 단계에 대해서 어느 누구도 지배력(vasavatti-bhāva)을 행사하지 못한다. 지배력을 행사하지 못하므로 공하다. 그러므로 공하고, 주인이 없고, 지배력을 행사하지 못하고(avasavatti), 자아와 반대되기 때문에 무아다."(VIS.XX.47)

한편 본경에서는 두 가지 이유로 오온 즉 나라는 이 존재가 무아임을 천명하고 있다.

첫째, §3에서 오온에는 이와 같이 되어라거나 이와 같이 되지 마라는 등의 지배력을 행사할 수 없기 때문(avasavattitā)이라고 설명하고 있다. 여기에 대해서는 『맛지마 니까야』 「삿짜까 짧은 경」(M35) §§9~22 도 참조할 것.

둘째, §4에서는 삼특상을 통해서 설명하고 있다. 즉 무상하고 괴로움이라는 처음의 두 가지 특상을 통해서 무아라는 특상을 설명하고 있다.

는 무아다. 만일 알음알이가 자아라면 이 알음알이는 고통이 따르지 않을 것이다. 그리고 알음알이에 대해서 '나의 알음알이는 이와 같이 되기를. 나의 알음알이는 이와 같이 되지 않기를.'이라고 하면 그대로 될 수 있을 것이다.

비구들이여, 그러나 알음알이는 무아이기 때문에 알음알이는 고통이 따른다. 그리고 알음알이에 대해서 '나의 알음알이는 이와 같이 되기를. 나의 알음알이는 이와 같이 되지 않기를.'이라고 하더라도 그대로 되지 않는다."

4. "비구들이여, 이를 어떻게 생각하는가? 물질은 항상한가, 무상한가?"

"무상합니다, 세존이시여."

"그러면 무상한 것은 괴로움인가, 즐거움인가?"

"괴로움입니다, 세존이시여."

"그러면 무상하고 괴로움이고 변하기 마련인 것을 두고 '이것은 내 것이다. 이것은 나다. 이것은 나의 자아다.'라고 관찰하는 것이 타당하겠는가?"

"그렇지 않습니다, 세존이시여."

"비구들이여, 이를 어떻게 생각하는가? 느낌은 … 인식은 … 심리현상들은 … 알음알이는 항상한가, 무상한가?"

"무상합니다, 세존이시여."

"그러면 무상한 것은 괴로움인가, 즐거움인가?" [68]

"괴로움입니다, 세존이시여."

"그러면 무상하고 괴로움이고 변하기 마련인 것을 두고 '이것은 내 것이다. 이것은 나다. 이것은 나의 자아다.'라고 관찰하는 것이 타당하겠는가?"

"그렇지 않습니다, 세존이시여."

5. "비구들이여, 그러므로 그것이 어떠한 물질이건, 그것이 과거의 것이건 미래의 것이건 현재의 것이건 안의 것이건 밖의 것이건 거칠건 미세하건 저열하건 수승하건 멀리 있건 가까이 있건 '이것은 내 것이 아니요, 이것은 내가 아니며, 이것은 나의 자아가 아니다.'라고 있는 그대로 바른 통찰지로 보아야 한다.

비구들이여, 그것이 어떠한 느낌이건 … 그것이 어떠한 인식이건 … 그것이 어떠한 심리현상들이건 … 그것이 어떠한 알음알이건, 그것이 과거의 것이건 미래의 것이건 현재의 것이건 안의 것이건 밖의 것이건 거칠건 미세하건 저열하건 수승하건 멀리 있건 가까이 있건 '이것은 내 것이 아니요, 이것은 내가 아니며, 이것은 나의 자아가 아니다.'라고 있는 그대로 바른 통찰지로 보아야 한다."

6. "비구들이여, 이와 같이 보는 잘 배운 성스러운 제자는 물질에 대해서도 염오하고 느낌에 대해서도 염오하고 인식에 대해서도 염오하고 심리현상들에 대해서도 염오하고 알음알이에 대해서도 염오한다.

염오하면서 탐욕이 빛바래고, 탐욕이 빛바래기 때문에 해탈한다. 해탈하면 해탈했다는 지혜가 있다. '태어남은 다했다. 청정범행은 성취되었다. 할 일을 다 해 마쳤다. 다시는 어떤 존재로도 돌아오지 않을 것이다.'라고 꿰뚫어 안다."[138]

7. 세존께서는 이렇게 말씀하셨다. 오비구는 흡족한 마음으로 세존의 말씀을 크게 기뻐하였다. 이 상세한 설명[授記][139]이 설해졌

138) 이 정형구에 대한 설명은 본서 제2편에 싣고 있는 「졸고 있음 경」(A7:58) §11의 주해를 참조할 것.

을 때 오비구는 취착이 없어져서 번뇌들로부터 마음이 해탈하였다.

139) '상세한 설명'으로 옮긴 원어는 veyyākaraṇa(웨야까라나)이다. 이것은 구분교(九分敎, navaṅga-satthu-sāsana, 아홉 가지 구성요소를 가진 스승의 교법)에서 세 번째로 나타나는데 주석서에서는 "게송이 없는 경(niggāthaka-sutta)"(DA.i.130)을 웨야까라나라고 정의하고 있으며 "게송 부분이 없기 때문에 이것은 웨야까라나라 불린다."(*Ibid*)라고 설명하고 있다. 중국에서는 이를 화가라나(和伽羅那) 또는 화라나(和羅那)로 음역하기도 하였고, 기별(記別), 기설(記說), 수결(受決), 수기(授記), 수기별(授記別), 수기(受記), 수결(授決), 기(記) 등으로도 번역하였다.

역자는 veyyākaraṇa가 산스끄리뜨로는 '문법'이라는 의미로도 사용되고 '설명, 해설' 등의 뜻으로도 쓰이기 때문에 『상윳따 니까야』에서 '상세한 설명'으로 옮기고 있다. 구분교(九分敎)에 대해서는 『앙굿따라 니까야』「적게 배움 경」(A4:6)과 주해와 『디가 니까야』 제3권 부록 『디가 니까야 주석서』 서문 §67을 참조할 것.

불타오름 경

부처님의 세 번째 설법, 12처 무아

Āditta Sutta(S35:28)

【해설】

본경은 부처님께서 행하신 세 번째 설법이라고 『율장』의 『대품』(Vin.i.34~35)은 기록하고 있다. 『대품』에 의하면 본경은 엉킨 머리 수행자(jāṭila)들이면서 가섭(깟사빠) 삼형제의 제자들이었다가 가섭 삼형제와 함께 부처님 제자가 된 1000명의 비구들에게 설하신 가르침이다. 이들은 부처님의 제자가 되기 전에 불에 제사를 지내던 자들이었기 때문에 여기서 일체가 불타오르고 있다는 세존의 말씀은 각별한 의미가 있다. 그들에 얽힌 자세한 이야기는 『율장』 『대품』(Vin.i. 24~34)에 나타난다. 가섭 삼형제에 대해서는 『앙굿따라 니까야』 「하나의 모음」(A1:14:4-6)의 주해를 참조하기 바란다. 주석서는 다음과 같이 적고 있다.

"세존께서는 1000명의 사문들을 데리고 가야시사에 가셔서 그들에 둘러싸여 앉으셔서 '이들에게 어떤 설법이 적절할까?'라고 생각하신 뒤, '이들은 아침저녁으로 불(aggi)을 섬기던 자들이었다. 그러니 이들에게 12처(dvādas-āyatanāni)가 불붙고 불타오르고 있음을 설해야겠다. 그러면 그들은 아라한됨을 증득할 수 있을 것이다.'라고 결정하셨다. 본경에서는 괴로움의 특상(dukkha-lakkhaṇa)을 설하셨다." (SA.ii.363)

초기불교의 특징을 한 마디로 해 보라면 초기불전연구원에서는 주저하지 않고 '해체해서 보기'라고 말한다. 나와 세상을 5온과 12처 등으로 해체해서 보면 무상·고·무아가 명명백백하게 드러나고 그래서 염오 - 이욕 - 해탈 - 구경해탈지를 증득하게 된다는 것이 해체해서 보기의 정형화된 가르침이다. 초기불전 수백 군데에 이렇게 나타난다.

여기서 해체로 옮기고 있는 술어는 위밧자(vibhajja)인데 이것은 vi(분리하여)+√bhaj(*to divide*)에서 파생된 명사로서 '분리하다, 나누다, 분석하다, 해체하다'라는 뜻이다. 이 술어는 빠알리 『삼장』을 2600년 동안 고스란히 전승해온 상좌부 불교를 특징짓는 말이기도 하다. 그들은 스스로를 '위밧자와딘(Vibhajja-vādin, 해체를 설하는 자들)'이라고 불렀다.[140] 이런 상좌부 불교를 일본학자들은 분별상좌부라 부른다. 분별이란 말이 사량분별이라는 용어에 익숙한 한국불교도에게는 부정적인 어감을 주어서 초기불전연구원에서는 해체나 분석이라고 옮긴다. 분석과 해체 등에 대해서는 『초기불교 이해』 26쪽 이하 등을 참조하기 바란다.

『초기불교 이해』에서도 수차 강조해서 설명하였듯이 부처님의 입장은 분석과 해체를 중시한다. 초기불전의 도처에서 강조되고 있는 오온으로 해체해서 보기 - 무상 · 고 · 무아 - 염오 - 이욕 - 해탈 - 구경해탈지의 가르침을 대표적인 예로 들 수 있다. 이 해체해서 보기는 여기서 보듯이 부처님의 두 번째(S22:59)와 세 번째 설법(S35:28)의 핵심이며 이를 통해서 오비구와 가섭 삼형제와 천명의 비구들이 아라한이 되었다. 어디 그뿐인가? 부처님의 상수제자인 사리뿟따 존자(M74)와 부처님의 외아들인 라훌라 존자(M147)도 해체해서 보기를 통해서 아라한이 되었다. 부처님의 적통임을 자부하는 상좌부는 그래서 스스로를 위밧자와딘 즉 해체를 설하는 자 혹은 분석을 설하는 자로 불렀을 것이다.

---

140) 이 술어는 이미 『맛지마 니까야』 제3권 「수바경」(M99) §4와 『앙굿따라 니까야』 제6권 「왓지야마히따 경」(A10:94) §3에서 "나는 분석해서 말하지(vibhajja-vāda) 한쪽으로 치우쳐서 말하지 않는다."라는 부처님의 말씀으로 나타난다. 분석해서 말함(vibhajja-vāda)에서 분석해서 말하는 자들(Vibhajja-vādin)이 유래된 것이다.

1. 이와 같이 나는 들었다. 한때 세존께서는 비구 승가와 함께 가야에서 가야시사에 머무셨다.141)

2. 거기서 세존께서는 "비구들이여."라고 비구들을 불러서 말씀하셨다.

3. "비구들이여, 일체는 불타오르고 있다. 비구들이여, 그러면 어떤 일체가 불타오르고 있는가?142)

눈은 불타오르고 있다. 형색은 불타오르고 있다. 눈의 알음알이는

---

141) 가야(Gayā)는 부처님 성도지인 보드가야(Bodhgayā) 가까이에 있는 고도(古都)이며, 힌두교의 7대 성지 가운데 하나이다.
가야시사(Gayāsīsa)는 가야 근처에 있는 언덕이다. 이곳은 데와닷따가 승단을 분열시켜 그를 추종하는 비구들을 데리고 승단을 떠나서 머물던 곳이기도 하다. 여기에 대해서는 『상윳따 니까야』 제2권 「분열 경」(S17:31) §3의 데와닷따(Devadatta)에 대한 주해를 참조할 것.

142) 본경은 부처님께서 행하신 세 번째 설법이라고 『율장』의 『대품』(Vin.i.34~35)은 기록하고 있다. 『대품』에 의하면 본경은 엉킨 머리 수행자(jāṭila)들이면서 가섭 삼형제의 제자들이었다가 가섭 삼형제와 함께 부처님 제자가 된 1000명의 비구들에게 설하신 가르침이다. 이들은 부처님의 제자가 되기 전에 불에 제사를 지내던 자들이었기 때문에 여기서 일체가 불타오르고 있다는 세존의 말씀은 각별한 의미가 있다. 그들에 얽힌 자세한 이야기는 『율장』『대품』(Vin.i.24~34)에 나타난다. 가섭 삼형제에 대해서는 『앙굿따라 니까야』 「하나의 모음」(A1:14:4-6)의 주해를 참조할 것.
주석서는 다음과 같이 적고 있다.
"세존께서는 1000명의 사문들을 데리고 가야시사에 가셔서 그들에 둘러싸여 앉으셔서 '이들에게 어떤 설법이 적절(sappāyā)할까?'라고 생각하신 뒤, '이들은 아침저녁으로 불(aggi)을 섬기던 자들이었다. 그러니 이들에게 12처(dvādas-āyatanāni)가 불붙고 불타오르고 있음을 설해야겠다. 그러면 그들은 아라한됨을 증득할 수 있을 것이다.'라고 결정하셨다. 본경에서는 괴로움의 특상(dukkha-lakkhaṇa)을 설하셨다."(SA.ii.363)

불타오르고 있다. 눈의 감각접촉은 불타오르고 있다. 눈의 감각접촉을 조건으로 하여 일어나는 즐겁거나 괴롭거나 괴롭지도 즐겁지도 않은 느낌은 불타오르고 있다.

그러면 무엇에 의해서 불타오르고 있는가? 탐욕과 성냄과 어리석음으로 불타오르고 있다. 태어남과 늙음·죽음과 근심·탄식·육체적 고통·정신적 고통·절망으로 불타오르고 있다고 나는 말한다.

귀는 … 소리는 … 귀의 알음알이는 … 귀의 감각접촉은 … 느낌은 …

코는 … 냄새는 … 코의 알음알이는 … 코의 감각접촉은 … 느낌은 …

혀는 … 맛은 … 혀의 알음알이는 … 혀의 감각접촉은 … 느낌은 …

몸은 … 감촉은 … 몸의 알음알이는 … 몸의 감각접촉은 … 느낌은 …

마노[意]는 불타오르고 있다. [마노의 대상인] 법은 불타오르고 있다. 마노의 알음알이는 불타오르고 있다. 마노의 감각접촉은 불타오르고 있다. 마노의 감각접촉을 조건으로 하여 일어나는 즐겁거나 괴롭거나 괴롭지도 즐겁지도 않은 느낌은 불타오르고 있다.

그러면 무엇에 의해서 불타오르고 있는가? 탐욕과 성냄과 어리석음으로 불타오르고 있다. 태어남과 늙음·죽음과 근심·탄식·육체적 고통·정신적 고통·절망으로 불타오르고 있다고 나는 말한다."

4. "비구들이여, 이렇게 보는 잘 배운 성스러운 제자는 눈에 대해서도 염오하고 형색에 대해서도 염오하고 눈의 알음알이에 대해서도 염오하고 눈의 감각접촉에 대해서도 염오하고 눈의 감각접촉을 조건으로 하여 일어나는 즐겁거나 괴롭거나 괴롭지도 즐겁지도 않은 느낌에 대해서도 염오한다.

귀에 대해서도 … 소리에 대해서도 … 귀의 알음알이에 대해서도 … 귀의 감각접촉에 대해서도 … 느낌에 대해서도 …

코에 대해서도 … 냄새에 대해서도 … 코의 알음알이에 대해서도

… 코의 감각접촉에 대해서도 … 느낌에 대해서도 …

혀에 대해서도 … 맛에 대해서도 … 혀의 알음알이에 대해서도 … 혀의 감각접촉에 대해서도 … 느낌에 대해서도 …

몸에 대해서도 … 감촉에 대해서도 … 몸의 알음알이에 대해서도 … 몸의 감각접촉에 대해서도 … 느낌에 대해서도 …

마노[意]에 대해서도 염오하고 [마노의 대상인] 법에 대해서도 염오하고 마노의 알음알이에 대해서도 염오하고 마노의 감각접촉에 대해서도 염오하고 마노의 감각접촉을 조건으로 하여 일어나는 즐겁거나 괴롭거나 괴롭지도 즐겁지도 않은 느낌에 대해서도 염오한다."

5. "염오하면서 탐욕이 빛바래고, 탐욕이 빛바래기 때문에 해탈한다. 해탈하면 해탈했다는 지혜가 있다. '태어남은 다했다. 청정범행(梵行)은 성취되었다. 할 일을 다 해 마쳤다. 다시는 어떤 존재로도 돌아오지 않을 것이다.'라고 꿰뚫어 안다."

6. 세존께서는 이렇게 말씀하셨다. 그 비구들은 흡족한 마음으로 세존의 말씀을 크게 기뻐하였다.

7. 이 상세한 설명[授記][143]이 설해졌을 때 그 비구 승가는 취착이 없어져서 번뇌들로부터 마음이 해탈하였다.

---

143) '상세한 설명'으로 옮긴 veyyākaraṇa(웨야까라나)에 대해서는 앞의 「무아의 특징 경」(S22:59) §7의 주해를 참조할 것.

제2편

출가자의 길

【해설】

우리는 출가자이다. 그러면 출가자는 어떻게 살아야 하는가? 우리의 스승 부처님께서는 여기에 대해서 어떻게 교계하셨는가? 이것은 편집자가 출가한 뒤로 항상 품고 있는 문제의식이다. 이것이 어찌 편집자 혼자만의 고뇌이겠는가? 역사적으로 출가를 결행한 모든 부처님 제자들이 가질 수밖에 없는 근원적인 질문일 것이다. 이러한 문제의식을 가지고 편집자는 본서 제2편 출가자의 길을 엮었다.
사실 초기불전의 대부분은 부처님께서 비구들 즉 출가자들을 대상으로 하여 설하신 가르침을 담고 있다. 그러므로 초기불전의 거의 전부가 부처님께서 출가자들에게 설하신 것이라 해도 무방하다. 그러나 출가자들에게 하신 부처님 말씀은 너무 방대하기 때문에 본서 제2편에서는 이 가운데 편집자가 판단하기에 후배 스님들에게 요긴하다고 판단되는 경들을 16개 정도 가려 뽑아서 여기에 싣고 있다. 후배 스님들이 이러한 부처님의 간곡하신 가르침을 가슴으로 받아들여 모두 금생에 해탈열반의 튼튼한 토대를 만드시고 나아가 도와 과를 증득하시기를 염원한다.

붓다고사 스님은 「대념처경」(D22)의 주석서에서 "도를 닦는 자는 누구나 비구라고 이름한다. … 도를 닦는 자는 신이든 인간이든 모두 비구라는 명칭을 가지게 된다."(DA.iii.755)라고 강조하고 있다. 그러므로 여기서 출가자의 길을 출가한 비구・비구니 스님들에게만 적용시킬 필요는 없을 것이다. 오히려 여기에 가려 뽑아 싣고 있는 출가자의 길에 해당되는 금구의 말씀은 해탈・열반이라는 우리의 스승 부처님이 제시한 궁극적 행복을 실현하기 위해서 정진하는 사부대중 모두에게 해당되는 길로 받아들여야 할 것이다.

여기서 사용하고 있는 '출가자'라는 술어는 빱바지따(pabbajita)를 옮긴 것이고 '출가'는 빱밧자(pabbajjā)를 옮긴 것이다. 이 술어들은 동사 빱바자띠(pabbajati)에서 파생된 단어이다. 이들 단어의 어근은 pra(*fro, pro-*, 앞으로) + √vraj(*to wander*)로 문자적으로는 '앞으로 나아가다.'라는 뜻이다. 출가자로 옮기는 pabbajita는 과거분사로 '출가한 [자]'로 직역되고 출가로 옮기는 pabbajjā는 여성명사이다. 초기불전의 수백 군데에서 출가(pabbajjā)는 "집에서 나와 출가하다(agārasmā anagāriyaṁ pabbajati)."(D1 §2.6 등)라는 정형구로 나타난다. 그래서 「초전법륜 경」(S56:11)에 해당하는 주석서는 "출가자(pabbajita)란 재가의 족쇄(gihi-saṁyojana)를 자른 뒤에(chinditvā) 출가를 결행한 자(pabbajj-upagata)."(SA.iii.297)라고 설명하고 있다. 그리고 다른 주석서는 "출가자란 재가에 머무는 것(ghar-āvāsa)을 버리고 교법(sāsana)에 출가를 결행한 자를 말한다."(AA.v.38)라고 출가자를 정의한다.
복주서는 "출가자에는 두 가지가 있다. 삶의 흐름[相續, 상속, santāna]으로부터 출가한 경우와 애욕 등의 더러움(rāgādi-mala)으로부터 출가한 경우이다."(SAṬ.i.256)라고 출가자를 설명하고 있다. 다른 주석서에는 "이 출가(pabbajjā)라는 것은 재생연결을 받는 것과 같다(paṭisandhi-ggahaṇa-sadisā, 즉 출가는 다시 태어난 것과 같다는 말). 새로 출가한 자(nava-pabbajita)는 출가의 공덕을 알지 못하여 스승이나 은사를 향한 단순한 믿음으로 머문다. 그러므로 그에게는 호의를 베풀어야 한다. 약간의 도움을 받아 출가자로 머물 때 초월지를 얻은 큰 스님이 될지도 모른다."(MA.iii.154)라는 설명이 나타나는데 이처럼 출가는 세속적인 것을 모두 버리고 다시 태어나는 것과 같은 것이다.

이처럼 출가자란 세속적인 소유물이나 의무나 규범을 버리고 불교교단에 들어와서 수계를 하고 독신으로 교학과 수행에 전념하는 자를 뜻하는 술어로 초기불전과 주석서 문헌의 도처에 나타나고 있다. 20세가 넘어 비구계를 수지한 출가자를 비구(比丘, bhikkhu)라 부르고, 20세가 되지 않아 사미계를 수지한 출가자를 사미(沙彌, sāmaṇera)라고 부른다. 같이하여 비구니(比丘尼, bhikkhunī)와 식카마나(sikkha

-mānā, 式叉摩那, 식차마나)와 사미니(沙彌尼, sāmaṇerī)도 출가자라 부른다. 초기불전에서 pabbajita(출가자)와 pabbajjā(출가)라는 술어는 대부분 불교교단의 출가자에게만 적용되어 나타난다. 부처님 당시에 불교교단 외에도 많은 출가자 집단이 있었지만 그들은 pabbaji-ta(출가자)로는 불리지 않고 아지와까나 니간타 등 그들을 지칭하는 고유의 전문 술어로 불리고 있다.[144)]

144) 부처님 당시의 인도 종교인들은 크게 사문과 바라문의 두 집단으로 구성되어있었다. 이 가운데 사문(沙門, samaṇa, Sk. śramaṇa)은 집을 떠나 독신생활을 하는 수행자를 통칭하는 술어이다. 계급과 관계없이 누구나 사문이 될 수 있다. 육사외도(六邪外道)로 불리는 부처님 당시의 사문 집단과 불교교단이 대표적인 사문 집단이다. 니까야에 자주 나타나는 사문 집단에는 아지와까(ājiivaka, 邪命外道), 니간타(nigaṇṭha, Sk. nirgran-tha, 자이나 수행자), 나체수행자(acela), 유행승(paribbājaka) 등이 있다. 이들은 불교의 출가자를 뜻하는 pabbajita로 불리는 경우가 아주 드물다.

바라문(婆羅門, brāhmaṇa)은 바라문이라는 특정 계급 출신이라야 하며 결혼을 하고 독신이 아니다. 물론 8살부터 20살까지 12년간은 스승의 문하에서 독신으로 금욕생활을 하면서 베다 등을 학습한다. 초기불전의 도처에 나타나듯이 바라문들은 세존과 대화가 가능한 지적이고 양심적인 사람들이 대부분이었다. 그리고 부처님 제자들 가운데서도 사리뿟따, 목갈라나, 마하깟사빠, 뿐나, 만따니뿟따 등등 교단을 대표하는 인물들은 대부분 바라문 출신들이었다.
니까야에서 사문과 바라문이라는 술어는 아주 많이 나타나고 있는데 사문과 바라문이 언급될 때는 거의 예외 없이 samaṇā vā brāhmaṇā(사문이나 바라문)나 samaṇa-brāhmaṇā(사문・바라문)라는 합성으로 나타난다. 이처럼 불교 경전에서는 항상 사문을 바라문보다 앞에 두고 언급하고 있는데 불교가 사문집단이기 때문에 사문을 앞에 언급한 것일 것이다.

끊임없이 반조해야 함 경[145]

출가자가 끊임없이 반조해야 하는 열 가지

Pabbajitābhiṇha Sutta(A10:48)

【해설】

한국의 스님들이 출가한 뒤 은사스님이나 구참스님으로부터 많이 듣는 가르침에 회광반조(廻光反照)라는 말이 있다. '빛을 돌이켜 되비춘다.'로 직역할 수 있는 이 술어는 선종에서 많이 쓰는 말이다. 반조(反照, paccavekkhaṇa, prati + vi + √ikṣ, *to see*)에 대한 가르침은 초기불전과 주석서 문헌들에서도 많이 나타나고 있다. 그 가운데서도 본경은 상좌부 불교에서 아침 예불 때 매일 독송을 할 정도로 출가자들이 스스로를 반조하고 경책하는 경으로 잘 알려져 있다.

본경에 나타나는 열 가지 경책의 말씀은 모두 우리 출가자들의 폐부에 깊숙이 스며들어야 할 가르침이지만 그 가운데서도 "① '나는 저열한 상태에 이르렀다.' … ② '내 생명은 남에게 달려있다.'라고 출가자는 끊임없이 반조해야 한다."라는 본경의 첫 번째와 두 번째 말씀은 특히 명심해야 하는 가르침이다. 출가자를 비구(比丘, bhikkhu, 빅쿠)라 한다. 비구는 √bhikś(*to beg*)에서 파생된 명사로 거지(*begger*)라는 뜻이다. 그래서 중국에서는 비구를 걸사(乞士)로 옮기기도 하였다.
우리의 출가는 돈과 권력과 명예를 추구하기 위해서가 아니다. 출가자는 기본적으로 남의 것을 얻어먹는 거지, 좋게 말해서 걸사이다. 출

145) PTS본(Ee)에는 본경의 제목이 dhamma(경우)로 나타나고 6차결집본(Be)에는 '출가자가 끊임없이'(Pabbajitābhiṇha Sutta)로 나타난다. 본서에서 편집자는 후자를 택해서 경의 제목으로 삼았다.

가란 이처럼 빌어먹는 하천하고 저열한 상태가 된 것이지 돈과 지위와 권력과 명예를 누리기 위한 것이 아니다. 출가자는 이처럼 얻어먹으면서 자신의 삼업을 단속하고 삼매를 닦고 통찰지를 개발하여서 4종 필수품을 보시해준 사람들과 불자들과 세상 모든 사람들의 행복을 위해서 모든 것을 바치는 존재임을 명심해야 한다고 본경을 통해서 부처님께서 고구정녕하게 말씀하고 계시는 것이다.

본경은 이처럼 출가자가 한 순간도 놓치지 않고 지속적으로 되새겨 봐야 할 세존의 준엄한 말씀을 간직하고 있어서 제2편 출가자의 길의 첫 번째 경으로 실었다.

1. "비구들이여, 출가자는 열 가지 경우를 끊임없이 반조해야 한다. 무엇이 열인가?"

2. "① '나는 저열한 상태[146]에 이르렀다.'라고 출가자는 끊임없이 반조해야 한다.

② '내 생명은 남에게 달려있다.'[147]라고 출가자는 끊임없이 반조해야 한다.

③ '내 행동은 [재가자들과] 달라야 한다.'라고 출가자는 끊임없이

146) "'저열한 상태(vevaṇṇiya)'란 두 종류가 있다. 몸(sarīra)의 저열한 상태와 생활필수품(parikkhāra)의 저열한 상태다. 여기서 머리털과 수염이 없는 것이 몸의 저열한 상태라고 알아야 한다. 전에는 여러 색깔로 된 감촉이 좋은 옷을 입고, 여러 맛난 음식을 금이나 은으로 만든 그릇에 담아서 먹고, 좋은 침상이나 의자에 눕고 앉고, 제호(醍醐)나 정제된 버터로 약을 만들었지만, 출가한 후로는 떨어진 가사를 수하고, 철이나 흙으로 빚은 그릇에 섞은 밥을 먹어야 하고, 나무 아래의 거처 등에서 문자 풀의 덮개 위에서 누워야 하고, 가죽 매트 위에서 앉아야 하고, 썩은 오줌 등으로 약을 만들어야 한다. 이와 같이 여기서 생활필수품의 저열한 상태를 알아야 한다. 이와 같이 반조할 때 분노와 자만심이 제거된다."(AA.v.38~39)

147) "'나의 생명이 다른 사람에게 달려있다(parapaṭibaddhā me jīvikā).'는 것은 우리는 다른 사람에 의존해있다(parāyattā). 즉 4종 필수품에 의존해 있는 것이 우리의 삶(catu-paccaya-jīvikā)이라는 말이다"(AA.v.39)

반조해야 한다.

④ '내 마음은 계행에 대해 나를 비난하지는 않는가?'라고 출가자는 끊임없이 반조해야 한다.

⑤ '지혜로운 동료 수행자들이 나를 자세히 살핀 다음 계행에 대해 나를 비난하지는 않는가?'라고 출가자는 끊임없이 반조해야 한다.

⑥ '내가 좋아하고 마음에 들어 하는 모든 것은 변해버리고 없어져버린다.'라고 출가자는 끊임없이 반조해야 한다.

⑦ '업이 바로 나의 주인이고, 나는 업의 상속자이고, 업에서 태어났고, 업이 나의 권속이고, 업이 나의 의지처이다. 좋은 업이건 나쁜 업이건 업을 지으면 나는 그것의 상속자가 될 것이다.'라고 출가자는 끊임없이 반조해야 한다.

⑧ '내가 무엇이 되어있건 낮과 밤은 지나가버린다.'라고 출가자는 끊임없이 반조해야 한다.

⑨ '빈집에 거주하는 것을 나는 좋아하는가, 아닌가?'라고 출가자는 끊임없이 반조해야 한다.

⑩ '나는 인간의 법을 초월했고, 성자들에게 적합한 지와 견의 특별함을 증득했는가? 그래서 나는 죽을 때[148] 동료 수행자들이 물으면 의기소침해지지 않을 것인가?'라고 출가자는 끊임없이 반조해야 한다.

비구들이여, 출가자는 이러한 열 가지 경우를 끊임없이 반조해야 한다.

---

148) "'죽을 때(pacchime kāle)'란 임종하는 침상에 누워있을 때(maraṇamañce nipannakāle)라는 뜻이다."(AA.v.40)

깃발 경

삼보는 출가자의 깃발

Dhajagga Sutta(S11:3)

【해설】

깃발은 전쟁터에서 군인들에게 용기를 북돋우고 전의를 불사르게 하며 죽음의 두려움을 극복해주는 중요한 문장(紋章)이다. 당연히 생사윤회의 긴 고통을 벗어나려고 부처님의 제자가 된 출가자들에게도 이러한 두려움을 극복해주는 깃발이 있다. 그것은 다름 아닌 불・법・승 삼보이다. 본경은 삼보야 말로 불자들 특히 출가자들의 진정한 깃발임을 천명하고 있는 중요한 가르침을 담고 있다.

본경에서 세존께서는 마치 신과 아수라들 간에 전쟁이 발발하여 두려움과 공포와 털끝이 곤두섬을 느끼게 될 때 신들의 왕인 삭까(인드라, 제석)의 깃발이나 빠자빠띠나 와루나의 깃발을 올려다보는 것처럼(§3) 출가자들이 숲으로 가거나 나무 아래로 가거나 빈집으로 가서 두려움과 공포와 털끝이 곤두섬을 느끼게 될 때 부처님이나 법이나 승가를 계속해서 생각하면 이런 것들이 없어지게 된다(§§5~7)고 강조하고 계신다. 여기서 '깃발'은 다작가(dhajagga)를 옮긴 것이다. 이것은 dhaja(깃발, Sk. dhvaja)+agga(끝, 으뜸)로 분석되는데 왕이나 부대나 특정 집단을 상징하는 문장(紋章)이나 꼭대기 장식물이나 상징물 즉 엠블렘(*emblem*)을 뜻한다.

한국불교를 대표하는 대한불교 조계종에서는 둥근 원(○) 안에 삼보를 상징하는 점 세 개(∴)를 넣어 원이삼점(圓伊三點, ⛬)으로 만들어서 이것을 조계종의 문장으로 사용하고 있는데 본경이 여기에 대한 경전적 배경이 된다고 할 수 있다.

깃발 혹은 문장은 가치를 표상화한 것이다. 불교의 대표적 문장이 삼보이므로 불교의 가치는 불·법·승으로 상징된다. 그러므로 초기불전의 여러 곳과 본경 §§5~7에 나타나는 불·법·승의 정형구는 불교의 근본 가치를 명쾌하게 드러내는 구문이다. 여기에 대한 자세한 설명은 『청정도론』 7장에 나타나고 있으므로 일독하기를 권한다.

출가자는 세속에 넘쳐나는 돈의 깃발, 권력의 깃발, 명예의 깃발, 이념의 깃발을 내려놓고 저 부처님의 깃발, 정법의 깃발, 승가공동체의 깃발을 높이 드는 진정한 부처님의 제자가 되어야 할 것이라고 생각해본다.

1. 이와 같이 나는 들었다. 한때 세존께서는 사왓티에서 제따 숲의 아나타삔디까 원림(급고독원)에 머무셨다.

2. 거기서 세존께서는 "비구들이여."라고 비구들을 부르셨다. "세존이시여."라고 비구들은 세존께 응답했다. 세존께서는 이렇게 말씀하셨다.

3. "비구들이여, 옛날에 신과 아수라들 간에 전쟁이 있었다. 비구들이여, 그때 신들의 왕 삭까가 삼십삼천의 신들을 불러서 말했다.

'존자들이여, 신과 아수라들 간에 전쟁이 일어났을 때 [219] 두려움과 공포와 털끝이 곤두섬을 느끼게 되면 그때는 나의 깃발149)을 올려다보시오. 그대들이 나의 깃발을 올려다보면 두려움과 공포와 털끝이 곤두섬이 없어질 것이오.150)

---

149) 여기서 '깃발'은 dhajagga를 옮긴 것이다. 이것은 dhaja(S. dhvaja) + agga로 분석된다. 여기에 대한 논의는 보디스님 490~491쪽 611번 주해를 참조할 것.

150) 주석서에 의하면 신들의 왕 삭까의 깃발(문장)은 그의 마차에 250요자나 높이로 올려져 있었다고 한다. 그것이 바람에 휘날리면 다섯 가지 악기의(pañcaṅgika-tūriya) 음악소리가 났다 한다. 신들은 그것을 올려다보면서 '우리 왕이 오셔서 자신의 군대 곁에 깊이 박힌 튼튼한 기둥처럼 서계

만일 나의 깃발을 올려다볼 수 없으면 신의 왕 빠자빠띠의 깃발을 올려다보시오. 그대들이 신의 왕 빠자빠띠의 깃발을 올려다보면 두려움과 공포와 털끝이 곤두섬이 없어질 것이오.

만일 신의 왕 빠자빠띠의 깃발을 올려다볼 수 없으면 신의 왕 와루나의 깃발을 올려다보시오. 그대들이 신의 왕 와루나의 깃발을 올려다보면 두려움과 공포와 털끝이 곤두섬이 없어질 것이오.

만일 신의 왕 와루나의 깃발을 올려다볼 수 없으면 신의 왕 이사나의 깃발을 올려다보시오. 그대들이 신의 왕 이사나의 깃발을 올려다보면 두려움과 공포와 털끝이 곤두섬이 없어질 것이오.'"[151])

4. "비구들이여, 그러나 신의 왕 삭까의 깃발을 올려다보거나 신의 왕 빠자빠띠의 깃발을 올려다보거나 신의 왕 와루나의 깃발을 올려다보거나 신의 왕 이사나의 깃발을 올려다보면 두려움과 공포와 털끝이 곤두섬이 없어지기도 하고 없어지지 않기도 할 것이다.

그것은 무슨 이유 때문인가? 비구들이여, 신의 왕 삭까는 탐욕을 제거하지 못했고 성냄을 제거하지 못했고 어리석음을 제거하지 못했고, 두려워하고 공포를 느끼고 떨면서 도망갈 수 있기 때문이다."

신다. 그러니 우리가 누구를 두려워한단 말인가?'라고 생각하여 두려움이 사라졌다고 한다.(SA.i.341)

151) 주석서에 의하면 여기서 언급되는 세 신들 가운데 빠자빠띠(Pajāpati)는 그 외모나 수명이 삭까와 비슷하였으며 두 번째 자리에 위치하고 있었다고 한다. 와루나(Varuṇa)와 이사나(Īsāna)는 각각 세 번째와 네 번째 자리에 위치하고 있었다고 한다.(SA.i.341) MW에 의하면 원래 빠자빠띠(Sk. Prajāpati)는 창조의 신이었으며 베다의 신들 가운데 으뜸이었다. 와루나(Varuṇa)는 이법(理法)의 신이었으며 역시 가장 오래된 베다의 신들 가운데 하나였다. 이사나(Īsāna, Sk. Īśāna)는 우리에게 쉬바(Śiva) 신으로 알려진 시와루드라(Śiva-Rudra)의 오래된 이름 가운데 하나였다. Īśāna는 중국에서 大自在天으로 옮겨지기도 했다.

5. "비구들이여, 그러나 나는 이렇게 말한다. 비구들이여, 만일 그대들이 숲으로 가거나 나무 아래로 가거나 빈집으로 가서 두려움과 공포와 털끝이 곤두섬을 느낀다면 그때는 '이런 [이유로] 그분 세존께서는 아라한[應供]이시며, 완전히 깨달은 분[正等覺]이시며, 명지와 실천이 구족한 분[明行足]이시며, 피안으로 잘 가신 분[善逝]이시며, 세간을 잘 알고 계신 분[世間解]이시며, 가장 높은 분[無上士]이시며, 사람을 잘 길들이는 분[調御丈夫]이시며, 하늘과 인간의 스승[天人師]이시며, 깨달은 분[佛]이시며, 세존(世尊)이시다.'[152]라고 오직 나를 계속해서 생각하라.

비구들이여, 그대들이 나를 계속해서 생각하면 두려움과 공포와 털끝이 곤두섬이 없어질 것이기 때문이다." [220]

6. "만일 나를 계속해서 생각할 수 없다면 '법은 세존에 의해서 잘 설해졌고, 스스로 보아 알 수 있고, 시간이 걸리지 않고, 와서 보라는 것이고, 향상으로 인도하고, 지자들이 각자 알아야 하는 것이다.'[153]라고 법을 계속해서 생각하라.

비구들이여, 그대들이 법을 계속해서 생각하면 두려움과 공포와 털끝이 곤두섬이 없어질 것이기 때문이다."

7. "만일 법을 계속해서 생각할 수 없다면 '세존의 제자들의 승가는 잘 도를 닦고, 세존의 제자들의 승가는 바르게 도를 닦고, 세존

---

152) 본경과 니까야의 도처에 나타나는 이 여래십호(如來十號)를 위시한 부처님에 대한 설명은 『청정도론』 VII.2~67에 상세하게 설명되어 있으므로 참조하기 바란다.

153) 이 법에 대한 정형구의 설명은 『청정도론』 VII.68~88에 잘 설명되어 있으므로 참조할 것.

의 제자들의 승가는 참되게 도를 닦고, 세존의 제자들의 승가는 합당하게 도를 닦으니, 곧 네 쌍의 인간들이요[四雙] 여덟 단계에 있는 사람들[八輩]이시다. 이러한 세존의 제자들의 승가는 공양받아 마땅하고, 선사받아 마땅하고, 보시받아 마땅하고, 합장받아 마땅하며, 세상의 위없는 복밭[福田]이시다.'154)라고 승가를 계속해서 생각하라.155)

비구들이여, 그대들이 승가를 계속해서 생각하면 두려움과 공포와 털끝이 곤두섬이 없어질 것이기 때문이다."

8. "그것은 무슨 이유 때문인가? 비구들이여, 여래·아라한·정등각자는 탐욕을 제거했고 성냄을 제거했고 어리석음을 제거했고, 두려워하지 않고 공포를 느끼지 않고 떨지 않고 도망가지 않기 때문이다."

9. 세존께서는 이렇게 말씀하셨다. 스승이신 선서께서는 이렇게 말씀하신 뒤 다시 [게송으로] 이와 같이 설하셨다.

"숲에서나 나무 아래서나 빈집에서나 비구들은
완전하게 깨달은 분을 계속해서 생각해야 하나니
그러면 그대들에게 두려움은 없을 것이로다. {868}

세상의 으뜸이요 인간들 가운데 황소인
부처님을 계속해서 생각할 수 없으면
벗어남으로 인도하고 잘 설해진 법을

---

154) 이 승가에 대한 정형구의 설명은 『청정도론』 VII.89~100을 참조할 것.

155) 『상윳따 니까야』 제6권 「예류 상윳따」(S55)에 포함된 74개의 경들 가운데 50개가 넘는 경들에도 이 불·법·승의 정형구가 나타나며 불·법·승에 대한 흔들림 없는 청정한 믿음과 계를 지니는 것을 예류자의 구성요소로 들고 있다.

그대들은 계속해서 생각해야 하노라. {869}

벗어남으로 인도하고 잘 설해진 법을 만일
계속해서 그대들이 생각할 수 없으면
무상복전 승가를 계속해서 생각하라. {870}

이와 같이 비구들이 부처와 법과
승가를 계속해서 생각한다면
두려움과 공포와 털끝이 곤두섬이
어느 곳 어느 때도 일어나지 않으리라." {871}

행하기 어려움 경

실행하기 어려운 세 가지

Dukkāra Sutta(S38:16)

1. 이와 같이 나는 들었다. 한때 사리뿟따 존자는 마가다에서 날라까가마까156)에 머물렀다.

2. 그때 잠부카다까 유행승157)이 사리뿟따 존자에게 다가갔다. 가서는 사리뿟따 존자와 함께 환담을 나누었다. 유쾌하고 기억할 만한 이야기로 서로 담소를 한 뒤 한 곁에 앉았다. 한 곁에 앉은 잠부카

---

156) 날라까가마까(Nālaka-gāmaka) 혹은 날라까 마을은 사리뿟따 존자가 태어난 마을 이름이다. 『디가 니까야 주석서』(DA.ii.549)와 『상윳따 니까야』 제5권 「쭌다 경」(S47:13)과 주석서에 의하면 사리뿟따 존자는 이 날라까가마까에 있는 그의 고향집에 가서 어머니를 불교에 귀의하게 하고, 옛날 자기 방에서 세존보다 먼저 반열반(般涅槃)하였다고 한다. 그리고 이곳은 사리뿟따 존자 생전에도 그와 인연이 많았던 곳인데 특히 본경이 포함되어 있는 『상윳따 니까야』 제4권 「잠부카다까 상윳따」(S38)의 모든 경들과, 다음의 「사만다까 상윳따」(S39)의 첫 번째 경을 제외한 모든 경들은 사리뿟따 존자가 이곳 날라까가마까에서 설한 경들이다.

157) "잠부카다까 유행승(Jambukhādaka paribbājaka)은 사리뿟따 존자의 조카(bhāgineyya)였으며 그는 옷을 입는 유행승(channa-paribbājaka)이었다."(SA.iii.88) 문자적으로는 잠부카다까는 잠부 열매를 먹는 자라는 뜻이다.

주석서와 복주서에 의하면 유행승에도 옷을 입는 유행승(channa-paribbājaka)과 옷을 입지 않는 유행승(nagga-paribbājaka)이 있었으며 옷을 입지 않는 유행승을 나체수행자(acela)라 부른다.(DA.ii.349; DAṬ.i.472)

다까 유행승은 사리뿟따 존자에게 이렇게 말했다.

3. "도반 사리뿟따여, 이 법과 율에서 참으로 행하기 어려운 것이 무엇입니까?"

"도반이여, 출가가 이 법과 율에서 참으로 행하기 어려운 것입니다."

4. "도반이여, 그런데 출가한 자에게 행하기 어려운 것은 무엇입니까?"

"도반이여, [출가를] 기뻐함[158]이 출가한 자에게 행하기 어려운 것입니다."

"도반이여, 그런데 [출가를] 기뻐하는 자에게 행하기 어려운 것은 무엇입니까?"

"도반이여, [출세간]법에 이르게 하는 법을 닦는 것이 [출가를] 기뻐하는 자에게 행하기 어려운 것입니다."

5. "도반이여, 그런데 [출세간]법에 이르게 하는 법을 닦는 비구가 아라한이 되는데 오래 걸립니까?"

"도반이여, 오래 걸리지 않습니다."[159]

---

158) "'기뻐함(abhirati)'이란 출가를 유감스럽게 생각하지 않음(pabbajjāya anukkaṇṭhanatā)을 말한다."(SA.iii.89)

159) 주석서(SA.iii.89)는 여기에 대한 대답으로 『맛지마 니까야』 제3권 「보디 왕자 경」(M85) §§59~60에 나타나는, "저녁에 들으면 아침에 특별함을 얻게 되고 아침에 들으면 저녁에 특별함을 얻게 될 것이다."라는 가르침을 인용하고 있다.

까시 바라드와자 경

출가자가 짓는 농사

Kasibhāradvāja Sutta(S7:11)

【해설】

인간은 행복을 추구한다. 인간은 행복해지기 위해서 일을 한다. 인간은 행복을 실현하기 위해서 어려서부터 자신에게 맞는 학문(vijjā)과 기술(sippa)을 배우고 익힌다. 그리고 이것을 통해 자신에게 맞는 직업을 가져서 열심히 일을 하여 사회에 기여를 한다. 이러한 대가로 임금이나 이윤을 창출하여 이것을 가지고 자신과 가족이 행복하게 산다. 그리고 이것을 잘 저축하여 사회에 보시하고 봉사를 하면서 이웃과 더불어 행복을 공유하면서 산다.

그러나 출가자는 가정을 버리고 세속적인 삶의 방식을 버렸기 때문에 직업을 갖지 않는다. 그러므로 임금이나 이윤을 창출하지 못한다. 본경에서 바라문은 이러한 출가자의 삶의 방식에 대해서 일침을 가하면서 탁발을 나오신 세존께 "사문이여, 저는 밭을 갈고 씨를 뿌립니다. 저는 밭을 갈고 씨를 뿌린 뒤 먹습니다. 사문이여, 당신도 밭을 갈고 씨를 뿌리십시오. 밭을 갈고 씨를 뿌린 뒤 먹으십시오."(§3)라고 주장한다.

부처님께서는 출가자도 일을 한다고 말씀하신다. 출가자가 하는 일이 무엇인지 본경에서 세존께서는 명쾌하게 말씀하신다. 본경에서 "밭을 갈고 씨를 뿌린 뒤 먹으십시오."(§3)라는 까시 바라드와자 바라문에게 세존께서는 "바라문이여, 나도 밭을 갈고 씨를 뿌리네. 나도 밭을 갈고 씨를 뿌린 뒤 먹는다네."(§3)라고 대답하신 뒤에 출가수행의 바탕이 되는 믿음, 고행, 통찰지, 양심, 마음, 마음챙김, 보호(계), 음식의 제어, 진리, 정진 등을 농사에 필요한 씨앗 등의 10가지에 비유하여 말씀하신다.(§§4~5) 그런 후에 "이와 같이 밭갈이를 다 해마치고/ 불사(不死)의 결실을 거두게 되니/ 이러한 밭갈이를 마치고 나면/ 모든 괴로움으로부터 풀려나도다."라고 말씀하신다.(§5)

본경은 무엇이 출가자의 진정한 노동이고 농사인지를 세존께서 명쾌하게 밝혀주시는 가르침이다. 세상 사람들이 학문과 기술을 배우고 익혀서 이것으로 바른 직업을 가지고 열심히 일을 해서 금생의 행복을 추구하고 종교적 신념과 보시와 계행을 갖추어 내생의 행복을 추구한다면 출가자는 부처님이 강조하신 이러한 10가지 일을 통해서 불사(不死)로 표현되는 열반이라는 궁극적 행복을 실현하고 그 공덕을 세상에 회향한다.

본경은 『숫따니빠따』에도 「까시 바라드와자 경」(Sn1:4)으로 나타나고 있으며 우리에게 잘 알려진 경이기도 하다. 스리랑카에서 본경은 보호주 혹은 호주(護呪, paritta)로 여겨져서 싱할리어로 된 Maha Pirit Pota(대보호주를 모은 책)에 포함되어 널리 읽히고 있다고 한다.

1. 이와 같이 [172] 나는 들었다. 한때 세존께서는 마가다에서 닥키나기리(남산)160)의 에까날라라는 바라문 마을에 머무셨다.

2. 그 무렵 까시 바라드와자 바라문161)은 씨 뿌리는 시기가 되어서 쟁기를 맨 소 500마리를 준비하였다.162) 그때 세존께서는 오전에 옷매무새를 가다듬고 발우와 가사를 수하고 까시 바라드와자 바

---

160) 닥키나기리(Dakkhina-giri, 南山)는 마가다의 수도인 라자가하(Rāja-gaha)를 에워싸고 있는 남쪽 지역(dakkhina-bhaaga)에 있는 산(giri)들을 말한다.(SA.ii.176)

161) 까시 바라드와자 바라문(Kasibhāradvāja brahmaṇa)은 농사를 지어서 생계를 유지했기 때문에 이렇게 불린 것이다.(SA.i.242) 여기서 까시(kasi)는 쟁기질, 밭갈이를 뜻한다.

162) 주석서는 이 광경은 보통의 농사짓는 장면이 아니고 부드러운 흙에다 씨를 뿌리는 [농경제의] 의식(paṁsu-vappa)을 거행하는 특별한 행사라고 설명하고 있다. 주석서는 이 행사에 대한 자세한 묘사를 하고 있다.(SA.i.242~243)

라문의 일터로 가셨다.

그 무렵 까시 바라드와자 바라문은 음식을 배분하고 있었다. 그러자 세존께서는 음식을 배분하는 곳으로 가셔서 한 곁에 서계셨다.[163] 까시 바라드와자 바라문은 세존께서 걸식을 위해서 서계신 것을 보았다. 보고는 세존께 이렇게 말씀드렸다.

3. "사문이여, 저는 밭을 갈고 씨를 뿌립니다. 저는 밭을 갈고 씨를 뿌린 뒤 먹습니다. 사문이여, 당신도 밭을 갈고 씨를 뿌리십시오. 밭을 갈고 씨를 뿌린 뒤 먹으십시오."

"바라문이여, 나도 밭을 갈고 씨를 뿌리네. 나도 밭을 갈고 씨를 뿌린 뒤 먹는다네."

"그러나 우리는 고따마 존자의 멍에도 쟁기도 보습도 몰이막대도 황소도 보지 못합니다. 그런데도 고따마 존자는 '바라문이여, 나도 밭을 갈고 씨를 뿌리네. 나도 밭을 갈고 씨를 뿌린 뒤 먹는다네.'라고 말씀하십니다."

4. 그런 뒤 까시 바라드와자 바라문은 세존께 게송으로 말씀드렸다.

"밭가는 자라고 공언하시지만
당신이 밭가는 것을 보지 못합니다.
밭가는 분이라면, 여쭙노니 말씀해 주소서.
당신의 밭갈이를 어떻게 이해하리까?" {662}

---

163) 음식을 배분하는 곳에서 500명의 밭가는 사람들은 은쟁반 등을 가지고 음식이 자기에게 올 때까지 앉아서 기다리고 있었으며, 세존께서는 바라문이 서 있는 곳으로 바라문 가까이로 가셨기 때문에 그와 대화를 할 수 있었다고 한다.(SA.i.247)

5. [세존]

"믿음은 씨앗,[164] 고행[165]은 비
나의 통찰지[166]는 멍에에 맨 쟁기
양심은 [연결하는] 막대기, 마음은 노끈

---

164) 여기에 대한 주석서를 요약하면 이러하다. 왜 세존께서는 '믿음은 씨앗(saddhā bījaṁ)'이라고 믿음부터 말씀하셨는가? 이 바라문은 지혜롭기는 하지만 삿된 견해를 가진 집안에 태어났기 때문에 믿음이 없었기 때문이다.
그러면 왜 믿음은 씨앗이 되는가? 이것은 모든 유익한 법들[善法]의 토대가 되기 때문이다. 땅에 씨앗을 심으면 뿌리가 나고 싹(aṅkura)이 튼다. 뿌리로는 땅의 영양분과 물을 빨아들여 줄기로 자라게 된다. 자라고 증장하여 마침내 꼭대기에 많은 곡식을 맺게 된다. 그와 같이 믿음이라는 씨앗을 땅에 심으면 계(sīla)라는 뿌리로부터 사마타와 위빳사나라는 영양분(samatha-vipassanā-rasa)을 빨아들여 성스러운 도라는 줄기(ariya-magga-nāḷa)를 통해서 성스러운 과라는 곡식(ariya-phala-dhañña)을 맺게 된다. 이렇게 해서 여섯 단계의 청정을 통해서 자라서 마지막으로 지와 견의 청정이라는 수액(ñāṇadassana-visuddhi-khīra)을 생산하게 되고 이것은 아라한과(arahatta-phala)라는 열매가 되어서 여러 가지 무애해와 신통지를 산출(aneka-paṭisambhida-abhiññābharita)하게 된다. 그래서 믿음은 씨앗이라고 하신 것이다.(SA.i.249~250)
여섯 단계의 청정은 칠청정 가운데 처음의 여섯을 말한다. 칠청정은 (1) 계 청정 (2) 마음 청정 (3) 견 청정 (4) 의심을 제거함에 의한 청정 (5) 도와 도 아님에 대한 지(知)와 견(見)에 의한 청정 (6) 도닦음에 대한 지 와 견에 의한 청정 (7) 지와 견에 의한 청정이다. 칠청정에 대해서는 『아비담마 길라잡이』 9장 §§28~34를 참조할 것.

165) "해로운 법들[不善法]과 몸을 태운다(tapati)고 해서 '고행(tapa)'이라 한다. 감각기능의 단속, 정진, 두타행, 난행고행(indriyasaṁvara-vīriya-dhutaṅga-dukkarakārika)이 이것과 동의어이다. 여기서는 감각기능의 단속의 뜻으로 쓰였다."(SA.i.251)

166) "'통찰지(paññā)'는 욕계 등의 분류에 의해서 여러 가지이다. 여기서는 위빳사나와 함께 도의 통찰지(saha vipassanāya magga-paññā)를 뜻한다. 마치 바라문이 멍에와 쟁기를 가지고 있듯이 세존께서도 위빳사나와 통찰지(vipassanā paññā ca)를 가지고 계신다."(SA.i.251)

나의 마음챙김은 보습과 몰이막대 {663}
몸을 보호하고 말을 보호하고
뱃속에 들어가는 음식량 제어하고
진리를 잡초 뽑는 갈고리로 사용하여
온화함에 [도달하여] 나의 멍에 풀었도다.167) {664} [173]

정진이야말로 짐을 실어 나르는 동물
유가안은168) 으로 실어가도다.
그것은 쉼 없이 가고 또 가나니
거기 가서 사람은 슬퍼하지 않도다.169) {665}

이와 같이 밭갈이를 다 해마치고

---

167) "다른 곳에서는 몸과 말로써 범하지 않는 계(sīla)를 '온화함(soracca)'이라고 말씀하셨지만 여기서는 아라한과(arahatta-phala)를 말씀하신 것이다. 이것은 아름다운 열반(sundara nibbāna)을 기뻐하기 때문에 온화함이라 부르는 것이다. '멍에를 풀었다(pamocanaṁ).'는 것은 '내가 보리수 아래서 아라한과를 얻었을 때 나는 해탈하였다. 그때 나의 멍에는 풀렸기 때문에 다시는 멍에에 매이지는 않을 것이다.'라는 뜻이다."(SA.i.254)
주석서는 이처럼 soracca를 어원의 분석을 통해서 설명하고 있다. soracca는 su+rata(√ram, *to rejoice*)의 2차 곡용형을 취한 추상명사이다. 여기에서 파생된 형용사 sorata(온화한)도 『상윳따 니까야』「수시마 경」(S2:29) {363~364}와 「웨빠찟띠 경」(S11:4) §11에 나타나고 있다.

168) "'유가안은(瑜伽安隱, yoga-kkhema)'이란 속박으로부터 안은함(yogehi khematta)이기 때문에 열반(nibbāna)을 뜻한다."(SA.i.255)
유가안은에 대해서는 『상윳따 니까야』 제4권 「유가안은을 설하는 자 경」(S35:104) §2의 주해를 참조할 것. 네 가지 속박(yoga)은 네 가지 폭류(ogha)와 같은데 폭류에 대해서는 『상윳따 니까야』「폭류 경」(S1:1) §3의 주해를 참조할 것.

169) "'거기 가서 사람은 슬퍼하지 않는다(yattha gantvā na socati).'는 것은 모든 슬픔의 화살을 뽑아버린(sabba-soka-salla-samugghāta-bhūta) 열반이라 불리는 형성되지 않은 곳(asaṅkhata ṭhāna)으로 간다는 뜻이다."(SA.i.256)

불사(不死)의 결실을 거두게 되니
이러한 밭갈이를 마치고 나면
모든 괴로움으로부터 풀려나도다." {666}

6. "고따마 존자께서는 이것을 드십시오. 고따마 존자는 밭가는 분이십니다. 고따마 존자는 불사(不死)의 결실을 가져오는 밭갈이를 하시기 때문입니다."

7. [세존]
"게송 읊어 생긴 것을 나는 먹지 않노라.
바라문이여, 그것은 바르게 보는 자들의 법이 아니니라.
게송 읊어 생긴 것을 깨달은 자들은 거부하나니
바라문이여, 이런 법이 있나니 그분들의 품행이라. {667}

독존(獨尊)이요 대성자요 번뇌 다한 자
후회가 가라앉은 자에게는
다른 음식과 마실 것을 받들어 공양하라.
공덕 구하는 자에게 그가 복밭이 되기 때문이라." {668}

8. 이렇게 말씀하시자 까시 바라드와자 바라문은 세존께 이렇게 말씀드렸다.

"경이롭습니다, 고따마 존자시여. 경이롭습니다, 고따마 존자시여. 마치 넘어진 자를 일으켜 세우시듯, 덮여 있는 것을 걷어내 보이시듯, [방향을] 잃어버린 자에게 길을 가리켜 주시듯, 눈 있는 자 형색을 보라고 어둠 속에서 등불을 비춰 주시듯, 세존께서는 여러 가지 방편으로 법을 설해 주셨습니다. 저는 이제 고따마 존자께 귀의하옵고 법과 비구 승가에 귀의합니다. 고따마 존자께서는 저를 재가신자로 받아주소서. 오늘부터 목숨이 붙어 있는 그날까지 귀의하옵니다."

안다까윈다 경

신참 출가자가 유념해야 할 다섯 가지

Andhakavinda Sutta(A5:114)

【해설】

우리는 출가자다. 그러면 출가하여 승가에 참예하고 부처님의 적손이 된 사람이 반드시 실천해야 할 가장 요긴한 것은 무엇인가? 본경은 출가한지 얼마 되지 않았고 근래에 이 법과 율에 들어온 신참 비구들이 반드시 유념해야 하고, 들어가야 하고, 확고하게 머물러야 하는 다섯 가지 법을 설하신 경이다. 그 다섯은 첫째 계를 잘 지님, 둘째 감각 기능들의 문을 잘 보호하면서 머묾, 셋째 말을 적게 함, 넷째 숲이나 밀림의 외딴 처소에 거주함, 다섯째 바른 견해를 가진 자가 되어 바르게 봄을 구족함이다.

구참 스님들은 이 다섯 가지 가르침으로 후학들을 일깨워 주어야 하고 신참 스님들은 세존께서 강조하신 이 다섯 가지를 항상 유념해야 한다고 생각하여 본서에 싣는다.

1. 이와 같이 나는 들었다. 한때 세존께서는 마가다에서 안다까윈다[170]에 머무셨다. 그때 아난다 존자가 세존께 다가갔다. 가서는

170) 안다까윈다(Andhakavinda)는 마가다의 수도 라자가하(왕사성)로부터 3 가우따(gāvuta, 1가우따는 2㎞보다 조금 적은 거리임) 정도 떨어진 곳에 있는 마을이다. 라자가하와 안다까윈다 사이에는 독수리봉 산에서 발원한 삽삐니(Sappinī) 강이 흐르고 있다. 율장의 몇 곳에도 언급되어 있고 『상윳따 니까야』 제1권 「안다까윈다 경」(S6:13)도 이곳에서 설해진 것이다.

세존께 절을 올리고 한 곁에 앉았다. 한 곁에 앉은 아난다 존자에게 세존께서는 이렇게 말씀하셨다.

"아난다여, 출가한지 얼마 되지 않았고 근래에 이 법과 율에 들어온 신참 비구들이 있다. 아난다여, 그들을 다섯 가지 법에 유념하도록 해야 하고, 들게 해야 하고, 확고하게 머물도록 해야 한다. 무엇이 다섯인가?"

2. "'오시오, 도반들이여. 그대들은 계를 잘 지니시오. 그대들은 빠띠목카[戒目]의 단속으로 단속하면서 머무시오. 바른 행실과 행동의 영역을 갖추고, 작은 허물에 대해서도 두려움을 보며, 학습계목을 받아 지녀 공부지으시오.'라고 빠띠목카의 단속에 유념하도록 해야 하고, 들게 해야 하고, 확고하게 머물도록 해야 한다."

3. "'오시오, 도반들이여. 그대들은 감각기능들의 문을 잘 보호하면서 머무시오. [감각기능들의 문을] 보호하는 마음챙김을 갖추고, [감각기능들의 문을 보호하는] 지혜로운 마음챙김을 갖추고, 마음챙김으로 보호된 마음을 갖추시오.'171)라고 감각기능들의 문에 유념하도록 해야 하고, 들게 해야 하고, 확고하게 머물도록 해야 한다."

---

171) [ ] 안은 주석서를 참조하여 넣은 것이다. 주석서는 다음과 같이 설명하고 있다.
"'보호하는 마음챙김을 갖춤(ārakkha-satino)'이란 감각기능들의 문을 보호하는(dvāra-rakkhikā) 마음챙김을 구족하는 것(samannāgatā)이다. '지혜로운 마음챙김을 갖춤(nipakka-satino)'이란 감각기능들의 문을 보호하는 지혜(dvāra-rakkhanaka ñāṇa)를 구족한 마음챙김을 말한다." (AA.iii.281)
그리고 '마음챙김으로 보호된 마음을 갖춤'은 satārakkhena cetasā samannāgatā를 직역한 것이다. 이 구문의 cetasā(마음)를 주석서는 cittena(마음)로 설명하고 있다.(*Ibid*)

4. "'오시오, 도반들이여. 그대들은 말을 적게 하시오. 말에 제한을 두시오.'라고 말의 제한에 유념하도록 해야 하고, 듣게 해야 하고, 확고하게 머물도록 해야 한다."

5. "'오시오, 도반들이여. 그대들은 숲이나 밀림의 외딴 처소에 거주하시오.'라고 몸의 은둔에 유념하도록 해야 하고, 듣게 해야 하고, 확고하게 머물도록 해야 한다."

6. "'오시오, 도반들이여. 그대들은 바른 견해를 가진 자[172]가 되어 바르게 봄을 구족하시오.'라고 바르게 봄에 유념하도록 해야 하고, 듣게 해야 하고, 확고하게 머물도록 해야 한다.

아난다여, 출가한지 얼마 되지 않았고 근래에 이 법과 율에 들어온 신참 비구들이 있다. 아난다여, 그들을 이러한 다섯 가지 법에 유념하도록 해야 하고, 듣게 해야 하고, 확고하게 머물도록 해야 한다."

---

172) "'바른 견해를 가진 자(sammā-diṭṭhikā)'란 업이 자기의 주인임(kamma-ssakatā)과 선(禪, jhāna)과 위빳사나(vipassanā)와 도(magga)와 과(phala)에 대한 다섯 가지의 바른 견해를 구족한 자를 말한다. 그리고 반조의 지혜(paccavekkhaṇa-ñāṇa)도 역시 바른 견해라고 알아야 한다." (AA.iii.281)
반조의 지혜에 대해서는 『청정도론』 XXII.19 이하와 『아비담마 길라잡이』 9장 §34의 해설을 참조할 것.

졸고 있음 경

졸음, 어떻게 극복할 것인가

Pacalā Sutta(A7:58)

【해설】

혼자 자신과 대면하는 시간이 거의 전부인 출가자가 직면하는 가장 큰 문제는 졸음이다. 신참 출가자는 더 그러하다. 그러므로 대부분의 초심 수행자들이 겪는 졸음이나 혼침을 어떻게 극복해야 하는가를 다루고 있는 본경은 출가자들에게 크게 도움이 되는 경이다.

본경은 마하목갈라나 존자가 갓 출가하여 7일을 경행하는 정진을 하였기 때문에 몹시 피곤하여 경행단의 끝에서 졸고 있었을 때, 세존께서 목갈라나 존자에게 설하신 유명한 경이다. 그러면 어떻게 졸음이나 혼침을 제거해야 하는가? 본경에서 부처님께서는 다음의 9가지 방법을 순차적으로 말씀하신다.

① 어떤 인식을 가져서 머물 때 혼침이 생기면 그런 인식을 그대는 가지지 마라. ② 그런 인식을 많이 [공부]짓지 마라. ③ 들은 대로, 배운 대로 법을 사유하고 고찰하고 마음으로 숙고해야 한다. ④ 들은 대로, 배운 대로 법을 자세하게 독송해야 한다. ⑤ 두 귓볼을 잡아당기고 손으로 사지를 문질러야 한다. ⑥ 자리에서 일어나 물로 눈을 씻고는 사방을 둘러보고, 별자리와 별들을 쳐다보아야 한다. ⑦ 광명상(光明想)을 마음에 잡도리하여 마음을 밝게 만들어야 한다. ⑧ 감각기능들을 안으로 돌이켜 마음이 밖으로 향하지 않도록 한 채, 앞과 뒤를 똑바로 인식하면서 경행에 마음을 확고히 해야 한다. ⑨ 언제 일어날 것이라는 인식을 마음에 잡도리한 채 마음챙기고 알아차리면서[正念·正知] 발로써 발을 포개고 오른쪽 옆구리로 사자처럼 누워도 된다. 그리고 다시 깨어나면 '나는 드러눕는 즐거움이나, 기대는 즐거움

이나, 자는 즐거움에 빠지지 않으리라.'라고 생각하며 빨리 자리에서 일어나야 한다.

본경에서 세존께서는 혼침을 극복하는 이러한 가르침 외에도 수행에 요긴한 여러 말씀을 하셨다. 이러한 간곡한 말씀을 들은 목갈라나 존자는 바르게 정진하여 마침내 출가한 지 7일 만에 아라한이 되었다고 한다.

1. 이와 같이 나는 들었다. 한때 세존께서는 박가에서 숨수마라기리의 베사깔라 숲에 있는 녹야원에 머무셨다.173) 그 무렵에 목갈라나 존자가 마가다의 깔라왈라뭇따 마을174)에서 졸면서175) 앉아있었다. 세존께서는 청정하고 인간을 넘어선 신성한 눈[天眼]으로 마하목갈라나 존자가 마가다의 깔라왈라뭇따 마을에서 졸면서 앉아있는 것을 보셨다. 그것을 보시자 마치 힘 센 사람이 구부렸던 팔을 펴고 폈던 팔을 구부리는 것처럼 숨수마라기리의 베사깔라 숲에 있는 녹

173) 박가(Bhagga)는 종족 이름이면서 나라 이름이기도 하다. 이 나라는 꼬삼비에 예속되어 있었던 듯하며 왓지(Vajji) 공화국의 일원이었을 것이라는 설도 있다.(DPPN) 그래서 인도 중원의 16국에는 포함되지 않는다. 박가는 웨살리와 사왓티 사이에 놓여있었고 수도는 숨수마라기리(Suṁsumāra-giri, 악어산)였으며 그곳에 있는 숲이 베사깔라 숲(Bhesakalā-vana)이다. 세존께서는 이곳에서 8번째 안거를 보내셨다고 한다.

174) 깔라왈라뭇따 마을(Kallavāḷamutta-gāma)은 본경에서 보듯이 마하목갈라나 존자가 아라한이 된 곳이다. 주석서에 의하면 존자는 출가한 날부터 이곳에서 머물렀다고 하는데 7일간을 경행하는 정진을 한 끝에 피곤하여 해태와 혼침(thina-middha)에 빠져 있다가 본경에서 설하신 세존의 법문을 듣고 아라한이 되었다고 한다.(DhpA.i.96 등)

175) '졸면서'로 옮긴 원어는 pacalāyamāna인데 원어는 pra+√cal(*to shake*)이다. 졸음에 빠져 몸을 흔들면서 앉아있는 것을 뜻한다.
주석서에 의하면 목갈라나 존자는 7일을 경행하는 정진(caṅkamana-vīriya)을 하였기 때문에 아주 피곤하여 경행단 끝에서 졸고 있었다고 한다.(AA.iv.41)

야원에서 사라져 마가다의 깔라왈라뭇따 마을에 있는 마하목갈라나 존자의 앞에 나타나셔서 마련된 자리에 앉으셨다. 세존께서는 자리에 앉으셔서 마하목갈라나 존자에게 이렇게 말씀하셨다.

"목갈라나여, 그대는 졸고 있지 않는가? 목갈라나여, 그대는 졸고 있지 않는가?"

"그렇습니다, 세존이시여."

2. "목갈라나여, 그러므로 그대가 어떤 인식을 가져서 머물 때 혼침이 생기면 그런 인식을 그대는 가지지 마라. 그런 인식을 많이 [공부]짓지 마라. 그대가 그렇게 머물 때 혼침이 제거될 수도 있다."

3. "목갈라나여, 만일 그대가 이와 같이 머물러도 혼침이 제거되지 않으면 그대는 들은 대로 배운 대로 법을 사유하고 고찰하고 마음으로 숙고해야 한다. 그대가 그렇게 머물 때 혼침이 제거될 수도 있다."

4. "목갈라나여, 만일 그대가 이와 같이 머물러도 혼침이 제거되지 않으면 그대는 들은 대로 배운 대로 법을 자세하게 독송해야 한다. 그대가 그렇게 머물 때 혼침이 제거될 수도 있다."

5. "목갈라나여, 만일 그대가 이와 같이 머물러도 혼침이 제거되지 않으면 그대는 두 귓볼을 잡아당기고 손으로 사지를 문질러야 한다. 그대가 그렇게 머물 때 혼침이 제거될 수도 있다."

6. "목갈라나여, 만일 그대가 이와 같이 머물러도 혼침이 제거되지 않으면 그대는 자리에서 일어나 물로 눈을 씻고는 사방을 둘러보고, 별자리와 별들을 쳐다보아야 한다. 그대가 그렇게 머물 때 혼침이 제거될 수도 있다."

7. "목갈라나여, 만일 그대가 이와 같이 머물러도 혼침이 제거되지 않으면 그대는 광명상(光明想)을 마음에 잡도리하여 '낮이다'라는 인식에 집중하면 된다. 낮에 [광명을 본 것]처럼 밤에도 [광명을 보고], 밤에 [광명을 본 것]처럼 낮에도 [광명을 본다.] 이와 같이 열려있고 방해받지 않은 마음으로 그대는 마음을 밝게 만들어야 한다. 그대가 그렇게 머물 때 혼침이 제거될 수도 있다."

8. "목갈라나여, 만일 그대가 이와 같이 머물러도 혼침이 제거되지 않으면 그대는 감각기능들을 안으로 돌이켜 마음이 밖으로 향하지 않도록 한 채, 앞과 뒤를 똑바로 인식하면서 경행에 마음을 확고히 해야 한다. 그대가 그렇게 머물 때 혼침이 제거될 수도 있다."

9. "목갈라나여, 만일 그대가 이와 같이 머물러도 혼침이 제거되지 않으면 그대는 [언제] 일어날 것이라는 인식을 마음에 잡도리한 채 마음챙기고 알아차리면서[正念 · 正知] 발로써 발을 포개고 오른쪽 옆구리로 사자처럼 누워도 된다. 그리고 다시 깨어나면 '나는 드러눕는 즐거움이나 기대는 즐거움이나 자는 즐거움에 빠지지 않으리라.'라고 생각하며 빨리 자리에서 일어나야 한다. 목갈라나여, 그대는 이렇게 공부지어야 한다."

10. "목갈라나여, 그러므로 그대는 '나는 [자만으로] 거들먹거리면서176) 신도 집에 가지 않으리라.'라고 이와 같이 공부지어야 한다. 목갈라나여, 그대는 참으로 이와 같이 공부지어야 한다. 만일 비구가 자만에 취해 거들먹거리면서 신도 집에 가는데 그 가정에 해야 할 일

---

176) "'거들먹거림(soṇḍa)'이란 자만으로 거들먹거림(māna-soṇḍa)이다." (AA.iv.42)

이 많아 사람들이 비구가 온 것을 인지하지 못하면 비구에게 이런 생각이 든다. '누가 지금 이 집에서 나를 혼란케 하는가? 사람들은 나를 싫어하는 기색이 역력하구나.'라고. 이렇게 해서 그는 아무 것도 얻지 못하게 되어 의기소침하게 된다. 의기소침하면 들뜨고, 들뜨면 단속하지 못하고, 단속하지 못하면 마음은 삼매로부터 멀어진다.

목갈라나여, 그러므로 그대는 '나는 논쟁의 소지가 있는 말을 하지 않으리라.'라고 이와 같이 공부지어야 한다. 목갈라나여, 그대는 참으로 이와 같이 공부지어야 한다. 목갈라나여, 논쟁이 있으면 말을 많이 하는 것이 예상된다. 말을 많이 하게 되면 들뜨고, 들뜨면 단속하지 못하고, 단속하지 못하면 마음은 삼매로부터 멀어진다.

목갈라나여, 나는 모든 교제를 칭송하지 않는다. 그렇다고 모든 교제를 칭송하지 않는 것은 아니다. 목갈라나여, 나는 재가자들이나 [외도] 출가자들과 교제하는 것을 칭송하지 않는다. 나는 조용하고 소리가 없고 한적하고 사람들로부터 멀고 혼자 앉기에 좋은 외딴 처소들과 교제하는 것을 칭송한다."

11. 이렇게 말씀하시자 마하목갈라나 존자는 세존께 이렇게 말씀드렸다.

"세존이시여, 간략하게 말씀하시면, 어떻게 해서 비구는 갈애가 소진하여 해탈을 성취하고177) 구경의 완성을 이루고 구경의 유가안은

177) "'갈애가 소진하여 해탈을 성취한다(taṇhā-saṅkhaya-vimutto hoti)'란 갈애가 소멸한 열반을 대상(ārammaṇa)으로 삼아서 마음이 해탈한 것이다. 여기서 [마하목갈라나 존자는] '갈애가 소진하여 해탈을 성취한다는 것은 간략하게 어떻게 해서 이루어집니까? 어떤 도닦음을 통해서 갈애가 소진하여 해탈을 성취합니까? 번뇌 다한 비구가 되는 그 예비단계의 도닦음(pubbabhāga-paṭipada)을 간략하게 설해주십시오.'라고 질문 드리는 것이다."(AA.iv.42)

을 성취하며 구경의 청정범행을 닦고 구경의 목적을 이루고 신과 인간들 사이에서 최고가 됩니까?"

"목갈라나여, 여기 비구는 '모든 법에 대해 [갈애와 사견을 통해서] 천착해서는 안 된다.'[178]라고 배운다. 목갈라나여, 이와 같이 비구는 '모든 법에 대해 [갈애와 사견을 통해] 천착해서는 안 된다.'라고 배운다. 그는 모든 법을 최상의 지혜로 안다.[179] 모든 법을 최상의 지혜로 안 뒤 모든 법을 철저하게 안다. 모든 법을 철저하게 안 뒤 어떤 느낌을 느끼더라도,[180] 그것이 즐거운 느낌이든 괴로운 느낌이든 괴롭지도 즐겁지도 않은 느낌이든, 그는 그 느낌들에 대해서 무상을 관찰하면서 머문다. 탐욕이 빛바램을 관찰하면서 머문다. 소멸을 관찰

---

178) 여기서 '모든 법(sabbe dhammā)'이란 것은 다섯 가지 무더기(5온, pañcakkhandhā), 열두 가지 감각장소(12처, dvādasāyatanāni), 열여덟 가지 요소(18계, aṭṭhārasa dhātuyo)이다. 그 어떤 것에 대해서도 갈애와 사견으로서 '천착해서는 안 된다.(nālaṁ abhinivesāyā)' 무슨 이유인가? 거머쥔 상태로(gahitākārena) 머물 수 없기 때문이니, 그들이 비록 영원함[常]과 행복[樂]과 자아[我]를 거머쥐더라도 그것은 무상하게 되고 괴롭게 되고 자아가 없는 것이기 때문이다. 그러므로 천착해서는 안 된다." (AA.iv.43)

179) "'최상의 지혜로 안다.(abhijānāti)'는 것은 무상·고·무아라고 안 것의 통달지(ñāta-pariññā)를 통해 그렇게 안다는 것이다. '철저하게 안다(parijānāti)'는 것은 마찬가지로 조사의 통달지(tīraṇa-pariññā)를 통해 그렇게 안다는 것이다."(*Ibid*)
안 것의 통달지와 조사의 통달지 등의 통달지(pariññā)에 대해서는 『청정도론』 XX.3~5를 참조할 것.

180) "'어떤 느낌을 느끼더라도(yaṁkiñci vedanaṁ vediyati)'라는 것은 전오식(前五識, pañca-viññāṇa)과 같은 [약한 알음알이와] 연결된 아주 작은 느낌을 느낄지라도라는 말이다. 여기서 세존께서는 느낌을 통해서 정신(arūpa, 수·상·행·식)을 모두 취해 장로에게 설하신 것이다."(AA.iv.43)
전오식은 눈, 귀, 코, 혀, 몸의 알음알이를 뜻한다. 여기에 대해서는 『아비담마 길라잡이』 제1장 §8의 해설 2 등을 참조할 것.

하면서 머문다. 놓아버림[181]을 관찰하면서 머문다.

그는 그 느낌들에 대해서 무상을 관찰하면서 머물고, 탐욕이 빛바램을 관찰하면서 머물고, 소멸을 관찰하면서 머물고, 놓아버림을 관찰하면서 머물면서 세상에 대해 어떤 것도 취착하지 않는다. 취착하지 않으면 갈증내지 않는다. 갈증내지 않으면 스스로 완전히 열반에 든다. '태어남은 다했다. 청정범행은 성취되었다. 할 일을 다 해 마쳤다.[182] 다시는 어떤 존재로도 돌아오지 않을 것이다.'[183]라고 꿰뚫

181) "'놓아버림(paṭinissagga)'은 방기(放棄, vossagga)를 말한다. 놓아버림에는 버림을 통한 놓아버림(pariccāga-paṭinissagga)과 들어감을 통한 놓아버림(pakkhandana-paṭinissagga)의 두 가지가 있다. 이 가운데 '버림을 통한 놓아버림'이란 위빳사나이다. [오염원들과] 반대되는 것으로 대체하여(tadaṅga) 오염원들과 오온을 방기하기 때문이다. '들어감을 통한 놓아버림'은 도(magga)다. 이것은 열반을 대상으로 하여서 들어가기 때문이다.

혹은 두 가지 이유 때문에 놓아버림이라 한다. 뿌리 뽑음(samuccheda)에 의해서 오온과 오염원들을 방기하고, 열반에 들어가기 때문이다. 그러므로 오염원들과 오온을 버린다고 해서 '버림을 통한 놓아버림'이라 하고, 소멸인 열반의 요소로 마음을 들어가게 한다고 해서 '들어감을 통한 놓아버림'이라 한다. 이 둘은 도에서 만난다."(AA.iv.43~44)

182) "'청정범행(brahmacariya)'은 도의 청정범행(magga-brahmacariya)이다. '할 일을 다 해 마쳤다(kataṁ karaṇīyaṁ).'는 것은 네 가지 진리(sacca) 각각에 대해서 철저히 앎과 버림과 실현함과 닦음(pariññā-pahāna-sacchikiriya-bhāvanā)이라는 네 가지 도로써 모두 16가지 방법으로 할 일을 다 해 마쳤다는 뜻이다."(SA.i.205)

183) "'다시는 어떤 존재로도 돌아오지 않을 것이다(na aparam itthattāya).'라는 것은, ① 이러한 존재가 되기 위해서(ittha-bhāvāya), 이와 같이 16가지 방법으로 [다시] 할 일을 다 해 마치기 위해서(soḷasa-kicca-bhāvāya), 혹은 [다시] 오염원을 멸진하기 위해서(kilesa-kkhayāya) 도를 닦아야 할 일(kata-magga-bhāvanā)이 다시는 없다는 말이다. ② 혹은 여기서 어떤 존재란 어떤 존재로부터(itthatta-bhāvato)라는 뜻이다. 즉 지금 존재하는 오온의 지속으로부터(vattamāna-kkhandha-santānā) 다시 다음의 다른 오온의 지속이 존재하게 되지는 않는다는 말이니, 이 오온

어 안다.[184)]

목갈라나여, 간략하게 말하면, 이렇게 해서 비구는 갈애가 소진하여 해탈을 성취하고 구경의 완성을 이루고 구경의 유가안은을 성취하며 구경의 청정범행을 닦고 구경의 목적을 이루고 신과 인간들 사이에서 최고가 된다."[185)]

을 철저히 알고 머물기 때문에 마치 뿌리가 잘려진 나무와 같다고 철저하게 알았다는 말이다."(SA.i.205)

즉 주석서는 itthattāya를 두 가지로 해석하고 있다. 첫째는 여격(*Dative*)으로 해석하여 '이런 존재가 되기 위해서' 다시 오지 않는다는 뜻이고 둘째는 탈격(*Ablative*)로 해석해서 '이런 존재로부터' 다른 존재로 되지 않는 것으로 해석하는 것이다. 역자는 첫째 방법대로 옮겼다. 사실 itthatta는 명백히 중성 추상명사이기 때문에 문법적으로 itthattāya가 탈격이 될 수는 없다.

184) "여기서 '태어남은 다했다 … 돌아오지 않을 것이다.'라고 꿰뚫어 안다는 것은 반조의 토대(paccavekkhaṇa-bhūmi)를 말씀하신 것이다."(SA.i.205)

185) "이 경은 [마하목갈라나] 장로를 교계하고 위빳사나를 [가르치기] 위해 설하셨다. 장로는 이 경을 통해 위빳사나를 증장하여 아라한과(arahatta)를 증득하였다."(AA.iv.44)

마하목갈라나 존자는 출가한지 칠 일만에 부처님으로부터 이 가르침을 듣고 아라한이 되었다고 한다.

빠하라다 경

불교의 특징 여덟 가지

Pahārāda Sutta(A8:19)

【해설】

본경에서 세존께서는 불교교단의 특징을 여덟 가지로 정리해서 이를 아수라들이 좋아하는 큰 바다의 여덟 가지 덕목에 비유해서 말씀하시는데 상좌부 불교에서 불교의 특징을 밝히고 있는 경으로 애송되고 있다.
아수라들은 바다를 좋아했다고 한다. 그래서 세존께서는 본경에서 빠하라다라는 아수라 왕에게 "큰 바다에는 어떤 경이롭고 놀랄만한 것들이 있어서, 그것을 볼 때마다 아수라들은 큰 바다를 기뻐하는가?"(§1)라고 질문을 하시고 빠하라다는 여기에 대해서 여덟 가지로 대답한다.(§§2~9) 그런 뒤에 그는 세존께 "세존이시여, 그러면 이 법과 율에는 어떤 경이롭고 놀랄만한 법들이 있어서, 그것을 볼 때마다 비구들은 이 법과 율을 기뻐합니까?"(§10)라고 질문을 드리는데, 세존께서는 빠하라다가 대답한 큰 바다의 여덟 가지 덕목에 비유해서 설법을 하신다. 본경은 큰 바다와 불교 교단을 여덟 가지로 비교해서 불교 교단의 특징을 명쾌하게 드러내 보이고 있다.(§§11~18)
초기경에는 여러 곳에서 천상의 여러 신들이 부처님께 와서 질문을 드리고 부처님의 가르침을 듣는 장면이 나타나고 있다. 그리고 여러 계층의 천상들 특히 육욕천과 색계 천상의 신들에 대한 언급도 많이 나타나고 있다. 그러나 아수라나 아수라의 왕에 대한 언급은 아주 드물며 특히 아수라 왕이 세존께 와서 문답을 나누면서 설법을 듣는 경은 거의 나타나지 않고 있다. 본경은 아수라 왕이 세존과 법담을 나누는, 다른 경에서는 보기 드문 사례라는 데서 의미가 큰 경이기도 하다.

1. 이와 같이 나는 들었다. 한때 세존께서는 웨란자[186)]에서 날레루 님바 나무 아래에 머무셨다. 그때 빠하라다 아수라 왕[187)]이 세존께 다가갔다. 가서는 세존께 절을 올리고 한 곁에 섰다. 한 곁에 서 있는 빠하라다 아수라 왕에게 세존께서는 이렇게 말씀하셨다.

"빠하라다여, 아수라들은 큰 바다를 기뻐하는가?"

"세존이시여, 아수라들은 큰 바다를 기뻐합니다."

"빠하라다여, 그러면 큰 바다에는 어떤 경이롭고 놀랄만한 것들이 있어서, 그것을 볼 때마다 아수라들은 큰 바다를 기뻐하는가?"

"세존이시여, 큰 바다에는 여덟 가지 경이롭고 놀랄만한 것들이 있습니다. 그것을 볼 때마다 아수라들은 큰 바다를 기뻐합니다. 무엇이 여덟인가요?"

2. "세존이시여, 큰 바다는 점차 기울어지고 점차 비탈지고 점차 경사지지, 갑작스럽게 절벽이 되지 않습니다. 큰 바다가 점차 기울어지고 점차 비탈지고 점차 경사지지, 갑작스럽게 절벽이 되지 않

---

186) 주석서에 의하면 부처님께서는 12번째 안거를 이곳 웨란자(Verañjā)에서 보내셨다고 한다.(AA.ii.124) 웨란자 바라문이 안거 석 달 동안 부처님을 상수로 한 승가에 공양을 하겠다고 약속했으나 그 사실을 잊어버려 대중이 어려움을 겪은 사실이 율장에 나타나기도 한다.(Vin.iii.1~11) 몇몇 경들을 통해서 유추해보면 웨란자는 마두라와 사왓티 근방에 있었던 도시였다.

187) 주석서에 의하면 빠하라다 아수라 왕(Pahārāda Asurinda)과 웨빠찟띠(Vepacitti)와 라후(Rāhu)는 세 명의 아수라 연장자(jeṭṭhaka)이다. 빠하라다는 세존께서 처음 정등각을 성취하셨을 때 찾아뵙겠다고 하였지만 뵙지 못하고 성도 후 12년째 되던 해에 본경에 나타나듯이 웨란자에서 세존을 뵈었다고 한다.(AA.iv.106) 빠하라다는 『디가 니까야』 제2권 「대회경(大會經)」(D20) §12에서도 여러 아수라들 가운데 하나로 언급되고 있다.
한편 인도 신화에서 아수라들은 신들(devā)과 싸우는 존재로 묘사되며 초기불교에서도 받아들여져 육도 윤회 가운데 하나로 언급되고 있다.

는 이것이 큰 바다의 첫 번째 경이롭고 놀랄만한 것입니다. 이것을 볼 때마다 아수라들은 큰 바다를 기뻐합니다."

3. "다시 세존이시여, 큰 바다는 머무는 특징을 가져서 해안을 넘어가지 않습니다. 큰 바다가 머무는 특징을 가져서 해안을 넘어가지 않는 이것이 큰 바다의 두 번째 경이롭고 놀랄만한 것입니다. 이것을 볼 때마다 아수라들은 큰 바다를 기뻐합니다."

4. "다시 세존이시여, 큰 바다는 죽은 시체와 함께 머물지 않습니다. 큰 바다에 죽은 시체가 있으면 그것을 즉시 기슭으로 실어가서 땅으로 밀어내버립니다. 큰 바다가 죽은 시체와 함께 머물지 않아서, 큰 바다에 죽은 시체가 있으면 그것을 즉시 기슭으로 실어가서 땅으로 밀어내버리는 이것이 큰 바다의 세 번째 경이롭고 놀랄만한 것입니다. 이것을 볼 때마다 아수라들은 큰 바다를 기뻐합니다."

5. "다시 세존이시여, 강가, 야무나, 아찌라와띠, 사라부, 마히와 같은 큰 강들이 큰 바다에 이르면 이전의 이름과 성을 버리고 큰 바다라는 이름을 가지게 됩니다. 강가, 야무나, 아찌라와띠, 사라부, 마히와 같은 큰 강들이 큰 바다에 이르면 이전의 이름과 성을 버리고 큰 바다라는 이름을 가지게 되는 이것이 큰 바다의 네 번째 경이롭고 놀랄만한 것입니다. 이것을 볼 때마다 아수라들은 큰 바다를 기뻐합니다."

6. "다시 세존이시여, 이 세상에 강은 그 어떤 것이건 큰 바다로 이르고 또 허공에서 비가 떨어지지만 그것 때문에 큰 바다가 모자라거나 넘친다고 알려져 있지 않습니다. 이 세상에 강은 그 어떤 것이건 큰 바다로 이르고 또 허공에서 비가 떨어지지만 그것 때문에 큰

바다가 모자라거나 넘친다고 알려져 있지 않은 이것이 큰 바다의 다섯 번째 경이롭고 놀랄만한 것입니다. 이것을 볼 때마다 아수라들은 큰 바다를 기뻐합니다."

7. "다시 세존이시여, 큰 바다는 하나의 맛인 짠맛을 가지고 있습니다. 큰 바다가 하나의 맛인 짠맛을 가지고 있는 이것이 큰 바다의 여섯 번째 경이롭고 놀랄만한 것입니다. 이것을 볼 때마다 아수라들은 큰 바다를 기뻐합니다."

8. "다시 세존이시여, 큰 바다는 진주, 수정, 녹주석, 소라, 규석, 산호, 은, 금, 루비, 묘안석과 같은 여러 종류의 많은 보배를 가지고 있습니다. 큰 바다가 진주, 수정, 녹주석, 소라, 규석, 산호, 은, 금, 루비, 묘안석과 같은 여러 종류의 많은 보배를 가지고 있는 이것이 큰 바다의 일곱 번째 경이롭고 놀랄만한 것입니다. 이것을 볼 때마다 아수라들은 큰 바다를 기뻐합니다."

9. "다시 세존이시여, 큰 바다는 띠미, 띠밍갈라, 띠미라밍갈라, 아수라, 나가, 간답바와 같은 큰 존재들의 거주처입니다. 큰 바다에는 백 요자나의 몸을 가진 존재도 있고, 이백 요자나, 삼백 요자나, 사백 요자나, 오백 요자나의 몸을 가진 존재도 있습니다. 큰 바다가 띠미, 띠밍갈라, 띠미라밍갈라, 아수라, 나가, 간답바와 같은 큰 존재들의 거주처여서 큰 바다에는 백 요자나의 몸을 가진 존재도 있고, 이백 요자나, 삼백 요자나, 사백 요자나, 오백 요자나의 몸을 가진 존재도 있는 이것이 큰 바다의 여덟 번째 경이롭고 놀랄만한 것입니다. 이것을 볼 때마다 아수라들은 큰 바다를 기뻐합니다.

세존이시여, 큰 바다에는 이러한 여덟 가지 경이롭고 놀랄만한 것들이 있습니다. 이것을 볼 때마다 아수라들은 큰 바다를 기뻐합니다."

10. "세존이시여, 비구들은 이 법과 율을 기뻐합니까?"

"빠하라다여, 비구들은 이 법과 율을 기뻐한다."

"세존이시여, 그러면 이 법과 율에는 어떤 경이롭고 놀랄만한 법들이 있어서, 그것을 볼 때마다 비구들은 이 법과 율을 기뻐합니까?"

"빠하라다여, 이 법과 율에는 여덟 가지 경이롭고 놀랄만한 것들이 있나니, 그것을 볼 때마다 비구들은 이 법과 율을 기뻐한다. 무엇이 여덟인가?"

11. "빠하라다여, 예를 들면 큰 바다가 점차 기울어지고 점차 비탈지고 점차 경사지지, 갑작스럽게 절벽이 되지 않는 것처럼, 이 법과 율에는 순차적인 공부지음과 순차적인 실천과 순차적인 도닦음이 있으며,[188] 갑작스럽게 완전한 지혜를 꿰뚫음이 없다. 빠하라다여,

---

188) "순차적인 공부지음 등에서 '순차적인 공부지음(anupubba-sikkhā)'에는 삼학(三學, tisso sikkhā)이 포함되고, '순차적인 실천(anupubba-kiriyā)'에는 열세 가지 두타행(dhutaṅga)이 포함되며, '순차적인 도닦음(anu-pubba-paṭipadā)'에는 일곱 가지 수관(隨觀, anupassanā), 열여덟 가지 큰 위빳사나(mahā-vipassanā), 서른여덟 가지 대상의 분석(ārammaṇa-vibhatti), 서른일곱 가지 보리분법(bodhipakkhiya-dhamma)이 포함된다."(AA.iv.111)

복주서에 의하면 7가지 수관(隨觀)은 무상의 수관(anicca-anupassanā), 괴로움의 수관(dukkha-anupassanā), 무아의 수관(anatta-anupassanā), 염오의 수관(nibbida-anupassanā), 이욕의 수관(virāga-anupassanā), 소멸의 수관(nirodha-anupassanā), 놓아버림의 수관(paṭinissagga-anu-passanā)이다.(AAṬ.i.67)

그리고 13가지 두타행은 『청정도론』 제2장을, 18가지 큰 위빳사나는 『청정도론』 XX.90을, 38가지 대상의 분석은 『청정도론』 제3장 이하와 『아비담마 길라잡이』 9장의 40가지 명상주제를, 37가지 보리분법은 『초기불교 이해』 제3편 초기불교의 수행(273~386쪽)과 『청정도론』 XXII.33 이하와 『아비담마 길라잡이』 7장 §24 이하를 참조할 것.

이 법과 율에 순차적인 공부지음과 순차적인 실천과 순차적인 도닦음이 있지, 갑작스럽게 완전한 지혜를 꿰뚫음이 없는 이것이 이 법과 율의 첫 번째 경이롭고 놀랄만한 것이다. 이것을 볼 때마다 비구들은 이 법과 율을 기뻐한다."

12. "다시 빠하라다여, 예를 들면 큰 바다가 머무는 특징을 가져서 해안을 넘어가지 않는 것처럼, 내가 제자들을 위해서 제정한 학습계목을 내 제자들은 목숨을 버릴지언정 범하지 않는다. 빠하라다여, 내가 제자들을 위해서 제정한 학습계목을 내 제자들이 목숨을 버릴지언정 범하지 않는 이것이 이 법과 율의 두 번째 경이롭고 놀랄만한 것이다. 이것을 볼 때마다 비구들은 이 법과 율을 기뻐한다."

13. "다시 빠하라다여, 예를 들면 큰 바다가 죽은 시체와 함께 머물지 않아서 큰 바다에 죽은 시체가 있으면 그것을 즉시 기슭으로 실어가서 땅으로 밀어내버리는 것처럼, 승가는 계를 지키지 않고, 사악한 법을 가지고, 불결한 행위를 하고, 의심하는 습관을 가지고, 자신의 행위를 숨기고, 사문이 아니면서 사문이라 주장하고, 청정범행을 닦지 않으면서 청정범행을 닦는다고 주장하고, [썩은 업에 의해] 안이 썩었고, [여섯 감각의 문을 통해 탐욕 등 오염원들이] 흐르고, [탐욕 등의] 쓰레기를 가진 자와는 함께 머물지 않는다. 승가는 함께 모여 즉시 그를 내쳐버린다. 설혹 그가 비구 승가 가운데 앉아있다 하더라도 그는 승가로부터 멀고 승가는 그로부터 멀다.

빠하라다여, 승가가 계를 지키지 않고, 사악한 법을 가지고, 불결한 행위를 하고, 의심하는 습관을 가지고, 자신의 행위를 숨기고, 사문이 아니면서 사문이라 주장하고, 청정범행을 닦지 않으면서 청정범행을 닦는다고 주장하고, [썩은 업에 의해] 안이 썩었고, [여섯 감각의 문을 통해 탐욕 등 오염원들이] 흐르고, [탐욕 등의] 쓰레기를 가진 자와는 함께 머물지 않고, 승가가 함께 모여 즉시 그를 내쳐버리며, 설혹 그가 비구 승가 가운데 앉아있다 하더라도 그는 승가로부터 멀고 승가는 그로부터 먼 이것이 이 법과 율의 세 번째 경이롭고 놀랄만한 것이다. 이것을 볼 때마다 비구들은 이 법과 율을 기뻐한다."

14. "다시 빠하라다여, 예를 들면 강가, 야무나, 아찌라와띠, 사라부, 마히와 같은 큰 강들이 큰 바다에 이르면 이전의 이름과 성을 버리고 큰 바다라는 이름을 가지게 되는 것처럼, 끄샤뜨리야, 바라문, 와이샤, 수드라의 네 가지 계급이 여래가 선언한 법과 율에 의지해서 집을 나와 출가하면 이전의 이름과 성을 버리고 사꺄의 아들[釋子] 사문이라는 이름을 가지게 된다. 빠하라다여, 끄샤뜨리야, 바라문, 와이샤, 수드라의 네 가지 계급이 여래가 선언한 법과 율에 의지해서 집을 나와 출가하면 이전의 이름과 성을 버리고 사꺄의 아들 사문이라는 이름을 가지게 되는 이것이 이 법과 율의 네 번째 경이롭고 놀랄만한 것이다. 이것을 볼 때마다 비구들은 이 법과 율을 기뻐한다."

15. "다시 빠하라다여, 예를 들면 이 세상에 강은 그 어떤 것이건 큰 바다로 이르고 또 허공에서 비가 떨어지지만 그것 때문에 큰 바다가 모자라거나 넘친다고 알려져 있지 않은 것처럼, 많은 비구들은 취착이 없는 열반의 요소로 반열반에 들지만 그것 때문에 열반의 요소가 모자라거나 넘친다고 알려지지 않는다. 빠하라다여, 많은 비구들이 취착이 없는 열반의 요소로 반열반에 들지만 그것 때문에 열반의 요소가 모자라거나 넘친다고 알려져 있지 않은 이것이 이 법과 율의 다섯 번째 경이롭고 놀랄만한 것이다. 이것을 볼 때마다 비구들은 이 법과 율을 기뻐한다."

16. "다시 빠하라다여, 예를 들면 큰 바다가 하나의 맛인 짠맛을 가지고 있는 것처럼, 이 법과 율도 하나의 맛인 해탈의 맛을 가지고 있다. 빠하라다여, 이 법과 율은 하나의 맛인 해탈의 맛을 가지고 있는 이것이 이 법과 율의 여섯 번째 경이롭고 놀랄만한 것이다. 이것을 볼 때마다 비구들은 이 법과 율을 기뻐한다."

17. "다시 빠하라다여, 예를 들면 큰 바다가 진주, 수정, 녹주석, 소라, 규석, 산호, 은, 금, 루비, 묘안석과 같은 여러 종류의 많은 보배를 가지고 있는 것처럼, 이 법과 율도 네 가지 마음챙김의 확립[四念處], 네 가지 바른 노력[四正勤], 네 가지 성취수단[四如意足], 다섯 가지 기능[五根], 다섯 가지 힘[五力], 일곱 가지 깨달음의 구성요소[七覺支], 여덟 가지 구성요소로 된 성스러운 도[八支聖道]와 같은 많은 보배를 가지고 있다.[189] 빠하라다여, 이 법과 율이 네 가지 마음챙김의 확립[四念處], 네 가지 바른 노력[四正勤], 네 가지 성취수단[四如意足], 다섯 가지 기능[五根], 다섯 가지 힘[五力], 일곱 가지 깨달음의 구성요소[七覺支], 여덟 가지 구성요소로 된 성스러운 도[八支聖道]와 같은 여러 종류의 많은 보배를 가지고 있는 이것이 이 법과 율의 일곱 번째 경이롭고 놀랄만한 것이다. 이것을 볼 때마다 비구들은 이 법과 율을 기뻐한다."

18. "다시 빠하라다여, 예를 들면 큰 바다는 띠미, 띠밍갈라, 띠미라밍갈라, 아수라, 나가, 간답바와 같은 큰 존재들의 거주처이다. 큰 바다에는 백 요자나의 몸을 가진 존재도 있고, 이백 요자나, 삼백

---

189) 이것을 모두 합하면 37가지 보리분법(bodhipakkhiya-dhamma)이 된다. 37보리분법의 설명은 『아비담마 길라잡이』 7장 §§24~33의 해설들을 참조할 것.

요자나, 사백 요자나, 오백 요자나의 몸을 가진 존재도 있는 것처럼, 이 법과 율도 큰 존재들의 거주처여서 그곳에는 예류자, 예류과를 실현하기 위해 도닦는 자, 일래자, 일래과를 실현하기 위해 도닦는 자, 불환자, 불환과를 실현하기 위해 도닦는 자, 아라한, 아라한과를 실현하기 위해 도닦는 자가 있다.190) 빠하라다여, 이 법과 율이 큰 존재들의 거주처여서 예류자, 예류과를 실현하기 위해 도닦는 자, 일래자, 일래과를 실현하기 위해 도닦는 자, 불환자, 불환과를 실현하기 위해 도닦는 자, 아라한, 아라한과를 실현하기 위해 도닦는 자가 있는 이것이 이 법과 율의 여덟 번째 경이롭고 놀랄만한 것이다. 이것을 볼 때마다 비구들은 이 법과 율을 기뻐한다.

빠하라다여, 이 법과 율에는 이러한 여덟 가지 경이롭고 놀랄만한 것들이 있나니, 이것을 볼 때마다 비구들은 이 법과 율을 기뻐한다."

---

190) "'예류자(sotāpanna)'란 도(magga)라 불리는 흐름(sota)에 이미 들어(āpajjitvā), 흐름을 얻어 머무는 자로 예류과에 머문다는 뜻이다. '예류과를 실현하기 위해 도닦는 자(sotāpatti-phala-sacchikiriyāya paṭipanno)'란 예류과를 직접 경험하기 위해 도닦는, 첫 번째 도에 머무는 자이다. 이 사람은 [아라한과로부터] 여덟 번째 사람이라고도 한다.
'일래자(sakadāgāmi)'는 한 번만(sakideva) 이 세상에 재생연결(paṭisandhi)을 받고 나서 다시 돌아오지 않는, 두 번째 과에 머무는 자이다.
'불환자(anāgāmi)'란 재생연결을 통해서 욕계 세상(kāma-loka)에 돌아오지 않는, 세 번째 과에 머무는 자를 말한다."(AAṬ.iii.214)
초기불교에서는 깨달음을 실현한 예류자, 일래자, 불환자, 아라한의 성자(ariya)들을 10가지 족쇄(saṁyojana)를 얼마나 많이 풀었는가와 연결 지어서 설명한다. 여기에 대해서는 『초기불교이해』 474쪽 이하를 참조할 것.

불[火] 경[191]

출가자의 생명, 계행

Aggi Sutta(A7:68)

【해설】

출가자의 생명은 계행이다. 출가자는 비록 성자의 경지에 도달하지 못했더라도 계행을 구족하기 때문에 재가자들의 복밭이 된다. 그래서 『청정도론』도 "계를 지닌 자를 위해서 한 행위는 / 비록 적을지라도 큰 결과를 가져온다. / 그러므로 계를 지닌 자는 / 공양과 공경의 그릇이 된다."라고 읊고 있다.(Vis.I.159)

본경에서 부처님께서는 계행의 중요성을 불무더기의 비유로 강하게 말씀하고 계신다. 부처님의 지엄하신 말씀 한 구절을 인용한다.

"비구들이여, 그대들에게 고하고 선언하나니 계를 지키지 않고, 사악한 법을 가지고, 불결한 행위를 하고, 의심하는 습관을 가지고, 자신의 행위를 숨기고, 사문이 아니면서 사문이라 주장하고, 청정범행을 닦지 않으면서 청정범행을 닦는다고 주장하고, [썩은 업에 의해] 안이 썩었고, [여섯 감각의 문을 통해 탐욕 등 오염원들이] 흐르고, [탐욕 등의] 쓰레기를 가진 자에게는 힘센 남자가 시뻘겋게 불타는 뜨거운 무쇠 부젓가락으로 그의 입을 벌려서 시뻘겋게 불타는 뜨거운 무

191) 6차결집본의 경제목은 '불무더기의 비유'(Aggikkhandhopama Sutta)이다. DPPN에도 Aggikkhandhopama-sutta로 언급되고 있다. 『청정도론』 I.154에서는 '불의 무더기의 가르침'(Aggikkhandha-pariyāya)으로 언급되고 있으며 『청정도론』 I.155~157에는 본경에서 세존께서 비유로써 비구들에게 질문을 하시는 내용이 모두 인용되고 있다. 상좌부 불교를 스리랑카로 전한 마힌다(Mahinda) 장로도 스리랑카에서 이 경을 설한 것으로 전해온다.(Mhv.xv.176)

쇠 덩이를 입에다 넣으면 그 무쇠 덩이는 그의 입술을 태우고 입과 혀와 목구멍과 뱃속을 태우고 창자와 장간막을 거쳐 아래로 빠져나갈 것인데 이것이 오히려 나을 것이다. 그것은 무슨 이유 때문인가? 비구들이여, 그는 이 때문에 죽을지도 모르고 죽음에 버금가는 고통을 가질지도 모르지만 그것으로 인해 몸이 무너져 죽은 뒤 처참한 곳, 불행한 곳, 파멸처, 지옥에 떨어지지는 않는다."(§5)

본경에는 이처럼 강하고 준엄한 어투로 설하신 세존의 말씀이 담겨 있다. 본경의 가르침이 너무 강렬해서 본경을 듣고 60명 정도의 비구는 입으로부터 뜨거운 피를 토했다고 하며, 60명 정도의 비구는 '행하기 어렵습니다, 세존이시여. 너무나 행하기 어렵습니다, 세존이시여.'라고 하면서 공부지음을 버리고 재가자의 삶으로 되돌아갔다고 한다. 출가자는 참으로 두려운 마음으로 본경을 읽고 스스로를 경책하는 자경문으로 삼아야 할 것이다.

1. 이와 같이 나는 들었다. 한때 세존께서는 꼬살라에서 많은 비구 승가와 함께 유행(遊行)하셨다. 세존께서는 대로를 따라 걷고 계시다가 어느 지역에서 불꽃을 튀기면서 시뻘겋게 불타오르는 큰 불무더기를 보셨다. 그것을 보시고 길을 벗어나 어떤 나무 아래 마련된 자리에 앉으셨다. 자리에 앉아서 세존께서는 비구들을 불러서 말씀하셨다.

"비구들이여, 그대들은 불꽃을 튀기면서 시뻘겋게 불타오르는 저 큰 불무더기를 보는가?"

"그렇습니다, 세존이시여."

"비구들이여, 이를 어떻게 생각하는가? 불꽃을 튀기면서 시뻘겋게 불타오르는 저 큰 불무더기를 껴안고 앉아있거나 누워있는 것과 부드럽고 아름다운 손발을 가진 끄샤뜨리야의 딸이나 바라문의 딸이나 장자의 딸을 껴안고 앉아있거나 누워있는 것 가운데 어떤 것이 더 낫겠는가?"

"세존이시여, 부드럽고 아름다운 손발을 가진 끄샤뜨리야의 딸이나 바라문의 딸이나 장자의 딸을 껴안고 앉아있거나 누워있는 것이 더 낫겠습니다. 세존이시여, 불꽃을 튀기면서 시뻘겋게 불타오르는 저 큰 불무더기를 껴안고 앉아있거나 누워있는 것은 고통일 것입니다."

"비구들이여, 그대들에게 고하고 선언하나니 계를 지키지 않고, 사악한 법을 가지고, 불결한 행위를 하고, 의심하는 습관을 가지고, 자신의 행위를 숨기고, 사문이 아니면서 사문이라 주장하고, 청정범행을 닦지 않으면서 청정범행을 닦는다고 주장하고, [썩은 업에 의해] 안이 썩었고, [여섯 감각의 문을 통해 탐욕 등 오염원들이] 흐르고, [탐욕 등의] 쓰레기를 가진 자에게는 불꽃을 튀기면서 시뻘겋게 불타오르는 저 큰 불무더기를 껴안고 앉아있거나 누워있는 것이 더 나을 것이다. 그것은 무슨 이유 때문인가? 비구들이여, 그는 이 때문에 죽을지도 모르고 죽음에 버금가는 고통을 가질지도 모르지만 그것으로 인해 몸이 무너져 죽은 뒤 처참한 곳, 불행한 곳, 파멸처, 지옥에 떨어지지는 않는다.

비구들이여, 계를 지키지 않고, 사악한 법을 가지고, 불결한 행위를 하고, 의심하는 습관을 가지고, 자신의 행위를 숨기고, 사문이 아니면서 사문이라 주장하고, 청정범행을 닦지 않으면서 청정범행을 닦는다고 주장하고, [썩은 업에 의해] 안이 썩었고, [여섯 감각의 문을 통해 탐욕 등 오염원들이] 흐르고, [탐욕 등의] 쓰레기를 가진 자가 부드럽고 아름다운 손발을 가진 끄샤뜨리야의 딸이나 바라문의 딸이나 장자의 딸을 껴안고 앉아있거나 누워있다면 그것은 오랫동안 손해와 괴로움이 있게 된다. 그는 몸이 무너져 죽은 뒤 처참한 곳, 불행한 곳, 파멸처, 지옥에 떨어질 것이다."

2. "비구들이여, 이를 어떻게 생각하는가? 힘센 남자가 말총으로 만든 질긴 밧줄로 [사람의] 두 무릎을 감아서 단단하게 죄면 그것은 우선 겉 피부를 벗겨지게 할 것이고, 그 다음에 속 피부를 벗겨지게 할 것이다. 그 다음에 살을 끊을 것이고, 그 다음에 힘줄을, 그 다음에 뼈를 끊을 것이다. 뼈를 끊은 뒤 그것은 골수에 닿은 채로 있을 것이다. 이렇게 하는 것과 부유한 끄샤뜨리야나 부유한 바라문이나 부유한 장자의 경배를 받는 것 가운데 어떤 것이 더 낫겠는가?"

"세존이시여, 부유한 끄샤뜨리야나 부유한 바라문이나 부유한 장자의 경배를 받는 것이 더 낫겠습니다. 세존이시여, 힘센 남자가 말총으로 만든 질긴 밧줄로 … 골수에 닿은 채로 있는 것은 고통일 것입니다."

"비구들이여, 그대들에게 고하고 선언하나니 계를 지키지 않고, … [탐욕 등의] 쓰레기를 가진 자에게는 힘센 남자가 말총으로 만든 질긴 밧줄로 … 골수에 닿은 채로 있는 것이 더 나을 것이다. 그것은 무슨 이유 때문인가? 비구들이여, 그는 이 때문에 죽을지도 모르고 죽음에 버금가는 고통을 가질지도 모르지만 그것으로 인해 몸이 무너져 죽은 뒤 처참한 곳, 불행한 곳, 파멸처, 지옥에 떨어지지는 않는다.

비구들이여, 계를 지키지 않고, … [탐욕 등의] 쓰레기를 가진 자가 부유한 끄샤뜨리야나 부유한 바라문이나 부유한 장자의 경배를 받는다면 그것은 오랫동안 손해와 괴로움이 있게 된다. 그는 몸이 무너져 죽은 뒤 처참한 곳, 불행한 곳, 파멸처, 지옥에 떨어질 것이다."

3. "비구들이여, 이를 어떻게 생각하는가? 힘센 남자가 기름에 씻은 예리한 창으로 [사람의] 가슴을 찌르는 것과 부유한 끄샤뜨리야나 부유한 바라문이나 부유한 장자의 합장 공경을 받는 것 가운데

어떤 것이 더 낫겠는가?"

"세존이시여, 부유한 끄샤뜨리야나 부유한 바라문이나 부유한 장자의 합장 공경을 받는 것이 더 낫겠습니다. 세존이시여, 힘센 남자가 기름에 씻은 예리한 창으로 [사람의] 가슴을 찌르는 것은 고통일 것입니다."

"비구들이여, 그대들에게 고하고 선언하나니 계를 지키지 않고, … [탐욕 등의] 쓰레기를 가진 자에게는 힘센 남자가 기름에 씻은 예리한 창으로 그의 가슴을 찌르는 것이 더 나을 것이다. 그것은 무슨 이유 때문인가? 비구들이여, 그는 이 때문에 죽을지도 모르고 죽음에 버금가는 고통을 가질지도 모르지만 그것으로 인해 몸이 무너져 죽은 뒤 처참한 곳, 불행한 곳, 파멸처, 지옥에 떨어지지는 않는다.

비구들이여, 계를 지키지 않고, … [탐욕 등의] 쓰레기를 가진 자가 부유한 끄샤뜨리야나 부유한 바라문이나 부유한 장자의 합장 공경을 받는다면 그것은 오랫동안 손해와 괴로움이 있게 된다. 그는 몸이 무너져 죽은 뒤 처참한 곳, 불행한 곳, 파멸처, 지옥에 떨어질 것이다."

4. "비구들이여, 이를 어떻게 생각하는가? 힘센 남자가 시뻘겋게 불타는 뜨거운 철판으로 [사람의] 몸을 감싸는 것과 부유한 끄샤뜨리야나 부유한 바라문이나 부유한 장자가 신심으로 보시한 옷을 수용하는 것 가운데 어떤 것이 더 낫겠는가?"

"세존이시여, 부유한 끄샤뜨리야나 부유한 바라문이나 부유한 장자가 신심으로 보시한 옷을 수용하는 것이 더 낫겠습니다. 세존이시여, 힘센 남자가 시뻘겋게 불타는 뜨거운 철판으로 [사람의] 몸을 감싸는 것은 고통일 것입니다."

"비구들이여, 그대들에게 고하고 선언하나니 계를 지키지 않고, … [탐욕 등의] 쓰레기를 가진 자에게는 힘센 남자가 시뻘겋게 불타는 뜨거운 철판으로 그의 몸을 감싸는 것이 더 나을 것이다. 그것은 무슨 이유 때문인가? 비구들이여, 그는 이 때문에 죽을지도 모르고 죽음에 버금가는 고통을 가질지도 모르지만 그것으로 인해 몸이 무너져 죽은 뒤 처참한 곳, 불행한 곳, 파멸처, 지옥에 떨어지지는 않는다.

비구들이여, 계를 지키지 않고, … [탐욕 등의] 쓰레기를 가진 자가 부유한 끄샤뜨리야나 부유한 바라문이나 부유한 장자가 신심으로 보시한 옷을 수용한다면 그것은 오랫동안 손해와 괴로움이 있게 된다. 그는 몸이 무너져 죽은 뒤 처참한 곳, 불행한 곳, 파멸처, 지옥에 떨어질 것이다."

5. "비구들이여, 이를 어떻게 생각하는가? 힘센 남자가 시뻘겋게 불타는 뜨거운 무쇠 부젓가락으로 [사람의] 입을 벌려서 시뻘겋게 불타는 뜨거운 무쇠 덩이를 입에다 넣으면 이 무쇠 덩이는 그의 입술을 태우고 입과 혀와 목구멍과 뱃속을 태우고 창자와 장간막을 거쳐 아래로 빠져나갈 것이다. 이것과 부유한 끄샤뜨리야나 부유한 바라문이나 부유한 장자가 신심으로 보시한 탁발음식을 수용하는 것 가운데 어떤 것이 더 낫겠는가?"

"세존이시여, 부유한 끄샤뜨리야나 부유한 바라문이나 부유한 장자가 신심으로 보시한 탁발음식을 수용하는 것이 더 낫겠습니다. 세존이시여, 힘센 남자가 시뻘겋게 불타는 뜨거운 무쇠 부젓가락으로 [사람의] 입을 벌려서 시뻘겋게 불타는 뜨거운 무쇠 덩이를 입에다 넣으면 그 무쇠 덩이가 그의 입술을 태우고 입과 혀와 목구멍과 뱃속을 태우고 창자와 장간막을 거쳐 아래로 빠져나가는 것은 고통일 것입니다."

"비구들이여, 그대들에게 고하고 선언하나니 계를 지키지 않고, … [탐욕 등의] 쓰레기를 가진 자에게는 힘센 남자가 시뻘겋게 불타는 뜨거운 무쇠 부젓가락으로 그의 입을 벌려서 시뻘겋게 불타는 뜨거운 무쇠 덩이를 입에다 넣으면 그 무쇠 덩이는 그의 입술을 태우고 입과 혀와 목구멍과 뱃속을 태우고 창자와 장간막을 거쳐 아래로 빠져나갈 것인데 이것이 더 나을 것이다. 그것은 무슨 이유 때문인가? 비구들이여, 그는 이 때문에 죽을지도 모르고 죽음에 버금가는 고통을 가질지도 모르지만 그것으로 인해 몸이 무너져 죽은 뒤 처참한 곳, 불행한 곳, 파멸처, 지옥에 떨어지지는 않는다.

비구들이여, 계를 지키지 않고, … [탐욕 등의] 쓰레기를 가진 자가 부유한 끄샤뜨리야나 부유한 바라문이나 부유한 장자가 신심으로 보시한 탁발음식을 수용한다면 그것은 오랫동안 손해와 괴로움이 있게 된다. 그는 몸이 무너져 죽은 뒤 처참한 곳, 불행한 곳, 파멸처, 지옥에 떨어질 것이다."

6. "비구들이여, 이를 어떻게 생각하는가? 힘센 남자가 [사람의] 머리나 어깨를 잡고 시뻘겋게 불타는 뜨거운 무쇠로 된 침상이나 무쇠로 된 의자에 앉게 하거나 눕게 하는 것과 부유한 끄샤뜨리야나 부유한 바라문이나 부유한 장자가 신심으로 보시한 침상과 의자를 수용하는 것 가운데 어떤 것이 더 낫겠는가?"

"세존이시여, 부유한 끄샤뜨리야나 부유한 바라문이나 부유한 장자가 신심으로 보시한 침상과 의자를 수용하는 것이 더 낫겠습니다. 세존이시여, 힘센 남자가 [사람의] 머리나 어깨를 잡고 시뻘겋게 불타는 뜨거운 무쇠로 된 침상이나 무쇠로 된 의자에 앉게 하거나 눕게 하는 것은 고통일 것입니다."

"비구들이여, 그대들에게 고하고 선언하나니 계를 지키지 않고, … [탐욕 등의] 쓰레기를 가진 자에게는 힘센 남자가 그의 머리나 어깨를 잡고 시뻘겋게 불타는 뜨거운 무쇠로 된 침상이나 무쇠로 된 의자에 앉게 하거나 눕게 하는 것이 더 나을 것이다. 그것은 무슨 이유 때문인가? 비구들이여, 그는 이 때문에 죽을지도 모르고 죽음에 버금가는 고통을 가질지도 모르지만 그것으로 인해 몸이 무너져 죽은 뒤 처참한 곳, 불행한 곳, 파멸처, 지옥에 떨어지지는 않는다.

비구들이여, 계를 지키지 않고, … [탐욕 등의] 쓰레기를 가진 자가 부유한 끄샤뜨리야나 부유한 바라문이나 부유한 장자가 신심으로 보시한 침상과 의자를 수용한다면 그것은 오랫동안 손해와 괴로움이 있게 된다. 그는 몸이 무너져 죽은 뒤 처참한 곳, 불행한 곳, 파멸처, 지옥에 떨어질 것이다."

7. "비구들이여, 이를 어떻게 생각하는가? 힘센 남자가 [사람의] 발을 위로, 머리를 아래로 잡고 시뻘겋게 불타는 뜨거운 무쇠 가마솥에 집어던져 넣으면 그 속에서 한 번은 위로 올라가고 한 번은 아래로 내려가고 한 번은 옆으로 가기도 하면서 거품을 일으키면서[192] 삶아질 것이다. 이렇게 하는 것과 부유한 끄샤뜨리야나 부유한 바라문이나 부유한 장자가 신심으로 보시한 사원을 수용하는 것 가운데 어떤 것이 더 낫겠는가?"

"세존이시여, 부유한 끄샤뜨리야나 부유한 바라문이나 부유한 장자가 신심으로 보시한 사원을 수용하는 것이 더 낫겠습니다. 세존이시여, 힘센 남자가 [사람의] 발을 위로 머리를 아래로 잡고 시뻘겋게 불타는 뜨거운 무쇠 가마솥에 집어던져 넣어 그 속에서 한 번은 위로 올라가고 한 번은 아래로 내려가고 한 번은 옆으로 가기도 하면서 거품을 일으키면서 삶기는 것은 고통일 것입니다."

"비구들이여, 그대들에게 고하고 선언하나니 계를 지키지 않고, …

---

192) "'거품을 일으키면서(pheṇuddehakaṁ)'는 계속해서 거품을 일으킨다는 뜻이다."(AAṬ.iii.196)

[탐욕 등의] 쓰레기를 가진 자에게는 힘센 남자가 그의 발을 위로 머리를 아래로 잡고 시뻘겋게 불타는 뜨거운 무쇠 가마솥에 집어 던져 넣어 그 속에서 한 번은 위로 올라가고 한 번은 아래로 내려가고 한 번은 옆으로 가기도 하면서 거품을 일으키면서 삶기는 것이 더 나을 것이다. 그것은 무슨 이유 때문인가? 비구들이여, 그는 이 때문에 죽을지도 모르고 죽음에 버금가는 고통을 가질지도 모르지만 그것으로 인해 몸이 무너져 죽은 뒤 처참한 곳, 불행한 곳, 파멸처, 지옥에 떨어지지는 않는다.

비구들이여, 계를 지키지 않고, 사악한 법을 가지고, 불결한 행위를 하고, 의심하는 습관을 가지고, 자신의 행위를 숨기고, 사문이 아니면서 사문이라 주장하고, 청정범행을 닦지 않으면서 청정범행을 닦는다고 주장하고, [썩은 업에 의해] 안이 썩었고, [여섯 감각의 문을 통해 탐욕 등 오염원들이] 흐르고, [탐욕 등의] 쓰레기를 가진 자가 부유한 끄샤뜨리야나 부유한 바라문이나 부유한 장자가 신심으로 보시한 사원을 수용한다면 그것은 오랫동안 손해와 괴로움이 있게 된다. 그는 몸이 무너져 죽은 뒤 처참한 곳, 불행한 곳, 파멸처, 지옥에 떨어질 것이다."

8. "비구들이여, 그러므로 그대들은 이와 같이 공부지어야 한다. '우리가 의복과 탁발음식과 거처와 병구완을 위한 약품을 수용하도록 해준 그들의 행위는 많은 결실과 많은 이익을 가져올 것이고, 우리의 출가도 헛되지 않고 결실이 있고 이익이 있을 것이다.'라고. 비구들이여, 그대들은 이와 같이 공부지어야 한다.

비구들이여, 자신의 이익193)을 보는 자는 이와 같이 방일하지 말

193) "'자신의 이익(attattha)'이란 금생의 이익과 내생의 이익과 세간적인 이익과 출세간적인 이익(attha)을 말한다."(AA.iv.64)

고 [해야 할 바를] 성취해야 한다.194) 비구들이여, 남의 이익을 보는 자도 이와 같이 방일하지 말고 [해야 할 바를] 성취해야 한다. 비구들이여, 둘 모두의 이익을 보는 자도 이와 같이 방일하지 말고 [해야 할 바를] 성취해야 한다."

세존께서는 이렇게 말씀하셨다. 이 상세한 설명[記別, 授記]이 설해지자 60명 정도의 비구는 입으로부터 뜨거운 피를 토했다. 60명 정도의 비구는 '행하기 어렵습니다, 세존이시여. 너무나 행하기 어렵습니다, 세존이시여.'195)라고 하면서 공부지음을 버리고 낮은 [재가자의] 삶으로 되돌아갔다. 60명 정도의 비구는 취착이 없어져서 번뇌들로부터 마음이 해탈하였다.

---

194) '방일하지 말고 [해야 할 바를] 성취하라.(appamādena sampādetha)'는 말씀은 부처님께서 반열반에 드시기 직전에도 유훈으로 하신 말씀(『디가 니까야』 제2권 「대반열반경」(D16) §6.7)임을 우리는 잘 알고 있다. 여기에 대해서 본경에 해당하는 『앙굿따라 니까야 주석서』는 별다른 설명이 없고 『디가 니까야 주석서』는 이렇게 설명하고 있다. "영민함(알아차림)을 [수반한] 마음챙김으로 해야 할 바를 모두 성취하라.(satiavippavāsena sabbakiccāni sampādeyyātha)" 즉 불방일(不放逸, appamāda)을 '마음챙김과 알아차림[正念正知]'으로 설명하는데 다른 주석서들에서도 한결같다. 더 자세한 설명은 「대반열반경」(D16) §6.7의 주해를 참조할 것.

195) "여기서 '어렵습니다(dukkaraṁ)'라고 한 것은 10년 … 60년을 사문의 법을 온전히 청정하게(ekanta-parisuddha) 행하는 것(karaṇa)은 참으로 어렵다는 뜻이다."(NetA.355)

경우 경[196]

피할 수 없는 다섯 가지

Ṭhāna Sutta(A5:48)

【해설】

늙음, 병듦, 죽음, 부서짐, 끝은 누구에게나 온다. 부자든 가난뱅이든 높은 사람이든 낮은 사람이든 학식이 있든 없든 출가자든 재가자든 범부든 성자든 그 어느 누구도 이것을 피할 수 없다. 그러면 어떻게 이것에 대처해야 하는가? 본경은 여기에 대처하는 중요한 태도와 마음가짐에 대한 부처님의 고구정녕하신 가르침을 담고 있다.

본경에서 부처님께서는 이 다섯 가지 피할 수 없는 사실에 대해서 근심하지 않고 상심하지 않고 슬퍼하지 않고 가슴 치며 울부짖지 않고 광란하지 않을 것을 말씀하신다. 이렇게 하여 근심의 독화살을 뽑아버릴 것을 말씀하신다. 근심의 독화살을 뽑아버려 자신을 완전히 열반에 들게 해야 한다고 강조하신다.(§§5~6)

본경을 읽으면서 우리 출가자는 이 다섯 가지 피할 수 없는 사실들을 담담하게 받아들이는 연습부터 해야 할 것이다. 그리고는 낙담하지 않고 부처님이 제시하신 궁극적 행복인 저 열반을 실현하기 위해서 참고 견디며 묵연히 정진해야 할 것이다.

1. 이와 같이 나는 들었다. 한때 세존께서는 사왓티에서 제따 숲

---

196) 6차결집본의 경제목은 '얻을 수 없는 경우'(Alabbhanīyaṭhāna Sutta)로 나타난다.

의 아나타삔디까 원림(급고독원)에 머무셨다. 거기서 세존께서는 "비구들이여."라고 비구들을 부르셨다. "세존이시여."라고 비구들은 세존께 응답했다. 세존께서는 이렇게 말씀하셨다.

"비구들이여, 다섯 가지 얻을 수 없는 것이 있으니, 그것은 사문이건 바라문이건 신이건 마라건 범천이건, 이 세상의 그 어느 누구도 얻을 수 없다. 무엇이 다섯인가?"

2. "늙지 마라[197]고 하는 것은 얻을 수 없는 것이다. 그것은 사문이건 바라문이건 신이건 마라건 범천이건, 이 세상의 그 어느 누구도 얻을 수 없는 것이다. 병들지 마라고 하는 것은 얻을 수 없는 것이다. 그것은 사문이건 바라문이건 신이건 마라건 범천이건, 이 세상의 그 어느 누구도 얻을 수 없는 것이다. 죽지 마라고 하는 것은 얻을 수 없는 것이다. 그것은 사문이건 바라문이건 신이건 마라건 범천이건, 이 세상의 그 어느 누구도 얻을 수 없는 것이다. 부서지지 마라고 하는 것은 얻을 수 없는 것이다. 그것은 사문이건 바라문이건 신이건 마라건 범천이건, 이 세상의 그 어느 누구도 얻을 수 없는 것이다. 끝나지 마라고 하는 것은 얻을 수 없는 것이다. 그것은 사문이건 바라문이건 신이건 마라건 범천이건, 이 세상의 그 어느 누구도 얻을 수 없는 것이다."

3. "비구들이여, 배우지 못한 범부에게 늙음은 온다. 그는 늙을 때 이와 같이 숙고하지 않는다. '오직 나에게만 늙음이 오는 것이 아니라 오고 가고 죽고 태어나는 모든 중생들에게 늙음은 온다. 그런데

---

197) '늙지 마라'는 jarādhammaṁ mā jīri를 의역한 것인데 '늙기 마련인 법이 늙지 말기를.'로 직역할 수 있다. 주석서는 "나에게 있는 늙는 성질이 늙지 말기를(yaṁ mayhaṁ jarāsabhāvaṁ, taṁ mā jīratu)이라는 뜻이다. 나머지 경우에도 동일하게 적용된다."(AA.iii.254)라고 설명하고 있다.

늙을 때 내가 만약 근심하고 상심하고 슬퍼하고 가슴 치며 울부짖고 광란하게 되면, 밥도 나를 즐겁게 하지 못할 것이고 몸도 추하게 될 것이고 일도 할 수 없을 것이고 적들은 기뻐할 것이고 친구들은 우울하게 될 것이다.'라고. 그는 늙을 때 근심하고 상심하고 슬퍼하고 가슴 치며 울부짖고 광란하게 된다.

비구들이여, 이를 일러 근심의 독화살을 맞은 배우지 못한 범부라 한다. 그는 오직 자신을 태운다."

4. "다시 비구들이여, 배우지 못한 범부에게 병은 온다. …

죽음은 온다. …

부서짐은 온다. …

끝은 온다. 그는 끝이 올 때 이와 같이 숙고하지 않는다. '오직 나에게만 끝이 오는 것이 아니라 오고 가고 죽고 태어나는 모든 중생들에게 끝은 온다. 그런데 끝이 올 때 내가 만약 근심하고 상심하고 슬퍼하고 가슴 치며 울부짖고 광란하게 되면, 밥도 나를 즐겁게 하지 못할 것이고 몸도 추하게 될 것이고 일도 할 수 없을 것이고 적들은 기뻐할 것이고 친구들은 우울하게 될 것이다.'라고. 그는 끝이 올 때 근심하고 상심하고 슬퍼하고 가슴 치며 울부짖고 광란하게 된다.

비구들이여, 이를 일러 근심의 독화살을 맞은 배우지 못한 범부라 한다. 그는 오직 자신을 태운다."

5. "비구들이여, 잘 배운 성스러운 제자에게도 늙음은 온다. 그는 늙을 때 이와 같이 숙고한다. '오직 나에게만 늙음이 오는 것이 아니라 오고 가고 죽고 태어나는 모든 중생들에게 늙음은 온다. 그런데 내가 늙을 때 만약 근심하고 상심하고 슬퍼하고 가슴 치며 울부짖고 광란하게 되면, 밥도 나를 즐겁게 하지 못할 것이고 몸도 추하게 될

것이고 일도 할 수 없을 것이고 적들은 기뻐할 것이고 친구들은 우울하게 될 것이다.'라고. 그는 늙을 때 근심하지 않고 상심하지 않고 슬퍼하지 않고 가슴 치며 울부짖지 않고 광란하지 않게 된다.

비구들이여, 이를 일러 근심의 독화살을 뽑아버린 잘 배운 성스러운 제자라 한다. 배우지 못한 범부는 근심의 독화살을 맞고 자신을 태우지만 근심 없고 화살을 뽑아버린 성스러운 제자는 오직 자신을 완전히 열반에 들게 한다."

6. "비구들이여, 잘 배운 성스러운 제자에게도 병은 온다. …

죽음은 온다. …

부서짐은 온다. …

끝은 온다. 그는 끝이 올 때 이와 같이 숙고한다. '오직 나에게만 끝이 오는 것이 아니라 오고 가고 죽고 태어나는 모든 중생들에게 끝은 온다. 그런데 끝이 올 때 내가 만약 근심하고 상심하고 슬퍼하고 가슴 치며 울부짖고 광란하게 되면, 밥도 나를 즐겁게 하지 못할 것이고 몸도 추하게 될 것이고 일도 할 수 없을 것이고 적들은 기뻐할 것이고 친구들은 우울하게 될 것이다.'라고. 그는 끝이 올 때 근심하지 않고 상심하지 않고 슬퍼하지 않고 가슴 치며 울부짖지 않고 광란하지 않게 된다.

비구들이여, 이를 일러 근심의 독화살을 뽑아버린 잘 배운 성스러운 제자라 한다. 배우지 못한 범부는 근심의 독화살을 맞고 자신을 태우지만 말이다. 근심 없고 화살을 뽑아버린 성스러운 제자는 오직 자신을 완전히 열반에 들게 한다.

비구들이여, 이러한 다섯 가지 얻을 수 없는 것이 있으니, 그것은 사문이건 바라문이건 신이건 마라건 범천이건, 이 세상의 그 어느 누구도 얻을 수 없다."

7. "근심하지 말고 슬퍼하지 말기를!
그것은 이익이 별로 없다네.
그가 근심하고 괴로워하는 것을 알고 적들은 기뻐한다네.
이유를 잘 판별하는 현자는 재난에 낙담하지 않고
그의 얼굴이 바뀌지 않고 전과 같이
[평온한] 것을 보고 적들은 괴로워한다네.
화려한 말과 만뜨라와 금언과
많은 보시[198]와 전통을 통해서
어디서건 이익을 얻거든 거기서
그러한 노력을 하기를.[199]
그러나 그는 이러한 이익은
나도 남도 얻지 못한다는 것을 알아야 하리.
근심하지 말고 '이제 이 굳센 업을
어떻게 할 것인가?'라고 견뎌내기를!"[200]

198) '보시'는 anuppadāna(베풂)의 역어인데 주석서에서 백이나 천의 보시(dāna)를 뜻한다고 설명하고 있다.(AA.iii.254)

199) "화려한 말이나 만뜨라 등 그 어떤 것이건 그것을 통해서 늙음 등의 본성에 대해 불로장생(ajīraṇatā) 등의 이익을 얻게 된다면 그곳에 노력을 기울이라는 뜻이다."(*Ibid*)

200) "윤회로 인도하는 업을 열심히 짓고 쌓았으니 이제 내가 어떻게 할 것인가라고 이처럼 숙고하면서 견뎌내야 한다는 뜻이다."(*Ibid*)

간병실 경[201)]

죽음, 어떻게 대면할 것인가

Gelañña Sutta(S36:7)

【해설】

생명체가 가지는 가장 대표적인 정신작용은 감정적인 반응[情]과 지적인 반응[知]이다. 부처님께서는 전자를 느낌[受, vedanā]으로 후자를 인식[想, saññā]으로 정의하셨고 이 둘은 각각 '나'라는 존재를 구성하고 있는 다섯 가지 무더기(오온)의 두 번째와 세 번째로 포함되어 있다.

남・북방의 아비담마・아비달마와 유식에 의하면 느낌[受] 즉 우리의 정서적인 반응은 마음[心]과 항상 함께 일어나는 심리현상 즉 '반드시들[遍行心所]'에 속한다.[202)] 그러므로 생명체가 존재하는 한 그리고 그가 멸진정에 들지 않는 한 그는 느낌으로부터 벗어날 수 없다. 그러므로 삶의 과정에서 느낌은 필연적인 것이다.

병에 걸려서 맞이하게 되는 죽음의 과정은 매순간 극심한 느낌들이 전개되어가는 혹독한 시련일 수밖에 없다. 그러면 불자 특히 출가자는 병들어서 죽어가는 과정에서 나타나는 이 피할 수 없는 괴로운 느

---

201) 『상윳따 니까야』 제4권 「느낌 상윳따」(S36)에 실려 있는 본경과 「간병실 경」 2(S36:8)는 같은 내용을 담고 있다. 다만 본경은 느낌(vedanā)을 조건지우는 요소로 '몸(kāya)'을 들고 있는데 반해, 다음 경은 '감각접촉[觸, phassa]'을 들고 있다는 점이 다르다. 연기의 가르침에 따라 촉(觸, 감각접촉)이 수(受, 느낌)의 전제 조건이 되는 것은 당연하나 본경에서 몸을 들어 수의 조건으로 말씀하시는 것은 매우 특이한 점으로 주목할 필요가 있다.

202) 여기에 대해서는 『아비담마 길라잡이』 제2장 §2의 [해설] 2를 참조할 것.

낌에 대해서 어떻게 대처해야 하나? 본경은 여기에 대한 부처님의 고구정녕한 말씀을 담고 있다.

본경을 통해서 세존께서 죽음에 직면한 출가자들에게 주시는 근본 메시지는 마음챙김을 놓지 마라는 것이다. 세존께서는 말씀하신다. "비구들이여, 비구는 마음챙기고 분명히 알아차리면서 시간을 보내야 한다. 이것이 그대들에게 주는 나의 간곡한 당부이다."(§3) 계속해서 부처님은 말씀하신다. "비구들이여, 비구가 이처럼 마음챙겨, 분명히 알아차리며, 방일하지 않고, 열심히, 스스로 독려하며 머무는 중에 괴로운 느낌이 일어나면 그는 이렇게 꿰뚫어 안다. '지금 나에게 괴로운 느낌이 일어났다. 이것은 조건에 의해서 생겨난 것이며, · · 그리고 괴로운 느낌에 대한 적의의 잠재성향이 사라진다."(§7)

그리고 세존께서는 본경의 마지막에서 비구가 어떻게 죽음을 맞이해야 하는가를 분명하게 말씀하신다. "그는 몸이 무너지는 느낌을 느끼면서는 '나는 지금 몸이 무너지는 느낌을 느낀다.'라고 꿰뚫어 안다. 목숨이 끊어지는 느낌을 느끼면서는 '나는 지금 목숨이 끊어지는 느낌을 느낀다.'라고 꿰뚫어 안다. 그리고 그는 '지금 곧 이 몸 무너져 목숨이 끊어지면, 즐길 것이라고는 하나도 없는 이 모든 느낌들도 바로 여기서 싸늘하게 식고 말 것이다.'라고 꿰뚫어 안다."(§11)

이 귀중한 가르침은 『상윳따 니까야』 제2권 「철저한 검증 경」(S12:51) §§10~12, 「족쇄 경」 1(S12:53) §§3~4, 제3권 「앗사지 경」(S22:88) §§11~13, 제4권 「간병실 경」 2(S36:8) §§9~11, 제6권 「등불 비유 경」(S54:8) §24 등에도 나타나고 있다.

1. 이와 같이 나는 들었다. 한때 세존께서는 웨살리에서 큰 숲[大林]의 중각강당에 머무셨다.

2. 그때 세존께서는 해거름에 홀로 앉음을 풀고 일어나서 간병실로 가셨다.[203] 가셔서는 마련된 자리에 앉으셨다. 자리에 앉으신

203) 주석서는 두 가지 목적 때문에 세존께서는 간병실로 가셨다고 적고 있다. 첫째는 신을 포함한 모든 세상에서 으뜸가는 분(agga-puggala)이신 세

뒤 비구들을 [211] 불러서 말씀하셨다.

3. "비구들이여, 비구는 마음챙기고 분명히 알아차리면서 시간을 보내야 한다. 이것이 그대들에게 주는 나의 간곡한 당부이다."

4. "비구들이여, 그러면 비구는 어떻게 마음챙기는가?

비구들이여, 여기 비구는 몸에서 몸을 관찰하며[身隨觀] 머문다. 세상에 대한 욕심과 싫어하는 마음을 버리고 근면하게, 분명히 알아차리고 마음챙기면서 머문다. 느낌에서 느낌을 관찰하며[受隨觀] 머문다. … 마음에서 마음을 관찰하며[心隨觀] 머문다. … 법에서 법을 관찰하며[法隨觀] 머문다. 세상에 대한 욕심과 싫어하는 마음을 버리고 근면하게, 분명히 알아차리고 마음챙기면서 머문다.

비구들이여, 비구는 이와 같이 마음챙긴다."

5. "비구들이여, 그러면 어떻게 분명히 알아차리는가?

비구들이여, 여기 비구는 나아갈 때도 돌아올 때도 [자신의 거동을] 분명히 알아차리면서[正知] 행한다. 앞을 볼 때도 돌아볼 때도 분명히 알아차리면서 행한다. 구부릴 때도 펼 때도 분명히 알아차리면서 행한다. 법의(法衣)·발우·의복을 지닐 때도 분명히 알아차리면서 행한다. 먹을 때도 마실 때도 씹을 때도 맛볼 때도 분명히 알아차리면서 행한다. 대소변을 볼 때도 분명히 알아차리면서 행한다. 갈 때도 서 있을 때도 앉아 있을 때도 잠잘 때도 깨어있을 때도 말할 때도 침묵할 때도 분명히 알아차리면서 행한다.

비구들이여, 비구는 마음챙기고 분명히 알아차리면서 시간을 보내야 한다. 이것이 그대들에게 주는 나의 간곡한 당부이다."

존께서 병자들을 간병하는 것을 보고 비구들도 그런 마음을 내게 하시기 위해서이며, 둘째는 그들에게 명상주제를 설하기 위해서이다.(SA.iii.77)

6. "비구들이여, 비구가 이처럼 마음챙기고 분명히 알아차리며, 방일하지 않고 열심히, 스스로 독려하며 머무는 중에 즐거운 느낌이 일어나면 그는 이렇게 꿰뚫어 안다.

'지금 나에게 즐거운 느낌이 일어났다. 이것은 조건에 의해서 생겨난 것[緣而生][204]이며, 조건에 의해서 생겨나지 않은 것이 아니다. 무엇에 의해 조건 지워졌는가? 바로 이 몸에 의해 조건 지워졌다. 그런데 이 몸은 참으로 무상하고 형성되었고[有爲] 조건에 의해서 생겨난 것[緣而生]이다. 이렇듯 무상하고 형성되었고 조건에 의해서 생겨난 몸에 조건 지워진 이 즐거운 느낌이 어찌 항상할 수 있을 것인가?'

그는 몸에 대해 그리고 즐거운 느낌에 대해 무상을 관찰하며 머무르고, 사그라짐을 관찰하며 머무르고, 탐욕의 빛바램을 관찰하며 머무르고, 소멸을 관찰하며 머무르고, 놓아버림을 관찰하며 머무른다.[205] 그가 몸에 대해 그리고 즐거운 느낌에 대해 무상을 관찰하며 머무르고, 사그라짐을 관찰하며 머무르고, 탐욕의 빛바램을 관찰하며 머무르고, 소멸을 관찰하며 머무르고, 놓아버림을 관찰하며 머물

---

204) '조건에 의해서 생겨난 것[緣而生, paṭicca-samuppanna]'에 대해서는 『상윳따 니까야』 제2권 「조건 경」(S12:20)과 주해들을 참조할 것.

205) "이 시점에서 무엇을 말씀하시고자 하는가? 이 비구들의 [예비단계의 도닦음(pubbabhāga-paṭipadā)인 – SAṬ.iii.70] 도달하는 도닦음(āgama-nīya-paṭipadā)을 말씀하시는 것이다. '마음챙김의 확립(sati-paṭṭhāna)'도 예비단계[예비단계는 아직 출세간도가 아니다 – *Ibid*]이다. '알아차림(sampajañña)'도 예비단계이고, '무상의 관찰(anicca-anupassanā)', '사그라짐의 관찰(vaya-anupassanā)', '탐욕의 빛바램의 관찰(virāga-anu-passanā)'의 세 가지 관찰도 예비단계이다. '소멸의 관찰(nirodha-anu-passanā)'과 '놓아버림의 관찰(paṭinissagga-anupassanā)'이라는 이 둘은 혼합된 것(missakā) [즉 세간적인 것과 출세간적인 것이 혼합된 것(lokiya-lok-uttara-missakā) – *Ibid*]이다. 이렇게 하여 이 시점에서는 비구의 수행할 시기(bhāvanā-kāla)를 말씀하신 것이다."(SA.iii.77~78)

면 [212] 몸에 대한 그리고 즐거운 느낌에 대한 탐욕의 잠재성향이 사라진다.”

7. “비구들이여, 비구가 이처럼 마음챙기고 분명히 알아차리며, 방일하지 않고 열심히, 스스로 독려하며 머무는 중에 괴로운 느낌이 일어나면 그는 이렇게 꿰뚫어 안다.

‘지금 나에게 괴로운 느낌이 일어났다. 이것은 조건에 의해서 생겨난 것이며, 조건에 의해서 생겨나지 않은 것이 아니다. 무엇에 의해 조건 지워졌는가? 바로 이 몸에 의해 조건 지워졌다. 그런데 이 몸은 참으로 무상하고 형성되었고 조건에 의해서 생겨난 것이다. 이렇듯 무상하고 형성되었고 조건에 의해서 생겨난 몸에 조건 지워진 이 괴로운 느낌이 어찌 항상할 수 있을 것인가?’

그는 몸에 대해 그리고 괴로운 느낌에 대해 무상을 관찰하며 머무르고, 사그라짐을 관찰하며 머무르고, 탐욕의 빛바램을 관찰하며 머무르고, 소멸을 관찰하며 머무르고, 놓아버림을 관찰하며 머무른다. 그가 몸에 대해 그리고 괴로운 느낌에 대해 무상을 관찰하며 머무르고, 사그라짐을 관찰하며 머무르고, 탐욕의 빛바램을 관찰하며 머무르고, 소멸을 관찰하며 머무르고, 놓아버림을 관찰하며 머물면 몸에 대한 그리고 괴로운 느낌에 대한 적의의 잠재성향이 사라진다.”

8. “비구들이여, 비구가 이처럼 마음챙기고 분명히 알아차리며, 방일하지 않고 열심히, 스스로 독려하며 머무는 중에 괴롭지도 즐겁지도 않은 느낌이 일어나면 그는 이렇게 꿰뚫어 안다.

‘지금 나에게 괴롭지도 즐겁지도 않은 느낌이 일어났다. 이것은 조건에 의해서 생겨난 것이며, 조건에 의해서 생겨나지 않은 것이 아니다. 무엇에 의해 조건 지워졌는가? 바로 이 몸에 의해 조건 지워졌다.

그런데 이 몸은 참으로 무상하고 형성되었고 조건에 의해서 생겨난 것이다. 이렇듯 무상하고 형성되었고 조건에 의해서 생겨난 몸에 조건 지워진 이 괴롭지도 즐겁지도 않은 느낌이 어찌 항상할 수 있을 것인가?' 그는 몸에 대해 그리고 괴롭지도 즐겁지도 않은 느낌에 대해 무상을 관찰하며 머무르고, 사그라짐을 관찰하며 머무르고, 탐욕의 빛바램을 관찰하며 머무르고, 소멸을 관찰하며 머무르고, 놓아버림을 관찰하며 머무른다. 그가 몸에 대해 그리고 괴롭지도 즐겁지도 않은 느낌에 대해 무상을 관찰하며 머무르고, 사그라짐을 관찰하며 머무르고, 탐욕의 빛바램을 관찰하며 머무르고, 소멸을 관찰하며 머무르고, 놓아버림을 관찰하며 머물면 몸에 대한 그리고 괴롭지도 즐겁지도 않은 느낌에 대한 무명의 잠재성향이 사라진다."

9. "만일 [213] 그가 즐거운 느낌을 느끼면 그는 그것이 무상한 줄 꿰뚫어 안다.206) 그것이 연연할 것이 못되는 줄 꿰뚫어 안다. 그것이 즐길 만한 것이 아니라는 걸 꿰뚫어 안다. 만일 그가 괴로운 느낌을 느끼면 그는 그것이 무상한 줄 꿰뚫어 안다. 그것이 연연할 것이 못되는 줄 꿰뚫어 안다. 그것이 즐길 만한 것이 아니라는 걸 꿰뚫어 안다. 괴롭지도 즐겁지도 않은 느낌을 느낄 경우 그는 그것이 무상한 줄 꿰뚫어 안다. 그것이 연연할 것이 못되는 줄 꿰뚫어 안다. 그것이 즐길 만한 것이 아니라는 걸 꿰뚫어 안다."

---

206) 여기서부터 본경의 마지막까지는 『상윳따 니까야』 제2권 「철저한 검증 경」(S12:51) §§10~12(§12의 비유 부분은 본경과 다름)와 제3권 「앗사지 경」(S22:88) §§11~13(§13의 비유 부분은 본경과 다름)과 제6권 「등불 비유 경」(S54:8) §§9~11(§11의 비유 부분은 본경과 다름)에도 나타나고 있다. 경문에 대한 설명은 제2권 「철저한 검증 경」(S12:51) §§10~13의 주해들을 참조할 것.

10. "만일 그가 즐거운 느낌을 느끼면 그는 그것에 매이지 않은 사람으로서 그것을 느낀다. 만일 그가 괴로운 느낌을 느끼면 그는 그것에 매이지 않은 사람으로서 그것을 느낀다. 만일 그가 괴롭지도 즐겁지도 않은 느낌을 느끼면 그는 그것에 매이지 않은 사람으로서 그것을 느낀다."

11. "그는 몸이 무너지는 느낌을 느끼면서는 '나는 지금 몸이 무너지는 느낌을 느낀다.'라고 꿰뚫어 안다. 목숨이 끊어지는 느낌을 느끼면서는 '나는 지금 목숨이 끊어지는 느낌을 느낀다.'라고 꿰뚫어 안다. 그리고 그는 '지금 곧 이 몸 무너져 목숨이 끊어지면, 즐길 것이라고는 하나도 없는 이 모든 느낌들도 바로 여기서 싸늘하게 식고 말 것이다.'라고 꿰뚫어 안다.

비구들이여, 예를 들면 기름을 반연하고 심지를 반연하여 기름 등불이 타는데 기름과 심지가 다하면 불꽃은 받쳐주는 것이 없어져 꺼지고 마는 것과 같다.

비구들이여, 그와 같이 비구는 몸이 무너지는 느낌을 느끼면서는 '지금 나는 몸이 무너지는 느낌을 느낀다.'라고 꿰뚫어 안다. 목숨이 끊어지는 느낌을 느끼면서는 '나는 지금 목숨이 끊어지는 느낌을 느낀다.'라고 꿰뚫어 안다. 그리고 그는 '지금 곧 이 몸 무너져 목숨이 끊어지면, 즐길 것이라고는 하나도 없는 이 모든 느낌들도 바로 여기서 싸늘하게 식고 말 것이다.'라고 꿰뚫어 안다."

인식 경

출가자가 가져야 하는 일곱 가지 인식

Saññā Sutta(A7:46)

【해설】

초기경에서 인식[想, saññā]은 다양한 문맥에서 나타난다. 가장 많이 나타나는 경우가 오온의 세 번째인 인식의 무더기[想蘊]이다. 기본적으로 인식은 대상을 접하여 그것을 아는 작용, 더 구체적으로 말하자면 대상을 받아들여 이름을 짓고 개념을 가지는 작용이다. 이런 개념 작용은 또 무수한 취착을 야기하고 해로운 심리현상들을 일으키기 때문에 초기경의 여러 문맥에서 부정적이고 극복되어야 할 것으로 언급되어 있다. 예를 들면 『숫따니빠따』에서도 인식[想]은 견해[見, diṭṭhi]와 더불어 극복되어야 할 것으로 나타난다.

우리의 지적인 반응인 인식[想]도 느낌처럼 남·북방의 아비담마·아비달마와 유식에서는 마음[心]과 항상 함께 일어나는 심리현상 즉 '반드시들[遍行心所, sādhārana]'에 속한다고 설명하고 있다. 그러므로 멸진정에 들지 않는 한 우리는 인식으로부터 벗어날 수 없다. 인식이 마음과 함께 일어나기 마련인 것이라면 해탈·열반에 방해가 되는 존재론적인 인식은 버리고 해탈·열반에 도움이 되는 인식들을 개발해야 할 것이다.

그래서 초기경에는 제거되어야 할 고정관념으로서의 인식만을 들고 있는 것이 아니라, 깨달음을 증득하고 해탈·열반을 실현하기 위해서 개발하고 닦아야 하는 인식도 나타나고 있다. 이러한 인식은 주로 『앙굿따라 니까야』에 나타나는데 「다섯의 모음」(A5)에는 여러 가지 조합의 다섯 가지 인식이 나타나고, 「여섯의 모음」(A6)에는 여섯 가지 인식이, 「일곱의 모음」(A7)에는 일곱 가지 인식이, 「아홉의 모음」(A9)에는 아홉 가지 인식이, 그리고 최종적으로 「열의 모음」(A10)에는 열 가지 인식이 나타나고 있다. 이처럼 수행과 관계된 다양한 조합의 인식이 나타나고 있다. 이러한 인식들은 모두 수행을 통해서 얻어야 할 인식이며, 해탈・열반을 실현하는 데 도움이 되는 인식으로 권장되고 있다.

이러한 인식들에 관한 경들은 대부분 그 내용 설명이 없이 다양한 인식들을 나열만 하고 있는데, 본경은 이러한 인식들로 얻게 되는 이점을 구체적으로 설명하고 있다. 그래서 더욱 주목할 필요가 있다.
그리고 본경의 다음에 싣고 있는 『앙굿따라 니까야』 제6권 「출가경」(A10:59)에서 부처님께서는 출가자가 가져야 하는 10가지 인식을 강조하신다. 이러한 10가지 인식에 굳건하게 되면 아라한이 되거나 불환자가 된다고 말씀하신다.

세존께서는 이처럼 수행에 도움이 되는 다양한 인식을 설하셨으며, 이런 분명한 인식을 가짐으로써 마음의 평화를 얻고 해탈을 실현하게 된다고 강조하고 계신다.

1. 이와 같이 나는 들었다. 한때 세존께서는 사왓티에서 제따 숲의 아나타삔디까 원림(급고독원)에 머무셨다. 거기서 세존께서는 "비구들이여."라고 비구들을 부르셨다. "세존이시여."라고 비구들은 세존께 응답했다. 세존께서는 이렇게 말씀하셨다.

"비구들이여, 일곱 가지 인식을 닦고 많이 [공부]지으면 큰 결실과 큰 이익이 있고 불사(不死)에 들어가고 불사를 완성한다. 무엇이 일곱인가?"

2. "부정(不淨)이라고 [관찰하는 지혜에서 생긴] 인식, 죽음에 대한 인식, 음식에 대해 혐오하는 인식, 온 세상에 대해 기쁨이 없다는 인식, [오온에 대해] 무상(無常)이라고 [관찰하는 지혜에서 생긴] 인식, 무상한 [오온에 대해] 괴로움이라고 [관찰하는 지혜에서 생긴]

인식, 괴로움인 [오온에 대해] 무아라고 [관찰하는 지혜에서 생긴] 인식이다."

3. "'비구들이여, 부정(不淨)이라고 [관찰하는 지혜에서 생긴] 인식을 닦고 많이 [공부]지으면 큰 결실과 큰 이익이 있고 불사(不死)에 들어가고 불사를 완성한다.'라고 했다. 이것은 무엇을 반연하여 한 말인가?"

4. "비구들이여, 비구가 부정(不淨)이라고 [관찰하는 지혜에서 생긴] 인식을 굳건하게 하는 마음으로 많이 머물면, 성행위하는 것으로부터 마음이 물러서고 움츠리고 외면하고 그곳으로 [손을] 뻗치지 아니하여 그것에 대한 평온이나 혹은 혐오감이 확고해진다.

비구들이여, 예를 들면 닭의 깃털이나 힘줄의 일부분을 불에다 던지면 물러서고 움츠리고 외면하고 그곳으로 [손을] 뻗치지 아니하는 것과 같다. 그와 같이 비구가 부정(不淨)이라고 [관찰하는 지혜에서 생긴] 인식을 굳건하게 하는 마음으로 많이 머물면, 성행위하는 것으로부터 마음이 물러서고 움츠리고 외면하고 그곳으로 [손을] 뻗치지 아니하여 그것에 대한 평온이나 혹은 혐오감이 확고해진다.

비구들이여, 만일 비구가 부정(不淨)이라고 [관찰하는 지혜에서 생긴] 인식을 굳건하게 하는 마음으로 많이 머무는데도 마음이 성행위하는 것으로 달려가고 유쾌함이 자리 잡는다면, 그 비구는 다음과 같이 알아야 한다. '부정(不淨)이라고 [관찰하는 지혜에서 생긴] 나의 인식은 닦아지지 않았다. 나에게는 전과는 다른 특별함이 생기지 않았다. 나에게는 수행의 결실이 없다.'라고. 그렇게 그는 분명하게 알아차린다.

비구들이여, 만일 비구가 부정(不淨)이라고 [관찰하는 지혜에서 생긴

긴] 인식을 굳건하게 하는 마음으로 많이 머물러 성행위하는 것으로부터 마음이 물러서고 움츠리고 외면하고 그곳으로 [손을] 뻗치지 아니하여 그것에 대한 평온이나 혐오가 확고하게 되면, 그 비구는 다음과 같이 알아야 한다. '부정(不淨)이라고 [관찰하는 지혜에서 생긴] 나의 인식은 닦아졌다. 나에게는 전과는 다른 특별함이 생겼다. 나에게는 수행의 결실이 있다.'라고. 그렇게 그는 분명하게 알아차린다.

'비구들이여, 부정(不淨)이라고 [관찰하는 지혜에서 생긴] 인식을 닦고 많이 [공부]지으면 큰 결실과 큰 이익이 있고 불사(不死)에 들어가고 불사를 완성한다.'라고 한 것은 이것을 반연하여 한 말이다."

5. '비구들이여, 죽음에 대한 인식을 닦고 많이 [공부]지으면 큰 결실과 큰 이익이 있고 불사(不死)에 들어가고 불사를 완성한다.'라고 했다. 이것은 무엇을 반연하여 한 말인가?"

6. "비구들이여, 비구가 죽음에 대한 인식을 굳건하게 하는 마음으로 많이 머물면, 삶에 대한 집착으로부터 마음이 물러서고 움츠리고 외면하고 그곳으로 [손을] 뻗치지 아니하여 그것에 대한 평온이나 혹은 혐오감이 확고해진다.

비구들이여, 예를 들면 닭의 깃털이나 힘줄의 일부분을 불에다 던지면 물러서고 움츠리고 외면하고 그곳으로 [손을] 뻗치지 아니하는 것과 같다. 그와 같이 비구가 죽음에 대한 인식을 굳건하게 하는 마음으로 많이 머물면, 삶에 대한 집착으로부터 마음이 물러서고 움츠리고 외면하고 그곳으로 [손을] 뻗치지 아니하여 그것에 대한 평온이나 혹은 혐오감이 확고해진다.

비구들이여, 만일 비구가 죽음에 대한 인식을 굳건하게 하는 마음으로 많이 머무는데도 마음이 삶에 대한 집착으로 달려가고 유쾌함이 자리 잡는다면, 그 비구는 다음과 같이 알아야 한다. '죽음에 대한 나의 인식은 닦아지지 않았다. 나에게는 전과는 다른 특별함이 생기지 않았다. 나에게는 수행의 결실이 없다.'라고. 그렇게 그는 분명하게 알아차린다.

비구들이여, 만일 비구가 죽음에 대한 인식을 굳건하게 하는 마음으로 많이 머물러서 삶에 대한 집착으로부터 마음이 물러서고 움츠리고 외면하고 그곳으로 [손을] 뻗치지 아니하여 그것에 대한 평온이나 혐오가 확고하게 되면, 그 비구는 다음과 같이 알아야 한다. '죽음에 대한 나의 인식은 닦아졌다. 나에게는 전과는 다른 특별함이 생겼다. 나에게는 수행의 결실이 있다.'라고. 그렇게 그는 분명하게 알아차린다.

'비구들이여, 죽음에 대한 인식을 닦고 많이 [공부]지으면 큰 결실과 큰 이익이 있고 불사(不死)에 들어가고 불사를 완성한다.'라고 한 것은 이것을 반연하여 한 말이다."

7. "'비구들이여, 음식에 대해 혐오하는 인식을 닦고 많이 [공부]지으면 큰 결실과 큰 이익이 있고 불사(不死)에 들어가고 불사를 완성한다.'라고 했다. 이것은 무엇을 반연하여 한 말인가?"

8. "비구들이여, 비구가 음식에 혐오하는 인식을 굳건하게 하는 마음으로 많이 머물면, 맛에 대한 갈애로부터 마음이 물러서고 움츠리고 외면하고 그곳으로 [손을] 뻗치지 아니하여 그것에 대한 평온이나 혹은 혐오감이 확고해진다.

비구들이여, 예를 들면 닭의 깃털이나 힘줄의 일부분을 불에다 던지면 물러서고 움츠리고 외면하고 그곳으로 [손을] 뻗치지 아니하는 것과 같다. 그와 같이 비구가 음식에 대해 혐오하는 인식을 굳건하게 하는 마음으로 많이 머물면, 맛에 대한 갈애로부터 마음이 물러서고 움츠리고 외면하고 그곳으로 [손을] 뻗치지 아니하여 그것에 대한 평온이나 혹은 혐오감이 확고해진다.

비구들이여, 만일 비구가 음식에 혐오하는 인식을 굳건하게 하는 마음으로 많이 머무는데도 마음이 맛에 대한 갈애로 달려가고 유쾌함이 자리 잡는다면, 그 비구는 다음과 같이 알아야 한다. '음식에 대해 혐오하는 나의 인식은 닦아지지 않았다. 나에게는 전과는 다른 특별함이 생기지 않았다. 나에게는 수행의 결실이 없다.'라고. 그렇게 그는 분명하게 알아차린다.

비구들이여, 만일 비구가 음식에 혐오하는 인식을 굳건하게 하는 마음으로 많이 머물러서 맛에 대한 갈애로부터 마음이 물러서고 움츠리고 외면하고 그곳으로 [손을] 뻗치지 아니하여 그것에 대한 평온이나 혐오가 확고하게 되면, 그 비구는 다음과 같이 알아야 한다. '음식에 대해 혐오하는 나의 인식은 닦아졌다. 나에게는 전과는 다른 특별함이 생겼다. 나에게는 수행의 결실이 있다.'라고. 그렇게 그는 분명하게 알아차린다.

'비구들이여, 음식에 대해 혐오하는 인식을 닦고 많이 [공부]지으면 큰 결실과 큰 이익이 있고 불사(不死)에 들어가고 불사를 완성한다.'라고 한 것은 이것을 반연하여 한 말이다."

9. "'비구들이여, 온 세상에 대해 기쁨이 없다는 인식을 닦고 많이 [공부]지으면 큰 결실과 큰 이익이 있고 불사(不死)에 들어가고 불사를 완성한다.'라고 했다. 이것은 무엇을 반연하여 한 말인가?"

10. "비구들이여, 비구가 온 세상에 대해 기쁨이 없다는 인식을 굳건하게 하는 마음으로 많이 머물면, 세상에 머무르려는 생각에 대

해[207] 마음이 물러서고 움츠리고 외면하고 그곳으로 [손을] 뻗치지 아니하여 그것에 대한 평온이나 혹은 혐오감이 확고해진다.

비구들이여, 예를 들면 닭의 깃털이나 힘줄의 일부분을 불에다 던지면 물러서고 움츠리고 외면하고 그곳으로 [손을] 뻗치지 아니하는 것과 같다. 그와 같이 비구가 온 세상에 대해 기쁨이 없다는 인식을 굳건하게 하는 마음으로 많이 머물면, 삼계에 머무르려는 마음이 물러서고 움츠리고 외면하고 그곳으로 [손을] 뻗치지 아니하여 그것에 대한 평온이나 혹은 혐오감이 확고해진다.

비구들이여, 만일 비구가 온 세상에 대해 기쁨이 없다는 인식을 굳건하게 하는 마음으로 많이 머무는데도 세상에 머무르려는 생각에 대해 마음이 달려가고 유쾌함이 자리 잡는다면, 그 비구는 다음과 같이 알아야 한다. '온 세상에 대해 기쁨이 없다는 나의 인식은 닦아지지 않았다. 나에게는 전과는 다른 특별함이 생기지 않았다. 나에게는 수행의 결실이 없다.'라고. 그렇게 그는 분명하게 알아차린다.

비구들이여, 만일 비구가 온 세상에 대해 기쁨이 없다는 인식을 굳건하게 하는 마음으로 많이 머물러서 세상에 머무르려는 생각에 대해 마음이 물러서고 움츠리고 외면하고 그곳으로 [손을] 뻗치지 아니하여 그것에 대한 평온이나 혐오가 확고하게 되면, 그 비구는 다음과 같이 알아야 한다. '온 세상에 대해 기쁨이 없다는 나의 인식은 닦아졌다. 나에게는 전과는 다른 특별함이 생겼다. 나에게는 수행의 결실이 있다.'라고. 그렇게 그는 분명하게 알아차린다.

'비구들이여, 온 세상에 대해 기쁨이 없다는 인식을 닦고 많이 [공

---

207) '세상에 머무르려는 생각'으로 옮긴 원어는 loka-citta(세상에 대한 마음)이다. 주석서는 "삼계라는 세상에 함께 모여 교제함(tidhātuka-loka-sannivāsa)이라는 뜻이다."(AA.iv.31)라고 설명하고 있어서 이렇게 옮겼다.

부]지으면 큰 결실과 큰 이익이 있고 불사(不死)에 들어가고 불사를 완성한다.'라고 한 것은 이것을 반연하여 한 말이다."

11. "'비구들이여, [오온에 대해] 무상(無常)이라고 [관찰하는 지혜에서 생긴] 인식을 닦고 많이 [공부]지으면 큰 결실과 큰 이익이 있고 불사(不死)에 들어가고 불사를 완성한다.'라고 했다. 이것은 무엇을 반연하여 한 말인가?"

12. "비구들이여, 비구가 [오온에 대해] 무상이라고 [관찰하는 지혜에서 생긴] 인식을 굳건하게 하는 마음으로 많이 머물면, 이득과 존경과 명성에 대해 마음이 물러서고 움츠리고 외면하고 그곳으로 [손을] 뻗치지 아니하여 그것에 대한 평온이나 혹은 혐오감이 확고해진다.

비구들이여, 예를 들면 닭의 깃털이나 힘줄의 일부분을 불에다 던지면 물러서고 움츠리고 외면하고 그곳으로 [손을] 뻗치지 아니하는 것과 같다. 그와 같이 비구가 [오온에 대해] 무상이라고 [관찰하는 지혜에서 생긴] 인식을 굳건하게 하는 마음으로 많이 머물면, 이득과 존경과 명성에 대해 마음이 물러서고 움츠리고 외면하고 그곳으로 [손을] 뻗치지 아니하여 그것에 대한 평온이나 혹은 혐오감이 확고해진다.

비구들이여, 만일 비구가 [오온에 대해] 무상이라고 [관찰하는 지혜에서 생긴] 인식을 굳건하게 하는 마음으로 많이 머무는데도 이득과 존경과 명성에 대해 마음이 달려가고 유쾌함이 자리 잡는다면, 그 비구는 다음과 같이 알아야 한다. '[오온에 대해] 무상이라고 [관찰하는 지혜에서 생긴] 나의 인식은 닦아지지 않았다. 나에게는 전과는 다른 특별함이 생기지 않았다. 나에게는 수행의 결실이 없다.'라고.

그렇게 그는 분명하게 알아차린다.

비구들이여, 만일 비구가 [오온에 대해] 무상이라고 [관찰하는 지혜에서 생긴] 인식을 굳건하게 하는 마음으로 많이 머물러 이득과 존경과 명성에 대해 마음이 물러서고 움츠리고 외면하고 그곳으로 [손을] 뻗치지 아니하여 그것에 대한 평온이나 혐오가 확고하게 되면, 그 비구는 다음과 같이 알아야 한다. '[오온에 대해] 무상이라고 [관찰하는 지혜에서 생긴] 나의 인식은 닦아졌다. 나에게는 전과는 다른 특별함이 생겼다. 나에게는 수행의 결실이 있다.'라고. 그렇게 그는 분명하게 알아차린다.

'비구들이여, [오온에 대해] 무상이라고 [관찰하는 지혜에서 생긴] 인식을 닦고 많이 [공부]지으면 큰 결실과 큰 이익이 있고 불사(不死)에 들어가고 불사를 완성한다.'라고 한 것은 이것을 반연하여 한 말이다."

13. "'비구들이여, 무상한 [오온에 대해] 괴로움이라고 [관찰하는 지혜에서 생긴] 인식을 닦고 많이 [공부]지으면 큰 결실과 큰 이익이 있고 불사(不死)에 들어가고 불사를 완성한다.'라고 했다. 이것은 무엇을 반연하여 한 말인가?"

14. "비구들이여, 비구가 무상한 [오온에 대해] 괴로움이라고 [관찰하는 지혜에서 생긴] 인식을 굳건하게 하는 마음으로 많이 머물면, 게으름과 나태함과 태만함과 방일함과 몰두하지 않음과 반조하지 않음에 대해서 강한 두려움의 인식이 생기나니, 예를 들면 칼을 빼든 살인자에 대해서 [강한 두려움의 인식이 생기는 것과 같다.]

비구들이여, 만일 비구가 무상한 [오온에 대해] 괴로움이라고 [관찰하는 지혜에서 생긴] 인식을 굳건하게 하는 마음으로 많이 머무는

데도 게으름과 나태함과 태만함과 방일함과 몰두하지 않음과 반조하지 않음에 대해 강한 두려움의 인식이 생기지 않는다면, 그 비구는 다음과 같이 알아야 한다. '무상한 [오온에 대해] 괴로움이라고 [관찰하는 지혜에서 생긴] 나의 인식은 닦아지지 않았다. 나에게는 전과는 다른 특별함이 생기지 않았다. 나에게는 수행의 결실이 없다.'라고. 그렇게 그는 분명하게 알아차린다.

비구들이여, 만일 비구가 무상한 [오온에 대해] 괴로움이라고 [관찰하는 지혜에서 생긴] 인식을 굳건하게 하는 마음으로 많이 머물러서 게으름과 나태함과 태만함과 방일함과 몰두하지 않음과 반조하지 않음에 대해 강한 두려움의 인식이 생기면, 그 비구는 다음과 같이 알아야 한다. '무상한 [오온에 대해] 괴로움이라고 [관찰하는 지혜에서 생긴] 나의 인식은 닦아졌다. 나에게는 전과는 다른 특별함이 생겼다. 나에게는 수행의 결실이 있다.'라고. 그렇게 그는 분명하게 알아차린다.

'비구들이여, 무상한 [오온에 대해] 괴로움이라고 [관찰하는 지혜에서 생긴] 인식을 닦고 많이 [공부]지으면 큰 결실과 큰 이익이 있고 불사(不死)에 들어가고 불사를 완성한다.'라고 한 것은 이것을 반연하여 한 말이다."

15. "'비구들이여, 괴로움인 [오온에 대해] 무아라고 [관찰하는 지혜에서 생긴] 인식을 닦고 많이 [공부]지으면 큰 결실과 큰 이익이 있고 불사(不死)에 들어가고 불사를 완성한다.'라고 했다. 이것은 무엇을 반연하여 한 말인가?"

16. "비구들이여, 비구가 괴로움인 [오온에 대해] 무아라고 [관찰하는 지혜에서 생긴] 인식을 굳건하게 하는 마음으로 많이 머물면,

알음알이를 가진 이 몸과 밖의 모든 표상들[208]에 대해 '나'라는 생각과 '내 것'이라는 생각과 자만이 없어져서[209] [세 가지] 자만[210]을 뛰어넘어 평화롭게 되고 완전히 해탈하게 된다.[211]

---

208) "'밖의 모든 표상들(bahiddhā sabbanimittā)'이란 형색의 표상, 소리의 표상, 냄새의 표상, 맛의 표상, 감촉의 표상, 영원함 등의 표상, 인간의 표상, 법의 표상 등 이러한 밖의 표상들을 뜻한다."(AA.ii.206)
한편 『맛지마 니까야 주석서』는 다음과 같이 설명한다.
"여기서 '밖'이란 알음알이를 가진(saviññāṇaka) 남의 몸(kāya)을 말한다. 그러나 '모든 표상들'이란 것은 감각기능을 가지지 않은 것(anindriya-baddha)도 포함된다. 혹은, '알음알이를 가진 몸(saviññāṇaka kāya)'이란 말에는 자신과 남의 몸이 포함되고, '밖의 모든 표상들'이란 말에는 감각기능을 가지지 않은 것도 포함된다."(MA.iv.78)

209) "'나'라는 견해(ahaṅkāra-diṭṭhi)와 '내 것'이라는 갈애(mamaṅkāra-taṇhā)와 아홉 종류의 자만(navavidha-māna)이 없다는 뜻이다."(AA.iv.31)
경들에서 자만은 '내가 더 뛰어나다.'는 방법, '나와 동등하다.'는 방법, '내가 더 저열하다.'는 방법(S22:49; D33 §1.10 (23) 등)의 셋으로 나타나는데 이 각각에 다시 뛰어나다(seyya), 동등하다(sādisa), 저열하다(hīna)는 세 가지가 있어서 자만에는 모두 아홉 가지가 있다고 주석서들은 설명하고 있다.(VbhA.486; DhsA.372)

210) 여기서 '자만'으로 의역한 원어는 vidha인데 문자적으로는 '방법'이나 '종류'를 뜻한다. 주석서는 vidha는 외관(ākārasaṇṭhāna)과 부분(koṭṭhāsa)과 자만(māna)의 세 가지 의미로 쓰이는데 여기서는 '자만(māna)'을 뜻한다고 한다. 자만은 뛰어나다(seyya), 동등하다(sādisa), 저열하다(hīna)라고 정리하기 때문에(vidahanato) vidha(방법, 종류)라 한다고 설명하고 있다.(DA.iii.990) 한편 본경에 해당하는 주석서는 이렇게 설명하고 있다.
"'[세 가지] 자만을 뛰어넘었다.(vidhā-samatikkanta)'는 것은 세 가지 형태의 자만을 뛰어넘었다는 뜻이다. 즉 나는 남보다 뛰어나다거나, 혹은 동등하다거나, 혹은 저열하다고 하는 것이다."(AA.iv.31)

211) "'평화롭다(santa)'는 것은 그 적들인 오염원(kilesa)으로부터 평화로워졌다는 뜻이다. '완전히 해탈한다(suvimutta)'는 것은 다섯 가지 해탈을 통해 완전히 해탈한다는 뜻이다."(*Ibid*)
다섯 가지 해탈에 대해서는 『앙굿따라 니까야』 제3권 「어떤 방향 경」

비구들이여, 만일 비구가 괴로움인 [오온에 대해] 무아라고 [관찰하는 지혜에서 생긴] 인식을 굳건하게 하는 마음으로 많이 머무는데도 알음알이를 가진 이 몸과 밖의 모든 표상들에 대해 '나'라는 생각과 '내 것'이라는 생각과 자만이 없어지지 않아 [세 가지] 자만을 뛰어넘어 평화롭게 되고 완전히 해탈하지 못하면, 그 비구는 다음과 같이 알아야 한다. '괴로움인 [오온에 대해] 무아라고 [관찰하는 지혜에서 생긴] 나의 인식은 닦아지지 않았다. 나에게는 전과는 다른 특별함이 생기지 않았다. 나에게는 수행의 결실이 없다.'라고. 그렇게 그는 분명하게 알아차린다.

비구들이여, 만일 비구가 괴로움인 [오온에 대해] 무아라고 [관찰하는 지혜에서 생긴] 인식을 굳건하게 하는 마음으로 많이 머물러서 알음알이를 가진 이 몸과 밖의 모든 표상들에 대해 '나'라는 생각과 '내 것'이라는 생각과 자만이 없어져서 [세 가지] 자만을 뛰어넘어 평화롭게 되고 완전히 해탈하면, 그 비구는 다음과 같이 알아야 한다. '괴로움인 [오온에 대해] 무아라고 [관찰하는 지혜에서 생긴] 나의 인식은 닦아졌다. 나에게는 전과는 다른 특별함이 생겼다. 나에게는 수행의 결실이 있다.'라고. 그렇게 그는 분명하게 알아차린다.

'비구들이여, 괴로움인 [오온에 대해] 무아라고 [관찰하는 지혜에서 생긴] 인식을 닦고 많이 [공부]지으면 큰 결실과 큰 이익이 있고 불사(不死)에 들어가고 불사를 완성한다.'라고 한 것은 이것을 반연하여 한 말이다.

비구들이여, 이러한 일곱 가지 인식을 닦고 많이 [공부]지으면 큰 결실과 큰 이익이 있고 불사(不死)에 들어가고 불사를 완성한다."

(A5:134) §3의 주해를 참조할 것.

출가 경

출가자가 가져야 하는 열 가지 인식

Pabbajjā Sutta(A10:59)

1. "비구들이여, 그대들은 이와 같이 공부지어야 한다."

2. "'우리의 마음이 처음 출가할 때처럼 굳건하게212) 되기를. 일어난 나쁘고 해로운 법들이 마음을 사로잡아 머물지 않기를. 우리의 마음이 무상이라고 [관찰하는 지혜에서 생긴] 인식에 굳건하게 되기를. 우리의 마음이 무아라고 [관찰하는 지혜에서 생긴] 인식에 굳건하게 되기를. 우리의 마음이 부정(不淨)이라고 [관찰하는 지혜에서 생긴] 인식에 굳건하게 되기를. 우리의 마음이 위험이라고 [관찰하는 지혜에서 생긴] 인식에 굳건하게 되기를. 세상의 선행과 악행213)을 알아서 우리의 마음이 이것의 [관찰로 생긴] 인식에 굳건하게 되기를. 세상의 번영과 재앙214)을 알아서 우리의 마음이 이것의

---

212) "누구든지 출가할 땐 모두 다 아라한이 되기를 원한다. 그러므로 아라한과를 얻기 위해 익히고(paricita) 굳건히 한(vaḍḍhita) 그 마음을 '처음 출가할 때처럼 굳건한'이라고 알아야 한다. '이와 같은 마음이 되기를' 하고 공부지어야 한다."(AA.v.42)

213) '세상의 선행과 악행'은 lokassa samañca visamañca를 옮긴 것인데 주석서에서 중생 세상(satta-loka)의 선행과 악행(sucarita-duccaritāni)이라고 설명하고 있어서(*Ibid*) 이렇게 옮겼다.

214) '세상의 번영과 재앙'은 lokassa bhavañca vibhavañca를 옮긴 것인데 주석서에서 그런 세상의 번영과 재앙(vaḍḍhi, vināsa 혹은 sampatti,

[관찰로 생긴] 인식에 굳건하게 되기를. 세상의 일어남과 사라짐[215]을 알아서 우리의 마음이 이것의 [관찰로 생긴] 인식에 굳건하게 되기를. 우리의 마음이 버림의 [관찰로 생긴] 인식에 굳건하게 되기를. 우리의 마음이 탐욕이 빛바램의 [관찰로 생긴] 인식에 굳건하게 되기를. 우리의 마음이 소멸의 [관찰로 생긴] 인식에 굳건하게 되기를.' 이라고. 비구들이여, 그대들은 이와 같이 공부지어야 한다."

3\. "비구들이여, 비구의 마음이 처음 출가할 때처럼 굳건하게 되고, 일어난 나쁘고 해로운 법들이 마음을 사로잡아 머물지 않게 되고, 우리의 마음이 무상이라고 [관찰하는 지혜에서 생긴] 인식에 굳건하게 되고, 우리의 마음이 무아라고 [관찰하는 지혜에서 생긴] 인식에 굳건하게 되고, 우리의 마음이 부정(不淨)이라고 [관찰하는 지혜에서 생긴] 인식에 굳건하게 되고, 우리의 마음이 위험이라고 [관찰하는 지혜에서 생긴] 인식에 굳건하게 되고, 세상의 선행과 악행을 알아서 우리의 마음이 이것의 [관찰로 생긴] 인식에 굳건하게 되고, 세상의 번영과 재앙을 알아서 우리의 마음이 이것의 [관찰로 생긴] 인식에 굳건하게 되고, 세상의 일어남과 사라짐을 알아서 우리의 마음이 이것의 [관찰로 생긴] 인식에 굳건하게 되고, 우리의 마음이 버림의 [관찰로 생긴] 인식에 굳건하게 되고, 우리의 마음이 탐욕이 빛바램의 [관찰로 생긴] 인식에 굳건하게 되고, 우리의 마음이 소멸의 [관찰로 생긴] 인식에 굳건하게 되면, 그에게 두 가지 결과 중의 하나가 예상되나니, 지금여기에서 구경의 지혜를 얻거나, 취착의 자취가 남아 있으면 다시는 돌아오지 않는 경지[不還果]가 예상된다."

---

vipatti)으로 설명하고 있어서(*Ibid*) 이렇게 옮겼다.

215) "그러나 '세상의 일어남과 사라짐(lokassa samudayañ ca atthaṅgamañ ca)'은 형성된 세상(saṅkhāra-loka)을 두고 한 말인데 오온의 생성(nibbatti)과 부서짐(bheda)을 뜻한다."(*Ibid*)

원숭이 경

원숭이와 마음챙김

Makkaṭa Sutta(S47:7)

【해설】

불교 수행을 특징짓는 가장 중요한 술어를 하나만 들어보라고 한다면 당연히 마음챙김[念, sati]을 들게 된다. 마음챙김이란 마음이 대상을 챙기는 것으로 설명되며 마음챙김의 대상은 본경 §7에 나타나고 있는 것처럼 크게 몸・느낌・마음・법[身・受・心・法]의 넷으로 정리된다. 『디가 니까야』 제2권 「대념처경」(D22)이나 『맛지마 니까야』 제1권 「염처경」(M10)에서 이들 넷은 다시 21가지 혹은 44가지의 대상으로 세분화되어 설해지고 있다. 이처럼 마음챙김은 그 대상이 중요하다.[216]

마음챙김의 대상은 이처럼 중요하기 때문에 부처님께서는 본경에서 마음챙김의 대상을 자신의 고향동네에 비유하고 계신다.(§7) 수행자가 자신의 고향동네요 행동의 영역인 마음챙김의 대상을 놓아버리고 다섯 가닥의 감각적 욕망에 휩쓸려 지내면 마치 원숭이가 송진을 칠한 덫에 다가가서 손으로 거머쥐다가 거기에 달라붙어 버리는 것과 같다고 세존께서는 본경 §3 이하에서 강조하고 계신다. 우리 출가자가 명심해야 할 비유라서 여기에 실었다.

1. 이와 같이 나는 들었다. 한때 세존께서는 사왓티에서 제따 숲의 아나타삔디까 원림(급고독원)에 머무셨다.

216) 여기에 대해서는 『초기불교 이해』 284쪽 이하를 참조할 것.

2. 그곳에서 세존께서는 "비구들이여."라고 비구들을 부르셨다. "세존이시여."라고 비구들은 세존께 응답했다. 세존께서는 이렇게 말씀하셨다.

3. "비구들이여, 산의 왕 히말라야에는 원숭이도 다니기 어렵고 사람도 다니기 어려운 험난하고 울퉁불퉁한 지대가 있다. 비구들이여, 산의 왕 히말라야에는 원숭이는 다닐 수 있으나 사람은 다니기 어려운 험난하고 울퉁불퉁한 지대가 있다.

비구들이여, 산의 왕 히말라야에는 원숭이도 다닐 수 있고 사람도 다닐 수 있는 평탄하고 아름다운 지역이 있다. 비구들이여, 거기서 사냥꾼들은 원숭이를 포획하기 위해서 원숭이가 다니는 길에 송진 칠을 한 덫을 놓는다.

그러면 어리석지 않고 욕심이 없는 원숭이들은 그 송진을 보고 조심하여 그것을 멀리한다. 그러나 어리석고 욕심이 생긴 원숭이는 그 송진에 다가가서 손으로 거머쥔다. 그러면 거기에 달라붙어 버린다. 그는 '손을 빼내야겠다.'라고 하면서 다른 한 손으로 그것을 거머쥔다. 그러면 그것도 거기에 달라붙어 버린다. '양손을 다 빼내야겠다.' 라고 하면서 그는 한 발로 그것을 거머쥔다. 그러면 그것도 거기에 달라붙어 버린다. '양손도 빼내고 한 발도 빼내야겠다.'라고 하면서 그는 나머지 발로 그것을 거머쥔다. 그러면 그것도 거기에 달라붙어 버린다. 그는 '양손과 양발을 다 빼내야겠다.'라고 하면서 주둥이로 그것을 잡는다. 그러면 그것도 거기에 달라붙어 버린다.

4. "비구들이여, 이처럼 그 원숭이는 다섯 곳이 덫에 걸려 비명을 지르며 거기에 누워 있다. 그는 곤경에 처하고 재앙에 처하였으며, [149] 사냥꾼은 자기가 하고자 하는 대로 할 수 있게 되었다. 비구들

이여, 사냥꾼은 그 원숭이를 꿰찔러 그 나무토막에 묶어 가지고[217] 그가 원하는 곳으로 간다."

5. "비구들이여, 자신의 행동영역이 아닌 남의 세력범위를 헤매고 다니는 자도 이와 같다. 비구들이여, 그러므로 그대들은 그대들의 행동영역이 아닌 남의 세력범위를 헤매고 다니지 마라. 자신의 행동영역이 아닌 남의 세력범위를 헤매고 다니는 자에게서 마라는 내려앉을 곳을 얻을 것이고 마라는 대상을 얻을 것이다."

6. "비구들이여, 그러면 어떤 것이 자신의 행동영역이 아닌 남의 세력범위인가? 바로 이 다섯 가닥의 감각적 욕망이다. 무엇이 다섯인가?

눈으로 인식되는 형상들이 있으니, 원하고 좋아하고 마음에 들고 사랑스럽고 감각적 욕망을 짝하고 매혹적인 것들이다. 귀로 인식되는 소리들이 있으니, … 코로 인식되는 냄새들이 있으니, … 혀로 인식되는 맛들이 있으니, … 몸으로 인식되는 감촉들이 있으니, 원하고 좋아하고 마음에 들고 사랑스럽고 감각적 욕망을 짝하고 매혹적인 것들이다.

---

217) '그 나무토막에 묶어 가지고'는 Be, Ee: tasmiṁ yeva kaṭṭhakataṅgāre avasajjetvā를 옮긴 것이다. Se에는 tasmiṁ yeva makkaṭaṁ uddharitvā avissajjetvā(그것에 원숭이를 걸어서 묶어)로 나타난다.
주석서도 복주서도 kaṭṭhakataṅgāra에 대해서 설명을 하지 않으며, PED에도 나타나지 않고 있다. 빠사디까 스님(Bhikkhu Pāsādika)은 최근에 kaṭṭhaṅgāra는 *Sanskrit Wörterbuch*에 나타나는 kāṣṭhakaḍambara와 상응한다고 밝히면서 kaṭṭhakataṅgāre avasajjetvā는 kaṭṭha-kaliṅgare āvajjetvā로 고쳐 읽어야 한다고 주장했다고 한다. kaliṅgara는 나무토막 혹은 목침을 나타내는데 『상윳따 니까야』 제2권 「목침 경」(S20:8) §4(주해 참조)와 『법구경』(Dhp.7) {41}에도 나타나고 있다.(브디 스님, 1918~1919쪽 133번 주해 참조)

비구들이여, 이것이 자신의 행동영역이 아닌 남의 세력범위이다."

7. "비구들이여, 자신의 고향동네인 행동영역에서 다녀라. 자신의 고향동네인 행동영역에서 다니는 자에게서 마라는 내려앉을 곳을 얻지 못할 것이고 마라는 대상을 얻지 못할 것이다.[218] 비구들이여, 그러면 어떤 것이 자신의 고향동네인 행동영역인가? 바로 이 네 가지 마음챙김의 확립이다. 무엇이 넷인가?

비구들이여, 여기 비구는 몸에서 몸을 관찰하며 머문다. 세상에 대한 욕심과 싫어하는 마음을 버리면서 근면하게, 분명히 알아차리고 마음챙기면서 머문다. 느낌에서 … 마음에서 … 법에서 법을 관찰하며 머문다. 세상에 대한 욕심과 싫어하는 마음을 버리면서 근면하게, 분명히 알아차리고 마음챙기면서 머문다.

비구들이여, 이것이 자신의 고향동네인 행동영역이다."

---

218) 같은 가르침과 같은 문장이 『상윳따 니까야』 제5권 「새매 경」(S47:6) §7에도 나타나고 『디가 니까야』 제3권 「전륜성왕 사자후 경」(D26) §1에도 나타나고 있는데, 이 경들에서도 네 가지 마음챙김의 확립을 자신의 고향동네로 밝히고 계신다.

「전륜성왕 사자후 경」(D26)은 도도한 물처럼 흘러가는 유장한 우주의 질서 속에서 인간들이 어떻게 타락하여 수명이 줄어들고, 인간들이 어떻게 다시 마음을 다잡아 향상하여 수명이 증장하는가를 밝히고 있다. 그런데 이 경을 통해서 부처님께서 광활하고도 도도한 우주의 흐름을 말씀하시기 전에 마음챙김이야말로 진정한 비구들의 고향동네라고 먼저 확실하게 밝히고 계시는 것이다. 마음챙김이야말로 세상의 기원을 살펴보는 우리의 근본 마음가짐이어야 한다고 세존께서는 강조하시는 것이다.

깔라마 경[219)]

수행의 척도, 탐 · 진 · 치

Kālāma Sutta(A3:65)

【해설】

세상에는 서로 다른 여러 종교가 있고 서로 다른 여러 철학이 있고 서로 다른 여러 계율 규범이나 생활 규범이 있고 또한 서로 다른 여러 관습이 있다. 세상에 태어나서 하나의 종교나 철학이나 규범이나 관습만을 평생 접하고 산다면 어쩌면 인간에게 큰 혼란이 없을 수도 있을 것이다. 물론 더 큰 미망에 빠져 지낼 가능성도 배제할 수는 없지만 말이다. 특히나 인터넷이나 미디어나 고도로 발달된 교통수단과 통신수단의 영향하에 살아가는 현대인들은 다양한 종교, 다양한 철학, 다양한 규범, 다양한 관습을 접할 수밖에 없다. 그러면 이러한 다양한 체계를 접하여 그것을 받아들이고 거부하는 가장 중요한 척도는 무엇일까? 무엇에 근거해서 어떤 체계는 받아들여야 하고, 무엇에 바탕해서 어떤 체계는 거부해야 하는 것일까?

이것을 설명하고 있는 것이 바로 본경이다. 다양한 종교인들이 서로 극단적으로 다른 가르침을 설하자 그것을 접하여 혼란스러웠던 께사뿟따의 깔라마 인들은 세존께서 그들의 마을에 도착하시자 바로 이러

219) PTS본의 권말 목록에는 께사뿟띠야(Kesaputtiya)로 나타난다. 이 단어는 께사뿟따(Kesaputta) 마을에 사는 사람들이란 뜻으로 바로 깔라마인들을 뜻한다. DPPN에도 「께사뿟띠야 경」(Kesaputtiya Sutta)으로 언급되고 있다. 그러나 서양에서는 이 경이 「깔라마 경」(Kālāma Sutta)으로 잘 알려졌고 우리에게도 이렇게 알려져 있어서 「깔라마 경」으로 경 이름을 정했다.

한 문제를 단도직입적으로 제기하고 있다.(§2) 여기에 대해서 세존께서는 이렇게 분명하게 말씀하신다.

"소문으로 들었다 해서, 대대로 전승되어 온다고 해서, '그렇다 하더라.'고 해서, [우리의] 성전에 써 있다고 해서, 논리적이라고 해서, 추론에 토대한다고 해서, 이유가 적절하다고 해서, 우리가 사색하여 얻은 견해와 일치한다고 해서, 유력한 사람이 한 말이라 해서, 혹은 '이 사문은 우리의 스승이시다.'라는 생각 때문에 그대로 따르지는 마라. 깔라마들이여, 그대들은 참으로 스스로가 '이러한 법들은 해로운 것이고, … 이러한 법들을 많이 받들어 행하면 손해와 괴로움이 있게 된다.'라고 알게 되면 그때 그것들을 버리도록 하라."(§3)

이렇게 말씀하신 뒤에 하나하나 문답을 통해서 어떤 가르침이 나의 탐욕과 성냄과 어리석음을 증장시키는가 감소시키는가를 가지고 그 가르침을 판단하라고 말씀하신다. 어떤 가르침을 듣고 그대로 행해서 나의 탐욕이나 성냄이나 어리석음이 증장한다면 그 가르침은 따르지 마라고 하시고 반대로 해소가 된다면 그런 가르침은 따르라는 말씀이시다. 그리고 마지막으로 세존께서는 이렇게 실천하는 사람에게 생기는 네 가지 위안을 말씀하신다.(§16)

한편 이러한 세존의 가르침은 『앙굿따라 니까야』 제2권 「밧디야 경」(A4:193)에도 나타나는데 세존의 이러한 말씀을 들은 밧디야는 이런 가르침이야말로 최고의 '개종시키는 요술'이라고 경탄해마지 않는다.

우리는 스스로 불자라는 자부심을 가져야 하고, '나는 불교 신자'라고 떳떳하게 말해야 한다. 그러나 이름만이 불자요 이름만이 불교 신자일 뿐 안으로는 탐욕, 성냄, 어리석음, 폭력적 성향이 득시글거린다면 어찌 자신을 부처님 아들이라고 부처님의 제자라고 하겠는가? 우리는 모두 탐욕 없음, 성냄 없음, 어리석음 없음, 폭력 없음으로 개종해야 한다. "해로운 법들을 버리고 유익한 법들을 두루 갖추기 위해서" 개종해야 한다. 그래야 그가 진정한 부처님의 아들이요 부처님의 제자다. 이것이 세존께서 본경과 「밧디야 경」(A4:193)을 통해서 우리들에게 해주시는 간곡한 말씀이다.

1. 이와 같이 나는 들었다. 한때 세존께서는 꼬살라[220]에서 유행을 하시다가 많은 비구승가와 함께 께사뿟따라는 깔라마들[221]의 성읍에 도착하셨다.

께사뿟따에 사는 깔라마들은 들었다. '존자들이여, 사꺄의 후예인 사문 고따마가 사꺄 가문으로부터 출가하여 께사뿟따에 도착하셨습니다. 그분 고따마 존자께는 이러한 좋은 명성이 따릅니다. '이런 [이유로] 그분 세존께서는 아라한[應供]이시며, 완전히 깨달은 분[正等覺]이시며, 명지와 실천이 구족한 분[明行足]이시며, 피안으로 잘 가신 분[善逝]이시며, 세간을 잘 알고 계신 분[世間解]이시며, 가장 높은 분[無上士]이시며, 사람을 잘 길들이는 분[調御丈夫]이시며, 하늘과 인간의 스승[天人師]이시며, 깨달은 분[佛]이시며, 세존(世尊)이시다.'라고. 그는 신을 포함하고 마라를 포함하고 범천을 포함하고 사문・바라문을 포함하고 신과 인간을 포함한 이 세상을 스스로 최상의 지혜로 알고 실현하여 드러냅니다. 그는 법을 설합니다. 그는 시작도 훌륭하고 중간도 훌륭하고 끝도 훌륭하며, 의미와 표현을 구족하여 법을 설하여 더할 나위 없이 완벽하고 지극히 청정한 범행을 설합니다. 참으로 그러한 아라한을 뵙는 것은 좋은 일입니다.'라고.

그때 께사뿟따의 깔라마들은 세존께 다가갔다. 어떤 사람들은 세존께 절을 올리고 한 곁에 앉았다. 어떤 사람들은 세존과 함께 환담을 나누고 유쾌하고 기억할 만한 이야기로 서로 담소를 나누고 한 곁

---

220) 꼬살라(Kosala)에 대해서는 『앙굿따라 니까야』 「웨나가뿌라 경」(A3:63) §1의 주해를 참조할 것.

221) 깔라마 혹은 깔라마인들(Kālāmā)은 께사뿟따 성읍에 사는 사람들을 말하며 주석서는 끄샤뜨리야들이라고 적고 있다.(AA.ii.304) 께사뿟따와 깔라마에 대한 그 외의 설명은 나타나지 않는다.

에 앉았다. 어떤 사람들은 세존께 합장하여 인사드리고서 한 곁에 앉았다. 어떤 사람들은 세존의 앞에서 이름과 성을 말씀드리고 한 곁에 앉았다. 어떤 사람들은 조용히 한 곁에 앉았다. 이렇게 한 곁에 앉은 께사뿟따의 깔라마들은 세존께 이렇게 말씀드렸다.

2. "세존이시여, 어떤 사문·바라문들이 께사뿟따에 옵니다. 그들은 각자 자기의 주장을 설명하고 칭찬합니다. 다른 사람의 주장은 매도하고 욕하고 업신여기고 경멸합니다. 세존이시여, 다른 사문·바라문들 또한 께사뿟따에 옵니다. 그들도 각자 자기의 주장을 설명하고 칭찬합니다. 다른 사람의 주장은 매도하고 욕하고 업신여기고 경멸합니다. 세존이시여, 이런 존경하는 사문들 가운데 누가 진실을 얘기하고 누가 거짓을 말하는지 그들에 대해서 저희들은 미덥지 못하고 의심스럽습니다."

3. "깔라마들이여, 그대들은 당연히 미덥지 못하고 의심스러울 것이다. 미덥지 못한 곳에 의심이 일어난다. 깔라마들이여, 소문으로 들었다고 해서,[222] 대대로 전승되어 온다고 해서, '그렇다 하더라.'고 해서, [우리의] 성전에 써 있다고 해서,[223] 논리적이라고 해서, 추론에 토대한다고 해서, 이유가 적절하다고 해서,[224] 우리가 사색하여 얻은 견해와 일치한다고 해서, 유력한 사람이 한 말이라고 해서,[225]

---

222) "'소문으로 들었다고 해서(anussavena)'는 소문으로 들은 이야기(kathā)를 통해서라는 뜻이다."(AA.ii.305)

223) "우리들의 경전과 더불어 일치한다(amhākaṁ piṭakatantiyā saddhiṁ sameti)는 뜻이다."(*Ibid*)

224) "'이유가 적절하다고 해서'는 ākāraparivitakkena를 옮긴 것이다. 이것은 멋진(sundara) 이유(kāraṇa)이다라는 뜻이다."(*Ibid*)

225) "원문의 bhavyarūpatāya(유력한 인물됨 때문에)는 '이 비구는 유력한 인

혹은 '이 사문은 우리의 스승이시다.'라는 생각 때문에 [진실이라고 받아들이지 마라.] 깔라마들이여, 그대들은 참으로 스스로가 '이러한 법들은 해로운 것이고, 이러한 법들은 비난받아 마땅하고, 이런 법들은 지자들의 비난을 받을 것이고, 이러한 법들을 전적으로[226] 받들어 행하면 손해와 괴로움이 있게 된다.'라고 알게 되면 그때 그것들을 버리도록 하라."

4. "깔라마들이여, 이를 어떻게 생각하는가? 사람의 내면에서 탐욕이 일어나면 그것은 그에게 이익이 되겠는가, 손해가 되겠는가?"

"손해가 됩니다, 세존이시여."

"깔라마들이여, 심한 탐욕을 가진 사람은 탐욕에 사로잡히고 그것에 압도되어 생명을 죽이고, 주지 않은 것을 갖고, 남의 아내에게 접근하고, 거짓말을 하게 된다. 또한 다른 사람에게도 그렇게 하도록 유도한다. 그러면 이것은 오랜 세월을 그에게 손해와 괴로움이 되지 않겠는가?"

"그렇습니다, 세존이시여."

5. "깔라마들이여, 이를 어떻게 생각하는가? 사람의 내면에서 성냄이 일어나면 그것은 그에게 이익이 되겠는가, 손해가 되겠는가?"

"손해가 됩니다, 세존이시여."

"깔라마들이여, 포악한 사람은 성냄에 사로잡히고 그것에 압도되어 생명을 죽이고, 주지 않은 것을 갖고, 남의 아내에게 접근하고, 거

물이다. 그러므로 그의 말은 받아들이기에 적합하다.'라고 여기는 것이다."(*Ibid*)

226) 원문은 samatta(완전한, 완성된)인데 주석서에서 paripuṇṇa(완전하게, 전적으로)의 뜻으로 설명하고 있다.(AA.ii.305)

짓말을 하게 된다. 또한 다른 사람에게도 그렇게 하도록 유도한다. 그러면 이것은 오랜 세월을 그에게 손해와 괴로움이 되지 않겠는가?"

"그렇습니다, 세존이시여."

6. "깔라마들이여, 이를 어떻게 생각하는가? 사람의 내면에서 어리석음이 일어나면 그것은 그에게 이익이 되겠는가, 손해가 되겠는가?"

"손해가 됩니다, 세존이시여."

"깔라마들이여, 멍청한 사람은 어리석음에 사로잡히고 그것에 압도되어 생명을 죽이고, 주지 않은 것을 갖고, 남의 아내에게 접근하고, 거짓말을 하게 된다. 또한 다른 사람에게도 그렇게 하도록 유도한다. 그러면 이것은 오랜 세월을 그에게 손해와 괴로움이 되지 않겠는가?"

"그렇습니다, 세존이시여."

7. "깔라마들이여, 이를 어떻게 생각하는가? 이러한 법들은 유익한 것인가 해로운 것인가?"

"해로운 것입니다, 세존이시여."

"비난받아 마땅한 것인가, 그렇지 않은 것인가?"

"비난받아 마땅한 것입니다, 세존이시여."

"지자에 의해 비난받을 일인가, 칭찬받을 일인가?"

"비난받을 일입니다, 세존이시여."

"전적으로 받들어 행하면 손해가 있고 괴롭게 되는가, 아닌가? 그대들의 생각에는 어떠한가?"

"세존이시여, 전적으로 받들어 행하면 손해가 되고 괴롭게 됩니다. 저희들은 이렇게 생각합니다."

8. "깔라마들이여, 그래서 우리는 이와 같이 말했던 것이다. '깔라마들이여, 그대들은 소문으로 들었다고 해서, 대대로 전승되어 온다고 해서, '그렇다 하더라.'고 해서, [우리의] 성전에 써 있다고 해서, 논리적이라고 해서, 추론에 토대한다고 해서, 이유가 적절하다고 해서, 우리가 사색하여 얻은 견해와 일치한다고 해서, 유력한 사람이 한 말이라고 해서, 혹은 '이 사문은 우리의 스승이시다.'라는 생각 때문에 [진실이라고 받아들이지 마라.] 깔라마들이여, 그대는 참으로 스스로가 '이러한 법들은 해로운 것이고, 이러한 법들은 비난받아 마땅하고, 이런 법들은 지자들의 비난을 받을 것이고, 이러한 법들을 전적으로 받들어 행하면 손해와 괴로움이 있게 된다.'라고 알게 되면 그때 그것들을 버리도록 하라.'라고. 이렇게 말한 것은 이것을 반연하여 말한 것이다."

9. "깔라마들이여, 그대들은 소문으로 들었다고 해서, 대대로 전승되어 온다고 해서, '그렇다 하더라.'고 해서, [우리의] 성전에 써 있다고 해서, 추측이 그렇다고 해서, 논리적이라고 해서, 추론에 토대한다고 해서, 이유가 적절하다고 해서, 우리가 사색하여 얻은 견해와 일치한다고 해서, 유력한 사람이 한 말이라고 해서, 혹은 '이 사문은 우리의 스승이시다.'라는 생각 때문에 [진실이라고 받아들이지 마라.] 깔라마들이여, 그대들은 참으로 스스로가 '이러한 법들은 유익한 것이고, 이러한 법들은 비난받지 않을 것이며, 이런 법들은 지자들의 비난을 받지 않을 것이고, 이러한 법들을 전적으로 받들어 행하면 이익과 행복이 있게 된다.'라고 알게 되면, 그것들을 구족하여 머물러라."

10. "깔라마들이여, 이를 어떻게 생각하는가? 사람의 내면에서 탐욕 없음이 일어나면 그것은 그에게 이익이 되겠는가, 손해가 되겠는가?"

"이익이 됩니다, 세존이시여."

"깔라마들이여, 심한 탐욕을 가지지 않은 사람은 탐욕에 사로잡히지 않고 그것에 압도되지 않아서 생명을 죽이지 않고, 주지 않은 것을 갖지 않고, 남의 아내에게 접근하지 않고, 거짓말을 하지 않게 된다. 또한 다른 사람에게도 그렇게 하도록 격려한다. 그러면 이것은 오랜 세월을 그에게 이익과 행복이 되지 않겠는가?"

"그렇습니다, 세존이시여."

11. "깔라마들이여, 이를 어떻게 생각하는가? 사람의 내면에서 성냄 없음이 일어나면 그것은 그에게 이익이 되겠는가, 손해가 되겠는가?"

"이익이 됩니다, 세존이시여."

"깔라마들이여, 성내지 않는 사람은 성냄에 사로잡히지 않고 그것에 압도되지 않아서 생명을 죽이지 않고, 주지 않은 것을 갖지 않고, 남의 아내에게 접근하지 않고, 거짓말을 하지 않게 된다. 또한 다른 사람에게도 그렇게 하도록 격려한다. 그러면 이것은 오랜 세월을 그에게 이익과 행복이 되지 않겠는가?"

"그렇습니다, 세존이시여."

12. "깔라마들이여, 이를 어떻게 생각하는가? 사람의 내면에서 어리석음 없음이 일어나면 그것은 그에게 이익이 되겠는가, 손해가 되겠는가?"

"이익이 됩니다, 세존이시여."

"깔라마들이여, 영민한 사람은 어리석음에 사로잡히지 않고 그것에 압도되지 않아서 생명을 죽이지 않고, 주지 않은 것을 갖지 않고, 남의 아내에게 접근하지 않고, 거짓말을 하지 않게 된다. 또한 다른 사람에게도 그렇게 하도록 격려한다. 그러면 이것은 오랜 세월을 그에게 이익과 행복이 되지 않겠는가?"

"그렇습니다, 세존이시여."

13. "깔라마들이여, 이를 어떻게 생각하는가? 이러한 법들은 유익한 것인가, 해로운 것인가?"

"유익한 것입니다, 세존이시여."

"비난받아 마땅한 것인가, 그렇지 않을 일인가?"

"비난받지 않을 일입니다, 세존이시여."

"지자에 의해 비난받을 일인가, 칭찬받을 일인가?"

"칭찬받을 일입니다, 세존이시여."

"전적으로 받들어 행하면 이익이 있고 행복하게 되는가, 아닌가? 그대들의 생각에는 어떠한가?"

"세존이시여, 전적으로 받들어 행하면 이익이 있고 행복하게 됩니다. 저희들은 이렇게 생각합니다."

14. "깔라마들이여, 그래서 우리는 이와 같이 말한 것이다. '깔라마들이여, 그대들은 소문으로 들었다고 해서, 대대로 전승되어 온다고 해서, '그렇다 하더라.'고 해서, [우리의] 성전에 써 있다고 해서, 추측이 그렇다고 해서, 논리적이라고 해서, 추론에 토대한다고 해서, 이유가 적절하다고 해서, 우리가 사색하여 얻은 견해와 일치한다고 해서, 유력한 사람이 한 말이라고 해서, 혹은 '이 사문은 우리의 스승

이시다.'라는 생각 때문에 [진실이라고 받아들이지 마라.] 깔라마들이여, 그대는 참으로 스스로가 '이러한 법들은 유익한 것이고, 이러한 법들은 비난받지 않을 것이며, 이런 법들은 지자들의 비난을 받지 않을 것이고, 이러한 법들을 전적으로 받들어 행하면 이익과 행복이 있게 된다.'고 알게 되면, 그것들을 구족하여 머물러라.'라고. 이렇게 말한 것은 이것을 반연하여 말한 것이다."

15. "깔라마들이여, 성스러운 제자는 이와 같이 탐욕이 없고 악의가 없고 현혹됨이 없이 분명히 알아차리고 마음챙긴다.[227] 그는 자애가 함께한 마음으로 … 연민이 함께한 마음으로 … 더불어 기뻐함이 함께한 마음으로 … 평온이 함께한 마음으로 한 방향을 가득 채우면서 머문다. 그처럼 두 번째 방향을, 그처럼 세 번째 방향을, 그처럼 네 번째 방향을, 이와 같이 위로, 아래로, 주위로, 모든 곳에서 모두를 자신처럼 여기고, 모든 세상을 풍만하고, 광대하고, 무량하고, 원한 없고, 악의 없는 평온이 함께한 마음으로 가득 채우고 머문다.

깔라마들이여, 성스러운 제자는 이와 같이 마음에 원한이 없고, 마음에 악의가 없고, 마음이 오염되지 않고, 마음이 청정하여 금생에 네 가지 위안[228]을 얻는다."

16. "'만약 다음 세상이 있고, 선행과 악행의 업들에 대한 결실과 과보가 있다면 나는 몸이 무너져 죽은 뒤 좋은 곳[善處], 천상세계에 태어날 것이다.'라고. 이것이 그가 얻는 첫 번째 위안이다.

---

227) 여기서 '마음챙김'으로 옮긴 원어는 patissata인데 『상윳따 니까야 복주서』는 "patissata는 모든 곳에서 마음챙김(sati)과 같다."(SAṬ.ii.21)라고 설명하고 있다.

228) '위안'으로 옮긴 원어는 assāsa인데 주석서에서 avassayā patiṭṭhā로 설명한다. 즉 위안, 도움, 보호, 지지의 뜻이다.(AA.ii.306)

'만약 다음 세상이 없고 선행과 악행의 업들에 대한 결실과 과보도 없다면 나는 금생에 원한 없고 악의 없고 고통 없이[229] 행복하게 살 것이다.'라고. 이것이 그가 얻는 두 번째 위안이다.

'만약 어떤 이가 행하면서 나쁜 행을 하더라도 내가 다른 이에게 악을 저지르도록 교사하지 않았고 내 스스로도 악업을 짓지 않았거늘 어떻게 내가 괴로움과 마주치겠는가?'라고. 이것이 그가 얻는 세 번째 위안이다.

'만약 어떤 이가 행하면서 나쁜 행을 하지 않으면 나는 양면으로 청정한 나를 볼 것이다.'[230]라고. 이것이 그가 얻는 네 번째 위안이다.

깔라마들이여, 성스러운 제자는 이와 같이 마음에 원한이 없고, 마음에 악의가 없고, 마음이 오염되지 않고, 마음이 청정하여 금생에 네 가지 위안을 얻는다."

17. "세존이시여, 그러합니다. 세존이시여, 참으로 그러합니다. 세존이시여, 성스러운 제자는 이와 같이 마음에 원한이 없고, 마음에 악의가 없고, 마음이 오염되지 않고, 마음이 청정하여 금생에 네 가지 위안을 얻습니다.

'만약 다음 세상이 있고, 선행과 악행의 업들에 대한 결실과 과보가 있다면 나는 몸이 무너져 죽은 뒤 좋은 곳[善處], 천상세계에 태어날 것이다.'라고. 이것이 그가 얻는 첫 번째 위안입니다.

'만약 다음 세상이 없고 선행과 악행의 업들에 대한 결실과 과보도

---

229) 원어는 anīgha인데 주석서는 고통 없음(niddukkha)이라고 설명한다. (AA.ii.306)

230) "양면으로 청정하다는 것은 내가 악을 저지르지 않고 또 어떤 이가 행하면서 악을 행하지 않기 때문에 양면으로 청정한 자신을 본다는 뜻이다." (AA.ii.306)

없다면 나는 금생에 원한 없고 악의 없고 고통 없이 행복하게 살 것이다.'라고. 이것이 그가 얻는 두 번째 위안입니다.

'만약 어떤 이가 행하면서 나쁜 행을 하더라도 내가 다른 이에게 악을 저지르도록 교사하지 않았고 내 스스로도 악업을 짓지 않았거늘 어떻게 내가 고통과 마주치겠는가?'라고. 이것이 그가 얻는 세 번째 위안입니다.

'만약 어떤 이가 행하면서 나쁜 행을 하지 않으면 나는 양면으로 청정한 나를 볼 것이다.'라고. 이것이 그가 얻는 네 번째 위안입니다.

세존이시여, 성스러운 제자는 이와 같이 마음에 원한이 없고, 마음에 악의가 없고, 마음이 오염되지 않고, 마음이 청정하여 금생에 네 가지 위안을 얻습니다.

경이롭습니다, 세존이시여. 경이롭습니다, 세존이시여. 마치 넘어진 자를 일으켜 세우시듯, 덮여있는 것을 걷어내 보이시듯, [방향을] 잃어버린 자에게 길을 가리켜주시듯, 눈 있는 자 형상을 보라고 어둠 속에서 등불을 비춰주시듯, 세존께서는 여러 가지 방편으로 법을 설해주셨습니다. 저희들은 이제 세존께 귀의하옵고 법과 비구승가에 귀의합니다. 세존께서는 저희들을 재가신자로 받아주소서. 오늘부터 목숨이 붙어 있는 그날까지 귀의하옵니다."

모든 번뇌 경[231)]

번뇌, 어떻게 다스릴 것인가

Sabbāsava Sutta(M2)

【해설】

초기경들에서 아라한은 항상 번뇌 다한 자(khīṇāsava)로 정의되고 있다.(M35 §25 등) 그러므로 수행의 핵심은 모든 번뇌를 없애는 것이다. 그래서 6신통 가운데 마지막이면서 구경의 지혜를 실현하는 정형구는 누진통 즉 번뇌를 멸진하는 지혜[漏盡通]로 나타난다. 아비담마에서 번뇌는 극복되어야 할 불선법들의 모둠 10가지 가운데 제일 처음에 언급되고 있는데(『초기불교 이해』 303쪽 이하 참조), 경에서 번뇌는 감각적 욕망의 번뇌와 존재의 번뇌와 무명의 번뇌의 세 가지로 나타나고(M9 §70) 아비담마에서는 여기에다 사견의 번뇌를 포함하여 네 가지 번뇌로 정착되었다.(Dhs.195 {1096})

그러면 어떻게 해서 번뇌는 없어지는 것일까? 부처님께서는 여기에 대해서 아무런 말씀도 하지 않으셨는가? 부처님께서는 분명하게 말씀하셨다. 그것이 바로 본경이다. 본경에서 세존께서는 번뇌를 대처하는 방법에 따라 번뇌를 일곱 가지로 분류하시고(§4) 본경의 §5 이하에서 이들을 하나하나 설명하신다. 이를 간단하게 정리해 보면 다음과 같다.

---

231) 본경에는 모두 7가지 번뇌의 대처 방법이 설명되고 있다. 이 가운데 첫 번째인 '봄[見]으로써 없애야 할 번뇌들'을 제외한 나머지 여섯 가지는 『앙굿따라 니까야』 제4권 「번뇌 경」(A6:58)에 나타나는 여섯 가지 번뇌의 대처 방법과 설명이 같다.

(1) 봄[見]으로써 없애야 할 번뇌: 마음에 잡도리하지 말아야 할 법들을 마음에 잡도리하지 않고 마음에 잡도리해야 할 법들을 마음에 잡도리하여 제거되는, [불변하는] 존재 더미가 있다는 견해[有身見]와 의심[疑]과 계행과 의례의식에 대한 집착[戒禁取]의 세 가지 족쇄들을 말한다.(§§5~11)

(2) 단속함으로써 없애야 하는 번뇌: 눈・귀・코・혀・몸・마노의 여섯 가지 감각기능을 단속함으로써 없애야 하는 번뇌를 말한다.(§12)

(3) 수용함으로써 없애야 하는 번뇌: 옷과 탁발음식과 거처와 약품을 수용함으로써 없애야 하는 번뇌를 말하는데 배고픔과 추위 등에서 생긴 번뇌를 없애는 것이다.(§§13~17)

(4) 감내함으로써 없애야 하는 번뇌: 인욕하고 견뎌냄으로써 없애야 하는 번뇌를 말하는데 몸과 마음에서 생긴 여러 가지 괴로운 느낌 등에 기인한 번뇌를 없애는 것이다.(§18)

(5) 피함으로써 없애야 하는 번뇌: 맹수 등과 적합하지 않은 자리 등을 피함으로써 없애야 하는 번뇌를 말한다.(§19)

(6) 버림으로써 없애야 하는 번뇌: 감각적 욕망이나 악의나 해코지와 같은 생각을 버림으로써 없애야 하는 번뇌를 말한다.(§20)

(7) 수행으로써 없애야 하는 번뇌: 칠각지로 대표되는 수행을 통해서 없애야 하는 번뇌를 말한다.(§21)

이처럼 자신에게서 일어나는 번뇌가 무엇에서 기인한 것인가를 주도면밀하게 살펴보아서 그에 맞게 대처를 해야 번뇌를 없앨 수 있는 것이지 무조건 밀어붙인다고 번뇌가 없어지는 것이 아닐 것이다. 이런 의미에서 본경은 수행자들이 꼭 정독해야 할 가르침이다. 이 일곱 가지 번뇌 가운데 첫 번째인 봄[見]으로써 없애야 할 번뇌를 제외한 나머지 여섯 가지는 『앙굿따라 니까야』 제4권 「번뇌 경」(A6:58)에도 나타나고 있다.

1. 이와 같이 나는 들었다. 한때 세존께서는 사왓티에서 제따 숲의 아나타삔디까 원림(급고독원)에 머무셨다. 거기서 세존께서는 "비구들이여."라고 비구들을 부르셨다. "세존이시여."라고 비구들은 세존께 응답했다. 세존께서는 이렇게 말씀하셨다.

2. "비구들이여, 그대들에게 모든 번뇌[232]를 단속[233]하는 법문을 설하리니 [7] 그것을 들어라. 듣고 마음에 잘 새겨라. 나는 설할 것이다."

"그렇게 하겠습니다, 세존이시여."라고 그 비구들은 세존께 응답했다.

세존께서는 이렇게 말씀하셨다.

---

232) "그곳에서 나오기(āsavanti) 때문에 '번뇌(āsavā)'라 한다. 눈으로부터 나오고 … 마음으로부터 나온다, 생긴다는 말이다. 혹은 법(dhamma)으로는 고뜨라부[種姓, gotrabhū, 『아비담마 길라잡이』 9장 §34 참조)의 영역에까지 흐르고, 공간으로서는 최고로 높은 존재 즉 비상비비상처까지 흐르기(savanti) 때문에 번뇌라 한다."(MA.i.61)

번뇌로 옮긴 āsavā는 '흐르는 것'이라는 문자적인 뜻에서 원래는 종기에서 흘러나오는 고름이나 오랫동안 발효된 술(madira) 등을 뜻했다고 주석가들은 말한다.(DhsA.48) 이것이 우리 마음의 해로운 상태를 나타내는 말로 정착된 것이며 중국에서는 번뇌(煩惱)라고 옮겼다. 이런 마음상태들을 아사와(āsava, ā + √sru, *to flow,* 생기는 것, 흐르는 것)라고 부르는 이유는 이것도 흘러나오는 고름이나 악취 나는 술과 같기 때문이다.

233) '단속'은 saṁvara를 옮긴 것이다. 『청정도론』(Vis.I.18)과 본경에 해당하는 주석서(MA.i.62)는 계목을 통한 단속(pātimokkha-saṁvara), 마음챙김을 통한 단속(sati-saṁvara), 지혜를 통한 단속(ñāṇa-saṁvara), 인욕을 통한 단속(khanti-saṁvāa), 정진을 통한 단속(vīriya-saṁvara)의 다섯 가지 단속을 든 뒤에 경을 인용하여 이 다섯을 설명하고 있다.

그리고 주석서는 계속해서 본경에서 7가지로 분류되고 있는 번뇌들 가운데서 ⑤ 피함으로써 없애야 할 번뇌들(§19) 중의 적합하지 않은 자리에 앉거나 갈 곳이 아닌 곳에 다니는 것을 피하는 것을 계목을 통한 단속의 보기로 들고 있다. 그리고 ② 단속함으로써 없애야 할 번뇌들(§12)을 마음챙김을 통한 단속의 보기로, 7가지 항목에 나타나는 '지혜롭게 숙고하여'라는 구문을 지혜를 통한 단속의 보기로, ⑥ 버림으로써 없애야 할 번뇌들(§20)을 정진을 통한 단속의 보기로, ④ 감내함으로써 없애야 할 번뇌들(§18)을 인욕을 통한 단속의 보기로 들고 있다.

3. "비구들이여, 나는 알고 보는 자[234)]에게 번뇌들이 소멸한다고 말하지, 알지 못하고 보지 못하는 자에게 [번뇌들이 소멸한다고 말하지 않는다]. 비구들이여, 무엇을 알고 무엇을 보는 자에게 번뇌들이 소멸하는가?

지혜롭게 마음에 잡도리함과 지혜 없이 마음에 잡도리함[235)]이다.

---

234) "여기서 '아는 자(jānato)'와 '보는 자(passato)'는 단어만 다를 뿐 같은 뜻이다. 아는 자란 지혜의 특징(ñāṇa-lakkhaṇa)과 관련하여 사람을 나타낸 것이다. 왜냐하면 지혜는 아는 특징(jānana-lakkhaṇa)을 가지기 때문이다. 보는 자란 지혜의 힘(ñāṇa-ppabhāva)과 관련하여 사람을 나타낸 것이다. 왜냐하면 지혜는 보는 힘(passana-ppabhāva)을 가지기 때문이다. 지혜를 가진(ñāṇa-samaṅgī) 사람은 마치 눈을 가진 사람처럼 눈으로는 형색을 보고 지혜(ñāṇa)로는 드러난 법들(vivaṭā dhammā)을 본다. 그는 무엇을 알고 보는 자인가? '지혜롭게 마음에 잡도리함(yoniso manasikāra)'이 일어나도록 아는 자(jānato)이고, '지혜 없이 마음에 잡도리함(ayoniso manasikāra)'이 일어나지 않도록 그렇게 보는 자(passato)이다. 이렇게 알고 보는 자의 번뇌는 소멸한다."(MA.i.63)

235) "'지혜롭게 마음에 잡도리함'은 중국에서 여리작의(如理作意)로 옮긴 yoniso-manasikāra를 옮긴 것이고 '지혜없이 마음에 잡도리함'은 중국에서 불여리작의(不如理作意) 등으로 옮긴 ayoniso-manasikāra를 옮긴 것이다. 주석서는 다음과 같이 설명한다.

"'지혜롭게 마음에 잡도리함[如理作意, yoniso manasikāra]'이란 [바른] 방법에 의해서 마음에 잡도리함(upāya-manasikāra)이고 길에 따라 마음(patha-manasikāra)에 잡도리함이고 [일어남에 대해서 마음에 잡도리함(uppādaka-manasikāra) — SA.iii.165]이다. 이것은 무상한 [것]에 대해서 무상이라고, 괴로운 [것]에 대해서 괴로움이라고, 무아인 [것]에 대해서 무아라고, 더러운 것[不淨]에 대해서 부정이라는 이러한 방법으로 진리에 순응하여(saccānulomika) 마음이 굴러가고(āvaṭṭanā) 함께 전개되고(anvāvaṭṭanā) 관심을 가지고(ābhoga) 마음에 두고(samannāhāra) 마음에 잡도리하는 것을 지혜롭게 마음에 잡도리함이라 한다.(지혜 없이 마음에 잡도리함은 이와 반대로 설명하고 있어서 인용하지 않음.)"(MA.i.64)

지혜롭게 마음에 잡도리함은 초기불전의 여러 곳에서 강조되고 있는 덕목

비구들이여, 지혜 없이 마음에 잡도리하는 자에게 아직 일어나지 않은 번뇌들은 일어나고, 이미 일어난 번뇌들은 증가한다. 지혜롭게 마음에 잡도리하는 자에게 아직 일어나지 않은 번뇌들은 일어나지 않고, 이미 일어난 번뇌들은 없어진다."

4. "비구들이여, ① 봄[見]으로써 없애야 할 번뇌들이 있다. ② 단속함으로써 없애야 할 번뇌들이 있다. ③ 수용함으로써 없애야 할 번뇌들이 있다. ④ 감내함으로써 없애야 할 번뇌들이 있다. ⑤ 피함으로써 없애야 할 번뇌들이 있다. ⑥ 버림으로써 없애야 할 번뇌들이 있다. ⑦ 수행으로써 없애야 할 번뇌들이 있다."236)

이다. 그래서 "지혜롭게 마음에 잡도리하기 때문에 아직 생겨나지 않은 번뇌들은 생겨나지 않고 이미 생겨난 번뇌들은 버려진다."(본경 M.i.7)고도 설하셨고, "지혜롭게 마음에 잡도리함을 반연하여(paccaya) 정견(正見)이 생겨난다."(M43/i.294)고도 하셨다. 그리고 『상윳따 니까야』 제2권 「위빳시 경」 등(S12:4~10)에서는 위빳시 부처님 등 칠불이 지혜롭게 마음에 잡도리함을 통해서 12연기를 통찰지로 관통하여(paññāya abhisamaya) 일어남과 사라짐에 대한 눈[眼], 지혜[智], 통찰지[慧], 명지[明], 광명[光]이 생겼다고 나타나고 있다.

한편 초기불전연구원에서는 이 술어를 문맥이나 역자에 따라 '근원적으로 마음에 잡도리함'이나 '지혜로운 주의' 등으로도 옮겼다. 그리고 manasikāra가 단독으로 나타날 때는 주로 '마음에 잡도리함'으로 옮겼으며, 동사 manasikaroti는 대부분 '마음에 잘 새기다.'로 옮겼다. 그리고 지혜롭게 마음에 잡도리함과 반대되는 ayoniso manasikāra는 『맛지마 니까야』에서는 '지혜 없이 마음에 잡도리함'으로 옮기고 있으며, 다른 곳에서는 '지혜롭지 못한 주의[非如理作意]'나 '근원을 벗어나서 마음에 잡도리함' 등으로도 옮겼다.

'마음에 잡도리함(manasikāra)'에 대해서는 아래 주해를 참조할 것.

236) 이 일곱 가지는 본경의 기본 주제이다. 여기서 ① '봄[見]'으로써 없애야 할 번뇌들은 āsavā dassanā pahātabbā를 옮긴 것이다. 같이 하여 ② '단속함'은 saṁvarā를 ③ '수용함'은 paṭisevanā를 ④ '감내함'은 adhivāsanā를 ⑤ '피함'은 parivajjanā를 ⑥ '버림'은 vinodanā를 ⑦ '수행'은

(1) 봄[見]으로써 없애야 할 번뇌들

5. "비구들이여, 어떤 것이 봄[見]으로써 없애야 할 번뇌들인가? 비구들이여, 여기 배우지 못한 범부는 성자들을 친견하지 못하고 성스러운 법에 능숙하지 못하고 성스러운 법에 인도되지 못하고, 바른 사람들을 친견하지 못하고 바른 사람들의 법에 능숙하지 못하고 바른 사람들의 법에 인도되지 않아서, 마음에 잡도리해야 할 법들을 꿰뚫어 알지 못하고, 마음에 잡도리하지 말아야 할 법들을 꿰뚫어 알지 못한다.237) 그는 마음에 잡도리해야 할 법들을 꿰뚫어 알지 못하

---

bhāvanā를 옮긴 것이다. 이 가운데 ①을 제외한 여섯 가지는 『앙굿따라 니까야』 제4권 「번뇌 경」(A6:58)에도 나타나고 있다.

237) "'마음에 잡도리하다(manasikaroti).'는 주의를 기울이다(āvajjati), 주의를 돌리다(몰두하다, samannāharati)라는 뜻이고, '마음에 잡도리하지 않다(anamasikaroti).'는 그 반대의 뜻이다.
'마음에 잡도리해야 할 법들(manasikaraṇīyā dhammā)'과 '마음에 잡도리하지 말아야 할 법들(amanasikaraṇīyā dhammā)'이라고 했다. 이 법들은 마음에 잡도리해야 할 것이고, 이 법들은 마음에 잡도리하지 말아야 할 것이라고 한 것은 사실상 법으로서는 정해진 것(niyama)이 없고, 방식(ākāra)으로서는 있다. 즉 마음에 잡도리할 때 해로운 법들이 일어날 가까운 원인(akusaluppatti-padaṭṭhāna)이 되는 그런 방식으로 마음에 잡도리하지 말아야 한다. 마음에 잡도리할 때 유익한 법들이 일어날 가까운 원인(kusal-uppatti-padaṭṭhāna)이 되는 그런 방식으로 마음에 잡도리해야 한다."(MA.i.67)
복주서는 그 이유를 이렇게 설명하고 있다.
"왜냐하면 유익한 법들에 대해서도 아름다움, 행복, 영원함 등으로 마음에 잡도리할 때 달콤함(assādana) 등의 원인이 되기 때문에 비난받아 마땅하고(sāvajja) 손해와 괴로움을 가져오며(ahita-dukkh-āvaha), 해로운 법들에 대해서도 무상함 등으로 마음에 잡도리할 때 염오(nibbidā) 등의 원인이 되기 때문에 비난받을 일이 없고 이익과 행복을 가져온다(hita-sukh-āvaha). 그렇기 때문에 법으로서는 정해진 것이 없고, 방식으로서는 있는 것이다."(MAṬ.i.69)

고 마음에 잡도리하지 말아야 할 법들을 꿰뚫어 알지 못하여, 마음에 잡도리하지 말아야 할 법들을 마음에 잡도리하고 마음에 잡도리해야 할 법들을 마음에 잡도리하지 않는다."

6. "비구들이여, 그러면 무엇이 그가 마음에 잡도리하지만 마음에 잡도리하지 말아야 할 법들인가?

비구들이여, 어떤 법들을 마음에 잡도리할 때 아직 일어나지 않은 감각적 욕망에 기인한 번뇌[欲漏][238]가 일어나고 이미 일어난 감각적 욕망에 기인한 번뇌가 증가하며, 아직 일어나지 않은 존재에 기인한 번뇌[有漏]가 일어나고 이미 일어난 존재에 기인한 번뇌가 증가하며, 아직 일어나지 않은 무명에 기인한 번뇌[無明漏]가 일어나고 이미 일어난 무명에 기인한 번뇌가 증가하면, 그 법들은 그가 마음에 잡도리하지만 마음에 잡도리하지 말아야 할 법들이다.[239]

---

238) "'감각적 욕망에 기인한 번뇌[欲漏, kāmāsava]'란 다섯 가닥의 얽어매는 감각적 욕망을 가진 탐욕(rāga)을 말한다. '존재에 기인한 번뇌[有漏, bhavāsava]'란 색계와 무색계의 존재에 대한 갈망(chanda-rāga)과, 상견과 단견의 사견과 함께한, 禪에 대한 열망(jhāna-nikanti)이다. 그러므로 사견에 기인한 번뇌도 이 존재에 기인한 번뇌에 포함된다. '무명에 기인한 번뇌[無明漏, avijjāsava]'란 사성제에 대한 무지(aññāṇa)이다.

다섯 가닥의 얽어매는 감각적 욕망을 맛보고 마음에 잡도리할 때 아직 일어나지 않은 감각적 욕망에 기인한 번뇌가 일어나고, 일어난 것은 증가한다. 고귀한 법들(mahaggata-dhammā)을 맛보고 마음에 잡도리할 때 아직 일어나지 않은 존재에 기인한 번뇌가 일어나고, 일어난 것은 증가한다. 삼계의 법들에 대해 네 가지 전도됨[四顚倒, catu-vipallāsa]의 가까운 원인이 될 상태로 마음에 잡도리할 때 아직 일어나지 않은 무명에 기인한 번뇌가 일어나고, 일어난 것은 증가한다."(MA.i.67)

여기서 고귀한 법들이란 색계와 무색계의 법들을 말하고, 네 가지 전도됨이란 무상한 것을 항상한 것이라고, 괴로움을 행복이라고, 무아를 자아라고, 부정한 것을 깨끗한 것이라고 인식하는 것, 즉 무상·고·무아·부정인 것을 상·락·아·정(常·樂·我·淨)으로 인식하는 것을 말한다.

무엇이 그가 마음에 잡도리하지 않지만 마음에 잡도리해야 할 법들인가?

비구들이여, 어떤 법들을 마음에 잡도리할 때 아직 일어나지 않은 감각적 욕망에 기인한 번뇌[欲漏]가 일어나지 않고 이미 일어난 감각적 욕망에 기인한 번뇌가 없어지며, 아직 일어나지 않은 존재에 기인한 번뇌[有漏]가 일어나지 않고 이미 일어난 존재에 기인한 번뇌가 없어지며, 아직 일어나지 않은 무명에 기인한 번뇌[無明漏]가 일어나지 않고 이미 일어난 무명에 기인한 번뇌가 없어지면, 그 법들은 그가 마음에 잡도리하고 있지 않지만 마음에 잡도리해야 할 법들이다.

그가 [8] 마음에 잡도리하지 말아야 할 법들을 마음에 잡도리하고, 마음에 잡도리해야 할 법들을 마음에 잡도리하지 않기 때문에 아직 일어나지 않은 번뇌들이 일어나고 이미 일어난 번뇌들은 증가한다."

7. "그는 다음과 같이 지혜 없이 마음에 잡도리한다.

'나는 과거에 존재했을까?240) 아니면 나는 과거에 존재하지 않았

---

239) 여기서 보듯이 니까야에서는 감각적 욕망(kāma), 존재(bhava), 무명(avijjā)의 세 가지 번뇌만 나타나지만(「합송경」(D33 §1.10 (20)), 「띠깐나 경」(A3:58), 「번뇌 경」(S38:8) 등등) 『무애해도』 등의 『쿳다까 니까야』(소부)와 아비담마에서는 사견(diṭṭhi)의 번뇌가 첨가되어 네 가지로 나타난다.(Dhs.195 {1096}) 그래서 『아비담마 길라잡이』(제7장 §3)에서도 네 가지로 나타난다. 이 네 가지는 4가지 폭류(ogha)와 4가지 속박(yoga)으로도 나타나는데 그래서 『논장』에서는 이 네 가지를 다 번뇌라고도 분류하는 듯하다.

240) 여기 §7에 나타나는 16가지로 과거와 현재와 미래에 대한 이러한 의심(kathaṁ-kathī)은 『맛지마 니까야』 제2권 「갈애 멸진의 긴 경」(M38) §23에도 문답식으로 나타나고 있으며 『상윳따 니까야』 제2권 「조건 경」(S12:20) §6에도 나타나고 있다.

『청정도론』 XIX.5~6은 이를 과거에 대한 5가지와 미래에 대한 5가지와 현재에 대한 6가지로 설명하여 모두 16가지 의심이라고 설명하고 있다.

을까?[241] 나는 과거에 무엇이었을까? 나는 과거에 어떠했을까? 나는 과거에 무엇이었다가 무엇으로 변했을까? 나는 미래에 존재할까? 아니면 나는 미래에 존재하지 않을까? 나는 미래에 무엇이 될까? 나는 미래에 어떻게 될까? 나는 미래에 무엇이었다가 무엇으로 변할까? 지금 현재에 대해서도 안으로 의심한다. 나는 존재하기는 하는가? 나는 존재하지 않는가? 나는 무엇인가? 나는 어떠한가? 이 중생은 어디서 왔는가? 어디로 가게 될 것인가?'라고"

한편 이것의 극복은 『청정도론』 XIX.21~27에서 언급되고 있다. 이렇게 해서 이러한 16가지 의심이 말끔히 해소되는 것을 위빳사나의 7청정 가운데 4번째인 의심을 제거함에 의한 청정(kaṅkhā-vitaraṇa-visuddhi, 『아비담마 길라잡이』 제9장 §31과 『청정도론』 XIX.1 이하 참조)이라 부른다. 『청정도론』의 설명과 「조건 경」(S12:20) §6에서 보듯이 연기 혹은 조건발생을 정확하게 알아야 삼세의 모든 의심이 극복되며 이것은 도와 과의 증득에도 필수적인 항목이다.

241) "'나는 과거에 존재했을까? 아니면 나는 존재하지 않았을까(atītamaddhānaṁ ahosiṁ nu kho nanu kho)?'라는 것은 상견(sassata)의 측면과 우연발생론(adhicca-samuppatti)의 측면에서 과거에 자신이 존재했던 것인지 아닌지를 의심하는 것이다(kaṅkhati). 그 이유를 물어서는 안 된다. 왜냐하면 미친 사람마냥 어리석은 범부는 아무거나 마음대로 생각하기 때문이다. 혹은 지혜 없이 마음에 잡도리하기 때문이다.

'무엇이었을까(kiṁ nu kho ahosiṁ)?'라는 것은 계급(태생), 성별, 재생(jāti-liṅg-ūpapatti)과 관련하여 캇띠야(끄샤뜨리야), 바라문, 와이샤, 수드라, 재가자, 출가자, 신, 인간 중에 무엇이었는지를 의심하는 것이다.

'어떠했을까(kathaṁ nu kho)?'라는 것은 모습(saṇṭhānākāra)과 관련하여 긴 것, 짧은 것, 흰색, 검은색 중에 어떠했을지를 의심하는 것이다.

'무엇이었다가 무엇으로 변했을까(kiṁ hutvā kiṁ ahosiṁ)?'라는 것은 계급 등과 관련하여 캇띠야였다가 바라문이었을까, 신이었다가 인간이었을까라고 계속적으로 의심하는 것이다.

'미래에 존재할까 아니면 존재하지 않을까(anāgatamaddhānaṁ bhavissāmi nu kho nanu kho)?'라는 것도 상견의 측면과 우연발생론의 측면에서 미래에 자신이 존재할 것인지 아닌지를 의심하는 것이다.

나머지는 같은 방법을 적용하면 된다."(MA.i.68~69)

8. "이와 같이 지혜 없이 마음에 잡도리할 때 그에게 여섯 가지 견해들 가운데 하나의 견해가 생긴다.

① '나에게 자아가 있다.'라는 견해가 그에게 진실로 확고하게 생긴다. ② '나에게 자아란 없다.'[242]라는 견해가 그에게 진실로 확고하게 생긴다. ③ '나는 자아로써 자아를 인식한다.'[243]라는 견해가 그에게 진실로 확고하게 생긴다. ④ '나는 자아로써 무아를 인식한다.'[244]라는 견해가 그에게 진실로 확고하게 생긴다. ⑤ '나는 무아로써 자아를 인식한다.'[245]라는 견해가 그에게 진실로 확고하게 생긴다. ⑥ 혹은 그에게 이런 견해가 생긴다. '이러한 나의 자아는 말하고 경험하며, 여기저기서[246] 선행과 악행의 과보를 경험한다. 그런

---

242) 주석서를 요약하면 다음과 같다.
"'나에게 자아가 있다(atthi me atta).'는 것은 상견(sassataditthi)이라는 사견이 자아를 거머쥐는 것(attano atthitaṁ gaṇhāti)이고, '자아가 없다(natthi me atta).'는 것은 단견(ucchedadiṭṭhi)을 나타내는 것이다. 이것은 [불교의 무아를 말하는 것이 아니라] 죽으면 모든 것이 끝난다는 유물론자들의 주장을 거머쥐는 것(vibhava-ggahaṇa)을 말한다."(MA.i.70)

243) "'나는 자아로써 자아를 인식한다(attanā va attānaṁ sañjānāmi).'는 것은 인식의 무더기[想蘊, saññā-kkhandha]를 선두에 두고, 그 인식의 무더기로 다른 무더기들에 대해 자아라고 거머쥐고는 인식으로 나머지 무더기들을 인식하면서 나는 이 자아로써 이 자아를 인식한다는 견해가 일어난다는 뜻이다."(MA.i.70)

244) "'나는 자아로써 무아를 인식한다(attanā va anattānaṁ sañjānāmi).'는 것은 인식의 무더기는 자아이고, 나머지 네 가지 무더기들은 무아라고 거머쥐고는 인식으로써 인식하면서 이러한 견해가 일어난다는 뜻이다."(MA.i.70)

245) "'나는 무아로써 자아를 인식한다(anattanā va attānaṁ sañjānāmi).'는 것은 인식의 무더기는 무아이고, 나머지 네 가지 무더기들은 자아라고 거머쥐고는 인식으로 그들을 인식하면서 이러한 견해가 일어난다."(MA.i.70)

246) "'여기저기서(tatra tatra)'라는 것은 각각의 모태(yoni), 태어날 곳(gati),

나의 자아는 항상하고 견고하고 영원하고 변하지 않는 법이고 영원히 지속될 것이다.'247)라고.

비구들이여, 이를 일러 견해에 빠짐, 견해의 밀림, 견해의 황무지, 견해의 뒤틀림, 견해의 요동, 견해의 족쇄248)라 한다. 비구들이여, 견해의 족쇄에 계박되어서 배우지 못한 범부는 태어남과 늙음과 죽음과 근심 · 탄식 · 육체적 고통 · 정신적 고통 · 절망에서 벗어나지 못하고 괴로움에서 벗어나지 못한다고 나는 말한다."

9. "비구들이여, 잘 배운 성스러운 제자는 성자들을 친견하고 성스러운 법에 능숙하고 성스러운 법에 인도되고, 바른 사람들을 친견하고 바른 사람들의 법에 능숙하고 바른 사람들의 법에 인도되어서, 마음에 잡도리해야 할 법들을 꿰뚫어 알고, 마음에 잡도리하지 말아야 할 법들을 꿰뚫어 안다. 그는 마음에 잡도리해야 할 법들을 꿰뚫어 알고 마음에 잡도리하지 말아야 할 법들을 꿰뚫어 알아서, 마

머묾(ṭhiti), 거처(nivāsa) 부류(nikāya)나 혹은 각각의 대상(ārammaṇa)을 말한다."(MA.i.71)

247) "'항상하다(nicca).'는 것은 일어남과 멸함이 없다는 것이고, '견고하다(dhuva).'는 것은 정수(sāra-bhūta)를 나타내고, '영원하다(sassata).'는 것은 어느 때에나 항상 있다는 것이고, '변하지 않는 법(aviparināma-dhamma)'이란 자아의 본성은 버릴 수 없다는 것이고, '영원히 지속된다(sassatisama).'는 것은 달, 태양, 바다, 땅, 산은 세상의 용어로는 영원한 것(sassati)이라고 불리는데, 그것과 같다는 뜻이다. 그들이 머무는 한 이 자아도 머문다고 이와 같이 견해가 일어난다."(MA.i.71)

이 견해는 『맛지마 니까야』 제2권 「갈애 멸진의 긴 경」(M38) §2에 나타나는 사띠라는 비구(Sāti nāma bhikkhu)가 가진 삿된 견해와 같은 부류에 속한다.

248) '견해에 빠짐, 견해의 밀림, 견해의 황무지, 견해의 뒤틀림, 견해의 요동, 견해의 족쇄'는 각각 diṭṭhi-gata, diṭṭhi-gahana, diṭṭhi-kantāra, diṭṭhi-visūka, diṭṭhi-vipphandita, diṭṭhi-saṁyojana를 옮긴 것이다.

음에 잡도리하지 말아야 할 법들을 [9] 마음에 잡도리하지 않고 마음에 잡도리해야 할 법들을 마음에 잡도리한다."

10. "비구들이여, 무엇이 그가 마음에 잡도리하고 있지 않는 법으로서, 마음에 잡도리하지 말아야 할 법들인가?

비구들이여, 어떤 법들을 마음에 잡도리할 때 아직 일어나지 않은 감각적 욕망에 기인한 번뇌[欲漏]가 일어나고 이미 일어난 감각적 욕망에 기인한 번뇌가 증가하며, 아직 일어나지 않은 존재에 기인한 번뇌[有漏]가 일어나고 이미 일어난 존재에 기인한 번뇌가 증가하며, 아직 일어나지 않은 무명에 기인한 번뇌[無明漏]가 일어나고 이미 일어난 무명에 기인한 번뇌가 증가하면, 그 법들은 그가 마음에 잡도리하고 있지 않는 법으로서, 마음에 잡도리하지 말아야 할 법들이다.

비구들이여, 무엇이 그가 마음에 잡도리하고 있는 법으로서, 마음에 잡도리해야 할 법들인가?

비구들이여, 어떤 법들을 마음에 잡도리할 때 아직 일어나지 않은 감각적 욕망에 기인한 번뇌[欲漏]가 일어나지 않고 이미 일어난 감각적 욕망에 기인한 번뇌가 없어지며, 아직 일어나지 않은 존재에 기인한 번뇌[有漏]가 일어나지 않고 이미 일어난 존재에 기인한 번뇌가 없어지며, 아직 일어나지 않은 무명에 기인한 번뇌[無明漏]가 일어나지 않고 이미 일어난 무명에 기인한 번뇌가 없어지면, 그 법들은 그가 마음에 잡도리하고 있는 법으로서, 마음에 잡도리해야 할 법들이다.

그가 마음에 잡도리하지 말아야 할 법들을 마음에 잡도리하지 않고, 마음에 잡도리해야 할 법들을 마음에 잡도리하고 있기 때문에 아직 일어나지 않은 번뇌들은 일어나지 않고 이미 일어난 번뇌들은 없어진다."

11. "그는 '이것이 괴로움이다.'라고 지혜롭게 마음에 잡도리한다. '이것이 괴로움의 일어남이다.'라고 지혜롭게 마음에 잡도리한다. '이것이 괴로움의 소멸이다.'라고 지혜롭게 마음에 잡도리한다. '이것이 괴로움의 소멸로 인도하는 도닦음이다.'라고 지혜롭게 마음에 잡도리한다.249) 그가 이와 같이 지혜롭게 마음에 잡도리하면 세 가지 족쇄들이 제거되나니 [불변하는] 존재 더미가 있다는 견해[有身見]와, 의심[疑]과, 계행과 의례의식에 대한 집착[戒禁取]이다.250)

---

249) "사성제를 명상주제로 가진(catu-sacca-kammaṭṭhānika) 성스러운 제자는 갈애(taṇhā)를 제외한 삼계의 무더기들을 '괴로움(dukkha)'이라고, 갈애를 '괴로움의 일어남(dukkha-samudaya)'이라고, 둘 모두 일어나지 않음을 '소멸(nirodha)'이라고, 소멸을 성취하게 하는 것(nirodha-sampāpaka)을 '도(magga)'라고 이렇게 이전에 스승의 곁에서 습득하여 마음에 잡도리하였다. 그는 그 다음에 위빳사나의 도에 올라서서 [조건[緣, paccaya]과 더불어 정신·물질을 무상 등으로 명상하면서 — MAṬ] 삼계의 무더기들을 '이것이 괴로움이다.'라고 지혜롭게 마음에 잡도리한다. [이렇게 하여 위빳사나의 지혜(vipassanā-ñāṇa)가 일어난다. — MAṬ] 예류도까지는 마음에 잡도리함이라는 주제로 위빳사나를 말한 것이다.
이 괴로움을 일어나게 하고 생기게 하는 갈애를 '이것이 일어남이다.'라고 지혜롭게 마음에 잡도리한다. 괴로움과 일어남이 이곳에 이르러서는 소멸하고 일어나지 않기 때문에 '이것이 열반이라 부르는 괴로움의 소멸이다.'라고 지혜롭게 마음에 잡도리한다. 소멸을 성취하는 성스러운 팔정도[八支聖道, ariya aṭṭhaṅgika maggā]를 '이것이 괴로움의 소멸로 인도하는 도닦음이다.'라고 지혜롭게 마음에 잡도리한다."(MA.i.72)

250) '세 가지 족쇄들이 제거되나니 [불변하는] 존재 더미가 있다는 견해[有身見]와, 의심[疑]과, 계행과 의례의식에 대한 집착[戒禁取]이다.'는 tīṇi saṁyojanāni pahiyyanti sakkāyadiṭṭhi vicikicchā sīlabbata-parāmāso를 옮긴 것이다. 주석서는 다음과 같이 덧붙이고 있다.
"'세 가지 족쇄(tīṇi saṁyojanāni)'는 스무 가지 유신견과, 여덟 가지 의심(불, 법, 승, 학습[계], 과거, 미래, 과거와 미래, 연기법의 8가지를 의심하는 것 — Dhs.183)과, 계를 통해 청정해지고 의례의식을 통해 청정해진다고 집착하는 계금취견이다. 네 가지 번뇌 중에서 유신견과 계금취견은 사비구들이여, 이를 일러 봄[見]으로써 없애야 할[251] 번뇌들이라 한다."

(2) 단속함으로써 없애야 할 번뇌들[252]

견의 번뇌(diṭṭhāsava)에 속하기 때문에 번뇌이면서 족쇄다. 그러나 의심은 오직 족쇄이지 번뇌는 아니다. 그렇다면 어떻게 이것을 '봄으로써 없애야 할 번뇌(āsavā dassanā pahātabbā)'라 했는가? 봄으로써 없애야 할 번뇌에 포함되기 때문이다."(MA.i.73~74)

여기에 대해서 복주서는 다음과 같이 부연해서 설명한다.

"마치 바른 사유[正思惟, sammā-saṅkappa]가 그 역할이 통찰지와 비슷하기 때문에 통찰지의 무더기[慧蘊, paññā-kkhandha]에 포함되듯이, 의심도 그 역할이 비슷하기 때문에 번뇌에 포함(āsava-saṅgaha)되었다고 알아야 한다. 그리고 '네 가지 번뇌'란 아비담마의 방식에 따른 것이지, 경의 방식에 따른 것이 아니다. 경에서는 결코 네 가지 번뇌를 설한 적이 없다."(MAṬ.i.63)

복주서의 설명처럼 4부 니까야에서는 감각적 욕망(kāma), 존재(bhava), 무명(avijjā)의 세 가지 번뇌만 나타나지만(D2 §98 등 참조) 『무애해도』 등의 『쿳다까 니까야』와 아비담마에서는 사견(diṭṭhi)의 번뇌가 첨가되어 네 가지로 나타난다.(『아비담마 길라잡이』 제7장 §3을 참조할 것.)

그리고 '족쇄(saṁyojana)' 혹은 열 가지 족쇄에 대해서는 『맛지마 니까야』 「뿌리에 대한 법문 경」(M1) §99의 주해를 참조할 것.

251) "'봄[見]으로써 없애야 할(dassanā pahātabbā)'에서 봄[見, dassana]이라는 것은 예류도(sotāpatti-magga)를 말한다. 그 예류도로써 없앤다는 말이다. 어떻게 예류도를 봄[見]이라 하는가? 처음으로 열반을 보기 때문(nibbāna-dassana)이다. 고뜨라부[種性, gotrabhū]가 그보다 먼저 열반을 보지 않는가? 물론 본다. 보지만 해야 할 일(kattabba-kicca)을 하지 않는다. 족쇄를 버리지 않기 때문에 봄[見]이라고 할 수 없다."(MA.i.74)

고뜨라부(종성)에 대해서는 『아비담마 길라잡이』 제9장 §34의 [해설]과 『청정도론』 XXII.5 이하를 참조할 것. 고뜨라부(종성, gotrabhū)는 『앙굿따라 니까야』 제5권 「공양받아 마땅함 경」(A9:10)과 제6권 「공양받아 마땅함 경」(A10:16)에 나타나는데 이 둘은 아비담마에서 설하는 고뜨라부에 대한 경전적인 근거가 되는 경이다.

252) "봄[見, dassana]과 수행(bhāvanā), 이 두 가지로 없애지 못할 번뇌가 없는데, 무슨 이유로 단속(saṁvara) 등으로 없애야 할 것을 보이셨는가? 단속 등으로 미리 제지된 번뇌들이 네 가지 도를 통해 뿌리 뽑힌다. 그러므

12. "비구들이여, 무엇이 단속함으로써 없애야 할 번뇌들인가?

비구들이여, 여기 비구는 지혜롭게 숙고하여[253] 눈의 감각기능[眼根]의 단속을 잘 단속하면서 머문다.[254] 비구들이여, 눈의 감각기능

로 그 도의 이전 단계에서 이 다섯 가지 측면을 통해 억압하여 버림을 보이기 위해 '단속함으로써 없애야 할 번뇌들(āsavā saṁvarā pahātabbā)' 등으로 설하셨다."(MA.i.74~75)

253) '숙고'는 paṭisaṅkhā를 옮긴 것인데 명사 saṅkhā에 접두어 paṭi-(Sk. prati-)가 붙은 것이다. 주석서는 이렇게 설명한다.
"saṅkhā는 일반적으로 지혜(ñāṇa), 몫(부분, koṭṭhāsa), 명칭(개념, paññatti), 헤아림(숫자, gaṇanā) 등의 뜻을 나타낸다. "숙고한 뒤에 어떤 것은 수용한다."(A.iv.354) 등에서는 지혜를 나타내고, "사량 분별이 함께 한 인식의 더미"(M.i.109) 등에서는 더미, 무더기를 나타내고, "각 법들의 이름, 명칭"(Dhs.226) 등에서는 명칭을 나타내고, "헤아리기가 쉽지 않다." 등에서는 헤아림을 나타낸다. 그러나 여기서는 지혜를 말한다. 숙고하다(paṭisaṅkhāti)는 알다(jānāti), 반조하다(paccavekkhati)의 뜻이다."(MA.i.75)

254) "'눈의 감각기능[眼根]의 단속을 잘 단속하면서 머문다(cakkhundriya-saṁvara-saṁvuto viharati).'라고 하셨다. 여기서 눈이 바로 '눈의 감각기능(cakkhundriya)'이다. 단속함(saṁvarana)이 있기 때문에 '단속(saṁvara)'이라 하는데 닫음(pidahana), 덮음(thakana)을 뜻한다. 이것은 마음챙김[念, sati]을 두고 한 말이다.
사실상 눈의 감각기능 자체를 가지고 단속이나 단속하지 않음을 말할 수는 없다. 왜냐하면 눈의 감성(cakkhu-pasāda)을 의지하여 마음챙김이나 혹은 마음챙김을 놓아버림(muṭṭha-sacca)이 일어나는 것이 아니기 때문이다. 대상인 형색이 눈의 영역에 나타날 때 바왕가(bhavaṅga, 존재지속심, 잠재의식)이 두 번 일어난 뒤 멈추고 다음에 전향, 안식, 받아들임, 조사, 결정, 속행이 인식과정에서 차례로 일어난다. 이 단속이나 단속하지 않음은 이런 잠재의식의 순간이나 결정의 순간에 있는 것이 아니라, 그것은 속행(javana)의 순간에 만약 나쁜 계행(dussīlya)이나 잊어버림(muṭṭha-sacca)이나 알지 못함(aññāṇa)이나 참을성 없음(akkhanti)이나 게으름(kosajja)이 일어나면 단속하지 않은 것이 된다. 이럴 때 눈의 감각기능을 단속하지 않은 것이라 한다. 왜냐하면 속행에서 나쁜 계행 등이 일어날 때 그것이 단속되지 않으면 문(dvāra)도 보호되지 않고(agutta), 잠재의식이

의 단속을 잘 단속하지 못하면서 머무는 자에게는 속상함과 열병을 초래하는 번뇌들이 일어날 것이다. [그러나] 눈의 감각기능의 단속을 잘 단속하면서 머무는 자에게는 그러한 속상함과 열병을 초래하는 번뇌들이 없다.255)

비구들이여, 여기 비구는 지혜롭게 숙고하여 귀의 감각기능[耳根]의 단속을 잘 단속하면서 머문다. … 지혜롭게 숙고하여 코의 감각기능[鼻根]의 단속을 잘 단속하면서 머문다. … 지혜롭게 숙고하여 혀의 감각기능[舌根]의 단속을 잘 단속하면서 머문다. … 지혜롭게 숙고하여 몸의 감각기능[身根]의 단속을 잘 단속하면서 머문다. … 비구들이여, 여기 비구는 지혜롭게 숙고하여 마노의 감각기능[意根]의 단속을 잘 단속하면서 머문다. 비구들이여, 마노의 감각기능의 단

나 전향 등의 인식과정들도 보호되지 않지만 속행에서 계 등이 일어나면 문도 보호되고, 잠재의식과 전향 등의 인식과정들도 보호되기 때문이다." (MA.i.75~76)

여기 나타나는 전향 등의 술어는 『아비담마 길라잡이』 제3장 §8의 역할의 길라잡이 [해설]과 『청정도론』 XIV.111 이하를 참조할 것. 인식과정(vīthi-citta)에 대해서는 『아비담마 길라잡이』 제4장에 상세하게 설명되어 있으므로 참조하기 바란다.

255) 이러한 감각기능의 단속은 니까야의 다른 곳에서는 "그는 눈으로 형색을 봄에 그 표상[全體相]을 취하지 않으며, 또 그 세세한 부분상[細相]을 취하지도 않습니다. … 그는 이러한 성스러운 감각기능의 단속을 구족하여 안으로 더럽혀지지 않는 행복을 경험합니다."라는 '감각의 대문을 잘 지키는 정형구'로 나타나고 있다. 이 정형구는 『맛지마 니까야』의 15단계 계·정·혜 정형구 가운데 다섯 번째에 속하고 『디가 니까야』 제1권의 23단계 계·정·혜의 정형구(이 둘은 『맛지마 니까야』 제1권 역자 서문 §8-(3)을 참조할 것.) 가운데 여덟 번째에 속하는데 니까야의 도처에 나타나고 있다. 『맛지마 니까야』에서만 M27 §15, M33 §20, M38 §35, M39 §8, M51 §16, M53 §8, M107 §4, M112 §15, M125 §16 등에 나타나고 있다. 이 정형구는 『청정도론』 I.53~59에서 상세하게 설명되고 있으므로 참조할 것.

속을 잘 단속하지 못하면서 머무는 자에게는 속상함과 열병을 초래하는 번뇌들이 일어날 것이다. [10] [그러나] 마노의 감각기능의 단속을 잘 단속하면서 머무는 자에게는 그러한 속상함과 열병을 초래하는 번뇌들이 없다.

비구들이여, 이를 일러 단속함으로써 없애야 할 번뇌들이라 한다."

(3) 수용함으로써 없애야 할 번뇌들

13. "비구들이여, 무엇이 수용함으로써 없애야 할 번뇌들인가?[256)] 비구들이여, 여기 비구는 지혜롭게 숙고하면서 옷을 수용하나니 오직 추위를 물리치고, 더위를 물리치고, 날파리 · 모기 · 바람 · 뙤약볕 · 파충류에 닿음을 물리치고, 부끄러운 부분을 가리기 위해서이다."

14. "그는 지혜롭게 숙고하면서 음식을 수용하나니 즐기기 위해서도 아니고, 취하기 위해서도 아니며, 치장을 하기 위해서도 아니고, 장식을 하기 위해서도 아니며, 단지 이 몸을 지탱하고 유지하고 잔인함을 쉬고 청정범행을 잘 지키기 위해서이다. '그래서 나는 오래된 느낌을 물리치고 새로운 느낌을 일어나게 하지 않을 것이다. 나는 잘

---

256) 이하 본경의 §§13~16까지에 나타나는 네 가지 필수품의 수용(catu-paccaya-paribhoga)에 관한 정형구는 『청정도론』 I.85~97에서 '필수품에 관한 계(paccaya-sannissita-sīla)'를 설명하는 경전적 근거로 인용되어 나타난다.

『청정도론』 제1장은 여러 가지 방법으로 계를 설명하고 있는데, I.42에서 "그는 지혜롭게 숙고하면서 옷을 수용하나니 오직 추위를 물리치고, 더위를 물리치고, 파리 · 모기 · 바람 · 뙤약볕 · 파충류와 닿는 것을 물리치고, 부끄러운 부분을 가리기 위해서이다."(M.i.10)라는 방법으로 설한 숙고함을 통해 청정해진 네 가지 필수품의 수용(catu-paccaya-paribhoga)이 필수품에 관한 계"라고 소개한다. 그런 뒤에 I.85~97에서 본경의 §§13~16을 상세하게 설명하고 있다. 본경의 이 정형구에 대한 설명은 『청정도론』의 이 부분을 참조하기 바란다.

부양될 것이고 비난받을 일이 없고 안온하게 머물 것이다.'라고."

15. "그는 지혜롭게 숙고하면서 거처를 수용하나니 추위를 물리치고, 더위를 물리치고, 날파리·모기·바람·뙤약볕·파충류에 닿음을 물리치고, 오직 기후의 변화에서 생기는 위험을 없애고, 한거(閑居)를 편안히 하기 위해서이다."

16. "그는 지혜롭게 숙고하면서 병구완을 위한 약품을 수용하나니 오직 일어난 고통스러운 느낌들을 물리치고, 병 없음을 최상으로 하기 위해서이다."

17. "비구들이여, 그것을 수용하지 않으면 속상함과 열병을 초래하는 번뇌들이 일어날 것이다. 그러나 그것을 수용하면 그러한 속상함과 열병을 초래하는 번뇌들이 없다.

비구들이여, 이를 일러 수용함으로써 없애야 할 번뇌들이라 한다."

(4) 감내함으로써 없애야 할 번뇌들

18. "비구들이여, 무엇이 감내함[257]으로써 없애야 할 번뇌들인가?

비구들이여, 여기 비구는 지혜롭게 숙고하면서 감내한다. 추위와 더위와 배고픔과 목마름과, 날파리·모기·바람·뙤약볕·파충류에 닿음과, 고약하고 언짢은 말들과, 몸에 생겨난 괴롭고 날카롭고 거칠고 찌르고 불쾌하고 마음에 들지 않고 생명을 위협하는 갖가지 느낌들을 감내한다. 비구들이여, 그것을 감내하지 않으면 그에게 속

257) '감내함'은 adhivāsana를 옮긴 것이다. 주석서 문헌들은 감내함을 인욕이나 관용과 동의어라고 설명하고 있다.
"관용(titikkhā)이란 인욕(khanti)의 동의어이다. 그러므로 관용이라 불리는 감내하는(adhivāsana) 인욕이 최상의 고행이라는 뜻이다."(DA.ii.478)
"'인욕(khanti)'이란 감내함(adhivāsana)을 말한다."(SA.i.166)

상함과 열병을 초래하는 번뇌들이 일어날 것이다. 그러나 그것을 감내하면 그러한 속상함과 열병을 초래하는 번뇌들이 없다.

비구들이여, 이를 일러 감내함으로써 없애야 할 번뇌들이라 한다."

(5) 피함으로써 없애야 할 번뇌들

19. "비구들이여, 무엇이 피함으로써 없애야 할 번뇌들인가?

비구들이여, 여기서 비구는 지혜롭게 숙고하여 사나운 코끼리를 피하고, 사나운 말을 피하고, 사나운 소를 피하고, 사나운 개를 피하고, 뱀, 나뭇등걸, [11] 가시덤불, 협곡, 낭떠러지, 더러운 물구덩이[泥沼], 더러운 웅덩이[小澤地]를 피한다. 적합하지 않은 자리에 앉고, 갈 곳이 아닌 곳에 다니고,[258] 저열한 도반들을 사귀어서 지자인 동료 수행자들이 저열한 곳에 믿음을 일으킬지도 모르는[259] 적합하지 않은 자리, 영역이 아닌 곳, 저열한 도반들을 지혜롭게 숙고하여 피한다. 비구들이여, 그것을 피하지 않으면 그에게 속상함과 열병을 초래하는 번뇌들이 일어날 것이다. 그러나 그것을 피하면 그러한 속상함과 열병을 초래하는 번뇌들이 없다.

비구들이여, 이를 일러 피함으로써 없애야 할 번뇌들이라 한다."

---

258) 『청정도론』 I.45에 여러 가지 '갈 곳이 아닌 곳(agocara)'이 언급되고 있다.

259) '저열한 곳에 믿음을 일으킬지도 모르는'은 pāpakesu ṭhānesu okappeyyuṁ을 옮긴 것이다. 주석서는 이렇게 설명하고 있다.
"이 사람이 저열한 도반을 사귀거나 어울리지 않는 행위를 하는 것을 보고 동료 지자들이 '오, 이 존자가 했거나 할 것이기 때문에'라고 하면서 그 저열한 곳에 확신을 가질지도 모르는(saddaheyyuṁ) 그런 적합하지 않은 상황을 피해야 한다는 뜻이다."(MA.i.81)

(6) 버림으로써 없애야 할 번뇌들

20. "비구들이여, 무엇이 버림으로써 없애야 할 번뇌들인가?

비구들이여, 여기 비구는 지혜롭게 숙고하여 이미 일어난 감각적 욕망에 대한 생각을 품지 않고[260] 버리고 제거하고 끝내고 없앤다. 지혜롭게 숙고하여 이미 일어난 악의에 찬 생각을 품지 않고 버리고 제거하고 끝내고 없앤다. 지혜롭게 숙고하여 이미 일어난 해코지하려는 생각[261]을 품지 않고 버리고 제거하고 끝내고 없앤다. 지혜롭게 숙고하여 계속적으로 일어나는 삿되고 해로운 법들을 품지 않고 버리고 제거하고 끝내고 없앤다. 비구들이여, 그것을 버리지 않으면 그에게 속상함과 열병을 초래하는 번뇌들이 일어날 것이다. 그러나 그것을 버리면 그러한 속상함과 열병을 초래하는 번뇌들이 없다.

비구들이여, 이를 일러 버림으로써 없애야 할 번뇌들이라 한다."

---

260) "'감각적 욕망에 대한 생각을 품지 않는다(kāmavitakkaṁ nādhivāseti).' 고 하셨다. 지혜 없이 마음에 잡도리함에서 생겼고, 탐욕 등과 함께하고, 유익함과 반대되는 이런 이유로, 이 감각적 욕망에 대한 생각은 해로운 것(akusala)이고, 이런 이유로 이것은 비난받아 마땅한 것(sāvajja)이고, 이런 이유로 이것은 괴로운 과보를 가져오는 것(dukkha-vipāka)이다. "이것은 자신을 해친다."(M.i.115)라는 방법으로 지혜롭게 감각적 욕망에 대한 생각을 숙고하여 각각의 대상에서 생긴 감각적 욕망에 대한 생각을 품지 않는다는 말씀이다."(MA.i.81)

261) 한편 여기서 언급되는 '감각적 욕망에 대한 생각(kāma-vitakka)'과 '악의에 찬 생각(byāpāda-vitakka)'과 '해코지하려는 생각(vihiṁsā-vitakka)'에 반대되는 출리(出離)에 대한 사유(nekkhamma-saṅkappa), 악의 없음에 대한 사유(abyāpāda-saṅkappa), 해코지 않음[不害]에 대한 사유(avihiṁsā-saṅkappa)를 팔정도의 두 번째인 바른 사유라고 여러 경들은 정의하고 있다.(『맛지마 니까야』 제4권 「진리의 분석 경」(M141) §25를 참조할 것.)

(7) 수행으로써 없애야 할 번뇌들

21. "비구들이여, 무엇이 수행으로 없애야 할 번뇌들인가?

비구들이여, 여기 비구는 지혜롭게 숙고하여 떨쳐버림262)을 의지하고 [탐욕의] 빛바램을 의지하고 소멸을 의지하고 철저한 버림263)으로 기우는 마음챙김의 깨달음의 구성요소[念覺支]264)를 닦는다. …

---

262) "'떨쳐버림(viveka)'에는 다섯 종류가 있다. 유익한 법으로 대체함(tadaṅga)에 의한 떨쳐버림, 억압(vikkhambhana)에 의한 떨쳐버림, 근절(samuccheda)에 의한 떨쳐버림, 편안함(paṭippassaddhi)에 의한 떨쳐버림, 벗어남(nissaraṇa)에 의한 떨쳐버림이다.
여기서는 이 중에서 유익한 법으로 대체함에 의한 떨쳐버림과 근절에 의한 떨쳐버림과 벗어남에 의한 떨쳐버림을 의지한 마음챙김의 깨달음의 구성요소[念覺支]를 닦는다고 알아야 한다. 깨달음의 구성요소를 닦는 데 몰두하는 수행자가 위빳사나의 순간에는 역할로는 유익한 법으로 대체함에 의한 떨쳐버림을, [열반을 실현하리라는] 원(願)으로는 벗어남에 의한 떨쳐버림을, 그러나 도의 순간에는 역할로는 근절에 의한 떨쳐버림을, 대상으로는 벗어남에 의한 떨쳐버림을 의지한 마음챙김의 깨달음의 구성요소를 닦는 것을 말한다."(MA.i.85)
『모하윗체다니』(Mohavicchedanī)라는 『담마상가니』(法集論)의 띠까(Ṭīkā, 복주서) 문헌에서는 다섯 가지 떨쳐버림을 각각 위빳사나(vipassanā), 초선부터 비상비비상처까지의 여덟 가지 증득(aṭṭha samāpatti), 도(magga), 과(phala), 열반(nibbāna)에 배대하고 있다.

263) "'철저한 버림(vossagga)'은 두 종류가 있다. 버림(pariccāga)으로써의 철저한 버림과 들어감(pakkhandana)으로서의 철저한 버림이다. 버림으로써의 철저한 버림은 위빳사나의 순간에는 유익한 법으로 대체함으로써, 도의 순간에는 근절로써 오염원들을 버린다. 들어감으로써의 버림은 위빳사나의 순간에는 그것으로 기우는 상태로써 열반으로 들어가고, 도의 순간에는 대상이 되어 열반으로 들어간다."(MA.i.85)

264) 여기서 주목할 점은 '일곱 가지 깨달음의 구성요소' 즉 칠각지(七覺支)는 satta **bojjhaṅga**로 나타나지만 '마음챙김의 깨달음의 구성요소' 등은 sati-**sambojjhaṅga** 등으로 나타나지 sati-bojjhaṅga로는 나타나지 않는다는 것이다.
니까야 전체에서 깨달음의 구성요소가 합성어로 쓰이지 않고 단독으로 나

법을 간택하는 깨달음의 구성요소[擇法覺支]를 닦는다. … 정진의 깨달음의 구성요소[精進覺支]를 닦는다. … 희열의 깨달음의 구성요소[喜覺支]를 닦는다. … 편안함의 깨달음의 구성요소[輕安覺支]를 닦는다. … 삼매의 깨달음의 구성요소[定覺支]를 닦는다. … 평온의 깨달음의 구성요소[捨覺支]를 닦는다.265) 비구들이여, 수행하지 않으면

타날 때는 모두 bojjhaṅga로 나타난다. 그러므로 '일곱 가지 깨달음의 구성요소[七覺支]'는 satta bojjhaṅga로 나타나지 satta sambojjhaṅga가 아니다. 그러나 sati-sambojjhaṅga(마음챙김의 깨달음의 구성요소)나 dhamma-vicaya-sambojjhaṅga(법을 간택하는 깨달음의 구성요소) 등으로 합성어로 나타날 때는 예외 없이 모두 sambojjhaṅga로 나타나고 있다. 이런 차이만 있을 뿐이지 bojjhaṅga와 sambojjhaṅga는 동의어이다. 그리고 이것은 『맛지마 니까야』 「바른 견해 경」(M9) §46 등에서 나타나고 있는 samphassa와 phassa의 용례와도 같다.(M9 §46의 주해를 참조할 것.)

265) '일곱 가지 깨달음의 구성요소[七覺支, satta bojjhaṅga]'는 본경에 해당하는 주석서에서 상세하게 설명하고 있는데 다음과 같다.
"이것은 '일곱 가지 깨달음의 구성요소[七覺支, satta bojjhaṅga]'이다. 수행하지 않음에 위험(ādīnava)을 보고, 수행함에 이익(ānisaṁsa)을 보면서 바른 방법으로 반조하면서 마음챙김의 깨달음의 구성요소 등을 닦는다. 뜻(attha)에 따라, 특징(lakkhaṇa)과 역할(rasa)과 나타남(paccupaṭṭhāna)에 따라, 순서(kama)에 따라, 그만큼인가(anūnādhika)에 따라 해설해 보면 다음과 같다.
(1) 먼저 뜻과 특징과 역할과 나타남에 따라 설하면 다음과 같다.
① 기억한다는 뜻(saraṇaṭṭha)에서 마음챙김(sati)이다. 특징은 확립함이다. 혹은 반복함이다. "마치 왕의 창고지기가 '이만큼의 금이 있고, 이만큼의 은이 있고, 이만큼의 재물이 있다.'라고 왕의 재물을 반복해서 생각하듯이, 그와 같이 마음챙김이 있을 때 유익함과 해로움, 비난받아 마땅함과 비난받을 일이 없음, 저열함과 수승함, 흑백으로 상반되는 여러 법을 반복해서 생각한다. 이것이 네 가지 마음챙김의 확립이다."(Minl.37)라고. 역할은 대상에 깊이 들어감이다. 혹은 잊어버리지 않음이다. 나타남은 대상과 직면함이다.
② 사성제의 법들(catusacca-dhammā)을 간택하기(vicināti) 때문에 법을 간택함[擇法, dhamma-vicaya]이라 한다. 즉 '이것은 괴로움이다.'라

고 이렇게 검증한다는 말이다. 특징은 간택함이고, 역할은 밝게 비추는 것이다. 즉 법들의 진실한 본성을 덮는 어리석음을 흩어지게 한다. 나타남은 미혹하지 않음이다.

③ 적절한 방법으로(vidhinā) 일으켜야 하기(īrayitabba) 때문에 정진(vīriya)이라 한다. 특징은 용감함(paggaha)이고, 역할은 굳건하게 지지함이고, 나타남은 가라앉음과 반대되는 것이다.

④ 만족하기(pīnayati) 때문에 희열(pīti)이라 한다. 특징은 충만함 혹은 만족함이고, 역할은 몸과 마음을 강하게 함이고, 나타남은 의기양양함이다.

⑤ 몸과 마음의 피로를 편안하게 하기(passambhana) 때문에 편안함[輕安, passaddhi]이라 한다. 특징은 고요함이고, 역할은 몸과 마음의 피로를 가시게 함이고, 나타남은 차분함이다.

복주서는 다음과 같이 부연 설명을 하고 있다. "'몸과 마음의 피로를 가시게 함'에서 '몸'은 느낌의 무더기, 인식의 무더기, 심리현상들의 무더기인 세 가지의 무더기를 말하고, '마음'이란 네 가지 정신의 무더기를 말한다. '피로'란 육체적 고통과 정신적 고통의 원인인 들뜸 등의 오염원을 말한다."(MAṬ.i.175)

⑥ 모으기(samādhāna) 때문에 삼매(samādhi)라 한다. 특징은 흩어지지 않음 혹은 산만하지 않음이고, 역할은 마음과 마음부수들을 결합시키는 것이고, 나타남은 마음이 계속해서 머무는 것이다.

⑦ 공평하기(ajjhupekkhana) 때문에 평온(upekkhā)이다. 특징은 식별함 혹은 공평하게 나름이고, 역할은 모자라거나 넘치는 것을 막음 혹은 편견을 끊는 것이고, 나타남은 중립적인 상태이다.

(2) 순서(kama)에 따라 설하면, "비구들이여, 나는 마음챙김을 모든 곳에 항상 이롭다고 말한다."(S46:53/v.115)라는 말씀이 있다. 그러므로 마음챙김의 깨달음의 구성요소는 나머지 모든 깨달음의 구성요소에 도움이 되기 때문에 제일 먼저 설했다.

(3) '왜 그만큼인가(anūnādhika)'라는 것은 '세존께서는 왜 일곱 가지만 설하셨는가?'라는 질문이다. 침체와 들뜸에 반대되는 것(līn-uddhacca-paṭipakkha)으로서, 모든 곳에 이로운 것(sabbatthika)으로서, 모자라지도 더하지도 않게(anūnā anadhikā) 이 일곱 가지만 설하셨다. 침체되어 있을 때에는 그와 반대되는 택법, 정진, 희열의 세 가지 깨달음의 구성요소를 닦는 것이 적당하고, 들떠있을 때에는 그와 반대되는 경안, 삼매, 평온의 세 가지 깨달음의 구성요소를 닦는 것이 적당하고, 한 가지인 마음챙김의 깨달음의 구성요소는 모든 곳에 이롭다고 설하셨기 때문이다. 그래

그에게 속상함과 열병을 초래하는 번뇌들이 일어날 것이다. 그러나 그것을 수행하면 그러한 속상함과 열병을 초래하는 번뇌들이 없다.

비구들이여, 이를 일러 수행으로 없애야 할 번뇌들이라 한다."

결론

22. "비구들이여, 비구는 봄[見]으로써 없애야 할 번뇌들은 봄으로써 없애야 한다. 단속함으로써 없애야 할 번뇌들은 단속함으로써 없애야 한다. 수용함으로써 없애야 할 번뇌들은 수용함으로써 없애야 한다. 감내함으로써 없애야 할 번뇌들은 감내함으로써 없애야 한다. 피함으로써 없애야 할 번뇌들은 [12] 피함으로써 없애야 한다. 버림으로써 없애야 할 번뇌들은 버림으로써 없애야 한다. 수행으로써 없애야 할 번뇌들은 수행으로써 없애야 한다. 비구들이여, 이를 일러 '비구가 모든 번뇌를 단속하여 머물고, 갈애를 끊어버렸고, 족쇄를 풀어버렸고, 자만을 바르게 꿰뚫었고,[266] 마침내 괴로움을 끝내버

서 이 일곱 가지 깨달음의 구성요소만 설하신 것이다."(MA.i.84~85)
일곱 가지 깨달음의 구성요소(칠각지)는 초기불전의 대표적인 수행에 관한 경인 『맛지마 니까야』 「마음챙김의 확립 경」(염처경, M10) §42와 제4권 「들숨날숨에 대한 마음챙김 경」(M118) §29~40에도 나타나고 있다. 특히 칠각지의 일곱 가지 구성요소들이 어떻게 점진적으로 개발되는지는 후자에 잘 설명되어 나타나므로 참조하기 바란다. 그리고 칠각지에 관한 경들은 『상윳따 니까야』 제5권 「깨달음의 구성요소 상윳따」(S46)에 모아져서 나타나는데 칠각지에 대해서는 그곳의 경들과 주해들과 해제를 참조하기 바란다. 그리고 칠각지의 일곱 가지를 설명하고 있는 경으로는 『상윳따 니까야』 제5권 「몸 경」(S46:2) §10 이하가 잘 알려져 있으므로 주해들과 함께 참조하기를 권한다.

266) "'자만을 바르게 꿰뚫음(māna-abhisamaya)'이란 자만을 봄을 통한 꿰뚫음(dassana-abhisamaya)과 버림을 통한 꿰뚫음(pahāna-abhisamaya)을 말한다. 아라한도는 그 역할(kicca)을 통해서 자만을 보게 되는데(diṭṭha) 이것이 자만을 봄을 통한 꿰뚫음이다. 보게 되면 버려지는데

렸다.'[267]고 한다."

세존께서는 이와 같이 설하셨다. 그 비구들은 흡족한 마음으로 세존의 말씀을 크게 기뻐했다.

(pahīyati) 이것이 버림을 통한 꿰뚫음이다."(MA.i.87)
자만은 열 가지 족쇄 가운데 여덟 번째 족쇄이다. 그리고 여기서 보듯이 이것은 아라한도에서 끊어진다. 여기에 대해서는 『맛지마 니까야』 「뿌리에 대한 법문 경」(M1) §99의 주해를 참조할 것.

267) "'마침내 괴로움을 끝내버렸다(antamakāsi dukkhassa).'는 것은 윤회의 괴로움(vaṭṭa-dukkha)을 끝냈다는 말씀이다."(MA.i.87)

지워 없앰 경

오염원, 어떻게 지워 없앨 것인가

Sallekha Sutta(M8)

【해설】

불교의 궁극적 목적은 열반의 실현이다. 열반은 탐·진·치가 소멸된 경지로 정의된다.(S38:1 §3 등) 탐·진·치는 모든 불선법들의 뿌리이다. 불선법들은 이미 니까야의 여러 곳에서 여러 가지 모둠으로 나타나는데 아비담마에서는 이것을 열 가지 모둠으로 정리한다.(『아비담마 길라잡이』 592쪽 이하 참조) 이러한 여러 가지 불선법들의 모둠 가운데 본경은 열반의 실현을 위해서 극복해야 할 것으로 44가지 오염원들(kilesā)을 담고 있다.

니까야에는 여러 가지 해로운 법들이 오염원(kilesa/upakilesa)이라는 술어로 나타나고 있다. 앞의 「옷감의 비유 경」(M7)에는 16가지의 마음의 오염원이 나타났고, 『맛지마 니까야』 제4권 「오염원 경」(M128) §27은 의심, 마음에 잡도리하지 않음, 해태와 혼침, 두려움, 의기양양함, 무력증, 지나친 정진, 느슨한 정진, 갈애, 다양한 인식, 형색들에 대한 지나친 명상의 11가지를 마음의 오염원으로 들고 있다. 그리고 삼매를 방해하는 감각적 욕망 등의 다섯 가지 장애[五蓋]도 마음의 오염원이라 불리고 있으며(S46:3; A5:23) 눈·귀·코·혀·몸·마노의 육내처도 역시 마음의 오염원이라고 언급되고 있다.(S27:1 §3)

본경은 급고독원에서 세존께서 마하쭌다 존자에게 설하신 가르침이다. 여기서 지워 없앰(sallekha)이란 당연히 오염원들을 지워 없앰이라고 주석서는 밝히고 있다. 중생을 중생이게끔 오염시키고 윤회하게 하는 것이 오염원이다. 그러므로 이런 오염원들을 지워 없애거나 말살하지 않고서 해탈·열반을 실현하는 것은 불가능할 것이다. 그래서 마하쭌다 존자는 세존께 찾아가서 이렇게 질문을 드리는 것이다.

"세존이시여, 여러 가지 견해들이 세상에 일어납니다. 그런 것들은 자아에 대한 이론과 연관되어 있거나 세상에 대한 이론과 연관되어 있습니다. 세존이시여, 이제 막 마음에 잡도리하는 비구에게도 이런 견해들이 제거되고 이런 견해들이 완전히 버려집니까?"(§3)

여기에 대해서 세존께서는 초선·2선·3선·4선의 네 가지 禪과 공무변처부터 비상비비상처까지의 4처를 차례대로 설하신다.(§§4~11) 그러나 이러한 4선-4처의 증득 즉 여덟 가지 증득[八等至]은 오염원들을 완전히 지워 없앤 것이 아니며 오염원들을 완전히 말살한 것이 아니다. 단지 이것은 '지금·여기에서의 행복한 머묾'일 뿐이라고 말씀하신다.(§§4~11) 본삼매의 경지인 4선-4처의 증득 자체는 깨달음이 아니다. 이런 경지들에서 출정하여 이런 경지가 무상·고·무아 등임을 통찰하여야 열반을 실현하고 그래서 아라한이나 불환자가 된다. 여기에 대해서는 『맛지마 니까야』 제2권 「앗타까나가라경」(M52)의 해설을 참조하기 바란다.

이렇게 말씀하신 뒤에 세존께서는 극복해야 하고 지워 없애야 하는 44가지 오염원을 각각 사람과 대처 방법을 통해서 들고 계신다.(§12) 이런 측면에서 본경은 오염원을 제거하여 해탈·열반을 실현하기 위해 노력하는 출·재가자에게는 아주 중요한 가르침이다.

1. 이와 같이 나는 들었다. 한때 세존께서는 사왓티에서 제따 숲의 아나타삔디까 원림(급고독원)에 머무셨다.

2. 그때 마하쭌다 존자[268]는 해거름에 [낮 동안의] 홀로 앉

---

268) 마하쭌다 존자(āyasmā Mahā-Cunda)는 쭌다 존자로도 불리고, 쭌다까(Cundaka) 존자로도 불리고, 쭌다 사미(Cunda samaṇuddesa)로도 불린다. 그는 사리뿟따 존자의 동생이었으며, 구족계를 받은 후에도 이 사미라는 호칭이 애칭으로 불리기도 했다고 한다.(DA.iii.907) 한때 그는 세존의 시자 소임을 맡기도 하였다.(ThagA.ii.124; J.iv.95 등) 사리뿟따 존자에게는 세 명의 남동생과 세 명의 여동생이 있었는데, 쭌다 장로는 그 중의

음[269])에서 일어나[270]) 세존께 다가갔다. 가서는 세존께 절을 올리고 한 곁에 앉았다. 한 곁에 앉은 마하쭌다 존자는 세존께 이렇게 말씀드렸다.

3. "세존이시여, 여러 가지 견해들이 세상에 일어납니다. 그런 것들은 자아에 대한 이론과 연관되어 있거나 세상에 대한 이론과 연관되어 있습니다.[271]) 세존이시여, 이제 막 마음에 잡도리하는[272]) 비구

한 사람이다. 그들은 모두 출가하여 세존의 제자가 되었다(DhpA.ii.188)

269) '홀로 앉음'은 paṭisallāna의 역어이다. paṭisallāna는 prati(*against*)+saṁ(*together*)+√lī(*to cling, to adhere*)에서 파생된 명사이다. 경에서는 주로 부처님이나 비구들이 공양을 마치고 낮 동안 나무 아래나 승원에서 홀로 앉아 지내는 것을 나타낸다.

주석서는 대부분 "홀로 앉음(paṭisallāna)이란 혼자 있는 상태(ekībhāva)이다."(DA.iii.1040)로 설명하고 있다. 비슷한 단어로 paviveka가 있는데 대중에서 살지 않고 한적한 곳에 홀로 지내는 일종의 토굴 생활을 뜻한다. 이 경우는 모두 '한거(閑居), 멀리 여읨'으로 옮겼다.

270) "'홀로 앉음에서 일어남(paṭisallāṇā vuṭṭhita)'이란 과의 증득(phala-samāpatti)에서 출정한 것을 말한다."(MA.i.181)

271) "'자아에 대한 이론과 연관되어 있다(attavāda-paṭisaṁyuttā).'는 것은 '물질을 자아라고 본다.'라는 방법으로 일어난 자아에 대한 이론과 연관되어 있다는 말이다.

'세상에 대한 이론(lokavāda)과 연관되어 있다.'는 것은 '자아와 세상은 영원하다.'라는 방법으로 일어난 세상에 대한 이론과 연관되어 있다는 말이다. 이것은 여덟 가지이다. 즉 자아와 세상은 영원하다. 영원하지 않다. 영원하기도 하고 영원하지 않기도 하다. 영원한 것도 영원하지 않은 것도 아니다. 자아와 세상은 유한하다. 무한하다. 유한하기도 하고 무한하기도 하다. 유한한 것도 무한한 것도 아니다."(MA.i.182)

여기서 '자아에 대한 이론(atta-vāda)'은 스무 가지 유신견을 말한다. 이것은 『맛지마 니까야』 제2권 「교리문답의 짧은 경」(M44) §7에 나열되어 있다. 세상에 대한 이론(loka-vāda)은 『맛지마 니까야』 제3권 「다섯과 셋 경」(M102) §14와 『디가 니까야』 제2권 「정신경」(D29) §34 등에 나타나는 처음 8가지와 같다.

『맛지마 니까야』 제2권 「말룽꺄 짧은 경」(M63)과 제3권 「왓차곳따 불

에게도 이런 견해들이 제거되고 이런 견해들이 완전히 버려집니까?"

"쭌다여, 참으로 여러 가지 견해들이 세상에 일어난다. 그런 것은 자아에 대한 주장과 연결되어 있거나 세상에 대한 주장과 연결되어 있다. 그러나 이러한 견해들이 어디서 일어나고273) 어디서 잠재해 있고 어디서 움직이더라도274) '이것은 내 것이 아니요, 이것은 내가 아니며, 이것은 나의 자아가 아니다.'275)라고 있는 그대로 바른 통찰지로 보는276) 자에게 이러한 견해들이 제거되고 이러한 견해들이 완

경」(M72)에서 세존께서는 이러한 이론을 논파하고 계신다.

272) "'이제 막 마음에 잡도리한다(ādimeva manasikaroto).'는 것은 처음으로 마음에 잡도리한다는 뜻이다. 여기서 언급되는 유신견은 예류도를 통해서만 버릴 수 있다. 하지만 쭌다 장로는 세존께 예류도를 아직 얻지 못한, 위빳사나 명상수행을 처음으로 하는 자(vipassanā-missaka-paṭhama-manasi-kāra)도 이러한 견해를 버릴 수 있느냐고 질문 드린다. 사실 이 쭌다 장로는 자신을 과대평가하지는 않지만(anadhimānika), 자신들을 과대평가하는 자들(adhimānikā)의 과대망상(adhimāna)을 버리게 하기 위해 본인이 그런 사람인 것처럼 하면서 이렇게 질문을 드렸다."(MA.i.182)

273) "이러한 견해들은 다섯 가지 무더기[五蘊]에서 일어나기 때문에 오온과 관련하여 설하셨다."(MA.i.182)

274) "'일어나고(uppajjati), 잠재해 있고(anuseti), 움직인다(samudācarati).'는 것에서 '일어난다.'는 것은 이러한 견해가 이전에 없었는데 지금 생겨나는 것이고, '잠재해 있다.'는 것은 반복해서 행하여 굳건해지고 내재해 있는 것이고, '움직인다.'는 것은 몸의 문과 말의 문을 통하여 표출되는 것(sampattā)이다."(MA.i.182)

275) "'이것은 내 것이다(etaṁ mama).'라고 거머쥐면 백팔 번뇌로 분류되는 갈애에 의한 사량 분별(taṇhā-papañca)을 취하게 되고, '이것이 나다(eso-hamasmi).'라고 거머쥐면 아홉 가지로 분류되는 자만에 의한 사량 분별(māna-papañca)을 취하게 되고, '이것이 나의 자아다(eso me atta).'라고 거머쥐면 62가지 사견으로 분류되는 사견에 의한 사량 분별(diṭṭhi-papañca)을 취한다. 그러므로 세존께서는 '이것은 내 것이 아니요, 이것은 내가 아니며, 이것은 나의 자아가 아니다(netaṁ mama nesohamasmi na meso atta).'라고 말씀하시면서 갈애 등의 세 가지 사량 분별을 내치신다."(MA.i.183)

전히 버려진다."277)

여덟 가지 증득[八等至]278)

4. "쭌다여, 이런 경우가 생길 것이다.279) 여기 어떤 비구가 감각적 욕망들을 완전히 떨쳐버리고 해로운 법[不善法]들을 떨쳐버린 뒤, 일으킨 생각[尋]과 지속적 고찰[伺]이 있고, 떨쳐버렸음에서 생긴

---

276) "'바른 통찰지로 본다(sammappaññāya passato).'는 것은 예류도의 통찰지로 귀결되는(pariyosānā), 위빳사나 통찰지로 본다는 말이다."(MA.i.183)

277) "'제거되고 완전히 버려진다(pahānaṁ hoti, paṭinissaggo hoti).'는 것은 둘 모두 근절에 의한 버림(samuccheda-ppahāna)을 두고 한 말이다."(MA.i.183)

278) '여덟 가지 증득[八等至, aṭṭha samāpatti]'에 대해서는 『맛지마 니까야』 「사자후의 긴 경」(M12) §16의 주해를 참조할 것.

279) "쭌다 장로의 질문에 세존께서는 수행이 초보 단계인 자는 이런 견해를 버리지 못하고, 오직 예류도로써만이 버릴 수 있다고 대답하신 다음, 이제는 자신을 과대평가하는 자들(adhimānikā)의 禪은 오염원들을 지워 없애는 것이 아니라는 것을 설명하시기 위해서 '이런 경우가 생길 것이다(ṭhānaṁ kho panetaṁ vijjati).'라고 말씀하신다.
과대평가하는 자들이란 이런 도를 얻지 못했지만 얻었다는 인식으로 인해 과대평가를 일으키는 자들이다. 이것은 세상에서 윤회를 따르는 어리석은 범부들(loka-vaṭṭa-anusārī bāla-puthujjanā)에게는 일어나지 않는다. 수행을 하지 않기 때문이다. 성스러운 제자들(ariyasāvakā)에게도 일어나지 않는다. 왜냐하면 예류자들에게는 '나는 일래자이다.'라는 과대평가가 일어나지 않는다. 일래자에게도 '나는 불환자이다.'라는 과대평가가 일어나지 않고, 불환자에게도 마찬가지이다. 그러나 이 과대평가는 사마타를 하거나 위빳사나를 하여 오염원들을 억압하고서(vikkhambhita-kilesa) 적절하게 수행을 시작한 자에게 일어난다. 왜냐하면 그가 사마타로 오염원들을 억압하거나 혹은 위빳사나로 억압하여 오염원들이 움직이는 것을 보지 못할 때 '나는 예류자이다, 혹은 일래자이다, 혹은 불환자이다, 혹은 아라한이다.'라고 이러한 과대평가가 일어나기 때문이다."(MA.i.183~184)

희열[喜]과 행복[樂]이 있는 초선(初禪)을 구족하여 머물 것이다. 그러면 그에게 이런 [생각이] 들지도 모른다. '나는 [오염원들을] 지워 없애면서 머문다.'라고. 쭌다여, 그러나 성자의 율에서는 이런 것을 [오염원들을] 지워 없앰280)이라 부르지 않는다. 이것은 성자의 율에서 '지금·여기에서의 행복한 머묾'이라고 [41] 부른다."281)

---

280) '지워 없앰'은 sallekha를 옮긴 것이다. 아래 주석서와 복주서들을 참조하여 『맛지마 니까야』에서 '[오염원들의] 지워 없앰'이라고 옮기고 있음을 밝힌다.

"'지워 없어짐(sallekhatā)'이란 모든 오염원들(sabba-kilesā)이 지워 없어진 상태(sallikhita-bhāva)를 말한다."(DA.iii.904)

"바르게 오염원들(kilesā)을 지워 없앴다(likhati)고 해서 지워 없앰이라 한다."(DAT.i.162)

"지워 없앰이란 오염원들(kilesā)을 바르게 지워 없앴다(sammadeva likhana), 잘랐다(chedana), 엷게 만들었다(tanukaraṇa)는 말이다."(Pm.88)

281) 주석서의 설명을 정리하면 이러하다.

'나는 [오염원들을] 지워 없애면서 머문다(sallekhena viharāmi).'라고 생각하는 것은 옳지 않다. [본경에서 언급하고 있는] 스스로 과대평가를 하는(adhimānika) 비구의 여덟 가지 증득은 [오염원들을] 지워 없앤 것이 아니고 혹은 지워 없애기 위한 도닦음이 아니다. 무슨 이유인가? 그 禪을 위빳사나의 기초로 삼지 않기 때문(avipassanā-pādakattā)이다. 비록 여덟 가지 증득이 『맛지마 니까야』 「미끼 경」(M25) §§12~19나 「성스러운 구함 경」(M26) §§34~41에서처럼 불교의 수행법으로 잘 나타나 있기도 하지만, 본경에서 그는 禪을 증득한 뒤 그것에서 출정하여 형성된 것들을 명상하지 않는다(na saṅkhāre sammasati). 그의 禪은 오직 마음이 한끝에 집중됨만[心一境性, cittekagga-matta]을 이루어 지금·여기에서 행복하게 머물 뿐이다. 그러므로 그 뜻을 보이시면서 세존께서는 '이것은 성자의 율에서는 지워 없앰이라 부르지 않고, 지금·여기에서의 행복한 머묾이라 한다.'고 말씀하신 것이다.(MA.i.186)

여기에 대해서는 『맛지마 니까야』 제2권 「앗타까 나가라 경」(M52) §§4~14와 「말룽꺄 긴 경」(M64) §§9~14도 참조할 것. 복주서는 여기에 부연 설명한다.

"거기서 바르게(sammā) 모든(sabbaso) 오염원들(kilesā)을 지워 없애기(likhati) 때문에 지워 없앰(sallekha)이다. 바로 성스러운 도를 말한다. 그

5. "쭌다여, 이런 경우가 있을 것이다. 여기 어떤 비구가 일으킨 생각[尋]과 지속적 고찰[伺]을 가라앉혔기 때문에 [더 이상 존재하지 않고], 자기 내면의 것이고, 확신이 있으며, 마음의 단일한 상태이고, 일으킨 생각과 지속적 고찰은 없고, 삼매에서 생긴 희열과 행복이 있는 제2선(二禪)을 구족하여 머물 것이다. 그러면 그에게 이런 [생각이] 들지도 모른다. '나는 [오염원들을] 지워 없애면서 머문다.'라고. 쭌다여, 그러나 성자의 율에서는 이런 것을 지워 없앰이라 부르지 않는다. 이것은 성자의 율에서 '지금 · 여기에서의 행복한 머묾'이라고 부른다."

6. "쭌다여, 이런 경우가 있을 것이다. 여기 어떤 비구가 희열이 빛바랬기 때문에 평온하게 머물고, 마음챙기고 알아차리며[正念 · 正知] 몸으로 행복을 경험한다. [이 禪 때문에] 성자들이 그를 두고 '평온하고 마음챙기며 행복하게 머문다.'고 묘사하는 제3선(三禪)을 구족하여 머물 것이다. 그러면 그에게 이런 [생각이] 들지도 모른다. '나는 [오염원들을] 지워 없애면서 머문다.'라고. 쭌다여, 그러나 성자의 율에서는 이런 것을 지워 없앰이라 부르지 않는다. 이것은 성자의 율에서 '지금 · 여기에서의 행복한 머묾'이라고 부른다."

7. "쭌다여, 이런 경우가 있을 것이다. 여기 어떤 비구가 행복도 버리고 괴로움도 버리고, 아울러 그 이전에 이미 기쁨과 슬픔을 소멸하였으므로 괴롭지도 즐겁지도 않으며, 평온으로 인해 마음챙김이 청정한[捨念淸淨] 제4선(四禪)을 구족하여 머물 것이다. 그러면 그에게 이런 [생각이] 들지도 모른다. '나는 [오염원들을] 지워 없애면서

것을 이루는 위빳사나는 지워 없앰을 위한 도닦음(sallekha-paṭipadā)이라 한다."(MAṬ.i.288)

머문다.'라고. 쭌다여, 그러나 성자의 율에서는 이런 것을 지워 없앰이라 부르지 않는다. 이것은 성자의 율에서 '지금 · 여기에서의 행복한 머묾'이라고 부른다."

8. "쭌다여, 이런 경우가 있을 것이다. 여기 어떤 비구가 물질[色]에 대한 인식을 완전히 초월하고 부딪힘282)의 인식을 소멸하고 갖가지 인식을 마음에 잡도리하지 않기 때문에 '무한한 허공'이라고 하면서 공무변처(空無邊處)283)를 구족하여 머물 것이다. 그러면 그에게 이런 [생각이] 들지도 모른다. '나는 [오염원들을] 지워 없애면서 머문다.'라고. 쭌다여, 그러나 성자의 율에서는 이런 것을 지워 없앰이라 부르지 않는다. 이것은 성자의 율에서 '지금 · 여기에서의 행복한 머묾'이라고 부른다."

---

282) '부딪힘의 인식(paṭigha-saññā)'에서 '부딪힘'으로 옮긴 paṭigha는 보통 '적의' 혹은 '적대감'으로 옮기는 술어이다. 그러나 초기불전연구원에서는 이 공무변처의 문맥에서 나타날 때는 paṭi(대하여)+√han(*to strike, to kill*)이라는 어원에 입각해서 '부딪힘'으로 통일해서 옮긴다. 왜냐하면 물질이 있을 때에는 반드시 부딪힘 즉 접촉이 있지만 물질이 제거되면 부딪힘 즉 접촉도 없기 때문이다. 냐나몰리 스님도 『청정도론』 등에서 '*sensory impingement*'로 옮기고 있다.

283) '공무변처(空無邊處)'는 ākāsānañcāyatana를 옮긴 것인데 이 술어는 ākāsa(허공)+ānañca(끝없음)+āyatana(장소, 處)로 이루어진 합성어이며 중국에서는 공무변처로 직역하여 정착되었다. 이 공무변처의 정형구에 "'무한한 허공'이라 하는 공무변처를 구족하여 머문다."라고 나타나듯이 이 경지에서는 '무한한 허공(ananto ākāso)'이라는 산냐(인식)가 현전하므로 이것을 공무변처라고 부른 것이다. 더 자세한 설명은 『청정도론』 제10장(Vis.X.6~11)을 참조할 것.
이하 공무변처에서부터 비상비비상처까지의 4처는 『청정도론』 제10장에 상세하게 설명되어 있으며 『아비담마 길라잡이』 제1장 §22와 제9장 §12에도 정리되어 있다.

9. "쭌다여, 이런 경우가 있을 것이다. 여기 어떤 비구가 공무변처를 완전히 초월하여 '무한한 알음알이[識]'라고 하면서 식무변처(識無邊處)[284]를 구족하여 머물 것이다. 그러면 그에게 이런 [생각이] 들지도 모른다. '나는 [오염원들을] 지워 없애면서 머문다.'라고. 쭌다여, 그러나 성자의 율에서는 이런 것을 지워 없앰이라 부르지 않는다. 이것은 성자의 율에서 '지금 · 여기에서의 행복한 머묾'이라고 부른다."

10. "쭌다여, 이런 경우가 있을 것이다. 여기 어떤 비구가 식무변처를 완전히 초월하여 '아무것도 없다.'라고 하면서 무소유처(無所有處)[285]를 구족하여 머물 것이다. 그러면 그에게 이런 [생각이] 들지도 모른다. '나는 [오염원들을] 지워 없애면서 머문다.'라고. 쭌다여, 그러나 성자의 율에서는 이런 것을 지워 없앰이라 부르지 않는다. 이

---

284) '식무변처(識無邊處)'는 viññāṇancāyatana를 옮긴 것인데 이 술어도 viññāṇa(알음알이)+ānañca+āyatana로 분석된다. 여기서는 ānañca가 añca로 발음되어 나타난다. 본 정형구에서 무한하다고 하는 것은 첫 번째 무색계 禪(공무변처)을 뜻한다. 첫 번째 무색계선은 허공이라는 개념(paññatti)을 대상으로 가지기 때문에 허공을 대상으로 가지는 알음알이도 그 무한함을 나누어 가지는 것이다. 그러므로 이런 경지에 도달하기 위해서 수행자는 공무변처의 알음알이를 그 대상으로 삼아 그것이 무한한 알음알이라는 두 번째 무색계의 본삼매가 일어날 때까지 수행한다.

285) '무소유처(無所有處)'는 ākiñcaññāyatana)를 옮긴 것인데 ākiñcañña + āyatana로 분석된다. ākiñcañña는 kiñcana(그 무엇)의 부정어인 akiñcana(아무것도 아닌)의 곡용형으로서 '아무것도 없음'을 나타내는 명사이다.

무소유처는 공무변처의 알음알이가 지금 존재하지 않음(natthi-bhāva)이 그 대상이 된다. 그 알음알이가 존재하지 않는 것에 마음을 잡도리함으로써 무소유처는 첫 번째 무색계 마음이 '존재하지 않는다는 개념(natthi-bhāva-paññatti)'을 대상으로 삼아서 일어나는 것이다.

것은 성자의 율에서 '지금 · 여기에서의 행복한 머묾'이라고 부른다."

11. "쭌다여, 이런 경우가 있을 것이다. 여기 어떤 비구가 무소유처를 완전히 초월하여 비상비비상처(非想非非想處)286)를 구족하여 머물 것이다. 그러면 그에게 이런 [생각이] 들지도 모른다. '나는 [오염원들을] 지워 없애면서 머문다.'라고. [42] 쭌다여, 그러나 성자의 율에서는 이런 것을 지워 없앰이라 부르지 않는다. 이것은 성자의 율에서 '지금 · 여기에서의 행복한 머묾'이라고 부른다."287)

---

286) '비상비비상처(非想非非想處)'는 nevasaññānāsaññāyatana를 옮긴 것인데 이것은 na(아니다)+eva(결코)+saññā(인식)+na(아니다)+asaññā(인식 아님도)로 분석이 되는데 여기서 보듯이 이 경지는 인식이 극도로 미세해져서 인식 등의 마음부수들이 있는지 없는지 분간하기 어려운 심리 상태라 하겠다.
비상비비상처의 증득은 인식을 포함했다고도 제외했다고도 할 수 없기 때문에 이렇게 이름지은 것이다. 이런 유형의 마음에는 인식(saññā)의 마음부수가 너무나 미세하기 때문에 그것이 더 이상 인식으로서의 기능을 수행할 수가 없다. 그러므로 이 경지는 인식을 가졌다고 할 수 없다. 그러나 인식이 완전히 사라진 것도 아니고 설명할 수 없는 형태로 남아 있다. 비록 인식 하나만이 언급되었지만 이 마음에 존재하는 다른 모든 마음부수법들도 그런 극히 미세한 상태로 존재하기 때문에 그들도 존재한다거나 하지 않는다라고 설명할 수 없다. 이 네 번째 무색계선은 세 번째 무색계선인 무소유처의 마음을 그 대상으로 가진다.

287) 이러한 색계 네 가지 선과 무색계 네 가지 선으로 정리되는 본삼매의 경지로는 오염원들을 말살하거나 다 지워내지 못한다. 이러한 삼매에 들었을 때는 오염원들이 밖으로 드러나지 않을 뿐이다. 그래서 이러한 선이나 본삼매의 경지를 다른 경들에서는 '일시적 해탈(samaya-vimutta)'이라 부른다. 일시적 해탈에 대해서는 『상윳따 니까야』 제1권 「고디까 경」(S4:23) §2와 이에 대한 주해와 『앙굿따라 니까야』 제3권 「일시적 해탈 경」 1(A5:149) §1의 주해를 참조할 것. '일시적이지 않은 해탈(asamaya-vimutti)'에 대해서는 『맛지마 니까야』 「심재 비유의 긴 경」(M29) §6과 주해를 참조할 것.

지워 없앰의 실천

12. "쭌다여, 그러나 그대들은 여기서 지워 없앰을 실천해야 한다.[288] ① '다른 사람들은 상해(傷害)를 입힐지라도 우리는 상해하지 않으리라.'라고 그대들은 이렇게 지워 없앰을 실천해야 한다.[289] ②

---

288) "이처럼 자신을 과대평가하는 비구의 禪은 위빳사나의 토대가 되지 않기 때문에 지워 없앰의 머묾(sallekha-vihāra)이라 하지 않는다고 말씀하시고, 이제는 마흔네 가지 형태로 지워 없앰을 보이시면서 이렇게 '지워 없앰을 실천해야 한다(sallekho karaṇīyo).'고 하신다.

그러면 이런 여덟 가지 증득[八等至, aṭṭha samāpatti]도 오염원들을 억압하여 일어난 고요하고 수승한 높은 법들인데 이들은 지워 없앰이라 하지 않고, 왜 여기서 상해하지 않음(avihiṁsa) 등을 지워 없앰이라 하셨는가? 상해하지 않음 등은 출세간법의 토대가 되고(lokuttara-pādakatta), 외도들(bāhirakā)의 여덟 가지 증득은 오직 윤회의 토대(vaṭṭa-pādaka)가 되기 때문이다."(MA.i.186)

여기 나타나는 이 44가지 형태의 지워 없앰 가운데서 어떤 것은 특정한 범주에 속하는데 다음과 같이 정리된다. 여기에 언급되지 않은 것은 특정한 범주에 속하지 않는 것이다.

②~⑪은 열 가지 유익하고 해로운 업의 길[十善業道·不善業道]을 말한다.(『맛지마 니까야』「바른 견해 경」(M9) §4 참조)

⑫~⑱은 팔정도(여덟 가지 바른 길)와 여덟 가지 그릇된 길 가운데서 첫 번째인 정견·사견을 제외한 일곱 가지이다. 정견·사견은 ⑪과 중복되었다. 아래 주해에서 설명하고 있다.(『맛지마 니까야』 제4권「위대한 마흔 가지 경」(M117) §34 참조)

⑲~⑳은 열 가지 바름과 그릇됨[十正道·十邪道] 중에서 두 가지이다. 십정도의 처음 여덟은 앞의 팔정도와 같다.(『앙굿따라 니까야』 제6권「열 번째 경」(A10:132)과「열한 번째 경」(A10:133) 참조)

㉑~㉓은 다섯 가지 장애[五蓋] 가운데 마지막 세 가지로, 처음의 두 가지는 ⑨와 ⑩과 같다.

㉔~㉝은 열여섯 가지 오염원들(『맛지마 니까야』「옷감의 비유 경」(M7) §3 참조) 가운데 10가지이다.

㊲~㊸은 일곱 가지 좋고 나쁜 자질을 말한다.(『맛지마 니까야』 제2권「유학 경」(M53) §§11~17 참조)

'다른 사람들은 생명을 죽일지라도 우리는 생명을 죽이지 않으리라.'라고 이렇게 지워 없앰을 실천해야 한다. ③ '다른 사람들은 주지 않은 것을 가질지라도 우리는 주지 않은 것을 가지지 않으리라.'라고 이렇게 지워 없앰을 실천해야 한다. ④ '다른 사람들은 청정범행을 지키지 않을지라도 우리는 청정범행을 지키리라.'라고 이렇게 지워 없앰을 실천해야 한다. ⑤ '다른 사람들은 거짓말을 할지라도 우리는 거짓말을 하지 않으리라.'라고 이렇게 지워 없앰을 실천해야 한다. ⑥ '다른 사람들은 중상모략을 할지라도 우리는 중상모략을 하지 않으리라.'라고 이렇게 지워 없앰을 실천해야 한다. ⑦ '다른 사람들은 욕설을 할지라도 우리는 욕설을 하지 않으리라.'라고 이렇게 지워 없앰을 실천해야 한다. ⑧ '다른 사람들은 잡담을 할지라도 우리는 잡담을 하지 않으리라.'라고 이렇게 지워 없앰을 실천해야 한다. ⑨ '다른 사람들은 욕심을 부리더라도 우리는 욕심을 부리지 않으리라.'라고 이렇게 지워 없앰을 실천해야 한다. ⑩ '다른 사람들은 악의를 품을지라도 우리는 악의를 품지 않으리라.'라고 이렇게 지워 없엄을 실천해야 한다. ⑪ '다른 사람들은 그릇된 견해를 지닐지라도 우리는 바른 견해를 지니리라.'라고 이렇게 지워 없앰을 실천해야 한다.290)

⑫ '다른 사람들은 그릇된 사유291)를 할지라도 우리는 바른 사유

289) "여기서 '지워 없앰(sallekha)'은 '상해(傷害)하지 않음(avihiṁsa)'을 말한다. 상해하지 않음은 상해를 지워 없애고(sallekhati) 끊어버리기(chindati) 때문에 지워 없앰(sallekha)이라 부른다. 이 방법은 여기 나타나는 다른 곳에도 다 적용된다."(MA.i.187)

290) "여기서 '그릇된 견해(micchā-diṭṭhika)'는 열 가지 해로운 업의 길(十不善業道) 중에서 마지막인 열 번째와 여덟 가지 그릇됨 중에서 처음을 가르침의 순서에 따라 하나로 묶어 보인 것이다. 둘 모두 그릇된 견해의 상태가 동일하기 때문이다."(MA.i.188)

291) "'그릇된 사유(micchā-saṅkappa)'란 전도되고 [해탈로] 인도하지 않는

를 하리라.'라고 이렇게 지워 없앰을 실천해야 한다. ⑬ '다른 사람들은 그릇된 말을 할지라도 우리는 바른 말을 하리라.'라고 이렇게 지워 없앰을 실천해야 한다. ⑭ '다른 사람들은 그릇된 행위를 할지라도 우리는 바른 행위를 하리라.'라고 이렇게 지워 없앰을 실천해야 한다. ⑮ '다른 사람들은 그릇된 생계를 영위할지라도 우리는 바른 생계를 영위하리라.'라고 이렇게 지워 없앰을 실천해야 한다. ⑯ '다른 사람들은 그릇된 정진을 할지라도 우리는 바른 정진을 하리라.'라고 이렇게 지워 없앰을 실천해야 한다. ⑰ '다른 사람들은 그릇된 마음챙김[292]을 할지라도 우리는 바른 마음챙김을 하리라.'라고 이렇게 지워 없앰을 실천해야 한다. ⑱ '다른 사람들은 그릇된 삼매를 가질지라도 우리는 바른 삼매를 가지리라.'라고 이렇게 지워 없앰을 실천해야 한다. ⑲ '다른 사람들은 그릇된 지혜[293]를 가질지라도 우리는 바른 지혜[294]를 가지리라.'라고 이렇게 지워 없앰을 실천해야 한다. ⑳ '다른 사람들은 그릇된 해탈[295]을 할지라도 우리는 바른 해탈[296]을 하

해로운 사유(ayāthāva-aniyyānika-akusala-saṅkappa)를 말한다."(MA.i.188)

292) "'그릇된 마음챙김(micchā-sati)'이란 어떤 개별적인 법이 없다. 그것은 다만 과거를 생각하면서 일어난 [수 · 상 · 행 · 식의] 네 가지 해로운 무더기(cattāro akusala-kkhandhā)를 두고 한 말이다."(MA.i.188)

293) "여기서 '그릇된 지혜(micchā-ñāṇa)'란 나쁜 행위에 대해 [그물이나 올가미 등의] 수단을 궁구함에 의해 죄를 짓고도 '난 잘했어.'라고 반조하는 형태로 일어난 어리석음(moha)을 말한다."(MA.i.188)

294) "'바른 지혜(sammā-ñāṇa)'란 열아홉 가지로 분류되는 반조의 지혜(paccavekkhaṇā-ñāṇa)를 바른 지혜라 한다."(MA.i.188~189)
열아홉 가지 반조의 지혜는 『맛지마 니까야』 「역마차 교대 경」(M24) §2의 주해와 『청정도론』 XXII.19 이하를 참조할 것

295) "이들은 [색계禪과 무색계禪을 얻은 것만으로는(rūpa-arūpa-samāpatti-lābhitā-mattena) — MAṬ] 윤회에서 해탈하지 못한 상태임에도 '우리는 해탈했다.'라는 인식을 가진 자들(vimutti-saññino)이다."(MA.i.89)

리라.'라고 이렇게 지워 없앰을 실천해야 한다.

㉑ '다른 사람들은 해태와 혼침에 빠질지라도 우리는 해태와 혼침을 떨어버리리라.'라고 이렇게 지워 없앰을 실천해야 한다. ㉒ '다른 사람들은 들뜰지라도 우리는 들뜨지 않으리라.'라고 이렇게 지워 없앰을 실천해야 한다. ㉓ '다른 사람들은 의심할지라도 우리는 의심을 건너뛰리라.'라고 이렇게 지워 없앰을 실천해야 한다.

㉔ '다른 사람들은 분노할지라도 우리는 분노하지 않으리라.'라고 이렇게 지워 없앰을 실천해야 한다. ㉕ '다른 사람들은 적의를 품을지라도 우리는 적의를 품지 않으리라.'라고 이렇게 지워 없앰을 실천해야 한다. [43] ㉖ '다른 사람들은 모욕할지라도 우리는 모욕하지 않으리라.'라고 이렇게 지워 없앰을 실천해야 한다. ㉗ '다른 사람들은 얕볼지라도 우리는 얕보지 않으리라.'라고 이렇게 지워 없앰을 실천해야 한다. ㉘ '다른 사람들은 질투할지라도 우리는 질투하지 않으리라.'라고 이렇게 지워 없앰을 실천해야 한다. ㉙ '다른 사람들은 인색할지라도 우리는 인색하지 않으리라.'라고 이렇게 지워 없앰을 실천해야 한다. ㉚ '다른 사람들은 속일지라도 우리는 속이지 않으리라.'라고 이렇게 지워 없앰을 실천해야 한다. ㉛ '다른 사람들은 사기칠지라도 우리는 사기 치지 않으리라.'라고 이렇게 지워 없앰을 실천해야 한다. ㉜ '다른 사람들은 완고할지라도 우리는 완고하지 않으리라.'라고 이렇게 지워 없앰을 실천해야 한다. ㉝ '다른 사람들은 거만할지라도 우리는 거만하지 않으리라.'라고 이렇게 지워 없앰을 실천해야 한다.

---

296) "'바른 해탈(sammā-vimutti)'이란 과와 함께한 바른 견해 등 여덟 가지를 제외한 나머지 법들을 바른 해탈이라 한다. 그것은 그릇된 해탈을 지워 없애고 머물기 때문에 지워 없앰이라 한다."(MA.i.189)

㉞ '다른 사람들은 훈도하기 어려운 사람이 될지라도 우리는 훈도하기 쉬운 사람이 되리라.'라고 이렇게 지워 없앰을 실천해야 한다. ㉟ '다른 사람들은 나쁜 도반을 사귈지라도 우리는 좋은 도반[善友]을 사귀리라.'[297]라고 이렇게 지워 없앰을 실천해야 한다. ㊱ '다른 사람들은 방일할지라도 우리는 방일하지 않으리라.'라고 이렇게 지워 없앰을 실천해야 한다.

㊲ '다른 사람들은 믿음이 없을지라도 우리는 믿음을 가지리라.'라고 이렇게 지워 없앰을 실천해야 한다. ㊳ '다른 사람들은 양심이 없을지라도 우리는 양심을 가지리라.'라고 이렇게 지워 없앰을 실천해야 한다. ㊴ '다른 사람들은 수치심이 없을지라도 우리는 수치심을 가지리라.'라고 이렇게 지워 없앰을 실천해야 한다. ㊵ '다른 사람들은 적게 배우더라도 우리는 많이 배우리라.'라고 이렇게 지워 없앰을 실천해야 한다. ㊶ '다른 사람들은 게으르더라도 우리는 열심히 정진하리라.'라고 이렇게 지워 없앰을 실천해야 한다. ㊷ '다른 사람들은 마음챙김을 놓아버리더라도 우리는 마음챙김을 확립하리라.'라고 이렇게 지워 없앰을 실천해야 한다. ㊸ '다른 사람들은 통찰지가 없더라도 우리는 통찰지를 갖추리라.'라고 이렇게 지워 없앰을 실천해야 한다. ㊹ '다른 사람들은 자기 견해를 고수하고 굳게 거머쥐어 그것을 쉽게 놓아버리지 못하더라도[298] 우리는 우리의 견해를 고수하

---

297) 주석서는 데와닷따 같은 '나쁜 도반(pāpa-mitta)'도 있고, 부처님이나 사리뿟따 존자 같은 '좋은 도반(kalyāṇa-mitta)'도 있다고 예를 들고 있다. (MA.i.189)

298) "자기에게 일어난 '이것만이 오직 진리이다.'라는 견해를 쥐고는 부처님께서 바른 방법을 보여주시고 설명해주셔도 '자기 견해를 고수하고(sandiṭṭhi-parāmāsi)', '굳게 거머쥐고(ādhāna-gāhi)', '쉽게 놓아버리지 않는(duppaṭinissaggi)' 자들을 두고 한 말이다."(MA.i.190)

여 굳게 거머쥐지 않고 그것을 쉽게 놓아버리리라.'라고 이렇게 지워 없앰을 실천해야 한다.

발심

13. "쭌다여, 유익한 법[善法]들에 대해서 마음을 일으키는 것[發心][299]만도 큰 도움이 된다고 나는 설하나니, 하물며 몸과 말로써 그것을 따라 실천하는 것은 말해 무엇하겠는가?

그러므로 쭌다여, 그대는 여기서 ① '다른 사람들은 상해를 입힐지라도 우리는 상해하지 않으리라.'라고 마음을 일으켜야 한다. ② '다른 사람들은 생명을 죽일지라도 우리는 생명을 죽이지 않으리라.' 라고 마음을 일으켜야 한다. … ㊹ '다른 사람들은 자기 견해를 고수하고 굳게 거머쥐어 그것을 쉽게 놓아버리지 못하더라도 우리는 우리의 견해를 고수하여 굳게 거머쥐지 않고 그것을 쉽게 놓아버리리라.'라고 마음을 일으켜야 한다."

피함

14. "쭌다여, 예를 들면 평탄하지 못한 길과 그것을 피하기 위해 다른 평탄한 길이 있고, 또한 평탄하지 못한 여울목과 그것을 피하기 위해 다른 평탄한 여울목이 있는 것과 같이,[300] [44] ① 상해하는 사

---

299) "이와 같이 마흔네 가지 형태의 지워 없앰을 보이시고, 이제는 그 지워 없앰에 대해 '마음을 일으키는 것[發心, cittuppāda]'만도 큰 이익이 된다고 말씀하신다. 무슨 이유인가? 그것은 오로지 이익과 행복을 가져오기 때문이고(ekanta-hita-sukh-āvahattā), 또 그것을 행하는 원인이 되기 때문(anuvidhiyanānaṁ hetuttā)이다. 예를 들면 보시를 하리라(dānaṁ dassāmi)고 마음을 일으키는 것은 자기 자신에게 이익과 행복을 가져오고 또 보시를 행하는 원인이 되는 것과 같다."(MA.i.191)

300) "이와 같이 마흔네 가지 형태로 설한 지워 없앰(sallekha)에 대해 마음을

람에게는 그것을 피하기 위해 상해하지 않음이 있다. ② 살생하는 사람에게는 그것을 피하기 위해 살생하지 않음이 있다. ③ 주지 않은 것을 가지는 사람에게는 그것을 피하기 위해 주지 않은 것을 가지지 않음이 있다. ④ 청정범행을 지키지 않는 사람에게는 그것을 피하기 위해 청정범행이 있다. ⑤ 거짓말을 하는 사람에게는 그것을 피하기 위해 거짓말하지 않음이 있다. ⑥ 중상모략을 하는 사람에게는 그것을 피하기 위해 중상모략하지 않음이 있다. ⑦ 욕설을 하는 사람에게는 그것을 피하기 위해 욕설하지 않음이 있다. ⑧ 잡담을 하는 사람에게는 그것을 피하기 위해 잡담하지 않음이 있다. ⑨ 욕심을 부리는 사람에게는 그것을 피하기 위해 욕심을 부리지 않음이 있다. ⑩ 악의를 품은 사람에게는 그것을 피하기 위해 악의를 품지 않음이 있다.

⑪ 그릇된 견해를 가진 사람에게는 그것을 피하기 위해 바른 견해가 있다. ⑫ 그릇된 사유를 하는 사람에게는 그것을 피하기 위해 바른 사유가 있다. ⑬ 그릇된 말을 하는 사람에게는 그것을 피하기 위해 바른 말이 있다. ⑭ 그릇된 행위를 하는 사람에게는 그것을 피하기 위해 바른 행위가 있다. ⑮ 그릇된 생계를 영위하는 사람에게는 그것을 피하기 위해 바른 생계가 있다. ⑯ 그릇된 정진을 하는 사람

일으키는 것만 해도 큰 이익이 된다고 설하신 뒤, 지금은 그 지워 없앰의 이익을 얻기 위한 길(hita-adhigamāya magga-bhāva)을 보이시면서 이 문장을 시작하신다.

평탄하지 못한 길과 평탄하지 못한 여울목을 피하기 위해 평탄한 길과 평탄한 여울목을 보이셨듯이, 상해를 피하기 위해 상해하지 않음을 가르치셨다. 그것을 따를 때 어렵지 않게 인간으로 태어날 곳(manussa-gati)과 천상으로 태어날 곳(deva-gati)에 뛰어들어서 성취를 경험할 수도 있고, 세상을 초월할 수도 있다. 이 방법은 나머지 마흔세 가지 형태의 지워 없앰에도 적용된다."(MA.i.192)

에게는 그것을 피하기 위해 바른 정진이 있다. ⑰ 그릇된 마음챙김을 하는 사람에게는 그것을 피하기 위해 바른 마음챙김이 있다 ⑱ 그릇된 삼매를 가진 사람에게는 그것을 피하기 위해 바른 삼매가 있다. ⑲ 그릇된 지혜를 가진 사람에게는 그것을 피하기 위해 바른 지혜가 있다. ⑳ 그릇된 해탈을 한 사람에게는 그것을 피하기 위해 바른 해탈이 있다.

㉑ 해태와 혼침에 빠진 사람에게는 그것을 피하기 위해 해태와 혼침 없음이 있다. ㉒ 들뜬 사람에게는 그것을 피하기 위해 들뜨지 않음이 있다. ㉓ 의심하는 사람에게는 그것을 피하기 위해 의심을 건넘이 있다.

㉔ 분노한 사람에게는 그것을 피하기 위해 분노하지 않음이 있다. ㉕ 적의를 품은 사람에게는 그것을 피하기 위해 적의 없음이 있다. ㉖ 모욕하는 사람에게는 그것을 피하기 위해 모욕하지 않음이 있다. ㉗ 얕보는 사람에게는 그것을 피하기 위해 얕보지 않음이 있다. ㉘ 질투하는 사람에게는 그것을 피하기 위해 질투하지 않음이 있다. ㉙ 인색한 사람에게는 그것을 피하기 위해 인색하지 않음이 있다. ㉚ 속이는 사람에게는 그것을 피하기 위해 속이지 않음이 있다. ㉛ 사기 치는 사람에게는 그것을 피하기 위해 사기 치지 않음이 있다. ㉜ 완고한 사람에게는 그것을 피하기 위해 완고하지 않음이 있다. ㉝ 거만한 사람에게는 그것을 피하기 위해 거만하지 않음이 있다.

㉞ 훈도하기 어려운 사람에게는 그것을 피하기 위해 잘 훈도됨이 있다. ㉟ 나쁜 도반에게는 그것을 피하기 위해 좋은 도반[善友] 됨이 있다. ㊱ 방일한 사람에게는 그것을 피하기 위해 불방일이 있다. ㊲ 믿음이 없는 사람에게는 그것을 피하기 위해 믿음이 있다. ㊳ 양심 없는 사람에게는 그것을 피하기 위해 양심이 있다. ㊴ 수치심 없

는 사람에게는 그것을 피하기 위해 수치심이 있다. ㊵ 적게 배운 사람에게는 그것을 피하기 위해 많이 배움이 있다. ㊶ 게으른 사람에게는 그것을 피하기 위해 불굴의 정진력이 있다. ㊷ 마음챙김을 놓아버린 사람에게는 그것을 피하기 위해 마음챙김의 확립이 있다. ㊸ 통찰지가 없는 사람에게는 그것을 피하기 위해서 통찰지를 구족함이 있다. ㊹ 자기 견해를 고수하고 굳게 거머쥐어 그것을 쉽게 놓아버리지 못하는 사람에게는 그것을 피하기 위해 자기 견해를 고수하지 않음과 굳게 거머쥐지 않아 그것을 힘들이지 않고 놓아버림이 있다.

고귀한 상태로 인도함

15. "쭌다여, 예를 들면 해로운 법[不善法]들은 모두 미천한 상태로 인도하고 유익한 법[善法]들은 모두 고귀한 상태로 인도하는 것과 같이,[301] ① 상해하는 사람에게는 고귀한 상태를 위해 상해하지 않음이 있다. ② 살생하는 사람에게는 고귀한 상태를 위해 살생하지

301) "이렇게 그 지워 없앰의 이익을 얻기 위한 길을 보이신 뒤, 지금은 그것이 '고귀한 상태로 인도하는 것(upari-bhāgaṅ-gamanīyā)'을 보이시면서 이 문장을 시작하신다.
해로운 법들은 그것이 어떤 것이건, 즉 재생연결을 생산하는 것이건 아니건, 재생연결이 주어진 뒤 과보를 생산하는 것이건 아니건, 그 모두가 태어남 등이 미천한 상태로 인도하기 때문에 '미천한 상태로 인도함(adho-bhāvaṅ-gamanīyā)'이라고 부른다. 과보를 낼 때에 그 과보는 오로지 원하지 않고 바라지 않는 것이기 때문(aniṭṭha-akanta-vipākattā)이다.
유익한 법들은 모두 태어남 등이 고귀한 상태로 인도하기 때문에 '유익한 상태로 인도함(upari-bhāvaṅ-gamanīyā)'이라고 부른다. 과보를 낼 때 그 과보는 오로지 원하고 바라는 것이기 때문(iṭṭha-kanta-vipākattā)이다."(MA.i.192~193)

않음이 있다. … ㊹ 자기 견해를 고수하고 굳게 거머쥐어 [45] 그것을 쉽게 놓아버리지 못하는 사람에게는 고귀한 상태를 위해 자기 견해를 고수하지 않음과 굳게 거머쥐지 않아 그것을 힘들이지 않고 놓아버림이 있다."

완전하게 꺼짐

16. "쭌다여, 스스로 진흙탕에 빠진 사람[302]이 다른 진흙탕에 빠진 사람을 끌어올린다는 것은 참으로 불가능하다. 쭌다여, 그러나 스스로 진흙탕에 빠지지 않은 사람이 다른 진흙탕에 빠진 자를 끌어올린다는 것은 가능하다. 쭌다여, 스스로 길들여지지 않았고 바르게 인도되지 않았고 [오염원들이] 완전히 꺼지지 않은 사람이 다른 사람을 길들이고 인도하고 [오염원들을] 완전히 꺼지게 하리라는 것은 참으로 불가능하다.[303] 쭌다여, 그러나 스스로 길들여졌고 인도되었고 [오염원들이] 완전히 꺼진 사람이 다른 사람을 길들이고 인도하

302) 주석서를 요약하면 다음과 같다.
'진흙탕에 빠진 사람(palipa-palipanna)'은 깊은 진흙탕에 빠진 사람을 뜻한다. 그러나 여기 성스러운 교법에서는 다섯 가닥의 얽어매는 감각적 욕망(pañca kāmaguṇā)에 빠진 범부를 말한다. 깊은 진흙탕에 빠진 외도 수행자가 그러한 곳에 처해있는 다른 사람을 손이나 머리를 잡고 끌어올린다는 것은 참으로 불가능하다. 그것은 그 사람을 끌어올려서 땅에 서게 할 방법(ṭhāna)이 없기 때문이다. 그와 마찬가지로 자기 스스로 다섯 가닥의 얽어매는 감각적 욕망에 빠진 사람이 그러한 곳에 처해있는 다른 사람을 끌어올린다는 것은 참으로 불가능하다. 방법이 없기 때문이다.(MA.i.193)

303) 주석서는 이 문장을 두 가지 방법으로 설명한다. (1) 스스로 상해하지 않는 사람(attanā avihiṁsaka)은 자기의 상해하지 않음으로 상해하는 다른 사람의 상해함을 완전히 꺼지게 하도록 한다. (2) 스스로 상해하는 사람(attanā vihiṁsaka)은 자기의 상해함을 버리기 위해, 완전히 꺼지게 하기 위해 도를 닦아 상해하지 않음이 일어난다.(MA.i.194)

고 [오염원들을] 완전히 꺼지게 하리라는 것은 가능하다.

쭌다여, 그와 같이 ① 상해하는 사람에게는 그것을 완전히 꺼지게 하기 위해 상해하지 않음이 있다. ② 살생하는 사람에게는 그것을 완전히 꺼지게 하기 위해 살생하지 않음이 있다. … [46] … ㊹ 자기 견해를 고수하고 굳게 거머쥐어 그것을 쉽게 놓아버리지 못하는 사람에게는 그것을 완전히 꺼지게 하기 위해 자기 견해를 고수하지 않음과 굳게 거머쥐지 않아 그것을 힘들이지 않고 놓아버림이 있다."

결론

17. "쭌다여, 이와 같이 나는 지워 없애는 방법을 설했고, 거기에 마음 일으키는[發心] 방법을 설했고, 피하는 방법을 설했고, 고귀한 상태에 이르는 방법을 설했고, 완전히 꺼지게 하는 방법을 설했다."

18. "쭌다여, 항상 제자들의 이익을 기원하며 제자들을 연민하는 스승이 마땅히 해야 할 바를 나는 연민으로 했다.304) 쭌다여, 여기 나무 밑이 있다. 여기 빈집이 있다. 참선을 하라.305) 쭌다여, 방일하

---

304) "나는 그대들에게 이러한 다섯 가지 방법을 가르쳤다. 이만큼이 연민을 가진 스승의 임무(kicca)이니, 그것은 전도되지 않은 법을 가르치는 것(aviparīta-dhamma-desanā)이다. 그러나 그 다음에 실천 수행하는 것(paṭipatti)은 제자들의 임무(kicca)이다."(MA.i.195)

305) "'참선을 하라(jhāyatha).'는 것은 대상을 명상하는 것(ārammaṇ-ūpanij-jhāna)으로 38가지 대상을, 특징을 명상하는 것(lakkhaṇ-ūpanijjhāna)으로 무더기[蘊], 감각장소[處] 등을 무상 등으로 명상한다는 말이다. 사마타와 위빳사나를 증장시키라고 말씀하시는 것이다."(MA.i.195)
여기서 말하는 38가지 대상은 38가지 명상주제(kammaṭṭhāna)를 말한다. 『청정도론』에서 명상주제는 모두 40가지로 정리되어 나타나는데 주석서 문헌에서는 이처럼 38가지로 나타난다. 38가지로 정리한 것은 경에 나타나는 10가지 까시나 가운데 마지막의 두 가지 까시나(허공의 까시나와 알음알이의 까시나)를 제외한 것이다. 이 두 가지 까시나는 네 가지 무색

지 마라. 나중에 후회하지 마라. 이것이 그대에게 주는 나의 간곡한 당부이다."

세존께서는 이와 같이 설하셨다. 마하쭌다 존자는 흡족한 마음으로 세존의 말씀을 크게 기뻐했다.

의 증득 가운데 처음의 둘인 공무변처의 증득과 식무변처의 증득에 포함되기 때문에 주석서 문헌에서는 이를 제외하고 38가지 명상주제라고 언급하고 있다.

그러나 『청정도론』에서는 이 둘을 제한된 허공의 까시나(paricchinn-ākāsa-kasiṇa)와 광명의 까시나(āloka-kasiṇa)로 대체해서 도두 40가지 명상주제로 정리하고 있다.

경에 나타나는 열 가지 까시나에 대해서는 『앙굿따라 니까야』 「까시나 경」(A10:25)과 「꼬살라 경」 1(A10:29)과 「깔리 경」(A10:25)과 『디가 니까야』 제3권 「합송경」(D33) §3.3.(2)와 「십상경」(D34) §2.3.(2)와 『맛지마 니까야』 제3권 「사꿀루다이 긴 경」(M77) §24 등을 참조할 것. 40가지 명상주제에 대해서는 『청정도론』 III.103 이하와 『아비담마 길라잡이』 9장 §6 이하와 <도표 9.1>을 참조할 것.

옷감의 비유 경

오염원을 극복하는 다섯 단계의 가르침

Vatthūpama Sutta(M7)

【해설】

불교에서 바른 노력[四正勤]과 바른 정진[正精進]은 항상 해탈・열반에 도움이 되는 유익한 법[善法]과 해탈・열반에 장애가 되는 해로운 법[不善法]의 판단에서부터 출발한다.(『맛지마 니까야』 제3권 M73의 해설 참조) 이렇게 하여 불선법을 없애고 선법을 증장시켜 깨달음을 얻고 열반을 실현하는 것이다. 이미 니까야에서부터 불선법은 번뇌, 폭류, 족쇄 등의 여러 무리로 분류되어 나타나는데 아비담마에서는 이것을 열 가지 모둠으로 정리한다.(『초기불교 이해』 303쪽 이하 참조) 이러한 모둠 가운데 하나가 오염원인데, 본경에서는 16가지 마음의 오염원으로 나타난다.

본경은 이러한 마음의 오염원들을 제거하여 깨달음을 실현하는 다섯 단계의 가르침을 담고 있다. 그 다섯 가지는 ① 16가지 마음의 오염원을 버림(§3) ② 삼보에 흔들림 없는 깨끗한 믿음을 지님(§§5~7) ③ 행복과 삼매를 체험함(§§8~10) ④ 자애・연민・더불어 기뻐함・평온 즉 자・비・희・사의 네 가지 거룩한 마음가짐[四梵住, 四無量心]을 체득함(§§13 ~16) ⑤ 번뇌를 소멸하는 지혜[漏盡通]의 실현(§§17~18)으로 나타난다.
먼저 세존께서는 더럽고 때가 묻은 옷감과 희고 깨끗한 옷감을 예로 드시면서 옷감이 더럽고 때가 묻으면 염색공이 그 옷감을 물들이기 위해 염료에 담그더라도 물이 잘 들지도 않을 뿐더러 색깔도 선명하지 않다고 말씀을 하신다. 그것은 옷감이 깨끗하지 않기 때문이다. 그와 같이 마음이 오염되면 악처(惡處)가 예상된다고 가르치신다. 그러나 반대로 옷감이 희고 깨끗하면 물이 잘 들고 그 색깔도 선명한데 그것은 옷감이 깨끗하기 때문이다. 그와 같이 마음이 오염되지 않으면 선처(善處)가 예상된다고 말씀하신다.(§2) 이러한 옷감의 비유가 본경의 제목이 되었다.

① 그런 뒤에 세존께서는 16가지의 마음의 오염원(cittassa upakkilesa)을 들고 계신다.(§3) 이 16가지 오염원을 원어와 함께 병기해 보면, 욕심과 그릇된 탐욕(abhijjhā-visama-lobha), 악의(byāpāda), 분노(kodha), 적의(upanāha), 모욕(makkha), 얕봄(paḷāsa), 질투(issā), 인색(macchariya), 속임(māyā), 사기(sāṭheyya), 완고함(thambha), 뻔뻔스러움(sārambha), 자만(māna), 거만(atimāna), 허영(mada), 방일(pamāda)이다.

② 이러한 16가지 오염원을 버릴 때 그는 부처님께 … 법에 … 승가에 흔들리지 않는 깨끗한 믿음[淸淨信]을 지닌다.(§§5~7)

③ 이렇게 부처님과 법과 승가에 깨끗한 믿음을 지니면 영감과 법과 관계된 환희와 희열과 몸의 경안과 행복을 경험하고 마음이 삼매에 든다.(§§8~10)

④ 이렇게 하여 그는 자애·연민·더불어 기뻐함·평온의 네 가지 거룩한 마음가짐[四梵住]이 함께한 마음으로 온 방향을 가득 채우면서 머문다.(§§13~16)

⑤ 이것을 토대로 그는 해탈하게 되고 "'태어남은 다했다. … 다시는 어떤 존재로도 돌아오지 않을 것이다.'라고 꿰뚫어 아는" 번뇌를 소멸하는 지혜가 생긴다.(§§17~18)

이런 가르침을 듣고 순다리까 바라드와자 바라문이 출가를 하게 된다. 그는 세존의 곁으로 출가하여 구족계를 받았고 마침내 아라한이 되었다.(§§19~22) 이렇게 해서 경은 마무리가 된다.

특히 본경에서 설하고 계신 16가지 마음의 오염원은 상좌부 아비담마의 14가지 해로운 마음부수법과 비견해 볼 수 있는 『경장』의 가르침으로 아비담마의 해로운 법들과 비교해서 음미해 볼 필요가 있다.

1. 이와 같이 나는 들었다. 한때 세존께서는 사왓티에서 제따 숲의 아나타삔디까 원림(급고독원)에 머무셨다. 거기서 세존께서는 "비구들이여."라고 비구들을 부르셨다. "세존이시여."라고 비구들은 세존께 응답했다. 세존께서는 이렇게 말씀하셨다.

2. "비구들이여, 마치 옷감이 더럽고 때가 묻으면 염색공이 그 옷감을 파랗거나 노랗거나 빨갛거나 심홍색으로 물들이기 위해 그 각각의 염료에 담그더라도 그것은 물이 잘 들지도 않고 그 색깔도 선명하지 않을 것이다. 그것은 무슨 까닭인가? 비구들이여, 옷감이 깨끗하지 않기 때문이다. 비구들이여, 그와 같이 마음이 오염되면 악처(惡處)306)가 예상된다.

비구들이여, 마치 옷감이 희고 깨끗하면 염색공이 파랗거나 노랗거나 빨갛거나 심홍색으로 물들이기 위해 그 각각의 염료에 담글 때 그것은 물이 잘 들고 그 색깔도 선명하다. 그것은 무슨 까닭인가? 비구들이여, 옷감이 깨끗하기 때문이다. 비구들이여, 그와 같이 마음이 오염되지 않으면 선처(善處)가 예상된다."

3. "비구들이여, 무엇이 마음의 오염원들307)인가?

---

306) '악처'는 duggati를 옮긴 것이고 아래의 '선처'는 sugati를 옮긴 것이다. 주석서는 "선처는 26가지 천상세계이고 악처는 네 가지이다(chabbīsati-deva-lokabhedaṁ saggañca catubbidhaṁ apāyañca dibbacakkhunā passati, — Sn.ii.470)."라고 설명하고 있다. 우리에게 악처는 삼악도라 하여 지옥, 축생, 아귀의 셋으로 알려져 있지만 주석서에서 보듯이 상좌부에서는 아수라를 악도 혹은 악처에 넣어서 4악도로 나타난다. 26가지 천상세계와 4악도에 대한 설명은 『아비담마 길라잡이』 제5장 §§3~8을 참조할 것.

307) 여기서 '오염원'은 upakkilesa를 옮긴 것이다. 일반적으로 오염원으로 옮기는 단어에는 kilesa(『상윳따 니까야』 「오염원 상윳따」(S27) 등)와

여기에 접두어 'upa'가 붙은 upakkilesa(본경과 『맛지마 니까야』 제4권 「오염원 경」(M128) §27 등)와 접두어 'saṁ'이 첨가된 saṅkilesa(『맛지마 니까야』 「사자후의 긴 경」(M12) §16 등)의 세 가지가 니까야에 나타나는데 kilesa가 대표적인 것이다.

주석서는 "성가시게 하고 억누른다, 들볶는다(kilissati vibādhati, upatāpeti)는 뜻에서 오염원이라 한다."(DhsA.42)라고 설명하고 있다. 『담마상가니 주석서』(DhsA.50)에서 kilesa는 saṅkilesa와 같은 의미로 받아들이고 있듯이 일반적으로 이 셋은 동의어로 취급한다.

한편 『논장』 『담마상가니』(법집론, Dhs)에는 "열 가지 오염원이 있으니 (1) 탐욕 (2) 성냄 (3) 어리석음 (4) 자만 (5) 사견 (6) 의심 (7) 해태 (8) 들뜸 (9) 양심 없음 (10) 수치심 없음이다(dasa kilesā: lobho, doso, moho, māno, diṭṭhi, vicikicchā, thinaṁ, uddhaccaṁ, ahirikaṁ, anottappaṁ)."(Dhs.214 {1229})라고 하여 열 가지 오염원을 들고 있지만 니까야에는 10가지 오염원이 나타나지 않는다.

『상윳따 니까야』 제5권 「오염원 경」(S46:33)과 『앙굿따라 니까야』 제3권 「오염원 경」(A5:23)에는 삼매를 방해하는 다섯 가지 장애[五蓋, pañca nīvaraṇāni] 즉 감각적 욕망, 악의, 해태·혼침, 들뜸·후회, 의심의 다섯 가지를 마음의 오염원(cittassa upakkilesa)이라고 부르고 있다. 그리고 『상윳따 니까야』 제3권 「눈[眼] 경」(S27:1) §3에서는 눈·귀·코·혀·몸·마노의 육내처를 '마음의 오염원(cittass'eso upakkileso)'이라고 부르고 있다.

『맛지마 니까야』 제4권 「오염원 경」(M128) §27에는 의심, 마음에 잡도리하지 않음, 해태와 혼침, 두려움, 의기양양함, 무력증, 지나친 정진, 느슨한 정진, 갈애, 다양한 인식, 형색들에 대한 지나친 명상의 11가지를 마음의 오염원으로 들고 있다.

그런데 『청정도론』(XX.105 이하)에서는 일어남과 사라짐을 관찰하는 위빳사나 수행자가 형성된 것들을 무상 등으로 관찰할 때 그에게 나타나는 광명, 희열 등을 upakkilesa(경계, 혹은 오염원)로 표현했다. 왜냐하면 위빳사나 수행자가 이것을 성스러운 법이라 여기면서 바른 과정에서 벗어나버리기 때문이다. upakkilesa가 해로운 마음부수법들과 연결이 되면 '오염원'이나 '더러움' 등으로 옮겨야 하겠지만 여기서는 열심히 위빳사나를 닦는 자에게 나타나는 현상이므로 수행 중에 일어나는 경계라는 의미에서 '경계'로 옮겼다. 『청정도론』(XX.105 이하)과 『아비담마 길라잡이』 제9장 §32도 참조할 것.

① 욕심과 그릇된 탐욕[308]이 마음의 오염원이다.[309] ② 악의가 마음의 오염원이다. ③ 분노가 마음의 오염원이다. ④ 적의가 마음의 오염원이다. ⑤ 모욕이 마음의 오염원이다. ⑥ 얕봄이 마음의 오염원이다. ⑦ 질투가 마음의 오염원이다. ⑧ 인색이 마음의 오염원이다. ⑨ 속임이 마음의 오염원이다. ⑩ 사기가 마음의 오염원이다. ⑪ 완고함이 마음의 오염원이다. ⑫ 뻔뻔스러움이 마음의 오염원이다. ⑬ 자만이 마음의 오염원이다. ⑭ 거만이 마음의 오염원이다. ⑮ 허영이 마음의 오염원이다. [97] ⑯ 방일이 마음의 오염원이다."[310]

본경에서는 옷감의 비유와 함께 마음이 오염될 때는 '악처(惡處, duggati)'에 태어나고, 마음이 오염되지 않을 때는 '선처(善處, sugati)'에 태어난다고 설하고 계신다. 그리고 무엇에 의해서 마음이 오염되는지를 보이시면서 탐욕을 위시한 모든 오염원(kilesā)들을 upakkilesa라고 표현하고 있다.

308) '욕심과 그릇된 탐욕'은 abhijjhā-visama-lobha를 옮긴 것이다. 주석서는 이렇게 설명한다.

"자기의 재산(saka-bhaṇḍa)에 대한 열정과 욕망(chanda-rāga)은 '욕심(abhijjhā)'이고, 다른 이의 재산에 대한 열정과 욕망은 '그릇된 탐욕(visama-lobha)'이다. 혹은 자기의 것이건 다른 이의 것이건, 소유하고 있거나 얻은 것에 대한 열정과 욕망은 '욕심'이고, 다른 이의 아내 등 소유하기에 부적절한 것과 얻을 수 없는 것에 대한 열정과 욕망은 '그릇된 탐욕'이다. 그러나 바로 그 탐욕(lobha)이 욕심을 부린다는 뜻에서는 '욕심'이고, 그릇되다는 뜻에서는 '그릇됨'이기 때문에 단어만 다를 뿐 뜻은 같다. 그는 이 욕심과 그릇된 탐욕을 일으켜 마음을 더럽히고 빛나게 하지 않는다. 그러므로 '마음의 오염원(cittassa upakkilesa)'이라 한다."(MA.i.169)

309) 본 문단에 나타나는 16가지 오염원을 원어와 함께 병기해 보면 다음과 같다.

욕심과 그릇된 탐욕(abhijjhā-visama-lobha), 악의(byāpāda), 분노(kodha), 적의(upanāha), 모욕(makkha), 얕봄(paḷāsa), 질투(issā), 인색(macchariya), 속임(māyā), 사기(sāṭheyya), 완고함(thambha), 뻔뻔스러움(sārambha), 자만(māna), 거만(atimāna), 허영(mada), 방일(pamāda).

4. "비구들이여, 비구는 '욕심과 그릇된 탐욕[311]이 마음의 오염원이다.'라고 알아 욕심과 그릇된 탐욕이라는 마음의 오염원을 버린다.[312] '악의가 마음의 오염원이다.'라고 알아 … '방일이 마음의 오염원이다.'라고 알아 방일이라는 마음의 오염원을 버린다."

5. "비구들이여, 비구가 '욕심과 그릇된 탐욕이 마음의 오염원이다.'라고 알아 욕심과 그릇된 탐욕이라는 마음의 오염원을 버리고, '악의가 마음의 오염원이다.'라고 알아 … '방일이 마음의 오염원이

---

310) 이 16가지 오염원들은 『맛지마 니까야』 「법의 상속자 경」(M3)의 §§8~15에서도 언급되고 있다. 단 두 번째 오염원인 본경의 악의 대신에 거기서는 성냄(dosa)으로 나타나는 것이 다르다.

311) "그렇다면 왜 세존께서는 이런 오염원들을 보이시면서 '탐욕(lobha)'을 첫 번째로 언급하셨는가? 탐욕이 가장 먼저 일어나기(paṭham-uppattita) 때문이다. 모든 중생들에게는 그들이 어디에 태어나든지 간에, 정거천의 세상까지도 가장 먼저 존재에 대한 갈구(bhava-nikanti)의 형태로 탐욕이 일어나고, 그 다음에 각자에게 적합한 조건(anurūpa-paccaya)에 따라 다른 오염원들이 일어난다. 그리고 이 열여섯 가지 마음의 오염원들(cittassa upakkilesā)만이 마음을 오염시키는 것이 아니라 모든 오염원(kilesā)들도 다 해당된다고 알아야 한다."(MA.i.170)

312) 여기서 '버린다(pajahati)'는 것은 성스러운 도(ariya-magga)로써 근절에 의한 버림(samuccheda-ppahāna)으로 버린다는 뜻이다. 오염원들을 버리는 순서는 다음과 같다. ① 욕심과 그릇된 탐욕, 완고함, 뻔뻔스러움, 거만, 자만, 허영(abhijjhā-visama-lobha, thambha, sārambha, māna, atimāna, mada)의 여섯은 아라한도로써 버린다. ② 악의, 분노, 적의, 방일(byāpāda, kodha, upanāha, pamāda)의 넷은 불환도로써 버린다. ③ 모욕, 얕봄, 질투, 인색, 속임, 사기(makkha, paḷāsa, issā, macchariya, māyā)의 여섯은 예류도로써 버린다.
그러나 이 문맥에서는 이 오염원들을 예류도로써 버리건 혹은 나머지 도로써 버리건, 여기서는 오직 불환도(anāgāmi-magga)에 의한 버림과 관련하여 욕심과 부당한 탐욕이라는 마음의 오염원을 버린다고 말문을 여셨다고 알아야 한다."(MA.i.171)

다.'라고 알아 방일이라는 마음의 오염원을 버릴 때, 그는 부처님께 흔들리지 않는 깨끗한 믿음[淸淨信]을 지닌다. '이런 [이유로] 그분 세존께서는 아라한[應供]이시며, 완전히 깨달은 분[正等覺]이시며, 명지와 실천을 구족한 분[明行足]이시며, 피안으로 잘 가신 분[善逝]이시며, 세간을 잘 알고 계신 분[世間解]이시며, 가장 높은 분[無上士]이시며, 사람을 잘 길들이는 분[調御丈夫]이시며, 하늘과 인간의 스승[天人師]이시며, 부처님[佛]이시며, 세존(世尊)이시다.'라고."

6. "그는 법에 흔들리지 않는 깨끗한 믿음을 지닌다. 법은 세존에 의해서 잘 설해졌고, 스스로 보아 알 수 있고, 시간이 걸리지 않고, 와서 보라는 것이고, 향상으로 인도하고, 지자들이 각자 알아야 하는 것이다.'라고"

7. "그는 승가에 흔들리지 않는 깨끗한 믿음을 지닌다. 세존의 제자들의 승가는 잘 도를 닦고, 세존의 제자들의 승가는 바르게 도를 닦고, 세존의 제자들의 승가는 참되게 도를 닦고, 세존의 제자들의 승가는 합당하게 도를 닦으니, 곧 네 쌍의 인간들이요[四雙] 여덟 단계에 있는 사람들[八輩]이시다. 이러한 세존의 제자들의 승가는 공양받아 마땅하고, 선사받아 마땅하고, 보시받아 마땅하고, 합장받아 마땅하며, 세상의 위없는 복밭[福田]이시다.'라고."

8. "그가 [각각의 오염원을 완전히 남김없이 버릴 수 있는] 그 각각의 도로써313) [그 오염원을] 포기하고, 토해내고, 풀어주고, 버

---

313) '그 각각의 도로써'는 yathodhi를 주석서를 참조하여 옮긴 것이다. 주석서는 이렇게 설명한다.
"변방에 머무는 도둑의 위험을 진정시키고서 그것을 반조하면서 대도시에 머무는 왕처럼, 이 불환자에게 '나에게 이런 오염원들과 이런 오염원들은 제거되었다.'라고 자기의 오염원들을 버린 것을 반조하면서 크나큰 기쁨이

리고, 완전히 놓아버릴 때 '나는 부처님께 움직이지 않는 깨끗한 믿음을 지녔다.'라고 생각하면서 결과에서 영감을 얻고 원인에서 영감을 얻으며314) 법과 관계된 환희를 얻는다. 환희하는 자에게 희열이

일어난다. 세존께서 그것을 보이시면서 'yathodhi kho panassa(그가 그 각각의 도로써)'라고 말씀을 시작하셨다.

여기서 'yathodhi'는 yo yo odhi(각각의 도)의 합성어이다. 이 뜻은 다음과 같다. 이 불환자인 비구가 각각의 오염원을 완전히 남김없이 버릴 수 있는 그 각각의 도로써 그 오염원을 포기하고, 토해내고, 풀어주고, 버리고, 완전히 놓아버린다. 즉 예류도로써는 모욕, 얕봄, 질투, 인색 등을 완전히 남김없이 버리고, 불환도로써는 악의, 적의 등을 완전히 남김없이 버린다. 그는 이렇게 오염원들의 버림을 반조하면서 기쁨을 얻는다. 또한 그보다 더한 '삼보에 대한 흔들리지 않는 청정한 믿음을 구족했다.'라고 생각하면서 영감을 얻는다는 뜻이다.

암송할 때에는 'yatodhi kho panassa'라고도 한다. 여기서는 yato와 odhi의 합성어가 된다. 'yato'는 이유를 나타내고, 'odhi'는 일반적으로는 '한계, 부분'을 뜻하지만 여기서는 아래 단계의 세 가지 도(예류도, 일래도, 불환도)를 말한다. 이 세 도는 한계(odhi)를 짓고 부분(koṭṭhāsa)을 만들어서, 더 위의 도(아라한도)로써 버려야 할 오염원들을 남겨두고 버리기 때문에 odhi라고 한다. 그러나 마지막인 아라한도는 어떤 오염원들도 남기지 않고 모두 버리기 때문에 anodhi(한계 없음)라고 한다. 이 비구가 아래 단계의 세 가지 도로써 오염원들을 버린 것이 'yathodhi kho panassa cattaṁ hoti'의 뜻이다."(MA.i.172~173)

한편 Ee, Be에는 yathodhi로 나타나고 Te(태국본)에는 yatodhi로, Se에는 yatopi로 나타난다. 주석서의 설명에서 보았듯이 주석서는 yathodhi와 yatodhi 둘 다로 읽어서 설명하고 있다.

314) '결과에서 영감을 얻고 원인에서 영감을 얻으며'는 atthavedaṁ labhati dhammavedaṁ labhati를 옮긴 것이다. 이것은 '목표(attha)에서 영감(veda)을 얻고, 법(dhamma)에서 영감(veda)을 얻는다.'로 직역할 수 있다. 그런데 역자가 이렇게 의역을 한 것은 『위방가』(분석론)에서 '원인(hetu)에 대한 지혜가 법무애(法無碍)이다. 원인의 결과(hetu-phala)에 대한 지혜가 의무애(義無碍)이다."(Vbh.293, Vis.XIV.24 참조)라고 설명하고 있기 때문에 attha-veda를 '결과에 대한 영감'으로, dhamma-veda를 '원인에 대한 영감'으로 옮겼다. 주석서는 다음과 같이 설명한다.

생긴다. 희열이 있는 자는 몸이 경안하다. 몸이 경안한 자는 행복을 경험하고 행복한 자는 마음이 삼매에 든다.”315)

9. “‘나는 법에 움직이지 않는 깨끗한 믿음을 지녔다.’라고 생각하면서 결과에서 영감을 얻고 원인에서 영감을 얻으며 법과 관계된 환희를 얻는다. 환희하는 자에게 희열이 생긴다. 희열이 있는 자는 몸이 경안하다. 몸이 경안한 자는 행복을 경험하고 행복한 자는 마음이 삼매에 든다.”

10. “‘나는 [98] 승가에 움직이지 않는 깨끗한 믿음을 지녔다.’라고 생각하면서 결과에서 영감을 얻고 원인에서 영감을 얻으며 법과 관계된 환희를 얻는다. 환희하는 자에게 희열이 생긴다. 희열이 있는 자는 몸이 경안하다. 몸이 경안한 자는 행복을 경험하고 행복한 자는

“여기서 부처님 등에 대해 흔들리지 않는 청정한 믿음만이 존중받을 만하기 때문에(araṇīyato) attha(목표)라 한다. 다가가야 한다는 말이다. 유지하고 붙들기 때문에(dhāranato) dhamma(법)라 한다. 이 청정한 믿음을 가진 자를 악처에 떨어지는 것에서 붙들어준다는 뜻이다. veda(영감)는 ‘책(gantha), 지혜(ñāṇa), 기쁨(somanassa)’이라는 뜻으로 사용되지만 여기서는 기쁨이라는 뜻이다. 즉 목표에서 기쁨을 얻고, 법에서 기쁨을 얻는다는 말이다.

혹은 attha-veda는 흔들리지 않는 청정한 믿음을 반조하면서 일어난 기쁨과 또 기쁨으로 가득 찬 지혜를 말하고, dhamma-veda는 흔들리지 않는 청정한 믿음의 원인인 각각의 도를 통한 오염원들의 버림을 반조하면서 일어난 기쁨과 또 기쁨으로 가득 찬 지혜를 말한다.”(MA.i.173~174)

315) “환희(pāmujja)는 얇은 희열(taruṇa-pīti)이고, 희열은 만족의 형태로 나타나는 강한 희열(balava-pīti)이다. 몸(kāya)은 정신의 무더기(nāma-kāya)를 뜻하고, 마음이 삼매에 든다는 것은 아라한과의 삼매로 삼매에 든다는 뜻이다.”(AA.iii.230)

한편 복주서는 “정신의 무더기가 경안할 때 물질의 무더기(rūpa-kāya)도 반드시 경안하기 때문에 정신의 무더기가 경안하다고 설했다.”(AAṬ.iii.10)고 덧붙이고 있다.

마음이 삼매에 든다."

11. "이제 그는 '나는 [각각의 오염원을 완전히 남김없이 버릴 수 있는] 그 각각의 도로써 [그 오염원을] 포기하고, 토해내고, 풀어 주고, 버리고, 완전히 놓아버렸다.'라고 반조하면서 결과에서 영감을 얻고 원인에서 영감을 얻으며 법과 관계된 환희를 얻는다. 환희하는 자에게 희열이 생긴다. 희열이 있는 자는 몸이 경안하다. 몸이 경안한 자는 행복을 경험하고 행복한 자는 마음이 삼매에 든다."

12. "비구들이여, 비구가 이런 계를 지니고, 이런 법을 지니고, 이런 통찰지[316]를 구족하면 깨끗한 흰쌀밥과 여러 가지 국과 여러 가지 반찬을 먹더라도 그것은 그에게 장애가 되지 않는다. 예를 들면 더럽고 때묻은 옷감이 맑은 물을 만나 청정해지고 깨끗해지고, 금이 용광로를 만나 청정해지고 깨끗해지듯이, 비구가 이와 같이 계를 지니고 이와 같이 [삼매의] 법을 지니고 이와 같이 통찰지를 구족하면 깨끗한 흰쌀밥과 여러 가지 국과 여러 가지 반찬을 먹더라도 그것은 그에게 장애가 되지 않는다."[317]

---

316) "여기서 '이런 계(evaṁ-sīla)'란 불환도와 관련된 계의 무더기[戒蘊]를, '이런 법(evaṁ-dhamma)'이란 불환도와 관련된 삼매의 무더기[定蘊]를, '이런 통찰지(evaṁ-pañña)'란 불환도와 관련된 통찰지의 무더기[慧蘊]를 말한다."(MA.i.174)
주석서의 설명처럼 이 셋은 계·정·혜 삼학을 언급하는 것이 분명하다. 왜 두 번째의 samādhi(삼매, 定) 대신에 법(dhamma)이란 용어가 쓰였는지는 분명치 않다. 그런데 본경의 이 표현은 『맛지마 니까야』 제4권 「경이롭고 놀라운 일 경」(M123) §2에도 나타나는데 그곳에 해당하는 주석서는 "'이런 법(evaṁ-dhammā)'이란 삼매의 편에 있는 법(samādhi-pakkhā dhammā)을 말한다."(MA.iv.167~168)라고 설명하고 있다.

317) "이런 비구는 이런 좋은 음식을 먹더라도 그가 도와 과와 이것을 성취하는 위빳사나를 얻는데 아무런 장애(antarāyā)가 되지 않는다. 왜냐하면 위에

13. "그는 자애가 함께한 마음으로 한 방향을 가득 채우면서 머문다. 그처럼 두 번째 방향을, 그처럼 세 번째 방향을, 그처럼 네 번째 방향을 자애가 함께한 마음으로 가득 채우면서 머문다. 이와 같이 위로, 아래로, 옆으로, 모든 곳에서 모두를 자신처럼 여기고, 모든 세상을 풍만하고, 광대하고, 무량하고, 원한 없고, 악의 없는, 자애가 함께한 마음으로 가득 채우면서 머문다."

14. ~*16.* "그는 연민이 함께한 마음으로 … 더불어 기뻐함이 함께한 마음으로 … 평온이 함께한 마음으로 한 방향을 가득 채우면서 머문다. 그처럼 두 번째 방향을, 그처럼 세 번째 방향을, 그처럼 네 번째 방향을 평온이 함께한 마음으로 가득 채우면서 머문다. 이와 같이 위로, 아래로, 옆으로, 모든 곳에서 모두를 자신처럼 여기고, 모든 세상을 풍만하고, 광대하고, 무량하고, 원한 없고, 악의 없는, 평온이 함께한 마음으로 가득 채우면서 머문다."318)

17. "그는 '이것이 있다. 저열한 것이 있다. 수승한 것이 있다. 이런 인식에 의지한 것보다 더 높은 벗어남이 있다.'라고 꿰뚫어 안다."319)

서 설명한 계와 법과 통찰지를 갖춘 도에 의해서 마음이 청정해졌기 때문(visuddha-cittattā)이다."(MA.i.174)

318) 이상 본경 §§13~16에 나타나는 자애[慈, mettā], 연민[悲, karuṇā], 더불어 기뻐함[喜, muditā], 평온[捨, upekkhā]의 네 가지 거룩한 마음가짐[四梵住, 四無量心, cattāro brahma-vihāra]에 대한 정형구는 『청정도론』 제9장(IX)에 상세하게 설명되어 있다. 『아비담마 길라잡이』 제2장 §7의 [해설]도 참조 할 것.

319) "감각적 욕망과 악의를 버림으로써 반대가 없어졌다. 그리하여 가까운 원인을 얻은 그 불환자의 네 가지 거룩한 마음가짐[四梵住]의 상태를 보여주시고, 이제는 그가 아라한과를 얻기 위한 위빳사나 수행을 먼저 보여주신 다음에, 아라한과의 증득을 보여주시기 위해 '이것이 있다(atthi idaṁ).'라

18. "이와 같이 알고 이와 같이 볼 때[320] 그는 감각적 욕망에 기인한 번뇌에서 마음이 해탈한다. 존재에 기인한 번뇌에서도 마음이 해탈한다. 무명에 기인한 번뇌에서도 마음이 해탈한다. 해탈했을 때 해탈했다는 지혜가 생긴다. '태어남은 다했다. 청정범행은 성취되었다. 할 일을 다 해 마쳤다. 다시는 어떤 존재로도 돌아오지 않을 것이

고 시작하셨다. 뜻은 다음과 같다.

그 불환자가 이렇게 거룩한 마음가짐을 닦아서 그 거룩한 마음가짐에서 출정한 뒤, 그 거룩한 마음가짐의 법들을 정신[名, nāma]으로 정의하고, 그들의 의지처는 심장토대(hadaya-vatthu)이고, 이것의 의지처는 근본물질들(bhūtāni)이라고 이러한 방식으로 근본물질과 파생된 물질의 법들(bhūt-upādāya-dhammā)을 물질[色, rūpa]로 정의하면서 '이것이 있다(atthi idaṁ).'라고 꿰뚫어 안다. 이것은 괴로움의 진리[苦諦, dukkha-sacca]를 정의한 것(vavatthāna)이다.

그 다음에 괴로움의 발생을 통찰하면서 '저열한 것이 있다(atthi hīnaṁ).'라고 꿰뚫어 안다. 이것은 일어남의 진리[集諦, samudaya-sacca]를 정의한 것이다.

그 다음에 버리는 수단을 숙고하면서 '수승한 것이 있다(atthi paṇītaṁ).'라고 꿰뚫어 안다. 이것은 도의 진리[道諦, magga-sacca]를 정의한 것이다.

그 다음에 그 도로써 얻어야 할 경지(adhigantabba-ṭṭhāna)를 숙고하면서 '이런 인식의 영역에 의지한 것보다 더 높은 벗어남이 있다(atthi uttari imassa saññāgatassa nissaraṇaṁ).'라고 꿰뚫어 안다. 이것은 내가 증득한(adhigata) 거룩한 마음가짐의 인식의 영역이라는 이것보다 더 높은 벗어남(nissaraṇa)인 열반이 있다고 꿰뚫어 아는 것을 말한다. 이것은 소멸의 진리[滅諦, nirodha-sacca]를 정의한 것이다."(MA.i.176)

320) "'이와 같이 알고 이와 같이 본다(evaṁ jānato evaṁ passato).'는 것은 그가 위빳사나의 통찰지로 이와 같이 네 가지 형태로 네 가지 진리[四諦]를 알고, 도의 통찰지로 이와 같이 볼 때 『맛지마 니까야』 「두려움과 공포 경」(M4)에서 설한 대로 번뇌가 다하여 마음이 해탈한다는 뜻이다." (MA.i.176~177)

여기서 네 가지 형태란 §17의 '이것이 있다. 저열한 것이 있다.' 등을 말한다.

다.'라고 꿰뚫어 안다. [39] 비구들이여, 이를 일러 '비구가 내면의 목욕321)으로 목욕했다.'라고 한다."322)

19. 그때 순다리까 바라드와자 바라문323)이 세존과 멀지 않은 곳에 앉아 있었다. 그는 세존께 이렇게 말씀드렸다.

"그런데 고따마 존자께서도 바후까 강으로 목욕을 가지 않으십니까?"324)

---

321) "'내면의 목욕(antara sināna)'이란 안으로 오염원들에서 벗어남의 목욕(kilesa-vuṭṭhāna-sinān a)을 말한다."(MA.i.177)
바라문 전통에서 강에 목욕하는 의식은 중요하다. 그래서 『앙굿따라 니까야』 제4권 「사문 등의 경」(A7:82)에도 나타나듯이 베다 공부를 마친 바라문을 '목욕을 마친 자(nahātaka, Sk. snātaka)'라 부른다. 부처님께서는 진정한 의미의 목욕을 불교식으로 정의하신다. '목욕을 마친 자(nahātaka, Sk. snātaka)'의 의미 등에 대해서는 『맛지마 니까야』 제2권 「앗사뿌라 긴 경」(M39) §22의 주해와 §25의 주해를 참조할 것.

322) 이상으로 아라한과의 증득에 대한 가르침을 설하신 뒤, 이것은 강에서 목욕하는 의식을 통해 청정해진다(sināna-suddhi)는 사견을 가진 순다리까 바라드와자라는 바라문을 꾸짖으면서 하신 말씀이라고 주석서는 밝히고 있다.(MA.i.177) 그때 그가 대중 가운데 앉아 있었는데 세존께서는 그가 부처님의 목욕에 대한 법문을 듣고 교단으로 출가하면 장차 아라한과를 얻을 사람이라는 것을 미리 아셨다고 한다.(*Ibid*)

323) "이 바라문의 이름은 바라드와자(Bhāradvāja)였는데, 순다리까 강에서 목욕한 사람의 악업이 소멸된다는 견해를 가지고 있었기 때문에 순다리까 바라드와자(Sundarika-bhāradvāja)라 불렸다."(MA.i.177)
"순다리까 바라드와자 바라문(Sundarika-bhāradvāja brāhmaṇa)은 순다리까 강의 언덕에서 불에 헌공을 하는(aggi-juhaṇa) 자였기 때문에 얻은 이름이다."(SA.i.233)
문자적으로 순다리까는 '잘생긴 자'라는 뜻이다.

324) "부처님께서 '비구가 내면의 목욕으로 목욕했다(bhikkhu sināto antarena sinānena).'라고 하시는 말씀을 듣고 그 바라문은 '우리도 목욕하여 청정해지는 것을 칭찬하는데 고따마 존자도 역시 그것을 칭찬하시는구나. 우리와 같은 생각을 갖고 계시는구나.'라고 생각했다. 그래서 그는 '세존께서 바후까 강에 가서 그곳에서 악업을 씻어내고 오셨다.'라고 생각하면서

"바라문이여, 바후까 강이 무슨 소용 있는가? 바후까 강이 무엇을 할 수 있는가?"

"고따마 존자시여, 많은 사람들은 바후까 강이 해탈을 준다고 생각합니다. 고따마 존자시여, 많은 사람들은 바후까 강이 공덕을 준다고 생각합니다. 바후까 강에서 많은 사람들은 악업을 씻어냅니다."

20. 그때 세존께서는 순다리까 바라드와자 바라문에게 게송으로 설하셨다.

"바후까, 아디깍까, 순다리까
사랏사띠, 빠야가, 바후마띠 강에
어리석은 자 항상 뛰어들지만
검은 업을 맑히지 못한다네.

순다리까 강이 무엇을 하며
빠야까 강이 무엇을 하며
바후까 강이 무엇을 하겠는가?
[살생 등] 나쁜 업을 지었고 잔혹한 행위를 했으며
악업을 지은 그를 [이 강들이] 맑히지 못한다네.

청정한 자에게는 나날이
팍구나의 보름날이요,[325] 포살일이니[326]

'그런데 고따마 존자께서도 바후까 강으로 목욕을 가시지 않으십니까?'라고 말한 것이다. 세존께서는 간다, 가지 않는다는 말씀 대신 바라문의 사견을 부수고(diṭṭhi-samugghāta) 싶은 마음에 '바후까 강이 무슨 소용 있는가? 바후까 강이 무엇을 할 수 있는가?'라고 말씀하신다."(MA.i.177)

325) "'청정한 자(suddha)'란 오염원들이 없는 자를 말한다."(MA.i.179)
여기서 '팍구나의 보름날'은 phaggu를 풀어서 옮긴 것이다. 이것은 팍구

마음이 청정하고 몸의 행위 등이 깨끗한 자는
항상 서계를 구족한 것이라네.

바라문이여, 그대는 바로 여기서 목욕을 하라.327)

나 달(phagguṇa, 음력 2월에서 3월까지)의 보름날을 말하는데 바라문들은 이날을 가장 신성한 날로 여겼다고 한다.

주석서에 의하면 이 바라문은 '누구든지 팍구나 달 가운데서 팍구나 달의 보름날(uttara-phagguṇī-divasa)에 목욕을 하는 자는 일 년 동안 지은 죄를 모두 씻는다.'는 견해를 갖고 있었다고 한다. 세존께서는 그의 이런 견해를 부수기 위해 오염원들이 없는 청정한 자에게는 나날이 팍구나의 보름날이라고 하셨다고 주석서는 밝히고 있다.(*Ibid*)

326) "청정한 자는 음력 14일과 15일 등에서 '포살(uposatha)'을 준수하지 않더라도 항상 포살을 행하는 것이다."(MA.i.179)

'포살일(布薩日)' 혹은 줄여서 '포살'은 uposatha의 음역이며 불교의 계율 준수일을 말한다. 주석서는 이렇게 설명한다.

"이날에 준수한다(upavasati)고 해서 포살이라 한다. 준수한다는 것은 계(sīla)나 금식(anasana)을 지키면서 머문다는 뜻이다. 이 포살일(uposatha-divasa)은 8일, 14일, 15일의 세 가지가 있다."(SA.i.276)

일반적으로 포살은 음력 초하루와 보름에 거행되며 이날에 비구들은 함께 모여서 『비구 빠띠목카』를 암송한다. 이러한 포살 가운데서 안거가 끝나는 마지막 보름밤에 모여서 행하는 의식을 '자자(自恣, pavāraṇā)'라고 한다. 자자는 연장자부터 자신의 잘못을 발로참회하고, 본경에서처럼 혹시 자신이 모르는 가운데 지은 잘못이 있는가를 대중들에게 묻고 대중들의 책망을 기꺼이 받아들이는 의식이다. 포살과 자자는 지금 한국 승가의 대중처소에서도 잘 지켜지고 있다.

한편 포살로 음역한 우뽀사타(Sk. upavasatha)는 『제의서』(祭儀書, Brāhmaṇa) 등의 베딕 문헌에서도 제사를 지내기 전에 지키는 금식일로 나타나고 있으며, 자이나교 등의 다른 사문·바라문 전통에서도 이미 준수하던 것이었다. 그래서 자연스럽게 일찍부터 불교 교단에 채용되었다.

327) "'바로 여기서 목욕을 하라(idheva sināhi).'는 것은 바로 이 내 교법(sāsana)에서 목욕을 하라는 말이다. 만약 안의 오염원들과 더러움을 씻어내기를 원한다면, 여기 바로 내 교법에서 팔정도의 물(aṭṭhaṅgika-magga-salila)로 목욕을 하라. 그 외에는 방법이 없다는 말씀이시다."(MA.i.179)

모든 존재들에게 안은(安隱)함을 베풀라.328)
만일 그대가 거짓말을 하지 않고
생명을 해치지 않고, 주지 않은 것을 가지지 않고
믿음 있고, 인색하지 않으면
가야 강에 갈 필요가 뭐 있겠는가?
우물도 그대에게 가야 강이 되리."329)

21. 이렇게 말씀하시자 순다리까 바라드와자 바라문은 세존께 이렇게 말씀드렸다.

"경이롭습니다, 고따마 존자시여. 경이롭습니다, 고따마 존자시여. 마치 넘어진 자를 일으켜 세우시듯, 덮여있는 것을 걷어내 보이시듯, [방향을] 잃어버린 자에게 길을 가리켜주시듯, 눈 있는 자 형상을 보라고 어둠 속에서 등불을 비춰주시듯, 고따마 존자께서는 여러 가지 방편으로 법을 설해주셨습니다. 저는 이제 고따마 존자께 귀의하옵고 법과 비구 승가에 귀의합니다. 고따마 존자시여, 저는 고따마 존자의 곁에 출가하여 구족계를 받고자 합니다."

22. 순다리까 바라드와자 바라문은 세존의 곁으로 출가하여 구족계를 받았다. [40] 구족계를 받은 지 얼마 되지 않아서 바라드와자

---

328) "이제 그에게 세 가지 문(dvāra)의 청정함(suddhi)을 보이시면서 하신 말씀이다. '안은함(khematā)'이란 두려움 없음(abhaya), 이로움(hita-bhāva), 자애로움(mettā)을 말한다. 이것은 마음의 문의 청정함이고, 거짓말을 하지 않는 것은 말의 문의 청정함이고, 생명을 해치지 않는 것과 주지 않은 것을 가지지 않는 것은 몸의 문의 청정함을 보이신 것이다."(MA.i.179)

329) "가야 강에서 목욕을 하건 우물에서 목욕을 하건 그대는 오직 이 도닦음(paṭipatti)으로써만 오염원들이 청정(kilesa-suddhi)해진다. 몸의 더러움을 씻는 것(sarīra-mala-suddhi)은 두 곳 모두에서 할 수 있다."(MA.i.179)

존자는 혼자 은둔하여 방일하지 않고 열심히, 스스로 독려하며 지냈다. 그는 오래지 않아 좋은 가문의 아들들이 바르게 집을 떠나 출가하는 목적인 그 위없는 청정범행의 완성을 지금 · 여기에서 최상의 지혜로 알고 실현하고 구족하여 머물렀다. '태어남은 다했다. 청정범행은 성취되었다. 할 일을 다 해 마쳤다. 다시는 어떤 존재로도 돌아오지 않을 것이다.'라고 꿰뚫어 알았다.

바라드와자 존자는 아라한들 중의 한 분이 되었다.

여섯씩 여섯[六六] 경

해체해서 보기의 위력

Chachakka Sutta(M148)

【해설】

거듭해서 밝히지만 초기불교의 특징을 한마디로 해 보라면 초기불전연구원에서는 주저하지 않고 '해체해서 보기'라고 말한다. 나와 세상을 5온과 12처 등으로 해체해서 보면 무상·고·무아가 명명백백하게 드러나고 그래서 염오-이욕-해탈-구경해탈지를 증득하게 된다는 것이 해체해서 보기의 정형화된 가르침이다. 초기불전 수백 군데에 이렇게 나타난다.

본경도 이 해체해서 보기의 정수를 담고 있는 전형적인 가르침이다. 세존께서는 본경에서 6내처, 6외처, 6식, 6촉, 6수, 6애의 여섯 가지를 각각 여섯으로 설하셨기 때문에 「여섯씩 여섯[六六] 경」이라 불린다. 이처럼 본경은 존재를 6내처, 6외처, 6식, 6촉, 6수, 6애로 해체해서 설하시고 그래서 염오-이욕-해탈-구경해탈지를 설하신다. 그리고 본경은 근-경-식-촉-수-애의 6지연기(六支緣起)를 설하시는 경이기도 하다.

"눈과 형색들을 조건으로 눈의 알음알이가 일어난다. 이 셋의 화합이 감각접촉이다. 감각접촉을 조건으로 느낌이 있다. 느낌을 조건으로 갈애가 있다."(§§4~9)라는 방식으로 본경은 6근-6경-6식-6촉-6수-6애의 6지연기를 설하신다.

그리고 이렇게 6×6=36가지로 해체해서 보면 이 36가지 가운데 그 어느 것도 자아라고 주장할 수가 없다는 것을 부처님께서는 본경의 §§10 ~15에서 자상하게 설하신다. 예를 들면 눈에 대해서 부처님은 "만일 '눈이 자아다.'라고 말한다면 그것은 타당하지 않다. 눈의 일어남과 사라짐은 알 수 있다. 일어남과 사라짐을 알 수 있기 때문에 ['눈이 자아다.'라고 말하면] '나의 자아가 일어나고 사라진다.'라는 말이 되어버린다. 그러므로 '눈이 자아다.'라고 말한다면 그것은 타당하지 않다. 그러므로 눈은 자아가 아니다."(§10)라고 눈이 무아임을 결론지으신다.

이처럼 본경에서 세존께서는 먼저 존재를 여섯 - 여섯으로 해체해서 설하시고(§§4~9) 다시 존재를 이처럼 여섯 - 여섯으로 해체해서 보면 이것은 나의 자아가 아님 즉 무아라고 극명하게 드러남을 밝히신 뒤(§§10~33), 이렇게 하면 지금·여기에서 괴로움을 끝내는 것이 가능해진다고 역설하신다.(§§34~39) 이렇게 하여 근 - 경 - 식 - 촉 - 수 - 애에 염오하고(§40) 이욕 - 해탈 - 구경해탈지의 정형구로 깨달음을 실현한다(§41)는 가르침으로 본경은 구성되어 있다.

이 가르침이 설해졌을 때 60명의 비구들은 취착 없이 번뇌에서 마음이 해탈했다고 본경은 강조하고 있는데(§41) 이처럼 해체해서 보기는 큰 위력을 가진 가르침이다.

1. 이와 같이 나는 들었다. 한때 세존께서는 사왓티에서 제따 숲의 아나타삔디까 원림(급고독원)에 머무셨다. 그곳에서 세존께서는 "비구들이여."라고 비구들을 부르셨다, "세존이시여."라고 비구들은 세존께 응답했다. 세존께서는 이렇게 말씀하셨다.

2. "비구들이여, 나는 그대들에게 법을 설하리라. 나는 시작도 훌륭하고 중간도 훌륭하고 끝도 훌륭하며 의미와 표현을 구족했고 더할 나위 없이 완벽하고 지극히 청정한 법을 설하고, 범행(梵行)을 드러낼 것이니 그것은 여섯씩 여섯이다. 그것을 듣고 마음에 잘 새겨라. 이제 설하리라."

"그러겠습니다, 세존이시여."라고 비구들은 세존께 응답했다. 세존께서는 다음과 같이 설하셨다.

개요

3. "여섯 가지 안의 감각장소들을 알아야 한다.330) 여섯 가지 밖의 감각장소들을 알아야 한다. 여섯 가지 알음알이의 무리를 알아야 한다. 여섯 가지 감각접촉의 무리를 알아야 한다. 여섯 가지 느낌의 무리를 알아야 한다. 여섯 가지 갈애의 무리를 알아야 한다."

해체해서 보기(vinibbhoga-dassana)

4. "'여섯 가지 안의 감각장소를 알아야 한다.'라고 한 것은 무엇을 반연하여 한 말인가?
눈의 감각장소, 귀의 감각장소, 코의 감각장소, 혀의 감각장소, 몸의 감각장소, 마노[意]의 감각장소가 있다.
'여섯 가지 안의 감각장소를 알아야 한다.'라고 한 것은 이것을 반연하여 한 말이다. 이것이 첫 번째 여섯이다." [281]

5. "'여섯 가지 밖의 감각장소를 알아야 한다.'라고 한 것은 무엇을 반연하여 한 말인가?
형색의 감각장소, 소리의 감각장소, 냄새의 감각장소, 맛의 감각장소, 감촉의 감각장소, 법의 감각장소가 있다.
'여섯 가지 밖의 감각장소를 알아야 한다.'라고 한 것은 이것을 반연하여 한 말이다. 이것이 두 번째 여섯이다."

---

330) "'알아야 한다(veditabbāni)'는 것은 위빳사나와 함께한(saha-vipassana) 도(magga)로써 알아야 한다는 뜻이다."(MA.v.100)
"즉 느낌을 있는 그대로 아는 것은 도의 역할(magga-kicca)이고, 그 도를 얻는 방법이 위빳사나이기 때문에 위빳사나와 함께한 도로써 알아야 한다고 했다."(MAṬ.ii.430)

6. "'여섯 가지 알음알이의 무리를 알아야 한다.'라고 한 것은 무엇을 반연하여 한 말인가?

눈과 형색들을 조건으로 눈의 알음알이가 일어난다. 귀와 소리들을 조건으로 귀의 알음알이가 일어난다. 코와 냄새들을 조건으로 코의 알음알이가 일어난다. 혀와 맛들을 조건으로 혀의 알음알이가 일어난다. 몸과 감촉들을 조건으로 몸의 알음알이가 일어난다. 마노[意]와 법들을 조건으로 마노의 알음알이[331]가 일어난다.

'여섯 가지 알음알이의 무리를 알아야 한다.'라고 한 것은 이것을 반연하여 한 말이다. 이것이 세 번째 여섯이다."

7. "'여섯 가지 감각접촉의 무리를 알아야 한다.'라고 한 것은 무엇을 반연하여 한 말인가?

눈과 형색들을 조건으로 눈의 알음알이가 일어난다. 이 셋의 화합이 감각접촉이다. 귀와 소리들을 조건으로 귀의 알음알이가 일어난다. 이 셋의 화합이 감각접촉이다. 코와 냄새들을 조건으로 코의 알음알이가 일어난다. 이 셋의 화합이 감각접촉이다. 혀와 맛들을 조건으로 혀의 알음알이가 일어난다. 이 셋의 화합이 감각접촉이다. 몸과 감촉들을 조건으로 몸의 알음알이가 일어난다. 이 셋의 화합이 감각접촉이다. 마노와 법들을 조건으로 마노의 알음알이가 일어난다. 이 셋의 화합이 감각접촉이다.

'여섯 가지 감각접촉의 무리를 알아야 한다.'라고 한 것은 이것을 반연하여 한 말이다. 이것이 네 번째 여섯이다."

---

331) "여기서 '마노의 알음알이(manoviññāṇena)'란 [32가지 세간적인 과보의 마음 중에서 한 쌍의 전오식(dve pañca-viññāṇāni)을 제외한 22가지 과보로 나타난 마음(lokiya-vipāka-citta)을 말한다."(MA.v.100)

8. "'여섯 가지 느낌의 무리를 알아야 한다.'라고 한 것은 무엇을 반연하여 한 말인가?

눈과 형색들을 조건으로 눈의 알음알이가 일어난다. 이 셋의 화합이 감각접촉이다. 감각접촉을 조건으로 느낌이 있다. 귀와 소리들을 조건으로 귀의 알음알이가 일어난다. 이 셋의 화합이 감각접촉이다. 감각접촉을 조건으로 느낌이 있다. 코와 냄새들을 조건으로 코의 알음알이가 일어난다. 이 셋의 화합이 감각접촉이다. 감각접촉을 조건으로 느낌이 있다. 혀와 맛들을 조건으로 혀의 알음알이가 일어난다. 이 셋의 화합이 감각접촉이다. 감각접촉을 조건으로 느낌이 있다. 몸과 감촉들을 조건으로 몸의 알음알이가 일어난다. 이 셋의 화합이 감각접촉이다. 감각접촉을 조건으로 느낌이 있다. 마노와 법들을 조건으로 마노의 알음알이가 일어난다. 이 셋의 화합이 감각접촉이다. 감각접촉을 조건으로 느낌이 있다.

'여섯 가지 느낌의 무리를 알아야 한다.'라고 한 것은 이것을 반연하여 한 말이다. [282] 이것이 다섯 번째 여섯이다."

9. "'여섯 가지 갈애의 무리를 알아야 한다.'라고 한 것은 무엇을 반연하여 한 말인가?

눈과 형색들을 조건으로 눈의 알음알이가 일어난다. 이 셋의 화합이 감각접촉이다. 감각접촉을 조건으로 느낌이 있다. 느낌을 조건으로 갈애332)가 있다.

귀와 소리들을 조건으로 귀의 알음알이가 일어난다. 이 셋의 화합이 감각접촉이다. 감각접촉을 조건으로 느낌이 있다. 느낌을 조건으

332) "'느낌을 조건으로 한 갈애(vedanāpaccayā taṇhā)'란 과보의 느낌을 조건으로(vipāka-vedanā-paccayā) 속행의 순간(javana-kkhaṇa)에 일어난 갈애를 말한다."(MA.v.100)

로 갈애가 있다.

코와 냄새들을 조건으로 코의 알음알이가 일어난다. 이 셋의 화합이 감각접촉이다. 감각접촉을 조건으로 느낌이 있다. 느낌을 조건으로 갈애가 있다.

혀와 맛들을 조건으로 혀의 알음알이가 일어난다. 이 셋의 화합이 감각접촉이다. 감각접촉을 조건으로 느낌이 있다. 느낌을 조건으로 갈애가 있다.

몸과 감촉들을 조건으로 몸의 알음알이가 일어난다. 이 셋의 화합이 감각접촉이다. 감각접촉을 조건으로 느낌이 있다. 느낌을 조건으로 갈애가 있다.

마노와 법들을 조건으로 마노의 알음알이가 일어난다. 이 셋의 화합이 감각접촉이다. 감각접촉을 조건으로 느낌이 있다. 느낌을 조건으로 갈애가 있다.

'여섯 가지 갈애의 무리를 알아야 한다.'라고 이렇게 한 말은 이것을 반연하여 한 말이다. 이것이 여섯 번째 여섯이다."[333]

---

333) 이렇게 하여 본경은 6근-6경-6식-6촉-6수-6애의 육지연기를 설하신다. 이 육지연기의 여섯 가지가 다시 각각 여섯 개씩의 구성요소를 가지고 있기 때문에 본경의 제목을 여섯씩 여섯 즉 육육(六六) 경이라고 부르는 것이다. 이렇게 36가지로 해체해서 보면 이 36가지 가운데 그 어느 것도 자아라고 주장할 수가 없다는 것을 부처님께서는 이제 아래 §10 이하에서 멋지게 설명하신다. 그리고 §40에서는 이 36가지에 대해서 염오가 일어나고 §41에서는 이욕-해탈-구경해탈지가 실현된다.

이처럼 본경은 나와 세상이라는 존재를 육육 삼십육으로 해체해서 보면 무상(일어남과 사라짐, §10이하)이 보이고, 무상을 보게 되면 무아에 사무치게 된다(§10이하)고 강조하고 있다. 그렇게 되면 염오-이욕-해탈-구경해탈지를 통해서 깨달음을 실현하는 것이다. 그러므로 본경이야말로 ① 해체해서 보기 - ② 무상 · 고 · 무아 - ③ 염오 - ④ 이욕 - ⑤ 해탈 - ⑥ 구경해탈지의 6단계의 가르침을 고스란히 담고 있는 멋진 경이라 하지 않

[해체하면] 무아가 보인다(anattabhāva-dassana)

10. "만일 '눈이 자아다.'라고 말한다면 그것은 타당하지 않다.334) 눈의 일어남과 사라짐은 알 수 있다. 일어남과 사라짐을 알 수 있기 때문에 ['눈이 자아다.'라고 말하면] '나의 자아가 일어나고 사라진다.'는 말이 되어버린다. 그러므로 '눈이 자아다.'라고 말한다면 그것은 타당하지 않다. 그러므로 눈은 자아가 아니다.

만일 '형색들이 자아다.'라고 말한다면 그것은 타당하지 않다. 형색들의 일어남과 사라짐은 알 수 있다. 일어남과 사라짐을 알 수 있기 때문에 ['형색들이 자아다.'라고 말하면] '나의 자아가 일어나고 사라진다.'는 말이 되어버린다. 그러므로 '형색들이 자아다.'라고 말한다면 그것은 타당하지 않다. 그러므로 눈은 자아가 아니다. 형색들은 자아가 아니다.

만일 '눈의 알음알이가 자아다.'라고 말한다면 그것은 타당하지 않다. 눈의 알음알이의 일어남과 사라짐은 알 수 있다. 일어남과 사라짐을 알 수 있기 때문에 ['눈의 알음알이가 자아다.'라고 말하면] '나의 자아가 일어나고 사라진다.'는 말이 되어버린다. 그러므로 '눈의 알음알이는 자아다.'라고 말한다면 그것은 타당하지 않다. 그러므로

을 수 없다. 이 6단계의 가르침에 대해서는 『맛지마 니까야』 제1권 「뱀의 비유 경」(M22) §29의 주해를 참조하기 바란다. 그리고 『초기불교 이해』 제14장 어떻게 해탈·열반을 실현할 것인가와 『상윳따 니까야』 제4권 「해제」 §3과 제3권 「해제」 §3을 중심으로도 살펴볼 것을 권한다.

334) '타당하지 않다.'는 na upapajjati를 의역한 것이다. upapajjati는 주로 '다시 태어나다, 일어나다'의 뜻으로 사용되지만 여기서는 주석서에서 "타당하지 않다, 옳지 않다(na yujjati)"(MA.v.100)로 설명하고 있어서 이렇게 옮겼다. 한편 Ee에는 uppajjati로 나타나는데 이것은 냐나몰리 스님의 지적처럼(냐나몰리 스님/보디 스님, 1355쪽 1330주해 참조) 잘못 편집된 것이다.

눈은 자아가 아니다. 형색들은 자아가 아니다. 눈의 알음알이는 자아가 아니다.

만일 '눈의 감각접촉이 자아다.'라고 말한다면 그것은 타당하지 않다. 눈의 감각접촉의 일어남과 사라짐은 알 수 있다. 일어남과 사라짐을 알 수 있기 때문에 ['눈의 감각접촉이 자아다.'라고 말하면] '나의 자아가 일어나고 사라진다.'는 말이 되어버린다. 그러므로 '눈의 감각접촉이 자아다.'라고 말한다면 그것은 타당하지 않다. 그러므로 눈은 자아가 아니다. 형색들은 자아가 아니다. 눈의 알음알이는 자아가 아니다. 눈의 감각접촉은 자아가 아니다.

만일 '느낌이 자아다.'라고 말한다면 [283] 그것은 타당하지 않다. 느낌의 일어남과 사라짐을 알 수 있다. 일어남과 사라짐을 알 수 있기 때문에 ['느낌이 자아다.'라고 말하면] '나의 자아가 일어나고 사라진다.'는 말이 되어버린다. 그러므로 '느낌이 자아다.'라고 말한다면 그것은 타당하지 않다. 그러므로 눈은 자아가 아니다. 형색들은 자아가 아니다. 눈의 알음알이는 자아가 아니다. 눈의 감각접촉은 자아가 아니다. 느낌은 자아가 아니다.

만일 '갈애가 자아다.'라고 말한다면 그것은 타당하지 않다. 갈애의 일어남과 사라짐은 알 수 있다. 일어남과 사라짐을 알 수 있기 때문에 ['갈애가 자아다.'라고 말하면] '나의 자아가 일어나고 사라진다.'는 말이 되어버린다. 그러므로 '갈애가 자아다.'라고 말한다면 그것은 타당하지 않다. 그러므로 눈은 자아가 아니다. 형색들은 자아가 아니다. 눈의 알음알이는 자아가 아니다. 눈의 감각접촉은 자아가 아니다. 느낌은 자아가 아니다. 갈애는 자아가 아니다.

11. "만일 '귀가 자아다.' … '소리들이 자아다.' … '귀의 알음알이가 자아다.' … '귀의 감각접촉이 자아다.' … '느낌이 자아다.' …

'갈애가 자아다.'라고 말한다면 그것은 타당하지 않다. 갈애의 일어남과 사라짐은 알 수 있다. 일어남과 사라짐을 알 수 있기 때문에 ['갈애가 자아다.'라고 말하면] '나의 자아가 일어나고 사라진다.'는 말이 되어버린다. 그러므로 '갈애가 자아다.'라고 말한다면 그것은 타당하지 않다. 그러므로 귀는 자아가 아니다. 소리들은 자아가 아니다. 귀의 알음알이는 자아가 아니다. 귀의 감각접촉은 자아가 아니다. 느낌은 자아가 아니다. 갈애는 자아가 아니다."

12. "만일 '코가 자아다.' … '냄새들이 자아다.' … '코의 알음알이가 자아다.' … '코의 감각접촉이 자아다.' … '느낌이 자아다.' … '갈애가 자아다.'라고 말한다면 그것은 타당하지 않다. 갈애의 일어남과 사라짐은 알 수 있다. 일어남과 사라짐을 알 수 있기 때문에 ['갈애가 자아다.'라고 말하면] '나의 자아가 일어나고 사라진다.'는 말이 되어버린다. 그러므로 '갈애가 자아다.'라고 말한다면 그것은 타당하지 않다. 그러므로 코는 자아가 아니다. 냄새들은 자아가 아니다. 코의 알음알이는 자아가 아니다. 코의 감각접촉은 자아가 아니다. 느낌은 자아가 아니다. 갈애는 자아가 아니다."

13. "만일 '혀가 자아다.' … '맛들이 자아다.' … '혀의 알음알이가 자아다.' … '혀의 감각접촉이 자아다.' … '느낌이 자아다.' … '갈애가 자아다.'라고 말한다면 그것은 타당하지 않다. 갈애의 일어남과 사라짐은 알 수 있다. 일어남과 사라짐을 알 수 있기 때문에 ['갈애가 자아다.'라고 말하면] '나의 자아가 일어나고 사라진다.'는 말이 되어버린다. 그러므로 '갈애가 자아다.'라고 말한다면 그것은 타당하지 않다. 그러므로 혀는 자아가 아니다. 맛들은 자아가 아니다. 혀의 알음알이는 자아가 아니다. 혀의 감각접촉은 자아가 아니다. 느낌은 자아가 아니다. 갈애는 자아가 아니다."

14. "만일 '몸이 자아다.' … '감촉들이 자아다.' … '몸의 알음알이가 자아다.' … '몸의 감각접촉이 자아다.' … '느낌이 자아다.' … '갈애가 자아다.'라고 말한다면 그것은 타당하지 않다. 갈애의 일어남과 사라짐은 알 수 있다. 일어남과 사라짐을 알 수 있기 때문에 ['갈애가 자아다.'라고 말하면] '나의 자아가 일어나고 사라진다.'는 말이 되어버린다. 그러므로 '갈애가 자아다.'라고 말한다면 그것은 타당하지 않다. 그러므로 몸은 자아가 아니다. 감촉들은 자아가 아니다. 몸의 알음알이는 자아가 아니다. 몸의 감각접촉은 자아가 아니다. 느낌은 자아가 아니다. 갈애는 자아가 아니다."

15. "만일 '마노[意]가 자아다.' … '법들이 자아다.' … '마노의 알음알이가 자아다.' … '마노의 감각접촉이 자아다.' … '느낌이 자아다.' … [284] … '갈애가 자아다.'라고 말한다면 그것은 타당하지 않다. 갈애의 일어남과 사라짐은 알 수 있다. 일어남과 사라짐을 알 수 있기 때문에 ['갈애가 자아다.'라고 말하면] '나의 자아가 일어나고 사라진다.'는 말이 되어버린다. 그러므로 '갈애가 자아다.'라고 말한다면 그것은 타당하지 않다. 그러므로 마노는 자아가 아니다. 법들은 자아가 아니다. 마노의 알음알이는 자아가 아니다. 마노의 감각접촉은 자아가 아니다. 느낌은 자아가 아니다. 갈애는 자아가 아니다."

존재 더미[有身]의 일어남(sakkāya-samudaya)

16. "비구들이여,335) 이것이 존재 더미[有身]336)의 일어남으로

335) "이 가르침은 세 가지 움켜쥠(ti gāhā)을 통해 윤회(vaṭṭa)를 보이시기 위해 시작하셨다. 그리고 괴로움(dukkha)과 일어남(samudaya)의 두 가지 성스러운 진리를 통해 윤회를 보이시기 위해서 설하셨다고도 할 수 있다."(MA.v.100)

인도하는 도닦음이다. 눈을 두고 '이것은 내 것이다. 이것은 나다. 이것은 나의 자아다.'[337]라고 여긴다.[338] 형색들을 두고 … 눈의 알음알이를 두고 … 눈의 감각접촉을 두고 … 느낌을 두고 … 갈애를 두고 '이것은 내 것이다. 이것은 나다. 이것은 나의 자아다.'라고 여긴다."

17. ~ *21.* "귀를 두고 '이것은 내 것이다. 이것은 나다. 이것은 나의 자아다.'라고 여긴다. … 코를 두고 … 혀를 두고 … 몸을 두고 … 마노를 두고 '이것은 내 것이다. 이것은 나다. 이것은 나의 자아다.'라고 여긴다. 법들을 두고 … 마노의 알음알이를 두고 … 마노의 감각접촉을 두고 … 느낌을 두고 … 갈애를 두고 '이것은 내 것이다. 이것은 나다. 이것은 나의 자아다.'라고 여긴다."

존재 더미[有身]의 소멸(sakkāya-nirodha)

22. "비구들이여,[339] 이것이 존재 더미[有身]의 소멸로 인도하는 도닦음이다. 눈을 두고 '이것은 내 것이 아니다. 이것은 내가 아니다.

---

336) '존재 더미[有身, sakkāya]'란 취착의 [대상인] 다섯 가지 무더기[五取蘊]들을 말한다.
『맛지마 니까야』 제2권 「교리문답의 짧은 경」(M44) §2에서 "도반 위사카여, 세존께서는 취착의 [대상인] 이들 다섯 가지 무더기[五取蘊]들을 존재 더미[有身, sakkāya]라고 하셨습니다."라고 나타난다.
「교리문답의 짧은 경」(M44) §§2~5에서는 존재 더미[有身, sakkāya]를 통해서 사성제를 설명하고 있으니 참조할 것.

337) "이 세 가지는 갈애와 자만과 사견의 움켜쥠(taṇhā-māna-diṭṭhi-gāhā)이라고 알아야 한다."(MA.v.100)

338) "'여긴다(samanupassati)'는 것은 세 가지 움켜쥠(gāha-ttaya)을 통해 본다는 뜻이다."(MA.v.100)

339) "이와 같이 윤회를 보이신 뒤 지금은 세 가지 움켜쥠의 반대(paṭipakkha)로, 소멸(nirodha)과 도(magga)의 두 가지 진리를 통해 윤회에서 벗어남(vivaṭṭa)을 보이시기 위해 이 가르침을 시작하셨다."(MA.v.100)

이것은 나의 자아가 아니다.'라고 여긴다.340) 형색들을 두고 … 눈의 알음알이를 두고 … 눈의 감각접촉을 두고 … 느낌을 두고 … 갈애를 두고 '이것은 내 것이 아니다. 이것은 내가 아니다. 이것은 나의 자아가 아니다.'라고 여긴다."

23. ~ *27.* 귀를 두고 '이것은 내 것이 아니다. 이것은 내가 아니다. 이것은 나의 자아가 아니다.'라고 여긴다. … 코를 두고 … 혀를 두고 … 몸을 두고 … 마노를 두고 '이것은 내 것이 아니다. 이것은 내가 아니다. 이것은 나의 자아가 아니다.'라고 여긴다. 법들을 두고 … 마노의 알음알이를 두고 … 마노의 감각접촉을 두고 … 느낌을 두고 … [285] … 갈애를 두고 '이것은 내 것이 아니다. 이것은 내가 아니다. 이것은 나의 자아가 아니다.'라고 여긴다."

잠재성향

28. "비구들이여,341) 눈과 형색들을 조건으로 눈의 알음알이가 일어난다. 이 셋의 화합이 감각접촉이다. 감각접촉을 조건으로 즐겁거나 괴롭거나 괴롭지도 즐겁지도 않은 느낌이 일어난다.

즐거운 느낌에 닿을 때 만일 그것을 즐기고 환영하고 움켜쥐면 그에게 탐욕의 잠재성향이 잠재하게 된다.342) 괴로운 느낌에 닿을 때 만일 근심하고 상심하고 슬퍼하고 가슴을 치고 울부짖고 광란하면 그에게 적의의 잠재성향이 잠재하게 된다. 괴롭지도 즐겁지도 않은

---

340) "여기서 '여긴다(samanupassati)'는 것은 무상(anicca), 고(dukkha), 무아(anatta)로 본다는 뜻이다."(MA.v.100)

341) "이와 같이 윤회에서 벗어남(vivaṭṭa)을 보이신 뒤 지금은 세 가지 잠재성향(anusaya)을 통해 다시 윤회(vaṭṭa)를 설명하신다."(MA.v.100)

342) 세 가지 '잠재성향(anusaya)'과 세 가지 느낌과의 관계에 대해서는 『맛지마 니까야』 제2권 「교리문답의 짧은 경」(M44) §§25~28을 참조할 것.

느낌에 닿을 때 만일 그 느낌의 일어남과 사라짐과 달콤함과 재난과 벗어남을 있는 그대로 알지 못하면 그에게 무명의 잠재성향이 잠재하게 된다.

비구들이여, 그가 참으로 즐거운 느낌에 대해 탐욕의 잠재성향을 버리지 않고, 괴로운 느낌에 대해 적의의 잠재성향을 파괴하지 않고, 괴롭지도 즐겁지도 않은 느낌에 대해 무명의 잠재성향을 뿌리 뽑지 않고, 무명을 버리지 않고, 명지를 일으키지 않고, 지금 · 여기에서 괴로움343)을 끝낼 것이라는 것은 불가능하다."

29. ~ *33.* "비구들이여, 귀와 소리들을 조건으로 귀의 알음알이가 일어난다. … 코와 냄새들을 조건으로 코의 알음알이가 일어난다. … 혀와 맛들을 조건으로 혀의 알음알이가 일어난다. … 몸과 감촉들을 조건으로 몸의 알음알이가 일어난다. … 마노와 법들을 조건으로 마노의 알음알이가 일어난다. 이 셋의 화합이 감각접촉이다. 감각접촉을 조건으로 즐겁거나 괴롭거나 괴롭지도 즐겁지도 않은 느낌이 일어난다.

즐거운 느낌에 닿을 때 만일 그것을 즐기고 환영하고 움켜쥐면 그에게 탐욕의 잠재성향이 잠재하게 된다. 괴로운 느낌에 닿을 때 만일 근심하고 상심하고 슬퍼하고 가슴을 치고 울부짖고 광란하면 그에게 적의의 잠재성향이 잠재하게 된다. 괴롭지도 즐겁지도 않은 느낌에 닿을 때 만일 그 느낌의 일어남과 사라짐과 달콤함과 재난과 벗어남을 있는 그대로 알지 못하면 그에게 무명의 잠재성향이 잠재하게 된다.

343) "여기서 '괴로움(dukkha)'이란 윤회의 괴로움(vaṭṭa-dukkha)과 오염원의 괴로움(kilesa-dukkha)이다."(MA.v.101)

비구들이여, 그가 참으로 즐거운 느낌에 대해 탐욕의 잠재성향을 버리지 않고, 괴로운 느낌에 대해 적의의 잠재성향을 파괴하지 않고, 괴롭지도 즐겁지도 않은 느낌에 대해 무명의 잠재성향을 뿌리 뽑지 않고, 무명을 버리지 않고, 명지를 일으키지 않고, 지금 · 여기에서 괴로움을 끝낼 것이라는 것은 불가능하다." [286]

잠재성향을 버림

34. "비구들이여,[344] 눈과 형색들을 조건으로 눈의 알음알이가 일어난다. 이 셋의 화합이 감각접촉이다. 감각접촉을 조건으로 즐겁거나 괴롭거나 괴롭지도 즐겁지도 않은 느낌이 일어난다.

즐거운 느낌에 닿을 때 만일 즐기지 않고 환영하지 않고 움켜쥐지 않으면 그에게 탐욕의 잠재성향이 잠재하지 않는다. 괴로운 느낌에 닿을 때 만일 근심하지 않고 상심하지 않고 슬퍼하지 않고 가슴을 치고 울부짖고 광란하지 않으면 그에게 적의의 잠재성향이 잠재하지 않는다. 괴롭지도 즐겁지도 않은 느낌에 닿을 때 만일 그 느낌의 일어남과 사라짐과 달콤함과 재난과 벗어남을 있는 그대로 알면 그에게 무명의 잠재성향이 잠재하지 않는다.

비구들이여, 그가 참으로 즐거운 느낌에 대해 탐욕의 잠재성향을 버리고, 괴로운 느낌에 대해 적의의 잠재성향을 파괴하고, 괴롭지도 즐겁지도 않은 느낌에 대해 무명의 잠재성향을 뿌리 뽑고, 무명을 버리고 명지를 일으킴으로써[345] 지금 · 여기에서 괴로움을 끝낼 것이

---

344) "세 가지 잠재성향을 통해 윤회를 설명하신 뒤 지금은 그 잠재성향들의 반대, 즉 그들을 버림(paṭikkhepa)으로 윤회에서 벗어남(vivaṭṭa)을 설명하신다."(MA.v.101)

345) "'무명을 버리고 명지를 일으킴으로써(avijjaṁ pahāya vijjaṁ uppādetvā)'라는 것은 윤회의 뿌리(vaṭṭa-mūlika)인 무명을 버리고, 아라한도의

라는 것은 가능하다."

35. ~ *39.* "비구들이여, 귀와 소리들을 조건으로 귀의 알음알이가 일어난다. … 코와 냄새들을 조건으로 코의 알음알이가 일어난다. … 혀와 맛들을 조건으로 혀의 알음알이가 일어난다. … 몸과 감촉들을 조건으로 몸의 알음알이가 일어난다. … 마노와 법들을 조건으로 마노의 알음알이가 일어난다. 이 셋의 화합이 감각접촉이다. 감각접촉을 조건으로 즐겁거나 괴롭거나 괴롭지도 즐겁지도 않은 느낌이 일어난다.

즐거운 느낌에 닿을 때 만일 즐기지 않고 환영하지 않고 움켜쥐지 않으면 그에게 탐욕의 잠재성향이 잠재하지 않는다. 괴로운 느낌에 닿을 때 만일 근심하지 않고 상심하지 않고 슬퍼하지 않고 가슴을 치고 울부짖고 광란하지 않으면 그에게 적의의 잠재성향이 잠재하지 않는다. 괴롭지도 즐겁지도 않은 느낌에 닿을 때 만일 그 느낌의 일어남과 사라짐과 달콤함과 재난과 벗어남을 있는 그대로 알면 그에게 무명의 잠재성향이 잠재하지 않는다.

비구들이여, 그가 참으로 즐거운 느낌에 대해 탐욕의 잠재성향을 버리고, 괴로운 느낌에 대해 적의의 잠재성향을 파괴하고, 괴롭지도 즐겁지도 않은 느낌에 대해 무명의 잠재성향을 뿌리 뽑고, 무명을 버리고, 명지를 일으킴으로써 지금·여기에서 괴로움을 끝낼 것이라는 것은 가능하다."

염오 – 이욕 – 해탈 – 구경해탈지

40. "비구들이여, 이와 같이 보면서 잘 배운 성스러운 제자는 눈에 대해 염오하고 형색들에 대해 염오하고 눈의 알음알이에 대해 염

명지(arahatta-magga-vijjā)를 일으킨다는 말씀이다."(MA.v.101)

오하고 눈의 감각접촉에 대해 염오하고 느낌에 대해 염오하고 갈애에 대해 염오한다.

그는 귀에 대해서도 염오하고 … 코에 대해서도 염오하고 … 혀에 대해서도 염오하고 … 몸에 대해서도 염오하고 … 마노에 대해서도 염오하고 법들에 대해서도 염오하고 마노의 알음알이에 대해서도 염오하고 마노의 감각접촉에 대해서도 염오하고 느낌에 대해서도 염오하고 갈애에 대해서도 염오한다."

41. "염오하면서 [287] 탐욕이 빛바랜다. 탐욕이 빛바래므로 해탈한다. 해탈할 때 해탈했다는 지혜가 생긴다. '태어남은 다했다. 청정범행은 성취되었다. 할 일을 다 해 마쳤다. 다시는 어떤 존재로도 돌아오지 않을 것이다.'라고 꿰뚫어 안다."

세존께서는 이와 같이 설하셨다. 그 비구들은 흡족한 마음으로 세존의 말씀을 크게 기뻐하였다. 이 가르침이 설해졌을 때 60명의 비구들은 취착 없이 번뇌에서 마음이 해탈했다.346)

---

346) 주석서는 세존께서 직접 이 가르침을 설하실 때 60명의 비구들이 아라한과를 얻은 것은 그리 놀랄만한 일이 아니라고 적고 있다. 법의 총사령관인 사리뿟따나 목갈라나나 80명의 큰 장로들이 설할 때에도 각각 60명의 비구들이 아라한과를 얻었으며, 또한 땀바빤니디빠(Tambapaṇṇi-dīpa) 즉 스리랑카에서는 말레야데와 장로(Māleyyadeva-tthera)가 이 경을 설할 때 60명의 비구가 아라한과를 얻는 등 많은 이들이 아라한과를 얻었다고 한다. 그리고 삼장법사 쭐라나가(Cūḷanāga) 장로가 많은 인간들과 신들에게 이 경을 설했는데 설법 끝에 천 명의 비구들이 아라한이 되었으며 신들 가운데는 단 한 명이 범부로 남았을 뿐이라고 주석서는 밝히고 있다.(MA.v.101)

제3편

라훌라의 길, 불자(佛子)의 길

【해설】

라훌라 존자는 부처님의 아들 즉 불자(佛子)이다. 그런데 부처님의 사부대중으로 구성된 제자들도 불자(佛子) 즉 부처님의 아들 혹은 부처님의 자녀라 부른다. 그래서 『앙굿따라 니까야』 제5권 「빠하라다 경」(A8:19) §14 등에서는 부처님뿐만 아니라 부처님의 제자들도 사꺄의 아들[釋子, Sakyaputtiya]이라 표현되고 있다. 그리고 초기불전의 도처에서는 부처님 제자들을 꿀라뿟따(kula-putta, 좋은 가문의 아들, 善男子)와 꿀라두히따(kula-duhitā, 좋은 가문의 딸, 善女人) 즉 부처님 가문의 아들과 부처님 가문의 딸이라 표현하고 있다.

우리는 불자다. 불자는 부처님의 아들・딸이다. 그러면 부처님의 아들・딸인 우리는 어떻게 살아야 하는가. 역사적으로 부처님의 아들은 라훌라 존자다. 그러므로 불자 즉 부처님의 자녀인 우리도 부처님의 아들인 라훌라 존자에게 세존께서 말씀하신 것을 따라서 살면 될 것이다. 특히 라훌라 존자는 출가하였기에 편집자를 비롯한 출가제자인 비구와 비구니 스님들은 라훌라 존자에 대한 세존의 가르침을 유념해야 할 것이다.

그래서 본서 제3편에서는 세존께서 라훌라 존자에게 설하신 경들을 가능하면 연대기적인 순서에 따라 여기에 싣고 있다. 이 경들에 대한 연대기적 설명은 아래에서 옮겨 싣고 있는 『맛지마 니까야』 제2권 「암발랏티까에서 라훌라를 교계한 경」(M61) §2에 대한 『맛지마 니까야 주석서』(MA.iii.125~126)에 잘 나타나 있다. 해당 부분을 여기에 옮겨본다.

"네 가지 필수품(paccaya)에 대해 갈애를 거둘 것과 다섯 가닥의 얽어매는 감각적 욕망에 대해 열정과 욕망을 버릴 것과 선우를 가까이 의지함에 큰 요체를 보이시면서 『숫따니빠따』의 「라훌라 경」(Sn2:11)을 설하셨다. 존재에 대해 열정과 욕망을 버릴 것을 설하시면서 『상윳따 니까야』 제2권 「라훌라 상윳따」(S18)를 설하셨고, '나는 아름답다, 나의 피부는 광채가 난다.'라고 자기 몸에 관하여 세속적인 열정과 욕망을 버릴 것을 설하시면서 『맛지마 니까야』 제2권 「라훌라를 교계한 긴 경」(M62)을 설하셨다.
이 중에서 『숫따니빠따』 「라훌라 경」(Sn2:11)은 이 무렵에 설하신 것이 아니라 출가생활 전반에 걸쳐 끊임없이 경책하기 위해 반복적으로 설하셨고, 「라훌라 상윳따」(S18)는 일곱 살부터 처음 구족계를 받을 때까지 안으로 위빳사나를 수행하게 하기 위해 설하셨다. 「라훌라를 교계한 긴 경」(M62)은 열여덟 살의 사미 시절에 세속에 바탕을 둔 열정과 욕망을 버리게 하기 위해 설하셨다.
『맛지마 니까야』 제4권 「라훌라를 교계한 짧은 경」(M147)은 처음 구족계를 받았을 때 해탈을 성숙하게 하는 열다섯 가지 법이 무르익자 그로 하여금 아라한과를 얻게 하기 위해 설하셨다. 『쿳다까 니까야』의 「사미의 질문」(Khp.2)과 본 「암발랏티까에서 라훌라를 교계한 경」(M61)은 일곱 살 때에 설하셨다."(MA.iii.125~126)

으뜸 품

Etadagga-vagga(A1:14:1~80)

3-1. "비구들이여, 배우기를 좋아하는 나의 비구 제자들 가운데서 라훌라가 으뜸이다."

【해설】

먼저 『앙굿따라 니까야』 「하나의 모음」(A1) 제14 「으뜸 품」(A1:14)에 나타나는 라훌라 존자에 대한 간단한 언급부터 실었다. 『앙굿따라 니까야』 「으뜸 품」(A1:14)은 각 방면에서 으뜸가는 부처님의 사부대중 제자들 80분을 거명하고 있다. 80분 가운데는 비구 47분과 비구니 13분, 청신사 10분과 청신녀 10분이 포함되어 있다. 이 가운데 라훌라 존자는 22번째로 언급되고 있다.

라훌라(Rāhula) 존자는 세존의 외아들이다. 라훌라 존자는 세존이 출가하시던 날 태어났다. 세존께서는 깨달음을 증득하신 지 2~3년 뒤에 부친 숫도다나(Suddhodana, 淨飯) 왕의 간청으로 고향 까삘라왓투를 방문하셨는데 그때 부처님의 아내였던 야소다라(Yasodhāra, 후에 출가하여 밧다 깟짜나(Bhaddā Kaccānā) 비구니가 됨. A1:14:5-11의 주해를 참조할 것.)는 라훌라를 세존께 보내어서 상속물을 달라 하라고 시켰다. 라훌라의 말을 듣고 세존께서는 사리뿟따 존자에게 라훌라를 출가시키게 하셨다. 무소유의 삶을 사시는 부처님이 아들에게 상속물로 줄 것은 출가밖에 없었을 것이다.

부처님께서 라훌라를 가르치신 여러 경들이 초기불전에 전승되어 오는데 이 가운데 대부분을 모아 여기 본서의 제3편에 싣고 있다. 이 경들은 라훌라에 대한 부처님의 간곡하신 가르침을 담고 있으며 라훌라 존자는 부처님의 가르침을 진지하게 배우고 있다. 이런 라훌라 존자였기에 세존께서는 여기 『앙굿따라 니까야』 「으뜸 품」(A1:14 3-1)에서 그를 배우기를 좋아하는(sikkhā-kāma) 비구 가운데서 으뜸이라고 하셨을 것이다. 북방에서는 밀행(密行)제일이라 부른다.

암발랏티까에서 라훌라를 교계한 경

Ambalaṭṭhikā-Rāhulovāda Sutta(M61)

【해설】

석가모니 부처님의 외동아들인 라훌라 존자는 7세 무렵에 출가하였다. 이렇게 하여 라훌라는 사미가 되었다. 부처님께서 라훌라 존자를 가르치신 여러 경들이 전승되어 오는데 그 가운데서 최초의 경은 아마 본경일 것이다. 주석서에 의하면 본경이 설해질 때 라훌라 존자는 7살이었다고 한다.(MA.iii.126)

본경에서 세존께서는 해거름에 좌선에서 일어나셔서 라훌라가 있는 곳으로 가시고 라훌라 사미는 물 대야에 발 씻을 물을 준비하여 세존께 가지고 갔다.(§2) 세존께서는 발을 씻으신 후에 물을 조금 남겨서 라훌라에게 보여주시면서 "알면서 고의로 거짓말하는 것을 전혀 부끄러워하지 않는 자들은 이와 같이 조금 남은 [하찮은 물]과 같은 것에 지나지 않는다."(§3)라고 하시면서 이런 방식으로 라훌라 존자를 엄하게 교계(敎誡)하셨다.

그런 뒤에 세존께서는 다시 거울을 예로 들어서(§8) 엄하게 교계하신다. 이처럼 세존께서는 고구정녕하면서도 엄하게 라훌라 사미에게 항상 거듭해서 비추어보고 반조해 본 뒤에 행동할 것을 말씀하셨다.

이러한 세존의 자상하신 가르침이 어디 부모의 자식교육에만 해당되겠는가. 이 가르침은 세존께서 입멸하신 후 150여 년 뒤에 인도를 통일한 아소까(아쇼카) 대왕에게도 큰 감명을 주어서 그의 명령으로 바위에 새긴 아소까 대왕의 칙령에서도 이 경의 일부를 언급하고 있는데, 그 칙령은 모든 출가자들은 이러한 부처님의 가르침을 잘 배워야 한다고 언급하고 있다 한다.

1. 이와 같이 나는 들었다. [414] 한때 세존께서는 라자가하의 대나무 숲 다람쥐 보호구역에 머무셨다.

2. 그즈음에 라훌라 존자347)는 암발랏티까348)에 머물고 있었

---

347) "라훌라 존자(āyasmā Rāhula)는 부처님의 외아들로 부처님이 출가하시던 날 태어났다. 부처님께서는 라훌라 존자에게 많은 가르침을 설하셨다. 즉 「사미의 질문」(Sāmaṇera-pañha, Khp.2)을 설하셨고, 「라훌라 상윳따」(S18), 「라훌라를 교계한 긴 경」(M62), 「라훌라를 교계한 짧은 경」(M147)과 본 「암발랏티까에서 라훌라를 교계한 경」(M61) 등이다.
부처님께서 성도하신 뒤 처음 까삘라왓투를 방문했을 때 일곱 살이었던 이 라훌라 존자가 부처님의 가사 자락을 잡고 유산의 상속(dāyajja)을 요청하자 세존께서 법의 총사령관인 사리뿟따 존자에게 라훌라의 은사가 되어줄 것을 부탁하셨으니, 라훌라 존자는 그를 스승으로 출가했다.
그때 세존께서는 '어린 동자들이란 적절한 얘기도 하고 적절치 않은 얘기도 하기 때문에 그에게 가르침을 설하리라.'라고 생각하시면서 라훌라 동자를 불러 '라훌라여, 사미는 동물에 관한 이야기를 하는 것은 적절치 않다. 너는 이야기할 때 이와 같은 이야기를 해야 한다.'라고 하시면서 모든 부처님들이 버리지 않으신(avijahita) 열 가지 질문(puccha)과 쉰다섯 가지 설명(vissajjana)으로 구성된 「사미의 질문」(Khp.2)을 설하셨다.
세존께서 다시 생각하시기를, '어린 동자들이란 거짓말하는 것을 좋아한다. 보지 않은 것도 보았다고 하고, 본 것도 보지 않았다고 하니 그에게 가르침을 설하리라.'라고, 눈으로 보게 하면서 쉽게 설명하기 위해 맨 처음 물그릇에 물을 조금 남기신 것(§3)과 쏟아버린 것(§4)과 뒤집어엎으신 것(§5)과 다시 바로 세우신 것(§6)의 이 네 가지 비유와 그 다음에 코끼리의 두 가지 비유(§7), 그 다음에 거울의 한 가지 비유(§8)를 보이시면서 본 경을 설하셨다.
네 가지 필수품(paccaya)에 대해 갈애를 거둘 것(taṇhā-vivaṭṭana)과 다섯 가닥의 얽어매는 감각적 욕망에 대해 열정과 욕망(chanda-rāga-ppahāna)을 버릴 것과 선우를 가까이 의지함(kalyāṇa-mitt-upanissaya)에 큰 요체를 보이시면서 「라훌라 경」(Sn2:11)을 설하셨다. 존재에 대해 열정과 욕망을 버릴 것을 설하시면서 『상윳따 니까야』 제2권 「라훌라 상윳따」(S18)를 설하셨고, '나는 아름답다, 나의 피부는 광채가 난다.'라고 자기 몸에 관하여 세속적인 열정과 욕망을 버릴 것을 설하시면서

다. 그때 세존께서는 해거름에 [낮 동안의] 홀로 앉음에서 일어나서서349) 암발랏티까로 라훌라 존자를 만나러 가셨다. 라훌라 존자는 세존께서 멀리서 오시는 것을 보았다. 보고는 자리를 마련하고 발 씻을 물을 준비하였다. 세존께서는 마련된 자리에 앉으셨다. 앉으셔서 발을 씻으셨다. 라훌라 존자는 세존께 절을 올리고 한 곁에 앉았다.

3. 그러자 세존께서는 물그릇에 물을 조금 남기시고 라훌라 존

「라훌라를 교계한 긴 경」(M62)을 설하셨다.

이 중에서 「라훌라 경」(Sn2:11/58~59)은 이 무렵에 설하신 것이 아니라 출가생활 전반에 걸쳐 끊임없이 경책하기 위해 반복적으로 설하셨고, 「라훌라 상윳따」(S18)는 일곱 살부터 처음 구족계를 받을 때까지 안으로 위빳사나를 수행하게 하기 위해 설하셨다. 「라훌라를 교계한 긴 경」(M62)은 열여덟 살의 사미 시절에 세속에 바탕을 둔 열정과 욕망을 버리게 하기 위해 설하셨다.

「라훌라를 교계한 짧은 경」(M147)은 처음 구족계를 받았을 때 해탈을 성숙하게 하는 열다섯 가지 법이 무르익자 그로 하여금 아라한과를 얻게 하기 위해 설하셨다. 「사미의 질문」(Khp.2)과 본 「암발랏티까에서 라훌라를 교계한 경」(M61)은 일곱 살 때에 설하셨다."(MA.iii.125~126)

348) 주석서는 "암발랏티까(Ambalaṭṭhikā)는 대나무 숲(죽림정사, Veḷuvana)에 거주하는 자가 근처에서 정진을 할 수 있도록 지은 여러 집들 가운데(padhāna-ghara-saṅkhepe) 한거(paviveka)를 원하는 자들이 머물게 하기 위해서 만들어진 건물(pāsāda)이라고 설명하고 있다.(MA.iii.124)

복주서는 "여기서 암발랏티까는 멋진(sujāta) 어린 망고 나무(taruṇ-amba-rukkha)를 말하는데 이 근처에 건물을 지어서 암발랏티까라 하였다."(MAṬ.ii.59)라고 덧붙이고 있다.

한편 『디가 니까야 주석서』에 의하면 암발랏티까는 왕의 정원(rañño uyyāna)이었으며 이 정원의 정문 근처에 어린 망고나무(amba-rukkha)가 있었기 때문에 암발랏티까라고 부른다고 소개하고 있다.(DA.i.41) 그러나 『디가 니까야 복주서』에서는 "어떤 마을(ekagāma)이라고 하는 자들도 있다."(DAṬ.i.66)고 다른 견해도 소개하고 있다.

349) "'홀로 앉음에서 일어남(paṭisallāṇā vuṭṭhita)'이란 과의 증득(phala-samāpatti)에서 출정하신 것이다."(MA.iii.124)

자에게 물으셨다.

"라훌라야, 너는 이 물그릇에 물이 조금 남아있는 것을 보느냐?"

"그렇습니다, 세존이시여."

"라훌라야, 고의로 거짓말하는 것을 전혀 부끄러워하지 않는 자들의 출가수행[350]이란 것도 이와 같이 조금 남은 [하찮은] 것에 지나지 않는다."

4. 그러자 세존께서는 그 조금 남은 물을 쏟아버리시고 라훌라 존자에게 물으셨다.

"라훌라야, 너는 그 조금 남은 물이 버려진 것을 보느냐?"

"그렇습니다, 세존이시여."

"라훌라야, 고의로 거짓말하는 것을 전혀 부끄러워하지 않는 자들의 출가수행이란 것도 이와 같이 버려진 것에 지나지 않는다."

5. 그러자 세존께서는 그 물그릇을 뒤집어엎으시고 라훌라 존자에게 물으셨다.

"라훌라야, 너는 이 물그릇이 엎어진 것을 보느냐?"

"그렇습니다, 세존이시여."

"라훌라야, 고의로 거짓말하는 것을 전혀 부끄러워하지 않는 자들의 출가수행이란 것도 이와 같이 엎어진 것에 지나지 않는다."

6. 그러자 세존께서는 그 물그릇을 다시 바로 세우시고 라훌라 존자에게 물으셨다.

"라훌라야, 너는 이 물그릇이 바닥나고 비어있는 것을 보느냐?"

---

350) '출가수행'은 sāmañña(사문에 속하는 것)를 옮긴 것인데 주석서에서 "사문의 법(samaṇa-dhamma)"(MA.iii.127)이라고 설명하고 있어서 이렇게 옮겼다.

"그렇습니다, 세존이시여."

"라홀라야, 알면서 고의로 거짓말하는 것을 전혀 부끄러워하지 않는 자들의 출가수행이란 것도 이와 같이 바닥나고 빈 것에 지나지 않는다."

7. "라홀라야, 예를 들면 왕의 코끼리가 마차의 깃대만 한 상아를 가졌고 건장하고 혈통 좋고 전쟁에 능숙하다고 하자. 그 코끼리는 전쟁터에 나가 앞발로도 죽이고 뒷발로도 죽이고 몸의 앞부분도 사용하고 몸의 뒷부분도 사용하고[351] 머리도 사용하고 귀도 사용하고 상아들도 사용하고 꼬리도 사용하지만 [415] 코는 보호를 한다. 이를 본 코끼리에 타고 있는 자에게 이런 생각이 들 것이다.

'이 왕의 코끼리는 마차의 깃대만 한 상아를 가졌고 건장하고 혈통 좋고 전쟁에 능숙하다. 그는 전쟁터에 나가 앞발로도 죽이고 뒷발로도 죽이고 몸의 앞부분도 사용하고 몸의 뒷부분도 사용하고 머리도 사용하고 귀도 사용하고 상아들도 사용하고 꼬리도 사용하지만 코는 보호하고 있다.[352] 왕의 코끼리는 목숨까지 내놓지는 않는구나.'

라홀라야, 이 왕의 코끼리가 마차의 깃대만 한 상아를 가졌고 건장하고 혈통 좋고 전쟁에 능숙하다. 그 코끼리는 전쟁터에 나가 앞발로도 죽이고 뒷발로도 죽이고 … 코까지 사용한다. 이를 본 코끼리에 타고 있는 자에게 이런 생각이 들 것이다.

'이 왕의 코끼리는 마차의 깃대만 한 상아를 가졌고 건장하고 혈통 좋고 전쟁에 능숙하다. 그 코끼리는 전쟁터에 나가 앞발로도 죽이고 뒷발로도 죽이고 … 코까지 사용한다. 왕의 코끼리는 참으로 목숨까

---

351) "몸의 앞부분과 뒷부분을 사용해서 적군 총사령관의 방패와 지휘봉 등을 떨어트린다."(MA.iii.127)

352) "코를 입안으로 말아 넣어 보호한다."(MA.iii.128)

지 내놓았구나. 이제 왕의 코끼리가 하지 못할 일이 없다.'

라훌라야, 그와 같이 고의로 거짓말하는 것을 전혀 부끄러워하지 않는 자는 누구든지 어떠한 악한 행위라도 저지르지 못할 것이 없다고 나는 말한다. 라훌라여, 그러므로 너는 '나는 농담으로라도 결코 거짓말을 하지 않으리라.'고 공부지어야 한다."

8. "라훌라야, 이를 어떻게 생각하는가? 거울의 용도는 무엇인가?"

"비추어보는 것입니다, 세존이시여."

"라훌라야, 그와 같이 지속적으로 반조하면서 몸의 행위를 해야 하고, 지속적으로 반조하면서 말의 행위를 해야 하고, 지속적으로 반조하면서 마음의 행위를 해야 한다."

9. "라훌라야, 네가 몸으로 행위를 하고자 하면, 너는 그 몸의 행위를 이렇게 반조해야 한다.

'나는 이제 몸으로 행위를 하려고 한다. 나의 이런 몸의 행위가 나를 해치게 되고 다른 사람을 해치게 되고 둘 다를 해치게 되는 것은 아닐까? 이 몸의 행위가 해로운 것이어서 괴로움으로 귀결되고 괴로운 과보를 가져오게 되는 것은 아닐까?'

라훌라야, 만일 네가 그렇게 반조하여 '내가 이제 몸으로 행하고자 하는 이 몸의 행위는 나도 해치게 되고 다른 사람도 해치게 되고 둘 다를 해치게 될 것이다. 이 몸의 행위는 해로운 것이어서 괴로움으로 귀결되고 괴로운 과보를 가져올 것이다.'라고 알게 되면, 너는 그와 같은 몸의 행위는 절대로 해서는 안 된다.

라훌라야, [416] 만일 네가 반조하여 '내가 이제 몸으로 행하고자 하는 이 몸의 행위는 나를 해치지도 않을 것이고 다른 사람을 해치지도 않을 것이고 둘 다를 해치지 않을 것이다. 이 몸의 행위는 유익한 것이어서 즐거움으로 귀결되고 즐거운 과보를 가져올 것이다.'라고 알게 되면, 너는 그와 같은 몸의 행위를 해야 한다."

10. "라훌라야, 네가 몸으로 행위를 하고 있다면, 너는 그 몸의 행위를 이렇게 반조해야 한다.

'나는 지금 몸으로 행위를 하고 있다. 나의 이런 몸의 행위가 나를 해치거나 다른 사람을 해치거나 둘 다를 해치고 있는 것은 아닐까? 이 몸의 행위가 해로운 것이어서 괴로움으로 귀결되고 괴로운 과보를 가져오는 것은 아닐까?'

라훌라야, 만일 네가 그렇게 반조하여 '내가 지금 몸으로 행하고 있는 이 몸의 행위는 나도 해치고 다른 사람도 해치고 둘 다를 해치고 있는 것이다. 이 몸의 행위는 해로운 것이어서 괴로움으로 귀결되고 괴로운 과보를 가져오는 것이다.'라고 알게 되면, 너는 그와 같은 몸의 행위는 중지해야 한다.

라훌라야, 만일 네가 반조하여 '내가 지금 몸으로 행하고 있는 이 몸의 행위는 나를 해치고 있는 것도 아니고 다른 사람을 해치고 있는 것도 아니고 둘 다를 해치고 있는 것이 아니다. 이 몸의 행위는 유익한 것이어서 즐거움으로 귀결되고 즐거운 과보를 가져오는 것이다.'라고 알게 되면, 너는 그와 같은 몸의 행위는 계속해도 좋다."

11. "라훌라야, 네가 몸으로 행위를 하고 난 뒤에도, 너는 그 몸의 행위를 이렇게 반조해야 한다.

'나는 지금 몸으로 행위를 했다. 나의 이런 몸의 행위가 나를 해친 것이거나 다른 사람을 해친 것이거나 둘 다를 해친 것은 아닐까? 이 몸의 행위가 해로운 것이어서 괴로움으로 귀결되고 괴로운 과보를 가져온 것은 아닐까?'

라훌라야, 만일 네가 그렇게 반조하여 '내가 지금 몸으로 행했던 이 몸의 행위는 나도 해친 것이고 다른 사람도 해친 것이고 둘 다를 해친 것이다. 이 몸의 행위는 해로운 것이어서 괴로움으로 귀결되고 괴로운 과보를 가져온 것이다.'라고 알게 되면, 너는 그와 같은 몸의 행위를 스승이나 현명한 동료 수행자들에게 실토하고 드러내고 밝혀야 한다. 실토하고 드러내고 밝힌 뒤 [417] 미래를 위해 단속해야 한다.[353]

라훌라야, 만일 네가 반조하여 '내가 지금 몸으로 행했던 이 몸의 행위는 나를 해친 것도 아니고 다른 사람을 해친 것도 아니고 둘 다를 해친 것이 아니다. 이 몸의 행위는 유익한 것이어서 즐거움으로 귀결되고 즐거운 과보를 가져온 것이다.'라고 알게 되면, 너는 밤낮으로 유익한 법들을 공부지으면서 희열과 환희로 머물게 될 것이다."

12. "라훌라야, 네가 말로 행위를 하고자 하면, 너는 그 말의 행위를 이렇게 반조해야 한다.

'나는 이제 말로 행위를 하려고 한다. 나의 이런 말의 행위가 나를 해치게 되고 다른 사람을 해치게 되고 둘 다를 해치게 되는 것은 아닐까? 이 말의 행위가 해로운 것이어서 괴로움으로 귀결되고 괴로운 과보를 가져오게 되는 것은 아닐까?'

라훌라야, 만일 네가 그렇게 반조하여 '내가 이제 말로 행하고자 하는 이 말의 행위는 나도 해치게 되고 다른 사람도 해치게 되고 둘 다를 해치게 될 것이다. 이 말의 행위는 해로운 것이어서 괴로움으로 귀결되고 괴로운 과보를 가져올 것이다.'라고 알게 되면, 너는 그와 같은 말의 행위는 절대로 해서는 안 된다.

---

353) 이 방법은 『맛지마 니까야』 제2권 「밧달리 경」(M65) §13과 제4권 「요소의 분석 경」(M140) §33 등에 정형구로 나타난다.

라훌라야, 만일 네가 반조하여 '내가 이제 말로 행하고자 하는 이 말의 행위는 나를 해치지도 않을 것이고 다른 사람을 해치지도 않을 것이고 둘 다를 해치지 않을 것이다. 이 말의 행위는 유익한 것이어서 즐거움으로 귀결되고 즐거운 과보를 가져올 것이다.'라고 알게 되면, 너는 그와 같은 말의 행위를 해야 한다."

13. "라훌라야, 네가 말로 행위를 하고 있다면, 너는 그 말의 행위를 이렇게 반조해야 한다.

'나는 지금 말로 행위를 하고 있다. 나의 이런 말의 행위가 나를 해치거나 다른 사람을 해치거나 둘 다를 해치고 있는 것은 아닐까? 이 말의 행위가 해로운 것이어서 괴로움으로 귀결되고 괴로운 과보를 가져오는 것은 아닐까?'

라훌라야, 만일 네가 그렇게 반조하여 '내가 지금 말로 행하고 있는 이 말의 행위는 나도 해치고 다른 사람도 해치고 둘 다를 해치고 있는 것이다. 이 말의 행위는 해로운 것이어서 괴로움으로 귀결되고 괴로운 과보를 가져오는 것이다.'라고 알게 되면, 너는 그와 같은 말의 행위는 중지해야 한다.

라훌라야, 만일 네가 반조하여 '내가 지금 말로 행하고 있는 이 말의 행위는 나를 해치고 있는 것도 아니고 다른 사람을 해치고 있는 것도 아니고 둘 다를 해치고 있는 것이 아니다. 이 말의 행위는 유익한 것이어서 즐거움으로 귀결되고 즐거운 과보를 가져오는 것이다.'라고 알게 되면, 너는 그와 같은 말의 행위는 계속해도 좋다."

14. "라훌라야, 네가 말로 행위를 하고 난 뒤에도, 너는 그 말의 행위를 이렇게 반조해야 한다.

'나는 지금 말로 행위를 했다. 나의 이런 말의 행위가 나를 해친 것이거나 다른 사람을 해친 것이거나 둘 다를 해친 것은 아닐까? 이 말의 행위가 해로운 것이어서 괴로움으로 귀결되고 괴로운 과보를 가져온 것은 아닐까?'

라훌라야, 만일 네가 그렇게 반조하여 '내가 지금 말로 행했던 이 말의 행위는 나도 해친 것이고 다른 사람도 해친 것이고 둘 다를 해친 것이다. 이 말의 행위는 해로운 것이어서 괴로움으로 귀결되고 괴로운 과보를 가져온 것이다.'라고 알게 되면, 너는 그와 같은 말의 행위를 스승이나 현명한 동료 수행자들에게 실토하고 드러내고 밝혀야 한다. 실토하고 드러내고 밝힌 뒤 미래를 위해 단속해야 한다.

라훌라야, 만일 네가 반조하여 '내가 지금 말로 행했던 이 말의 행위는 나를 해친 것도 아니고 다른 사람을 해친 것도 아니고 둘 다를 해친 것이 아니다. 이 말의 행위는 유익한 것이어서 즐거움으로 귀결되고 즐거운 과보를 가져온 것이다.'라고 알게 되면, 너는 밤낮으로 유익한 법들을 공부지으면서 희열과 환희로 머물게 될 것이다."

15. "라훌라야, 네가 마음으로 행위를 하고자 하면, 너는 그 마음의 행위를 이렇게 반조해야 한다.

'나는 이제 마음으로 행위를 하려고 한다. 나의 이런 마음의 행위가 나를 해치게 되고 다른 사람을 해치게 되고 둘 다를 해치게 되는 것은 아닐까? 이 마음의 행위가 해로운 것이어서 괴로움으로 귀결되고 괴로운 과보를 가져오게 되는 것은 아닐까?'

라훌라야, 만일 네가 그렇게 반조하여 '내가 이제 마음으로 행하고자 하는 이 마음의 행위는 나도 해치게 되고 다른 사람도 해치게 되고 둘 다를 해치게 될 것이다. 이 마음의 행위는 해로운 것이어서 괴로움으로 귀결되고 괴로운 과보를 가져올 것이다.'라고 알게 되면, 너는 그와 같은 마음의 행위는 절대로 해서는 안 된다.

라훌라야, 만일 네가 반조하여 '내가 이제 마음으로 행하고자 하는 이 마음의 행위는 나를 해치지도 않을 것이고 다른 사람을 해치지도 않을 것이고 둘 다를 해치지 않을 것이다. 이 마음의 행위는 유익한 것이어서 즐거움으로 귀결되고 즐거운 과보를 가져올 것이다.'라고 알게 되면, 너는 그와 같은 마음의 행위를 해야 한다."

16. "라훌라야, 네가 마음으로 행위를 하고 있다면, 너는 그 마음의 행위를 이렇게 반조해야 한다.

'나는 지금 마음으로 행위를 하고 있다. 나의 이런 마음의 행위가 나를 해치거나 다른 사람을 해치거나 둘 다를 해치고 있는 것은 아닐까? 이 마음의 행위가 해로운 것이어서 괴로움으로 귀결되고 괴로운 과보를 가져오는 것은 아닐까?'

라훌라야, 만일 네가 그렇게 반조하여 '내가 지금 마음으로 행하고 있는 이 마음의 행위는 나도 해치고 다른 사람도 해치고 둘 다를 해치고 있는 것이다. 이 마음의 행위는 해로운 것이어서 괴로움으로 귀결되고 괴로운 과보를 가져오는 것이다.'라고 알게 되면, 너는 그와 같은 마음의 행위는 중지해야 한다.

라훌라야, 만일 네가 반조하여 '내가 지금 마음으로 행하고 있는 이 마음의 행위는 나를 해치고 있는 것도 아니고 다른 사람을 해치고 있는 것도 아니고 둘 다를 해치고 있는 것이 아니다. 이 마음의 행위는 유익한 것이어서 즐거움으로 귀결되고 즐거운 과보를 가져오는 것이다.'라고 알게 되면, 너는 그와 같은 마음의 행위는 계속해도 좋다."

17. "라훌라야, 네가 마음으로 행위를 하고 난 뒤에도, 너는 그 마음의 행위를 이렇게 반조해야 한다.

'나는 지금 마음으로 행위를 했다. 나의 이런 마음의 행위가 나를 해친 것이거나 다른 사람을 해친 것이거나 둘 다를 해친 것은 아닐까? 이 마음의 행위가 해로운 것이어서 괴로움으로 귀결되고 괴로운 과보를 가져온 것은 아닐까?'

라훌라야, 만일 네가 그렇게 반조하여 '내가 지금 마음으로 행했던 이 마음의 행위는 나도 해친 것이고 다른 사람도 해친 것이고 둘 다를 해친 것이다. 이 마음의 행위는 해로운 것이어서 괴로움으로 귀결되고 괴로운 과보를 가져온 것이다.'라고 알게 되면, 너는 그와 같은 마음의 행위를 몰아내고 부끄러워하고 진저리를 쳐야 한다. 몰아내고 부끄러워하고 진저리를 친 뒤 미래를 위해 단속해야 한다.354)

라훌라야, 만일 네가 반조하여 '내가 지금 마음으로 행했던 이 마음의 행위는 나를 해친 것도 아니고 다른 사람을 해친 것도 아니고 둘 다를 해친 것이 아니다. 이 마음의 행위는 유익한 것이어서 즐거움으로 귀결되고 즐거운 과보를 가져온 것이다.'라고 알게 되면, 너는 밤낮으로 유익한 법들을 공부지으면서 희열과 환희로 머물게 될 것이다."

18. "라훌라야, [420] 몸의 행위가 청정했고 말의 행위가 청정했고 마음의 행위가 청정했던 과거세의 사문들이나 바라문들355)은 모두 이와 같이 계속해서 반조함에 의해 몸의 행위가 청정했고, 이와

354) 말의 행위(vacī-kamma)에서는 그것이 해로운 것이고 괴로운 과보를 가져온 것이라면, 스승이나 현명한 동료 수행자들에게 실토하고 드러내고 밝혀야 하고, 그리하여 미래를 위해 단속해야 한다고 했지만 '마음의 행위(mano-kamma)'에서는 실토할 필요는 없다. 그러므로 그러한 해로운 생각들을 얼른 몰아내고 부끄러워하면서 미래에 다시 일어나지 않도록 해야 한다고 말씀하신 것이다.

355) "여기서 '사문이나 바라문들(samaṇā vā brāhmaṇā vā)'은 부처님들이나 벽지불들(paccekabuddhā)이나 여래의 제자들(tathāgata-sāvakā)을 말한다."(MA.iii.129)

같이 계속해서 반조함에 의해 말의 행위가 청정했고, 이와 같이 계속해서 반조함에 의해 마음의 행위가 청정했다.

라훌라야, 몸의 행위가 청정할 것이고 말의 행위가 청정할 것이고 마음의 행위가 청정할 미래세의 사문들이나 바라문들도 모두 이와 같이 계속해서 반조함에 의해 몸의 행위가 청정할 것이고, 이와 같이 계속해서 반조함에 의해 말의 행위가 청정할 것이고, 이와 같이 계속해서 반조함에 의해 마음의 행위가 청정할 것이다.

라훌라야, 몸의 행위가 청정하고 말의 행위가 청정하고 마음의 행위가 청정한 지금의 사문들이나 바라문들도 모두 이와 같이 계속해서 반조함에 의해 몸의 행위가 청정하고, 이와 같이 계속해서 반조함에 의해 말의 행위가 청정하고, 이와 같이 계속해서 반조함에 의해 마음의 행위가 청정하다.

라훌라야, 그러므로 여기서 너는 '계속해서 반조함에 의해 몸의 행위를 청정하게 하리라. 계속해서 반조함에 의해 말의 행위를 청정하게 하리라. 계속해서 반조함에 의해 마음의 행위를 청정하게 하리라.'라고 공부지어야 한다."

세존께서는 이와 같이 설하셨다. 라훌라 존자는 흡족한 마음으로 세존의 말씀을 크게 기뻐하였다.

라훌라를 교계한 긴 경

Mahā-Rāhulovāda Sutta(M62)

【해설】

본경은 세존께서 급고독원에 계실 때 사왓티로 탁발을 가시면서 라훌라 존자에게 설하신 가르침이다. 주석서에 의하면 본경은 라훌라 존자가 열여덟 살의 사미 시절에 설하신 경이라고 한다.(MA.iii126)

먼저 세존께서는 오온에 대해서 "'이것은 내 것이 아니다. 이것은 내가 아니다. 이것은 나의 자아가 아니다.'라고 이와 같이 이것을 있는 그대로 바른 통찰지로 보아야 한다."(§3)라고 말씀하신다. 이 말씀을 듣고 발심이 된 라훌라 사미는 되돌아와서 어떤 나무 아래에서 가부좌를 틀고 상체를 곧추세우고 전면에 마음챙김을 확립하여 앉아있었다.(§4) 이 모습을 보고 사리뿟따 존자가 들숨과 날숨에 대한 마음챙김을 닦으라고 라훌라 존자를 교계한다.(§5) 라훌라 존자는 다시 세존께 가서(§6) 어떻게 들숨과 날숨에 대한 마음챙김을 닦아야 하는지를 여쭙고(§7) 세존께서는 말씀해 주신다.

세존께서는 먼저 지·수·화·풍·허공의 오대(五大)에 대해서 '이것은 내 것이 아니다. 이것은 내가 아니다. 이것은 나의 자아가 아니다.'라고 있는 그대로 바른 통찰지로 보아 이 오대를 염오하고 오대에 대한 탐욕을 빛바래게 해야 한다고 말씀하신다.(§§8~12) 그리고 다시 지·수·화·풍과 허공을 닮는 수행을 하라고 말씀하시고(§§13~17), 자애·연민·더불어 기뻐함·평온(자·비·희·사)의 수행(§§18~21)과, 부정하다고 인식하는[不淨想] 수행(§22)과 무상을 인식하는[無常想] 수행(§23)을 말씀하신 후에 최종적으로 들숨날숨에 마음챙기는 공부를 16단계로 요점만 말씀하신다.(§§24~30)

이처럼 본경은 세존께서 라훌라 존자에게 본격적으로 수행을 가르치시는 내용을 담고 있다.

1. 이와 같이 나는 들었다. 한때 세존께서는 사왓티에서 제따 숲의 아나타삔디까 원림(급고독원)에 머무셨다.

2. 그때 세존께서는 아침에 옷매무새를 가다듬고 발우와 가사를 수하시고 사왓티로 탁발을 가셨다. 라훌라 존자도 아침에 옷매무새를 가다듬고 [421] 발우와 가사를 수하고 세존을 뒤따라갔다.

3. 그러자 세존께서는 뒤를 돌아보시면서 라훌라 존자를 불러 말씀하셨다.356)

---

356) 본경에 해당되는 주석서의 내용을 요약하면 다음과 같다.
라훌라 존자는 부처님을 시야에서 놓치지 않고 계속해서 따랐고 행동거지를 따라 하면서 뒤따라갔다. 그때 세존께서는 발걸음을 옮길 때마다 기품 있는 걸음으로 앞서 가셨고, 라훌라 존자는 십력을 가진 분의 발자국을 쫓아 뒤를 따르고 있었다.

세존께서는 꽃이 만개한 살라 숲에 들어갔다가 아름다운 대지에 내려가기 위해 방금 나온 고귀한 코끼리처럼 광채가 빛났고, 행운아인 라훌라도 고귀한 코끼리를 따라 나선 어린 코끼리처럼 빛났다. 세존께서는 해거름에 보석으로 만들어진 동굴에서 나와 자기의 영역에 이른 갈기가 있는 사자처럼 빛났고, 라훌라도 사자를 따라 나선 어린 사자처럼 빛났다. 세존께서는 그 족보가 널리 알려진(mahā-sammata-paveṇi) 옥까까 왕의 가문(Okkāka-rāja-vaṁsa)에서 태어나셨고, 라훌라도 그러했다. 세존께서도 조가비에 담긴 우유처럼 아주 청정한 태생인 끄샤뜨리야 가문에 태어나셨고, 라훌라도 그러했다. 세존께서도 왕위를 버리고 출가하셨고, 라훌라도 그러했다. 세존께서도 몸에 서른두 가지 대인상이 새겨져 있고(dvattiṁsa-mahā-purisa-lakkhaṇa-paṭimaṇḍita), 라훌라도 그러했다. 이와 같이 두 분 모두 확고한 결심이 있었고, 두 분 모두 왕궁에서 출가했고, 두 분 모두 우아한 끄샤뜨리야들이었고, 둘 모두 황금색 피부를 가졌고, 둘 모두 대인상을 구족하여 그들의 영광으로 마치 대범천들의 영광을 무색하게 만들듯 그렇게 빛났다.

그때 라훌라 존자가 세존을 뒤따라가면서 발바닥부터 머리털까지 세존을

"라훌라야, 물질이라고 하는 것은 그 어떤 것이든, 그것이 과거의 것이든 미래의 것이든 현재의 것이든, 안의 것이든 밖의 것이든, 거칠든 섬세하든, 저열하든 수승하든, 멀리 있건 가까이 있건, 그 모든 물질에 대해 '이것은 내 것이 아니다. 이것은 내가 아니다. 이것은 나의 자아가 아니다.'라고 이와 같이 이것을 있는 그대로 바른 통찰지

살펴보았다. 그는 세존의 모습이 우아한 것을 보고는 '세존께서는 멋지시다. 서른두 가지 대인상을 가진 몸은 매우 아름답다. 서른 가지 바라밀을 두루 완성하신 뒤에 생긴 몸은 이렇게 아름다운 광영을 구족하는구나.'라고 생각했다. 그리고 자기의 몸도 살펴보고는 '나도 멋지다. 만약 세존께서 네 개의 대해에서 전륜성왕(cakkavatti-rajja)이 되었다면 내게 지도자의 자리를 물려줄 수 있었을 것이다. 그렇게 되었다면 이 잠부섬은 아주 아름다웠을 것이다.'라고 자신에 관하여 세속적인 열정과 욕망(gehassita chanda-rāga)을 일으켰다.

세존께서는 앞서 가시면서 생각하셨다. '피부와 살과 피로 구성된 라훌라의 몸은 지금 성인이 되어 사랑스러운 형색의 대상 등에 대해 마음으로 몰입할 시기가 되었다. 라훌라가 어디에 마음을 두고 있는가?'라고. 마음을 전향함과 동시에 마치 맑은 물의 물고기처럼, 깨끗한 거울에 비친 얼굴처럼 라훌라의 마음을 보셨다.

'라훌라는 자기가 잘생겼다라고 생각하면서 자기 몸과 관련하여 세속적인 열망과 욕망을 일으켜 길이 아닌 곳(atittha)에 들어가고, 잘못된 길(uppatha)에 이르고, 영역이 아닌 곳(agocara)에 거닐고 있었다. 마치 길을 잃은 자가 가지 말아야 할 방향으로 가는 것처럼. 그렇게 되면 오염원(kilesa)이 증장하여 안으로 자기의 이익(attha)도 있는 그대로 알고 볼 줄 모르고, 다른 사람의 이익도 알고 볼 줄 모르고, 둘 다의 이익도 알고 볼 줄 모른다. 그리하여 지옥에 재생연결을 취할 것이고, 동물의 세계, 아귀, 아수라, 인간 등 시작이 없는(anamatagga) 윤회(saṁsāra-vaṭṭa)에 떨어질 것이다. 마치 여러 종류의 보배를 가득 실은 큰 배의 갑판이 부서져 물이 들어오면 한순간도 방치해서는 안 되고 빨리 그 구멍을 막아야 하듯이, 라훌라도 방치해서는 안 되겠다. 이 오염원들이 안으로 계의 보배(sīla-ratana) 등을 파멸시키기 전에 그를 제지하리라.'라고 의도를 일으키셨다. 그리하여 온몸으로 돌아서서 행운아인 라훌라(Rāhula-bhadda)를 불러 말씀하신 것이다.(MA.iii.130~134)

로 보아야 한다."

"오직 물질만 그러합니까, 세존이시여? 오직 물질만 그러합니까, 선서시여?"

"라훌라여, 물질도 그러하고, 느낌도 그러하고, 인식도 그러하고, 심리현상들도 그러하고, 알음알이도 그러하다."

4. 그러자 라훌라 존자는 [이렇게 생각했다.]

"누가 세존으로부터 직접 가르침을 받고 오늘 마을로 탁발을 가겠는가?"357)

그래서 그는 되돌아와서 어떤 나무 아래에서 가부좌를 틀고 상체를 곧추세우고 전면에 마음챙김을 확립하여 앉았다.

5. 사리뿟따 존자는 라훌라 존자가 가부좌를 틀고 상체를 곧추세우고 전면에 마음챙김을 확립하여 어떤 나무 아래에 앉아있는 것을 보았다. 그를 보고 라훌라 존자에게 말했다.

---

357) "라훌라 존자는 이렇게 생각했다. 부처님께서 내게 내 몸과 관련하여 일어난 열정과 욕망(chanda-rāga)을 아시고 '사문은 이러한 생각을 일으켜서는 안 된다.'라고 방편으로 설법을 하신 것도 아니고, '앞으로 다시는 그런 생각을 일으켜서는 안 된다.'라고 비구를 불러 이 말씀을 내게 전하도록 심부름(dūta)을 보내신 것도 아니고, 직접 내 앞에서 마치 묶여있는 도둑의 관모를 잡아 그를 끌듯이 목전에서(sammukhā) 경책을 하셨다. 선서의 경책(sugat-ovāda)은 헤아릴 수 없는 겁을 지나도 듣기 어려운 것이다. 이와 같이 목전에서 부처님의 경책을 들었거늘, 그가 만일 현명한 사람이라면 누가 오늘 마을로 탁발을 가겠는가?
그러자 라훌라 존자는 탁발 가던 일(āhāra-kicca)을 그만 두고 경책(ovāda)을 받은 그곳에서 돌아와 어떤 나무 아래 앉았다. 세존께서도 존자가 돌아가는 것을 보시고, 돌아가지 말고 탁발하러 가자고 말씀하시지 않았다. 존자는 오늘만큼은 몸에 대한 마음챙김(kāyagatā-sati)이라는 불사(不死)의 음식(amata-bhojana)을 먹으리라는 생각 때문에서였다." (MA.iii.134~135)

"라훌라여, 들숨과 날숨에 대한 마음챙김을 닦아라. 라훌라여, 들숨과 날숨에 대한 마음챙김을 닦고 많이 공부지으면 실로 큰 결과와 큰 공덕이 있다."358)

6. 그러자 라훌라 존자는 해거름에 [낮 동안의] 홀로 앉음에서 일어나 세존을 뵈러 갔다.359) 가서는 세존께 절을 올리고 한 곁에 앉

---

358) 라훌라 존자의 스승인 사리뿟따 존자는 라훌라 존자가 세존으로부터 조금 전에 오온에 대해서 '이것은 내 것이 아니고, 내가 아니고, 나의 자아가 아니다.'라고 오온을 무상하고 괴로움이고 자아가 아니라고 통찰하라는 가르침을 받았다는 사실을 몰랐다. 그것을 모른 채 들숨날숨에 대한 마음챙김을 닦으면 '큰 결실과 큰 공덕이 있다(mahapphalā hoti mahānisaṁsā).'고 하면서 라훌라 존자에게 그것을 닦을 것을 권하고 있다. 사리뿟따 존자는 그때 세존과 함께 머무르지 않았기 때문이라고 주석서는 밝히고 있다. (MA.iii.135)

그러면 들숨날숨에 대한 마음챙김을 닦으면 어떤 큰 결실과 큰 공덕이 있는가? 주석서는 다음과 같은 큰 결실과 큰 공덕이 있다고 설명한다.

"들숨날숨에 대한 마음챙김에 열중할 때 한 자리에 앉아서 모든 번뇌들을 다 물리치고 아라한과를 얻을 수 있다. 그렇게 할 수 없는 경우 죽는 순간에 아라한과를 얻을 수 있다. 아니면 천상에 태어나서 법을 듣고 아라한과를 얻을 수 있다. 그것에 실패하면 부처님이 세상에 계시지 않는 때에 태어나 독각(獨覺, paccekabodhi)을 실현하게 된다. 그것을 실현하지 못하면 부처님들의 회상에서 바히야 장로 등처럼 즉시에 초월지를 얻는 자(khippa-abhiñña)가 된다."(MA.iii.136)

359) "이와 같이 세존께서는 물질에 대한 명상주제(rūpa-kammaṭṭhāna)를 주셨고, 사리뿟따 장로는 들숨날숨에 대한 마음챙김(ānāpāna-ssati)을 말씀하시어 두 분 모두 명상주제를 말씀하시고 떠나셨다. 라훌라 존자는 승원에 혼자 남아있었다. 세존과 사리뿟따 존자는 라훌라 존자가 아무것도 먹지 않은 것을 아셨지만 음식을 직접 갖고 오거나 누구에게 시켜서 갖다주게 하거나, 음식을 먹지 않았다고 어느 누구에게 알리지도 않았다.

라훌라 존자도 음식에 대한 생각은 없었고 오로지 세존께서 설해주신 명상주제를 음식삼아 '이런 이유로 물질은 무상하고, 이런 이유로 괴로움이고, 이런 이유로 부정(不淨)하고, 이런 이유로 자아가 아니다.'라고 불을 문지르듯이 계속해서 마음에 잡도리한 뒤 해거름에 이와 같이 생각했다.

았다. 한 곁에 앉아서 라훌라 존자는 세존께 이렇게 여쭈었다.

7. "세존이시여, 어떻게 들숨과 날숨에 대한 마음챙김을 닦고 어떻게 많이 공부지으면 실로 큰 결과와 큰 공덕이 있게 됩니까?"

8. "라훌라야,[360] 몸 안에 있고[361] 개개인에 속하고 딱딱하고 견고하고 업에서 생긴 것은 무엇이건 이를 일러 내적인 땅의 요소[地界]라 한다. 예를 들면 머리털 · 몸털 · 손발톱 · 이 · 살갗 · 살 · 힘줄 · 뼈 · 골수 · 콩팥 · 염통 · 간 · 근막 · 지라 · 허파 · 창자 · 장간막 · 위 속의 음식 · 똥과 그 외에도 몸 안에 있고 개개인에 속하고 딱딱하고 견고하고 업에서 생긴 것은 무엇이건 [이를 일러 내적인 땅의 요소라 한다.]

내적인 땅의 요소든 외적인 땅의 요소든 그것은 단지 땅의 요소일

'나의 스승 [사리뿟따 존자]께서는 들숨날숨에 마음챙길 것을 말씀하셨는데 나는 그것을 하지 않았다. 스승의 말씀을 듣지 않으면 비난을 받을 것이다.'라고. 그리하여 그것에 대한 수행 방법을 질문하기 위해 세존을 찾아갔던 것이다."(MA.iii.137~138)

360) 여기서부터 본경에 나타나는 네 가지 요소[四界] 혹은 네 가지 근본물질[四大]에 관한 설명은 『청정도론』 XI.30 이하에 상세하게 설명되어 있으니 참고할 것. 그리고 『맛지마 니까야』 제1권 「코끼리 발자국 비유의 긴 경」(M28) §6 §11, §16, §21과 『맛지마 니까야』 제4권 「요소의 분석 경」(M140) §§14~17에도 나타나고 있으니 참조할 것.
그리고 본경 §§8~12는 『앙굿따라 니까야』 제2권 「라훌라 경」(A4:177)의 내용과 같다.

361) "세존께서는 들숨날숨에 마음챙기는 수행방법에 대해 질문을 받았지만 라훌라의 열망과 욕망을 제거하게 하기 위해 물질에 대한 명상주제를 설하신다. 세존께 이런 생각이 들었다. '라훌라에게 자기의 몸(atta-bhāva)과 관련하여 열망과 욕망이 일어났다. 앞에서 간략하게 물질에 대한 명상주제를 설했으니, 여기서는 그에게 마흔두 가지 측면으로 자기 몸에 대해 욕망을 빛바래게 하고(virājetvā) 분해하여(visaṅkharitvā) 그와 관련된 열망과 욕망이 일어나지 않는 그런 법을 설하리라.'라고."(MA.iii.138)

뿐이다. 이에 대해 '이것은 내 것이 아니다. 이것은 내가 아니다. 이것은 나의 자아가 아니다.'라고 있는 그대로 바른 통찰지로 보아야 한다. 이와 같이 [422] 이것을 있는 그대로 바른 통찰지로 보아 땅의 요소를 염오하고 마음이 땅의 요소에 대한 탐욕을 빛바래게 한다[離慾]."

9. "라훌라야, 그러면 무엇이 물의 요소[水界]인가? 물의 요소는 내적인 것과 외적인 것이 있다. 라훌라여, 그러면 무엇이 내적인 물의 요소인가?

몸 안에 있고 개개인에 속하는 물과 액체 상태로 된 것362)과 업에서 생긴 것은 무엇이건 이를 일러 내적인 물의 요소라 한다. 예를 들면 쓸개즙·가래·고름·피·땀·굳기름·눈물·[피부의] 기름기·침· 콧물·관절활액·오줌과 그 외에도 몸 안에 있고 개개인에 속하는 물과 액체 상태로 된 것과 업에서 생긴 것은 무엇이건 이를 일러 내적인 물의 요소라 한다.

내적인 물의 요소든 외적인 물의 요소든 그것은 단지 물의 요소일 뿐이다. 이에 대해 '이것은 내 것이 아니다. 이것은 내가 아니다. 이것은 나의 자아가 아니다.'라고 있는 그대로 바른 통찰지로 보아야 한다. 이와 같이 이것을 있는 그대로 바른 통찰지로 보아 물의 요소를 염오하고 마음이 물의 요소에 대한 탐욕을 빛바래게 한다."

---

362) '액체 상태로 된 것'이라고 옮긴 원어는 āpo-gata인데 직역하면 '물에 속하는'이 된다. 『맛지마 니까야』 제1권 「코끼리 발자국 비유의 긴 경」(M28) §11에도 본 정형구가 나타나는데 그 경에 해당하는 주석서에서는 이 단어를 "신선한 액즙 상태를 특징으로 하는 것(alla-yūsa-bhāva-lakkhaṇa — MA.ii.227)으로 설명하고 있어서 이렇게 옮겼다. 미얀마에서는 이것을 '흐르는 상태에 있는 것(upādinnā dhāti)'으로 해석한다고 한다.

10. "라훌라야, 그러면 무엇이 불의 요소[火界]인가? 불의 요소는 내적인 것과 외적인 것이 있다. 라훌라야, 그러면 무엇이 내적인 불의 요소인가?

몸 안에 있고 개개인에 속하는 불과 뜨거운 것과 업에서 생긴 것은 무엇이건 이를 일러 내적인 불의 요소라 한다. 예를 들면 그것 때문에 따뜻해지고 늙고 타버린다거나 그것 때문에 먹고 마시고 씹고 맛본 것이 완전히 소화된다든지 하는 것이다. 그 외에도 몸 안에 있고 개개인에 속하는 불과 뜨거운 것과 업에서 생긴 것은 무엇이건 이를 일러 내적인 불의 요소라 한다.

내적인 불의 요소든 외적인 불의 요소든 그것은 단지 불의 요소일 뿐이다. 이에 대해 '이것은 내 것이 아니다. 이것은 내가 아니다. 이것은 나의 자아가 아니다.'라고 있는 그대로 바른 통찰지로 보아야 한다. 이와 같이 이것을 있는 그대로 바른 통찰지로 보아 불의 요소를 염오하고 마음이 불의 요소에 대한 탐욕을 빛바래게 한다."

11. "라훌라야, 그러면 무엇이 바람의 요소[風界]인가? 바람의 요소는 내적인 것과 외적인 것이 있다. 라훌라야, 그러면 무엇이 내적인 바람의 요소인가?

몸 안에 있고 개개인에 속하는 바람과 바람 기운과 업에서 생긴 것은 무엇이건 이를 일러 내적인 바람의 요소라 한다. 예를 들면 올라가는 바람, 내려가는 바람, 복부에 있는 바람, 창자에 있는 바람, 온몸에 움직이는 바람, 들숨과 날숨이다. 그 외에도 몸 안에 있고 개개인에 속하는 바람과 바람 기운과 업에서 생긴 것을 일러 내적인 바람의 요소라 한다.

내적인 바람의 요소든 외적인 바람의 요소든 그것은 단지 바람의 요소일 뿐이다. 이에 대해 '이것은 내 것이 아니다. 이것은 내가 아니다. 이것은 나의 자아가 아니다.'라고 있는 그대로 바른 통찰지로 보아야 한다. 이와 같이 [423] 이것을 있는 그대로 바른 통찰지로 보아 바람의 요소를 염오하고 마음이 바람의 요소에 대한 탐욕을 빛바래게 한다."

12. "라훌라야, 그러면 무엇이 허공의 요소[空界]인가?363) 허공의 요소는 내적인 것과 외적인 것이 있다. 라훌라야, 그러면 무엇이 내적인 허공의 요소인가?

몸 안에 있고 개개인에 속하는 허공과 허공에 속하는 것과 업에서 생긴 것은 무엇이건 이를 일러 내적인 허공의 요소라 한다. 예를 들면 귓구멍, 콧구멍, 입이다. 그리고 먹고 마시고 씹고 맛본 것이 넘어가는 [목구멍과], 먹고 마시고 씹고 맛본 것이 머무는 곳, 먹고 마시고 씹고 맛본 것이 나가는 곳이다. 그 외에도 몸 안에 있고 개개인에 속하는 허공과 허공에 속하는 것과 업에서 생긴 것을 일러 내적인 허

---

363) "[『맛지마 니까야』 제1권] 「코끼리 발자국 비유의 긴 경」(M28)에서는 네 가지 근본물질(cattāri mahā-bhūtāni)만 설명하셨지만 여기서는 파생된 물질(upādā-rūpa)을 보이기 위하여 허공의 요소(ākāsa-dhātu)도 상세하게 언급하신다."(MA.iii.138)
세존께서는 이렇듯 어떤 곳에서는(『맛지마 니까야』 제1권 「코끼리 발자국 비유의 긴 경」(M28)) 네 가지 요소를, 또 여기서처럼 어떤 경에서는 허공의 요소[空界]를 넣어 다섯 가지 요소를, 또 다른 경에서는(『맛지마 니까야』 제4권 「요소의 분석 경」(M140) §8; 『디가 니까야』 제3권 「합송경」(D33) §2.2 (16)); 『앙굿따라 니까야』 제1권 「외도의 주장 경」(A3:61)) 알음알이의 요소[識界, viññāṇa-dhātu]를 더하여 여섯 가지 요소를 말씀하신다. 여기에 관한 설명은 『맛지마 니까야』 제4권 「여섯 가지 청정 경」(M112) §7의 주해와, 「요소의 분석 경」(M140) §8의 주해를 참조할 것.

공의 요소라 한다.

내적인 허공의 요소든 외적인 허공의 요소든 그것은 단지 허공의 요소일 뿐이다. 이에 대해 '이것은 내 것이 아니다. 이것은 내가 아니다. 이것은 나의 자아가 아니다.'라고 있는 그대로 바른 통찰지로 보아야 한다. 이와 같이 이것을 있는 그대로 바른 통찰지로 보아 허공의 요소를 염오하고 마음이 허공의 요소에 대한 탐욕을 빛바래게 한다."

13. "라훌라야, 땅을 닮는 수행을 닦아라.[364] 라훌라야, 땅을 닮는 수행을 닦으면 마음에 드는 감각접촉[觸]과 마음에 들지 않는 감각접촉이 일어나더라도 그런 것이 마음을 사로잡지 못할 것이다.

라훌라야, 예를 들면 땅에 깨끗한 것을 던지기도 하고 더러운 것을 던지기도 하고 똥을 누기도 하고 오줌을 누기도 하고 침을 뱉기도 하고 고름을 짜서 버리기도 하고 피를 흘리기도 하지만, 땅은 그 때문에 놀라지도 않고 모욕을 당하지도 않고 넌더리치지도 않는다.

라훌라야, 그와 같이 땅을 닮는 수행을 닦아라. 라훌라야, 땅을 닮

364) "여기서는 라훌라에게 공평함의 특징(tādibhāva-lakkhaṇa)을 가르치시기 위해서 '라훌라야, 땅을 닮는 수행을 닦아라(paṭhavīsamaṁ rāhula bhāvanaṁ bhāvehi).'라고 말씀하신다. 원하는 대상(iṭṭha)에 집착하지 않고(arajjanta) 원하지 않는 대상에 성내지 않는 것(adussanta)이 공평(tādī)이다.
'마음에 드는 감각접촉(manāpa phassa)'이란 여덟 가지의 탐욕이 함께한 마음과 관련된 감각접촉이고, '마음에 들지 않는 감각접촉(amanāpa phassa)'이란 두 가지 성냄이 함께한 마음과 관련된 감각접촉이다."(MA.iii.140)
계속해서 주석서는, 땅을 닮는 수행을 닦으면 이런 감각접촉들이 일어나 마음을 제압하여 머물 수 없을 것이고, '나는 잘생겼고 멋지다.'라고 자기 몸과 관련된 열망이나 욕망이 일어나지 않을 것이라고 덧붙이고 있다.(MA.iii.140)

는 수행을 닦으면 마음에 드는 감각접촉과 마음에 들지 않는 감각접촉이 일어나더라도 그런 것이 마음을 사로잡지 못할 것이다."

14. "라훌라야, 물을 닮는 수행을 닦아라. 라훌라야, 물을 닮는 수행을 닦으면 마음에 드는 감각접촉[觸]과 마음에 들지 않는 감각접촉이 일어나더라도 그런 것이 마음을 사로잡지 못할 것이다.

라훌라야, 예를 들면 물에 깨끗한 것을 씻기도 하고 더러운 것을 씻기도 하고 똥을 씻기도 하고 오줌을 씻기도 하고 침을 씻기도 하고 고름을 씻기도 하고 피를 씻기도 하지만, 물은 그 때문에 놀라지도 않고 모욕을 당하지도 않고 넌더리치지도 않는다.

라훌라야, [424] 그와 같이 물을 닮는 수행을 닦아라. 라훌라야, 물을 닮는 수행을 닦으면 마음에 드는 감각접촉과 마음에 들지 않는 감각접촉이 일어나더라도 그런 것이 마음을 사로잡지 못할 것이다."

15. "라훌라야, 불을 닮는 수행을 닦아라. 라훌라야, 불을 닮는 수행을 닦으면 마음에 드는 감각접촉과 마음에 들지 않는 감각접촉이 일어나더라도 그런 것이 마음을 사로잡지 못할 것이다.

라훌라야, 예를 들면 불이 깨끗한 것을 태우기도 하고 더러운 것을 태우기도 하고 똥을 태우기도 하고 오줌을 태우기도 하고 침을 태우기도 하고 고름을 태우기도 하고 피를 태우기도 하지만, 불은 그 때문에 놀라지도 않고 모욕을 당하지도 않고 넌더리치지도 않는다.

라훌라야, 그와 같이 불을 닮는 수행을 닦아라. 라훌라야, 불을 닮는 수행을 닦으면 마음에 드는 감각접촉과 마음에 들지 않는 감각접촉이 일어나더라도 그런 것이 마음을 사로잡지 못할 것이다."

16. "라훌라야, 바람을 닮는 수행을 닦아라. 라훌라야, 바람을 닮는 수행을 닦으면 마음에 드는 감각접촉과 마음에 들지 않는 감각접

촉이 일어나더라도 그런 것이 마음을 사로잡지 못할 것이다.

라훌라야, 예를 들면 바람이 깨끗한 것을 불어 날리기도 하고 더러운 것을 불어 날리기도 하고 똥을 불어 날리기도 하고 오줌을 불어 날리기도 하고 침을 불어 날리기도 하고 고름을 불어 날리기도 하고 피를 불어 날리기도 하지만, 바람은 그 때문에 놀라지도 않고 모욕을 당하지도 않고 넌더리치지도 않는다.

라훌라야, 그와 같이 바람을 닮는 수행을 닦아라. 라훌라야, 바람을 닮는 수행을 닦으면 마음에 드는 감각접촉과 마음에 들지 않는 감각접촉이 일어나더라도 그런 것이 마음을 사로잡지 못할 것이다."

17. "라훌라야, 허공을 닮는 수행을 닦아라. 라훌라야, 허공을 닮는 수행을 닦으면 마음에 드는 감각접촉과 마음에 들지 않는 감각접촉이 일어나더라도 그런 것이 마음을 사로잡지 못할 것이다.

라훌라야, 예를 들면 허공이 어느 곳에도 머물지 않는 것처럼 그와 같이 허공을 닮는 수행을 닦아라.

라훌라야, 허공을 닮는 수행을 닦으면 마음에 드는 감각접촉과 마음에 들지 않는 감각접촉이 일어나더라도 그런 것이 마음을 사로잡지 못할 것이다."

18. "라훌라야, 자애의 수행을 닦아라.[365] 라훌라야, 네가 자애

---

365) "여기서 '라훌라야, 자애의 수행을 닦아라(mettaṁ rāhula bhāvanaṁ bhāvehi).'라고 시작하신 것은 무엇을 조건으로 수행자가 공평해지는지, 그 이유를 보이시기 위함(kāraṇa-dassan-attha)이다. 앞에서는(§§13~17) 공평함의 특징(tādi-bhāva-lakkhaṇa)을 보이셨다. 그러나 '나는 공평하고 편견이 없다.'라고 아무런 이유도 없이(akāraṇā) 그렇게 될 수 없다. 그리고 '나는 좋은 가문에서 태어났고 많이 배웠고 많은 것을 가졌다. 왕이나 유명 인사들이 나를 섬기기 때문에 나는 공평하고 편견이 없다.'라는 이런 이유로는 어떤 자도 공평한 자가 될 수 없다. 그것은 자애 등의 수행

의 수행을 닦으면 어떤 악의라도 다 제거될 것이다."

19. "라훌라야, 연민의 수행을 닦아라. 라훌라야, 네가 연민의 수행을 닦으면 어떤 잔인함이라도 다 제거될 것이다."

20. "라훌라야, 더불어 기뻐함의 수행을 닦아라. 라훌라야, 네가 더불어 기뻐함의 수행을 닦으면 어떤 싫어함이라도 다 제거될 것이다."

21. "라훌라야, 평온의 수행을 닦아라. 라훌라야, 네가 평온의 수행을 닦으면 어떤 적의라도 다 제거될 것이다."

22. "라훌라야, 부정하다고 인식하는[不淨想] 수행을 닦아라. 라훌라야, 네가 부정하다고 인식하는 수행을 닦으면 어떤 탐욕이라도 다 제거될 것이다."

23. "라훌라야, 무상을 인식하는[無常想] 수행을 닦아라. 라훌라야, [425] 네가 무상을 인식하는 수행을 닦으면 나라는 자만[366]은 모두 제거될 것이다."

24. "라훌라야, 들숨과 날숨에 대한 마음챙김을 닦아라.[367] 라훌라야, 들숨과 날숨에 대한 마음챙김을 닦고 거듭거듭 행하면 실로 큰 결실과 큰 이익이 있다. 라훌라야, 그러면 어떻게 들숨과 날숨에 대한 마음챙김을 닦고 어떻게 거듭거듭 행하면 실로 큰 결실과 큰 이익

(mettādi-bhāvanā)으로만 가능하다. 그러므로 공평한 자가 되는 이유를 보이기 위해 이 가르침을 설하시는 것이다."(MA.iii.140)

366) "'나라는 자만(asmi-māna)'은 물질 등에 대해 '나'라고 하는 자만이다." (MA.iii.141)

367) 이제 앞의 §7에서 라훌라 존자가 여쭈었던 질문에 대해 상세하게 설명하신다. 들숨날숨에 마음챙기는 수행에 대한 상세한 설명은 『청정도론』 제8장 §145 이하를 참조할 것.

이 있게 되는가?"

25. "라훌라야, 여기에 비구가 숲 속에 가거나 나무 아래에 가거나 빈방에 가거나 하여 가부좌를 틀고 상체를 곧추세우고 전면에 마음챙김을 확립하여 앉는다. 그는 마음챙기면서 숨을 들이쉬고 마음챙기면서 숨을 내쉰다."368)

26. "① 길게 들이쉬면서는 '길게 들이쉰다.'고 꿰뚫어 알고, 길게 내쉬면서는 '길게 내쉰다.'고 꿰뚫어 안다. ② 짧게 들이쉬면서는 '짧게 들이쉰다.'고 꿰뚫어 알고, 짧게 내쉬면서는 '짧게 내쉰다.'고 꿰뚫어 안다. ③ '온몸을 경험하면서 들이쉬리라.'며 공부짓고, '온몸을 경험하면서 내쉬리라.'며 공부짓는다. ④ '몸의 작용[身行]369)을

---

368) 다음 §§26~29에 나타나는 16단계의 들숨날숨에 대한 마음챙김은 『맛지마 니까야』 제4권 「들숨날숨에 대한 마음챙김 경」(出入息念經, Ānāpānasati Sutta, M118)의 §§18~21에도 나타나는데 들숨날숨 공부의 핵심이 되는 가르침이다. 그곳의 해당 주해들도 참조할 것. 그리고 이 16단계는 『청정도론』 VIII.146~237에 상세히 설명되어 있다. 초기불전연구원에서는 이 「들숨날숨에 대한 마음챙김 경」(M118)과 『청정도론』의 설명을 엮어서 『들숨날숨에 마음챙기는 공부』(대림 스님 역, 개정3판, 2008)를 출간하였으므로 참조할 것.

그리고 이 16단계는 「들숨날숨에 대한 마음챙김 경」(M118) §§24~27과 『상윳따 니까야』 제6권 「낌빌라 경」(S54:10) §§7~10에도 나타나듯이 다시 크게 네 개로 구성된 네 무리로 구분이 되어(4×4=16) 이 넷은 각각 사념처의 신 · 수 · 심 · 법에 배대가 된다. 자세한 것은 「들숨날숨에 대한 마음챙김 경」(M118) §24이하를 참조할 것.

369) 여기서 '몸의 작용[身行, kāya-saṅkhāra]'은 들숨날숨을 말한다. 『상윳따 니까야』 제4권 「까마부 경」 2(S41:6/iv.293) §5에서 까마부 존자는 찟따 장자에게 "장자여, 들숨날숨은 몸에 속하는 것이고 이런 법들은 몸에 묶여 있습니다. 그래서 들숨날숨은 몸의 작용입니다."라고 말하고 있다. 그리고 『청정도론』의 복주서인 『빠라맛타 만주사』도 "여기서 '몸의 작용[身行, kāya-saṅkhāra]'이란 들숨날숨을 말한다. 비록 이것은 마음에

편안히 하면서 들이쉬리라.'며 공부짓고, '몸의 작용을 편안히 하면서 내쉬리라.'며 공부짓는다."

27. "⑤ '희열을 경험하면서[370] 들이쉬리라.'며 공부짓고, '희열을 경험하면서 내쉬리라.'며 공부짓는다. ⑥ '행복을 경험하면서[371] 들이쉬리라.'며 공부짓고, '행복을 경험하면서 내쉬리라.'며 공부짓는다. ⑦ '마음의 작용[心行][372]을 경험하면서 들이쉬리라.'며 공부짓고, '마음의 작용을 경험하면서 내쉬리라.'며 공부짓는다. ⑧ '마음의 작용을 편안히 하면서 들이쉬리라.'며 공부짓고, '마음의 작용을 편안히

서 생긴 것이지만 그것의 존재가 몸에 묶여 있고 몸을 통해 형성되기 때문에 몸의 작용이라 부른다."(Pm.220)라고 설명하고 있다.
『상윳따 니까야』 제3권 「앗사지 경」(S22:88) §7의 주해도 참조할 것.

370) "두 가지 방법을 통해서 '희열을 경험한다(pīti-paṭisaṁvedī).' 그것은 대상을 통해서와 미혹하지 않음을 통해서(ārammaṇato ca asammohato ca)이다. ① 그는 희열이 있는 두 禪 [즉 초선과 제2선]에 든다. 그가 그것에 드는 순간에 禪을 얻음으로써 대상을 경험했기 때문에 대상을 통해서 희열을 경험한다. ② 희열이 있는 두 禪에 들었다가 출정하여 禪과 함께한 희열을 파괴되기 마련이고 사라지기 마련이라고 명상한다. 그가 위빳사나를 하는 순간에 특상을 경험하기 때문에 잊어버리지 않음을 통해서 희열을 경험한다."(『청정도론』 VIII.226~227)
즉 ①은 사마타를 닦아서 禪에 들었을 때의 희열이고 ②는 禪에서 출정하여 무상·고·무아의 특상(lakkhaṇa)을 꿰뚫는 위빳사나를 할 때의 희열을 말한다.

371) 『청정도론』은 '행복을 경험하면서(sukha-paṭisaṁvedī)'도 희열의 경험과 같은 방법으로 두 측면에서 이해해야 한다고 설명하고 있다. 즉 ① 사마타를 닦아서 禪에 들었을 때의 행복과 ② 禪에서 출정하여 무상·고·무아의 특상을 꿰뚫는 위빳사나를 할 때의 행복을 말한다. 다른 점은 행복은 초선부터 제3선까지에서 경험된다는 것이다.(『청정도론』 VIII.229)

372) "마음의 작용[心行, citta-saṅkhāra]은 느낌의 무더기[受蘊]와 인식의 무더기[想蘊]를 말한다. … 네 가지 禪들로 '마음의 작용을 경험한다(citta-saṅkhāra-paṭisaṁvedī).'고 알아야 한다."(『청정도론』 VIII.229)

하면서 내쉬리라.'며 공부짓는다."

28. "⑨ '마음을 경험하면서[373] 들이쉬리라.'며 공부짓고, '마음을 경험하면서 내쉬리라.'며 공부짓는다. ⑩ '마음을 기쁘게 하면서[374] 들이쉬리라.'며 공부짓고, '마음을 기쁘게 하면서 내쉬리라.'며 공부짓는다. ⑪ '마음을 집중하면서[375] 들이쉬리라.'며 공부짓고, '마음을 집중하면서 내쉬리라.'며 공부짓는다. ⑫ '마음을 해탈케 하면서[376] 들이쉬리라.'며 공부짓고, '마음을 해탈케 하면서 내쉬리라.'며

---

373) "'마음을 경험하면서(citta-paṭisaṁvedī)'란 네 가지 禪들로 마음을 경험한다고 알아야 한다."(『청정도론』 VIII.231)

374) "'마음을 기쁘게 하면서(abhippamodayaṁ cittaṁ)': 여기서는 삼매와 위빳사나의 두 가지 방법으로 기쁘게 한다. 어떻게 삼매를 통해 기쁘게 하는가? 희열(pīti)이 있는 두 禪에 든다. 그 증득의 순간에 그 禪과 함께한 희열로 마음을 반갑게 하고 기쁘게 한다. 어떻게 위빳사나를 통해 기쁘게 하는가? 희열이 있는 두 禪에 들었다가 출정하여 禪과 함께한 희열을 파괴되기 마련이고 사그라지기 마련이라고 명상한다. 이와 같이 위빳사나를 하는 순간에 禪과 함께한 희열을 대상으로 삼아 마음을 반갑게 하고 기쁘게 한다."(『청정도론』 VIII.232)

375) 『청정도론』 VIII.232는 두 가지로 '마음을 집중하면서(samādaha citta)'를 설명하고 있는데 하나는 네 가지 禪에 드는 것이고 다른 하나는 찰나삼매(刹那三昧, 순간적인 마음이 한끝에 집중됨, 刹那心一境性, khaṇika-citt-ekaggatā)를 통해서이다. 찰나삼매는 "그 禪에 들었다가 출정하여 禪과 함께한 마음을 파괴되기 마련이고 사그라지기 마련이라고 명상할 때 그 위빳사나를 하는 순간에 특상을 통찰하는 것"이라고 『청정도론』(VIIi.232)은 정의하고 있다.

376) "'마음을 해탈하게 하면서(vimocayaṁ cittaṁ)': 초선을 통해 장애들로부터 마음을 벗어나게 하고 해탈하게 하면서, 제2선을 통해 일으킨 생각[尋]과 지속적 고찰[伺]로부터, 제3선을 통해 희열로부터, 제4선을 통해 행복과 고통으로부터 마음을 벗어나게 하고 해탈하게 하면서 들이쉬고 내쉰다. 혹은 그가 그 禪에 들었다가 출정하여 禪과 함께한 마음은 파괴되기 마련이고 사그라지기 마련이라고 명상한다. 그가 위빳사나를 하는 순간에 무상의 관찰로 영원하다는 인식(nicca-saññā)으로부터, 괴로움의 관찰로

공부짓는다."

29. "⑬ '무상을 관찰하면서[377] 들이쉬리라.'며 공부짓고, '무상을 관찰하면서 내쉬리라.'며 공부짓는다. ⑭ '탐욕이 빛바램을 관찰하면서[378] 들이쉬리라.'며 공부짓고, '탐욕이 빛바램을 관찰하면서 내쉬리라.'며 공부짓는다. ⑮ '소멸을 관찰하면서 들이쉬리라.'며 공부짓고, '소멸을 관찰하면서 내쉬리라.'며 공부짓는다. ⑯ '놓아버림을 관찰하면서[379] 들이쉬리라.'며 공부짓고, '놓아버림을 관찰하면서

행복하다는 인식(sukha-saññā)으로부터, 무아의 관찰로 자아라는 인식(atta-saññā)으로부터, 염오의 관찰(nibbidānupassanā)로 즐김(nandi)으로부터, 탐욕이 빛바램의 관찰로 탐욕(rāga)으로부터, 소멸의 관찰로 일어남(samudaya)으로부터, 놓아버림의 관찰로 가짐(ādāna)으로부터 마음을 벗어나게 하고 해탈하게 하면서 들이쉬고 내쉰다."(『청정도론』 VIII.233)

377) "'무상을 관찰하면서(anicca-anupassī)'라고 했다. 여기서 무상한 것(anicca)이란 다섯 가지 무더기[五蘊]이다. 왜 그런가? 그들은 일어나고 멸하고 변하는 성질을 가졌기 때문(uppāda-vayaññathatta-bhāvā)이다. 무상한 성질(aniccatā)이란 그들에게 존재하는 일어나고 멸하고 변하는 성질이다. 혹은 생겼다가 없어지는 것이다. 생긴 무더기[蘊]가 그 본래의 모습으로 머물지 않고 순간적인 부서짐(khaṇa-bhaṅga)을 통해 부서진다(bheda)는 뜻이다. 무상의 관찰이란 그 무상함으로 물질 등에 대해 무상하다고 관찰하는 것이다."(『청정도론』 VIII.234)

378) "탐욕이 빛바램을 관찰하면서(virāga-anupassī): 여기 탐욕의 빛바램은 파괴로서의 탐욕의 빛바램과 절대적인 탐욕의 빛바램(khaya-virāgo ca ac-canta-virāgo ca)의 두 가지가 있다. 여기서 파괴로서의 탐욕의 빛바램이란 형성된 것들[行]이 순간적으로 무너지는 것(khaṇa-bhaṅga)이다. 절대적인 탐욕의 빛바램이란 열반이다. 탐욕이 빛바램을 관찰함이란 이 둘의 관찰로 일어나는 위빳사나와 도(magga)이다. '소멸을 관찰하면서(nirodha-anupassī)'라는 구절에도 이 방법이 적용된다."(『청정도론』 VIII.235)

379) "여기서도 놓아버림(paṭinissagga)은 두 가지이다. 버림으로서의 놓아버림과 들어감으로서의 놓아버림(pariccāga-paṭinissaggo ca pakkhandana

내쉬리라.'며 공부짓는다."[380)]

30. "라훌라야, 이와 같이 들숨과 날숨에 대한 마음챙김을 닦고 이와 같이 거듭거듭 행하면 실로 큰 결실과 큰 이익이 있다. 라훌라야, 이와 같이 들숨과 날숨에 대한 마음챙김을 닦고 이와 같이 거듭거듭 행하면 [426] 마지막 들숨과 날숨이 소멸할 때에도 [멸한다고] 안다. 그것을 모른 채 멸하지 않는다."

세존께서는 이와 같이 설하셨다. 라훌라 존자는 흡족한 마음으로 세존의 말씀을 크게 기뻐하였다.

-paṭinissaggo ca)이다. 놓아버림의 관찰이란 놓아버림 그 자체가 관찰(anupassanā)이다. 이것은 위빳사나와 도의 동의어이다.① 위빳사나는 ㉠ 반대되는 것으로 대체하여 [과보로 나타난] 무더기들과, 업형성력(abhisaṅkhāra)들과 함께 오염원(kilesa)들을 버리기 때문에 ㉡ 형성된 것에 대해 [무상 등의] 결점을 보고 그 [형성된 것의] 반대인 열반으로 기울어짐으로써 열반에 들어가기 때문에 각각 버림으로서의 놓아버림과 들어감으로서의 놓아버림이라 한다. ② 도는 ㉠ 근절(samuccheda)로써 무더기를 생기게 하는 업형성력들과 함께 오염원들을 버리기 때문에 ㉡ 열반을 대상으로 삼음으로써 열반에 들어가기 때문에 각각 버림으로서의 놓아버림과 들어감으로서의 놓아버림이라 한다. 이 두 [위빳사나의 지혜와 도의 지혜]는 각각 이전의 지혜를 계속해서 따라 보기 때문에 관찰[隨觀]이라 한다."(『청정도론』 VIII.236)

380) 『청정도론』의 설명에서 보듯이 ⑫번째까지의 앞의 세 번째의 네 개조까지는 사마타와 위빳사나의 방법이 둘 다 적용되었지만 이 네 번째의 네 개조는 위빳사나의 방법만이 적용되고 있다.

라훌라 경

Rāhula Sutta(A4:177)

【해설】

본경의 §§1~4는 위에 실은 「라훌라를 교계한 긴 경」(M62) §§8~11과 같은 내용인 사대(四大)에 대한 설명을 담고 있다. 그리고 마지막 §5에서 이들이 내 것 · 나 · 나의 자아가 아님을 천명하는 것으로 본경은 마무리된다.

1. 그때 라훌라 존자가 세존께 다가갔다. 가서는 세존께 절을 올리고 한 곁에 앉았다. 한 곁에 앉은 라훌라 존자에게 세존께서는 이렇게 말씀하셨다.381)

"라훌라여, 안에 있는 땅의 요소와 밖에 있는 땅의 요소는 다만 땅의 요소이다.382) 이것에 대해 '이것은 내 것이 아니다. 이것은 내가 아니다. 이것은 나의 자아가 아니다.'라고383) 있는 그대로 바른 통찰지로 보아야 한다.384) 이와 같이 이것을 있는 그대로 바른 통찰지로

---

381) 본경은 『맛지마 니까야』 「라훌라를 교계한 긴 경」(M62) §8 이하에도 나타나고 있다.

382) "'안에 있는 것(ajjhattikā)'은 머리털 등의 20가지 부분에서 딱딱한 특징을 가진 땅의 요소이다. '밖에 있는 것(bāhirā)'은 감각기능들이 없는 (anindriya-baddha) 바위와 산 등의 딱딱한 특징을 가진 땅의 요소이다. 나머지 요소들도 이런 방법으로 알아야 한다."(AA.iii.152)

383) "이 셋은 [각각] 갈애와 자만과 사견으로 거머쥠을 내던지는 것(gāha-paṭikkhepa)을 통해서 말씀하셨다."(AA.iii.152)

384) "원인(hetu)과 이유(kāraṇa)와 도의 통찰지(magga-paññā)로써 봐야 한

본 뒤[385] 땅의 요소를 염오하고 통찰지로 마음이 탐욕을 빛바래도록 해야 한다."

2. "라훌라여, 안에 있는 물의 요소와 밖에 있는 물의 요소는 다만 물의 요소이다. 이것에 대해 … 있는 그대로 바른 통찰지로써 본 뒤 물의 요소를 염오하고 통찰지로써 마음이 탐욕을 빛바래도록 해야 한다."

3. "라훌라여, 안에 있는 불의 요소와 밖에 있는 불의 요소는 다만 불의 요소이다. 이것에 대해 … 있는 그대로 바른 통찰지로써 본 뒤 불의 요소를 염오하고 통찰지로써 마음이 탐욕을 빛바래도록 해야 한다."

4. "라훌라여, 안에 있는 바람의 요소와 밖에 있는 바람의 요소는 다만 바람의 요소이다. 이것에 대해 … 있는 그대로 바른 통찰지로써 본 뒤 바람의 요소를 염오하고 통찰지로써 마음이 탐욕을 빛바래도록 해야 한다."

5. "라훌라여, 비구가 이러한 네 가지 요소들[四大]에 대해서 '이것은 내 것이 아니다. 이것은 내가 아니다. 이것은 나의 자아가 아니다.'라고 바르게 관찰하면 이것을 일러 '비구는 갈애를 잘라버렸고, 족쇄를 풀어버렸고, 바르게 자만을 꿰뚫어버렸고, 마침내 괴로움을 끝내어버렸다.'고 한다."[386]

다."(AA.iii.152)

385) "위빳사나와 함께하는 도의 통찰지로써 본 뒤"(AA.iii.152)

386) "본경을 통해서 세존께서는 네 가지 요소[四大, catu-koṭika]의 공함[空性, suññatā]을 설하셨다."(AA.iii.152)

라훌라 경

Rāhula Sutta(Sn2:11)

【해설】

『맛지마 니까야 주석서』는 세존께서 본경을 설하신 이유를 다음과 같이 설명하고 있다.
"네 가지 필수품(paccaya)에 대해 갈애를 거둘 것과 다섯 가닥의 감각적 욕망에 대해 열정과 욕망을 버릴 것과 선우를 가까이 의지함에 큰 요체를 보이시면서 『숫따니빠따』의 「라훌라 경」(Sn2:11)을 설하셨다. … 이「라훌라 경」은 출가생활 전반에 걸쳐 끊임없이 경책하기 위해 반복적으로 설하셨다."(MA.iii.125~126)
주석서의 설명처럼 본경의 §5는 네 가지 필수품에 대해 갈애를 거둘 것을 설하고 있고 §3과 §6과 §7은 다섯 가닥의 얽어매는 감각적 욕망에 대해 열정과 욕망을 버릴 것을 강조하고 있으며 §1과 §4는 선우를 가까이 의지할 것을 당부하고 계신다. 그리고 본경에서 세존께서는 수행지침으로 §6에서 라훌라 존자에게 계목을 통한 단속과 감각기능의 단속과 몸에 대한 마음챙김과 염오를 강조하시고 §§7~8에서 부정함의 관찰과 표상 없음을 닦을 것을 말씀하신다. 외아들 라훌라 존자에게 주신 이 가르침은 출가하여 부처님의 적손이 된 이 시대의 우리 출가자들도 가슴에 새겨야 할 덕목일 것이다.

1. 항상 함께 머물고 있다고 해서
그대는 혹시 현자를 무시하지는 않는가?
사람들을 위해 횃불을 드는 분을
그대는 참으로 공경하는가? {335}

2. 항상 함께 머물고 있다고 해서
저는 혹시라도 현자를 무시하지 않습니다.
사람들을 위해서 횃불을 드는 분을
저는 참으로 존경하옵니다. {336}

3. 사랑스럽고 마음을 끄는
다섯 가닥의 감각적 욕망을 버린 뒤
믿음으로 집을 나와 [출가]했으니
그대는 괴로움을 끝내는 자가 되어라. {337}

4. 좋은 도반[善友]을 섬기라.
외딴 처소에 머물러라.
왁자지껄하지 않는 한적한 곳에 살아라.
음식에서 적당함을 알아라. {338}

5. 의복과 탁발음식과
[병구완을 위한] 약품과 자고 머무는 [거처]
이러한 것들에 갈애를 가지지 마라.
다시 세상으로 돌아오지 마라.387) {339}

---

387) '다시 세상으로 돌아오지 마라.'는 mā lokaṁ punarāgami를 직역한 것이다. 세존의 이 말씀은 어려서 출가한 라훌라 존자가 세속을 동경하여 환속할 염려가 있어서 하신 말씀으로도 이해할 수 있다. 그러나 이렇게 협소하게 해석하는 것은 문맥으로도 타당하지 않아 보이고 주석서의 설명과도 어울리지 않는 듯하다. 주석서는 이렇게 설명한다.
"이런 [필수품, paccaya]들에 대해서 갈애를 가지면 갈애에 의해서 끌어당겨져서(taṇhāya ākaḍḍhiyamāna) 다시 이 세상에 돌아오게 된다. 이러하기 때문에 그대는 갈애를 가지지 마라. 그러면 그대는 다시는 이 세상으로 돌아오지 않을 것이다."(SnA.i.342)

6. 계의 조목[戒目]에 대해 단속하고
다섯 감각기능을 단속하라.
몸에 대한 마음챙김[388]을 닦고
염오에 많이 몰입하여라.[389] {340}

7. 애욕을 유발시키는
아름다운 표상[390]을 제거하라.
한끝으로 잘 집중되어[391]

'갈애(taṇhā)'는 초기불전의 도처에서 '다시 태어남[再生]을 가져오는 것(ponobhavikā)'으로 정의된다.(『상윳따 니까야』 제3권 「짐 경」(S22:22) §5와 주해 등을 참조할 것)' 갈애를 완전히 소멸시킬 때 저 깨달음을 성취하고 열반의 궁극적 행복이 실현되는 것이다. 이것이 불교의 진리인 사성제의 기본 골격이다.

그러므로 이 구절을 다시 세속으로 돌아가지 마라는 정도로 해석하는 것은 문맥으로 보나 주석서의 설명으로 보나 너무 협소한 해석이 된다. 오히려 "그대는 괴로움을 끝내는 자가 되어라."는 위 §3의 말씀대로 '그대는 갈애를 남김없이 소멸하여 다시는 이 세상에 태어나지 마라.'는 불교의 근본 메시지로 해석하는 것이 문맥에도 맞고 불교의 대의에도 맞으며 아버지가 외동아들에게 주시는 간곡한 당부에도 어울리는 해석일 것이다.

388) '몸에 대한 마음챙김(kāyagata-sati)'은 『맛지마 니까야』 제4권 「몸에 대한 마음챙김 경」(M119)으로 정리되어 잘 전승되어 오므로 참조할 것.

389) 본 게송과 다음 게송은 『상윳따 니까야』 제1권 「아난다 경」(S8:4)의 {340~342}으로 나타나고 있다. 그곳에서는 아난다 존자가 왕기사 존자에게 설하고 있다. 본경의 {340}cd는 그곳의 {724}ab와 같고, {341}cd는 {724}cd와 같으며, {342}는 그곳의 {725}와 일치한다.

390) '아름다운 표상(subha-nimitta)'에 대해서는 『맛지마 니까야』 제1권 「마음챙김의 확립 경」(염처경, M10) §36을 참조할 것.

391) '한끝으로 잘 집중되어(ekaggaṁ susamāhitaṁ)'라는 것은 근접삼매(upacāra-samādhi)로 한끝으로 되고 본삼매(appanā-samādhi)로 잘 집중되는 것을 말한다."(SnA.i.343)

근접삼매와 본삼매에 대해서는 『아비담마 길라잡이』 제9장 §4의 해설과

부정함을 통해 마음을 닦으라.[392] {341}

8. 표상 없음[393]을 닦고
자만의 잠재성향을 버려라.
그래서 자만을 관통하면
평화롭게 되어 유행할 것이다. {342}

9. 이와 같이 참으로 세존께서는 라훌라 존자에게
이러한 게송들로 끊임없이 교계하셨다. {343}

『청정도론』 IV.32 이하를 참조할 것.

392) "'부정함을 통해 마음을 닦으라(asubhāya cittaṁ bhāvehi).'는 것은 알음알이가 있는 존재(saviññāṇaka)나 알음알이가 없는 존재(즉 유정물이나 무정물)의 몸에 대해서 부정함을 닦는 수행(asubha-bhāvanā)을 구족하는 것을 두고 하신 말씀이다."(SnA.i.343)
부정함을 닦는 수행은 『청정도론』 VI장에 10가지 부정(不淨)의 명상주제(asubha-kammaṭṭhāna)로 정리되어 나타나므로 참조하기 바란다. 이 열 가지는 ① 부푼 것 ② 검푸른 것 ③ 문드러진 것 ④ 끊어진 것 ⑤ 뜯어 먹힌 것 ⑥ 흩어져있는 것 ⑦ 난도질당하여 뿔뿔이 흩어진 것 ⑧ 피가 흐르는 것 ⑨ 벌레가 버글거리는 것 ⑩ 해골이 된 것이다.

393) "이것은 위빳사나를 보이기 위해서 설하신 것이다. 왜냐하면 위빳사나에는 '무상을 수관하는 지혜(anicca-anupassanā-ñāṇa)는 항상하다는 표상으로부터 벗어난다고 해서 표상 없는 해탈(animitta vimokkha)이라 한다.'는 등으로 표상 없음이라는 표현(animitta-vohāra)이 언급되고 있기 때문이다."(SnA.i.343)
'표상(nimitta)'의 의미에 대해서는 『상윳따 니까야』 제3권 「할릿디까니 경」 1(S22:3) §6의 주해를 참조하고 '표상 없음(animitta)'에 대해서는 제4권 「표상 없음 경」(S40:9)과 주해들을 참조할 것.

눈[眼] 경

Cakkhu Sutta(S18:1)

【해설】

본경은 『상윳따 니까야』의 열여덟 번째 주제인 「라훌라 상윳따」(S18)의 첫 번째 경이다. 「라훌라 상윳따」(S18)에는 라훌라 존자와 관계된 22개의 경들이 제1장 「첫 번째 품」과 제2장 「두 번째 품」의 두 개 품으로 나누어져 있다. 「첫 번째 품」에는 10개의 경들이, 「두 번째 품」에는 12개의 경들이 담겨있다.

「라훌라 상윳따」에 포함되어 있는 경들에서 세존께서는 라훌라 존자에게 차례대로 6근(根), 6경(境), 6식(識), 6촉(觸), 6수(受), 6상(想), 6의도[思], 6갈애[愛](S18:1~8)와 6대[大](S18:9)와 오온(S18:10)의 무상・고・무아와 염오-이욕-해탈-구경해탈지를 설하고 계신다. 그리고 같은 순서의 가르침이 S18:11~20에도 그대로 나타나고 있다.

본 상윳따의 「잠재성향 경」(S18:21)에서는 오온에 대해서 "'이것은 내 것이 아니요, 이것은 내가 아니며, 이것은 나의 자아가 아니다.'라고 있는 그대로 바른 통찰지로 보아야 한다. 라훌라여, 이렇게 알고 이렇게 보면 알음알이를 가진 이 몸과 밖의 모든 표상들에 대해 '나'라는 생각과 '내 것'이라는 생각과 자만의 잠재성향이 일어나지 않게 된다."라고 가르치신다.

그리고 「빠짐 경」(S18:22)에서는 오온에 대해서 "'이것은 내 것이 아니요, 이것은 내가 아니며, 이것은 나의 자아가 아니다.'라고 있는 그대로 바른 통찰지로 본 뒤에 취착 없이 해탈한다. 라훌라여, 이렇게 알고 이렇게 보면 알음알이를 가진 이 몸과 밖의 모든 표상들에 대해서 [일어나는] '나'라는 생각과 '내 것'이라는 생각과 자만에 빠진 여러 가지 생각을 뛰어넘어 평화롭게 되고 잘 해탈한다."라고 말씀하신다.
이처럼 세존께서 당신의 외아들인 라훌라 존자에게 안의 감각장소, 밖의 감각장소, 알음알이, 감각접촉, 느낌, 인식, 의도, 갈애와 땅의 요소·물의 요소·불의 요소·바람의 요소·허공의 요소·알음알이의 요소인 육대와 오온으로 대표되는 유위제법의 무상·고·무아와 염오-이욕-해탈-구경해탈지를 강조해서 말씀하시는 것이 본 상윳따의 기본 골격이다. 주석서에 의하면 「라훌라 상윳따」(S18)는 라훌라 존자가 일곱 살부터 구족계를 받을 때까지 안으로 위빳사나를 수행하게 하기 위해 설하셨다고 한다.(MA.iii.125~126)

불자는 부처님의 아들이라는 뜻이다. 세존께서 외아들 라훌라 존자에게 하신 말씀은 특히 부처님의 아들이라 자처하는 우리 출가자들에게 강조해서 말씀하시고자한 것이라고 받아들여야 할 것이다. 그런 의미에서 결집에 참석한 부처님의 직계제자들이 초기불교의 핵심 가르침인 온·처·계 등으로 해체해서 보기를 토대로 하여 이들의 무상·고·무아와 염오-이욕-해탈-구경해탈지에 관계된 가르침만을 모아서 부처님의 아들인 라훌라 존자와 연관된 「라훌라 상윳따」로 결집하여 전승한 것은 중요한 의미가 있다고 편집자는 파악한다.
사정이 이렇기 때문에 초기불전연구원에서는 니까야 번역의 해제들과 주해의 도처에서 해체해서 보기 - 무상·고·무아와 염오-이욕-해탈-구경해탈지를 강조하고 또 강조하는 것이다.

1. 이와 같이 나는 들었다. 한 때 세존께서는 사왓티에서 제따 숲의 아나타삔디까 원림(급고독원)에 머무셨다.

2. 그때 라훌라 존자가 세존께 다가갔다. 가서는 세존께 절을 올린 뒤 한 곁에 앉았다. 한 곁에 앉은 라훌라 존자는 세존께 이렇게 말씀드렸다.

3. "세존이시여, 세존께서 간략하게 법을 설해 주시면 감사하겠

습니다. 그러면 저는 세존으로부터 법을 들은 뒤 혼자 은둔하여 방일하지 않고 열심히, 스스로 독려하며 지내고자 합니다."

4. "라훌라여, 이를 어떻게 생각하는가? 눈은 항상한가, 무상한가?"

"무상합니다, 세존이시여."

"그러면 무상한 것은 괴로움인가, 즐거움인가?"

"괴로움입니다, 세존이시여." [245]

"그러면 무상하고 괴로움이고 변하기 마련인 것을 두고 '이것은 내 것이다. 이것은 나다. 이것은 나의 자아다.'394)라고 관찰하는 것이 타당하겠는가?"

"그렇지 않습니다, 세존이시여."

"라훌라여, 이를 어떻게 생각하는가? 귀는 … 코는 … 혀는 … 몸은 … 마노[意]는 항상한가, 무상한가?"

"무상합니다, 세존이시여."

"그러면 무상한 것은 괴로움인가, 즐거움인가?"

"괴로움입니다, 세존이시여."

"그러면 무상하고 괴로움이고 변하기 마련인 것을 두고 '이것은 내 것이다. 이것은 나다. 이것은 나의 자아다.'라고 관찰하는 것이 타당하겠는가?"

"그렇지 않습니다, 세존이시여."

5. "라훌라여, 이렇게 보는 잘 배운 성스러운 제자는 눈에 대해

394) '이것은 내 것이다. 이것은 나다. 이것은 나의 자아다.'에 대한 주석서의 설명은 『상윳따 니까야』 「배우지 못한 자 경」 1(S12:61) §4의 주해를 참조할 것.

서도 염오하고, 귀에 대해서도 염오하고, 코에 대해서도 염오하고, 혀에 대해서도 염오하고, 몸에 대해서도 염오하고, 마노에 대해서도 염오한다.

염오하면서 탐욕이 빛바래고, 탐욕이 빛바래므로 해탈한다.[395] 해탈하면 해탈했다는 지혜가 있다. '태어남은 다했다. 청정범행(梵行)은 성취되었다. 할 일을 다 해 마쳤다. 다시는 어떤 존재로도 돌아오지 않을 것이다.'라고 꿰뚫어 안다."

---

395) "'염오하면서 탐욕이 빛바래고(nibbindaṁ virajjati)'에서는 탐욕의 빛바램(virāga)을 통해서 네 가지 도(cattāro maggā)를 설하셨다. '탐욕이 빛바래므로 해탈한다(virāgā vimuccati).'에서는 해탈(vimutti)을 통해서 네 가지 사문의 결실(사문과, sāmañña-phalāni)을 설하셨다."(SA.ii.213)
주석서에는 염오하다(nibbindati)에 대한 설명은 나타나지 않지만 이것의 명사인 염오(nibbidā)를 강한 위빳사나(balava-vipassanā)를 뜻한다고 주석서는 계속해서 설명하고 있다.(여기에 대해서는 『상윳따 니까야』 「기반 경」(S12:23) §4의 주해 등을 참조할 것) 그러므로 염오-이욕-해탈-구경해탈지는 차례대로 강한 위빳사나-도-과-반조를 뜻한다.(virāgo ti maggo, virāgā vimuccatīti ettha virāgena maggena vimuccatīti phalaṁ kathitaṁ. vimuttasmiṁ vimuttamiti ñāṇaṁ hotīti idha paccavekkhaṇā kathitā. — MA.ii.115 = 『맛지마 니까야』 「뱀의 비유 경」(M22) §29에 대한 주석)
본 「라훌라 상윳따」(S18)에 포함된 22개의 경들 가운데 S18:1~20까지의 20개의 경들은 각각 안의 감각장소, 밖의 감각장소, 알음알이, 감각접촉, 느낌, 인식, 의도, 갈애, 육대(六大), 오온이라는 10가지 주제의 무상·고·무아와 염오-이욕-해탈-구경해탈지를 강조하고 있다. 무상·고·무아를 통한 염오-이욕-해탈-구경해탈지에 대해서는 『상윳따 니까야』 제3권 해제 §3-(4)-②와 『상윳따 니까야』 제4권 해제 §3-(6)과 제3권 「과거·현재·미래 경」 1(S22:9)의 주해들 등을 참조할 것.

라훌라 경1

Rāhula Sutta(S22:91)

【해설】

본경과 다음 경은 오온이 내 것, 나, 나의 자아 아님을 바른 통찰지로 보아야 함을 강조하시는 가르침을 담고 있다. 본경에서는 이렇게 하면 알음알이를 가진 이 몸과 밖의 모든 표상들에 대하여 '나'라는 생각과 '내 것'이라는 생각과 자만의 잠재성향이 일어나지 않게 된다고 강조하신다. 다음의 「라훌라 경」 2(S22:92)에서는 이렇게 하여야 알음알이를 가진 이 몸과 밖의 모든 표상들에 대하여 '나'라는 생각과 '내 것'이라는 생각과 자만을 제거하게 되고 잘 해탈하게 된다고 설명하신다.

1. 이와 같이 나는 들었다. 한때 세존께서는 사왓티에서 제따 숲의 아나타삔디까 원림(급고독원)에 머무셨다.

2. 그때 라훌라 존자가 세존께 다가갔다. 가서는 세존께 절을 올리고 한 곁에 앉았다. 한 곁에 앉은 라훌라 존자는 세존께 [136] 이렇게 여쭈었다.

3. "세존이시여, 어떻게 알고 어떻게 보면 알음알이를 가진 이 몸과 밖의 모든 표상들에 대해 '나'라는 생각과 '내 것'이라는 생각과 자만의 잠재성향[396]이 일어나지 않게 됩니까?"[397]

4. "라훌라여, 그것이 어떠한 물질이건, 그것이 과거의 것이건 미래의 것이건 현재의 것이건 안의 것이건 밖의 것이건 거칠건 미세하건 저열하건 수승하건 멀리 있건 가까이 있건 '이것은 내 것이 아니요, 이것은 내가 아니며, 이것은 나의 자아가 아니다.'라고 있는 그대로 바른 통찰지로 보아야 한다.

라훌라여, 그것이 어떠한 느낌이건 … 그것이 어떠한 인식이건 … 그것이 어떠한 심리현상들이건 … 그것이 어떠한 알음알이건, 그것이 과거의 것이건 미래의 것이건 현재의 것이건 안의 것이건 밖의 것이건 거칠건 미세하건 저열하건 수승하건 멀리 있건 가까이 있건 '이것은 내 것이 아니요, 이것은 내가 아니며, 이것은 나의 자아가 아니다.'라고 있는 그대로 바른 통찰지로 보아야 한다."

5. "라훌라여, 이렇게 알고 이렇게 보아야 알음알이를 가진 이 몸과 밖의 모든 표상들에 대하여 '나'라는 생각과 '내 것'이라는 생각과 자만의 잠재성향이 일어나지 않게 된다."

---

396) 여기서 "'나'라는 생각과 '내 것'이라는 생각과 자만의 잠재성향"은 ahaṅkāra-mamaṅkāra-māna-anusaya를 옮긴 것인데 주석서는 "'나'라는 삿된 견해(ahaṅkāra-diṭṭhi)와 '내 것'이라는 갈애(mamaṅkāra-taṇhā)와 자만의 잠재성향"(SA.ii.215)으로 풀이하고 있다.

397) '밖의 모든 표상들(bahiddhā sabba-nimittā)'과 '자만(māna)'에 대해서는 『상윳따 니까야』 제2권 「잠재성향 경」(S18:21) §3의 주해들을 참조하고 본문의 해석은 「빠짐 경」(S18:22) §3을 참조할 것.

라훌라 경2

Rāhula Sutta(S22:92)

1. 이와 같이 나는 들었다. 한때 세존께서는 사왓티에서 제따 숲의 아나타삔디까 원림(급고독원)에 머무셨다.

2. 그때 라훌라 존자가 세존께 다가갔다. 가서는 세존께 절을 올리고 한 곁에 앉았다. 한 곁에 앉은 라훌라 존자는 세존께 이렇게 여쭈었다.

3. "세존이시여, 어떻게 알고 어떻게 보아야 [우리의] 마음은 알음알이를 가진 이 몸과 밖의 모든 표상들에 대하여 '나'라는 생각과 '내 것'이라는 생각과 자만을 제거하게 되고,398) 여러 가지 차별된 생각을 뛰어넘어 평화롭게 되고 잘 해탈하게 됩니까?"

4. "라훌라여, 그것이 어떠한 물질이건, 그것이 과거의 것이건 미래의 것이건 현재의 것이건 안의 것이건 밖의 것이건 거칠건 미세하건 저열하건 수승하건 멀리 있건 가까이 있건 '이것은 내 것이 아니요, 이것은 내가 아니며, 이것은 나의 자아가 아니다.'라고 있는 그

---

398) "'나'라는 생각과 '내 것'이라는 생각과 자만을 제거함'은 ahaṅkāra-mamaṅkāra-māna-apagata를 옮긴 것인데 주석서는 "'나'라는 삿된 견해와 '내 것'이라는 갈애와 아홉 가지 자만(nava-vidha-māna)을 제거함"(AA.iv.31)으로 설명하고 있다.

대로 바른 통찰지로 본 뒤에 취착 없이 해탈한다.

라훌라여, 그것이 어떠한 느낌이건 … 그것이 어떠한 인식이건 … 그것이 어떠한 심리현상들이건 … 그것이 어떠한 알음알이건, 그것이 과거의 것이건 미래의 것이건 현재의 것이건 안의 것이건 밖의 것이건 거칠건 미세하건 저열하건 수승하건 멀리 있건 가까이 있건 '이것은 내 것이 아니요, 이것은 내가 아니며, 이것은 나의 자아가 아니다.'라고 [137] 있는 그대로 바른 통찰지로 본 뒤에 취착 없이 해탈한다."

5. "라훌라여, 이렇게 알고 이렇게 보아야 마음은 알음알이를 가진 이 몸과 밖의 모든 표상들에 대하여 '나'라는 생각과 '내 것'이라는 생각과 자만을 제거하게 되고, 여러 가지 차별된 생각을 뛰어넘어 평화롭게 되고 잘 해탈하게 된다."

라훌라를 교계한 짧은 경399)

Cūḷarāhulovāda Sutta(M147)

【해설】

부처님 가르침은 '해체해서 보기'가 근본이다. ① 나와 세상을 오온과 육내외처 등으로 해체해서 보면 ② 무상·고·무아가 분명하게 드러나고, 그러면 ③ 염오 ④ 이욕 ⑤ 해탈 ⑥ 구경해탈지를 통해서 깨달음을 완성하게 된다는 이러한 여섯 단계를 통한 해탈·열반을 실현하는 구조로 되어있는 가르침이 니까야의 400군데 정도에 나타나는 것으로 조사된다.(『초기불교 이해』 54~55쪽 참조)

그리고 본경은 부처님의 외동아들인 라훌라 존자가 세존의 설법을 듣고 깨달아서 아라한이 된 내용을 담고 있는 중요한 경이다. 나아가서 신들도 이러한 부처님의 말씀을 듣고 예류자 이상의 성자들이 되었다고 나타난다. 그러므로 본경은 천상의 신들도 부처님 가르침을 듣고 성자가 되는 것을 보여주는 보기가 되는 중요한 경이기도 하다. 이런 중요한 경의 내용이 해체해서 보기를 토대로 위에서 언급한 여섯 단계의 정형구로 되어 있다는 것도 독자들이 눈여겨봐야 할 부분이라 생각한다.

본경에서 부처님께서는 육근과 육경과 육식과 육촉과, 육촉을 조건으로 하여 일어난 느낌에 포함된 것이나 인식에 포함된 것이나 심리현상들에 포함된 것이나 알음알이에 포함된 것(수·상·행·식)은 항상

---

399) 본경은 『상윳따 니까야』 제4권 「라훌라 경」(Rāhula Sutta, S35:121)과 같다. 그리고 본경은 『맛지마 니까야』 제2권 「라훌라를 교계한 긴 경」(M62)과 대비해서 「라훌라를 교계한 짧은 경」으로 불리고 있다.

한가, 무상한가라는 방법으로 문답을 통해서 이들의 무상・고・무아를 체득하게 하신다.(§§3~8) 그리고 이들에 대한 염오와(§9), 이욕 - 해탈 - 구경해탈지의 정형구를 말씀하신다.(§10) 이 가르침을 듣고 라훌라 존자는 아라한이 되고 신들도 성자가 된다. 이처럼 라훌라 존자는 ① 6내외처와 오온으로 해체해서 보기 ② 무상・고・무아 ③ 염오 ④ 이욕 ⑤ 해탈 ⑥ 구경해탈지의 정형구를 통해서 아라한이 되었다.

초기불전을 통해서 보면 오비구는 부처님의 두 번째 설법인 『상윳따 니까야』 제3권 「무아의 특징 경」(S22:59)을 듣고 오온의 무상・고・무아를 통해서, 가섭 삼형제와 1000명의 비구는 제4권 「불타오름 경」(S35:28)을 듣고 6내외처의 무상・고・무아를 통해서, 라훌라 존자는 본경에서 보듯이 6내외처 등과 오온의 무상・고・무아를 통해서 염오 - 이욕 - 해탈 - 구경해탈지로 깨달음을 실현하였다. 이처럼 '나'를 오온으로 해체해서 보고 세상을 12처로 해체해서 보는 것은 깨달음의 단초가 되는 중요한 가르침이다.

1. 이와 같이 나는 들었다. 한때 세존께서는 사왓티에서 제따 숲의 아나타삔디까 원림(급고독원)에 머무셨다.

2. 그때 세존께서 한적한 곳에서 홀로 앉아 [명상하시던] 중에 이런 생각이 마음에 떠올랐다.

"라훌라의 해탈이 무르익을 법들400)이 성숙했다. 나는 라훌라를

400) 주석서는 '해탈을 무르익게 하는 법들(vimutti-paripācaniyā dhammā)'로 모두 15가지를 들고 있는데 이 15가지를 두 가지 방법으로 설명하고 있다.(MA.v.98) 첫째는 『무애해도』에 나타나는 방법이다. 주석서에서 인용하고 있는 『무애해도』를 여기 적어보면 다음과 같다.
"(1)~(3) 신심이 없는 자(assaddha puggala)를 피하고, 신심이 있는 자를 가까이하고 섬기고 시봉하고, 신심을 일으키는 가르침을 반조하는 것 (4)~(6) 게으른 자(kusīta)를 피하고, 정진하는 자(āraddha-vīriya)를 가까이하고 섬기고 시봉하고, 바른 정진을 반조하는 것 (7)~(9) 마음챙김을 놓

더 나아가 번뇌의 소멸로 인도하리라."

그러자 세존께서는 오전에 옷매무새를 가다듬고 발우와 가사를 수하시고 사왓티로 탁발을 가셨다. 사왓티에서 탁발하여 공양을 마치시고 탁발에서 돌아오셔서 라훌라 존자를 불러서 말씀하셨다.

"라훌라야, 자리를 가지고 오거라. 장님들의 숲401)으로 가서 [278]

아버린 자(muṭṭha-ssati)를 피하고, 마음챙김을 확립한 자(upaṭṭhita-ssati)를 가까이하고 섬기고 시봉하고, 마음챙김의 확립을 반조하는 것 ⑽~⑿ 삼매에 들지 않는 자(asamāhita)를 피하고, 삼매에 든 자(samāhita)를 가까이하고 섬기고 시봉하고, 禪과 해탈(jhāna-vimokkha)을 반조하는 것 ⒀~⒂ 통찰지가 없는 자(duppañña)를 피하고, 통찰지가 있는 자(paññavā)를 가까이하고 섬기고 시봉하고, 깊은 지혜로 행한 행위를 반조하는 것. 이 열 다섯 가지 측면에 의해 다섯 가지 기능[五根, pañc-indriya]이 청정해진다."(Ps.ii.1~2; MA.v.98)

이처럼 세 가지 측면으로 다섯 가지 기능이 청정해지는 것을 열다섯 가지 법들이라고 주석서는 설명하고 있다.

해탈이 무르익을 열다섯 가지 법들을 설명하는 두 번째는 다음과 같다. 주석서를 인용한다.

"해탈을 무르익게 하는 또 다른 15가지 법들이 있다. 그것은 ⑴~⑸ 믿음 등 다섯 가지 기능 ⑹~⑽ [오온에 대해] 무상이라는 인식(anicca-saññā), 무상한 [오온에 대해] 괴로움이라는 인식(anicce dukkha-saññā), 괴로움인 [오온에 대해] 무아라는 인식(dukkhe anatta-saññā), 버림[을 관찰하는] 인식(pahāna-saññā), 탐욕의 빛바램에 대한 인식(virāga-saññā), 꿰뚫음에 동참하는 인식(nibbedha-bhāgiyā saññā) ⑾~⒂ 메기야(Meghiya)에게 설하신(『앙굿따라 니까야』 제5권 「메기야 경」(A9:3)과 『자설경』의 「메기야 경」(Ud4:1) 참조) 다섯 가지 법, 즉 선우, 계행, 유익한 대화, 정진, 통찰지이다."(MA.v.98)

401) '장님들의 숲'은 안다와나(Andha-vana)를 옮긴 것인데 사왓티 남쪽에 있는 숲의 이름이다. 많은 비구와 비구니들이 거주하였다고 하며 특히 한거(閑居)에 몰두하는 자들(paviveka-kāmā)이 거주하기에 좋은 숲으로 알려졌다. 깟사빠 부처님 시대에 깟사빠 부처님의 탑(cetiya)을 조성하기 위해서 야소다라(Yasodhara)라는 법을 암송하는(dhamma-bhāṇaka) 성스러운 사람(ariya-puggala)이 재물을 가지고 이 숲으로 갔다고 한다. 거기에는 500명의 도적들이 있었는데 그들은 야소다라의 눈을 손상시켜버

낮 동안의 한거를 하자."

"그러겠습니다, 세존이시여."라고 라훌라 존자는 세존께 대답하고 자리를 가지고 세존의 뒤를 따랐다.

그 무렵 수천 명의 천신들402)이 '오늘 세존께서는 라훌라 존자를 더 나아가 번뇌의 소멸로 인도하실 것이다.'라고 [생각하면서] 세존의 뒤를 따랐다. 그때 세존께서는 장님들의 숲으로 들어가셔서 어떤 나무 아래에 마련된 자리에 앉으셨다. 라훌라 존자도 세존께 절을 올리고 한 곁에 앉았다. 한 곁에 앉은 라훌라 존자에게 세존께서는 이렇게 말씀하셨다.

3. "이를 어떻게 생각하는가, 라훌라여. 눈은 항상한가, 무상한가?"

"무상합니다, 세존이시여."

"무상한 것은 괴로움인가, 즐거움인가?"

"괴로움입니다, 세존이시여."

렸다. [그 업의 과보로] 그들도 장님이 되어 이곳에 살았기 때문에 (nivutthattā) 그때부터 이곳을 장님들의 숲이라 불렀다고 한다.(SA.i.189) 이 숲은 사왓티에서 남쪽으로 약 3km 떨어진 곳에 있다.

적지 않은 경들이 여기서 설해졌는데 그 가운데서도 본경이 잘 알려져 있다. 라훌라 존자는 이 가르침을 듣고 깨달음을 얻어 아라한이 되었다. 그리고 몇몇『율장』의 계목들도 여기서 제정되었다고 한다.

402) 주석서에 의하면 이 천신들은 라훌라 존자가 전생에 빠두뭇따라(Padumuttara) 부처님의 발아래서 석가모니 부처님의 아들로 아라한이 되기를 처음으로 서원할 때 함께 했던 천신들이었다고 한다. 그중에 어떤 이들은 지신으로, 어떤 이들은 공중신으로, 어떤 이들은 사대왕천의 신으로, 어떤 이들은 범천의 신들로 태어났다. 이날 그 천신들은 모두 이 장님들의 숲으로 모였다고 한다.(MA.v.98~99)

빠두뭇따라 세존은 24불의 전통에 의하면 열 번째 부처님이다. 석가모니 부처님의 제자들은 대부분 이 부처님 재세시에 석가모니 부처님의 제자가 되겠다고 서원을 세웠다고 한다.(DPPN s.v. Padumuttara 참조)

"무상하고 괴로움이고 변하기 마련인 것을 두고 '이것은 내 것이다. 이것은 나다. 이것은 나의 자아다.'라고 보는 것이 타당하겠는가?"

"그렇지 않습니다, 세존이시여."

"이를 어떻게 생각하는가, 라훌라여? 형색은 항상한가, 무상한가? … 눈의 알음알이는 항상한가, 무상한가? … [279] … 눈의 감각접촉은 항상한가, 무상한가? … 눈의 감각접촉을 조건으로 하여 일어난 느낌이든, 인식이든, 심리현상들이든, 알음알이든, 그것은 항상한가, 무상한가?"

"무상합니다, 세존이시여."

"무상한 것은 괴로움인가, 즐거움인가?"

"괴로움입니다, 세존이시여."

"무상하고 괴로움이고 변하기 마련인 것을 두고 '이것은 내 것이다. 이것은 나다. 이것은 나의 자아다.'라고 보는 것이 타당하겠는가?"

"그렇지 않습니다, 세존이시여."

4. ~ *8.* "이를 어떻게 생각하는가, 라훌라여. 귀는 … 소리는 … 귀의 알음알이는 … 귀의 감각접촉은 … 귀의 감각접촉을 조건으로 하여 일어난 느낌에 포함된 것이나 인식에 포함된 것이나 심리현상들에 포함된 것이나 알음알이에 포함된 것은 항상한가, 무상한가?" …

"코는 … 냄새는 … 코의 알음알이는 … 코의 감각접촉은 … 코의 감각접촉을 조건으로 하여 일어난 느낌에 포함된 것이나 인식에 포함된 것이나 심리현상들에 포함된 것이나 알음알이에 포함된 것은 항상한가, 무상한가?" …

"혀는 … 맛은 … 혀의 알음알이는 … 혀의 감각접촉은 … 혀의 감각접촉을 조건으로 하여 일어난 느낌에 포함된 것이나 인식에 포함된 것이나 심리현상들에 포함된 것이나 알음알이에 포함된 것은 항상한가, 무상한가?” …

“몸은 … 감촉은 … 몸의 알음알이는 … 몸의 감각접촉은 … 몸의 감각접촉을 조건으로 하여 일어난 느낌에 포함된 것이나 인식에 포함된 것이나 심리현상들에 포함된 것이나 알음알이에 포함된 것은 항상한가, 무상한가?” …

“마노는 … 법은 … 마노의 알음알이는 … 마노의 감각접촉은 … 마노의 감각접촉을 조건으로 하여 일어난 느낌에 포함된 것이나 인식에 포함된 것이나 심리현상들에 포함된 것이나 알음알이에 포함된 것은 항상한가, 무상한가?”

“무상합니다, 세존이시여.”

“무상한 것은 괴로움인가, 즐거움인가?”

“괴로움입니다, 세존이시여.”

“무상하고 괴로움이고 변하기 마련인 것을 두고 ‘이것은 내 것이다. 이것은 나다. 이것은 나의 자아다.’라고 보는 것이 타당하겠는가?”

“그렇지 않습니다, 세존이시여.”

9. “라훌라여, 이와 같이 보면서 잘 배운 성스러운 제자는 눈에 대해서도 염오하고 형색들에 대해서도 염오하고 눈의 알음알이에 대해서도 염오하고 눈의 감각접촉에 대해서도 염오하고 눈의 감각접촉을 조건으로 하여 일어난 느낌이든, 인식이든, 심리현상들이든, 알음알이든, 그것에 대해서도 염오한다.[403]

---

403) 본경의 이 문단에는 “느낌이든, 인식이든, 심리현상들이든, 알음알이든, 그것에 대해서도 염오한다.”로 나타나고 있는데 같은 내용을 담고 있는 『상윳따 니까야』 제4권 「라훌라 경」(S35:121)에는 “느낌에 포함된 것이나 인식에 포함된 것이나 심리현상들에 포함된 것이나 알음알이에 포함된 것에 대해서도 염오한다.”로 나타난다. 즉 본경에는 ‘느낌(vedanā)’ 등으로 나타나고 「라훌라 경」(S35:121)에서는 ‘느낌에 포함된 것(vedanā-gata)’

귀에 대해서도 … 소리에 대해서도 … 귀의 알음알이에 대해서도 … 귀의 감각접촉에 대해서도 … 그것에 대해서도 …

코에 대해서도 … 냄새에 대해서도 … 코의 알음알이에 대해서도 … 코의 감각접촉에 대해서도 … 그것에 대해서도 …

혀에 대해서도 … 맛에 대해서도 … 혀의 알음알이에 대해서도 … 혀의 감각접촉에 대해서도 … 그것에 대해서도 …

몸에 대해서도 … 감촉에 대해서도 … 몸의 알음알이에 대해서도 … 몸의 감각접촉에 대해서도 … 그것에 대해서도 …

마노에 대해서도 염오하고 법에 대해서도 염오하고 마노의 알음알이에 대해서도 염오하고 마노의 감각접촉에 대해서도 염오하고 [280] 마노의 감각접촉을 조건으로 하여 일어난 느낌이든, 인식이든, 심리현상들이든, 알음알이든, 그것에 대해서도 염오한다."

10. "염오하므로 탐욕이 빛바랜다. 탐욕이 빛바래므로 해탈한다. 해탈하면 해탈했다는 지혜가 생긴다. '태어남은 다했다. 청정범행은 성취되었다. 할 일을 다 해 마쳤다. 다시는 어떤 존재로도 돌아오지 않을 것이다.'라고 꿰뚫어 안다."404)

세존께서는 이와 같이 말씀하셨다. 라훌라 존자는 흡족한 마음으로 세존의 말씀을 크게 기뻐하였다. 이 가르침이 설해졌을 때 라훌라

등으로 나타나는 것만이 다르다. 이 부분만 다르고 본경과 「라훌라 경」은 꼭 같은 내용을 담고 있다.

404) 본경 §§3~10에 나타나는 ① 육내외처로 해체해서 보기 ② 무상·고·무아 ③ 염오 ④ 이욕 ⑤ 해탈 ⑥ 구경해탈지의 정형구는 니까야의 도처에서 강조되고 있는 해탈·열반을 실현하는 여섯 단계의 과정이다. 여기에 대해서는 『맛지마 니까야』 제1권 「뱀의 비유 경」(M22) §29의 주해를 참조하기 바란다. 그리고 『초기불교 이해』 54~55, 58, 137, 139이하, 174이하, 177이하, 191~192, 209쪽 등을 참조하고, 『상윳따 니까야』 제4권 「해제」 §3과 제3권 「해제」 §3을 중심으로도 살펴볼 것을 권한다.

존자는 취착 없이 마음이 번뇌에서 해탈했다. 그리고 그 수천 명의 천신들에게도 '생긴 것은 무엇이건 모두 멸하기 마련이다[集法卽滅法]'라는 티끌 없고 때 없는 법의 눈이 생겼다.405)

---

405) "『맛지마 니까야』 제2권 「우빨리 경」(M56)과 제3권 「디가나카 경」(M74)에서는 첫 번째 도를 법의 눈[法眼, dhamma-cakkhu]이라고 했고, 제3권 「브라흐마유 경」(M91)에서는 세 가지 과를 법의 눈이라고 했으며, 본경에서는 네 가지 도와 네 가지 과를 법의 눈이라고 한다. 왜냐하면 어떤 천신은 예류자가 되었고, 또 어떤 천신은 일래자, 불환자, 아라한이 되었기 때문이다."(MA.v.99)

제4편

계 · 정 · 혜 삼학

【해설】

삼학(三學, tisso sikkhā)은 '세 가지 공부지음'으로 옮길 수 있는데 계(戒, sīla)와 삼매[定, samādhi]와 통찰지[慧, paññā]를 공부짓는 것(sikkhā)을 뜻하며 중국에서 계 · 정 · 혜 삼학으로 정착이 되어 우리에게도 널리 알려진 덕목이다. 계학(戒學)은 도덕적인 삶을 뜻하고 정학(定學)은 삼매 수행을 말하고 혜학(慧學)은 통찰지의 개발을 의미한다.

삼학(三學)은 이미 초기불전의 여러 곳에서 수행자가 공부지어야 하는 조목으로 강조되어 나타나고 있다. 그래서 본서의 마지막인 제4편에서는 초기불전에 나타나는 삼학에 대한 가르침을 가려 뽑아 싣는다. 예를 들면 『디가 니까야』 제3권 「합송경」(D33)에 "세 가지 공부지음[三學, tisso sikkhā]이 있으니, 높은 계를 공부지음[增上戒學], 높은 마음을 공부지음[增上心學 = 삼매를 공부지음], 높은 통찰지를 공부지음[增上慧學]이다."로 언급되고 있다.

세존께서는 『앙굿따라 니까야』 「사문 경」(A3:81)에서도 다음과 같이 강조하신다. "비구들이여, 사문에게는 세 가지 사문이 해야 할 일이 있다. 무엇이 셋인가? 높은 계를 공부짓고 높은 마음을 공부짓고 높은 통찰지를 공부짓는 것이다. 비구들이여, 이것이 세 가지 사문이 해야 할 일이다."(A3:81)

그리고 무엇보다 중요한 것은 『디가 니까야』 제1권에 포함된 13개의 긴 경들 가운데 「사문과경」(D2)부터 「삼명경」(D13)까지의 12개 경전들을 통해서 부처님께서는 모두 23개의 상세한 정형구를 통해서 불교의 큰 틀을 말씀하고 계신다는 점이다. 특히 「수바 경」

(D10)에서 아난다 존자는 이 가운데 ①부터 ⑦까지를 계의 무더기(戒蘊)라고 정리하고 있고, ⑧부터 ⑮까지를 삼매의 무더기(定蘊)라고 정리하고 있으며, ⑯부터 ㉓까지를 통찰지의 무더기(慧蘊)라고 정리하고 있다. 여기서는 계학·정학·혜학의 학(學, 배움, sikkhā)이라는 표현 대신에 계온과 정온과 혜온이라는 '온(蘊, khandha)' 즉 무더기라는 표현을 사용하고 있지만 내용은 동일하다. 이처럼 이미 초기불전의 여러 곳에서 부처님의 일대시교는 계·정·혜 삼학 혹은 삼온으로 정리되고 있다.

이처럼 『디가 니까야』에 23단계 계·정·혜의 정형구가 있다면 『맛지마 니까야』에는 15단계 계·정·혜의 정형구가 있다. 이 15단계 정형구는 「코끼리 발자국 비유의 짧은 경」(M27) §§11~26을 위시한 M51, M60, M76, M79, M101, M125의 7개 경에 나타나고, 조금 다르지만 비슷한 정형구가 M38, M125, M58 등에도 나타난다.

위의 『디가 니까야』의 23단계 정형구를 계·정·혜로 배대해서 설명하고 있는 『디가 니까야』 제1권 「수바 경」(D10)에 준해서 이 『맛지마 니까야』의 15단계 정형구를 계·정·혜와 배대해 보면 위의 15단계 가운데 ①부터 ④까지는 계의 무더기[戒蘊]에, ⑤부터 ⑫까지는 삼매의 무더기[定蘊]에, 다시 ⑬부터 ⑮까지는 통찰지의 무더기[慧蘊]에 배대가 된다. 여기서 삼매의 무더기의 핵심은 마음챙김과 알아차림[正念·正知]의 구족과 다섯 가지 장애[五蓋]의 극복과 초선부터 제4선까지이며, 통찰지의 무더기의 핵심은 3명이 된다.

그런데 『디가 니까야』의 23단계 정형구에는 6통 + 2통 = 8통이 나타나지만 『맛지마 니까야』의 15단계 정형구에는 삼명만이 나타난다. 물론 『맛지마 니까야』에도 6통은 M6, M12, M73, M77, M108, M119의 6개 경에 나타나지만 이처럼 15단계 계·정·혜의 정형구에는 삼명만 나타나고 있는 것으로 확인이 되었다.

한편 주석서는 이 삼학 가운데 계학은 『율장』에서, 정학은 『경장』에서, 혜학은 『논장』에서 주로 설해진 가르침이라고 설명하고 있다.(DA.i.19) 그리고 "계라는 것은 오계와 십계인데 계목의 단속을 높은 계(戒)라 한다. 여덟 가지 증득이 마음인데 위빳사나의 기초가 되는 禪을 높은 마음(定)이라 한다. 업이 자신의 주인임에 대한 지혜가 통찰지인데 위빳사나의 통찰지를 높은 통찰지(慧)라 한다."(DA.iii.1003)라고 설명되어 나타나기도 한다.
다시 『맛지마 니까야 주석서』는 "'계'는 네 가지 청정한 계다. '삼매'는 위빳사나의 기초인 여덟 가지 증득이다. '통찰지'는 세간적이거나 출세간적인 지혜다."(MA.ii.147)라고 설명한다.
그리고 전통적으로 팔정도를 삼학으로 나누어서 설명하기도 한다. 그래서 『상윳따 니까야 주석서』는 이렇게 설명한다. "여기서 '도(magga)'란 여덟 가지로 된 성스러운 도(팔정도)이니 깨달음을 위해서 닦는 것이다. 여기서 '계(戒, sīla)'에는 바른 말(정어), 바른 행위(정업), 바른 생계(정명)가 포함되고, '삼매[定, samādhi]'에는 바른 정진(정정진), 바른 마음챙김(정념), 바른 삼매(정정)가 포함되며, '통찰지[慧, paññā]'에는 바른 견해(정견)와 바른 사유(정사유)가 포함된다."(SA.i.170)

이제 계학과 정학과 혜학의 내용에 대해서 살펴보자. 먼저 계학(戒學)이란 무엇인가. 단속(saṁvara)이 계이다. 이미 초기불전의 여러 곳에서 계의 구족은 다음과 같이 정의되고 있다. "비구들이여, 그러면 어떻게 비구는 계를 구족하는가? 여기 비구는 계를 잘 지킨다. 그는 빠띠목카(戒目, 계목)의 단속으로 단속하면서 머문다. 바른 행실과 행동의 영역을 갖추고, 작은 허물에 대해서도 두려움을 보며, 학습계목을 받아 지녀 공부짓는다."(A4:37)
그리고 『청정도론』 제1장 계품도 이 단속(saṁvara)을 중심으로 전개되고 있다. 이처럼 계의 핵심은 바로 단속이다. 냉장고의 핵심은 문단속이다. 문을 단속하지 못하면 냉장고 안에 보관되어 있는 산해진미가 다 썩어문드러져 버린다. 그와 마찬가지로 자신의 감각대문을 단속하지 못하면 설혹 그의 안에 초선부터 비상비비상처까지의 여러 가지 삼매와 삼매를 토대로 한 여러 가지 신통을 갖추고 있거나 무상・고・무아의 통찰을 통해서 성취되는 통찰지를 구족하고 있다 하더라도 그것은 다 쓸모없는 것이 되어버린다. 이처럼 계는 단속을 핵심으로 한다.
둘째, 정학(定學)이란 무엇인가. 마음이 하나의 대상에 집중됨이다. 니까야의 여러 곳에서 삼매 즉 정학은 "마음이 한끝에 집중됨

(cittassa ekaggatā)"(M44 등)이라고 정의되고 있는데 중국에서는 심일경성(心一境性)으로 정착되었다. 여기서 끝(agga)은 대상을 뜻한다.(PsA.230 등) 그리고 초기불전에서 바른 삼매는 항상 초선부터 제4선까지의 다음의 정형구로 나타난다.

"비구들이여, 그러면 무엇이 바른 삼매[正定]인가? 비구들이여, 여기 비구는 감각적 욕망들을 완전히 떨쳐버리고 해로운 법[不善法]들을 떨쳐버린 뒤, 일으킨 생각[尋]과 지속적 고찰[伺]이 있고, 떨쳐버렸음에서 생긴 희열[喜]과 행복[樂]이 있는 초선(初禪)에 들어 머문다. … 제2선(二禪)에 들어 머문다. … 제3선(三禪)에 들어 머문다. … 제4선(四禪)에 들어 머문다. 비구들이여, 이를 일러 바른 삼매라 한다."(S45:8 등)

셋째, 혜학(慧學)이란 무엇인가. 통찰지[般若, paññā]이다. 중국에서 혜(慧)로 옮겨진 원어는 빤냐(paññā)인데 이것은 반야(般若)로 음역되었다. 『청정도론』에는 "꿰뚫고 통찰하는 것(paṭivedha)을 그 특징으로 가지는 것"(Vis.XIV.7)이라고 설명하고 있기 때문에 필자는 반야를 통찰지로 옮긴다.

초기불전에서 혜학은 육신통, 3명, 8신통, 누진통 등으로 나타난다. 육신통은 ① 신족통(神足通, 신통변화의 지혜) ② 천이통(天耳通, 신성한 귀의 지혜) ③ 타심통(他心通, 남의 마음을 아는 지혜) ④ 숙명통(宿命通, 전생을 기억하는 지혜) ⑤ 천안통(天眼通, 신성한 눈의 지혜) ⑥ 누진통(漏盡通, 번뇌를 소멸하는 지혜)이다. 그리고 이 가운데 ④ 숙명통, ⑤ 천안통, ⑥ 누진통의 셋을 삼명(三明, te vijjā)이라 부른다. 그리고 이 육신통에다 '지와 견'과 '마음으로 만든 몸'의 둘이 첨가되어 8신통으로도 나타난다.(D2 등) 이뿐만 아니라 ⑥ 누진통의 정형구만이 단독으로 나타나는 경들도 있다. 6신통이나 3명이나 8신통 가운데 혜학의 핵심은 아무래도 누진통이요, 누진통의 핵심은 사성제를 통찰하는 것이요, 이것은 팔정도의 바른 견해의 내용이며 12연기의 무명은 4성제를 모르는 것이다. 그러므로 사성제를 아는 것이 혜학 즉 통찰지의 핵심이다.

사문 경

삼학, 사문이 해야 할 일

Samaṇa Sutta(A3:81)

【해설】

출가란 말 그대로 집을 떠나는 행위이다. 집을 떠난다 함은 집으로 표현되는 세상의 의무나 권리나 욕망이나 희망을 모두 접는다는 뜻이다. 그러면 이러한 세속의 모든 의무나 권리나 욕망이나 희망을 접고 출가를 한 자는 무엇을 해야 하는가? 본경은 이것을 분명하게 밝히고 있다.

본경과 다음 경에서 세존께서는 비구들에게 출가자가 해야 할 일은 높은 계를 공부짓고[增上戒學], 높은 마음을 공부짓고[增上心學], 높은 통찰지를 공부짓는 것[增上慧學]이라고 천명하신다.

만일 출가자가 이러한 계·정·혜 삼학을 공부짓지 않는다면 그는 마치 '나는 소다.'라고 하면서 소의 무리를 따르는 당나귀와 같은 사문이어서 진정한 출가자라 할 수 없다고 준엄하게 말씀하신다. 참으로 출가자들이 깊이 명심해야 할 세존의 고구정녕하신 말씀을 담고 있는 귀중한 경이다.

1. 이와 같이 나는 들었다. 한때 세존께서는 사왓티에서 제따숲의 아나타삔디까 원림(급고독원)에 머무셨다. 거기서 세존께서는 "비구들이여."라고 비구들을 부르셨다. "세존이시여."라고 비구들은 세존께 응답했다. 세존께서는 이렇게 말씀하셨다.

"비구들이여, 사문에게는 세 가지 사문이 해야 할 일이 있다. 무엇이 셋인가? 높은 계를 공부짓고[增上戒學] 높은 마음을 공부짓고[增上心學] 높은 통찰지를 공부짓는 것[增上慧學]이다. 비구들이여, 이것이 세 가지 사문이 해야 할 일이다.

비구들이여, 그러므로 여기서 이와 같이 공부지어야 한다. '우리는 높은 계를 공부지음에 강한 열의를 가질 것이다. 높은 마음을 공부지음에 강한 열의를 가질 것이다. 높은 통찰지를 공부지음에 강한 열의를 가질 것이다.'라고. 비구들이여, 그대들은 참으로 이와 같이 공부지어야 한다."

2. "비구들이여, 예를 들면 '나는 소다. 나는 소다.'라고 하면서 소의 무리를 뒤따르는 당나귀가 있다 하자. 그에게는 소들이 가진 그러한 형색도 없고 소들이 가진 그러한 소리도 없고 소들이 가진 그러한 발굽도 없다. 그는 단지 '나는 소다. 나는 소다.'라고 하면서 소의 무리의 뒤를 따를 뿐이다.

비구들이여, 그와 같이 여기 어떤 비구는 '나는 비구다. 나는 비구다.'라고 하면서 비구승가의 뒤를 따른다. 그러나 그에게는 높은 계를 공부지음에 대해서 다른 비구들과 같은 그러한 강한 열의가 없다. 그에게는 높은 마음을 공부지음에 대해서 다른 비구들과 같은 그러한 강한 열의가 없다. 그에게는 높은 통찰지를 공부지음에 대해서 다른 비구들과 같은 그러한 강한 열의가 없다. 그는 단지 '나는 비구다. 나는 비구다.'라고 하면서 비구승가의 뒤를 따를 뿐이다.

비구들이여, 그러므로 여기서 이와 같이 공부지어야 한다. '우리는 높은 계를 공부지음에 강한 열의를 가질 것이다. 높은 마음을 공부지음에 강한 열의를 가질 것이다. 높은 통찰지를 공부지음에 강한 열의를 가질 것이다.'라고. 비구들이여, 그대들은 참으로 이와 같이 공부지어야 한다."

들판 경

삼학, 출가자가 해야 할 일

Khetta Sutta(A3:82)

1. "비구들이여, 농사짓는 장자에게는 먼저 해야 할 세 가지가 있다. 무엇이 셋인가?

비구들이여, 여기 농사짓는 장자는 무엇보다도 먼저 들판에 쟁기로 땅을 잘 갈아 엎고 써레질을 잘해야 한다. 들판에 쟁기질을 잘하고 써레질을 잘한 뒤에는 시기에 맞게 씨앗을 뿌려야 한다. 시기에 맞게 씨앗을 뿌린 뒤에는 적당한 때에 물을 대고 물을 빼야 한다. 비구들이여, 이것이 농사짓는 장자가 먼저 해야 할 세 가지이다."

2. "비구들이여, 그와 같이 비구에게는 먼저 해야 할 세 가지가 있다. 무엇이 셋인가? 높은 계를 공부짓고 높은 마음을 공부짓고 높은 통찰지를 공부짓는 것이다. 비구들이여, 이것이 비구가 먼저 해야 할 세 가지이다.

비구들이여, 그러므로 여기서 이와 같이 공부지어야 한다. '우리는 높은 계를 공부지음에 강한 열의를 가질 것이다. 높은 마음을 공부지음에 강한 열의를 가질 것이다. 높은 통찰지를 공부지음에 강한 열의를 가질 것이다.'라고. 비구들이여, 그대들은 참으로 이와 같이 공부지어야 한다."

외움 경

삼학이 진정한 학습계목이다

Uddesa Sutta(A3:85)

【해설】

본경도 출가자에게는 중요한 경이다. 본경은 사소한 계율[小小戒]에 얽매이기보다는 계·정·혜 삼학을 균등하게 닦아서 예류자, 일래자, 불환자, 아라한의 단계로 분류하고 있는 성자의 과위를 성취하는 것이 중요하다고 설하고 있다. 왜냐하면 높은 계를 공부짓고 높은 마음을 공부짓고 높은 통찰지를 공부짓는 삼학 속에 모든 학습계목은 포함되기 때문이라고 세존께서는 설명하신다.

사소한 계율에 얽매이지 마라 하셨다고 해서 만일 계율은 신경 쓰지 않아도 된다고 받아들인다면 그것은 세존의 금구성언을 잘못 이해하는 것이 된다. 본경은 절대로 파계자들과 파계를 꿈꾸는 자들에게 깃발이 되어주는 경이 아니기 때문이다.

1. "비구들이여. 150개가 넘는 학습계목이 있어서 반달마다 외운다. 이익을 바라는 선남자들은 여기에 [서서] 공부짓는다. 비구들이여, 세 가지 공부지음이 있으니 그 속에 이 모든 학습계목이 포함된다. 무엇이 셋인가? 높은 계를 공부지음, 높은 마음을 공부지음, 높은 통찰지를 공부지음이다. 비구들이여, 이것이 세 가지 공부지음이니 그 속에 이 모든 학습계목이 포함된다."

2. "비구들이여, 여기 비구는 계는 완성하였지만 삼매는 어느

정도만 짓고 통찰지도 어느 정도만 짓는다. 그는 사소한 계[小小戒]406)에 해당하는 학습계목들을 범하기도 하고 그것을 고치기도 한다. 이것은 무슨 이유 때문인가? 나는 그것 때문에 [성자가] 될 수 없다고 말하지 않나니 청정범행의 시작에 해당하고 청정범행에 어울리는 그러한 학습계목들에 관한 한 그는 굳은 계행을 가졌고 확립된 계행을 가졌으며 학습계목들을 받아서 공부짓기 때문이다. 그는 세 가지 족쇄를 완전히 없애고 흐름에 든 자[預流者]가 되어, [네 가지 악취에] 떨어지지 않고 [해탈이] 확실하며 정등각으로 나아가는 자이다."

3. "비구들이여, 여기 비구는 계는 완성하였지만 삼매는 어느 정도만 짓고 통찰지도 어느 정도만 짓는다. 그는 사소한 계[小小戒]에 해당하는 학습계목들을 범하기도 하고 그것을 고치기도 한다. 이것은 무슨 이유 때문인가? 나는 그것 때문에 [성자가] 될 수 없다고 말하지 않나니 청정범행의 시작에 해당하고 청정범행에 어울리는 그러한 학습계목들에 관한 한 그는 굳은 계행을 가졌고 확립된 계행을 가졌으며 학습계목들을 받아서 공부짓기 때문이다. 그는 세 가지 족쇄를 완전히 없애고 탐욕과 성냄과 미혹이 엷어져서 한 번만 더 돌아올 자[一來者]가 되어, 한 번만 이 세상에 와서 괴로움을 끝낼 것이다."

---

406) "'사소한 계[小小戒, khudda-anukhuddakāni sikkhā-padāni]'란 네 가지 바라이죄(波羅夷罪, pārājika)를 제외한 나머지 학습계목이다. 여기서 승잔죄(僧殘罪, saṅghādisesa)는 사소한 것(khuddaka)이고 조죄(粗罪, thullaccaya)는 더 사소한 것(anukhuddaka)이 된다. 조죄가 사소한 것이면 단타죄(單墮罪, pācittiya)는 더 사소한 것이 된다. 단타죄가 사소한 것이면 회과죄(悔過罪, pāṭidesanīya)와 악작죄(惡作罪, dukkaṭa)와 둡바시따(惡說, dubbhāsita)는 더 사소한 것이 된다. 이처럼 위대한 『앙굿따라 니까야』를 호지하는(Aṅguttara-mahānikāya-vaḷañjanaka) 스승들은 네 가지 바라이죄를 제외한 나머지 모두가 소소계라고 주장한다." (AA.ii.348)

4. "비구들이여, 여기 비구는 계도 완성하고 삼매도 완성하였지만 통찰지는 어느 정도만 짓는다. 그는 사소한 계[小小戒]에 해당하는 학습계목들을 범하기도 하고 그것을 고치기도 한다. 이것은 무슨 이유 때문인가? 나는 그것 때문에 [성자가] 될 수 없다고 말하지 않나니 청정범행의 시작에 해당하고 청정범행에 어울리는 그러한 학습계목들에 관한 한 그는 굳은 계행을 가졌고 확립된 계행을 가졌으며 학습계목들을 받아서 공부짓기 때문이다. 그는 다섯 가지 낮은 단계의 족쇄를 완전히 없애고 [정거천에] 화생하여 그곳에서 완전히 열반에 들어 그 세계로부터 다시 돌아오지 않는 법을 얻는다.[不還者]"

5. "비구들이여, 여기 비구는 계도 완성하고 삼매도 완성하고 통찰지도 완성하였다. 그는 사소한 계[小小戒]에 해당하는 학습계목들을 범하기도 하고 그것을 고치기도 한다. 이것은 무슨 이유 때문인가? 나는 그것 때문에 [성자가] 될 수 없다고 말하지 않나니. 청정범행의 시작에 해당하고 청정범행에 어울리는 그러한 학습계목들에 관한 한 그는 굳은 계행을 가졌고 확립된 계행을 가졌으며 학습계목들을 받아서 공부짓기 때문이다. 그는 모든 번뇌가 다하여 아무 번뇌가 없는 마음의 해탈[心解脫]과 통찰지를 통한 해탈[慧解脫]을 바로 지금 여기에서 스스로 최상의 지혜로 실현하고 구족하여 머문다.[阿羅漢]

비구들이여, 이와 같이 부분적으로 짓는 자는 부분적인 것을 성취한다. 완전하게 짓는 자는 완성된 것을 성취한다. 비구들이여, 그러므로 학습계목들은 결코 무익하지 않다고 나는 말한다."407)

---

407) "'부분적으로 짓는 자(padesa-kāri puggala)'는 예류자와 일래자와 불환자이다. 이들은 부분적으로 성취한다. '완전하게 짓는 자(paripūra-kāri)'는 아라한이다. 그는 완전하게 성취한다. '무익하지 않음(avañjha)'이란 헛되지 않고 결실이 있고 결과물이 있다는 뜻이다."(AA.ii.349)

사문과경(沙門果經)408)

출가생활의 결실

Sāmaññaphala Sutta(D2)

【해설】

사문(沙門)은 samaṇa(Sk. śramaṇa)를 음역한 것이다. 집을 떠나 독신생활을 하는 수행자를 사문이라 통칭하였다. 계급과 관계없이 누구나 사문이 될 수 있다. 본경에 나타나는 육사외도(六邪外道, 본경 §§16~33 참조)로 불리는 집단과 불교교단이 대표적인 사문 집단이다. 사문 집단에 대한 경전적 설명은 『디가 니까야』 제3권 「세기경」(D27) §26을 참조할 것. 네 종류의 사문에 대해서는 『앙굿따라 니까야』 제2권 「음식 경」(A4:87)을 참조하고 『맛지마 니까야』 제1권 「심재 비유의 짧은 경」(M30) §2의 주해도 참조하기 바란다.

출가란 말 그대로 집을 떠나는 행위이다. 집을 떠난다 함은 단순히 물질적인 집을 떠나는 것이 아니라, 집으로 표현되는 세상의 모든 의무나 권리나 욕망이나 희망을 모두 접는다는 뜻이기도 하다. 본경이 드러내고자 하는 것은 경의 제목처럼 이러한 출가 즉 사문됨(출가생활)의 결실이다. 본경에서 출가생활의 결실을 세존께 질문하는 사람은

408) 본경의 빠알리어 제목은 사만냐팔라 숫따(Sāmaññaphala Sutta)이다. 여기서 sāmañña는 중국에서 사문으로 음역한 sāmaṇa의 곡용을 취하여 추상명사화한 것으로 '사문에 속하는 것, 사문됨'이라는 뜻이고 phala는 과일[果]이나 결실을 뜻한다. 그래서 전체는 '사문됨의 결실'이라 직역할 수 있다. 그래서 중국에서는 사문과(沙門果)로 옮겼으며 본경에서는 도두 출가생활의 결실이라고 옮겼다. 본경은 중국에서 「사문과경」(沙門果經)으로 옮겨져서 『장아함』의 27번째 경으로 전해오고 있다.

아자따삿뚜라는 당대에 제일 막강했던 마가다를 통치하는 왕이다. 그는 그 시대를 풍미하던 여섯 종교 지도자들의 사상과 비교하면서 불교 수행자들이 부처님 가르침을 통해서 실현하게 되는 결과를 구체적으로 살펴보고 있다.

그는 세존께 "세상에는 여러 가지 기술 분야들이 있습니다. … 그런 기술의 결실은 지금여기에서 스스로 보아 알 수 있으며 그들은 그런 결실로 살아갑니다. 그들은 그것으로 자신을 행복하게 하고 만족하게 하고, 부모를 행복하게 하고 만족하게 하고, 처자식을 행복하게 하고 만족하게 하고, 친구와 동료를 행복하게 하고 만족하게 하며, 사문·바라문들에게 많은 보시를 합니다. 그러한 보시는 고귀한 결말을 가져다주고 신성한 결말을 가져다주며 행복을 익게 하고 천상에 태어나게 합니다. 세존이시여, 세존께서도 이와 같이 지금여기에서 스스로 보아 알 수 있는 출가생활의 결실을 천명하실 수 있습니까?"라고 질문 드린다. 이러한 왕의 질문에 대해서 세존께서는 23가지로 정리된 계·정·혜 삼학의 정형구로 대답하시는 것이(§§40~98) 본경의 전체 구조이다.

그리고 본경은 우리에게 육사외도(六師外道)로 알려진 부처님 시대의 여섯 명의 종교 지도자의 사상을 서로 비교해서 살펴볼 수 있는 경이기도 하다.(§§16~33)

서언

1. 이와 같이 나는 들었다. 한때 세존께서는 1250명[409]의 많은 비구 승가와 함께 라자가하(왕사성)에서 지와까 꼬마라밧짜의 망고 숲[410]에 머무셨다. 그때 마가다의 왕 아자따삿뚜 웨데히뿟따[411]는

409) 원어는 aḍḍhatelasehi bhikkhusatehi이다. 직역하면 반(aḍḍha)이 [모자라는(ūṇa)] 13(telasa) 비구(bhikkhu) 백 명(sata)이다. 다시 말하면 13-0.5=12.5에다 100을 곱하여 1250이 되는 것이다. 이것은 범어 일반에서 널리 쓰이는 셈법이다.

410) 지와까 꼬마라밧짜(Jīvaka Komārabhacca)는 부처님의 주치의로 잘 알려진 부처님 당시의 명의(名醫)이다. 중국에서는 지와까를 기구(耆舊)로

음역하기도 하였고 꼬마라밧짜를 수명(壽命)이나 수명동자(壽命童子)로 의역하기도 하였다.

『앙굿따라 니까야 주석서』에 의하면 그는 라자가하의 기녀였던 살라와띠(Sālavati)의 아들로 태어났으며 나자마자 광주리에 담아서 쓰레기 더미 위에 버려졌다고 한다. 빔비사라(Bimbisāra) 왕의 아들이며 아자따삿뚜와는 이복형제인 아바야(Abhaya) 왕자가 이를 발견하고 사람들이게 살아 있는가 묻자, '그는 아직 살아 있습니다(jīvati)'라고 대답하여서 그의 이름이 지와까가 되었으며, '왕자(kumāra)에 의해서 양육되었다(posāpita)'고 해서 꼬마라밧짜라고 불리게 되었다고 한다.(AA.i.216) 다른 설명에 의하면 그는 소아과 전문의(Kaumārabhṛtya)였다고 한다.(VT.ii.174)

그는 자라서 그의 출신에 대해서 알게 되자 아바야 왕자 몰래 딱까실라(Takkasilā)로 가서 칠 년 동안 의술을 배웠다고 한다. 공부를 마치고 라자가하로 돌아와서는 빔비사라 왕의 고질병을 치료하여 유명해졌다고 한다. 그래서 왕과 궁중의 주치의로 임명이 되었고 부처님과 승가의 주치의 역할도 하였다. 아버지 빔비사라 왕을 시해하고 왕위를 찬탈한 아자따삿뚜도 지와까를 주치의로 삼아서 가까이에 두었으며 그래서 본경에서도 아버지를 시해한 괴로움에 시달리던 아자따삿뚜 왕이 지와까를 통해서 부처님을 뵙고 참회하기를 바라고 있는 것이다. 빔비사라 왕에 대해서는『디가 니까야』「소나단다 경」(D4) §1의 주해를 참조할 것.

지와까가 부처님을 치료한 일화는 율장과 주석서 등에서 나타나고 있다. 부처님께서는 지와까를 사람들로부터 가장 사랑받는 사람(aggaṁ puggala-ppasannānaṁ)이라고 칭찬하셨다.(A.i.26)

지와까는 예류과를 증득한 뒤 항상 하루에 두 번씩 세존께 인사드리러 갔으며 세존께서 머무시는 왕사성의 죽림정사(Veḷuvana)가 너무 멀어서 그가 소유하고 있던 망고 숲을 승가에 기증하여 부처님과 승가가 머물게 하였다고 한다. 그곳이 바로 여기에 나타나는 지와까의 망고 숲이다.

411) 아자따삿뚜 왕은 여러 경에서 항상 rājā Māgadho Ajātasattu Vedehiputto로 정형화되어 나타난다. 아자따삿뚜(ajātasattu)라는 이름은 '왕의 적은 태어나지 않을 것이다'라고 점성가들이 예언했기 때문에 그렇게 불린다.(DA.i.133) 이름만으로도 그 권세를 알 수 있다. 고층 우빠니샤드에 속하는『브르하다란야까 우빠니샤드』(Bṛhadāraṇyaka Upaniṣad, ii.i.1～17)에도 아자따사뜨루(Ajātaśatru)라는 왕의 이름이 나타나는데 여러 정황으로 봐서 같은 사람으로 보는 것이 타당할 것이다.

[우기철의] 네 번째 달인 꼬무디 달412)의 보름 포살일413) 밤에 대신

그리고 주석서에는 그가 웨데히뿟따(Vedehiputta, 위데하의 여인의 아들)라고 불린다고 해서 그의 어머니가 위데하 출신이라고 봐서는 안 된다. 그의 어머니는 꼬살라 왕의 딸이라고 밝히고 있다. 그리고 웨데히는 현자(paṇḍita-adhivacana)와 동의어라고 설명한다.(DA.i.139)

아자따삿뚜는 빔비사라 왕의 아들이었으며 『맛지마 니까야』 제2권 「지와까 경」(M55) 등에 나타나는 아바야(Abhaya) 왕자와는 이복형제 사이다. 본경의 주석서에는 그가 데와닷따와 역모를 꾸며서 그는 부친을 시해하고 데와닷따는 부처님을 시해하려 했던 사실이 상세하게 나타난다.(DA.i.135~137)

그는 아버지를 시해하고 왕이 되었기 때문에 그도 그의 아들 우다이밧다(Udāyībhadda)에 의해서 시해당할까 항상 두려워했다고 하며 그래서 아들이 출가하기를 바랐다고 한다.(DA.i.153) 그러나 결국은 그의 아버지 빔비사라 왕이 처참하게 죽던 날에 태어난(DA.i.137) 그의 아들 우다이밧다(Udāyibhadda)에 의해서 그도 시해당하고 말았다고 한다.(Mv.iv.126)

주석서에 의하면 부친을 시해하고 잠을 제대로 이루지 못하던 왕은 본경에서 보이는 바와 같이 지와까를 통해서 부처님을 뵙고 법문을 들어 잘못을 참회한 후에야 제대로 잠을 이룰 수 있었다고 한다.

그는 32년 간 왕위에 있었다고 하며(Mv.ii.31) 그가 왕으로 있을 때 왓지(Vajjī)를 정복하고 꼬살라를 병합했다.(『디가 니까야』 제2권 「대반열반경」(D16) §1.5의 주해를 참조할 것) 그는 빠딸리뿟따(지금 인도 비하르 주의 주도인 빠뜨나)를 큰 도시로 만들게 하였으며 나중에 이는 마가다국의 수도가 되었다. 그는 인도를 통일국가로 만들 튼튼한 기초를 닦은 왕임에 틀림없다.

412) 원어는 Komudiyā cātumāsiniyā이다. 여기서 '네 번째 달(cātumāsiniyā)'이란 우기철의 네 번째 달을 말한다. 일반적으로 인도의 우기철은 넉 달 혹은 다섯 달로 구성된다. 그것은 ① 아살하(Āsāḷha) ② 사와나(Sāvaṇa) ③ 밧다라(Bhaddara 혹은 Poṭṭhapāda) ④ 앞의 깟띠까(Pubba-kattikā, 혹은 앗사유자, Assayuja) ⑤ 뒤의 깟띠까(Pacchima-kattika)이다. 그래서 여기서는 앞의 깟띠까 달의 보름이라는 말이다. 그리고 이 깟띠까 달은 다시 꼬무디라고도 불린다. 그래서 '[우기철의] 네 번째 달인 꼬무디'가 되는 것이다.

『맛지마 니까야 주석서』에서는 "이것은 '[우기철의] 마지막 네 번째 달인 깟띠까 달의 보름에'란 뜻이다. 왜냐하면 [이 즈음에] 수련(kumuda)이

들에 둘러싸여 궁궐의 누각에 앉아 있었다. 그때 마가다의 왕 아자따삿뚜 웨데히뿟따는 감흥어를 읊었다.414)

"달빛 교교한 밤은 참으로 즐겁도다. 달빛 교교한 밤은 참으로 멋지도다. 달빛 교교한 밤은 참으로 편안하도다. 달빛 교교한 밤은 참으로 상서롭도다. 오늘 같은 밤에 참으로 어떤 사문이나 바라문을 친견하면 마음에 깨끗한 믿음이 생길까?"415)

피기 때문에 꼬무디(komudī)라 불리고, 우기인 넉 달의 마지막이기 대문에 네 번째 달(catumasinī)이다. 그러므로 '네 번째 달의 [보름인] 꼬무디'라 불린다."(MA.iv.138)라고 설명하고 있다.

한편 지금 인도를 비롯한 남방에서는 우리의 음력 3월에 해당하는 찟따 달을 한 해의 시작으로 간주한다. 12달의 이름은 다음과 같다. 찟따(Citta, Citra, 음3월), 웨사카(Vesākha), 젯타(Jeṭṭha), 아살하(Āsāḷha, 음6월), 사와나(Sāvaṇa), 뽓타빠다(Poṭṭhapāda), 앗사유자(Assayuja, 음9월), 깟띠까(Kattika), 마가시라(Māgasira), 풋사(Phussa, 음12월), 마가(Māgha), 팍구나(Phagguna).

413) '포살'은 uposatha의 음역이다. 『상윳따 니까야 주석서』에서는 "이 날에 준수한다(upavasati)고 해서 포살이라 한다. 준수한다는 것은 계(sīla)나 금식(anasana)을 지키면서 머문다는 뜻이다. 이 포살일(uposathadivaso)은 8일, 14일, 15일의 세 가지가 있기 때문에 여기서는 다른 두 가지를 제외한다는 뜻으로 '보름 포살일'이라고 하였다."라고(SA.i.276) 설명하는데 이 문맥에서도 그대로 적용된다.

한편 우뽀사타(*Sk.* upavasatha)는 브라흐마나(祭儀書) 등의 베딕 문헌에서도 제사를 지내기 전에 지키는 금식일로 나타나고 있으며, 자이나교 등의 다른 사문·바라문 전통에서도 이미 준수하던 것이었다. 그래서 자연스럽게 일찍부터 불교교단에 채용되었다.

414) '감흥어'로 옮긴 udāna는 ud(위로)+√an(*to breathe*)에서 파생된 명사로 [감격하고 기뻐서] 토해내는 즉각적이고 즉흥적인 말을 뜻한다. 그래서 주석서는 다음과 같이 설명한다.

"희열에 찬 말(pītivacana)은 가슴에 담아둘 수 없다. 넘쳐서 안에 넣어두지 못하고 밖으로 뛰쳐나온다. 그것을 감흥어라 한다."(DA.i.141)

415) 주석서에서는 이런 감흥어를 통해서 왕은 지와까에게 세존을 친견하고 싶다는 의중을 드러낸 것이라고 설명한다. 왕은 부친이었던 빔비사라 왕을

대신들의 진언(進言)

2. 이렇게 말하자 어떤 대신이 마가다의 왕 아자따삿뚜 웨데히뿟따에게 이렇게 말하였다. "폐하,416) 뿌라나 깟사빠417)라는 분이 있는데, 그는 승가를 가졌고 무리를 가졌고 무리의 스승이며 지자요 명성을 가졌고 교단의 창시자요 많은 사람에 의해서 사두418)로 인정되며 노련하고 출가한 지 오래되었으며 연로하고 삶의 완숙기에 이르렀습니다. 폐하, 그분 뿌라나 깟사빠를 친견하십시오. 폐하께서 뿌라나 깟사빠를 친견하시면 마음에 깨끗한 믿음이 생길 것입니다."

이렇게 말했지만 마가다의 왕 아자따삿뚜 웨데히뿟따는 침묵하고 있었다.

3. "그러자 어떤 대신이 마가다의 왕 아자따삿뚜 웨데히뿟따에게 이렇게 말하였다. "폐하, 막칼리 고살라라는 분이 있는데, 그는 승

시해하여 왕위를 찬탈하였고 자신과 모의를 한 데와닷따는 승가를 분열하려 하였기 때문에 큰 죄의식(mahāparādhatā)을 가지고 있었다. 그래서 세존을 직접 찾아뵙지 못하고 이런 감흥어를 통해서 세존의 주치의요 신심 깊은 재가신도인 지와까에게 세존을 알현하고 싶다는 의중을 드러낸 것이라고 설명한다.(*Ibid*)

416) 원어는 deva이다. deva는 √div(*to shine*)에서 파생된 명사로 일반적으로 신들을 통칭하는 말로 사용된다. 그리고 또 하나의 용법이 여기서처럼 왕(rāja)에 대한 호격으로 쓰이는 것이다. 즉 주격 등의 일반명사로 쓰이면 신을 뜻하고 호격으로 쓰이면 신하나 측근들이나 백성들이 왕을 부르는 단어가 된다. 그래서 '폐하'라고 옮겼다.

417) 이하 우리에게 육사외도(六師外道)로 알려진 여섯 명의 사상에 대해서는 본경 §16 이하에 정리되어 있다.

418) 주석서에서는 사두(sādhu)를 멋진 사람(sundara) 좋은 사람(sappurisa)이라고 설명하고 있다.(DA.i.142) 요즘 인도에서 힌두 종교지도자를 사두(Sādhu)라고 부르고 있어서 그냥 사두로 음역을 하였다.

가를 가졌고 무리를 가졌고 무리의 스승이며 지자요 명성을 가졌고 교단의 창시자요 많은 사람에 의해서 사두로 인정되며 노련하고 출가한 지 오래되었으며 연로하고 삶의 완숙기에 이르렀습니다. 폐하, 그분 막칼리 고살라를 친견하십시오. 폐하께서 막칼리 고살라를 친견하시면 마음에 깨끗한 믿음이 생길 것입니다."

이렇게 말했지만 마가다의 왕 아자따삿뚜 웨데히뿟따는 침묵하고 있었다.

4. 그러자 어떤 대신이 마가다의 왕 아자따삿뚜 웨데히뿟따에게 이렇게 말하였다. "폐하, 아지따 께사깜발리라는 분이 있는데, 그는 승가를 가졌고 무리를 가졌고 무리의 스승이며 지자요 명성을 가졌고 교단의 창시자요 많은 사람에 의해서 사두로 인정되며 노련하고 출가한 지 오래되었으며 연로하고 삶의 완숙기에 이르렀습니다. 폐하, 그분 아지따 께사깜발리를 친견하십시오. 폐하께서 아지따 께사깜발리를 친견하시면 마음에 깨끗한 믿음이 생길 것입니다."

이렇게 말했지만 마가다의 왕 아자따삿뚜 웨데히뿟따는 침묵하고 있었다.

5. 그러자 어떤 대신이 마가다의 왕 아자따삿뚜 웨데히뿟따에게 이렇게 말하였다. "폐하, 빠꾸다 깟짜야나라는 분이 있는데, 그는 승가를 가졌고 무리를 가졌고 무리의 스승이며 지자요 명성을 가졌고 교단의 창시자요 많은 사람에 의해서 사두로 인정되며 노련하고 출가한 지 오래되었으며 연로하고 삶의 완숙기에 이르렀습니다. 폐하, 그분 빠꾸다 깟짜야나를 친견하십시오. 폐하께서 빠꾸다 깟짜야나를 친견하시면 마음에 깨끗한 믿음이 생길 것입니다."

이렇게 말했지만 마가다의 왕 아자따삿뚜 웨데히뿟따는 침묵하고 있었다.

6. 그러자 어떤 대신이 마가다의 왕 아자따삿뚜 웨데히뿟따에게 이렇게 말하였다. "폐하, 산자야 벨랏티뿟따라는 분이 있는데, 그는 승가를 가졌고 무리를 가졌고 무리의 스승이며 지자요 명성을 가졌고 교단의 창시자요 많은 사람에 의해서 사두로 인정되며 노련하고 출가한 지 오래되었으며 연로하고 삶의 완숙기에 이르렀습니다. 폐하, 그분 산자야 벨랏티뿟따를 친견하십시오. 폐하께서 산자야 벨랏티뿟따를 친견하시면 마음에 깨끗한 믿음이 생길 것입니다."

이렇게 말했지만 마가다의 왕 아자따삿뚜 웨데히뿟따는 침묵하고 있었다.

7. 그러자 어떤 대신이 마가다의 왕 아자따삿뚜 웨데히뿟따에게 이렇게 말하였다. "폐하, 니간타 나따뿟따라는 분이 있는데, 그는 승가를 가졌고 무리를 가졌고 무리의 스승이며 지자요 명성을 가졌고 교단의 창시자요 많은 사람에 의해서 사두로 인정되며 노련하고 출가한 지 오래되었으며 연로하고 삶의 완숙기에 이르렀습니다. 폐하, 그분 니간타 나따뿟따를 친견하십시오. 폐하께서 니간타 나따뿟따를 친견하시면 마음에 깨끗한 믿음이 생길 것입니다."

이렇게 말했지만 마가다의 왕 아자따삿뚜 웨데히뿟따는 침묵하고 있었다.

지와까 꼬마라밧짜의 진언

8. 그러나 그때 지와까 꼬마라밧짜는 마가다의 왕 아자따삿뚜 웨데히뿟따와 멀지 않은 곳에 묵묵히 앉아만 있었다. 그러자 마가다의 왕 아자따삿뚜 웨데히뿟따는 지와까 꼬마라밧짜에게 이와 같이 말했다.

"여보게 지와까여, 왜 그대는 침묵하고만 있는가?"

"폐하, 세존·아라한·정등각께서 지금 1250분의 많은 비구 승가와 함께 저의 망고 숲에 머물고 계십니다. 그분 세존께는 이러한 좋은 명성이 따릅니다. '이런 [이유로][419] 그분 세존께서는 아라한[應供]이시며, 바르게 깨달은 분[正等覺, 正遍智]이시며, 명지(明知)와 실천을 구족한 분[明行足]이시며, 피안으로 잘 가신 분[善逝]이시며, 세상을 잘 아는 분[世間解]이시며, 가장 높은 분[無上士]이시며, 사람을 잘 길들이는 분[調御丈夫]이시며, 신과 인간의 스승[天人師]이시며, 부처님[佛]이시며, 세존(世尊)이시다.'라고. 폐하, 그분 세존을 친견하십시오. 폐하께서 세존을 친견하시면 마음에 깨끗한 믿음이 생길 것입니다."

"여보게 지와까여, 그렇다면 타고 갈 코끼리들을 준비하게 하여라."

왕의 행차

9. "그렇게 하겠습니다, 폐하."라고 지와까 꼬마라밧짜는 마가다의 왕 아자따삿뚜 웨데히뿟따에게 대답하고서 500마리의 암코끼리와 왕이 탈 코끼리를 준비하게 한 뒤 마가다의 왕 아자따삿뚜 웨데히뿟따에게 보고하였다.

"폐하, 탈 코끼리들이 준비되었습니다. 이제 [가실] 시간이 되었습니다.[420]"

---

419) 주석서에 의하면 '이런 [이유로]'라고 옮긴 itipi는 여래십호 각각에 다 적용되어 '그분 세존은 이러한 이유(karaṇa)로 아라한이시고 이러한 이유로 정등각이시고 …'라고 해석해야 한다고 말한다.(DA.i.146) 물론 이 정형구에는 '이런 [이유]'에 대해서 구체적인 언급이 없다. 그러나 불제자들은 그 이유를 알고 있다. 그래서 itipi라는 지시사로 이미 제자들은 잘 알고 있는 그 이유를 지칭한다. 이런 어법은 범어 일반에 널리 통용되어 나타난다. 한편 『청정도론』 VII.2 이하에는 여래십호를 상세하게 설명하고 있다. 이것이 '이런 [이유로]'에 대한 구체적인 설명인 셈이다.

그러자 마가다의 왕 아자따삿뚜 웨데히뿟따는 준비된 500마리의 암코끼리 각각에 여인들을 오르게 한 뒤 자신은 왕의 코끼리에 오른 후 [주위에] 횃불을 들게 하여 왕의 위엄을 크게 갖추어 라자가하를 나서서 지와까 꼬마라밧짜의 망고 숲에 다다랐다.

10. 마가다의 왕 아자따삿뚜 웨데히뿟따는 망고 숲이 멀지 않은 곳에서 두려움과 공포와 털끝이 곤두섬을 느꼈다. 그러자 마가다의 왕 아자따삿뚜 웨데히뿟따는 두렵고 떨리고 털끝이 곤두선 상태에서 지와까 꼬마라밧짜에게 이렇게 말했다.

"여보게 지와까여, 그대가 나를 속이는 것은 아니겠지? 여보게 지와까여, 그대가 나를 기만하는 것은 아니겠지? 여보게 지와까여, 그대가 나를 적들에게 넘기는 것은 아니겠지? 어째서 1250명의 많은 비구 승가가 머무는데 기침소리도 없고 목을 가다듬는 소리도 없고 아무런 인기척이 없는가?"

"두려워 마십시오, 대왕이시여. 두려워 마십시오, 대왕이시여. 폐하, 저는 폐하를 속이지 않습니다. 폐하, 저는 폐하를 기만하지 않습니다. 폐하, 저는 폐하를 적들에게 넘기지 않습니다. 조금 더 나아가십시오, 대왕이시여. 조금 더 나아가십시오, 대왕이시여. 저기 둥근 천막에 불빛이 비치고 있습니다."

---

420) 원어는 yassa dāni kālaṁ maññasi인데 직역하면 '그것에 대해서(yassa) 지금(dāni) [당신은] 시간을(kālaṁ) 고려해도 좋습니다(maññasi)'가 된다. 어떤 준비를 마무리한 뒤 상대방에게 보고하여 그것을 시행할 것을 알릴 때 많이 나타나는 정형구이다. 니까야의 도처에 나타나고 있다.
주석서에서는 "당신이 명령(āṇatta)하신 대로 저는 준비하였습니다. 이제는 당신이 갈 것인지 가지 않을 것인지 그 시간을 고려하여 자신이 좋아하는 대로 행하십시오.(tadeva attano ruciyā karohi)"(DA.i.148)라는 뜻이라고 풀이하고 있다.

세존을 친견하고 출가생활의 결실을 질문함

11. 그러자 마가다의 왕 아자따삿뚜 웨데히뿟따는 코끼리로 갈 수 있는 곳까지 코끼리로 가서 코끼리에서 내린 뒤 걸어서 둥근 천막의 문으로 들어갔다. 들어가서는 지와까 꼬마라밧짜에게 이렇게 말했다. "여보게 지와까여, 그런데 어느 분이 세존이신가?"

"대왕이시여, 가운데 기둥을 의지하여 동쪽으로 비구 승가를 마주보고 앉아계신 저 분이 세존이십니다."

12. 그러자 마가다의 왕 아자따삿뚜 웨데히뿟따는 세존께 다가갔다. 가서는 한 곁에 섰다. 마가다의 왕 아자따삿뚜 웨데히뿟따는 한 곁에 서서 침묵하고 침묵하며 호수처럼 맑은 비구 승가를 둘러본 뒤 감흥어를 읊었다.

"지금 이 비구 승가가 고요함을 구족하고 있는 것처럼, 우다이밧다 왕자도 그런 고요함을 구족했으면 좋으련만."421)

"대왕이여, 당신은 사랑하는 사람을 생각합니까?"

"세존이시여, 저는 우다이밧다 왕자를 사랑합니다. 지금 이 비구 승가가 고요함을 구족하고 있는 것처럼, 우다이밧다 왕자도 그런 고요함을 구족했으면 좋겠습니다."

13. 그러자 마가다의 왕 아자따삿뚜 웨데히뿟따는 세존께 큰 절을 올리고 비구 승가에게 합장 인사를 한 뒤 한 곁에 앉았다. 한 곁에

---

421) 주석서는 왕이 '오, 참으로 나의 아들도 출가하여 이 비구들처럼 고요하게 되었으면.' 하고 바라면서 읊은 감흥어(udāna)라고 설명하고 있다.(DA.i.153) 우다이밧다 왕자에 대해서는 본경 §1의 아자따삿뚜 왕에 대한 주해를 참조할 것.

앉아서 마가다의 왕 아자따삿뚜 웨데히뿟따는 세존께 이와 같이 여쭈었다.

"세존이시여, 만일 세존께서 제가 여쭙는 것에 대해서 상세한 설명을 해주실 그런 기회를 마련해 주신다면 사소한 것이나마 저는 세존께 질문을 드리고자 합니다."

"대왕이여, 그대가 원하는 대로 물어 보십시오."

14. "세존이시여, 세상에는 여러 가지 기술 분야들[422]이 있습니다. 즉 코끼리몰이꾼, 말몰이꾼, 전차병, 궁수, 기수, 군대참모, 보급병, 고위관리, 왕자, 정찰병, 영웅, 용사, 동체갑옷 입은 자, 하인의 아들, 요리사, 이발사, 목욕 보조사, 제과인, 정원사, 염색인, 직공, 바구니 만드는 자, 항아리 만드는 자, 경리인, 반지 만드는 자, 그 외에 여러 가지 기술 분야들이 있습니다. 그런 기술의 결실은 지금 여기서 스스로 보아 알 수 있으며 그들은 그런 결실로 살아갑니다. 그들은 그것으로 자신을 행복하게 하고 만족하게 하고, 부모를 행복하게 하고 만족하게 하고, 처자식을 행복하게 하고 만족하게 하고, 친구와 동료를 행복하게 하고 만족하게 하며, 사문·바라문들에게 많은 보시를 합니다. 그러한 보시는 고귀한 결말을 가져다주고 신성한 결말을 가져다주며 행복을 익게 하고 천상에 태어나게 합니다. 세존이시여, 세존께서도 이와 같이 지금여기에서 스스로 보아 알 수 있는 출가생활의 결실을 천명하실 수 있습니까?"[423]

---

422) 원어는 puthusippāyatanāni이다. puthu(여러)-sippa(기술)-āyatana(분야)의 복수이다. sippa는 여러 직업의 전문기술을 뜻한다. 『디가 니까야』 「범망경」(D1) §1.21의 주해를 참조할 것.

423) 세상 사람들은 모두 이런 기술을 익혀서 직업을 가지고, 그런 직업으로 돈을 벌어 그것으로 자기성취도 이루고 사회에 기여도 하고 그렇게 해서 번

15. "대왕이여, 그대는 이런 질문을 다른 사문·바라문들에게도 한 적이 있습니까?[424]"

"세존이시여, 저는 다른 사문·바라문들에게 이런 질문을 한 적이 있습니다."

"대왕이여, 만일 그대에게 부담스럽지 않다면 그들이 대답한 대로 말해줄 수 있겠습니까?"

"세존이시여, 세존께서 앉아계시거나 세존과 같으신 분이 앉아계시는 한 그것은 제게 부담스럽지 않습니다."

"대왕이여, 그렇다면 말해주십시오."

(1) 뿌라나 깟사빠 — 도덕부정(akiriya)

16. "세존이시여, 한번은 뿌라나 깟사빠를 만나러 갔습니다. 만나러 가서 뿌라나 깟사빠와 함께 환담을 나누었습니다. 유쾌하고 기억할 만한 이야기로 서로 담소를 한 뒤 한 곁에 앉았습니다. 세존이시여, 한 곁에 앉아서 저는 뿌라나 깟사빠에게 이렇게 말했습니다.

돈으로 가족을 부양하고 수행자들에게 보시하여 공덕을 쌓으며 산다. 이런 것이 재가자들이 열심히 노력하여 직접 얻는 재가생활의 결실이다. 그처럼 출가자들이 출가를 결행하여 수행하면 무슨 결실을 가져다주는가를 묻고 있다.

424) '한 적이 있다'로 옮긴 원어는 abhijānāti인데 abhi(대하여)+√jñā(*to know*)의 3인칭 동사이다. 이 동사는 전문술어로 쓰이지 않을 때는 '넘어서 알다'는 문자적인 뜻 그대로 지나간 사실을 넘어가서 알다라는 의미로 '~한 것을 인정하다, ~한 적이 있다, ~한 것을 기억하다'는 뜻으로 쓰인다. 그래서 이렇게 옮겼다. 물론 이 동사에서 파생된 명사 abhiññā는 전문술어로 '신통지, 초월지, 최상의 지혜'를 뜻하고 동명사 abhiññāya 등도 이런 전문적인 의미로 사용되고 있다. 여기에 대해서는 『디가 니까야』 「범망경」(D1) §1.28의 주해를 참조할 것.

‘깟사빠 존자여, 세상에는 여러 가지 기술 분야들이 있습니다. … <§14와 같은 내용> … 그러한 보시는 고귀한 결말을 가져다주고 신성한 결말을 가져다주며 행복을 익게 하고 천상에 태어나게 합니다. 깟사빠 존자여, 당신도 이와 같이 지금여기에서 스스로 보아 알 수 있는 출가생활의 결실을 천명할 수 있습니까?’”

17. “세존이시여, 이와 같이 묻자 뿌라나 깟사빠425)는 제게 이렇게 대답했습니다. ‘대왕이여, [자기 손으로 직접] 행하고 [명령하여] 행하게 하고 [남의 손 등을] 자르고 자르게 하고 [막대기로] 고문하고 고문하게 하고 [재물을 뺏는 등으로] 슬프게 하고 [다른 이들에게 시켜서]슬퍼하게 하고 억압하고 억압하게 하고 생명을 죽이고 주지 않은 것을 가지고 문을 부수어 도둑질하고 약탈하고 주거침입을

425) 여기서는 육사외도의 사상들이 정형구로 표현되고 있다. 육사외도의 정확한 사상에 대해서는 이러한 정형구 외에는 알아볼 길이 없다. 외도들의 사상이기 때문에 주석서에서도 제대로 주석하지 않으며 단지 비판만 할 뿐이다.
주석서에 의하면 뿌라나 깟사빠(Pūraṇa Kassapa)는 어떤 가문의 노비들 가운데서 99명을 채워서(pūraṇa, 뿌라나) 100번째로 태어났기 때문에 뿌라나라는 이름을 가졌다고 한다.(DA.i.142) 깟사빠는 그의 족성(gotta)이다. 그러나 역사적으로 깟사빠 족성은 유명한 바라문 가문이며 지금도 남아 있다. 그 가문의 노비들도 같은 족성을 사용했는지는 알 수 없지만 노비출신이라는 주석서의 설명은 그가 도덕부정론자이기 때문에 내린 부정적인 설명인 듯하다. 그는 500명의 제자를 거느렸다고 하며(DA.i.143) 그를 추종하는 신의 아들 아사마(devaputta Asama)가 『상윳따 니까야』 제1권 「여러 외도 경」(S2:30/i.65)에 언급되고 있다. 릿차위 족의 아바야 왕자와 마할리와 왓차곳따 유행승도 그와 교분이 있었던 것으로 나타난다.(각각 S.v.126; S.iii.68; S.iv.398) 그리고 『앙굿따라 니까야』에 의하면 그는 신통력을 가지고 있었다고 한다.(A.iv.428)
뿌라나 깟사빠의 사상은 본경에서 akiriya로 표현되고 있듯이 도덕부정론으로 정리된다.(아래 주해를 참조할 것)

하고 노상강도를 하고 남의 아내를 범하고 거짓말을 하더라도 그 사람은 죄악을 범한 것이 아닙니다. 만일 날카로운 원반을 가진 바퀴로 이 땅의 생명들을 모두 하나의 고깃덩어리로 만들고 하나의 고기 무더기로 만들지라도 그로 인한 어떤 죄악도 없으며 죄악이 생기지도 않습니다. 강가 강의 남쪽 기슭에[426] 가서 죽이고 죽게 하고 자르고 자르게 하고 고문하고 고문하게 하더라도 그로 인한 어떤 죄악도 없으며 죄악이 생기지도 않습니다. 강가 강의 북쪽 기슭에 가서 보시하고 보시하게 하고 공양하고 공양하게 하더라도 그로 인한 어떤 공덕도 없으며 공덕이 생기지도 않습니다. 보시하고 자신을 길들이고 제어하고 바른 말을 하더라도 공덕이 없으며 공덕이 생기지도 않습니다.'라고."

18. [427] "세존이시여, 참으로 저는 뿌라나 깟사빠에게 지금 여기에서 스스로 보아 알 수 있는 출가생활의 결실을 물었는데 그는 [업] 지음이 없음[428]을 설명했습니다. 세존이시여, 예를 들면 망고에 대해서 물었는데 빵나무를 설명하고 빵나무에 대해서 물었는데 망고를

426) "강가 강의 남쪽 기슭에 사는 사람들은 거칠고 난폭했기 때문에 그들에 관해서 이렇게 말했다. 대신에 북쪽 기슭에 사는 사람들은 신심이 있고 맑고 불·법·승을 존경했기 때문에 그들에 관해서는 보시하는 것 등으로 말했다."(DA.i.160)

427) PTS본에는 §18이 없고 §17 다음에 바로 §19가 나타난다. 역자가 이 부분을 §17에서 분리하여 §18로 만들었다.

428) akiriya는 a(부정접두어)+√kṛ(*to do*)에서 파생된 명사로 '행위 없음'이란 일차적인 뜻을 가진다. 주석서와 복주서에 의하면 나쁘거나 공덕이 되는 업지음(행위, kiriya, kamma)과 그 과보(vipāka)를 부정하는(paṭikkhipati) 것(pāpapuññānaṁ kiriyameva paṭikkhipati - DA.i.160. yo hi kammaṁ paṭikkhipati, tena atthato vipākopi paṭikkhitto eva nāma hoti - DAṬ.i.287)으로 설명되어 있다. 그래서 그의 사상은 도덕부정론이라고 정리된다.

설명하는 것과 같습니다. 그와 마찬가지로 참으로 저는 뿌라나 깟사빠에게 지금여기에서 스스로 보아 알 수 있는 출가생활의 결실을 물었는데 그는 [업]지음이 없음을 설명했습니다. 세존이시여, 그렇지만 제게는 '어찌 나 같은 왕이 나의 영토에 거주하고 있는 사문이나 바라문을 경시할 수 있겠는가.'라는 이런 생각이 들었습니다.429) 세존이시여, 그래서 저는 뿌라나 깟사빠의 말을 기뻐하지도 않았고 비난하지도 않았습니다. 기뻐하지도 비난하지도 않은 채, 마음이 언짢았지만 언짢은 것에 대한 어떤 말도 내뱉지 않고, 그의 말을 받아들이지도 않고 냉소하지도 않으면서 자리에서 일어나 나왔습니다."

(2) 막칼리 고살라 – 윤회를 통한 청정(saṁsāra-suddhi)

19. "세존이시여, 한번은 막칼리 고살라430)를 만나러 갔습니다.

---

429) 인도 역대 모든 왕조의 큰 특징들 가운데 하나를 들라면 종교인을 숭상하는 것이다. 종교인들이 어떤 사상을 가지고 어떤 종교의식을 집행해도 왕들은 그들에게 관대했다. 아자따삿뚜 왕의 이런 말 속에서도 왕들의 종교인에 대한 예우 정신을 엿볼 수 있다. 그에 비해 국가가 종교를 관리해온 중국불교는 국가불교라는 틀을 벗어나서 이해할 수 없다. 이것이 인도 왕조와 중국 왕조의 큰 차이점이다.

430) 막칼리 고살라(Makkhaligosāla)의 사상은 본경에서 윤회를 통한 청정(saṁsāra-suddhi)으로 정리되고 있다. 그러나 본문을 통해서 보면 그의 사상은 한마디로 운명론(niyati)으로 정리할 수 있다. 본문에서는 이미 결정된 것을 여러 가지로 나열하고 있다. 모든 것은 이미 운명으로 결정되어 있기 때문에 어떤 노력으로도 이를 바꿀 수 없다. 그렇기 때문에 어떤 선행이나 악행을 저질러도 그것 때문에 운명이 바뀌지 않는다고 주장한다. 그래서 세존께서는 『앙굿따라 니까야』에서 그는 업지음(kiriya)도 노력(viriya)도 업의 결과(vipāka)도 모두 부정하기 때문에 그의 사상이 가장 위험하다고 경고하시며(A.i.33) 그의 사상이 가장 천박하다고 꾸짖으신다.(A.i.286)

주석서에서는 막칼리도 역시 그의 이름으로 비하하고 있다. 그는 하인으 만나러 가서 막칼리 고살라와 함께 환담을 나누었습니다. 유쾌하고 기억할 만한 이야기로 서로 담소를 한 뒤 한 곁에 앉았습니다. 세존이시여, 한 곁에 앉아서 저는 막칼리 고살라에게 이렇게 말했습니다. '고살라 존자여, 세상에는 여러 가지 기술 분야들이 있습니다. …

로 있으면서 기름통을 가지고 흙탕길을 가는데 그의 주인이 절대로 넘어지지 말라(mā khali, 마 칼리)고 했는데도 넘어졌기 때문에 막칼리라는 이름을 가졌다고 한다.(DA.i.143; MA.i.422) 그리고 그는 소 외양간(go-sāla, 고살라)에서 태어났기 때문에 고살라라고 한다고 한다. 그는 아지와까(Ājīvaka, 邪命外道) 가운데 가장 유명한 스승이었다고 한다. 그래서 DPPN은 그의 교설을 아지와까의 교설과 동일시하고 있다.(DPPN *s.v.* ājīvaka)

자이나 문헌에 의하면 그는 고살라 망칼리뿟따(Gosāla Maṅkhaliputta, 혹은 Ghosāla Maṅkhamiputta)로 알려졌으며 아버지는 망칼리였고 어머니는 밧다였다고 한다. 자이나 문헌에서는 maṅkha를 '다니면서 그림을 보여 주면서 구걸을 하는 자(*A wandering beggar earning his livelihood by showing pictures*)'라고 설명하고 있다. 그러므로 그의 아버지는 일종의 광대였던 것 같으며 고살라는 그가 사문이 되기 전에 가졌던 소 치는 직업을 뜻한다. 이처럼 자이나 문헌에서도 그를 하시(下視)하여 설명한다.

그러나 바루아 교수(Barua 298)에 의하면 빠알리어 Makkhali와 아르다 마가디어(자이나교의 경전언어)의 Maṅkhali가 산스끄리뜨 Maskarin에서 파생된 것이며 이를 대문법가 빠니니는 '대나무 지팡이(maskara)를 지니고 있는 자'로 해석하며 Maskarin은 '하나의 지팡이를 지니고 있는 자(Ekadaṇḍin)'라고 설명한다.(Pāṇini.VI.i.154) 그러나 문법가 빠딴잘리는 마스까린은 유행승의 한 집단인데, 그들은 대나무 지팡이를 지니고 있기 때문에 Maskarin이 아니라 그들은 자유의지를 부정하기 때문에 그렇게 불린다고 설명한다.(Mahābhāṣya.iii.96) 이것은 본문에서 나열하고 있는 그의 운명론(niyati)과도 일치한다.

흥미롭게도 자이나 문헌에 의하면 막칼리 고살라도 지와 견(知見, ñāṇa-dassana)을 가진 자로 묘사되고 있다.(uppannaṇāṇadaṁsaṇa-dhāre jiṇe arahā kevalī sabbaṇṇū sabbadarisī. - Bhag 15.1) 그리고 여러 문헌에 의하면 아지와까(사명외도)는 아소까(Asoka) 대왕 때까지도 번창하고 있었다고 한다.

<§14와 같은 내용> … 그러한 보시는 고귀한 결말을 가져다주고 신성한 결말을 가져다주며 행복을 익게 하고 천상에 태어나게 합니다. 고살라 존자여, 당신도 이와 같이 지금여기에서 스스로 보아 알 수 있는 출가생활의 결실을 천명할 수 있습니까?'"

20. "세존이시여, 이와 같이 묻자 막칼리 고살라는 제게 이렇게 대답했습니다. '대왕이여, 중생들이 오염되는 것에는 어떤 원인도 어떤 조건도 없습니다. 어떤 원인도 어떤 조건도 없이 중생들은 오염됩니다. 중생들이 청정하게 되는 어떤 원인도 어떤 조건도 없습니다. 어떤 원인도 어떤 조건도 없이 중생들은 청정하게 됩니다. 자신의 행위도 남의 행위도 인간의 행위도 없습니다.431) 힘도 없고 정진력도 없고 근력도 없고 분발도 없습니다. 모든 중생들과 모든 생명들과 모든 존재들과 모든 영혼들은 [자신의 운명을] 지배하지 못하고 힘도 없고 정진력도 없이 운명과 우연의 일치와 천성의 틀에 짜여서 여섯 종류의 생에서432) 즐거움과 괴로움을 겪습니다.

그런데 대왕이여, 1백4십만 가지의 주요한 모태가 있고, 그리고 다시 육천육백 가지 [모태]가 있습니다. 오백 가지의 업이 있고, 다섯 가지, 세 가지의 업이 있고, 완전한 업이 있고 반쯤의 업이433) 있습

431) 원문은 natthi attakāre, natthi parakāre, natthi purisakāre이다. 그러나 『맛지마 니까야』 제2권 「확실한 가르침 경」(M60) §21과 제3권 「산다까 경」(M76) §13에 나타나는 정형구에는 이 구절이 빠져 있다. 주석서에서는 행위(kāra)를 업지음(kata-kamma)으로 설명하고 있다.(DA.i.160)

432) 원어는 cha abhijāti이다. 이 여섯 부류가 지옥, 축생, 아귀, 아수라, 인간, 천상의 불교에서 설하는 육도(六道)와 같은가는 불분명하다. 그러나 복주서에서 abhijāti를 gati(행처, 道, 趣)로 설명하고 있기 때문에(DAṬ.i.289) 일단 같은 것으로 이해하면 되겠다.

433) "몸으로 짓는 업과 말로 짓는 업은 완전한 업이고, 마음으로 짓는 업은 반

니다. 62가지 길이 있고 62가지 중간 겁이 있습니다. 여섯 가지 종(種)이 있고 8가지 인간계가 있고 4900의 생명체가 있고 4900의 유행승이 있고 4900의 용이 있습니다. 2천의 감각기관이 있고, 3천의 지옥이 있고, 36가지의 티끌의 요소가 있고, 일곱 가지 인식이 있는 모태와 일곱 가지 인식이 없는 모태가 있고, 일곱 가지 신, 일곱 가지 인간, 일곱 가지 유령, 일곱 가지 호수, 일곱 가지 [큰] 융기물434), 7백 가지 [작은] 융기물, 일곱 가지 갈라진 틈, 7백 가지 [작은] 갈라진 틈, 일곱 가지 [중요한] 꿈, 7백 가지 [사소한] 꿈이 있습니다. 그리고 8백4십만의 대겁(大劫)이 있습니다. 어리석은 자나 현자나 같이 그것을 모두 치달리고 윤회하고 나서야 괴로움의 끝을 냅니다.435) 그러므로 여기에 '나는 계나 서계(誓戒)나 고행이나 청정범행436)으로 [아직] 익지 않은 업을 익게 하겠다.'라거나 '익은 업을 점차로 없애겠다.'는 것은 있을 수 없습니다. 즐거움과 괴로움의 크기가 정해져 있는 이 윤회에서는 아무것도 줄이거나 늘일 수 없으며 아무것도 증

쯤의 업이라는 것이 그들의 신조라고 한다."(DA.i.162)

434) 원어는 pavuṭa인데 주석서에는 gaṇṭhika(매듭, 옹이, 토막)라고만 적고 있다.(DA.i.164) 그러나 복주서에서는 pabba(山)-gaṇṭhika로 이해하고 있으며(DAṬ.i.291) 월슈는 *protuberances*(돌출부, 융기부)로 옮겼다. 그래서 역자도 융기물이라 옮겼다. 아무튼 그는 물질적이거나 정신적이거나 생명체거나 비생명체거나 간에 이 우주에 존재하는 모든 것은 이미 다 결정되어 있다는 주장을 하고 있다.

435) 이 세상의 모든 것은 이미 이렇게 정해져있다는 것이다. 그러므로 그의 사상은 운명론(niyati)이다. 모든 것은 이미 정해져있기 때문에 어떠한 업지음(kiriya)도 노력(viriya)도 업의 결과(vipāka)도 있을 수 없다고 이 모두 부정하고 있다.

436) 원어는 brahmacāriya인데 이를 직역하여 중국에서는 梵(brahma)行(cāriya)이라 옮겼고 우리에게도 익숙한 말이다. 그러나 자칫 犯行으로 오해될 소지가 있어서 초기불전연구원에서는 청정범행(淸淨梵行)으로 옮기고 있다.

가시키거나 감소시킬 수 없습니다. 마치 감긴 실타래를 던지면 [실이 다 풀릴 때 까지] 굴러가는 것처럼[437] 그와 마찬가지로 어리석은 자나 현자나 같이 치달리고 윤회하고 나서야 괴로움의 끝을 냅니다.' 라고."

21. "세존이시여, 참으로 저는 막칼리 고살라에게 지금여기에서 스스로 보아 알 수 있는 출가생활의 결실을 물었는데 그는 윤회를 통한 청정[438]을 설명했습니다. 세존이시여, 예를 들면 망고에 대해서 물었는데 빵나무를 설명하고 빵나무에 대해서 물었는데 망고를 설명하는 것과 같습니다. 그와 마찬가지로 참으로 저는 막칼리 고살라에게 지금여기에서 스스로 보아 알 수 있는 출가생활의 결실을 물었는데 그는 윤회를 통한 청정을 설명했습니다. 세존이시여, 그렇지만 제게는 '어찌 나와 같은 왕이 나의 영토에 거주하고 있는 사문이나 바라문을 경시할 수 있겠는가.'라는 이런 생각이 들었습니다. 세존이시여, 그래서 저는 막칼리 고살라의 말을 기뻐하지도 않았고 비난하지도 않았습니다. 기뻐하지도 비난하지도 않은 채, 마음이 언짢았지만 언짢은 것에 대한 어떤 말도 내뱉지 않고, 그의 말을 받아들이지도 않고 냉소하지도 않으면서 자리에서 일어나 나왔습니다."

---

437) "산이나 나무 꼭대기에서 던진 실타래는 그것이 다 풀릴 때까지 굴러가다가 실이 다 풀리면 멈추고 더 이상 나아가지 않듯이 지금 설한 그 시간보다 더 달리지 않는다는 뜻이다."(DA.i.164)

438) 윤회를 통한 청정은 saṁsāra-suddhi를 옮긴 것이다. 주석서는 "많이 윤회한 뒤 청정하게 된다.(bahukaṁ saṁsaritvā sujjhanti)"(MA.ii.51)라고 설명하고 있다. 모든 것은 이미 다 결정되어 있기 때문에 결정되어 있는 대로 윤회할 만큼 윤회한 뒤에 해탈한다는 의미이다.

(3) 아지따 께사깜발리 – [사후]단멸론(uccheda-vāda)

22. "세존이시여, 한번은 아지따 께사깜발리439)를 만나러 갔습니다. 만나러 가서 아지따 께사깜발리와 함께 환담을 나누었습니다. 유쾌하고 기억할 만한 이야기로 서로 담소를 한 뒤 한 곁에 앉았습니다. 세존이시여, 한 곁에 앉아서 저는 아지따 께사깜발리에게 이렇게 말했습니다. '아지따 존자여, 세상에는 여러 가지 기술 분야들이 있습니다. … <§14와 같은 내용> … 그러한 보시는 고귀한 결말을 가져다주고 신성한 결말을 가져다주며 행복을 익게 하고 천상에 태어나게 합니다. 아지따 존자여, 당신도 이와 같이 지금여기에서 스스로 보아 알 수 있는 출가생활의 결실을 천명할 수 있습니까?'"

23. "세존이시여, 이와 같이 묻자 아지따 께사깜발리는 제게 이렇게 대답했습니다. '대왕이여, 보시한 것도 없고 제사지낸 것도 없고 헌공(獻供)한 것도 없습니다. 선행과 악행의 업들에 대한 열매도 과보도 없습니다. 이 세상도 없고 저 세상도 없습니다. 어머니도 없고 아버지도 없습니다. 화생하는 중생도 없고 이 세상과 저 세상을 스스로 최상의 지혜로 알고, 실현하여, 드러내는 바른 도를 구족한 사문・바라문들도 이 세상에는 없습니다. 이 인간이란 것은 사대(四

---

439) 아지따 께사깜발리(Ajito Kesakambalī)는 많은 제자들을 거느렸고 도덕적이었고 사람들에게서 높은 명성을 가졌다고 한다.(S.i.68) 그가 께사깜발리라고 불리는 이유를 주석서는 인간의 머리털(kesa)로 만든 외투(kambala)를 두르고 다니기 때문이라고 한다.(DA.i.144; MA.i.422~423.) 주석서에서는 인간의 머리털로 만든 외투를 가장 나쁜 옷이라고 설명하는데 추울 때는 차갑고 더울 때는 뜨거워지며 냄새가 고약하다고 한다.(*Ibid*) 그의 사상은 본경에서 [사후]단멸론(ucchedavāda)으로 정리되고 있다.(아래 주해를 참조할 것)

大)로 이루어진 것이어서 임종하면 땅은 땅의 몸으로 들어가고 돌아가고, 물은 물의 몸으로 들어가고 돌아가고, 불은 불의 몸으로 들어가고 돌아가고, 바람은 바람의 몸으로 들어가고 돌아가고, 감각기능들은 허공으로 건너갑니다. 관을 다섯 번째로 한 [네] 사람440)이 시체를 메고 갑니다. 송덕문(頌德文)은 화장터까지만 읊어질 뿐입니다. 뼈 무더기는 잿빛으로 변하고 헌공은 재로 끝날 뿐입니다. 보시란 어리석은 자의 교설일 뿐이니 누구든 [보시 등의 과보가] 있다고 설하는 자들의 교설은 공허하고 거짓되고 쓸데없는 말에 지나지 않습니다. 어리석은 자도 현자도 몸이 무너지면 단멸하고 멸절할 뿐이라서 죽고 난 다음이라는 것은 없습니다.'라고."

24. "세존이시여, 참으로 저는 아지따 께사깜발리에게 지금여기에서 스스로 보아 알 수 있는 출가생활의 결실을 물었는데 그는 [사후]단멸론441)을 설명했습니다. 세존이시여, 예를 들면 망고에 대해

---

440) 네 사람이 시체를 메고 가는 것을 이렇게 표현하고 있다. 관을 멘 네 사람과 그 관이 다섯 번째가 되어 시체를 메고 간다는 뜻이다. '무엇을 몇 번째로 하는 것'이란 표현은 빠알리어에 자주 나타난다.

441) [사후]단멸론(uccheda-vāda)은 『디가 니까야』 「범망경」 (D1) §§3.9~3.17에서 7가지로 정리되어 있다. 아지따 께사깜발리의 이러한 사후단멸론은 그 가운데 제일 낮은 단멸론이라 할 수 있는 첫 번째에 해당한다 하겠다.
한편 주석서에서는 이상에서 나타난 뿌라나 깟사빠와 막칼리 고살라와 아지따 께사깜발리의 사상을 다음과 같이 평가하고 있다.
"이 가운데서 뿌라나 깟사빠는 '행해도 죄악을 범한 것이 아니다.'라고 주장하여 업(kamma)을 부정한다(paṭibāhati). 아지따 께사깜발리는 '몸이 무너지면 단멸한다.'고 주장하여 과보(vipāka)를 부정한다. 막칼리 고살라는 '원인도 없다.'고 주장하여 둘 다를 부정한다. 여기서 업을 부정하면 과보도 부정하는 것이고 과보를 부정하면 업도 부정하는 것이다. 그러므로 이들 모두는 뜻으로는 둘 다를 부정하므로 무인론자(ahetuka-vāda)요, 도

서 물었는데 빵나무를 설명하고 빵나무에 대해서 물었는데 망고를 설명하는 것과 같습니다. 그와 마찬가지로 참으로 저는 아지따 께사깜발리에게 지금여기에서 스스로 보아 알 수 있는 출가생활의 결실을 물었는데 그는 사후단멸론을 설명했습니다. 세존이시여, 그렇지만 제게는 '어찌 나와 같은 왕이 나의 영토에 거주하고 있는 사문이나 바라문을 경시할 수 있겠는가.'라는 이런 생각이 들었습니다. 세존이시여, 그래서 저는 아지따 께사깜발리의 말을 기뻐하지도 않았고 비난하지도 않았습니다. 기뻐하지도 비난하지도 않은 채, 마음이 언짢았지만 언짢은 것에 대한 어떤 말도 내뱉지 않고, 그의 말을 받아들이지도 않고 냉소하지도 않으면서 자리에서 일어나 나왔습니다.'

(4) 빠꾸다 깟짜야나 – 결정론

25. "세존이시여, 한번은 빠꾸다 깟짜야나[442]를 만나러 갔습니

덕부정론자(akiriya-vāda)요, 허무론자(natthika-vāda)이다."(DA.i.166)

442) 주석서에 의하면 빠꾸다 깟짜야나(Pakudha Kaccāyana)의 빠꾸다는 이름이고 깟짜야나는 족성이다. 깟짜야나는 바라문 족성이다. 그리고 그는 찬물을 사용하지 않고 항상 더운 물을 사용했으며, 물을 건너는 것을 죄악으로 여겼는데 물을 건넜을 경우에는 흙으로 무덤(더미)을 쌓아서 참회하였다고 한다.(DA.i.144) 본문을 통해서 보면 그는 땅의 몸, 물의 몸, 불의 몸, 바람의 몸, 즐거움, 괴로움, 영혼의 일곱 가지를 궁극적 실재로 인정하고 있는데 이는 자이나교에서 땅, 물, 불, 바람, 식물, 동물의 여섯 가지 생명을 인정하는 것과 유사하다. 여기 육사외도 가운데 산자야 벨랏티뿟따를 제외한 다섯 명의 외도들은 거의 대부분 특정한 실재들을 인정하고 있는데 이는 오래된 사문의 전통을 계승하고 있다 할 수 있다.
아리야족들이 인도로 이주해 들어오기 전에 가졌던 인도사상은 다원론에다 일종의 물활론(物活論)이라 할 수 있는데 이처럼 외도들은 우주를 구성하고 있는 기본 실재들을 생명을 가진 것으로 여겼다. 그래서 찬물을 사용하지 않고 흙 위에 앉지 않는다. 왜냐하면 그것은 생명이기 때문이다. 이것은 자이나 수행자들에게도 엄격하게 남아 있다.

다. 만나러 가서 빠꾸다 깟짜야나와 함께 환담을 나누었습니다. 유쾌하고 기억할 만한 이야기로 서로 담소를 한 뒤 한 곁에 앉았습니다. 세존이시여, 한 곁에 앉아서 저는 빠꾸다 깟짜야나에게 이렇게 말했습니다. '깟짜야나 존자여, 세상에는 여러 가지 기술 분야들이 있습니다. … <§14와 같은 내용> … 그러한 보시는 고귀한 결말을 가져다주고 신성한 결말을 가져다주며 행복을 익게 하고 천상에 태어나게 합니다. 깟짜야나 존자여, 당신도 이와 같이 지금여기에서 스스로 보아 알 수 있는 출가생활의 결실을 천명할 수 있습니까?'"

26. "세존이시여, 이와 같이 묻자 빠꾸다 깟짜야나는 제게 이렇게 대답했습니다. '대왕이여, 일곱 가지 몸들이 있나니, 만들어지지 않았고, 만들어진 것에 속하지 않고, 창조되지 않았고, 창조자가 없으며, 생산함이 없고, 산꼭대기처럼 움직이지 않고, 성문 앞의 기둥처럼 견고하게 서있습니다. 그들은 움직이지 않고 변하지 않고 서로를 방해하지 않습니다. 서로서로에게 즐거움도 괴로움도 그 둘 모두도 주지 못합니다. 무엇이 일곱인가요? 땅의 몸, 물의 몸, 불의 몸, 바람의 몸, 즐거움, 괴로움, 그리고 일곱 번째로 영혼입니다. 이들 일곱 가지 몸들이 있나니, 만들어지지 않았고, 만들어진 것에 속하지 않고,

---

한편 이처럼 여러 기본 실재들의 적집으로 우주와 인간은 구성되어 있다는 이러한 사문 전통의 사상을 학자들은 적취설(積取說)이라고 정리하고 있으며, 이것과 반대로 하나의 궁극적인 실재가 전변하여 세상이 이루어졌다고 하는 바라문 전통의 학설을 전변설(轉變說)이라 부르고 있다.

빠꾸다 깟짜야나도 업과 업의 과보를 인정하지 않기 때문에 도덕부정론 가운데 하나이다. 그러나 그가 이런 것을 부정하는 이유는 아래 §26에서 보듯이 일곱 가지 실재는 죽일 수도, 자를 수도, 없앨 수도 없는 본래 존재하는 실재라는 것을 극단적으로 부각시키는 것으로 간주해야 한다. 중생이라는 여러 요소들로 이루어진 생명체는 죽일 수 있지만 일곱 가지 기본 요소들은 본래 존재하기 때문에 죽일 수도 없앨 수도 없다는 말이다.

창조되지 않았고, 창조자가 없으며, 생산함이 없고, 산꼭대기처럼 움직이지 않고, 성문 앞의 기둥처럼 견고하게 서있습니다. 그들은 움직이지 않고 변하지 않고 서로를 방해하지 않습니다. 서로서로에게 즐거움도 괴로움도 그 둘 모두도 주지 못합니다. 그러므로 여기서 죽이는 자도 없고 죽이게 하는 자도 없고 듣는 자도 없고 말하는 자도 없고 아는 자도 없고 알게 하는 자도 없습니다. 날카로운 칼로 머리를 자른다고 해도 누구도 누구의 생명을 빼앗은 것이 아닙니다. 다만 칼이 이 일곱 가지 몸들의 가운데로 통과한 것에 지나지 않습니다.'라고."

27. "세존이시여, 참으로 저는 빠꾸다 깟짜야나에게 지금여기에서 스스로 보아 알 수 있는 출가생활의 결실을 물었는데 그는 다른 것으로 다른 것443)을 설명했습니다. 세존이시여, 예를 들면 망고에 대해서 물었는데 빵나무를 설명하고 빵나무에 대해서 물었는데 망고를 설명하는 것과 같습니다. 그와 마찬가지로 참으로 저는 빠꾸다 깟짜야나에게 지금여기에서 스스로 보아 알 수 있는 출가생활의 결실을 물었는데 그는 다른 것으로 다른 것을 설명했습니다. 세존이시여, 그렇지만 제게는 '어찌 나와 같은 왕이 나의 영토에 거주하고 있는 사문이나 바라문을 경시할 수 있겠는가.'라는 이런 생각이 들었습니

---

443) 원어는 aññena aññaṁ이다. 일종의 동문서답이다. 『맛지마 니까야』 제3권 「산다까 경」(M76) §16에는 이 빠꾸다 깟짜야나의 교설의 정형구와 앞의 아지따 께사깜발리의 교설의 정형구가 혼합되어 나타난다. 『디가 니까야』를 통해서 비교해 보면, 아지따는 지·수·화·풍의 물질만을 인정하나 빠꾸다는 지·수·화·풍에다 고(苦), 락(樂), 영혼을 인정하여서 정신적인 실재도 인정한다. 그리고 아지따는 사후단멸론에 무게를 두지만 빠꾸다는 일곱 가지 실재가 본래 결정되어 있다는 것을 강조하는 듯하다. 즉 일곱 가지는 실재로 이미 결정되어 있을 뿐 인간이 선업이나 불선업을 지어서 자기 의지로 자기 삶을 바꾸고 향상하거나 타락하거나 해탈하거나 속박되거나 할 수는 없다는 결정론적인 태도이다.

다. 세존이시여, 그래서 저는 빠꾸다 깟짜야나의 말을 기뻐하지도 않았고 비난하지도 않았습니다. 기뻐하지도 비난하지도 않은 채, 마음이 언짢았지만 언짢은 것에 대한 어떤 말도 내뱉지 않고, 그의 말을 받아들이지도 않고 냉소하지도 않으면서 자리에서 일어나 나왔습니다."

(5) 니간타 나따뿟따 – 네 가지 제어로 단속함

28. "세존이시여, 한번은 니간타 나따뿟따[444]를 만나러 갔습니

---

444) 니간타 나따뿟따(Nigaṇṭha Nātaputta)는 자이나교의 교주인 마하위라(Mahāvīra, 大雄)를 뜻한다. 물론 학자에 따라서는 이 둘은 다르다고 하는 자들도 있지만 초기경에 나타나는 니간타들과 자이나교에 대한 설명이 자이나교의 가르침과 같다는 점에서 같은 인물임이 분명하다. 예를 들면 『맛지마 니까야』 제2권 「우빨리 경」(M56) §3에서 니간타는 몽둥이(daṇḍa)라는 표현에 익숙하다고 그의 제자 디가따빳시(Dīghatapassi)가 부처님께 말씀드리는데 여러 자이나 문헌 특히 최초기 자이나 문헌인 『아야랑가 숫따』(Āyaraṅga-sutta, Āyaro, *Sk.* Ācaryaṅga-sutta)에 몽둥이(daṇḍa)를 금하는 구절이 많이 나타난다.
니간타(nigaṇṭha, *Sk.* nirgrantha)는 nis(*out*)+√granth(*to bind*)에서 파생된 명사로 문자 그대로 '묶임 혹은 집착으로부터 풀려난 자'라는 뜻이다. 니간타 나따뿟따의 제자들을 통칭하여 니간타들이라 한다. 본경에서 그들은 네 가지 제어로 단속하는 자(cātuyāmasaṁvara)들이라고 요약되는데 이런 제어를 통해서 묶임(gaṇṭha, 간타)으로부터 풀려나기 때문에 니간타(묶임이 없는 자)라고 불린다.
니간타 나따뿟따는 와르다마나(Vardhamāna)라고 알려졌으며 나따(Nāta)는 웨살리에 사는 종족의 이름이라 한다. 『숫따니빠따 주석서』(SnA.ii.423)에서는 그의 아버지 이름이라고 한다. 자이나교의 설명에 따르면 그의 아버지는 싯다르타(Siddhartha)이고 끄샤뜨리야 계급이며 어머니는 뜨리샬라라고 한다.(Barua, 372*ff*) 경들(M.ii.31; A.i.220; M.i.92*f*; M.ii.214*f* 등)을 통해서 사람들이 그를 두고 지와 견(知見, ñāṇa-dassana)을 가진 자로 인정하고 있었음을 알 수 있으며 이는 자이나 경들에서도 한결같이 강조하고 있다.
육사외도 가운데서 불교 문헌에 가장 많이 나타나는 자들이 니간타들이다. 그의 제자들인 닝까 나따뿟따(Niṅka Nātaputta, S.i.66), 디가 따빳시

다. 만나러 가서 니간타 나따뿟따와 함께 환담을 나누었습니다. 유쾌하고 기억할 만한 이야기로 서로 담소를 한 뒤 한 곁에 앉았습니다. 세존이시여, 한 곁에 앉아서 저는 니간타 나따뿟따에게 이렇게 말했습니다. '악기웨사나[445] 존자여, 세상에는 여러 가지 기술 분야들이 있습니다. … <§14와 같은 내용> … 그러한 보시는 고귀한 결말을 가져다주고 신성한 결말을 가져다주며 행복을 익게 하고 천상에 태어나게 합니다. 악기웨사나 존자여, 당신도 이와 같이 지금여기에서 스스로 보아 알 수 있는 출가생활의 결실을 천명할 수 있습니까?'"

29. "세존이시여, 이와 같이 묻자 니간타 나따뿟따는 제게 이렇게 대답했습니다. '대왕이여, 니간타는 네 가지 제어로 단속합니다. 대왕이여, 니간타는 어떻게 네 가지 제어로 단속할까요? 대왕이여, 여기 니간타는 모든 찬물을 금하고, 모든 악을 금하고, [모든 악을] 철저하게 금하여 모든 악을 제거하고, 모든 악을 금하여 [해탈을] 얻습니다.[446] 대왕이여, 이와 같이 니간타는 네 가지 제어로 단속합

(Dīgha Tapassī, M56/i.373*f*), 아시반다까뿟따(Asibandhakaputta, S. iv.317*f*), 아바야 왕자(Abhayarājakumāra, M58/i.392*ff*), 시하(Sīha, A. iv.180*ff*) 등이 부처님과 만나서 대화하는 일화가 경에 나타나며, 특히 그의 신도인 우빨리 장자(Upāli gahapati)가 부처님의 신도가 된 것은 잘 알려져 있다.(M56/i.373*f*)

445) 니간타 나따뿟따가 악기웨사나(Aggivesana)로 호칭되는 것에 유의할 필요가 있다. 『맛지마 니까야』(M35, M36, M74, M125)에서도 악기웨사나라는 호칭이 나타나는데 특히 제2권의 「삿짜까 짧은 경」(M35)과 「삿짜까 긴 경」(M36)에서 웨살리에 거주하는 삿짜까가 니간타의 후예라고 불리고 있다. 그러므로 악기웨사나는 웨살리 지방에 사는 왓지 족들에게 사용되던 족성의 호칭이었다. 이것을 보더라도 마하위라가 웨살리 출신이요 끄샤뜨리야라는 자이나 문헌과 일치하고 있다.

446) 원문은 sabbavārivārito ca hoti sabbavāriyutto ca sabbavāridhuto ca sabbavāriphuṭo이다. 여기서 '금함'으로 옮긴 vāri는 물이라는 뜻으로도

니다. 대왕이여, 이를 일러 니간타 나따뿟따는 자아에 도달했고 자아에 계합했고 자아에 머문다고 합니다.'라고."

30. "세존이시여, 참으로 저는 니간타 나따뿟따에게 지금여기에서 스스로 보아 알 수 있는 출가생활의 결실을 물었는데 그는 네 가지 제어로 단속함을 설명했습니다. 세존이시여, 예를 들면 망고에 대해서 물었는데 빵나무를 설명하고 빵나무에 대해서 물었는데 망고를 설명하는 것과 같습니다. 그와 마찬가지로 참으로 저는 니간타 나따

쓰이는데 이 문장에는 동음이의(同音異議)의 표현(*pun*)이 들어 있다. 자이나는 물에 대한 계율을 중시하는데 이것과 그들의 고행(억제)이 *pun*으로 표현되고 있는 것이다.

한편 자이나교의 공의파(空衣派, Digambara)와 백의파(白衣派, Śvetāmbara)에서 다 같이 경전으로 인정하는 유일한 문헌이며 그만큼 중요하게 취급하는『땃뜨와아르타 아디가마 수뜨라』(Tattvārthādhigāma Sūtra)에 의하면 자이나 교리는 다음의 7가지 명제로 함축된다.

① jīva(지와, 영혼) ② ajīva(아지와, 비영혼, 물질) ③ āsrava(아스라와, 영혼이 물질로 흘러듦) ④ bandha(반다, 영혼이 거기에 묶임) ⑤ saṁvāra(삼와라, 제어, 단속 — 영혼이 물질에 속박되는 것을 제어하는 것으로 그 방법으로는 고행을 중시함) ⑥ nirjarā(니르자라, 풀려남 — 영혼이 물질의 속박에서 풀려남) ⑦ mokṣa(목샤, 해탈)가 그것이다. 이 지와가 아지와(물질계)에 흘러들어 윤회전생(輪廻轉生)하는데, 어떻게 이 지와(영혼)를 아지와(물질)로부터 분리하여 홀로 우뚝 존재하게[獨尊, 께왈라 kevala] 할 것인가 하는 것이 자이나 수행과 교리의 중심체계이다. 본경에서 금함(vāri, 제어)이나 단속(saṁvāra)으로 언급되고 있는 것이 바로 그 방법을 뜻하며 ⑤번의 삼와라(제어, 단속)와 같은 의미이다.

그리고 자이나교가 지와와 아지와로 존재를 양분해서 상정하는 것은 상캬 학파에서 존재의 구성 원리를 뿌루샤(眞人)와 쁘라끄르띠(自然)로 설명하는 것과 유사하다. 산자야를 제외한 다섯 명의 외도는 여러 가지 실재를 인정하고 있다. 이처럼 사문 전통은 적취설(積取說)에 기반하고 있는데 이런 가르침 체계는 아리야족들이 인도로 이주하기 이전의 사문들의 사상을 전승하고 있다.

뿟따에게 지금여기에서 스스로 보아 알 수 있는 출가생활의 결실을 물었는데 그는 네 가지 제어로 단속함을 설명했습니다. 세존이시여, 그렇지만 제게는 '어찌 나와 같은 왕이 나의 영토에 거주하고 있는 사문이나 바라문을 경시할 수 있겠는가.'라는 이런 생각이 들었습니다. 세존이시여, 그래서 저는 니간타 나따뿟따의 말을 기뻐하지도 않았고 비난하지도 않았습니다. 기뻐하지도 비난하지도 않은 채, 마음이 언짢았지만 언짢은 것에 대한 어떤 말도 내뱉지 않고, 그의 말을 받아들이지도 않고 냉소하지도 않으면서 자리에서 일어나 나왔습니다."

(6) 산자야 벨랏티뿟따 – 애매모호함(vikkhepa)

31. "세존이시여, 한번은 산자야 벨랏티뿟따447)를 만나러 갔습

---

447) 산자야 벨랏티뿟따(Sañjayena Belaṭṭhiputta)는 – 애매모호함(vikkhepa)으로 잘 알려졌으며 『디가 니까야』 「범망경」(D1) §2.27에 나타나는 네 번째 아마라위케삐까(Amarāvikkhepika, 애매모호함을 설하는 자)에 해당한다. 일반 불교개론서에는 산자야의 교설을 불가지론(不可知論)이나 회의론으로 명명하고 있는데 역자는 원의미를 살려서 애매모호함으로 옮겼다.
그는 사리뿟따(Sāriputta, 사리불) 존자와 목갈라나(Moggallāna, 목련) 존자의 옛 스승이었음이 분명하다.(Vin.i.39) 두 사람이 산자야를 떠나자 그는 뜨거운 피를 토했다고 한다.(Vin.i.42) 『디가 니까야』 「범망경」(D1)의 숩삐야도 산자야의 제자였다고 한다. 『앙굿따라 니까야』에 나타나는 아위룻다까(Aviruddhaka)들도 아마라위케삐까(애매모호함을 설하는 자)로 언급되기 때문에 그의 제자였을 것이다.(A.iii.276)
비록 「범망경」(D1) §2.27에서 아마라위케삐까들은 아주 멍청한 사람들이라고 언급되었지만 정형구에서 보듯이 그는 형이상학적인 문제에 대해서는 답을 회피했으며 다른 외도들과는 달리 존재론적인 실재를 상정하지 않는다는 점에서 주목할 만하다. 그리고 이러한 영향을 받았기 때문에 사리뿟따 존자와 목갈라나 존자가 형이상학적인 존재론보다는 연기연멸(緣起緣滅)을 바탕한 고(苦)의 완전한 소멸을 통한 해탈·열반을 힘주어 강

니다. 만나러 가서 산자야 벨랏티뿟따와 함께 환담을 나누었습니다. 유쾌하고 기억할 만한 이야기로 서로 담소를 한 뒤 한 곁에 앉았습니다. 세존이시여, 한 곁에 앉아서 저는 산자야 벨랏티뿟따에게 이렇게 말했습니다. '산자야 존자여, 세상에는 여러 가지 기술 분야들이 있습니다. … <§14와 같은 내용> … 그러한 보시는 고귀한 결말을 가져다주고 신성한 결말을 가져다주며 행복을 익게 하고 천상에 태어나게 합니다. 산자야 존자여, 당신도 이와 같이 지금여기에서 스스로 보아 알 수 있는 출가생활의 결실을 천명할 수 있습니까?'"

32. "세존이시여, 이와 같이 묻자 산자야 벨랏티뿟따는 제게 이렇게 대답했습니다.[448] '대왕이여, ① 만일 당신이 '저 세상이 있소?' 라고 내게 묻고 내가 '저 세상은 있다.'고 생각한다면 나는 '저 세상은 있다.'고 대답해야 할 것입니다. 그러나 나는 이러하다고도 하지 않으며, 그러하다고도 하지 않으며, 다르다고도 하지 않으며, 아니라고도 하지 않으며, 아니지 않다고도 하지 않습니다.

② 만일 당신이 '저 세상은 없소?'라고 …

③ 만일 당신이 '저 세상은 있기도 하고 없기도 하오?'라고 …

④ 만일 당신이 '저 세상은 있는 것도 아니고 없는 것도 아니오?' 라고 …

⑤ 만일 당신이 '화생(化生)은 있소?'라고 …

⑥ 만일 당신이 '화생은 없소?'라고 …

조하시는 부처님의 가르침을 즉시에 이해하고 부처님의 제자가 되었다고 생각된다.

448) 이하 산자야의 교설은 『디가 니까야』 「범망경」(D1) §2.27에 나타나고 있다. 이하 16가지 질문에 대한 설명은 「범망경」의 해당 부분 주해를 참조할 것.

⑦ 만일 당신이 '화생은 있기도 하고 없기도 하오?'라고 …

⑧ 만일 당신이 '화생은 있는 것도 아니고 없는 것도 아니오?'라고 …

⑨ 만일 당신이 '잘 지은 업과 잘못 지은 업의 결실[果]과 과보[異熟]는 있소?'라고 …

⑩ 만일 당신이 '잘 지은 업과 잘못 지은 업의 결실과 과보는 없소?'라고 …

⑪ 만일 당신이 '잘 지은 업과 잘못 지은 업의 결실과 과보는 있기도 하고 없기도 하오?'라고 …

⑫ 만일 당신이 '잘 지은 업과 잘못 지은 업의 결실과 과보는 있는 것도 아니고 없는 것도 아니오?'라고 …

⑬ 만일 당신이 '여래는 사후에도 존재하오?'라고 …

⑭ 만일 당신이 '여래는 사후에는 존재하지 않소?'라고 …

⑮ 만일 당신이 '여래는 사후에 존재하기도 하고 존재하지 않기도 하오?'라고 …

⑯ 만일 당신이 '여래는 사후에 존재하는 것도 아니고 존재하지 않는 것도 아니오?'라고 내게 묻고 내가 '여래는 사후에 존재하는 것도 아니고 존재하지 않는 것도 아니다.'라고 생각한다면 나는 '여래는 사후에 존재하는 것도 아니고 존재하지 않는 것도 아니다.'라고 대답해야 할 것입니다. 그러나 나는 이러하다고도 하지 않으며, 그러하다고도 하지 않으며, 다르다고도 하지 않으며, 아니라고도 하지 않으며, 아니지 않다고도 하지 않습니다.'라고."

33. "세존이시여, 참으로 저는 산자야 벨랏티뿟따에게 지금여기에서 스스로 보아 알 수 있는 출가생활의 결실을 물었는데 그는 애매

모호함[449]을 설명했습니다. 세존이시여, 예를 들면 망고에 대해서 물었는데 빵나무를 설명하고 빵나무에 대해서 물었는데 망고를 설명하는 것과 같습니다. 그와 마찬가지로 참으로 저는 산자야 벨랏티뿟따에게 지금여기에서 스스로 보아 알 수 있는 출가생활의 결실을 물었는데 그는 애매모호함을 설명했습니다. 세존이시여, 그렇지만 제게는 '어찌 나와 같은 왕이 나의 영토에 거주하고 있는 사문이나 바라문을 경시할 수 있겠는가.'라는 이런 생각이 들었습니다. 세존이시여, 그래서 저는 산자야 벨랏티뿟따의 말을 기뻐하지도 않았고 비난하지도 않았습니다. 기뻐하지도 비난하지도 않은 채, 마음이 언짢았지만 언짢은 것에 대한 어떤 말도 내뱉지 않고, 그의 말을 받아들이지도 않고 냉소하지도 않으면서 자리에서 일어나 나왔습니다."

첫 번째 출가생활의 결실

34. "세존이시여, 그런 저는 세존께도 역시 같은 질문을 드립니다. 세존이시여, 세상에는 여러 가지 기술 분야들이 있습니다. 즉 코끼리몰이꾼, 말몰이꾼, 전차병, 궁수, 기수, 군대참모, 보급병, 고위관리, 왕자, 정찰병, 영웅, 용사, 동체갑옷 입은 자, 하인의 아들, 요리사, 이발사, 목욕 보조사, 제과인, 정원사, 염색인, 직공, 바구니 만드는 자, 항아리 만드는 자, 경리인, 반지 만드는 자, 그 외에 여러 가지 기술 분야들이 있습니다.

그런 기술의 결실은 지금여기에서 스스로 보아 알 수 있으며 그들은 그런 결실로 살아갑니다. 그들은 그것으로 자신을 행복하게 하고 만족하게 하고, 부모를 행복하게 하고 만족하게 하고, 처자식을 행복하게 하고 만족하게 하고, 친구와 동료를 행복하게 하고 만족하게 하

---

449) 원어는 vikkhepa이다. 「범망경」(D1) §2.27의 해설을 참조할 것.

며, 사문·바라문들에게 많은 보시를 합니다. 그러한 보시는 고귀한 결말을 가져다주고 신성한 결말을 가져다주며 행복을 익게 하고 천상에 태어나게 합니다. 세존이시여, 세존께서도 이와 같이 지금여기에서 스스로 보아 알 수 있는 출가생활의 결실을 천명하실 수 있습니까?"

"대왕이여, 할 수 있습니다. 대왕이여, 그렇다면 이제 그대에게 다시 물어 보리니 그대가 옳다고 생각하는 대로 설명해보십시오."

35. "대왕이여, 이를 어떻게 생각합니까? 여기에 그대의 일을 하는 하인이 있어서[450] 그 사람은 일찍 일어나고 늦게 자며, '무엇을 할까요?' 하고 경청하며, 그대의 마음에 들게 하고, 듣기 좋은 말을 하며, 그대의 [심기를 헤아리기 위해서] 얼굴을 항상 살펴볼 것입니다. 그런 그에게 이런 생각이 들 것입니다. '공덕의 행처(行處)[451]와 공덕의 과보란 참으로 경이롭고 참으로 놀랍구나. 이분 마가다의 왕 아자따삿뚜 웨데히뿟따도 인간이고 나도 역시 인간이다. 그러나 마가다의 왕 아자따삿뚜 웨데히뿟따는 신(神, 폐하)처럼[452] 다섯 가닥의 감각적 욕망이 가져다주고 부여하는 것들을 즐긴다. 그러나 나는 그의 일을 하는 하인이어서 일찍 일어나고 늦게 자며, '무엇을 할까요?' 하고 경청하며, 그의 마음에 들게 하고, 듣기 좋은 말을 하며, 그의 [심기를 헤아리기 위해서] 얼굴을 항상 살펴본다. 그런 나도 이제 공덕을 지어야겠다. 그러니 나도 머리와 수염을 깎고 물들인 옷을 입고

450) 세존께서는 이처럼 먼저 세속적인 측면에서 출가의 이익을 설명하신다

451) 원어는 gati이다. 일반적으로는 지옥, 아귀 등의 여섯 가지 혹은 다섯 가지 태어날 곳을 의미하며 그래서 다른 곳에서는 '태어날 곳'이라 옮겼다. (『디가 니까야』 「범망경」 (D1) §1.36의 주해를 참조할 것) 여기서는 공덕이 가져다주는 미래를 뜻하기 때문에 행처(行處)로 옮겼다.

452) 본경 §2의 주해를 참조할 것.

집을 떠나 출가하리라.'라고.

그는 나중에 머리와 수염을 깎고 물들인 옷을 입고 집을 떠나 출가를 할 것입니다. 그는 이와 같이 출가하여 몸으로 단속하면서 머물고 말로 단속하면서 머물고 마음으로 단속하면서 머물 것입니다. 먹고 입는 것을 절제하여 지족하고 한거(閑居)를 기뻐할 것입니다.

그러면 어떤 자들이 그를 두고 그대에게 고할 것입니다. '폐하, 폐하의 일을 하던 하인이 있었는데 그는 일찍 일어나고 늦게 자며, '무엇을 할까요?' 하고 경청하며, 폐하의 마음에 들게 하고, 듣기 좋은 말을 하며, 폐하의 [심기를 헤아리기 위해서] 얼굴을 항상 살피던 사람이었습니다. 그 사람을 아십니까? 폐하, 그가 이제 머리와 수염을 깎고 물들인 옷을 입고 집을 떠나 출가하였습니다. 그는 이와 같이 출가하여 몸으로 단속하면서 머물고 말로 단속하면서 머물고 마음으로 단속하면서 머물고, 먹고 입는 것을 절제하여 지족하고 한거를 기뻐한답니다.'라고.

그러면 그대는 '여봐라, 그 사람을 다시 내게 오게 하라. 그래서 나의 하인이 되어 일찍 일어나고 늦게 자며, '무엇을 할까요?' 하고 경청하며, 나의 마음에 들게 하고, 듣기 좋은 말을 하며, 나의 [심기를 헤아리기 위해서] 얼굴을 항상 살피게 하라.'라고 그렇게 말하겠습니까?"

36. "세존이시여, 그렇지 않습니다. 오히려 우리는 그에게 절을 하고 자리에서 일어나 [영접하고] 자리에 앉기를 권하고 의복과 음식과 거처와 병구완을 위한 약품을 마련하여 그를 초대하고 그를 법답게 살피고 감싸고 보호를 해드릴 것입니다."

"대왕이여, 이를 어떻게 생각합니까? 만일 그렇다면 이것이야말로 지금여기에서 스스로 보아 알 수 있는 출가생활의 결실이 아니고 무었이겠습니까?"

"세존이시여, 참으로 그러합니다. 만일 그렇다면 이것이야말로 참으로 지금여기에서 스스로 보아 알 수 있는 출가생활의 결실입니다."

"대왕이여, 이것이 내가 그대에게 천명하는 지금여기에서 스스로 보아 알 수 있는 첫 번째 출가생활의 결실입니다."

두 번째 출가생활의 결실

37. "세존이시여, 그런데 다른 것을 통해서도 지금여기에서 스스로 보아 알 수 있는 출가생활의 결실을 천명하실 수 있습니까?"

"대왕이여, 할 수 있습니다. 대왕이여, 그렇다면 이제 그대에게 다시 물어 보리니 그대가 옳다고 생각하는 대로 설명해 보십시오.

대왕이여, 이를 어떻게 생각합니까? 여기에 그대에게 세금을 바치고 그대의 부를 증장시켜 주는 농사짓는 장자 한 사람이 있다 합시다. 그에게 이런 생각이 들 것입니다. '공덕의 행처와 공덕의 과보란 참으로 경이롭고 참으로 놀랍구나. 이분 마가다의 왕 아자따삿뚜 웨데히뿟따도 인간이고 나도 역시 인간이다. 그러나 마가다의 왕 아자따삿뚜 웨데히뿟따는 신(神, 폐하)처럼 다섯 가닥의 감각적 욕망이 가져다주고 부여하는 것들을 즐긴다. 그러나 나는 그에게 세금을 바치고 그의 부를 증장시켜 주는 농사짓는 장자이다. 그런 나도 이제 공덕을 지어야겠다. 그러니 나도 머리와 수염을 깎고 물들인 옷을 입고 집을 떠나 출가하리라.'라고.

그는 나중에 재산이 적건 많건 간에 모두 다 버리고 일가친척도 적건 많건 간에 다 버리고 머리와 수염을 깎고 물들인 옷을 입고 집을 떠나 출가할 것입니다. 그는 이와 같이 출가하여 몸으로 단속하면서 머물고 말로 단속하면서 머물고 마음으로 단속하면서 머물 것입니다. 먹고 입는 것을 절제하여 지족하고 한거를 기뻐할 것입니다.

그러면 어떤 자들이 그를 두고 그대에게 고할 것입니다. '폐하, 폐하께 세금을 바치고 폐하의 부를 증장시켜 주는 농사짓는 장자 한 사람이 있었던 것을 아십니까? 폐하, 그가 나중에 재산이 적건 많건 간에 모두 다 버리고 일가친척도 적건 많건 간에 다 버리고 머리와 수염을 깎고 물들인 옷을 입고 집을 떠나 출가하였습니다. 그는 이와 같이 출가하여 몸으로 단속하면서 머물고 말로 단속하면서 머물고 마음으로 단속하면서 머물며, 먹고 입는 것을 절제하여 지족하고 한거를 기뻐한답니다.'라고.

그러면 그대는 '여봐라, 그 사람을 다시 내게 오게 하라. 그래서 나에게 세금을 바치고 나의 부를 증장시켜 주는 농사짓는 장자가 되게 하라.'라고 그렇게 말하겠습니까?"

38. "세존이시여, 그렇지 않습니다. 오히려 우리는 그에게 절을 하고 자리에서 일어나 [영접하고] 자리에 앉기를 권하고 의복과 음식과 거처와 병구완을 위한 약품을 마련하여 그를 초대하고 그를 법답게 살피고 감싸고 보호를 해드릴 것입니다."

"대왕이여, 이를 어떻게 생각합니까? 만일 그렇다면 이것이야말로 지금여기에서 스스로 보아 알 수 있는 출가생활의 결실이 아니고 무엇이겠습니까?"

"세존이시여, 참으로 그러합니다. 만일 그렇다면 이것이야말로 참으로 지금여기에서 스스로 보아 알 수 있는 출가생활의 결실입니다."

"대왕이여, 이것이 내가 그대에게 천명하는 지금여기에서 스스로 보아 알 수 있는 두 번째 출가생활의 결실입니다."

더욱 수승한 출가생활의 결실

39. "세존이시여, 그런데 더 뛰어나고 더 수승한 다른 것을 통해서도 지금여기에서 스스로 보아 알 수 있는 출가생활의 결실을 천명하실 수 있습니까?"453)

"대왕이여, 할 수 있습니다. 대왕이여, 이제 들으십시오. 그리고 마음에 잘 새기십시오.454) 이제 설하겠습니다."

"세존이시여, 그렇게 하겠습니다."라고 마가다의 왕 아자따삿뚜 웨데히뿟따는 세존께 대답했다. 세존께서는 이렇게 말씀하셨다.

40. "대왕이여, 여기 여래가 이 세상에 출현합니다. 그는 아라한[應供]이며, 완전히 깨달은 분[正等覺]이며, 명지와 실천이 구족한 분[明行足]이며, 피안으로 잘 가신 분[善逝]이며, 세간을 잘 알고 계신 분[世間解]이며, 가장 높은 분[無上士]이며, 사람을 잘 길들이는 분[調御丈夫]이며, 하늘과 인간의 스승[天人師]이며, 깨달은 분[佛]이며, 세존(世尊)입니다.455) 그는 신을 포함하고 마라456)를 포함하고 범천을 포함한 이 세상을 스스로 최상의 지혜로 알고, 실현하여, 드러냅니다. 그

---

453) 왕은 이런 세속적인 이익이 아닌 출가생활의 근본적인 결실에 대해서 묻고 세존께서는 왕의 마음이 이제 준비가 되었음을 아시고 출가해서 얻는 결실을 이제 본격적으로 설하신다.

454) '마음에 잘 새기다'로 옮긴 원어는 동사 manasikaroti이다. 이것은 마음에 잡도리함(manasikāra)이나 지혜로운 주의(yoniso manasikāra, 여리작의)와 같은 어원을 가지고 있다. 그러므로 마음에 잘 잡도리하다로도 옮길 수 있다. 『디가 니까야』 제2권 「대전기경」(D14) §2.18의 주해를 참조할 것.

455) 여래 십호에 대해서는 『청정도론』 VII.2 이하에 상세하게 설명되어 있으므로 참조할 것.

456) 마라(Māra)에 대해서는 『디가 니까야』 제2권 「대반열반경」(D16) §3.4의 주해를 참조할 것.

는 법을 설합니다. 그는 시작도 훌륭하고 중간도 훌륭하고 끝도 훌륭하게 [법을 설하고],457) 의미와 표현을 구족하여 법을 설하여, 더할 나위 없이 완벽하고 지극히 청정한458) 범행(梵行)을 드러냅니다."

41. "이런 법을 장자나 장자의 아들이나 다른 가문에 태어난 자가 듣습니다. 그는 이 법을 듣고서 여래에게 믿음을 가집니다. 그는 이런 믿음을 구족하여 이렇게 숙고합니다. '재가의 삶이란 막혀있고 때가 낀 길이지만 출가의 삶은 열린 허공과 같다. 재가에 살면서 더

---

457) 법의 정형구에 대한 설명은 『청정도론』 VII.68 이하에 상세하게 설명되어 있다.

458) 주석서는 '더할 나위 없이 완벽하고 지극히 청정한'을 법(dhammaṁ)을 수식하는 어구로 해석하고 있다. 법이 더할 나위 없이 완벽하다는 것(kevalaparipuṇṇa)은 모자라지도 더하지도 않은(anūnādhikavacana) 것으로 설명하고, 법이 지극히 청정하다는 것(parisuddha)은 세속적인 이익과 명성을 구하기 위해서 법을 설하지 않음을 뜻한다고 주석서는 설명하고 있다.(DA.i.177)

이처럼 다르게 이해할 수 있는 이유는 원문에서 법(dhammaṁ)과 범행(brahmacariyaṁ)은 각각 목적격 단수로 나타나기 때문에 본문에 등장하는 여러 형용사들이 이 둘 중 어떤 것과 연결되는지를 문법적으로 정확하게 판단할 수가 없기 때문이다.

그러나 『디가 니까야』 제3권 「합송경」(D33) §3.3의 (1)②에는 "법들은 시작도 훌륭하고 중간도 훌륭하고 끝도 훌륭하나니, 이러한 법들은 의미와 표현을 구족하고 더할 나위 없이 완벽하며 지극히 청정한 범행을 확실하게 드러냅니다."라고 나타나는데 여기서 법들은 dhammā로 주격 복수로 나타나고 범행은 brahmacariyaṁ으로 목적격 단수로 나타난다. 그리고 '시작도 훌륭하고 중간도 훌륭하고 끝도 훌륭한'은 모두 주격 복수로, '의미와 표현을 구족하고 더할 나위 없이 완벽하며 지극히 청정한'은 모두 목적격 단수로 나타난다. 그래서 문법적으로 위와 같이 정확하게 옮길 수 있다.

그렇지만 역자는 『디가 니까야』 전체에서 본경의 본 문맥처럼 나타나는 문장을 보다 부드러운 의미가 되도록 하기 위해서 모두 본문과 같이 옮기고 있는데 리즈 데이빗과 월슈도 이렇게 옮기고 있다.

할 나위 없이 완벽하고 지극히 청정한 소라고둥처럼 빛나는 청정범행을 실천하기란 쉽지 않다. 그러니 나는 이제 머리와 수염을 깎고 물들인 옷을 입고 집을 떠나 출가하리라.'라고. 그는 나중에 재산이 적건 많건 간에 모두 다 버리고, 일가친척도 적건 많건 간에 다 버리고, 머리와 수염을 깎고, 물들인 옷을 입고 집을 떠나 출가합니다."

42. "그는 이와 같이 출가하여 계목[459]의 단속으로 단속하면서 머뭅니다. 바른 행실과 행동의 영역을 갖추고, 작은 허물에 대해서도 두려움을 보며, 학습계목[460]들을 받아 지녀 공부짓습니다.[461] 유익한 몸의 업과 말의 업을 잘 갖추고, 생계를 청정히 하고, 계를 구족하고, 감각기능들의 문을 보호하고, 마음챙김과 알아차림[正念正知]을 잘 갖추고, [얻은 필수품으로] 만족합니다.[462]

---

459) '계목(戒目)'으로 옮긴 원어는 pātimokkha이다. 『청정도론』에서는 다음과 같이 설명한다. "여기서 계목이란 학습계목의 계율(sikkhāpada-sīla)을 뜻한다. 이것은 이것을 보호하고(pāti) 지키는 사람을 해탈케 하고(mokkheti), 악처 등의 고통으로부터 벗어나게 한다. 그래서 계목(pāṭimokkha)이라고 한다."(Vis.I.43)
한편 '계목의 단속'으로 옮기고 있는 pātimokkha-saṁvara는 의미상 '계목을 통한 단속'의 뜻이 되겠는데 『청정도론』에서는 "빠띠목카삼와라(pātimokkha-saṁvara, 계목의 단속)라는 합성어는 계목이 바로 단속이라고 풀이된다."(*Ibid*)라고 설명하고 있다. 그래서 그냥 '계목의 단속'으로 옮기고 있음을 밝힌다. 본문에 나타나는 계목의 단속에 대한 정형구는 『청정도론』 I.43 이하에 상세하게 설명되어 있으므로 참조할 것.

460) "배워야 할 조목이라 해서 학습계목(sikkhāpada)이라 한다. 학습하는 항목(koṭṭhāsa)이라는 뜻이다. 혹은 학습하기 위한 조목이라 해서 학습계목이라 한다. 높은 마음의 공부[增上心學]와 높은 통찰지의 공부[增上慧學]를 위해서 획득해야 할 수단(upāya)이라는 뜻이다."(DA.iii.1026)
이것은 부처님의 제자라면 반드시 받아 지녀야 할 계의 항목들로 비구계, 비구니계, 사미계, 사미니계, 오계, 8계, 10계 등이 여기에 해당한다.

461) 이 정형구는 『청정도론』 I.43 이하에 상세히 설명되어 있으니 참조할 것.

짧은 길이의 계

43. "대왕이여, 그러면 비구는 어떻게 계를 구족합니까? 대왕이여, (1) 여기 비구는 생명을 죽이는 것을 버리고 생명을 죽이는 것을 멀리 여읩니다. 몽둥이를 내려놓고 칼을 내려놓습니다. 겸손하고 자비로운 자가 되어 일체 생명의 이익을 위하고 연민하며 머뭅니다. 이것이 이 비구의 계입니다.463)

(2) 그는 주지 않은 것을 가지는 것을 버리고 주지 않은 것을 가지는 것을 멀리 여읩니다. 준 것만을 받고 준 것만을 받으려고 하며 스스로 훔치지 않아 청정하게 머뭅니다. 이것이 이 비구의 계입니다.

(3) 그는 금욕적이지 못한 삶을 버리고 청정범행을 닦습니다. 독신자가 되어 성행위의 저속함을 멀리 여읩니다. 이것이 이 비구의 계입니다."

44. "(4) 그는 거짓말을 버리고 거짓말을 멀리 여읩니다. 그는 진실을 말하며 진실에 부합하고 굳건하고 믿음직하여 세상을 속이지 않습니다. 이것이 이 비구의 계입니다.

(5) 그는 중상모략하는 말을 버리고 중상모략하는 말을 멀리 여읩니다. 여기서 듣고서 이들을 이간하려고 저기서 말하지 않습니다. 저기서 듣고서 저들을 이간하려고 여기서 말하지 않습니다. 오히려 그는 이와 같이 이간된 자들을 합치고 우정을 장려하며 화합을 좋아하

---

462) 계를 구족함은 아래 §§43~62에 짧은 길이의 계, 중간 길이의 계, 긴 길이의 계로 구체적으로 설명되어 있고 감각기능들의 문을 보호함은 §64에, 마음챙김과 알아차림[正念正知]을 잘 갖추는 것은 §65에, [얻은 필수품으로] 만족함은 §66에 설명되어 있다.

463) 원문의 sīlasmiṁ은 주격의 뜻으로 사용된 처소격이다.(DA.i.182)

고 화합을 기뻐하고 화합을 즐기며 화합하게 하는 말을 합니다. 이것이 이 비구의 계입니다.

(6) 그는 욕설을 버리고 욕설을 멀리 여읩니다. 그는 유순하고 귀에 즐겁고 사랑스럽고 가슴에 와 닿고 예의 바르고 대중이 좋아하고 대중의 마음에 드는 그런 말을 하는 자입니다. 이것이 이 비구의 계입니다.

(7) 그는 잡담을 버리고 잡담을 멀리 여읩니다. 그는 시기에 맞는 말을 하고, 있는 것을 말하고, 유익한 것을 말하고, 법을 말하고, 율을 말하는 자이며, 담아둘 만하며 이유가 있고 의미가 분명하며 이익을 줄 수 있는 말을 시의 적절하게 말하는 자입니다. 이것이 이 비구의 계입니다."

45. "(8) ① 그는 씨앗류와 초목류를 손상시키는 것을 멀리 여읩니다.

② 하루 한 끼만 먹는 자입니다. 그는 밤에 [먹는 것을] 그만두고 때 아닌 때에 먹는 것을 멀리 여읩니다.

③ 춤, 노래, 음악, 연극을 관람하는 것을 멀리 여읩니다.

④ 화환을 두르고 향수를 바르고 화장품으로 꾸미는 것을 멀리 여읩니다.

⑤ 높고 큰 침상을 멀리 여읩니다.

⑥ 금과 은을 받는 것을 멀리 여읩니다.

⑦ [요리하지 않은] 날곡식을 받는 것을 멀리 여읩니다.

⑧ 생고기를 받는 것을 멀리 여읩니다.

⑨ 여자나 동녀를 받는 것을 멀리 여읩니다.

⑩ 하인과 하녀를 받는 것을 멀리 여읩니다.

⑪ 염소와 양을 받는 것을 멀리 여읩니다.
⑫ 닭과 돼지를 받는 것을 멀리 여읩니다.
⑬ 코끼리, 소, 말, 암말을 받는 것을 멀리 여읩니다.
⑭ 농토나 토지를 받는 것을 멀리 여읩니다.
⑮ 심부름꾼이나 전령으로 가는 것을 멀리 여읩니다.
⑯ 사고파는 것을 멀리 여읩니다.
⑰ 저울을 속이고 금속을 속이고 치수를 속이는 것을 멀리 여읩니다.
⑱ 악용하고 속이고 횡령하고 사기하는 것을 멀리 여읩니다.
⑲ 상해, 살상, 포박, 약탈, 노략질, 폭력을 멀리 여읩니다.
이것이 이 비구의 계입니다."

중간 길이의 계

46. "(1) 어떤 사문이나 바라문 존자들은 [재가자들이] 신심으로 가져온 음식으로 살면서 씨앗류와 초목류를 해칩니다. 즉 뿌리로 번식하는 것, 줄기로 번식하는 것, 마디로 번식하는 것, 싹으로 번식하는 것, 다섯 번째로 종자로 번식하는 것입니다. 그러나 그는 이러한 씨앗류와 초목류를 해치는 것을 멀리 여읩니다. 이것이 이 비구의 계입니다."

47. "(2) 혹은 어떤 사문이나 바라문 존자들은 [재가자들이] 신심으로 가져온 음식으로 살면서 음식을 축적하고, 마실 것을 축적하고, 옷을 축적하고, 탈것을 축적하고, 침구와 좌구를 축적하고, 향을 축적하고, 재산을 축적하여, 그 축적한 것을 즐기는데 빠져 지냅니다. 그러나 그는 축적해두고 즐기는 이런 것을 멀리 여읩니다. 이것이 이 비구의 계입니다."

48. "(3) 혹은 어떤 사문이나 바라문 존자들은 [재가자들이] 신심으로 가져온 음식으로 살면서 구경거리를 보는데 빠져 지냅니다. 즉 춤, 노래, 연주, 연극, 낭송, 박수치며 하는 공연, 심벌즈로 하는 공연, 북치며 하는 공연, 예술품 전람회, 쇠공놀이, 죽봉놀이, 곡예, 코끼리싸움, 말싸움, 물소싸움, 황소싸움, 염소싸움, 숫양싸움, 닭싸움, 메추리싸움, 봉술, 권투, 레슬링, 모의전투, 군대의 행진, 군대의 집합, 열병입니다. 그러나 그는 구경거리를 보는 이런 것을 멀리 여읩니다. 이것이 이 비구의 계입니다."

49. "(4) 혹은 어떤 사문이나 바라문 존자들은 [재가자들이] 신심으로 가져온 음식으로 살면서 노름이나 놀이에 빠져 지냅니다. 즉 팔목(八目) 체스장기, 십목 체스장기, 허공에 판이 있는 양 가정하고 하는 체스장기, 돌차기 놀이, 쌓기 놀이, 주사위놀이, 자치기, 맨손으로 벽에 그리는 놀이, 공놀이, 풀피리 불기, 장난감 쟁기질놀이, 재주넘기, 잎사귀 접어서 돌리기, 장난감 저울놀이, 장난감 수레놀이, 장난감 활쏘기, 글자 맞히기, 생각 맞히기, 불구자 흉내 내기입니다. 그러나 그는 노름이나 놀이에 빠지는 이런 것을 멀리 여읩니다. 이것이 이 비구의 계입니다."

50. "(5) 혹은 어떤 사문이나 바라문 존자들은 [재가자들이] 신심으로 가져온 음식으로 살면서 높고 큰 [호사스러운] 침구와 좌구를 사용하면서 지냅니다. 즉 아주 큰 침상, 다리에 동물 형상을 새긴 자리, 긴 술을 가진 이불, 울긋불긋한 천 조각을 덧댄 이불, 흰색 양털이불, 꽃들을 수놓은 양털이불, 솜으로 채운 누비이불, 동물을 수놓은 양털이불, 한쪽이나 양쪽에 술을 가진 양털이불, 보석을 박은

이불, 비단이불, 무도장의 양탄자, 코끼리 등덮개, 말 등덮개, 수레 깔개, 사슴가죽 깔개, 영양가죽 깔개, 차양 있는 양탄자, 붉은 베개와 붉은 발 받침이 있는 긴 의자입니다. 그러나 그는 이러한 높고 큰 [호사스러운] 침구와 좌구를 멀리 여읩니다. 이것이 이 비구의 계입니다."

51. "(6) 혹은 어떤 사문이나 바라문 존자들은 [재가자들이] 신심으로 가져온 음식으로 살면서 치장하고 장엄하는 일에 몰두합니다. 즉 몸에 향 가루 바르기, 기름으로 안마하기, 향수로 목욕하기, 사지를 안마하기, 거울보기, 속눈썹 검게 칠하기, 화환과 향과 화장품으로 치장하기, 얼굴에 분칠하기, 화장, 팔찌, 머리띠, 장식용 지팡이, 장식한 약통, 긴 칼, 일산, 수놓은 신발, 터번, 보석으로 만든 관모, 야크꼬리로 만든 불자(拂子), 긴 술로 장식된 흰옷을 입는 것입니다. 그러나 그는 치장하고 장엄하는 이런 것을 멀리 여읩니다. 이것이 이 비구의 계입니다."

52. "(7) 혹은 어떤 사문이나 바라문 존자들은 [재가자들이] 신심으로 가져온 음식으로 살면서 쓸데없는 이야기에 몰두하면서 지냅니다. 즉 왕의 이야기, 도둑 이야기, 대신들 이야기, 군대 이야기, 재난 이야기, 전쟁 이야기, 음식 이야기, 음료수 이야기, 옷 이야기, 침대 이야기, 화환 이야기, 향 이야기, 친척 이야기, 탈것에 대한 이야기, 마을에 대한 이야기, 성읍에 대한 이야기, 도시에 대한 이야기, 나라에 대한 이야기, 여자 이야기, 영웅 이야기, 거리 이야기, 우물 이야기, 전에 죽은 자에 관한 이야기, 하찮은 이야기, 세상의 [기원]에 대한 이야기, 바다에 관련된 이야기, 번영과 불운에 관한 이야기입니다.464) 그러나 그는 이러한 이야기들을 멀리 여읩니다. 이것이 이 비구의 계입니다."

53. "(8) 혹은 어떤 사문이나 바라문 존자들은 [재가자들이] 신심으로 가져온 음식으로 살면서 논쟁에 몰두하면서 살아갑니다.

즉 '그대는 이 법과 율을 제대로 모른다. 나야말로 이 법과 율을 제대로 안다.'

'어찌 그대가 이 법과 율을 제대로 알겠는가?'

'그대는 그릇된 도를 닦는 자이고 나는 바른 도를 닦는 자이다.'

'[내 말은] 일관되지만 그대는 일관되지 않는다.'

'그대는 먼저 설해야 할 것을 뒤에 설했고 뒤에 설해야 할 것을 먼저 설했다.'

'그대가 [오랫동안] 주장해오던 것은 [한 마디로] 논파되었다.'

'나는 그대의 [교설의] 허점을 지적했다. 그대는 패했다. 비난으로부터 도망가라. 혹은 만약 할 수 있다면 [지금] 설명해 보라.'라고.

그러나 그는 이러한 논쟁을 멀리 여읩니다. 이것이 이 비구의 계입니다."

54. "(9) 혹은 어떤 사문이나 바라문 존자들은 [재가자들이] 신심으로 가져온 음식으로 살면서 전령이나 심부름꾼 노릇을 하며 살아갑니다. 즉 왕, 대신, 왕족, 바라문, 장자, 젊은이들이 '여기에 가시오. 저기에 가시오. 이것을 저기로 가지고 가시오. 저것을 여기로 가지고 오시오.'라는 것에 대해서입니다. 그러나 그는 이러한 전령이나 심부름꾼 노릇을 멀리 여읩니다. 이것이 이 비구의 계입니다."

---

464) 『청정도론』 등의 주석서 문헌에는 여기에다 다섯 가지를 더 넣어 모두 32가지 쓸데없는 이야기들을 들고 있다. 『디가 니까야』 「범망경」(D1) §1.17의 주해와 『청정도론』 IV.38의 주해를 참조할 것.

55. "(10) 혹은 어떤 사문이나 바라문 존자들은 [재가자들이] 신심으로 가져온 음식으로 살면서 계략하고, 쓸데없는 말을 하고, 암시를 주고, 비방하고, 이득으로 이득을 추구합니다. 그러나 그는 이러한 계략과 쓸데없는 말을 멀리 여읩니다. 이것이 이 비구의 계입니다."

긴 길이의 계

56. "(1) 혹은 어떤 사문이나 바라문 존자들은 [재가자들이] 신심으로 가져온 음식으로 살면서 하천(下賤)한 기술을 통한 삿된 생계수단으로 생계를 꾸립니다. 즉 몸의 특징으로 예언하기, 예감이나 징조로 예언하기, 벼락이나 하늘의 조짐에 따라 점치기, 해몽, 관상, 쥐가 파먹은 옷의 구멍에 따라서 점치기, 불을 섬김, 주걱으로 헌공함, 벼 헌공, 쌀가루 헌공, 쌀 헌공, 버터 헌공, 기름 헌공, 입으로 하는 헌공, 피의 헌공, 수상(手相)보기, 집터보기, 대지보기, 묘지의 귀신 물리치기, 망령 물리치기, 흙집에 사는 자의 주술, 뱀 부리는 주술, 독극물 제조술, 전갈 부리는 기술, 쥐 부리는 기술, 새 부리는 기술, 까마귀 부리는 기술, 수명 예언하기, 화살에 대항하는 주문, 동물들의 울음을 아는 주문입니다. 그러나 그는 이러한 하천한 기술을 통한 삿된 생계수단을 멀리 여읩니다. 이것이 이 비구의 계입니다."

57. "(2) 혹은 어떤 사문이나 바라문 존자들은 [재가자들이] 신심으로 가져온 음식으로 살면서 하천한 기술을 통한 삿된 생계수단으로 생계를 꾸립니다. 즉 보석, 옷감, 지팡이, 칼, 긴 칼, 화살, 활, 다른 무기, 여자, 남자, 소년, 소녀, 남녀 노비, 코끼리, 말, 물소, 황소, 암소, 염소, 양, 닭, 메추리, 큰 도마뱀, 귀걸이(혹은 집의 박공), 거북이,

다른 동물들 — 이런 것들의 색깔이나 모양이나 다른 특징들을 보고 점을 칩니다. 그러나 그는 이러한 하천한 기술을 통한 삿된 생계수단을 멀리 여읩니다. 이것이 이 비구의 계입니다."

58. "(3) 혹은 어떤 사문이나 바라문 존자들은 [재가자들이] 신심으로 가져온 음식으로 살면서 하천한 기술을 통한 삿된 생계수단으로 생계를 꾸립니다. 즉 '왕들의 진격이 있을 것입니다. 왕들의 퇴각이 있을 것입니다. 우리 쪽 왕들의 공격이 있을 것이고 저쪽 왕들의 후퇴가 있을 것입니다. 저쪽 왕들의 공격이 있을 것이고 우리 쪽 왕들의 후퇴가 있을 것입니다. 우리 쪽 왕들이 승리할 것이고 저쪽 왕들이 패배할 것입니다. 저쪽 왕들이 승리할 것이고 우리 쪽 왕들이 패배할 것입니다. 이와 같이 이편이 승리할 것이고 저편이 승리할 것입니다.'라고. 그러나 그는 이러한 하천한 기술을 통한 삿된 생계수단을 멀리 여읩니다. 이것이 이 비구의 계입니다."

59. "(4) 혹은 어떤 사문이나 바라문 존자들은 [재가자들이] 신심으로 가져온 음식으로 살면서 하천한 기술을 통한 삿된 생계수단으로 생계를 꾸립니다. 즉 '월식이 있을 것이다. 일식이 있을 것이다. 행성의 합삭이 있을 것이다. 해와 달이 올바른 항로로 운행할 것이다. 혹은 잘못된 항로로 운행할 것이다. 유성이 떨어질 것이다. 짙은 노을이 낄 것이다. 지진이 있을 것이다. 천둥이 칠 것이다. 해와 달과 별들이 뜨거나 지거나 흐리거나 깨끗할 것이다. 월식은 이러한 결과를 가져올 것이다. 일식은 저러한 결과를 가져올 것이다. 행성의 합삭은 다시 저러한 결과를 가져올 것이다. 해와 달이 올바른 항로로 운행함은 이러한 결과를 가져올 것이고, 잘못된 항로로 운행함은 또 다른 결과를 가져올 것이다. 별들이 올바른 항로로 운행함은 이러한

결과를 가져올 것이고, 잘못된 항로로 운행함은 또 다른 결과를 가져올 것이다. 유성이 떨어짐은 이러한 결과를 가져올 것이고, 짙은 노을은 저러한 결과를 가져올 것이고 천둥은 또 다른 결과를 가져올 것이다. 그리고 해와 달과 별의 뜨고 지고 흐리고 깨끗함도 각각 여러 가지 결과를 가져올 것이다.'라고. 그러나 그는 이러한 하천한 기술을 통한 삿된 생계수단을 멀리 여읩니다. 이것이 이 비구의 계입니다."

60. "(5) 혹은 어떤 사문이나 바라문 존자들은 [재가자들이] 신심으로 가져온 음식으로 살면서 하천한 기술을 통한 삿된 생계수단으로 생계를 꾸립니다. 즉 '비가 내릴 것이다. 가뭄이 들 것이다. 풍년이 들 것이다. 흉년이 들 것이다. 민심이 안정될 것이다. 민심이 흉흉할 것이다. 질병이 들 것이다. 건강하게 될 것이다.'라거나 계산법, 암산법, 셈법, 시작(詩作)법, 처세술입니다. 그러나 그는 이러한 하천한 기술을 통한 삿된 생계수단을 멀리 여읩니다. 이것이 이 비구의 계입니다."

61. "(6) 혹은 어떤 사문이나 바라문 존자들은 [재가자들이] 신심으로 가져온 음식으로 살면서 하천한 기술을 통한 삿된 생계수단으로 생계를 꾸립니다. 즉 결혼할 때에 신부 집에 들어가는 날 또는 떠나는 날을 택일하고, 약혼이나 이혼의 길일을 택해 주고, 돈을 모으거나 지출하는 날을 택해 주고, 불행이나 행운을 가져오게 하는 주문을 외우고, 발육 부진의 태아의 원기를 회복하도록 주문을 외우고, 말더듬이나 벙어리가 되도록 주문을 외우고, 손에 풍이 들도록 주문을 외우고, 귀머거리가 되도록 주문을 외우고, 거울에 [신을 모셔 와서] 물어 보는 점을 치고, 소녀의 몸에 [신을 모셔 와서] 물어 보는 점을 치고, 하녀의 몸에 [신을 모셔 와서] 물어 보는 점을 치고, 태양

을 숭배하고, 대범천을 숭배하고, 입에서 불을 내뿜고, 행운의 여신을 부르는 것입니다. 그러나 그는 이러한 하천한 기술을 통한 삿된 생계수단을 멀리 여읩니다. 이것이 이 비구의 계입니다."

62. "(7) 혹은 어떤 사문이나 바라문 존자들은 [재가자들이] 신심으로 가져온 음식으로 살면서 하천한 기술을 통한 삿된 생계수단으로 생계를 꾸립니다. 즉 신의 축복을 비는 의식, 귀신을 부르는 의식, 흙집에 들어가서 주문을 외우는 의식, 정력을 왕성하게 하는 의식, 성불구자가 되게 하는 의식, 집 지을 땅을 마련하는 의식, 집 지을 땅을 신성하게 하는 의식을 거행합니다. 의식을 위해 입을 씻고 목욕재계하고 불에 제사지냅니다. 구토제와 하제와 거담제와 점액 제거제를 주고, 귀약과 안약과 코약과 연고와 연고 제거제를 주고, 안과의사, 외과의사, 소아과의사의 일을 하고, 이전에 처방한 약의 부작용을 없애기 위해서 진통제를 사용합니다. 그러나 그는 이러한 하천한 기술을 통한 삿된 생계수단을 멀리 여읩니다. 이것이 이 비구의 계입니다."

계의 구족(sīla-sampanna)

63. "대왕이여, 이와 같이 계를 구족한 비구는 계로써 잘 단속하기 때문에 어느 곳에서도 두려움을 보지 못합니다. 대왕이여, 예를 들면 관정(灌頂)465) 한 끄샤뜨리야 왕은 적을 정복하였기 때문에 어

---

465) '관정한'으로 옮긴 원어는 muddhāvasitta인데 muddhā(머리)-avasitta (ava+√sic, *to anoint*의 과거분사)로 분석된다. 문자 그대로 머리에 물을 뿌리는 관정의식을 뜻한다. 미얀마본에는 avasitta대신에 abhisitta로 나타나는데 이는 관정의식을 뜻하는 아비세까(abhiseka, *Sk.* abhiṣeka abhi+√sic)와 같은 어원이다. 관정의 의미에 대해서는 『디가 니까야』

느 곳에서도 두려움을 보지 못하는 것과 같습니다. 대왕이여, 그와 마찬가지로 계를 구족한 비구는 계로써 잘 단속하기 때문에 어느 곳에서도 두려움을 보지 못합니다. 그는 이러한 성스러운 계의 조목[戒蘊]을 구족하여 안으로 비난받지 않는 행복을 경험합니다. 대왕이여, 이와 같이 비구는 계를 구족합니다."

감각기능의 단속(indriya-saṁvara)

64. "대왕이여, 그러면 어떻게 비구는 감각의 대문을 잘 지키는가? 대왕이여, 여기 비구는 눈으로 형상을 봄에 그 표상[全體相]을 취하지 않으며, 또 그 세세한 부분상[細相]을 취하지도 않습니다.466) 만약 그의 눈의 감각기능[眼根]이 제어되어 있지 않으면 욕심과 싫어하는 마음467)이라는 나쁘고 해로운 법[不善法]들이 그에게 [물밀듯이] 흘러들어 올 것입니다. 따라서 그는 눈의 감각기능을 잘 단속하기 위해 수행하며468), 눈의 감각기능을 잘 방호하고 눈의 감각기능을 잘

「암밧타 경」(D3) §1.24의 주해를 참조할 것.

466) "'그 표상[全體相, nimitta]을 취하지 않으며'라는 것은 여자라든지 남자라든지 하는 표상이나 아름답다는 표상 등 오염원의 바탕이 되는 표상을 취하지 않는 것이다. 단지 본 것에서만 그친다. 세세한 부분상[細相, anubyañjana]을 취하지도 않는다는 것은 손, 발, 미소, 웃음, 이야기, 앞으로 봄, 옆으로 봄 등의 형태를 취하지 않는 것이다. 그런 형태는 오염원들을 더 상세하게 하기 때문에, 분명히 드러나게 하기 때문에 세세한 부분상이라는 이름을 얻는다. 그는 단지 있는 그대로 그것을 취한다."(『청정도론』 I.54)

467) '욕심과 싫어하는 마음'의 원어는 abhijjhā-domanassa이다. 초기불전연구원에서는 domanassa가 욕심(abhijjhā)과 함께 쓰일 때는 욕심이나 탐착과 대가 되는 '싫어하는 마음'으로 옮기고, domanassa가 somanassa(정신적 즐거움)와 함께 쓰일 때는 정신적 즐거움과 반대가 되는 '정신적 고통'으로 옮긴다.

468) '수행하다'로 옮긴 원어는 paṭipajjati이다. 다른 문맥에서는 주로 '도닦다'

단속하기에 이릅니다. 귀로 소리를 들음에…, 코로 냄새를 맡음에…, 혀로 맛을 봄에…, 몸으로 감촉을 느낌에…, 마노[意]로 법469)을 지각함에 그 표상을 취하지 않으며, 그 세세한 부분상을 취하지도 않습니다. 만약 그의 마노의 감각기능[意根]이 제어되어 있지 않으면 욕심과 싫어하는 마음이라는 나쁘고 해로운 법[不善法]들이 그에게 [물밀듯이] 흘러들어 올 것입니다. 따라서 그는 마노의 감각기능을 잘 단속하기 위해 수행하며, 마노의 감각기능을 잘 방호하고 마노의 감각기능을 잘 단속하기에 이릅니다. 그는 이러한 성스러운 감각기능의 단속을 구족하여 안으로 더럽혀지지 않는 행복470)을 경험합니다. 대왕이여, 이와 같이 비구는 감각의 대문을 잘 지킵니다."

마음챙김과 알아차림[正念正知, sati-sampajañña]

65. "대왕이여, 그러면 어떻게 비구는 마음챙김과 알아차림[正念正知]471)을 잘 갖춥니까? 대왕이여, 여기 비구는 나아갈 때도 돌아올

로 옮기고 특히 명사형인 paṭipatti나 paṭipāda는 모두 '도닦음'으로 옮기고 있다. 여기서는 문맥상 수행하다가 편하기 때문에 수행하다로 옮기고 있다. 도닦음(paṭipatti)과 도(magga)에 대해서는 『디가 니까야』 「마할리 경」(D6) §14의 주해를 참조할 것.

469) 아비담마에서는 마노(mano, 意)의 대상인 법을 구체적으로 감성의 물질, 미세한 물질, 이전의 마음, 마음부수들, 열반, 개념의 여섯을 들고 있다. 『아비담마 길라잡이』 7장 <도표 7.4>를 참조할 것. 미세한 물질은 『아비담마 길라잡이』 6장 §7의 해설 5를 참조할 것.

470) '더럽혀지지 않는 행복'으로 옮긴 원어는 abyāseka-sukha이다. 한편 앞의 계의 구족에서는 비난받지 않는 행복(anavajjasukha)이라 달리 표현하고 있는데 잘 대비가 된다.

471) '마음챙김과 알아차림'은 sati-sampajañña의 역어이며 한문으로는 正念正知로 정착이 되고 있다. 마음챙김(sati, 念)에 대해서는 『네 가지 마음챙기는 공부』 서문을 참조할 것. 그리고 '마음챙김과 알아차림'이라는 주제어로 나타나는 본 문단의 내용은 『디가 니까야』 제2권 「대념처경」

때도 [자신의 거동을] 분명히 알아차리면서[正知] 행합니다. 앞을 볼 때도 돌아볼 때도 분명히 알아차리면서 행합니다. 구부릴 때도 펼 때도 분명히 알아차리면서 행합니다. 법의(法衣)・발우・의복을 지닐 때도 분명히 알아차리면서 행합니다. 먹을 때도 마실 때도 씹을 때도 맛볼 때도 분명히 알아차리면서 행합니다. 대소변을 볼 때도 분명히 알아차리면서 행합니다. 갈 때도 서 있을 때도 앉아 있을 때도 잠잘 때도 깨어있을 때도 말할 때도 침묵할 때도 분명히 알아차리면서 행합니다. 대왕이여, 이와 같이 비구는 마음챙김과 알아차림을 잘 갖춥니다."

만족[少欲知足, santosa]

66. "대왕이여, 그러면 어떻게 비구는 [얻은 필수품만으로] 만족합니까?[472] 대왕이여, 여기 비구는 몸을 보호하기 위한 옷과 위장을 지탱하기 위한 음식으로 만족합니다. 어디를 가더라도 이것을 지키며 갑니다. 대왕이여, 예를 들면 새가 어디를 날아가더라도 자기 양 날개만을 짐으로 하여 날아가는 것과 같습니다. 대왕이여, 그와 마찬가지로 비구는 몸을 보호하기 위한 옷과 위장을 지탱하기 위한 음식으로 만족합니다. 어디를 가더라도 이것을 지키며 갑니다. 대왕이여, 이와 같이 비구는 [얻은 필수품만으로] 만족합니다."

(D22) §4에서는 '알아차림'이라는 주제어로 나타나고 있다. 이에 대한 설명은 『네 가지 마음챙기는 공부』 134쪽 이하에 상세하게 설명되어 있으므로 참조할 것.

472) "'만족(santuṭṭha)'이란 어떠한 필수품(paccaya)을 [얻든] 그것으로 만족하는 것을 말한다."(DA.i.204)

외딴 처소를 의지함

67. "그는 이러한 성스러운 계의 조목을 잘 갖추고 이러한 성스러운 감각기능의 단속을 잘 갖추고 이러한 마음챙김과 알아차림[正念正知]을 잘 갖추어 숲 속이나 나무 아래나 산이나 골짜기나 산속 동굴이나 묘지나 밀림이나 노지나 짚더미와 같은 외딴 처소를 의지합니다. 그는 탁발하여 공양을 마치고 돌아와서 가부좌를 틀고 상체를 곧추세우고 전면에 마음챙김을 확립하여473) 앉습니다."

---

473) 원어는 parimukhaṁ satiṁ upaṭṭhapetvā이다. 이것은 수행에 관계된 중요한 구문이다. 여기서 문제는 parimukhaṁ을 어떻게 해석하느냐는 것이다. 먼저 접두어 pari는 '주위에, 철저히'라는 뜻이 기본이고 mukha는 '얼굴'이라는 뜻으로도 '입'이라는 뜻으로도 쓰이는 것을 알고 주석서를 살펴보자. 주석서에서는 다음과 같이 설명하고 있다.

"명상주제(kammaṭṭhāna)를 대면하여(abhimukhaṁ) 마음챙김을 확립한 뒤 혹은 입(얼굴)의 근처에(mukhasamīpe) [마음챙김을] 둔 뒤라는 뜻이다. 그래서 『위방가』(분석론, Vbh.)에서는 '이 마음챙김은 확립되었다. 코끝이나 입(얼굴)의 표상에 잘 확립되었다. 그래서 전면에 마음챙김을 확립한 뒤라고 하였다.'라고 말씀하셨다. 혹은 "pari(주위에)라는 것은 파지(pariggaha, 파악, 거머쥠)의 뜻이다. 얼굴(입)이란 출구(niyyāna, 벗어남)라는 뜻이다. 마음챙김이란 확립(upaṭṭhāna)의 뜻이다. 그래서 parimukhaṁ satiṁ이라고 하였다."라고 『무애해도』에서 설하신 방법으로 그 뜻을 알아야 한다. 이제 요약하면 '파지하여 출구(벗어남)가 되는 마음챙김을 만든 뒤'라는 말이다."(DA.i.210~211)

한편 복주서에서는 다음과 같이 나타난다.

이것은 대상(ārammmaṇa)을 파지(pariggaha, 파악)하는 방법이다. pari(주위에)라는 것은 파지의 뜻이다. 얼굴(입)이란 출구의 뜻이며 반대가 되는 것으로부터 벗어남의 뜻이다. 그러므로 파지된(pariggahita) 출구라고 [불리는], 모든 곳에서 혼란스러움이 없고 혼란스러움이 제거된 마음챙김을 만든 뒤, 즉 최상의 마음챙김과 영민함(sati-nepakka)을 확립한 뒤라는 뜻이다.(DAṬ.i.335)

다섯 가지 장애[五蓋]를 제거함

68. "그는 세상[474]에 대한 욕심[475]을 제거하여 욕심을 버린 마음으로 머뭅니다. 욕심으로부터 마음을 청정하게 합니다. 악의의 오점을 제거하여 악의가 없는 마음으로 머뭅니다. 모든 생명의 이익을 위하여 연민하여 악의의 오점으로부터 마음을 청정하게 합니다. 해태와 혼침을 제거하여 해태와 혼침이 없이 머뭅니다. 광명상(光明想)을 가져[476] 마음챙기고 알아차리며 해태와 혼침으로부터 마음을 청정하게 합니다. 들뜸과 후회를 제거하여 들뜨지 않고 머뭅니다. 안으로 고요히 가라앉은 마음으로 들뜸과 후회로부터 마음을 청정하게 합니다. 의심을 제거하여 의심을 극복하여 머뭅니다. 유익한 법들에 아무런 의심이 없어서 의심으로부터 마음을 청정하게 합니다."[477]

---

474) 주석서에서는 취착의 [대상인] 다섯 가지 무더기[五取蘊]가 바로 세상이라고 설명한다.(pañcupādānakkhandhā loko - DA.i.211). 여기서 뿐만 아니라 수행의 문맥에서 나타나는 세상(loka)은 항상 몸(kāya)을 위시한 오취온을 뜻한다고 주석서들은 밝히고 있다. 예를 들면 「대념처경」(D22)의 주석서에서도 세상은 몸 혹은 오취온을 뜻한다고 설명하고 있다.(『네 가지 마음챙기는 공부』 228쪽 이하 참조)

475) '욕심'은 abhijjhā의 역어이다. 대부분의 문맥에서 다섯 가지 장애(오개)의 처음은 abhijjhā 대신에 kāmacchanda(욕탐, 감각적 욕망)가 나타난다. 이 두 단어는 동의어이다.

476) "'광명상을 가져(ālokasaññī)'라는 것은 밤에도 낮에 보이는 광명을 인식할 수 있어서 장애가 없고 청정한 인식을 구족한다는 [뜻이다]."(DA.i.211)

477) 여기서 언급되는 욕심(abhijjhā), 악의(vyāpāda), 해태·혼침(thīna-middha), 들뜸·후회(uddhacca-kukkucca), 의심(vicikiccha)의 다섯을 다섯 가지 장애(pañca nīvaraṇāni, 五蓋)라고 한다.(아래 §74참조) 오개는 『네 가지 마음챙기는 공부』 214쪽 이하와 『아비담마 길라잡이』 2장 §4의 해로운 마음부수법들에 잘 설명되어 있으므로 참조할 것.

69. "대왕이여, 예를 들면 어떤 사람이 빚을 내어 장사를 하는 것과 같습니다. 그 사람은 장사에서 성공하여 옛 빚을 갚을 수 있을 것입니다. 그뿐만 아니라 부인을 한 명 부양할 수 있는 여분이 생길 것입니다. 그에게 이런 생각이 들 것입니다. '나는 전에 빚을 내어 장사를 했다. 그런 나는 장사에서 성공하여 이제 옛 빚을 다 갚았다. 그뿐만 아니라 부인을 한 명 부양할 수 있는 여분이 생겼다.'라고. 그로 인해 그는 환희롭고 마냥 행복하기만 할 것입니다."

70. "대왕이여, 예를 들면 중병에 걸려 아픔과 고통에 시달리는 사람과도 같습니다. 그 사람은 식욕도 잃어버릴 것이고 그의 몸에 힘이라고는 하나도 없을 것입니다. 그런데 며칠 후 그는 병에서 회복할 것입니다. 식욕도 왕성하고 힘도 다시 생겨날 것입니다. 그에게 이런 생각이 들 것입니다. '나는 전에 중병에 걸려 아픔과 고통에 시달렸다. 식욕도 잃어버렸고 나의 몸에 힘이라고는 하나도 없었다. 그런 나는 이제 병에서 회복하였다. 식욕도 왕성하고 힘도 다시 생겨났다.'라고. 그로 인해 그는 환희롭고 마냥 행복하기만 할 것입니다."

71. "대왕이여, 예를 들면 어떤 사람이 옥에 갇혔다가 얼마 뒤 옥에서 풀려난 것과도 같습니다. 그 사람은 이제 안전하고 두려울 것도 없고 또 재산도 축나지 않았습니다. 그에게 이런 생각이 들 것입니다. '나는 전에 옥에 갇혔다. 그런 나는 이제 옥에서 풀려났다. 나는 안전하고 두려울 것도 없고 또 재산도 축나지 않았다.'라고. 그로 인해 그는 환희롭고 마냥 행복하기만 할 것입니다."

72. "대왕이여, 예를 들면 어떤 사람이 종이 되어 자기 생각대로 행동하지도 못하고 남에게 매여서, 가고 싶은 곳에도 갈 수 없이

지내다가 얼마 뒤 종살이에서 풀려난 것과도 같습니다. 그 사람은 이제 독립하여 더 이상 남에게 매이지 않고, 제 가고 싶은 대로 갈 수 있는 자유인이 되었습니다. 그에게 이런 생각이 들 것입니다. '나는 전에 종이 되어 내 생각대로 행동하지도 못하고 남에게 매여서, 가고 싶은 곳에도 갈 수 없이 지내다가 이제 종살이에서 풀려났다. 이제 나는 독립하여 더 이상 남에게 매이지 않고, 가고 싶은 대로 갈 수 있는 자유인이 되었다.'라고. 그로 인해 그는 환희롭고 마냥 행복하기만 할 것입니다."

73. "대왕이여, 예를 들면 어떤 부유하고 번창한 사람이 먹을 것도 없고 위험이 도사리는 사막을 걷는 것과 같습니다. 그 사람은 얼마 뒤 그 사막을 다 건너서 위험이 없는 안전한 처소인 마을 주변에 무사히 다다랐고 또 재산도 축나지 않았습니다. 그에게 이런 생각이 들 것입니다. '나는 전에 부유하고 번창했는데 먹을 것도 없고 위험이 도사리는 사막을 걸었다. 이제 나는 그 사막을 다 건너서 위험이 없는 안전한 처소인 마을 주변에 무사히 다다랐고 또 재산도 축나지 않았다.'라고. 그로 인해 그는 환희롭고 마냥 행복하기만 할 것입니다."

74. "대왕이여, 그와 마찬가지로 자신에게서 이들 다섯 가지 장애[五蓋]가 제거되지 못한 것을 관찰할 때 비구는 스스로를 빚진 사람, 환자, 옥에 갇힌 사람, 종, 사막을 걷는 여행자로 여깁니다. 그러나 자신에게서 이들 다섯 가지 장애가 제거되었음을 관찰할 때, 비구는 스스로를 빚에서 벗어난 사람, 병이 쾌유한 사람, 감옥의 굴레에서 풀려난 사람, 자유인, 그리고 안전한 곳에 다다른 사람으로 여깁니다."

초선(初禪)

75. "대왕이여, 그와 마찬가지로 자신에게서 이들 다섯 가지 장애가 제거되었음을 관찰할 때 환희가 생깁니다. 환희로운 자에게 희열이 생깁니다. 희열을 느끼는 자의 몸은 경안(輕安)합니다. 몸이 경안한 자는 행복을 느낍니다. 행복한 자의 마음은 삼매에 듭니다. 그는 감각적 욕망들을 완전히 떨쳐버리고 해로운 법[不善法]들을 떨쳐버린 뒤, 일으킨 생각[尋]과 지속적 고찰[伺]이 있고, 떨쳐버렸음에서 생긴 희열[喜]과 행복[樂]이 있는 초선(初禪)을 구족하여 머뭅니다. 그는 떨쳐버렸음에서 생긴 희열과 행복으로 이 몸을 흠뻑 적시고 충만하게 하고 가득 채우고 속속들이 스며들게 합니다. 온몸 구석구석 떨쳐버렸음에서 생긴 희열과 행복이 스며들지 않은 데가 없습니다."478)

76. "대왕이여, 예를 들면 솜씨 좋은 때밀이나 그의 조수가 금속 대야에 목욕가루를 가득 담아 놓고는 물을 알맞게 부어가며 계속 이기면 그 목욕가루덩이 [반죽]에 물기가 젖어들고 스며들어 물기가 안팎으로 흠뻑 스며들 뿐, 그 덩이가 물기를 흘려보내지 않는 것과 같습니다. 대왕이여, 그와 마찬가지로 비구는 떨쳐버렸음에서 생긴 희열과 행복으로 이 몸을 흠뻑 적시고 충만하게 하고 가득 채우고 속속들이 스며들게 합니다. 온몸 구석구석 떨쳐버렸음에서 생긴 희열과 행복이 스며들지 않은 데가 없습니다.

대왕이여, 이것 역시 스스로 보아 알 수 있는 출가생활의 결실479)

---

478) 이하 초선부터 4선까지의 정형구 속에 나타나는 중요한 술어들에 대한 설명은 『청정도론』 IV.74 이하에 자세하게 설명되어 있으므로 참조할 것.

479) 여기서부터 출가생활의 결실이라고 말씀하고 계신 것을 유념해서 봐야 한다. 다시 말하지만 4선 – 8통, 즉 초선부터 4선까지의 禪(본삼매), 지와 견

이니 앞에서 설명한 스스로 보아 알 수 있는 출가생활의 결실들보다 더 뛰어나고 더 수승한 것입니다."

제2선(二禪)

77. "대왕이여, 다시 비구는 일으킨 생각과 지속적 고찰을 가라앉혔기 때문에 자기 내면의 것이고, 확신이 있으며, 마음의 단일한 상태이고, 일으킨 생각과 지속적 고찰은 없고, 삼매에서 생긴 희열과 행복이 있는 제2선(二禪)을 구족하여 머뭅니다. 그는 삼매에서 생긴 희열과 행복으로 이 몸을 흠뻑 적시고 충만하게 하고 가득 채우고 속속들이 스며들게 합니다. 온몸 구석구석 삼매에서 생긴 희열과 행복이 스며들지 않은 데가 없습니다."

78. "대왕이여, 예를 들면 밑바닥에서 솟아나는 물로 채워지는 호수가 있다 합시다. 그런데 그 호수에는 동쪽에서 흘러들어오는 물도 없고, 서쪽에서 흘러들어오는 물도 없고, 북쪽에서 흘러들어오는 물도 없고, 남쪽에서 흘러들어오는 물도 없으며, 또 하늘에서 때때로 소나기마저도 내리지 않는다면 그 호수의 밑바닥에서 차가운 물줄기가 솟아올라 그 호수를 차가운 물로 흠뻑 적시고 충만케 하고 가득 채우고 속속들이 스며들게 할 것입니다. 그러면 온 호수의 어느 곳도 이 차가운 물이 스며들지 않은 곳이 없을 것입니다. 대왕이여, 그와 마찬가지로 비구는 삼매에서 생긴 희열과 행복으로 이 몸을 흠뻑 적시고 충만하게 하고 가득 채우고 속속들이 스며들게 합니다. 온몸 구

(위빳사나의 지혜), 마음으로 이루어진 몸, 육신통(여섯 가지 신통지/초월지)이 진정한 출가생활의 결실이라고 설하시는 것이 본 「사문과경」의 핵심이다.

석구석 삼매에서 생긴 희열과 행복이 스며들지 않은 데가 없습니다.

대왕이여, 이것 역시 스스로 보아 알 수 있는 출가생활의 결실이니 앞에서 설명한 스스로 보아 알 수 있는 출가생활의 결실들보다 더 뛰어나고 더 수승한 것입니다."

제3선(三禪)

79. "대왕이여, 다시 비구는 희열이 빛바랬기 때문에 평온하게 머물고, 마음챙기고 알아차리며[正念·正知] 몸으로 행복을 경험한다. [이 禪 때문에] 성자들이 그를 두고 '평온하고 마음챙기며 행복하게 머문다.'고 묘사하는 제3선(三禪)을 구족하여 머뭅니다. 그는 희열이 사라진 행복으로 이 몸을 흠뻑 적시고 충만하게 하고 가득 채우고 속속들이 스며들게 합니다. 온몸 구석구석 희열이 사라진 행복이 스며들지 않은 데가 없습니다."

80. "대왕이여, 예를 들면 청련이나 홍련이나 백련이 피어 있는 호수에 어떤 청련이나 홍련이나 백련들이 물속에서 생기고 자라서 물 밖으로 나오지 않고 물속에 잠긴 채 무성하게 어우러져 있는데, 차가운 물이 그 꽃들을 꼭대기에서 뿌리까지 흠뻑 적시고 충만하게 하고 가득 채우고 속속들이 스며든다면 그 청련이나 홍련이나 백련의 어떤 부분도 물이 스며들지 않은 곳이 없을 것입니다. 대왕이여, 그와 마찬가지로 비구는 희열이 사라진 행복으로 이 몸을 흠뻑 적시고 충만하게 하고 가득 채우고 속속들이 스며들게 합니다. 온몸 구석구석 희열이 사라진 행복이 스며들지 않은 데가 없습니다.

대왕이여, 이것 역시 스스로 보아 알 수 있는 출가생활의 결실이니 앞에서 설명한 스스로 보아 알 수 있는 출가생활의 결실들보다 더 뛰어나고 더 수승한 것입니다."

제4선(四禪)

81. "대왕이여, 다시 비구는 행복도 버리고 괴로움도 버리고, 아울러 그 이전에 이미 기쁨과 슬픔을 소멸하였으므로 괴롭지도 즐겁지도 않으며, 평온으로 인해 마음챙김이 청정한[捨念淸淨] 제4선(四禪)을 구족하여 머뭅니다. 그는 이 몸을 지극히 청정하고 지극히 깨끗한 마음으로 속속들이 스며들게 하고서 앉아 있습니다. 온몸 구석구석 지극히 청정하고 지극히 깨끗한 마음이 스며들지 않은 데가 없습니다."

82. "대왕이여, 예를 들면 사람이 머리까지 온몸에 하얀 천을 덮어쓰고 앉아 있다면 그의 몸 어느 부분도 하얀 천으로 덮이지 않은 곳이 없을 것입니다. 대왕이여, 그와 마찬가지로 비구는 이 몸을 지극히 청정하고 지극히 깨끗한 마음으로 속속들이 스며들게 하고서 앉아 있습니다. 온몸 구석구석 지극히 청정하고 지극히 깨끗한 마음이 스며들지 않은 데가 없습니다.

대왕이여, 이것 역시 스스로 보아 알 수 있는 출가생활의 결실이니 앞에서 설명한 스스로 보아 알 수 있는 출가생활의 결실들보다 더 뛰어나고 더 수승한 것입니다."

위빳사나의 지혜(vipassanā-ñāṇa)

83. "그가 이와 같이 마음이 집중되고, 청정하고, 깨끗하고, 흠이 없고, 오염원이 사라지고, 부드럽고, 활발발(活潑潑)하고,480) 안정

480) '활발발(活潑潑)하고'로 의역을 한 원어는 kammaniya인데 문자적으로는 '일에 적합한, 수행하기에 적합한'이란 뜻이다. 『청정도론』에서는 "신통의 기초(iddhipāda, 如意足, 성취수단)가 되는 상태에 다가갔기 때문에

되고, 흔들림이 없는 상태에 이르렀을 때[481] 지(知)와 견(見)[482]으로

일에 적합하다."라고 설명하고 있다.(Vis.XII.19)

481) 이 '마음이 집중되고' 등의 여덟 가지는 『청정도론』 XII.13~19에 잘 설명되어 있다. 『청정도론』에 의하면 여기서 말하는 마음은 색계 마음이고 삼매에 든다는 말은 제4선으로써 삼매에 든다고 설명한다.(『청정도론』 XII.13) 왜냐하면 제4선은 신통지(초월지)를 위한 기초가 되는 선(padakajjhāna)이기 때문이다.(기초가 되는 선은 신통지를 이해하는 데 가장 중요한 개념이다. 여기에 대해서는 『청정도론』 XII.57 이하를 참조할 것)

『청정도론 복주서』(Pm)는 다음과 같이 설명하고 있다.

"집중되고, 청정하고, 깨끗하고, 흠이 없고, 오염원이 사라지고, 부드럽고, 활발발하고, 흔들림이 없는 상태를 [신통지의] 여덟 가지 구성요소라고 한다. 혹은 이들이 삼매에 든 마음의 구성요소이기 때문에 '집중되고'를 구성요소로 취하는 대신 마지막의 안정된 상태와 흔들림이 없는 상태를 분리하여 여덟 가지 구성요소가 된다.(Pm.368)"

482) 주석서에서는 지와 견(ñāṇa-dassana)을 다음의 다섯으로 설명한 뒤에 여기서는 위빳사나의 지혜를 말한다고 설명하고 있다.

"도의 지혜도 지와 견이라 말씀하셨고, 과의 지혜와 일체를 아는 지혜[一切知智]와 반조하는 지혜와 위빳사나의 지혜도 지와 견이라 말씀하셨다. ① '도반이여, 그러면 지와 견의 청정을 위해서 세존 아래서 청정범행을 닦으십니까?(M24)'라는 데서는 도의 지혜(magga-ñāṇa)를 지와 견이라고 말씀하셨다. ② '인간의 법을 능가하는 성자에게 어울리는 특별한 지와 견을 증득하여 편히 머무는 것입니다.(M31)'라는 데서는 과의 지혜(phala-ñāṇa)를 지와 견이라고 말씀하셨다. ③ '세존에게도 알라라 깔라마는 칠 일 전에 임종을 했구나라는 지와 견이 일어났다.'라는 데서는 일체를 아는 지혜(sabbaññutañ-ñāṇa)를 말씀하셨다. ④ '나에게는 나의 해탈은 확고부동하다. 이것이 나의 마지막 태어남이며, 이제 더 이상의 다시 태어남[再生]은 없다라는 지와 견이 일어났다.'라는 데서는 반조의 지혜(paccavekkhaṇa-ñāṇa)를 말씀하셨다. ⑤ 그러나 여기서 '지와 견으로 마음을 [향하게 하고]'라고 설하신 것은 위빳사나의 지혜(vipassanā-ñāṇa)를 지와 견이라고 말씀하시는 것이다."(DA.i.220)

일반적으로 주석서와 아비담마에서는 열 가지 위빳사나의 지혜를 언급한다. 여기에 대해서는 『아비담마 길라잡이』 9장 §25와 §§32~33, 그리고 『청정도론』 XX와 XXI에서 상세하게 설명되어 있다. 그리고 도의 지혜

마음을 향하게 하고 기울게 합니다.483) 그는 이와 같이 꿰뚫어 압니다. '나의 이 몸은 물질로 된 것이고, 네 가지 근본물질[四大]로 이루어진 것484)이며, 부모에서 생겨났고, 밥과 죽으로 집적되었으며, 무상하고 파괴되고 분쇄되고 해체되고 분해되기 마련이다. 그런데 나의 이 알음알이는 여기에 의지하고 여기에 묶여 있다.'라고."485)

84. "대왕이여, 예를 들면 깨끗하고 최상품인 유리 보석이 팔각형이고 아주 잘 가공되고 맑고 투명하여 모든 특질을 다 갖추었으며 푸르고 누르고 붉고 흰 실이나 갈색 실로 묶여 있다 합시다. 그것을 눈이 있는 사람이 손에 놓고서 '이 유리 보석은 깨끗하고 최상품이며 팔각형이고 아주 잘 가공되고 맑고 투명하여 모든 특질을 다 갖추었는데 푸르고 누르고 붉고 흰 실이나 갈색 실로 묶여 있구나.'라고 살펴보는 것과 같습니다.

와 과의 지혜는 『청정도론』 XXII장에서 상세하게 설명되어 있으며 반조의 지혜는 『청정도론』 XXII.19 이하와 『아비담마 길라잡이』 9장 §34의 해설을 참조하면 된다.

483) 마음을 지와 견을 향해서 기울인다는 뜻이다. 이하 다른 신통의 문맥에서도 같은 의미이다.

484) '네 가지 근본물질로 이루어진 것'은 cātummahābhūtika의 역어인데 네 가지 근본물질을 뜻하는 catu-mahābhūta에서 파생된 단어이며 四大로 한역되었다. 불교에서는 (1) 땅의 요소(paṭhavī-dhātu, 地界) (2) 물의 요소(āpo-dhātu, 水界) (3) 불의 요소(tejo-dhātu, 火界) (4) 바람의 요소(vāyo-dhātu, 風界)를 네 가지 근본물질이라 부른다. 이것은 물질을 구성하는 가장 기본적인 요소들인데 이들은 서로 분리될 수 없으며 이들이 여러 형태로 조합되어 작은 것은 미진에서부터 큰 것으로는 큰 산에 이르기까지 모든 물질을 구성한다.

485) 이 문장은 『청정도론』 XX.13 이하에 상세하게 설명되어 있는 '깔라빠에 대한 명상'과 XX.76 이하에 설명되어 있는 '정신의 칠개조를 통한 명상'에 견주어 볼 수 있다. 이런 점을 들어 주석서에서는 여기서 언급되는 지와 견을 위빳사나의 지혜라고 설명하고 있는 것이다.

대왕이여, 그와 마찬가지로 그는 이와 같이 마음이 집중되고, 청정하고, 깨끗하고, 흠이 없고, 오염원이 사라지고, 부드럽고, 활발발하고, 안정되고, 흔들림이 없는 상태에 이르렀을 때 지와 견으로 마음을 향하게 하고 기울게 합니다. 그는 이와 같이 꿰뚫어 압니다. '나의 이 몸은 물질로 된 것이고, 네 가지 근본물질[四大]로 이루어진 것이며, 부모에서 생겨났고, 밥과 죽으로 집적되었으며, 무상하고 파괴되고 분쇄되고 해체되고 분해되기 마련이다. 그런데 나의 이 알음알이는 여기에 의지하고 여기에 묶여 있다.'라고.

대왕이여, 이것 역시 스스로 보아 알 수 있는 출가생활의 결실이니 앞에서 설명한 스스로 보아 알 수 있는 출가생활의 결실들보다 더 뛰어나고 더 수승한 것입니다."

마음으로 만든 신통의 지혜(manomayiddhi-ñāṇa)

85. "그는 이와 같이 마음이 집중되고, 청정하고, 깨끗하고, 흠이 없고, 오염원이 사라지고, 부드럽고, 활발발하고, 안정되고, 흔들림이 없는 상태에 이르렀을 때 마음으로 만든 몸486)으로 마음을 향하게 하고 기울게 합니다. 그는 이 몸으로부터 형상을 가지고, 마음으로 이루어지고, 모든 수족이 다 갖추어지고, 감각기능[根]이 결여되

486) 『청정도론』 XII.25에서는 "[자기의] 몸 안에서 마음으로 만든 [다른] 몸을 생기게 하기 때문에 마음으로 [다른 몸을] 만드는(manomaya) 신통이라 한다."고 설명하고 있다. 그리고 『청정도론』 XII.135에서는 이 정형구에 나타나는 단어들을 다음과 같이 설명하고 있다.
"마음으로 이루어지고: 결의하는 마음(『청정도론』 XII.57 이하 참조)으로 만들어졌기 때문에 마음으로 이루어진 것이다. 감각기능[根]이 결여되지 않은: 이것은 눈, 귀 등의 형상으로 설했다. 그러나 창조된 형상에 감성(感性, 감성의 물질 『아비담마 길라잡이』 6장 §3의 해설 2 참조)은 없다."

지 않은 다른 몸을 만들어냅니다."

86. "대왕이여, 예를 들면 사람이 문자 풀로부터 갈대를 골라내는 것과 같습니다. 그에게 이런 생각이 들 것입니다. '이것은 문자 풀이고 이것은 갈대이다. 문자 풀과 갈대는 다르다. 문자 풀로부터 갈대가 제거되었다.'라고. 대왕이여, 다시 예를 들면 사람이 칼을 칼집에서 끄집어내는 것과 같습니다. 그에게 이런 생각이 들 것입니다. '이것은 칼이고 이것은 칼집이다. 칼과 칼집은 다르다. 칼집으로부터 칼은 끄집어내졌다.'라고. 대왕이여, 다시 예를 들면 사람이 뱀을 개미집으로부터 끄집어내는 것과 같습니다. 그에게 이런 생각이 들 것입니다. '이것은 뱀이고 이것은 개미집이다. 뱀과 개미집은 다르다. 개미집으로부터 뱀은 끄집어내졌다.'라고.

대왕이여, 그와 마찬가지로 그는 마음이 집중되고, 청정하고, 깨끗하고, 흠이 없고, 오염원이 사라지고, 부드럽고, 활발발하고, 안정되고, 흔들림이 없는 상태에 이르렀을 때 마음으로 만든 몸으로 마음을 향하게 하고 기울게 합니다. 그는 이 몸으로부터 형상을 가지고, 마음으로 이루어지고, 모든 수족이 다 갖추어지고, 감각기능[根]이 결여되지 않은 다른 몸을 만들어냅니다.

대왕이여, 이것 역시 스스로 보아 알 수 있는 출가생활의 결실이니 앞에서 설명한 스스로 보아 알 수 있는 출가생활의 결실들보다 더 뛰어나고 더 수승한 것입니다."

신통변화의 지혜[神足通, iddhividha-ñāṇa]

87. "그는 이와 같이 마음이 집중되고, 청정하고, 깨끗하고, 흠이 없고, 오염원이 사라지고, 부드럽고, 활발발하고, 안정되고, 흔들

림이 없는 상태에 이르렀을 때 신통변화[神足通][487]로 마음을 향하게 하고 기울게 합니다. 하나인 채 여럿이 되기도 하고, 여럿이 되었다가 하나가 되기도 합니다. 나타났다 사라졌다 하고, 벽이나 담이나 산을 아무런 장애 없이 통과하기를 마치 허공에서처럼 합니다. 땅에서도 떠올랐다 잠겼다 하기를 물속에서처럼 합니다. 물 위에서 빠지지 않고 걸어가기를 땅 위에서처럼 합니다. 가부좌한 채 허공을 날아가기를 날개 달린 새처럼 합니다. 저 막강하고 위력적인 태양과 달을 손으로 만져 쓰다듬기도 하며, 심지어는 저 멀리 범천의 세상에까지도 몸의 자유자재함을 발합니다."

88. "대왕이여, 예를 들면 숙련된 도기공이나 도기공의 제자가 잘 준비된 진흙으로부터 그릇을 원하는 대로 만들고 빚어내는 것과 같습니다. 대왕이여, 다시 예를 들면 숙련된 상아 세공자나 그의 제자가 잘 준비된 상아로부터 어떤 상아 제품이든 원하는 대로 만들고 빚어내는 것과 같습니다. 대왕이여, 다시 예를 들면 숙련된 금세공자나 그의 제자가 잘 준비된 금으로부터 어떤 금제품이든 원하는 대로 만들어내고 빚어내는 것과 같습니다.

대왕이여, 그와 마찬가지로 그는 마음이 집중되고, 청정하고, 깨끗하고, 흠이 없고, 오염원이 사라지고, 부드럽고, 활발발하고, 안정되고, 흔들림이 없는 상태에 이르렀을 때 신통변화[神足通]로 마음을 향하게 하고 기울게 합니다. 하나인 채 여럿이 되기도 하고 여럿이 되었다가 하나가 되기도 합니다. 나타났다 사라졌다 하고 벽이나 담이

487) 이하 본 문단의 신통변화부터 §98의 누진통까지를 일반적으로 육신통(줄여서 육통) 혹은 여섯 가지 신통지(chaḷabhiññā)라고 부른다.
그리고 여기 본문에 나타나는 신통변화[神足通, iddhividha]의 정형구는 『청정도론』 XII장 전체에 상세하게 설명되어 있다.

나 산을 아무런 장애 없이 통과하기를 마치 허공에서처럼 합니다. 땅에서도 떠올랐다 잠겼다 하기를 물속에서처럼 합니다. 물 위에서 빠지지 않고 걸어가기를 땅 위에서처럼 합니다. 가부좌한 채 허공을 날아가기를 날개 달린 새처럼 합니다. 저 막강하고 위력적인 태양과 달을 손으로 만져 쓰다듬기도 하며 심지어는 저 멀리 범천의 세상에까지도 몸의 자유자재함을 발합니다.

대왕이여, 이것 역시 스스로 보아 알 수 있는 출가생활의 결실이니 앞에서 설명한 스스로 보아 알 수 있는 출가생활의 결실들보다 더 뛰어나고 더 수승한 것입니다."

신성한 귀의 지혜[天耳通, dibbasota-ñāṇa]

89. "그는 이와 같이 마음이 집중되고, 청정하고, 깨끗하고, 흠이 없고, 오염원이 사라지고, 부드럽고, 활발발하고, 안정되고, 흔들림이 없는 상태에 이르렀을 때 신성한 귀의 요소[天耳界]로 마음을 향하게 하고 기울게 합니다. 그는 인간의 능력을 넘어선 청정하고 신성한 귀의 요소로 천상이나 인간의 소리 둘 다를 멀든 가깝든 간에 다 듣습니다.[天耳通]"488)

90. "대왕이여, 예를 들면 먼 길을 여행하는 자가 큰북소리, 무딩가 북소리, 고둥소리, 빠나와 북소리, 딘디마 북소리를 듣는 것과 같습니다. 그에게 이런 생각이 들 것입니다. '이것은 큰북소리다. 이것은 무딩가 북소리다. 이것은 고둥소리다. 이것은 빠나와 북소리다. 이것은 딘디마 북소리다.'라고.

---

488) 본문에 나타나는 신성한 귀의 요소[天耳界, 天耳通, dibba-sotadhātu]의 정형구는 『청정도론』 XIII.1~7에 상세하게 설명되어 있다.

대왕이여, 그와 마찬가지로 그는 마음이 집중되고, 청정하고, 깨끗하고, 흠이 없고, 오염원이 사라지고, 부드럽고, 활발발하고, 안정되고, 흔들림이 없는 상태에 이르렀을 때 신성한 귀의 요소[天耳界]로 마음을 향하게 하고 기울게 합니다. 그는 인간의 능력을 넘어선 청정하고 신성한 귀의 요소로 천상이나 인간의 소리 둘 다를 멀든 가깝든 간에 다 듣습니다.

대왕이여, 이것 역시 스스로 보아 알 수 있는 출가생활의 결실이니 앞에서 설명한 스스로 보아 알 수 있는 출가생활의 결실들보다 더 뛰어나고 더 수승한 것입니다."

[남의] 마음을 아는 지혜[他心通, cetopariya-ñāṇa]

91. "그는 이와 같이 마음이 집중되고, 청정하고, 깨끗하고, 흠이 없고, 오염원이 사라지고, 부드럽고, 활발발하고, 안정되고, 흔들림이 없는 상태에 이르렀을 때 [남의] 마음을 아는 지혜[他心通][489]로 마음을 향하게 하고 기울게 합니다. 그는 자기의 마음으로 다른 중생들과 다른 인간들의 마음을 꿰뚫어 압니다.

① 탐욕이 있는 마음은 탐욕이 있는 마음이라고 꿰뚫어 알고

② 탐욕을 여읜 마음은 탐욕을 여읜 마음이라고 꿰뚫어 압니다.

③ 성냄이 있는 마음은 성냄이 있는 마음이라고 꿰뚫어 알고

④ 성냄을 여읜 마음은 성냄을 여읜 마음이라고 꿰뚫어 압니다.

⑤ 어리석음이 있는 마음은 어리석음이 있는 마음이라고 꿰뚫어 알고

⑥ 어리석음을 여읜 마음은 어리석음을 여읜 마음이라고 꿰뚫어

---

489) 본문에 나타나는 [남의] 마음을 아는 지혜[他心通, cetopariyañāṇa]의 정형구는 『청정도론』 XIII.8~12에 상세하게 설명되어 있다.

압니다.

⑦ 수축한 마음은 수축한 마음이라고 꿰뚫어 알고

⑧ 흩어진 마음은 흩어진 마음이라고 꿰뚫어 압니다.

⑨ 고귀한 마음은 고귀한 마음이라고 꿰뚫어 알고

⑩ 고귀하지 않은 마음은 고귀하지 않은 마음이라고 꿰뚫어 압니다.

⑪ 위가 있는 마음은 위가 있는 마음이라고 꿰뚫어 알고

⑫ 위가 없는 마음은 위가 없는 마음이라고 꿰뚫어 압니다.

⑬ 삼매에 든 마음은 삼매에 든 마음이라고 꿰뚫어 알고

⑭ 삼매에 들지 않은 마음은 삼매에 들지 않은 마음이라고 꿰뚫어 압니다.

⑮ 해탈한 마음은 해탈한 마음이라고 꿰뚫어 알고

⑯ 해탈하지 않은 마음은 해탈하지 않은 마음이라고 꿰뚫어 압니다."

92. "대왕이여, 예를 들면 여인이나 남자가 젊으면 치장하기를 좋아하여 깨끗하고 흠 없는 거울이나 맑은 물에 자신의 얼굴모습을 비추어 보면서 점이 있는 것은 점이 있다고 알고 점이 없는 것은 없다고 아는 것과 같습니다.

대왕이여, 그와 마찬가지로 그는 마음이 집중되고, 청정하고, 깨끗하고, 흠이 없고, 오염원이 사라지고, 부드럽고, 활발발하고, 안정되고, 흔들림이 없는 상태에 이르렀을 때 [남의] 마음을 아는 지혜[他心通]로 마음을 향하게 하고 기울게 합니다. 그는 자기의 마음으로 다른 중생들과 다른 인간들의 마음에 대하여 꿰뚫어 압니다.

① 탐욕이 있는 마음은 탐욕이 있는 마음이라고 꿰뚫어 알고

… <생략> …

⑯ 해탈하지 않은 마음은 해탈하지 않은 마음이라고 꿰뚫어 압니다.

대왕이여, 이것 역시 스스로 보아 알 수 있는 출가생활의 결실이니 앞에서 설명한 스스로 보아 알 수 있는 출가생활의 결실들보다 더 뛰어나고 더 수승한 것입니다."

전생을 기억하는 지혜[宿命通, pubbenivāsānussati-ñāṇa]

93. "그는 이와 같이 마음이 집중되고, 청정하고, 깨끗하고, 흠이 없고, 오염원이 사라지고, 부드럽고, 활발발하고, 안정되고, 흔들림이 없는 상태에 이르렀을 때 전생을 기억하는 지혜[宿命通]490)로 마음을 향하게 하고 기울게 합니다. 그는 한량없는 전생의 갖가지 삶들을 기억합니다. 즉 한 생, 두 생, 세 생, 네 생, 다섯 생, 열 생, 스무 생, 서른 생, 마흔 생, 쉰 생, 백 생, 천 생, 십만 생, 세계가 수축하는 여러 겁, 세계가 팽창하는 여러 겁, 세계가 수축하고 팽창하는 여러 겁을 기억합니다. '어느 곳에서 이런 이름을 가졌고, 이런 종족이었고, 이런 용모를 가졌고, 이런 음식을 먹었고, 이런 행복과 고통을 경험했고, 이런 수명의 한계를 가졌고, 그곳에서 죽어 다른 어떤 곳에 다시 태어나 그곳에서는 이런 이름을 가졌고, 이런 종족이었고, 이런 용모를 가졌고, 이런 음식을 먹었고, 이런 행복과 고통을 경험했고, 이런 수명의 한계를 가졌고, 그곳에서 죽어 여기 다시 태어났다.'라고. 이처럼 한량없는 전생의 갖가지 모습들을 그 특색과 더불어 상세하게 기억해냅니다."

94. "대왕이여, 예를 들면 사람이 자기 마을로부터 다른 마을로 갔다가 다시 또 다른 마을로 갔다가 자기 마을로 되돌아온 것과 같습

---

490) 본문에 나타나는 전생을 기억하는 지혜[宿命通, pubbenivāsānussati-ñāṇa]의 정형구는 『청정도론』 XIII.13~71에 상세하게 설명되어 있다.

니다. 그에게 이런 생각이 들 것입니다. '나는 우리 마을로부터 다른 마을로 갔다. 그곳에서 이와 같이 서있었고, 이와 같이 앉아있었고, 이와 같이 말하였고, 이와 같이 침묵하였다. 나는 그 마을로부터 다시 다른 마을로 갔다. 그곳에서 이와 같이 서있었고, 이와 같이 앉아있었고, 이와 같이 말하였고, 이와 같이 침묵하였다. 그리고 그 마을로부터 다시 우리 마을로 되돌아왔다.'라고.

대왕이여, 그와 마찬가지로 그는 마음이 집중되고, 청정하고, 깨끗하고, 흠이 없고, 오염원이 사라지고, 부드럽고, 활발발하고, 안정되고, 흔들림이 없는 상태에 이르렀을 때 전생을 기억하는 지혜[宿命通]로 마음을 향하게 하고 기울게 합니다. 그는 한량없는 전생의 갖가지 삶들을 기억합니다. 즉 한 생, 두 생, 세 생, 네 생, 다섯 생, 열 생, 스무 생, 서른 생, 마흔 생, 쉰 생, 백 생, 천 생, 십만 생, 세계가 수축하는 여러 겁, 세계가 팽창하는 여러 겁, 세계가 수축하고 팽창하는 여러 겁을 기억합니다. '어느 곳에서 이런 이름을 가졌고, 이런 종족이었고, 이런 용모를 가졌고, 이런 음식을 먹었고, 이런 행복과 고통을 경험했고, 이런 수명의 한계를 가졌고, 그곳에서 죽어 다른 어떤 곳에 다시 태어나 그곳에서는 이런 이름을 가졌고, 이런 종족이었고, 이런 용모를 가졌고, 이런 음식을 먹었고, 이런 행복과 고통을 경험했고, 이런 수명의 한계를 가졌고, 그곳에서 죽어 여기 다시 태어났다.'라고. 이처럼 한량없는 전생의 갖가지 모습들을 그 특색과 더불어 상세하게 기억해냅니다.

대왕이여, 이것 역시 스스로 보아 알 수 있는 출가생활의 결실이니 앞에서 설명한 스스로 보아 알 수 있는 출가생활의 결실들보다 더 뛰어나고 더 수승한 것입니다."

신성한 눈의 지혜[天眼通, dibbacakkhu-ñāṇa]

95. "그는 이와 같이 마음이 집중되고, 청정하고, 깨끗하고, 흠이 없고, 오염원이 사라지고, 부드럽고, 활발발하고, 안정되고, 흔들림이 없는 상태에 이르렀을 때 중생들의 죽음과 다시 태어남을 [아는] 지혜[天眼通]491)로 마음을 향하게 하고 기울게 합니다. 그는 청정하고 인간을 넘어선 신성한 눈[天眼]으로 중생들이 죽고 태어나고, 천박하고 고상하고, 잘생기고 못생기고, 좋은 곳[善處]에 가고 나쁜 곳[惡處]에 가는 것을 보고, 중생들이 지은 바 그 업에 따라가는 것을 꿰뚫어 압니다. '이들은 몸으로 못된 짓을 골고루 하고 입으로 못된 짓을 골고루 하고 또 마음으로 못된 짓을 골고루 하고, 성자들을 비방하고, 삿된 견해를 지니어 사견업(邪見業)을 지었다. 이들은 죽어서 몸이 무너진 다음에는 비참한 곳, 나쁜 곳[惡處], 파멸처, 지옥에 태어났다. 그러나 이들은 몸으로 좋은 일을 골고루 하고 입으로 좋은 일을 골고루 하고 마음으로 좋은 일을 골고루 하고 성자들을 비방하지 않고 바른 견해를 지니고 정견업(正見業)을 지었다. 이들은 죽어서 몸이 무너진 다음에는 좋은 곳[善處], 천상세계에 태어났다.'라고. 이와 같이 그는 청정하고 인간을 넘어선 신성한 눈으로 중생들이 죽고 태어나고, 천박하고 고상하고, 잘생기고 못생기고, 좋은 곳[善處]에 가고 나쁜 곳[惡處]에 가는 것을 보고, 중생들이 지은 바 그 업에 따라서 가는 것을 꿰뚫어 압니다."

96. "대왕이여, 예를 들면 사거리의 가운데에 높은 누각이 있는

491) 본문에 나타나는 중생들의 죽음과 다시 태어남을 [아는] 지혜[天眼通, cutūpapātañāṇa]의 정형구는 『청정도론』 XIII.72~101에 상세하게 설명되어 있다.

데 시력 좋은 사람이 거기에 서서 사람들이 집에 들어가고 나오는 것과 길을 걷거나 사거리 가운데 앉아 있는 것을 보는 것과 같습니다. 그에게 이런 생각이 들 것입니다. '이 사람들은 집에 들어가는구나, 이들은 나오는구나, 이들은 길을 걷고 있구나, 이들은 사거리 가운데 앉아 있구나.'라고.

대왕이여, 그와 마찬가지로 그는 마음이 집중되고, 청정하고, 깨끗하고, 흠이 없고, 오염원이 사라지고, 부드럽고, 활발발하고, 안정되고, 흔들림이 없는 상태에 이르렀을 때 중생들의 죽음과 다시 태어남을 [아는] 지혜[天眼通]로 마음을 향하게 하고 기울게 합니다. 그는 청정하고 인간을 넘어선 신성한 눈[天眼]으로 중생들이 죽고 태어나고, 천박하고 고상하고, 잘생기고 못생기고, 좋은 곳[善處]에 가고 나쁜 곳[惡處]에 가는 것을 보고, 중생들이 지은 바 그 업에 따라가는 것을 꿰뚫어 압니다. '이들은 몸으로 못된 짓을 골고루 하고 입으로 못된 짓을 골고루 하고 또 마음으로 못된 짓을 골고루 하고, 성자들을 비방하고, 삿된 견해를 지니어 사견업(邪見業)을 지었다. 이들은 죽어서 몸이 무너진 다음에는 비참한 곳, 나쁜 곳[惡處], 파멸처, 지옥에 태어났다. 그러나 이들은 몸으로 좋은 일을 골고루 하고 입으로 좋은 일을 골고루 하고 마음으로 좋은 일을 골고루 하고 성자들을 비방하지 않고 바른 견해를 지니고 정견업(正見業)을 지었다. 이들은 죽어서 몸이 무너진 다음에는 좋은 곳[善處], 천상세계에 태어났다.'라고. 이와 같이 그는 청정하고 인간을 넘어선 신성한 눈으로 중생들이 죽고 태어나고, 천박하고 고상하고, 잘생기고 못생기고, 좋은 곳[善處]에 가고 나쁜 곳[惡處]에 가는 것을 보고, 중생들이 지은 바 그 업에 따라서 가는 것을 꿰뚫어 압니다.

대왕이여, 이것 역시 스스로 보아 알 수 있는 출가생활의 결실이니 앞에서 설명한 스스로 보아 알 수 있는 출가생활의 결실들보다 더 뛰어나고 더 수승한 것입니다."

번뇌를 소멸하는 지혜[漏盡通, āsavakkhaya-ñāṇa]

97. "그는 이와 같이 마음492)이 집중되고, 청정하고, 깨끗하고, 흠이 없고, 오염원이 사라지고, 부드럽고, 활발발하고, 안정되고, 흔들림이 없는 상태에 이르렀을 때 모든 번뇌493)를 소멸하는 지혜[漏盡通]494)로 마음495)을 향하게 하고 기울게 합니다. 그는 '이것이 괴로

---

492) "여기서는 '위빳사나의 기초가 되는(vipassanā-pādaka) 제4선의 마음'이라고 알아야 한다."(DA.i.224)
즉 앞의 마음으로 만든 몸과 다섯 가지 신통지는 모두 '신통의 기초가 되는 제4선의 마음'이지만 이 누진통은 위빳사나로 성취되기 때문에 위빳사나의 기초가 되는 제4선의 마음이라고 주석서는 설명하고 있다.

493) '번뇌'로 옮긴 아사와(āsava)는 ā(향하여)+√sru(*to flow*)에서 파생된 남성명사이다. '흐르는 것'이라는 문자적인 뜻에서 원래는 종기에서 흘러나오는 고름이나 오랫동안 발효된 술(madira) 등을 뜻했다고 주석가들은 말한다.(DhsA.48) 이것이 우리 마음의 해로운 상태를 나타내는 말로 정착이 된 것이며 중국에서는 煩惱라고 옮겼다. 이런 마음상태들을 아사와(āsava, 흘러나오는 것)라고 부르는 이유는 이것도 흘러나오는 고름이나 악취나는 술과 같기 때문이다. 주석가들이 불교식으로 해석하여 이것을 아사와(흘러나오는 것)라 부르는 이유는 이것이 공간으로서는 최고로 높은 존재 즉 비상비비상처까지 흘러가고, 법(dhamma)으로는 고뜨라부[種姓, 『아비담마 길라잡이』 9장 §34를 참조)의 영역에까지 흘러들기 때문이라고 설명한다.(DhsA.48)

494) "번뇌들의 소멸(āsavānaṁ khayo)이란 도과 과와 열반과 해체(bhaṅga)를 두고 한 말이다. '소멸에 대한 지혜, 일어나지 않음에 대한 지혜'라는 데서는 도가 번뇌들의 소멸이라고 설하셨다. '번뇌들을 소멸하기 때문에 사문이 된다.'(M.i.284)라는 데서는 과(phala)가 번뇌들의 소멸이라고 설하셨다. '남의 허물을 관찰하고 항상 [남의] 잘못을 인식하려 드는 자의 번뇌는 증가하나니 그런 자는 번뇌의 소멸로부터 저 멀리 있다.'(Dhp.253)라는 데서는 열반이 번뇌들의 소멸이라고 설하셨다. '번뇌들을 소멸하고 사

움이다.'라고 있는 그대로 꿰뚫어 압니다.496) '이것이 괴로움의 일어남이다.'라고 있는 그대로 꿰뚫어 압니다. '이것이 괴로움의 소멸이다.'라고 있는 그대로 꿰뚫어 압니다. '이것이 괴로움의 소멸로 인도하는 도닦음이다.'라고 있는 그대로 꿰뚫어 압니다. '이것이 번뇌다.' 497) 라고 있는 그대로 꿰뚫어 압니다.498) '이것이 번뇌의 일어남이다.'라

라지게 하고 부수는 것은 무상함을 통한 사라짐이다.'라는 데서는 해체가 번뇌들의 소멸이라고 설하셨다. 본문에서는 그러나 열반과 동의어이며 [이렇게 하여] 아라한도가 있게 된다."(DA.i.224)

495) 여기서도 이 마음을 두고 '위빳사나의 마음(vipassanā-citta)'이라고 주석서는 설명하고 있다.(*Ibid*)

496) 여기서 언급되는 사성제의 관통(sacca-abhisamaya)에 대해서는 『청정도론』 XXII.92~103을 참조할 것.

497) 원문은 ime āsavā인데 ime와 āsavā는 둘 다 복수이다. 그래서 직역하면 '이것들이 번뇌들이다.'가 된다. 본문에서 감각적 욕망의 번뇌와 존재의 번뇌와 무명의 번뇌를 들고 있기 때문에 복수로 표현한 것이다. 바로 다음에 언급되는 [번뇌의] 일어남과 소멸과 도닦음은 모두 단수로 나타나는데 이 셋과 조화를 유지하기 위해서 '이것이 번뇌다.'로 단수로 옮겼다.

498) "이와 같이 진리들[四諦]을 그 각각의 성질에 따라 보여 주신 뒤 다시 [번뇌라 불리는 - DAṬ.i.350] 오염원(kilesa)을 통해서 방편(pariyāya)에 따라 [사성제를 - *Ibid*] 보여 주시면서 '이것이 번뇌다.'라는 등으로 말씀하셨다."(DA.i.225)

"번뇌들은 그 [괴로움의 진리]에 포함되기 때문에(tappariyāpannattā) 괴로움의 진리[苦諦]에 대한 방편이고, 나머지 진리들은 번뇌들의 일어남 등의 방편이기 때문에 '방편에 따라'라고 하였다."(DAṬ.i.351)

이처럼 사성제의 관통을 설하신 뒤에 번뇌와 그 집·멸·도를 다시 설하시는 것은 방편이기 때문에 사성제의 철견이야말로 청정범행의 완성이요, 해탈·열반의 실현이라고 이해할 수 있다. 그래서 부처님께서는 왜 자신이 깨달은 자 즉 부처인가 하는 것을 『숫따니빠따』에서 다음과 같이 명료하게 밝히셨는데 이는 깨달음에 대한 만대의 표준이 되는 분명한 선언이다.

"나는 알아야 할 것[苦聖諦]을 알았고,
닦아야 할 것[道聖諦]을 닦았고,
버려야 할 것(갈애, 集聖諦)을 버렸다.
바라문이여, 그래서 나는 붓다(깨달은 자)이다.(Sn.558)"

고 있는 그대로 꿰뚫어 압니다. '이것이 번뇌의 소멸이다.'라고 있는 그대로 꿰뚫어 압니다. '이것이 번뇌의 소멸로 인도하는 도닦음이다.'라고 있는 그대로 꿰뚫어 압니다. 이와 같이 알고 이와 같이 보는 그는 감각적 욕망에 기인한 번뇌[欲漏]에서 마음이 해탈합니다. 존재에 기인한 번뇌[有漏]에서도 마음이 해탈합니다. 무명에 기인한 번뇌[無明漏]에서도 마음이 해탈합니다. 해탈했을 때 해탈했다는 지혜가 생깁니다. '태어남은 다했다. 청정범행은 성취되었다. 할 일을 다 해 마쳤다. 다시는 어떤 존재로도 돌아오지 않을 것이다.'라고 꿰뚫어 압니다."

98. "대왕이여, 예를 들면 깊은 산에 호수가 있어 맑고 고요하고 깨끗한데 그곳에서 시력이 좋은 사람이 둑에 서서 조개껍질, 자갈, 조약돌, 멈춰있거나 움직이는 고기 떼를 보는 것과 같습니다. 그에게 이런 생각이 들 것입니다. '이 호수는 참 맑고 고요하고 깨끗하구나. 여기에 이런 조개껍질, 자갈, 조약돌이 있고 고기 떼는 멈춰있거나 움직이는구나.'라고.

대왕이여, 그와 마찬가지로 그는 마음이 집중되고, 청정하고, 깨끗하고, 흠이 없고, 오염원이 사라지고, 부드럽고, 활발발하고, 안정되고, 흔들림이 없는 상태에 이르렀을 때 모든 번뇌를 소멸하는 지혜로 마음을 향하게 하고 기울게 합니다. 그는 '이것이 괴로움이다.'라고 있는 그대로 꿰뚫어 압니다. '이것이 괴로움의 일어남이다.'라고 있는 그대로 꿰뚫어 압니다. '이것이 괴로움의 소멸이다.'라고 있는 그대로 꿰뚫어 압니다. '이것이 괴로움의 소멸로 인도하는 도닦음이다.'라고 있는 그대로 꿰뚫어 압니다. '이것이 번뇌다.'라고 있는 그대로 꿰뚫어 압니다. '이것이 번뇌의 일어남이다.'라고 있는 그대로 꿰뚫어 압니다. '이것이 번뇌의 소멸이다.'라고 있는 그대로 꿰뚫어 압니다. '이것이 번뇌의 소멸로 인도하는 도닦음이다.'라고 있는 그대로 꿰뚫어 압니다. 이와 같이 알고 이와 같이 보는 그는 감각적 욕망의 번뇌[慾漏]로부터 마음이 해탈합니다. 존재의 번뇌[有漏]로부터 마음이 해탈합니다. 무명의 번뇌[無明漏]로부터 마음이 해탈합니다.[499] 해탈했을 때 해탈했다는 지혜가 있습니다. '태어남은 다했다. 청정범행은 성취되었다. 할 일을 다 해 마쳤다. 다시는 어떤 존재로도 돌아오지 않을 것이다.'라고 꿰뚫어 압니다.

대왕이여, 이것 역시 스스로 보아 알 수 있는 출가생활의 결실이니 앞에서 설명한 스스로 보아 알 수 있는 출가생활의 결실들보다 더 뛰어나고 더 수승한 것입니다."

아자따삿뚜 왕의 귀의

99. 이렇게 말씀하시자 마가다의 왕 아자따삿뚜 웨데히뿟따는 세존께 이렇게 말씀드렸다.

"경이롭습니다, 세존이시여. 경이롭습니다, 세존이시여. 마치 넘어진 자를 일으켜 세우시듯, 덮여있는 것을 걷어내 보이시듯, [방향을] 잃어버린 자[500]에게 길을 가리켜 주시듯, 눈 있는 자 형상을 보라고 어둠 속에서 등불을 비춰 주시듯, 세존께서는 여러 가지 방편으로 법을 설해주셨습니다. 저는 이제 세존께 귀의하옵고 법과 비구 승가에 귀의하옵니다. 세존께서는 저를 재가신자로 받아주소서. 오늘부터 목숨이 붙어 있는 그날까지 귀의하옵니다.

---

499) 여기서 보듯이 4부 니까야에서는 감각적 욕망(kāma), 존재(bhava), 무명(avijjā)의 세 가지 번뇌만 나타나지만 『무애해도』 등의 『쿳다까 니까야』 와 아비담마에서는 사견(diṭṭhi)의 번뇌가 첨가되어 네 가지로 나타난다. 그래서 주석서들에서는 최종적으로 네 가지 번뇌로 정착이 되었다.

500) "'잃어버린 자(mūḷha)'란 방향을 잃어버린 자(disā-mūḷha)이다."(DA.i.234)

세존이시여, 저는 잘못을 범하였습니다. 세존이시여, 제가 어리석고 미혹하고 신중하지 못해서 법다우셨고 법왕이셨던 아버지를 권력 때문에 시해하였습니다. 세존이시여, 세존께서는 제가 미래에 [다시 이와 같은 잘못을 범하지 않고] 제 자신을 단속할 수 있도록 제 잘못에 대한 참회를 섭수하여 주소서."501)

100. "대왕이여, 확실히 그대는 잘못을 범하였습니다. 어리석고 미혹하고 신중하지 못해서 그대는 정의로운 분이요 법다운 왕이었던 아버지를 권력 때문에 시해하였습니다. 대왕이여, 그러나 그대는 잘못을 범한 것을 잘못을 범했다고 인정한 다음 법답게 참회를 했습니다(용서를 구했습니다). 그러므로 우리는 그대를 받아들입니다. 대왕이여, 잘못을 범한 것을 잘못을 범했다고 인정한 다음 법답게 참회하고 미래에 [그러한 잘못을] 단속하는 자는 불 · 세존의 교법에서502) 향상하기 때문입니다."

101. 이렇게 말씀하시자 마가다의 왕 아자따삿뚜 웨데히뿟따는 세존께 이렇게 말씀드렸다.

"세존이시여, 이제 저희는 그만 물러가겠습니다. 저는 바쁘고 해야 할 일이 많습니다."

"대왕이여, 지금이 적당한 시간이라면 그렇게 하십시오."

그러자 마가다의 왕 아자따삿뚜 웨데히뿟따는 세존의 말씀을 기뻐하고 감사드린 뒤 자리에서 일어나 세존께 절을 올리고 오른쪽으로

501) "'섭수하여 주소서.'라는 것은 용서로써 받아주십시오(adhivāsanavasena sampaṭicchatu)라는 뜻이다."(DAṬ.i.369))

502) 원문은 '성스러운 율에(ariyassa vinaye)'라고 나타난다. 그러나 주소서에서 성스러운 율은 "불 · 세존의 교법(buddhassa bhagavato sāsane)"(DA.i.236)이라고 설명하고 있어서 이렇게 옮겼다.

[세 번] 돌아 [경의를 표한] 뒤에 물러갔다.

맺는 말

102. 세존께서는 마가다의 왕 아자따삿뚜 웨데히뿟따가 떠난 지 오래지 않아서 비구들을 불러서 말씀하셨다. "비구들이여, 왕은 [자신을] 해쳤구나. 비구들이여, 왕은 [자신의] 파멸을 초래했구나. 비구들이여, 만일 왕이 정의로운 분이요 법다운 왕이었던 아버지를 시해하지 않았더라면 바로 이 자리에서 티 없고 때가 없는 법의 눈이 생겼을 것이다."503)

세존께서는 이렇게 말씀하셨다. 그 비구들은 마음이 흡족해져서 세존의 말씀을 크게 기뻐하였다.

---

503) '티 없고 때가 없는 법의 눈이 생겼을 것이다.'라는 것은 예류도(sotā-patti-magga)를 뜻한다고 주석서는 밝히고 있다.(*Ibid*)
아자따삿뚜는 그의 아버지 빔비사라 왕을 시해하고 왕위를 찬탈하였다. 부처님 가르침에 따르면 아버지를 죽이는 것은 오역중죄(五逆重罪) 가운데 하나이다. 오역중죄는 ① 아버지를 살해하는 것 ② 어머니를 살해하는 것 ③ 아라한을 살해하는 것 ④ 부처님 몸에 피를 내는 것 ⑤ 승가를 분열시키는 것이다. 이런 죄업을 지으면 무간지옥에 떨어진다고 해서 무간업(無間業, ānantariya-kamma)이라 부른다. 만일 왕이 이런 중죄를 범하지 않았더라면 부처님 말씀을 듣던 바로 그 자리에서 예류자가 되었을 것이다. 주석서에 의하면 왕은 아버지를 시해한 뒤 하루도 편하게 잠을 못 이루었다고 한다. 부처님으로부터 이 설법을 들은 뒤로는 편히 잠을 이루고 삼보에 대한 믿음이 굳건해졌다고 한다.(DA.i.238)

코끼리 발자국 비유의 짧은 경

15단계 계·정·혜의 정형구와 코끼리 발자국

Cūḷa-hatthipadopama Sutta(M27)

【해설】

초기불전의 여러 곳에서 세존께서는 불교를 계·정·혜 삼학으로 말씀하신다. 『맛지마 니까야』에서는 이것을 계의 조목 - 4선 - 3경으로 정형화해서 말씀하시는데 본경과 『맛지마 니까야』 M38, M51, M60, M76, M79, M101, M125 등의 8개 정도의 경을 보기로 들 수 있다. 이것을 역자는 『맛지마 니까야』의 해설과 주해 등에서 『맛지마 니까야』의 15단계 계·정·혜의 정형구라고 표현하고 있다. 한편 『디가 니까야』 제1권에 포함된 「사문과경」(D2) 등 10개 정도의 경도 계·정·혜 삼학을 근본 가르침으로 설하고 있는데 모두 23단계의 정형구를 포함하고 있어서 역자는 이것을 『디가 니까야』의 23단계 계·정·혜의 정형구로 표현하였고 바로 앞의 「사문과경」(D2)을 통해서 살펴보았다. 『맛지마 니까야』 8개 정도의 경에 나타나는 이 15단계의 정형구와 『디가 니까야』 제1권에 나타나는 23단계의 정형구는 『맛지마 니까야』 제1권 역자 서문 §8 - (3)에서 설명하고 있으므로 참조하기 바란다.

본경을 요약하면 다음과 같다. 자눗소니 바라문이 한낮에 백마가 끄는 온통 흰색으로 장엄한 백마차를 타고 사왓티를 나가고 있었는데, 그때 그는 유행승 삘로띠까가 세존을 친견하고 오는 것을 보았다.(§2) 왓차야나라고도 일컬어지는 유행승 삘로띠까는 코끼리의 족적에 대한 비유를 들면서(§§3~7) "나는 사문 고따마에게서 네 가지 족적을 보았을 때 '세존은 정등각자이시고, 법은 세존에 의해 잘 설해졌고, 세존의 제자들의 승가는 잘 도를 닦는다.'라는 이런 결론에 도달했습니다."(§§4~7)라는 칭송의 말을 듣고 감동을 받아서 그 자리에서 부처님께 귀의하는 감흥어를 읊는다.(§8)

그런 후 그는 세존을 친견하고 완성된 형태의 코끼리 발자국에 비유한 가르침을 듣는다.(§10) 그리고 『맛지마 니까야』에서 정형화된 15단계 계·정·혜의 정형구를 통해서 세존의 가르침을 듣게 된다.(§§11~26) 이 가르침은 위에서 언급한 『맛지마 니까야』 8개 정도의 경에 나타나는 『맛지마 니까야』에서 정형화된 가르침이다. 이것은 『맛지마 니까야』 역자 서문 §8 - (3)에서 이미 설명하였지만 여기에 다시 표제어만 적어보면 다음과 같다.

① 여래가 이 세상에 출현하여 청정범행을 드러냄.(§11)
② 이런 법을 듣고 집을 떠나 출가함.(§12)
③~④ 계목의 단속과 계의 구족.(§§13~14)
⑤~⑥ 감각의 대문을 지킴, 마음챙김과 알아차림 갖춤.(§§15~16)
⑦~⑧ 얻은 필수품으로 만족함, 다섯 가지 장애의 극복.(§§17~18)
⑨~⑫ 초선(初禪)부터 제4선까지를 구족하여 머묾.(§§19~22)
⑬~⑮ 숙명통, 천안통, 누진통을 증득함.(§§23~26)

『디가 니까야』 제1권에 속하는 「수바 경」(D10) 등을 참조해서 보면 이 15단계 가운데 ①부터 ④까지는 계의 무더기[戒蘊]로, ⑤부터 ⑫까지는 삼매의 무더기[定蘊]로, ⑬부터 ⑮까지는 통찰지의 무더기[慧蘊]로 정리된다.

1. 이와 같이 나는 들었다.[504] 한때 세존께서는 사왓티에서 제따 숲의 아나타삔디까 원림(급고독원)에 머무셨다.

---

504) 스리랑카의 연대기인 『마하왐사』(Mahāvaṁsa, 大史)와 『사사나왐사』(Sāsanavaṁsa, 교단의 역사)에 따르면 본경은 아소까 대왕의 아들이요 스리랑카에 최초로 불교를 전한 마힌다(Mahinda) 존자가 스리랑카에 도착하여 처음 설한 경이라고 한다.(Mhv.xiv.22; Sv(Sāsanavaṁsa) 21) 여기 인용해 보면 다음과 같다.
"대왕의 아들이요 큰 지혜를 가진 [마힌다] 장로께서는
현자라고 안 뒤 「코끼리 발자국 비유의 짧은 경」을 설하셨다."
(Mhv.xiv.22)

2\. 그때 자눗소니 바라문[505)]은 한낮에 백마가 끄는 온통 흰색으로 장엄한 백마차[506)]를 타고 사와티를 나가고 있었다. 자눗소니 바라문은 삘로띠까 유행승이 멀리서 오는 것을 보았다. 삘로띠까 유행승을 보고 이렇게 말했다.

"왓차야나[507)] 존자는 이런 한낮에 어디를 다녀오는 길입니까?"

"존자여, 나는 사문 고따마께 다녀오는 길입니다."

"왓차야나 존자는 어떻게 생각하십니까? 사문 고따마는 통찰지가 탁월하십니까? 그는 지자이십니까?"

"존자여, 내가 누구라고, 내가 어찌 감히 사문 고따마의 통찰지가 탁월한지를 알겠습니까? 그분과 동등한 자라야 그분의 통찰지가 탁월한지를 알 것입니다."

"참으로 왓차야나 존자는 사문 고따마를 크게 칭송하시는군요."

"존자여, 내가 누구라고, 내가 어찌 감히 사문 고따마를 칭송한다는 말입니까? 고따마 존자는 신과 인간 가운데서 최상이라고 칭송이 자자합니다."

---

505) 자눗소니 바라문(Jānussoṇi brāhmaṇa)에 대해서는 『맛지마 니까야』 「두려움과 공포 경」(M4) §2의 주해를 참조할 것.

506) "'흰 말이 끄는 온통 흰색으로 장엄한 마차(sabbasetena vaḷabhīrathena)'라는 것은 "참으로 그것은 흰 장신구를 단 흰 말에 흰 멍에를 얹었으며, 흰 장식을 한 흰 수레에, 흰 고삐에, 흰 몰이막대에, 흰 일산에, 흰 터번에, 흰 옷에, 흰 신발을 하고 있었으며, 흰 부채로 부채질을 받고 있었다."(『상윳따 니까야』 제5권 「바라문 경」(S45:4/v.4))라고 설한 온통 흰 네 마리의 말이 매어져 있는 마차를 말한다."(MA.ii.194)

507) "왓차야나(Vacchāyana)는 삘로띠까 유행승(Pilotika paribbājaka)의 부족 이름이다. 그는 젊은 유행승이었고 초년기에는 황금색 피부를 가졌으며 부처님을 시봉하고는 했다. 이른 아침에 여래와 큰 장로들을 시봉한 뒤 제따와나를 나와 도시로 들어오고 있었는데, 자눗소니 바라문이 그가 멀리서 오고 있는 것을 보았던 것이다."(MA.ii.195)

"왓차야나 존자는 어떤 이익을 보기에 사문 고따마께 이렇게 깊은 신뢰를 갖고 있습니까?"

3. "존자여, 예를 들면 능숙한 코끼리 사냥꾼이 코끼리가 사는 숲에 들어가서 그 코끼리 숲에서 길이도 길고 [176] 폭도 넓은, 큰 코끼리 발자국을 보았다고 합시다. 그는 '참으로 큰 코끼리로구나.'라는 결론을 내릴 것입니다. 그와 같이 나는 사문 고따마에게서 네 가지 족적[508]을 보았기 때문에 '세존은 정등각자이시고, 법은 세존에 의해 잘 설해졌고, 세존의 제자들의 승가는 잘 도를 닦는다.'라는 결론에 도달했습니다. 무엇이 넷인가요?"

4. "존자여, 여기서 나는 학식 있고 영리하고 다른 자들과의 논쟁에 뛰어나고 머리카락조차 꿰찌르는 명사수와 같은 어떤 끄샤뜨리야들을 본 적이 있는데, 그들은 자신들의 통찰지로 다른 이들의 견해들을 단번에 논파하면서 돌아다닙니다.[509] 존자여, 그들은 사문 고따마가 어떤 마을이나 성읍을 방문할 것이라는 소문을 들으면 그들은 질문을 미리 준비합니다.

'우리는 사문 고따마에게 가서 이런 질문을 할 것이다. 이와 같이 우리의 질문을 받으면 그는 이와 같이 설명할 것이고, 그러면 우리는 이와 같이 논파할 것이다. 다시 이와 같이 우리의 질문을 받으면 그는 이와 같이 설명할 것이고, 그러면 우리는 또 이와 같이 논파할 것

---

508) "'네 가지 족적(cattāri padāni)'이란 네 가지 지혜의 족적(ñāṇa-padāni), 지혜의 발자국(ñāṇa-valañjāni)을 말한다."(MA.ii.197)

509) "'단번에 논파하면서 돌아다닙니다(bhindantā maññe caranti).'라는 것은 명사수(vāla-vedhi)가 아주 가는 머리카락조차도 꿰찌르듯이, 다른 사람의 견해가 아무리 정교해도 자신의 통찰지로 논파하면서 돌아다닌다는 말이다."(MA.ii.197)

이다.'

그들은 사문 고따마가 어떤 마을이나 성읍에 도착했다는 소문을 들으면 사문 고따마를 만나러 갑니다. 사문 고따마는 그들에게 법을 설하여 가르치고 격려하고 분발하게 하고 기쁘게 합니다. 그들은 사문 고따마의 설법으로 가르침을 받고 격려를 받고 분발하고 기뻐서 사문 고따마에게 아무런 질문을 할 수가 없는데 어떻게 논파할 수 있겠습니까? 오히려 그들은 사문 고따마의 제자가 됩니다. 존자여, 나는 사문 고따마에게서 이런 첫 번째 족적을 보았을 때 이런 결론에 도달했습니다. '세존은 정등각자이시고, 법은 세존에 의해 잘 설해졌고, 세존의 제자들의 승가는 잘 도를 닦는다.'라고."

5. "존자여, 여기서 나는 학식 있고 영리하고 다른 자들과의 논쟁에 뛰어나고 머리카락조차 꿰찌르는 명사수와 같은 어떤 바라문들을 본 적이 있는데, 그들은 자신들의 통찰지로 다른 이들의 견해들을 단번에 논파하면서 돌아다닙니다. 존자여, 그들은 … 사문 고따마의 제자가 됩니다. 존자여, 나는 사문 고따마에게서 이런 두 번째 족적을 보았을 때 이런 결론에 도달했습니다. '세존은 정등각자이시고, 법은 세존에 의해 잘 설해졌고, 세존의 제자들의 승가는 잘 도를 닦는다.'라고."

6. "존자여, 여기서 나는 학식 있고 영리하고 다른 자들과의 논쟁에 뛰어나고 머리카락조차 꿰찌르는 명사수와 같은 어떤 장자들을 본 적이 있는데, 그들은 자신들의 통찰지로 다른 이들의 견해들을 단번에 논파하면서 돌아다닙니다. 존자여, 그들은 [177] … 사문 고따마의 제자가 됩니다. 존자여, 나는 사문 고따마에게서 이런 세 번째 족적을 보았을 때 이런 결론에 도달했습니다. '세존은 정등각자이시고, 법

은 세존에 의해 잘 설해졌고, 세존의 제자들의 승가는 잘 도를 닦는다.'라고."

7. "여기서 나는 학식 있고 영리하고 다른 자들과의 논쟁에 뛰어나고 머리카락조차 꿰찌르는 명사수와 같은 어떤 사문들을 본 적이 있는데, 그들은 자신들의 통찰지로 다른 이들의 견해들을 단번에 논파하면서 돌아다닙니다. 존자여, 그들은 사문 고따마가 어떤 마을이나 성읍을 방문할 것이라는 소문을 들으면 그들은 질문을 미리 준비합니다.

'우리는 사문 고따마에게 가서 이런 질문을 할 것이다. 이와 같이 우리의 질문을 받으면 그는 이와 같이 설명할 것이고, 그러면 우리는 이와 같이 논파할 것이다. 다시 이와 같이 우리의 질문을 받으면 그는 이와 같이 설명할 것이고, 그러면 우리는 또 이와 같이 논파할 것이다.'

그들은 사문 고따마가 어떤 마을이나 성읍에 도착했다는 소문을 들으면 사문 고따마를 만나러 갑니다. 사문 고따마는 그들에게 법을 설하여 가르치고 격려하고 분발하게 하고 기쁘게 합니다. 그들은 사문 고따마의 설법으로 가르침을 받고 격려를 받고 분발하고 기뻐서 사문 고따마에게 아무런 질문을 할 수가 없는데 어떻게 논파할 수 있겠습니까?

오히려 그들은 사문 고따마에게 자신들의 출가를 허락해줄 것을 청하고, 사문 고따마는 그들에게 출가를 허락합니다. 그들은 그곳에서 출가하여 혼자 은둔하여 방일하지 않고 열심히, 스스로 독려하며 지냅니다. 오래지 않아 좋은 가문의 아들들이 집에서 나와 출가하는 목적인 그 위없는 청정범행의 완성을 지금 · 여기에서 스스로 최상의 지혜로 알고 실현하고 구족하여 머뭅니다. 그들은 이렇게 말합니다.

'참으로 우리는 거의 망할 뻔했다.510) 우리는 거의 망할 뻔했다. 우리는 이전에 사문이 아니면서 사문이라고 선언했고, 바라문이 아니면서 바라문이라고 선언했고, 아라한이 아니면서 아라한이라고 선언했다. 이제 우리는 참으로 사문이고, 참으로 바라문이고, 참으로 아라한이다.'511)

존자여, 나는 사문 고따마에게서 이런 네 번째 족적을 보았을 때 이런 결론에 도달했습니다. '세존은 정등각자이시고, 법은 세존에 의해 잘 설해졌고, 세존의 제자들의 승가는 잘 도를 닦는다.'라고.

존자여, 이와 같이 나는 사문 고따마에게서 네 가지 족적을 보았을 때 이런 결론에 도달했습니다. '세존은 정등각자이시고, 법은 세존에 의해 잘 설해졌고, 세존의 제자들의 승가는 잘 도를 닦는다.'라고."

8. 이와 같이 말하자 자눗소니 바라문은 백마가 끄는 온통 흰색으로 장엄한 백마차에서 내려 한쪽 어깨를 드러나게 윗옷을 입고 세존을 향해 합장한 채 세 번 감흥어를 읊었다.

"그분 세존, 공양받아 마땅한 분, 바르게 깨달으신 분께 귀의합니다
그분 세존, 공양받아 마땅한 분, 바르게 깨달으신 분께 귀의합니다.
그분 세존, 공양받아 마땅한 분, 바르게 깨달으신 분께 귀의합니다.

참으로 언제 어디서든 [178] 그분 사문 고따마 존자께 가서 어떤 대화라도 나눌 수 있기를 바랍니다."

---

510) 그리고 '망할 뻔했다.'로 옮긴 동사 anassāma는 기본형 nasāti(√nas, *to perish*, 멸망하다, 잃어버리다)의 불확정 과거(*Aorist*) 1인칭 복수형이다. 문맥에 따라서 이렇게 옮겼다. 『맛지마 니까야』 제3권 「사꿀루다이 짧은 경」(M79) §26에서는 '망했다.'로 옮겼다.

511) '오히려 그들은 …'부터 여기까지는 『맛지마 니까야』 제3권 「법탑 경」(M89) §17에도 나타나고 있다.

9. 그러자 자눗소니 바라문은 세존을 뵈러 갔다. 세존을 뵙고 세존과 함께 환담을 나누었다. 유쾌하고 기억할만한 이야기로 서로 담소를 하고서 한 곁에 앉았다. 한 곁에 앉아서 자눗소니 바라문은 삘로띠까 유행승과 함께 나누었던 대화를 모두 세존께 말씀드렸다. 그와 같이 말씀드리자 세존께서는 자눗소니 바라문에게 이렇게 말씀하셨다.

"바라문이여, 이것으로는 아직 코끼리 발자국에 비유한 가르침[512]이 상세하게 설명된 것이 아닙니다. 바라문이여, 이제 나는 이 코끼리 발자국에 비유한 가르침을 상세하게 설하리니 그것을 듣고 마음에 잘 잡도리하십시오. 이제 설할 것입니다."

"세존이시여, 그렇게 하겠습니다."라고 자눗소니 바라문은 세존께 대답했다.

10. 세존께서는 이렇게 말씀하셨다.

"바라문이여, 예를 들면 코끼리 사냥꾼이 코끼리가 사는 숲에 들어가서 그 코끼리 숲에서 길이도 길고 폭도 넓은, 큰 코끼리 발자국을 보았다고 합시다. 그가 능숙한 코끼리 사냥꾼이면 '참으로 큰 코끼리로구나.'라는 결론을 내리지 않을 것입니다. 그것은 무슨 까닭인가요? 바라문이여, 코끼리 숲에는 큰 발을 가진 난쟁이 암 코끼리들[513]이 있는데 이것은 그들의 발자국일 수도 있기 때문입니다.

---

512) '코끼리 발자국에 비유한 가르침'은 hatthi-pad-opama(코끼리 발자국 비유)를 옮긴 것이다. 이 문구에는 '가르침(dhamma)'이란 단어가 나타나지 않지만 주석서에서 이 합성어를 "코끼리 발자국에 비유되는 것이 그의 가르침이기 때문에 코끼리 발자국 비유라 한다(hatthipadaṁ upamā assa dhammassāti hatthipadopamo.)."(MA.ii.198)라고 설명하고 있어서 이렇게 옮겼다.

그는 그것을 계속 따라갑니다. 따라가다가 코끼리 숲에서 길이도 길고 폭도 넓은, 큰 코끼리 발자국과 위쪽이 마찰된 어떤 흔적514)을 봅니다. 그가 능숙한 코끼리 사냥꾼이면 '참으로 큰 코끼리로구나.'라는 결론을 내리지 않을 것입니다. 그것은 무슨 까닭인가요? 바라문이여, 코끼리 숲에는 큰 발에 돌출된 이를 가진 큰 암 코끼리들이 있는데 이것은 그들의 발자국일 수도 있기 때문입니다.

그는 그것을 계속 따라갑니다. 따라가다가 코끼리 숲에서 길이도 길고 폭도 넓은, 큰 코끼리 발자국과 위쪽이 마찰되고 상아에 의해 부러뜨려진 어떤 흔적515)을 봅니다. 그가 능숙한 코끼리 사냥꾼이면 '참으로 큰 코끼리로구나.'라는 결론을 내리지 않을 것입니다. 그것은 무슨 까닭인가요? 바라문이여, 코끼리 숲에는 큰 발에 큰 상아를 가진 큰 암 코끼리들이 있는데 이것은 그들의 발자국일 수도 있기 때문입니다.

그는 그것을 계속 따라갑니다. 따라가다가 코끼리 숲에서 길이도 길고 폭도 넓은, 큰 코끼리 발자국과 위쪽이 마찰되고 상아에 의해 부러지고 가지가 꺾여 있는 것을 보고, 또 그 코끼리가 나무 아래에 있거나 노지에 있거나 걷거나 서있거나 앉아있거나 누워있는 것을 봅니다. 그제야 그는 '참으로 큰 코끼리로구나.'라는 결론을 내릴 것입니다."

---

513) "'난쟁이 암 코끼리들(vāmanikā nāma hatthiniyo)'이란 길이도 길지 않고 배가 큰 난쟁이 암 코끼리들을 말한다."(MA.ii.198)

514) "'위쪽이 마찰된 어떤 흔적(uccā nisevita)'이란 그 키가 일곱 완척 혹은 여덟 완척이나 되는 무화과나무 등의 수간에다 비벼댄 흔적을 말한다."(MA.ii.198)

515) "'상아에 의해 부러뜨려진 어떤 흔적(dantehi ārañjitāni)'이란 마치 나무의 수간을 도끼로 찍은 듯이 상아로 부러뜨려진 부분을 말한다."(MA.ii.199)

11. "바라문이여, [179] 그와 같이[516] 여기 여래가 이 세상에 출현합니다.[517] 그는 아라한[應供]이며, 완전히 깨달은 분[正等覺]이며, 명지와 실천을 구족한 분[明行足]이며, 피안으로 잘 가신 분[善逝]이며, 세간을 잘 알고 계신 분[世間解]이며, 가장 높은 분[無上士]이며, 사람을 잘 길들이는 분[調御丈夫]이며, 하늘과 인간의 스승[天人師]이며, 부처님[佛]이며, 세존(世尊)입니다. 그는 신을 포함하고 마라를 포함하고 범천을 포함한 이 세상을 스스로 최상의 지혜로 알고 실현하여 드러냅니다. 그는 시작도 훌륭하고 중간도 훌륭하고 끝도 훌륭하며 의미와 표현을 구족했고 더할 나위 없이 완벽하고 지극히 청정한

---

516) 이하 본경의 §§11~18은 『디가 니까야』 제1권 「사문과경」(D2)의 §§40~74와 같은 내용을 담고 있다. 단 「사문과경」에 자세하게 나타나는 중간 길이의 계(majjhima-sīla, §§46~55)와 긴 길이의 계(mahā-sīla, §§56~62)와 다섯 가지 장애에 대한 비유부분(§§69~74)은 본경에는 나타나지 않는다.
그리고 이하 본경의 §§11~26은 『맛지마 니까야』 제2권 「깐다라까 경」(M51) §§12~27과 같은 내용을 담고 있다. 그리고 §22의 4선의 구족까지는 『맛지마 니까야』 제2권 「갈애 멸진의 긴 경」(M38) §§31~40과 같은 내용을 담고 있다.

517) "'세상에 출현한다(loke uppajjati).'에서 세상은 세 가지가 있다. 그것은 [눈에] 보이는 세상[器世間, okāsa-loka], 중생 세상[衆生世間, satta-loka], 형성된 세상(saṅkhāra-loka, 오취온, *북방 『대지도론』(大智度論)의 오중세간(五衆世間)에 해당함)이 있는데 여기서는 중생 세상을 말한다.
중생 세상에 태어나시더라도 세존은 천상이나 범천에 태어나지 않고, 오직 인간 세상(manussa-loka)에 태어나신다. 인간 세상에서도 다른 세계(cakka-vāḷa)가 아닌 이 세계(지구)에 태어나신다. 여기서도 모든 곳이 아니라, 길이가 삼백 요자나이고, 폭이 이백오십 요자나이고, 둘레가 구백 요자나인 이 (지구)의 중앙에 위치한 나라[中國, majjha]에 태어나신다. 여래뿐만 아니라 벽지불, 상수제자, 80명의 큰 제자, 부처님의 어머니, 부처님의 아버지, 전륜성왕, 정수를 얻은 바라문과 장자들도 오직 이곳에 태어난다."(MA.ii.200)

법을 설하고, 범행(梵行)을 드러냅니다."518)

---

518) '그는 시작도 훌륭하고 중간도 훌륭하고 끝도 훌륭하며 의미와 표현을 구족했고 더할 나위 없이 완벽하고 지극히 청정한 법을 설하고, 범행(梵行)을 드러냅니다.'로 옮긴 이 마지막 문단은 'so dhammaṁ deseti ādikalyā-ṇaṁ majjhekalyāṇaṁ pariyosānakalyāṇaṁ sātthaṁ sabyañjanaṁ kevalaparipuṇṇaṁ parisuddhaṁ brahmacariyaṁ pakāseti'를 옮긴 것인데, 여러 경에서 자주 나타나는 내용이다. 주석서는 다음과 같이 설명한다.

"'더할 나위 없이 완벽하고(kevala-paripuṇṇaṁ)'는 모든 교법(sakala-adhivacana)이 모자람도 더함도 없이(anūna-adhika-vacana) 완전하다, 어떤 가르침도 완전하지 않은 것이 없다는 말이다. '지극히 청정한(parisuddhaṁ)'은 오점이 없다(nirupakkilesa)는 말이다. 이 법을 설하여 이득과 명성을 얻으리라는 생각으로 설하는 자의 가르침은 청정하지 못한 것(aparisuddhā desanā)이 된다. 그러나 세존께서는 세속적인 이익에는 관심이 없고 자애 수행(mettā-bhāvanā)을 통한 온화한 성품(mudu-hadaya)으로 오로지 그들을 도우려는 마음으로 법을 설하시기 때문에 지극히 청정한 법(parisuddha dhamma)을 설하신다고 한다.
'범행(梵行)을 드러낸다(brahmacariyaṁ pakāseti).'에서 청정한 범행은 삼학에 포함되는 모든 교법(sikkhattaya-saṅgaha sakala-sāsana)을 말한다. 그러므로 그가 법을 설하여 시작도 훌륭하고 중간도 훌륭하고 끝도 훌륭하고 의미와 표현을 구족하고 더할 나위 없이 완벽하고 지극히 청정하게 법을 설하면서 또한 삼학에 포함되는 모든 교법인 청정범행을 드러낸다는 뜻으로 이해해야 한다."(MA.ii.203~204)

이 문장에는 두 개의 동사와 여러 개의 목적어가 나타나는데, 그중에서 맨 마지막 목적어인 청정범행(brahma-cariya)을 제외한 모든 목적어는 처음에 나타나는 법(dhamma)을 수식하는 형용사로서 '설하다(deseti)'라는 동사에 걸리고, 마지막 목적어인 청정범행은 '드러내다(pakāseti)'라는 동사와 관련된다고 주석서는 설명하고 있다.

그러나 『디가 니까야』 제3권 「십상경」(D34)과 『앙굿따라 니까야』 제1권 「거꾸로 놓은 항아리 경」(A3:30) 등 여러 곳에서는 'ye te dhammā ādikalyāṇā majjhekalyāṇā pariyosānakalyāṇā sātthā savyañjanā kevalaparipuṇṇaṁ parisuddhaṁ brahmacariyaṁ abhivadanti'라고 문법적으로 다르게 나타나는데, 여기서는 'ādikalyāṇā majjhekalyāṇā pariyosānakalyāṇā sātthaṁsabyañjanā(시작도 훌륭하고 중간도 훌륭

12. "이런 법을 장자나 장자의 아들이나 다른 가문에 태어난 자가 듣습니다. 그는 이 법을 듣고 여래에게 믿음을 가집니다. 그는 이런 믿음을 구족하여 이렇게 숙고합니다. '재가의 삶이란 막혀있고 때가 낀 길이지만 출가의 삶은 열린 허공과 같다. 재가에 살면서 더할 나위 없이 완벽하고 지극히 청정한 소라고둥처럼 빛나는 청정범행을 실천하기란 쉽지 않다. 그러니 나는 이제 머리와 수염을 깎고 물들인 옷을 입고 집을 떠나 출가하리라.'라고. 그는 나중에 재산이 적든 많든 간에 모두 다 버리고, 일가친척도 적든 많든 간에 다 버리고, 머리와 수염을 깎고, 물들인 옷을 입고 집을 떠나 출가합니다."

13. "그는 이와 같이 출가하여 비구들의 학습계목을 받아 지녀 그것과 더불어 생활합니다.

그는 생명을 죽이는 것을 버리고 생명을 죽이는 것을 멀리 여의고, 몽둥이를 내려놓고 칼을 내려놓고, 양심적이고 동정심이 있으며 모든 생명의 이익을 위하여 연민하며 머뭅니다. 그는 주지 않은 것을 가지는 것을 버리고 주지 않은 것을 가지는 것을 멀리 여의고, 준 것만을 받고 준 것만을 받으려고 하며 스스로 훔치지 않아 자신을 깨끗하게 하여 머뭅니다. 그는 금욕적이지 못한 삶을 버리고 청정범행을 닦으며, 도덕적이고 성행위의 저속함을 멀리 여읩니다.

그는 거짓말을 버리고 거짓말을 멀리 여의고, 진실을 말하며 진실에 부합하고 굳건하고 믿음직하여 세상을 속이지 않습니다. 그는 중

하고 끝도 훌륭하게 [법을 설하고], 의미와 표현을 구족하여 법을 설하여)'는 법(dhamma)을 수식하는 형용사인 **주어**로, 'kevala-paripuṇṇaṁ parisuddhaṁ(더할 나위 없이 완벽하고 지극히 청정한)'은 청정범행(brahma-cariya)을 수식하는 형용사인 **목적어**로 나타난다. 「거꾸로 놓은 항아리 경」(A3:30)에서 역자는 이렇게 이해하여 옮겼다.

상모략하는 말을 버리고 중상모략하는 말을 멀리 여의고, 여기서 듣고 이들을 이간하려고 저기서 말하지 않고 저기서 듣고 저들을 이간하려고 여기서 말하지 않습니다. 오히려 그는 이와 같이 이간된 자들을 합치고 우정을 장려하며 화합을 좋아하고 화합을 기뻐하고 화합을 즐기며 화합하게 하는 말을 합니다. 그는 욕설을 버리고 욕설을 멀리 여의고, 유순하고 귀에 즐겁고 사랑스럽고 가슴에 와 닿고 예의 바르고 많은 사람들이 좋아하고 많은 [180] 사람들의 마음에 드는 그런 말을 합니다. 그는 잡담을 버리고 잡담을 멀리 여의고, 적절한 시기에 말하고, 사실을 말하고, 유익한 말을 하고, 법을 말하고, 율을 말하며, 가슴에 담아둘 만한 말을 하고, 이치에 맞고, 절제가 있으며, 유익한 말을 적절한 시기에 합니다.

그는 씨앗류와 초목류를 손상시키는 것을 멀리 여읩니다. 하루 한 끼만 먹습니다. 그는 밤에 [먹는 것을] 여의고 때 아닌 때에 먹는 것을 멀리 여읩니다. 춤, 노래, 연주, 연극을 관람하는 것을 멀리 여읩니다. 화환을 두르고 향과 화장품을 바르고 장신구로 꾸미는 것을 멀리 여읩니다. 높고 큰 침상을 멀리 여읩니다.

금과 은을 받는 것을 멀리 여읩니다. [요리하지 않은] 날곡식을 받는 것을 멀리 여읩니다. 생고기를 받는 것을 멀리 여읩니다. 여자나 동녀를 받는 것을 멀리 여읩니다. 하인과 하녀를 받는 것을 멀리 여읩니다. 염소와 양을 받는 것을 멀리 여읩니다. 닭과 돼지를 받는 것을 멀리 여읩니다. 코끼리, 소, 말, 암말을 받는 것을 멀리 여읩니다. 농토나 토지를 받는 것을 멀리 여읩니다.

심부름꾼이나 전령으로 가는 것을 멀리 여읩니다. 사고파는 것을 멀리 여읩니다. 저울을 속이고 금속을 속이고 치수를 속이는 것을 멀리 여읩니다. 악용하고 속이고 횡령하고 사기하는 것을 멀리 여읩니다. 상해, 살해, 포박, 약탈, 노략질, 폭력을 멀리 여읩니다."

14. "그는 몸을 보호할 정도의 옷과 위장을 지탱할 정도의 음식으로 만족합니다.519) 그는 어디를 가더라도 그의 자구를 몸에 지니고 갑니다. 예를 들면 새가 어디를 날아가더라도 자기 양 날개를 짐으로 하여 날아가는 것과 같습니다. 그와 같이 비구는 몸을 보호할 정도의 옷과 위장을 지탱할 정도의 음식으로 만족합니다. 어디를 가더라도 그의 자구를 몸에 지니고 갑니다. 그는 이러한 성스러운 계의 조목[戒蘊]을 구족하여 안으로 비난받을 일이 없는 행복을 경험합니다."

15. "그는 눈으로 형색을 봄에 그 표상[全體相]을 취하지 않으며, 또 그 세세한 부분상[細相]을 취하지도 않습니다. 만약 그의 눈의 감각기능[眼根]이 제어되어 있지 않으면, 욕심과 싫어하는 마음의 나쁘고 해로운 법[不善法]들이 그에게 [물밀듯이] 흘러들어올 것입니다. 따라서 그는 눈의 감각기능을 잘 단속하기 위해 수행하며, 눈의 감각기능을 잘 방호하고, 눈의 감각기능을 잘 단속합니다.520)

---

519) "'그는 만족한다(santuṭṭho hoti).'는 것은 『맛지마 니까야』 「역마차 교대 경」(M24) §2의 주해에서 설한 네 가지 필수품(catu paccayā)에 대한 열두 가지 만족(santosa)을 구족한 비구가 다시 여덟 가지 자구(資具, aṭṭha parikkhārā)를 갖추어서 [만족한다는 말이다]. 여덟 가지 자구란 세 가지 옷[三衣, tīṇi cīvarāni], 발우(patta), 치목을 자를 칼(danta-kaṭṭha-cchedana-vāsi), 한 개의 바늘(ekā sūci), 허리띠(kāya-bandhana), 여과기(parissāvana)이다. 이것은 모두 몸을 보호하고(kāya-parihārikā), 위장을 지탱해준다(kucchi-parihārikā)."(MA.ii.211~212)

520) 본 정형구는 『맛지마 니까야』의 15단계 계·정·혜 정형구 가운데 다섯 번째에 속하고 『디가 니까야』 제1권의 23단계 계·정·혜 정형구(이 둘은 『맛지마 니까야』 역자 서문 §8-(3)을 참조할 것.) 가운데 여덟 번째에 속하는데 니까야의 도처에 나타나고 있다. 『맛지마 니까야』에서만 여기 M27 §15, M33 §20, M38 §35, M39 §8, M51 §16, M53 §8, M107 §4, M112 §15, M125 §16 등에 나타나고 있다.

귀로 소리를 들음에 … 코로 냄새를 맡음에 … 혀로 맛을 봄에 … 몸으로 감촉을 느낌에 … 마노[意]로 법을 지각함에 그 표상을 취하지 않으며, 그 세세한 부분상을 취하지도 않습니다. 만약 그의 마노의 감각기능[意根]이 제어되어 있지 않으면, 욕심과 싫어하는 마음의 나쁘고 해로운 법[不善法]들이 그에게 [물밀듯이] 흘러들어올 것입니다. 따라서 그는 마노의 감각기능을 잘 단속하기 위해 수행하며, 마노의 [181] 감각기능을 잘 방호하고, 마노의 감각기능을 잘 단속합니다. 그는 이러한 성스러운 감각기능의 단속을 구족하여 안으로 더럽혀지지 않는 행복을 경험합니다."

16. "그는 나아갈 때도 돌아올 때도 [자신의 거동을] 분명히 알아차리면서[正知] 행합니다. 앞을 볼 때도 돌아볼 때도 분명히 알아차리면서 행합니다. 구부릴 때도 펼 때도 분명히 알아차리면서 행합니다. 법의(法衣)·발우·의복을 지닐 때도 분명히 알아차리면서 행합니다. 먹을 때도 마실 때도 씹을 때도 맛볼 때도 분명히 알아차리면서 행합니다. 대소변을 볼 때도 분명히 알아차리면서 행합니다. 갈 때도 서 있을 때도 앉아 있을 때도 잠잘 때도 깨어있을 때도 말할 때도 침묵할 때도 분명히 알아차리면서 행합니다."

17. "그는 이러한 성스러운 계의 조목을 잘 갖추고 이러한 성스러운 감각기능의 단속을 잘 갖추고 이러한 마음챙김과 알아차림[正念·正知]을 잘 갖추어 숲 속이나 나무 아래나 산이나 골짜기나 산속

그리고 본 정형구는 『청정도론』 I.53~59에서 상세하게 설명되고 있는데 『맛지마 니까야』 제2권 「소치는 사람의 긴 경」(M33) §20의 주해에 '표상(nimitta)'과 '부분상(anubyañjana)'의 설명이 인용되어 있으므로 참조할 것. '표상(nimitta)'의 의미에 대해서는 『맛지마 니까야』 제3권 「보름밤의 긴 경」(M109) §13의 주해를 참조할 것.

동굴이나 묘지나 밀림이나 노지나 짚더미와 같은 외딴 처소를 의지합니다."

18. "그는 탁발하여 공양을 마치고 탁발에서 돌아와 가부좌를 틀고 상체를 곧추세우고 전면에 마음챙김을 확립하여[521] 앉습니다. 그는 세상에 대한 욕심을 제거하여[522] 욕심을 버린 마음으로 머물

---

521) '전면에 마음챙김을 확립하여'는 parimukhaṁ satiṁ upaṭṭhapetvā를 옮긴 것이다. 주석서는 parimukhaṁ을 두 가지로 해석하고 있다. 첫 번째는 abhimukhaṁ(향하다)으로 해석하여 '명상주제를 향하여(kammaṭṭhāna-abhimukhaṁ) 마음챙김을 확립하고 나서'라는 뜻으로 설명한다. 두 번째는 '입(얼굴) 주위에(mukha-samīpe)'로 해석하여 '입(얼굴) 주위에 마음챙김을 확립하고 나서'로 풀이하고 있다.(MA.ii.216)

『맛지마 니까야 주석서』는 『위방가』(分別論, 분석론)와 『무애해도』를 인용하여 아래와 같이 계속 설명하고 있다.

"그래서 『위방가』는 말한다. "이 마음챙김은 확립되었다. 코끝이나 입(얼굴)의 표상에 잘 확립되었다. 그래서 전면에 마음챙김을 확립한 뒤라고 하였다."(Vbh.252)

다시 『무애해도』는 말한다. "parimukhaṁ satiṁ에서 접두어 pari는 철저히 파악한다는 뜻(pariggah-aṭṭha)이고, mukhaṁ은 출구의 뜻(niyyān-attha)이고, sati는 확립의 뜻(upaṭṭhān-attha)이다."

그러므로 이것을 요약(saṅkhep)하면, '철저히 파악하여 [반대편의 법인 잊어버림(muttha-sati)으로부터의] 출구인 마음챙김을 확립하고 나서(pari-ggahita-niyyāna-satiṁ katvā)'라는 뜻이다."(MA.ii.216)

522) "'세상에 대한 욕심을 제거하여(so abhijjhaṁ loke pahāya)'라고 하셨다. 여기서 무너진다는 뜻에서(lujjanaṭṭhena), 취착의 [대상인] 다섯 가지 무더기[五取蘊, pañc-upādāna-kkhandhā]를 '세상(loka)'이라 한다. 그러므로 취착의 [대상인] 다섯 가지 무더기들에 대한 욕망(rāga)을 버리고(pahāya), 감각적 욕망(kāmacchanda)을 억압한 뒤에(vikkhambhetvā)라는 뜻이다."(MA.ii.216)

여기 본문에 나타나는 욕심(abhijjha) 등 다섯 가지 장애는 『네 가지 마음챙기는 공부』 214쪽 이하와 『아비담마 길라잡이』 2장 §4의 해로운 마음부수법들에 잘 설명되어 있으므로 참조할 것.

그리고 이 다섯 가지 장애는 『맛지마 니까야』 제2권 「앗사뿌라 긴 경」

고, 욕심으로부터 마음을 청정하게 합니다. 악의의 오점을 제거하여 악의가 없는 마음으로 머물고, 모든 생명의 이익을 위하여 연민하며, 악의의 오점으로부터 마음을 청정하게 합니다. 해태와 혼침을 제거하여 해태와 혼침이 없이 머물고, 광명상(光明想)을 가져 마음챙기고 알아차리며[正念 · 正知]523) 해태와 혼침으로부터 마음을 청정하게 합니다. 들뜸과 후회를 제거하여 들뜨지 않고 머물고, 안으로 고요히 가라앉은 마음으로 들뜸과 후회로부터 마음을 청정하게 합니다. 의심을 제거하여 의심을 극복하여 머물고, 유익한 법들에 아무런 의심이 없어서 의심으로부터 마음을 청정하게 합니다."

19. "그는 마음의 오염원이고 통찰지를 무력하게 만드는524) 이들 다섯 가지 장애를 제거하여 감각적 욕망들을 완전히 떨쳐버리고 해로운 법[不善法]들을 떨쳐버린 뒤, 일으킨 생각[尋]과 지속적 고찰[伺]이 있고, 떨쳐버렸음에서 생긴 희열[喜]과 행복[樂]이 있는 초선(初禪)을 구족하여 머뭅니다.

바라문이여, 이것을 일러 여래의 발자국이라고도 하고, 여래의 흔적이라고도 하며, 여래의 표시라고도 합니다. 그러나 성스러운 제자

(M39) §14에 좋은 비유와 함께 잘 나타나고 있으므로 이 곳의 주해와 함께 참조할 것.

523) "'광명상을 가진다(āloka-saññī).'는 것은 밤에도 낮에 본 광명을 인식할 수 있고 장애가 없고 청정한 인식을 구족하는 것이고, '마음챙기고 알아차린다[正念 · 正知](sato sampajāno).'는 것은 마음챙김(sati)과 지혜(ñāṇa)를 구족한다는 말이다."(MA.ii.217)

524) "'통찰지를 무력하게 만드는(paññāya dubbalīkaraṇe)'이라고 하셨다. 다섯 가지 장애(pañca nīvaraṇāni)는 일어나면서 아직 일어나지 않은 세간적인 통찰지와 출세간적인 통찰지를 일어나지 못하게 하고, 이미 일어난 여덟 가지 증득과 다섯 가지 신통지를 끊어버리고 무너뜨린다. 그러므로 통찰지를 무력하게 한다고 하셨다."(MA.ii.217)

는 아직 '세존은 정등각자이시고, 법은 세존에 의해 잘 설해졌고, 세존의 제자들의 승가는 잘 도를 닦는다.'라는 이런 결론에는 도달하지 못합니다."

20. "바라문이여, 다시 비구는 일으킨 생각[尋]과 지속적 고찰[伺]을 가라앉혔기 때문에 [더 이상 존재하지 않고], 자기 내면의 것이고, 확신이 있으며, 마음의 단일한 상태이고, 일으킨 생각과 지속적 고찰은 없고, 삼매에서 생긴 희열과 행복이 있는 제2선(二禪)을 구족하여 머뭅니다.

바라문이여, 이것을 일러 여래의 발자국이라고도 하고 여래의 흔적이라고도 하며, 여래의 표시라고도 합니다. 그러나 [182] 성스러운 제자는 아직 '세존은 정등각자이시고, 법은 세존에 의해 잘 설해졌고, 세존의 제자들의 승가는 잘 도를 닦는다.'라는 이런 결론에는 도달하지 못합니다."

21. "바라문이여, 다시 비구는 희열이 빛바랬기 때문에 평온하게 머물고, 마음챙기고 알아차리며[正念 · 正知] 몸으로 행복을 경험합니다. [이 禪 때문에] 성자들이 그를 두고 '평온하고 마음챙기며 행복하게 머문다.'고 묘사하는 제3선(三禪)을 구족하여 머뭅니다.

바라문이여, 이것을 일러 여래의 발자국이라고도 하고 여래의 흔적이라고도 하며, 여래의 표시라고도 합니다. 그러나 성스러운 제자는 아직 '세존은 정등각자이시고, 법은 세존에 의해 잘 설해졌고, 세존의 제자들의 승가는 잘 도를 닦는다.'라는 이런 결론에는 도달하지 못합니다."

22. "바라문이여, 다시 비구는 행복도 버리고 괴로움도 버리고, 아울러 그 이전에 이미 기쁨과 슬픔을 소멸하였으므로 괴롭지도 즐

겁지도 않으며, 평온으로 인해 마음챙김이 청정한[捨念淸淨] 제4선(四禪)을 구족하여 머뭅니다.

바라문이여, 이것을 일러 여래의 발자국이라고도 하고, 여래의 흔적이라고도 하며, 여래의 표시라고도 합니다. 그러나 성스러운 제자는 아직 '세존은 정등각자이시고, 법은 세존에 의해 잘 설해졌고, 세존의 제자들의 승가는 잘 도를 닦는다.'라는 이런 결론에 도달하지 못합니다."

23. "그는 이와 같이 마음이 집중되고, 청정하고, 깨끗하고, 흠이 없고, 오염원이 사라지고, 부드럽고, 활발발하고, 안정되고, 흔들림이 없는 상태에 이르렀을 때 전생을 기억하는 지혜[宿命通]로 마음을 향하게 합니다.

그는 한량없는 전생의 갖가지 삶들을 기억합니다. 즉 한 생, 두 생, 세 생, 네 생, 다섯 생, 열 생, 스무 생, 서른 생, 마흔 생, 쉰 생, 백 생, 천 생, 십만 생, 세계가 수축하는 여러 겁, 세계가 팽창하는 여러 겁, 세계가 수축하고 팽창하는 여러 겁을 기억합니다. '어느 곳에서 이런 이름을 가졌고, 이런 종족이었고, 이런 용모를 가졌고, 이런 음식을 먹었고, 이런 행복과 고통을 경험했고, 이런 수명의 한계를 가졌고, 그곳에서 죽어 다른 어떤 곳에 다시 태어나 그곳에서는 이런 이름을 가졌고, 이런 종족이었고, 이런 용모를 가졌고, 이런 음식을 먹었고, 이런 행복과 고통을 경험했고, 이런 수명의 한계를 가졌고, 그곳에서 죽어 다시 여기 태어났다.'라고. 이처럼 한량없는 전생의 갖가지 모습들을 그 특색과 더불어 상세하게 기억해냅니다.

바라문이여, 이것을 일러 여래의 발자국이라고도 하고, 여래의 흔적이라고도 하며, 여래의 표시라고도 합니다. 그러나 성스러운 제자는 아직 '세존은 정등각자이시고, 법은 세존에 의해 잘 설해졌고, 세존의 제자들의 승가는 잘 도를 닦는다.'라는 이런 결론에는 도달하지 못합니다."

24. "그는 [183] 이와 같이 마음이 집중되고, 청정하고, 깨끗하고, 흠이 없고, 오염원이 사라지고, 부드럽고, 활발발하고, 안정되고, 흔들림이 없는 상태에 이르렀을 때 중생들의 죽음과 다시 태어남을 [아는] 지혜[天眼通]로 마음을 향하게 합니다.

그는 청정하고 인간을 넘어선 신성한 눈[天眼]으로 중생들이 죽고 태어나고, 천박하고 고상하고, 잘생기고 못생기고, 좋은 곳[善處]에 가고 나쁜 곳[惡處]에 가는 것을 보고, 중생들이 지은 바 그 업에 따라 가는 것을 꿰뚫어 압니다. '이들은 몸으로 못된 짓을 골고루 하고 말로 못된 짓을 골고루 하고 또 마음으로 못된 짓을 골고루 하고, 성자들을 비방하고, 삿된 견해를 지니어 사견업(邪見業)을 지었다. 이들은 몸이 무너져 죽은 뒤 처참한 곳[苦界], 불행한 곳[惡處], 파멸처, 지옥에 태어났다. 그러나 이들은 몸으로 좋은 일을 골고루 하고 말로 좋은 일을 골고루 하고 마음으로 좋은 일을 골고루 하고 성자들을 비방하지 않고 바른 견해를 지니고 정견업(正見業)을 지었다. 이들은 몸이 무너진 다음에는 좋은 곳[善處], 천상세계에 태어났다.'라고. 이와 같이 그는 청정하고 인간을 넘어선 신성한 눈으로 중생들이 죽고 태어나고, 천박하고 고상하고, 잘생기고 못생기고, 좋은 곳[善處]에 가고 나쁜 곳[惡處]에 가는 것을 보고, 중생들이 지은 바 그 업에 따라 가는 것을 꿰뚫어 압니다.

바라문이여, 이것을 일러 여래의 발자국이라고도 하고, 여래의 흔적이라고도 하며, 여래의 표시라고도 합니다. 그러나 성스러운 제자는 아직 '세존은 정등각자이시고, 법은 세존에 의해 잘 설해졌고, 세존의 제자들의 승가는 잘 도를 닦는다.'라는 이런 결론에는 도달하지 못합니다."

25. "그는 이와 같이 마음이 집중되고, 청정하고, 깨끗하고, 흠이 없고, 오염원이 사라지고, 부드럽고, 활발발하고, 안정되고, 흔들림이 없는 상태에 이르렀을 때 모든 번뇌를 소멸하는 지혜[漏盡通]로 마음을 향하게 합니다.

그는 '이것이 괴로움이다.'라고 있는 그대로 꿰뚫어 압니다. '이것이 괴로움의 일어남이다.'라고 있는 그대로 꿰뚫어 압니다. '이것이 괴로움의 소멸이다.'라고 있는 그대로 꿰뚫어 압니다. '이것이 괴로움의 소멸로 인도하는 도닦음이다.'라고 있는 그대로 꿰뚫어 압니다. '이것이 번뇌다.'라고 있는 그대로 꿰뚫어 압니다. '이것이 번뇌의 일어남이다.'라고 있는 그대로 꿰뚫어 압니다. '이것이 번뇌의 소멸이다.'라고 있는 그대로 꿰뚫어 압니다. '이것이 번뇌의 소멸로 인도하는 도닦음이다.'라고 있는 그대로 꿰뚫어 압니다.

바라문이여, 이것을 일러 여래의 발자국이라고도 하고, 여래의 흔적이라고도 하며, 여래의 표시라고도 합니다. 그러나 성스러운 제자는 아직 결론에 도달하지는 못했습니다. 그렇지만 이제 '세존은 정등각자이시고, 법은 세존에 의해 잘 설해졌고, 세존의 제자들의 승가는 잘 도를 닦는다.'라고 그 결론에 도달하게 됩니다."[525]

525) "'그러나 성스러운 제자는 아직 결론에 도달하지는 못했다(na tveva tāva ariyasāvako niṭṭhaṅgato hoti.).'는 것은 앞의 禪과 신통지들은 외도들(bāhirakā)과도 공통적(sādhāraṇā)이고, 또한 도의 순간(magga-kkhaṇa)에도 그 역할(kicca)을 완전히 끝내지 못했기 때문에 아직 결론에(niṭṭha) 이르지는 못했다는 말이다.
'그렇지만 이제 그 결론에 도달하게 된다(apica kho niṭṭhaṁ gacchati).'는 것은 도의 순간에, 마치 큰 코끼리를 본 코끼리 사냥꾼처럼, 정등각자이시고 세존이시라고 이런 측면(ākāra)에서 삼보에 결론을 짓게 된다는 뜻이다."(MA.ii.217)

26. "그가 이와 같이 알고 이와 같이 볼 때 그의 마음은 감각적 욕망에 기인한 번뇌에서 해탈합니다. 존재에 [184] 기인한 번뇌에서도 마음이 해탈합니다. 무명에 기인한 번뇌에서도 마음이 해탈합니다. 해탈했을 때 해탈했다는 지혜가 생깁니다. '태어남은 다했다. 청정범행은 성취되었다. 할 일을 다 해 마쳤다. 다시는 어떤 존재로도 돌아오지 않을 것이다.'라고 꿰뚫어 압니다.526)

바라문이여, 이것을 일러 여래의 발자국이라고도 하고, 여래의 흔적이라고도 하며, 여래의 표시라고도 합니다. 바라문이여, 이제야 성스러운 제자는 '세존은 정등각자이시고, 법은 세존에 의해 잘 설해졌고, 세존의 제자들의 승가는 잘 도를 닦는다.'라는 이런 결론에 도달했습니다.527) 바라문이여, 이것으로 마침내 코끼리 발자국의 비유는 상세하게 완성된 것입니다."

27. 이렇게 말씀하시자 자눗소니 바라문은 세존께 이렇게 말씀드렸다.

---

526) 『맛지마 니까야』에 포함된 전체 152개의 경들 가운데서 삼명(숙명통, 천안통, 누진통)은 M4, M19, M27, M36, M39, M51, M53, M54, M60, M65, M71, M76, M79, M100, M101, M125의 16개 경 정도에 나타난다. 그리고 육통(신족통, 천이통, 타심통, 숙명통, 천안통, 누진통)은 M6, M12, M73, M77, M108, M119의 6개 경에 나타나는 것으로 보인다. 이들 가운데 삼명이 나타나는 13개 경의 누진통은 긴 누진통의 정형구로 나타나고, 그 나머지와 육통에 포함된 누진통은 짧은 누진통의 정형구로 되어 있다. 여기에 대해서는 『맛지마 니까야』 역자 서문 §8-(1)-2) 삼명-육통-8통과 누진통의 정형구를 참조하기 바란다.

527) "'이제야 성스러운 제자는 이런 결론에 도달했습니다(ettāvatā kho ariya-sāvako niṭṭhaṅgato hoti).'라는 것은 이와 같이 도의 순간에 결론을 지으면서 아라한과의 순간(arahatta-phala-kkhaṇa)에 모든 형태의 역할을 끝내었기(pariyosita-sabba-kiccatā) 때문에 모든 측면(sabb-ākāra)에서 삼보에 결론(niṭṭha)을 짓게 되었다는 말이다."(MA.ii.217)

"경이롭습니다, 고따마 존자시여. 경이롭습니다, 고따마 존자시여. 마치 넘어진 자를 일으켜 세우시듯, 덮여있는 것을 걷어내 보이시듯, [방향을] 잃어버린 자에게 길을 가리켜주시듯, 눈 있는 자 형상을 보라고 어둠 속에서 등불을 비춰주시듯, 고따마 존자께서는 여러 가지 방편으로 법을 설해주셨습니다. 저는 이제 고따마 존자께 귀의하옵고 법과 비구 승가에 귀의합니다. 고따마 존자께서는 저를 재가신자로 받아주소서. 오늘부터 목숨이 붙어 있는 그날까지 귀의하옵니다."

길들임의 단계 경

15단계 계 · 정 · 혜의 정형구와 코끼리 길들이기

Dantabhūmi Sutta(M125)

【해설】

우리 인간이 사는 이 세계는 욕계에 속한다. 감각적 욕망이 넘쳐흐르는 곳이라는 뜻이다. 삼매나 깨달음이나 해탈이나 열반과 같은 고귀한 경지는 이러한 감각적 욕망을 넘어선 경지이고 그래서 감각적 욕망에 휘둘리지 않아야 실현되는 것이다. 그러므로 감각적 욕망이 가득한 이 욕계에 사는 인간들이 이러한 고귀한 경지를 터득하는 것은 결코 쉬운 일이 아닐 것이다.

본경은 이러한 감각적 욕망의 지배를 받는 자야세나 왕자가 아찌라와따 사미와의 대화에서 "비구가 방일하지 않고 열심히 스스로 독려하며 머물 때 마음이 한끝에 집중됨을 얻는다는 것은 불가능한 일이고 있을 수 없는 일입니다."(§5)라고 단언하고 가버리자 아찌라와따 사미가 부처님께 이러한 사실을 말씀드리는 일화로부터 시작된다.(§6) 세존께서는 먼저 감각적 욕망에 물들어 사는 자야세나 왕자가 "감각적 욕망에서 벗어나야 실현할 수 있는 것을 알고 보고 실현할 수 있겠는가? 그것은 불가능하다."(§7)라고 말씀하시면서 여러 비유를 말씀하신다.(§§8~12)

그리고 여래의 출현부터 삼명의 실현까지를 담고 있는 『맛지마 니까야』의 15단계 계 · 정 · 혜의 정형구를 코끼리 길들이기의 비유 등을 넣어가면서 설하신다.(§§13~29) 그러고 나서 이런 사람이야말로 "공양받아 마땅하고, 선사받아 마땅하고, 보시받아 마땅하고, 합장받아 마땅하며, 세상의 위없는 복밭[福田]이다."(§30)라고 결론을 내리신다. 특이한 점은 본경은 초선의 정형구 대신에 §§22~24에서 사념처의 정형구가 나타나는 점이다.

본경에는 길들여지고 길들여지지 않은 코끼리와 말과 소의 비유(§8), 야생 코끼리를 잡아와서 조련하는 비유(§12), 코끼리 조련사가 코끼리를 제어하는 비유(§23), 길들여지지 않고 훈련되지 않은 왕의 코끼리(§31)와 길들여지고 훈련된 왕의 코끼리의 비유(§32)가 나타난다. 이런 비유를 들면서 §§13~32에서 길들임의 단계를 설하고 계시기 때문에 본경의 제목을 「길들임의 단계 경」이라 붙였을 것이다.

본경은 감각적 욕망이 가득한 이 욕계에 살고, 더군다나 감각적 욕망을 한없이 자극하는 자본주의의 첨단을 달리는 지금의 대한민국에 사는 우리 불자들이 깊이 음미해봐야 할 가르침이 아닌가 생각하면서 본서에 싣는다.

1. 이와 같이 나는 들었다. 한때 세존께서는 라자가하의 대나무 숲에 있는 다람쥐 보호구역에 머무셨다.

2. 그 무렵 아찌라와따 사미[528]가 숲 속의 토굴[529]에 머물고 있었다. 그때 자야세나 왕자[530]가 산책을 나와서 이리저리 경행하다

---

528) 주석서는 아찌라와따 사미(Aciravata samaṇuddesa)에 대한 아무런 설명을 하지 않는다. 본경에서 그는 악기웻사나(Aggivessana)로 불리고 있다. 『디가 니까야』 제1권 「사문과경」(D2) §28에서 니간타 나따뿟따도 악기웻사나(Aggivessana)라 호칭되는 것에 유의할 필요가 있다. 그리고 『맛지마 니까야』 M35, M36, M74, M125에도 악기웻사나라는 호칭이 나타나는데, 특히 제2권의 두 개의 「삿짜까 경」(M35, M36)에서 웨살리에 거주하는 삿짜까도 악기웻사나로 불리면서 니간타의 후예(Nigantha-putta)라고 불리고 있다. 그러므로 악기웻사나는 웨살리 지방에 사는 왓지족들에게 사용되던 족성의 호칭이었던 듯하다.

『맛지마 니까야』 제3권 「디가나카 경」(M74) §2의 주해도 참조할 것.

529) "바로 그 대나무 숲의 한쪽 한가한 곳에 주요한 일을 보는 비구들을 의해 만들어진 거처를 말한다."(MA.iv.197)

530) "자야세나 왕자(Jayasena rāja-kumāra)는 빔비사라 왕의 아들이다." (MA.iv.197)

가 아찌라와따 사미에게 다가갔다. 가서는 아찌라와따 사미와 함께 환담을 나누었다. 유쾌하고 기억할만한 이야기로 서로 담소를 하고서 한 곁에 앉았다. 한 곁에 앉아서 자야세나 왕자는 아찌라와따 사미에게 이렇게 말했다.

"악기웻사나 존자여, 나는 다음과 같이 들었습니다. '여기 방일하지 않고 열심히 스스로 독려하며 머무는 비구는 마음이 한끝에 집중됨[心一境性]을 얻는다.'531)라고."

"왕자여, 참으로 그렇습니다. 왕자여, 참으로 그렇습니다. 여기 방일하지 않고 열심히 스스로 독려하며 머무는 비구는 마음이 한끝에 집중됨을 얻습니다."

3. "악기웻사나 존자가 듣고 터득하신대로 나에게 법을 설해주시면 감사하겠습니다."

"왕자여, 나는 그대에게 내가 듣고 터득한대로 법을 설할 수가 없습니다. 비록 내가 듣고 터득한대로 법을 설하더라도 그대는 내가 설한 뜻을 완전히 이해할 수 없을 것입니다. 그러면 그것은 나에게 번거로움과 피로만 줄 뿐입니다." [129]

4. "악기웻사나 존자가 듣고 터득하신 대로 나에게 법을 설해주십시오. 그러면 나는 악기웻사나 존자가 설하신 뜻을 이해할 수 있을 것입니다."

"왕자여, 그렇다면 나는 그대에게 내가 듣고 터득한 대로 법을 설

---

531) "'방일하지 않고 열심히 스스로 독려하며 머무는(ātāpī pahitatto viharan-to)' 수행자는 증득(samāpatti)이라는 것을 얻고 禪(jhāna)이라는 것을 얻는다고 들었다고 말하는 것이다."(MA.iv.197)
삼매(samādhi)를 정의하는 술어인 '마음이 한끝에 집중됨[心一境性, cittassa ekagatā]'에 대해서는 『맛지마 니까야』 제2권 「교리문답의 짧은 경」(M44) §12의 주해를 참조할 것.

하겠습니다. 그대가 내 말뜻을 이해한다면 그것은 좋은 일입니다. 그러나 만일 그대가 내 말뜻을 이해하지 못한다면 거기서 멈추고 더 이상 나에게 질문을 하지 마십시오."

"악기웻사나 존자는 내게 법을 설해주십시오. 만일 내가 악기웻사나 존자의 말뜻을 이해한다면 그것은 좋은 일일 것입니다. 만일 내가 악기웻사나 존자의 말뜻을 이해하지 못한다면 거기서 멈추고 악기웻사나 존자에게 더 이상 질문을 하지 않을 것입니다."

5. 그러자 아찌라와따 사미는 자야세나 왕자에게 본인이 듣고 터득한대로 법을 설하였다. 그렇게 설하자 자야세나 왕자는 아찌라와따 사미에게 이렇게 말했다.

"악기웻사나 존자여, 여기 비구가 방일하지 않고 열심히 스스로 독려하며 머물 때 마음이 한끝에 집중됨을 얻는다는 것은 불가능한 일이고 있을 수 없는 일입니다."

자야세나 왕자는 아찌라와따 사미에게 불가능한 일이고 있을 수 없는 일이라고 말하면서 자리에서 일어나 그곳을 떠났다.

6. 그러자 아찌라와따 사미는 자야세나 왕자가 떠난 지 얼마 되지 않아 세존을 찾아갔다. 뵙고는 세존께 큰절을 올리고 한 곁에 앉았다. 한 곁에 앉아서 아찌라와따 사미는 자야세나 왕자와 함께 나누었던 대화를 모두 세존께 아뢰었다. 이렇게 말씀드리자 세존께서는 아찌라와따 사미에게 이렇게 말씀하셨다.

7. "악기웻사나여, 자야세나 왕자는 감각적 욕망 속에 살면서 감각적 욕망을 즐기고 감각적 욕망에 대한 생각에 사로잡혀있으며 감각적 욕망의 열병으로 불타오르고 [130] 감각적 욕망을 찾기에 혈안이 되어있는데, 그런 그가 어떻게 감각적 욕망에서 벗어나야[出離]

알 수 있고, 감각적 욕망에서 벗어나야 볼 수 있고, 감각적 욕망에서 벗어나야 얻을 수 있고, 감각적 욕망에서 벗어나야 실현할 수 있는 것을, 알고 보고 실현할 수 있겠는가? 그것은 불가능하다."

8. "악기웻사나여, 두 마리의 길들여야 할 코끼리나[532] 길들여야 할 말이나 길들여야 할 소가 있어, 그들은 잘 길들여졌고 잘 훈련되었다. 그러나 두 마리의 길들여야 할 코끼리나 길들여야 할 말이나 길들여야 할 소가 있어, 그들은 잘 길들여지지 않았고 잘 훈련되지 않았다고 하자. 악기웻사나여, 이를 어떻게 생각하는가? 두 마리의 길들여야 할 코끼리나 길들여야 할 말이나 길들여야 할 소가 잘 길들여졌고 잘 훈련되었다면, 그들이 이미 길들여졌기 때문에 길들여진 습성을 갖추고 길들여졌기 때문에 길들여진 경지에 도달했다고 할 수 있겠는가?"

"그렇습니다, 세존이시여."

"그러면 두 마리의 길들여야 할 코끼리와 길들여야 할 말과 길들여야 할 소가 길들여지지 않았고 훈련되지 않았다면 그들이 길들여지지 않았음에도 불구하고 길들여진 습성을 갖추고 길들여지지 않았음에도 불구하고 길들여진 경지에 도달했다고 할 수 있겠는가?"

"아닙니다, 세존이시여."

"악기웻사나여, 그와 마찬가지로 감각적 욕망 속에 살면서 감각적 욕망을 즐기고 감각적 욕망에 대한 생각에 사로잡혀있으며 감각적 욕망의 열병으로 불타오르고 감각적 욕망을 찾기에 혈안이 된 자야세나 왕자가 감각적 욕망에서 벗어나야 알 수 있고, 감각적 욕망에서 벗어나야 볼 수 있고, 감각적 욕망에서 벗어나야 얻을 수 있고, 감각

532) 이 비유는 『맛지마 니까야』 제3권 「깐나깟탈라 경」 (M90) §11에도 나타난다.

적 욕망에서 벗어나야 실현할 수 있는 것을, 알고 보고 실현한다는 것은 불가능하다."

9. "악기웻사나여, 마을이나 성읍 근처에 높은 산이 있어, 두 친구가 그 마을이나 성읍을 나와 손을 잡고 그 산에 갔는데, 도착하자 한 친구는 산기슭에 머물고 한 친구는 산꼭대기에 오른다 하자. 산기슭에 머물던 친구가 산꼭대기에 올라간 친구에게 이와 같이 물을 것이다.

'여보게, 산꼭대기에 서니 무엇이 보이는가?'

그는 이렇게 대답할 것이다.

'여보게, 산꼭대기에 서니 아름다운 공원과 아름다운 숲과 아름다운 초원과 아름다운 호수가 보이네.'

그는 말할 것이다.

'여보게, [131] 그대가 산꼭대기에 서서 아름다운 공원과 아름다운 숲과 아름다운 초원과 아름다운 호수를 본다는 것은 있을 수 없고 불가능하네.'

그러자 산꼭대기에 서 있던 친구가 산기슭으로 내려가 그 친구를 데리고 산꼭대기로 올라가서 잠시 숨을 돌리게 하고 이와 같이 말할 것이다.

'여보게, 산꼭대기에 서니 무엇이 보이는가?'

그는 이렇게 대답할 것이다.

'여보게, 산꼭대기에 서니 아름다운 공원과 아름다운 숲과 아름다운 초원과 아름다운 호수가 보이네.'

그는 말할 것이다.

'여보게, 조금 전에 그대는 '여보게, 그대가 산꼭대기에 서서 아름다운 공원과 아름다운 숲과 아름다운 초원과 아름다운 호수를 본다는 것은 있을 수 없고 불가능하네.'라고 말한 것을 나는 알고 있는데 이제 그대가 '여보게, 산꼭대기에 서니 아름다운 공원과 아름다운 숲과 아름다운 초원과 아름다운 호수가 보이네.'라고 하는구나.'

그러면 그는 말할 것이다.

'여보게, 산기슭에서 나는 이 높은 산에 가로막혀 볼 수 있는 것을 볼 수가 없었네.'"

10. "악기웻사나여, 그와 같이 자야세나 왕자는 이보다 더 큰 무명의 무더기에 가리어지고 막히고 차단되고 둘러싸여 있다. 감각적 욕망 속에 살면서 감각적 욕망을 즐기고 감각적 욕망에 대한 생각에 사로잡혀있으며 감각적 욕망의 열병으로 불타오르고 감각적 욕망을 찾기에 혈안이 된 자야세나 왕자가 감각적 욕망에서 벗어나야 알 수 있고, 감각적 욕망에서 벗어나야 볼 수 있고, 감각적 욕망에서 벗어나야 얻을 수 있고, 감각적 욕망에서 벗어나야 실현할 수 있는 것을, 알고 보고 실현한다는 것은 불가능하다."

11. "악기웻사나여, 만일 그대가 자야세나 왕자를 대했을 때 이런 두 가지 비유가 떠올랐다면 자야세나 왕자는 즉시에 그대에게 깨끗한 믿음을 가졌을 것이고 깨끗한 믿음을 가져 그대에게 믿음을 나타냈을 것이다."

"세존이시여, 자야세나 왕자에게 설한 이 두 가지 비유는 전에 들어본 적이 없는 즉시에 떠오른 것인데 어떻게 세존처럼 제가 할 수 있겠습니까?" [132]

12. "악기웻사나여, 관정한 끄샤뜨리야 왕이 코끼리 사냥꾼에게 말하기를 '여봐라, 코끼리 사냥꾼이여. 그대는 왕의 코끼리를 타고 코끼리가 사는 숲으로 가서 야생 코끼리를 보거든 왕의 코끼리에 그

코끼리의 목을 묶어라.'라고 할 것이다. 악기웻사나여, 그러면 그 코끼리 사냥꾼은 '그렇게 하겠습니다, 폐하.'라고 관정한 끄샤뜨리야 왕에게 대답한 뒤 왕의 코끼리에 올라 코끼리가 사는 숲으로 가서 야생 코끼리를 보고는 왕의 코끼리에 그 코끼리의 목을 묶을 것이다. 그러면 왕의 코끼리는 그를 노지로 끌고 나올 것이다. 악기웻사나여, 이런 방법으로 야생 코끼리는 드디어 노지로 끌려나오게 된다. 악기웻사나여, 야생 코끼리는 코끼리 숲에 집착하기 때문이다."

"그러면 야생 코끼리 사냥꾼은 관정한 끄샤뜨리야 왕에게 아뢸 것이다.

'폐하, 야생 코끼리가 노지로 나왔습니다.'

그러면 관정한 끄샤뜨리야 왕은 코끼리 조련사를 불러서 말할 것이다.

'여봐라, 코끼리 조련사여. 이리 오라. 그대는 야생 코끼리를 조련하여 숲 속의 습관을 제어하고 숲 속에서 달리던 생각[533]을 제어하고 숲 속의 근심과 피로와 열병을 제어하고 마을에 사는 것을 즐거워하게 하고 사람들이 좋아하는 습관을 길들이도록 하라.'[534]

악기웻사나여, 그 코끼리 조련사는 '그렇게 하겠습니다, 폐하.'라고 관정한 끄샤뜨리야 왕에게 대답하고는 숲 속의 습관을 제어하고 숲

533) '숲 속에서 달리던 생각'은 āraññakānañceva sara-saṅkappānaṁ을 옮긴 것이다. '숲 속에 대한 기억(sara)과 생각(saṅkappa)'이라고 번역할 수도 있겠지만 주석서에서 sara-saṅkappa를 dhāvana-saṅkappa([숲 속에서] 달리던 생각들)이라고 설명하고 있어서(MA.iv.198) 이렇게 옮겼다.

534) "'사람들이 좋아하는 습관을 길들인다(manussa-kantesu sīlesu samādapanāya).'는 것은 여자나 남자나 어린 남자아이나 어린 여자아이들이 코끼리의 코 등을 잡고 장난을 칠 때(upakeḷayamāna) 몸짓을 일그러뜨리지 않고 기꺼이 응해줌으로써 사람들이 좋아하는 습관을 길들이게 된다는 말이다."(MA.iv.198~199)

속의 생각을 제어하고 숲 속의 근심과 피로와 열병을 제어하고 마을에 사는 것을 즐거워하게 하고 사람들이 좋아하는 습관을 길들이기 위해 땅에다 큰 기둥을 박고 야생 코끼리의 목을 거기에 묶는다.”

“그러면 코끼리 조련사는 부드럽고 귀에 즐겁고 사랑스럽고 가슴에 와 닿고 온화하며 많은 사람들이 좋아하고 많은 사람들이 마음에 드는, 그런 말을 한다. 악기웻사나여, 야생 코끼리는 코끼리 조련사가 하는 부드럽고 귀에 즐겁고 사랑스럽고 가슴에 와 닿고 온화하며 많은 사람들이 좋아하고 [133] 많은 사람들이 마음에 드는, 그런 말을 들으면 들으려 하고 귀를 기울이고 이해하려고 애쓴다. 그러면 코끼리 조련사는 다시 건초와 물로써 보답한다. 악기웻사나여, 야생 코끼리가 그가 주는 건초와 물을 받아먹으면 코끼리 조련사는 ‘이제 왕의 코끼리535)는 살 것이다.’라는 생각이 든다.”

“그러면 코끼리 조련사는 더 나아가 ‘들어 올려! 내려놓아!’라고 훈련시킨다. 악기웻사나여, 왕의 코끼리가 코끼리 조련사의 ‘들어 올려! 내려놓아!’라는 말을 따르고 명령에 복종하면 코끼리 조련사는 더 나아가 ‘앞으로 가! 돌아와!’라고 훈련시킨다. 악기웻사나여, 왕의 코끼리가 코끼리 조련사의 ‘앞으로 가! 돌아와!’라는 말을 따르고 명령에 복종하면 코끼리 조련사는 더 나아가 ‘일어서! 앉아!’라고 훈련시킨다. 악기웻사나여, 왕의 코끼리가 코끼리 조련사의 ‘일어서! 앉아!’라는 말을 따르고 명령에 복종하면 코끼리 조련사는 더 나아가 ‘부동’이라는 훈련을 실행한다.

그는 큰 널빤지를 코에 묶고 창을 손에 든 사람이 목에 걸터앉고 창을 손에 든 사람들이 주위를 에워싼다. 코끼리 조련사는 긴 창을

---

535) 역자가 저본으로 삼은 Ee에는 ‘왕의 코끼리(raññо nāgo)’로 나타나고, Be에는 ‘숲 속의 코끼리(āraññako nāgo)’로 나타난다.

가지고서 앞에 서 있다. 그가 부동의 훈련을 받으면 앞발도 뒷발도 움직이지 않고 몸의 앞부분도 몸의 뒷부분도 움직이지 않고 머리도 귀도 이빨도 꼬리도 코도 움직이지 않는다. 왕의 코끼리는 창에 찔리고 칼에 베이고 화살에 맞고 다른 유정들한테 공격을 당해도 견디어 낸다. 북소리와 고둥소리와 나팔 소리를 견뎌낸다. 모든 결점과 단점과 흠을 제거하여 왕에게 어울리고 왕을 섬길 수 있으며 왕의 수족이라는 이름을 얻게 된다." [134]

13. ~ *14.* "악기웻사나여, 그와 같이 여기 여래가 이 세상에 출현하나니 그는 바로 아라한[應供]이며, 완전히 깨달으신 분[正等覺者]이며, … …

<『맛지마 니까야』 제2권 「깐다라까 경」 (M51) §§12~13과 같음.>

… 머리와 수염을 깎고 물들인 옷[染衣]을 입고 집을 떠나 출가한다.

악기웻사나여, 이렇게 해서 성스러운 제자는 드디어 노지로 나오게 된다. 신들과 인간들은 다섯 가닥의 얽어매는 감각적 욕망에 집착하기 때문이다."

15. "그러면 여래는 더 나아가 그를 훈련시킨다.

'오라, 비구여. 그대는 계를 잘 지녀라. 빠띠목카(계목)의 단속으로 잘 단속하면서 머물러라. 바른 행실과 행동의 영역을 갖추고, 작은 허물에도 두려움을 보며, 학습계목을 받아 지녀 공부지어라.'"

16. "악기웻사나여, 성스러운 제자가 계를 잘 지니고 빠띠목카의 단속으로 잘 단속하며 머물고 바른 행실과 행동의 영역을 갖추어 작은 허물에 대해서도 두려움을 보고 학습 계목을 받아 지녀 공부지으면 여래는 더 나아가 그를 다음과 같이 훈련시킨다.

'오라, 비구여. 그대는 감각기능의 문을 잘 지켜라. 눈으로 형색을 봄에 그 표상[全體相]을 취하지 말고, 또 그 세세한 부분상[細相]을 취하지도 마라. 만약 그대의 눈의 감각기능[眼根]이 제어되어 있지 않으면, 욕심과 싫어하는 마음의 나쁘고 해로운 법[不善法]들이 그대에게 [물밀듯이] 흘러들어올 것이다. 따라서 그대는 눈의 감각기능을 잘 단속하기 위해 수행하며, 눈의 감각기능을 잘 방호하고, 눈의 감각기능을 잘 단속하라.

귀로 소리를 들음에 … 코로 냄새를 맡음에 … 혀로 맛을 봄에 … 몸으로 감촉을 느낌에 … 마노[意]로 법을 지각함에 그 표상을 취하지 말고, 또 그 세세한 부분상을 취하지도 마라. 만약 그대의 마노의 감각기능[意根]이 제어되어 있지 않으면, 욕심과 싫어하는 마음의 나쁘고 해로운 법[不善法]들이 그대에게 [물밀듯이] 흘러들어올 것이다. 따라서 그대는 마노의 감각기능을 잘 단속하기 위해 수행하며, 마노의 감각기능을 잘 방호하고, 마노의 감각기능을 잘 단속하라.'"

17. "악기웻사나여, 성스러운 제자가 감각의 대문을 잘 지키면 여래는 더 나아가 그를 다음과 같이 훈련시킨다.

'오라, 비구여. 그대는 음식에 적당한 양을 아는 자가 되어라. 지혜롭게 숙고하면서 음식을 수용하라. 즐기기 위해서도 아니고, 취하기 위해서도 아니며, 치장을 하기 위해서도 아니고, 장식을 하기 위해서도 아니며, 단지 이 몸을 지탱하고 존속하고 잔인함을 쉬고 청정범행을 잘 지키기 위해서이다. '그래서 우리는 오래된 느낌을 물리치고 새로운 느낌을 일어나게 하지 않을 것이다. 우리는 잘 부양될 것이고 비난받을 일이 없이 편안하게 머물 것이다.'라고 생각하면서 수용하라.'"

18. "악기웻사나여, [135] 성스러운 제자가 음식에서 적당함을 알면 여래는 더 나아가 그를 다음과 같이 훈련시킨다.

'오라, 비구여. 그대는 깨어있음에 전념하라. 낮 동안에는 경행하거나 앉아서 장애가 되는 법들로부터 마음을 청정하게 하라. 밤의 초경에도 경행하거나 앉아서 장애가 되는 법들로부터 마음을 청정하게 하라. 한밤중에는 발에다 발을 포개어 오른쪽 옆구리로 사자처럼 누워서 마음챙기고 알아차리면서[正念·正知] 일어날 시간을 마음에 잡도리하라. 밤의 삼경에는 일어나서 경행하거나 앉아서 장애가 되는 법들로부터 마음을 청정하게 하라.'"

19. "악기웻사나여, 성스러운 제자가 깨어있음에 전념하면 여래는 더 나아가 그를 다음과 같이 훈련시킨다.

'오라, 비구여. 그대는 마음챙김과 알아차림[正念·正知]을 구족하라. 나아갈 때도 돌아올 때도 [자신의 거동을] 분명히 알아차리면서[正知] 행하라. 앞을 볼 때도 돌아볼 때도 분명히 알아차리면서 행하라. 구부릴 때도 펼 때도 분명히 알아차리면서 행하라. 가사·발우·의복을 지닐 때도 분명히 알아차리면서 행하라. 먹을 때도 마실 때도 씹을 때도 맛볼 때도 분명히 알아차리면서 행하라. 대소변을 볼 대도 분명히 알아차리면서 행하라. 갈 때도 서 있을 때도 앉아 있을 대도 잠잘 때도 깨어있을 때도 말할 때도 침묵할 때도 분명히 알아차리면서 행하라.'"

20. "악기웻사나여, 성스러운 제자가 마음챙김과 알아차림에 전념하면 여래는 더 나아가 그를 다음과 같이 훈련시킨다.

'오라, 비구여. 그대는 숲 속이나 나무 아래나 산이나 골짜기나 산속 동굴이나 묘지나 밀림이나 노지나 짚더미와 같은 외딴 처소를 의지하라.'"

21. "그는 이러한 성스러운 계의 조목을 구족하고 이러한 성스러운 감각기능의 단속을 구족하고 이러한 마음챙김과 알아차림[正念 · 正知]을 구족하여 숲 속이나 나무 아래나 산이나 골짜기나 산속 동굴이나 묘지나 밀림이나 노지나 짚더미와 같은 외딴 처소를 의지한다. 그는 탁발하여 공양을 마치고 탁발에서 돌아와 가부좌를 틀고 상체를 곧추세우고 전면에 마음챙김을 확립하여 앉는다.

그는 세상에 대한 욕심을 제거하여 욕심을 버린 마음으로 머물고, 욕심으로부터 마음을 청정하게 한다. 악의의 오점을 제거하여 악의가 없는 마음으로 머물고, 모든 생명의 이익을 위하여 연민하며, 악의의 오점으로부터 마음을 청정하게 한다. 해태와 혼침을 제거하여 해태와 혼침 없이 머물고, 광명상(光明想)을 가져 마음챙기고 알아차리며[正念 · 正知] 해태와 혼침으로부터 마음을 청정하게 한다. 들뜸과 후회를 제거하여 들뜨지 않고 머물고, 안으로 고요히 가라앉은 마음으로 들뜸과 후회로부터 마음을 청정하게 한다. [136] 의심을 제거하여 의심을 극복하여 머물고, 유익한 법들에 아무런 의심이 없어서 의심으로부터 마음을 청정하게 한다."

22. "그는 마음의 오염원이고 통찰지를 무력하게 만드는 이 다섯 가지 장애들을 제거한 뒤 몸에서 몸을 관찰하면서[身隨觀] 머문다. 세상에 대한 욕심과 싫어하는 마음을 버리고 근면하고 분명히 알아차리고 마음챙기면서 머문다. 느낌에서 … 마음에서 … 법에서 법을 관찰하며[法隨觀] 머문다. 세상에 대한 욕심과 싫어하는 마음을 버리고 근면하고 분명히 알아차리고 마음챙기면서 머문다."

23. "악기웻사나여, 마치 코끼리 조련사가 코끼리의 숲 속의 습

관을 제어하고 숲 속의 생각을 제어하고 숲 속의 근심과 피로와 열병을 제어하고 마을에 사는 것을 즐거워하게 하고 사람들이 좋아하는 습관을 길들이기 위해 땅에다 큰 기둥을 박고 야생 코끼리의 목을 거기에 묶는 것처럼, 그와 같이 이 네 가지 마음챙김의 확립[四念處]은 재가의 생활 습관[536]을 길들이고 재가에 얽힌 생각을 길들이고 재가 생활에 따른 근심과 피로와 열병을 길들여서 옳은 방법[537]을 터득하고 열반을 실현하기 위해 성스러운 제자의 마음을 묶는다."

24. "그러면 여래는 더 나아가 그를 다음과 같이 훈련시킨다.

'오라, 비구여. 그대는 몸에서 몸을 관찰하면서 머물고 몸과 관련된 생각을 일으키지 마라. 느낌에서 느낌을 관찰하면서 머물고 느낌과 관련된 생각을 일으키지 마라. 마음에서 마음을 관찰하면서 머물고 마음과 관련된 생각을 일으키지 마라. 법에서 법을 관찰하며 머물고 법과 관련된 생각을 일으키지 마라.'"[538]

---

536) "'재가의 생활습관(gehasita-sīla)'이란 다섯 가닥의 얽어매는 감각적 욕망에 바탕을 둔 생활습관(pañca-kāma-guṇa-nissita-sīla)을 말한다." (MA.iv.199)

537) "'옳은 방법(ñāya)'이란 팔정도(aṭṭhaṅgika-magga)를 말한다."(MA.iv.199)

538) '몸과 관련된 생각을 일으키지 마라.'는 Ee의 mā **kāyūpasaṁhitaṁ** vitakkam vitakkesi를 옮긴 것이다. 같은 방법으로 '느낌과 관련된 생각'은 vedanūpasaṁhitaṁ을, '마음과 관련된 생각'은 cittūpasaṁhitaṁ을, '법과 관련된 생각'은 dhammūpasaṁhitaṁ을 옮긴 것이다.
그러나 Be에는 'mā ca **kāmūpasaṁhitaṁ** vitakkaṁ vitakkesi. vedanāsu … citte … dhammesu dhammānupassī viharāhi, mā ca **kāmūpasaṁhitaṁ** vitakkaṁ vitakkesī'로 나타난다. 이것을 옮기면 "오라, 비구여. 그대는 몸에서 몸을 관찰하면서 머물고 **감각적 욕망과 관련된** 생각을 일으키지 마라. 느낌에서 … 마음에서 … 법에서 법을 관찰하며 머물고 감각적 욕망과 관련된 생각을 일으키지 마라."가 된다. Se도 Be와 같다. 즉 Be와 Se에는 '몸과 관련된 생각' … '법과 관련된 생각' 대신에 모두

25. "그는 일으킨 생각[尋]과 지속적 고찰[伺]을 가라앉혔기 때문에 [더 이상 존재하지 않고], 자기 내면의 것이고, 확신이 있으며, 마음의 단일한 상태이고, 일으킨 생각과 지속적 고찰은 없고, 삼매에서 생긴 희열과 행복이 있는 제2선(二禪)을 구족하여 머문다. … 제3선을 … 제4선을 구족하여 머문다."539)

26. ~ *29.* "그는 이와 같이 마음이 집중되고 … …

<『맛지마 니까야』 제2권 「깐다라까 경」 (M51) §§24~27과 같음.>

… 다시는 어떤 존재로도 돌아오지 않을 것이라고 안다."

30. "그 비구는 추위와 더위와 배고픔과 목마름과, 날파리 · 모기 · 바람 · 뙤약볕 · 파충류에 닿음과, 고약하고 언짢은 말들과, 몸에 생겨난 [137] 괴롭고 날카롭고 거칠고 찌르고 불쾌하고 마음에 들지 않고 생명을 위협하는 갖가지 느낌들을 감내한다. 모든 탐욕과 성냄과 어리석음을 제거하고 흠을 없앤다. 그는 공양받아 마땅하고, 선사받아 마땅하고, 보시받아 마땅하고, 합장받아 마땅하며, 세상의 위

'감각적 욕망과 관련된 생각(kāmūpasaṁhitaṁ)'으로 통일 되어 나타난다. 이것은 본경 §§7~8에서 보듯이 감각적 욕망에서 벗어남을 기본 주제로 하는 본경의 입장과 더 잘 어울린다고 생각된다. 역자는 Ee를 따라서 옮겼다.

539) 여기서는 초선이 언급되지 않고 있다. 이런 점으로 봤을 때 바로 앞 §§22~24에서 언급된 네 가지 마음챙김의 확립[四念處]이 초선을 대신하는 것으로 봐야 한다. 주석서는 별다른 설명이 없다.
그런데 사념처가 초선을 대신하는 이 가르침은 『상윳따 니까야』 제5권 「비구니 거처 경」 (S47:10) §§7~10을 주목할 필요가 있다. 여기서 세존께서는 먼저 사념처 수행을 말씀하시고 "그는 '생각을 일으키지 않고 고찰을 하지 않고 안으로 마음챙기면서 나는 행복하다.'라고 꿰뚫어 안다."고 말씀하시는데 이것은 일으킨 생각과 지속적 고찰이 없는 제2선에 도달했음을 뜻한다. 그러므로 여기서도 사념처 수행은 초선에 배대된다고 이해할 수 있다.

없는 복밭[福田]이다."

31. "악기웻사나여, 만일 왕의 코끼리가 길들여지지 않고 훈련되지 않은 채 노년에 죽는다면, 죽음을 길들이지 못하고 죽어버린 늙은 코끼리라는 이름을 얻게 될 것이다. 만일 왕의 코끼리가 길들여지지 않고 훈련되지 않은 채 중년의 나이에 죽는다면, … 어린 나이에 죽는다면, 죽음을 길들이지 못하고 죽어버린 어린 코끼리라는 이름을 얻게 될 것이다.

악기웻사나여, 그와 같이 장로 비구가 번뇌를 부수지 못하고 죽으면 죽음을 길들이지 못하고 죽어버린 장로 비구라는 이름을 얻게 된다. 그와 같이 중진 비구가 … 신참 비구가 번뇌를 부수지 못하고 죽으면 죽음을 길들이지 못하고 죽어버린 신참 비구라는 이름을 얻게 된다."

32. "악기웻사나여, 만일 왕의 코끼리가 잘 길들여지고 잘 훈련되어 노년에 죽는다면, 죽음을 길들이고 죽은 늙은 코끼리라는 이름을 얻게 될 것이다. 만일 왕의 코끼리가 잘 길들여지고 훈련 되어 중년의 나이에 죽는다면, … 어린 나이에 죽는다면, 죽음을 길들이고 죽은 어린 코끼리라는 이름을 얻게 될 것이다.

악기웻사나여, 그와 같이 장로 비구가 번뇌를 부수고 죽으면 죽음을 길들이고 죽은 장로 비구라는 이름을 얻게 된다. 중진 비구가 … 신참 비구가 번뇌를 부수고 죽으면 죽음을 길들이고 죽은 신참 비구라는 이름을 얻게 된다."

세존께서는 이와 같이 설하셨다. 아찌라와따 사미는 흡족한 마음으로 세존의 말씀을 크게 기뻐하였다.

선(禪) 경

4禪-4처를 모두 닦아야 번뇌가 다하는가

Jhāna Sutta(A9:36)

【해설】

초기 불교의 수행법에 대해서 관심이 많은 사람들이 가지는 의문 가운데 아주 중요한 것이 '번뇌 다한 아라한이 되려면 반드시 네 가지 선을 모두 다 닦아야 하는가? 게다가 공무변처부터 비상비비상처까지의 무색계선까지도 빠짐없이 다 닦아야만 아라한이 되고 깨달음을 증득하는가?'하는 것이다. 본경은 이러한 중요한 주제를 다루고 있는 경이다.
결론적으로 말해서, 본경을 통해서 세존께서는 초선을 의지해서도 번뇌 다한 아라한이 되고, 제2선을 의지해서도, 제3선을 의지해서도, 제4선을 의지해서도 아라한이 되며, 나아가서 공무변처부터 비상비비상처까지의 각각을 의지해서도 번뇌 다한 아라한이 된다고 분명하게 밝히신 뒤 그 의미에 대해서 자세하게 설명하고 계신다. 즉 초선부터 비상비비상처까지의 삼매를 반드시 모두 다 닦아야만 아라한이 되는 것은 아니라는 것이다.

그러면 어떻게 해서 초선을 의지해서 아라한이 되는가? 세존께서는 본경 §2에서 초선의 경지에서 일어난 오온의 법들이 무상이요 고요 무아라고 통찰하여 오온에 대해 염오하지 않고 열반을 증득한다는 요지로 분명하게 말씀하신다. 즉 초선의 경지에서 일어난 현상에 대해 무상이나 고나 무아를 통찰해서 해탈・열반을 실현하고 아라한이 되고 불환자가 될 수 있다는 말씀이다.
마찬가지로 제2선부터 무소유처까지의 증득도 번뇌 다한 경지의 토대가 된다고 말씀하신 뒤에 "비상비비상처의 증득과 상수멸의 이 두 경지는 증득에 능숙하고 증득에서 출정하는 것에 능숙한, 禪을 닦는 비구들이 증득에 들었다가 출정한 뒤에 바르게 설명해야 하는 것이라고 나는 말한다."라고 결론지으시고 본경을 마친다.(§5) 관심있는 분들의 정독을 권한다.

1. 이와 같이 나는 들었다. 한때 세존께서는 사왓티에서 제따 숲의 아나타삔디까 원림(급고독원)에 머무셨다. 거기서 세존께서는 "비구들이여."라고 비구들을 부르셨다. "세존이시여."라고 비구들은 세존께 응답했다. 세존께서는 이렇게 말씀하셨다.

"비구들이여, 초선(初禪)을 의지해서도 번뇌가 다한다[540]고 나는 말한다. 비구들이여, 제2선을 의지해서도 번뇌가 다한다고 나는 말한다. 비구들이여, 제3선을 의지해서도 번뇌가 다한다고 나는 말한다. 비구들이여, 제4선을 의지해서도 번뇌가 다한다고 나는 말한다. 비구들이여, 공무변처를 의지해서도 번뇌가 다한다고 나는 말한다. 비구들이여, 식무변처를 의지해서도 번뇌가 다한다고 나는 말한다. 비구들이여, 무소유처를 의지해서도 번뇌가 다한다고 나는 말한다. 비구들이여, 비상비비상처를 의지해서도 번뇌가 다한다고 나는 말한다."

2. "'비구들이여, 초선(初禪)을 의지해서도 번뇌가 다한다고 나는 말한다.'라고 한 것은 무슨 이유로 그렇게 말했는가? 비구들이여, 여기 비구는 감각적 욕망들을 완전히 떨쳐버리고 해로운 법[不善法]들을 떨쳐버린 뒤 … 초선에 들어 머문다. 그는 거기서 일어나는 물질이건[541] 느낌이건 인식이건 심리현상들이건 알음알이건, 그 모든

---

540) "'번뇌가 다한다.(āsavānaṁ khayaṁ)'는 것은 아라한과(arahatta)를 말한다."(AA.ivi.195)

법들542)을 무상하다고 괴로움이라고 병이라고 종기라고 화살이라고 재난이라고 질병이라고 남[他]이라고 부서지기 마련인 것이라고 공한 것이라고 무아라고 바르게 관찰한다.

그는 이런 법들로부터 마음을 돌려버린다. 그는 이런 법들로부터 마음을 돌린 뒤 불사(不死)의 경지로 마음을 향하게 한다. '이것은 고요하고 이것은 수승하다. 이것은 모든 형성된 것들[行]이 가라앉음[止]이요, 모든 재생의 근거를 놓아버림[放棄]이요, 갈애의 소진이요, 탐욕의 빛바램[離慾]이요, 소멸[滅]이요, 열반이다.'라고. 그는 여기에 확고하게 머물러 번뇌가 다함을 얻는다.[阿羅漢] 만일 번뇌가 다함을 얻지 못하더라도 이러한 법을 좋아하고 이러한 법을 즐기기 때문에 그는 다섯 가지 낮은 단계의 족쇄를 완전히 없애고 [정거천에] 화생하여 그곳에서 완전히 열반에 들어 그 세계로부터 다시 돌아오지 않는 법을 얻는다.[不還者]

비구들이여, 예를 들면 궁수나 궁수의 도제가 짚으로 만든 허수아비나 진흙더미로 연습을 한 뒤에, 나중에는 멀리 쏘고 전광석화와 같이 꿰뚫고 큰 몸을 쳐부수는 것과 같다.

그와 같이 비구는 감각적 욕망들을 완전히 떨쳐버리고 해로운 법[不善法]들을 떨쳐버린 뒤 … 초선에 들어 머문다. 그는 거기서 일어나는 물질이건 느낌이건 인식이건 심리현상들이건 알음알이건, 그

---

541) "'거기서 일어나는 물질(yadeva tattha hoti rūpagataṁ)'이란 그 초선의 순간에 토대(vatthu)로써 일어나거나, 혹은 마음에서 생긴 것(citta-samuṭṭhānika) 등으로써 물질이 일어나는 것을 말한다."(*Ibid*) 후자는 업에서 생긴 물질과 마음에서 생긴 물질을 뜻한다. 업에서 생긴 물질 등은 『아비담마 길라잡이』 6장 §§9~15를 참조할 것.

542) "'그 모든 법들(te dhammā)'이란 물질 등 오온의 법들(pañcakkhandha-dhamma)을 말한다."(AA.iv.195)

모든 법들을 무상하다고 괴로움이라고 병이라고 종기라고 화살이라고 재난이라고 질병이라고 남[他]이라고 부서지기 마련인 것이라고 공한 것이라고 무아라고 바르게 관찰한다.

그는 이런 법들로부터 마음을 돌려버린다. 그는 이런 법들로부터 마음을 돌린 뒤 불사(不死)의 경지로 마음을 향하게 한다. '이것은 고요하고 이것은 수승하다. 이것은 모든 형성된 것들[行]이 가라앉음[止]이요, 모든 재생의 근거를 놓아버림[放棄]이요, 갈애의 소진이요, 탐욕의 빛바램[離慾]이요, 소멸[滅]이요, 열반이다.'라고. 그는 여기에 확고하게 머물러 번뇌가 다함을 얻는다. 만일 번뇌가 다함을 얻지 못하더라도 이러한 법을 좋아하고 이러한 법을 즐기기 때문에 그는 다섯 가지 낮은 단계의 족쇄를 완전히 없애고 [정거천에] 화생하여 그곳에서 완전히 열반에 들어 그 세계로부터 다시 돌아오지 않는 법을 얻는다.

'비구들이여, 초선(初禪)을 의지해서도 번뇌가 다한다고 나는 말한다.'라고 한 것은 이런 이유로 그렇게 말한 것이다."

3. "'비구들이여, 제2선을 의지해서도 … 제3선을 의지해서도 … 제4선을 의지해서도 번뇌가 다한다고 나는 말한다.'라고 한 것은 무슨 이유로 그렇게 말했는가? 비구들이여, 여기 비구는 일으킨 생각과 지속적 고찰을 가라앉혔기 때문에 … 제2선(二禪)에 들어 머문다. … 제3선(三禪)에 들어 머문다. … 제4선(四禪)에 들어 머문다. 그는 거기서 일어나는 물질이건 느낌이건 인식이건 심리현상들이건 알음알이건, 그 모든 법들을 무상하다고 괴로움이라고 병이라고 종기라고 화살이라고 재난이라고 질병이라고 남[他]이라고 부서지기 마련인 것이라고 공한 것이라고 무아라고 바르게 관찰한다.

그는 이런 법들로부터 마음을 돌려버린다. 그는 이런 법들로부터 마음을 돌린 뒤 불사(不死)의 경지로 마음을 향하게 한다. '이것은 고요하고 이것은 수승하다. 이것은 모든 형성된 것들[行]이 가라앉음[止]이요, 모든 재생의 근거를 놓아버림[放棄]이요, 갈애의 소진이요, 탐욕의 빛바램[離慾]이요, 소멸[滅]이요, 열반이다.'라고. 그는 여기에 확고하게 머물러 번뇌가 다함을 얻는다. 만일 번뇌가 다함을 얻지 못하더라도 이러한 법을 좋아하고 이러한 법을 즐기기 때문에 그는 다섯 가지 낮은 단계의 족쇄를 완전히 없애고 [정거천에] 화생하여 그곳에서 완전히 열반에 들어 그 세계로부터 다시 돌아오지 않는 법을 얻는다.

비구들이여, 예를 들면 궁수나 궁수의 도제가 짚으로 만든 허수아비나 진흙더미로 연습을 한 뒤에, 나중에는 멀리 쏘고 전광석화와 같이 꿰뚫고 큰 몸을 쳐부수는 것과 같다.

그와 같이 비구는 일으킨 생각과 지속적 고찰을 가라앉혔기 때문에 … 제2선(二禪)에 들어 머문다. … 제3선(三禪)에 들어 머문다. … 제4선(四禪)에 들어 머문다. …

그는 이런 법들로부터 마음을 돌려버린다. … 다시 돌아오지 않는 법을 얻는다.[不還者]

'비구들이여, 제2선을 의지해서도 … 제3선을 의지해서도 … 제4선을 의지해서도 번뇌가 다한다고 나는 말한다.'라고 한 것은 이런 이유로 그렇게 말했다."

4. "'비구들이여, 공무변처를 의지해서도 번뇌가 다한다고 나는 말한다.'라고 한 것은 무슨 이유로 그렇게 말했는가? 비구들이여, 여기 비구는 물질[色]에 대한 인식(산냐)을 완전히 초월하고 부딪힘의 인식을 소멸하고 갖가지 인식을 마음에 잡도리하지 않기 때문에 '무한한 허공'이라고 하면서 공무변처에 들어 머문다. 그는 거기서 일어

나는 느낌이건 인식이건 심리현상들이건 알음알이건, 그 모든 법들을 무상하다고 괴로움이라고 병이라고 종기라고 화살이라고 재난이라고 질병이라고 남[他]이라고 부서지기 마련인 것이라고 공한 것이라고 무아라고 바르게 관찰한다.

그는 이런 법들로부터 마음을 돌려버린다. … 다시 돌아오지 않는 법을 얻는다.

비구들이여, 예를 들면 궁수나 궁수의 도제가 짚으로 만든 허수아비나 진흙더미로 연습을 한 뒤에 나중에는 멀리 쏘고, 전광석화와 같이 꿰뚫고, 큰 몸을 쳐부수는 것과 같다.

그와 같이 비구는 물질[色]에 대한 인식(산냐)을 완전히 초월하고 부딪힘의 인식을 소멸하고 갖가지 인식을 마음에 잡도리하지 않기 때문에 '무한한 허공'이라고 하면서 공무변처에 들어 머문다. …

그는 이런 법들로부터 마음을 돌려버린다. … 다시 돌아오지 않는 법을 얻는다.

'비구들이여, 공무변처를 의지해서도 번뇌가 다한다고 나는 말한다.'라고 한 것은 이런 이유로 그렇게 말했다."

5. "'비구들이여, 식무변처를 의지해서도 … 무소유처를 의지해서도 번뇌가 다한다고 나는 말한다.'라고 한 것은 무슨 이유로 그렇게 말했는가? 비구들이여, 여기 비구는 식무변처를 완전히 초월하여 '아무것도 없다.'라고 하면서 무소유처에 들어 머문다. 그는 거기서 일어나는 느낌이건 인식이건 심리현상들이건 알음알이건, 그 모든 법들을 무상하다고 괴로움이라고 병이라고 종기라고 화살이라고 재난이라고 질병이라고 남[他]이라고 부서지기 마련인 것이라고 공한 것이라고 무아라고 바르게 관찰한다.

그는 이런 법들로부터 마음을 돌려버린다. … 다시 돌아오지 않는 법을 얻는다.

비구들이여, 예를 들면 궁수나 궁수의 도제가 짚으로 만든 허수아비나 진흙더미로 연습을 한 뒤에 나중에는 멀리 쏘고, 전광석화와 같이 꿰뚫고, 큰 몸을 쳐부수는 것과 같다.

그와 같이 비구는 식무변처를 완전히 초월하여 '아무것도 없다.'라고 하면서 무소유처에 들어 머문다. …

그는 이런 법들로부터 마음을 돌려버린다. … 다시 돌아오지 않는 법을 얻는다.

'비구들이여, 무소유처를 의지해서도 번뇌가 다한다고 나는 말한다.'라고 한 것은 이런 이유로 그렇게 말했다."543)

비구들이여, 이와 같이 인식이 함께한 [선정의] 증득[等至]이 있는 한 완전한 지혜로 꿰뚫음이 있다.544) 비구들이여, 그리고 비상비비상처의 증득과 상수멸의 이 두 경지는 증득에 능숙하고 증득에서 출정하는 것에 능숙한, 선[禪]을 닦는 비구들이 증득에 들었다가 출정한 뒤에 바르게 설명해야 하는 것545)이라고 나는 말한다."

---

543) "여기서는 왜 비상비비상처를 언급하지 않았는가? 미세하기 때문(sukhu-mattā)이다. 그 경지에서는 네 가지 정신의 무더기들(arūpa-kkhandhā)도 미세하여 명상(sammasana)을 할 수 없기 때문이다."(AA.iv.197)

544) '인식이 함께한 [선정의] 증득[等至]이 있는 한 완전한 지혜로 꿰뚫음이 있다.(yāvatā saññāsamāpatti tāvatā aññāpaṭivedho)'는 것을 주석서는 다음과 같이 설명한다.
"마음이 함께한 증득(sacittaka-samāpatti)이 있는 한, 거친 법들을 명상하는 자에게 완전한 지혜로 꿰뚫음(aññā-paṭivedha)이 있고, 그는 아라한과를 얻는다. 그러나 비상비비상처는 미세하기 때문에 인식이 함께한 [삼매의] 증득(saññā-samāpatti)이라 말하지 않는다."(AA.iv.197~198)

545) "'바르게 설명해야 한다(samakkhātabba)'는 것은 '이것은 고요(santa)하고 수승(paṇīta)하다.'라고 궁극적으로(kevalaṁ) 설명해야 하고 칭송하고 찬양해야 한다는 말이다."(AA.iv.198)

참고문헌

I. 4부 니까야와 주석서 빠알리 원본

The Dīgha Nikāya. 3 vols. edited by Rhys Davids, T. W. and Carpenter, J. E.. First published 1890. Reprint. London. PTS, 1975.

The Majjhima Nikāya. 3 vols. Vol 1 edited by V. Trenckner; Vols 2 and 3 edited by Robert Chalmers. First published 1888-99. Reprint. London. PTS, 1977-79.

The Saṁyutta Nikāya. 5 vols. edited by Rhys Davids, T. W. and Carpenter, J. E. First published 1890. Reprint. London. PTS, 1991.

The Aṅguttara Nikāya. 5 vols.

Vol. I and II, edited by Richard Morris, First published 1885. Reprint. London. PTS, 1961.

Vol III~V, edited by E. Hardy, First published 1897. Reprint. London. PTS, 1976.

Dīgha Nikāya Aṭṭhakathā (Sumaṅgalavilāsinī) 3 vols. edited by Rhys David, T. W. and Carpenter J. E. and Stede, W. PTS, 1886-1932.

Dīgha Nikāya Aṭṭhakathā Ṭīka (3 vols) ed. Lily de Silva, PTS, 1970.

The Majjhima Nikāya Aṭṭhakathā (Papañcasūdanī). 4 vols. edited by Rhys David, T. W. and Carpenter J. E. and Stede, W. PTS,

1886-1932.

Saṁyutta Nikāya Aṭṭhakathā (Sāratthappakāsinī) 3 vols. edited by Rhys David, T. W. and Carpenter J. E. and Stede, W. PTS, 1886-1932.

Aṅguttara Nikāya Aṭṭhakathā (Manorathapūraṇī) 5 vols. edited by Max Walleser and Hermann Kopp, PTS, First published 1924-1956. Reprint. 1973-1977.

The Caṭṭha Saṅghāyana CD-ROM edition (3th version). Igatpuri: VRI, 1998)

II. 빠알리 삼장 번역본

디가 니까야(Dīgha Nikāya):

각묵 스님, 『디가 니까야』 (전3권) 초기불전연구원, 2006, 3쇄 2010.

T. W. Rhys Davids, *Dialogues of the Buddha* (3 vols). London: PTS, First Published 1899, Reprinted 1977.

Walshe, Maurice. *Thus Have I Heard: Long Discourse of the Buddha.* London: Wisdom Publications, 1987.

맛지마 니까야(Majjhima Nikāya):

대림 스님, 『맛지마 니까야』 (전4권) 초기불전연구원, 2012.

Horner, I. B. *The Collection of the Middle Length Sayings*, PTS, 1954-59.

Ñāṇamoli Bhikkhu and Bodhi Bhikkhu. *The Middle Length Discourse of the Buddha*, Kandy: BPS, 1995.

상윳따 니까야(Saṁyutta Nikāya):

각묵 스님, 『상윳따 니까야』 (전6권) 초기불전연구원, 2009.

Woodward, F. L. *The Book of the Kindred Sayings*, PTS, 1917-27.

Bodhi, Bhikkhu. *The Connected Discourses of the Buddha* (2 Vol.s). Wisdom Publications, 2000.

앙굿따라 니까야(Aṅguttara Nikāya):

대림 스님, 『앙굿따라 니까야』 (전6권) 초기불전연구원, 2006~2007.

Woodward and Hare. *Book of Gradual Sayings* (5 vols). London: PTS, 1932-38.

Vinaya Pitaka: Horner, I. B. *The Book of the Discipline.* 6 vols. London: PTS, 1946-66.

Dhammasangaṇi: Rhys Davids, C.A.F. *A Buddhist Manual of Psychological Ethics.* 1900. Reprint. London: PTS, 1974.

Vibhaṅga: Thittila, U. *The Book of Analysis* London: PTS, 1969.

Dhātukathā: Nārada, U. *Discourse on Elements.* London: PTS, 1962.

Puggalapaññatti: Law, B.C. *A Designation of Human Types.* London: PTS, 1922, 1979.

Kathāvatthu: Shwe Zan Aung and C.A.F. Rhys Davids. *Points of Controversy* London: PTS, 1915, 1979.

Paṭṭhana: U Nārada. *Conditional Relations* London: PTS, Vol.1, 1969; Vol. 2, 1981.

Atthasālinī (Commentary on the Dhammasāṅganī): Pe Maung Tin. *The Expositor* (2 Vol.s), London: PTS, 1920-21, 1976.

Sammohavinodanī (Commentary on the Vibhaṅga): Ñāṇamoli, Bhikkhu. *The Dispeller of Delusion.* Vol. 1. London: PTS, 1987; Vol. 2. Oxford: PTS, 1991.

청정도론(Visuddhimagga):

대림 스님, 『청정도론』 (전3권) 초기불전연구원, 2004, 3쇄 2009.

Ñāṇamoli, Bhikkhu. *The Path of Purification.* (tr. of Vism) Berkeley: Shambhala, 1976.

Pe Maung Tin. *The Path of Purity.* P.T.S. 1922 (Vol. I), 1928 (Vol. II), 1931 (Vol. III)

III. 사전류

(1) 빠알리 사전

Pāli-English Dictionary (PED), by Rhys Davids and W. Ste- de, PTS, London, 1923.

Pāli-English Glossary of Buddhist Technical Terms (NMD), by Ven. Ñāṇamoli, BPS, Kandy, 1994.

A Dictionary of the Pali Language (DPL), by R.C. Childers, London, 1875.

Buddhist Dictionary, by Ven. Ñāṇatiloka, Colombo, 1950.

Concise Pāli-English Dictionary (BDD), by Ven. A.P. Buddha -datta, 1955.

Dictionary of Pāli Proper Names (DPPN), by G.P. Malala-sekera, 1938.

Critical Pāli Dictionary (CPD), by Royal Danish Academy of Sciences & Letters

A Dictionary of Pāli (Part I: a - kh), by Cone, M. PTS. 2001.

(2) 기타 사전류

Buddhist Hybrid Sanskrit Grammar and Dictionary (BHD), by F. Edgerton, New Javen: Yale Univ., 1953.

Sanskrit-English Dictionary (MW), by Sir Monier Monier-Williams, 1904.

Practical Sanskrit-English Dictionary (DVR), by Prin. V.S. Apte, Poona, 1957.

Dictionary of Pāṇini (3 vols), Katre S. M. Poona, 1669.

A Dictionary of Sanskrit Grammar, Abhyankar, K. V. Baroda, 1986.

A Dictionary of the Vedic Rituals, Sen, C. Delhi, 1978.

Puranic Encyclopaedia, Mani, V. Delhi, 1975, 1989.

Root, Verb-Forms and Primary Derivatives of the Sanskrit Language, by W. D. Wintney, 1957.

A Vedic Concordance, Bloomfield, M. 1906, 1990.

A Vedic Word-Concordance (16 vols), Hoshiarpur, 1964-1977.

An Illustrated Ardha-Magadhi Dictionary (5 vols), Maharaj, R. First Edition, 1923, Reprint: Delhi, 1988.

Abhidhāna Rājendra Kosh (*Jain Encyclopaedia,* 7 vols), Suri, V. First Published 1910-25, Reprinted 1985.

Prakrit Proper Names (2 vols), Mehta, M. L. Ahmedabad, 1970.

Āgamaśabdakośa (Word-Index of Aṅgasuttāni), Tulasi, A. Ladnun, 1980.

『梵和大辭典』 鈴木學術財團, 동경, 1979.

『佛敎 漢梵大辭典』 平川彰, 동경, 1997.

『パーリ語佛敎辭典』 雲井昭善 著, 1997

IV. 기타 참고도서.

Bodhi, Bhikkhu. *A Comprehensive Manual of Abhidhamma* (CMA). Kandy: BPS, 1993.

CBETA, Chinese Electronic Tripitaka Collection, CD-ROM edition: Chinese Buddhist Electronic Text Association(CBETA, 中華電子佛典協會), Taipei, 2008.

Eggeling, J. *Satapatha Brahmana* (5 Vol.s SBE Vol. 12, 26, 41, 43-44), Delhi, 1989.

Geiger, Wilhelm. A Pāli Grammar. Rev. ed. by K.R. Norman. PTS, 1994.

Gombrich, Richard F. *How Buddhism Began: The Conditioned Genesis of the Early Teachings.* London, 1996.

Hinüber, Oskar von. *A Handbook of Pāli Literature*, Berlin, 1996.

Horner I. B. *Early Buddhist Theory of Man Perfected,* 1937.

__________. *Milinda's Questions* (tr. of Mil). 2 vols. London: PTS, 1963-64.

Jambuvijaya, edited by Muni, *Āyāraṅga-Suttam,* Bombay, 1976.

______________________, *Sūyagaḍaṅga-Suttam,* Bombay, 1978.

Norman, K.R. *Collected Papers* (5 vols), Oxford, 1990-93.

___________. *Pāli Literature Including the Canonical Literature in Prakrit and Sanskrit of All the Hīnayāna Schools of Buddhism,* Wiesbaden, 1983.

Rāhula, Walpola Ven. *What the Buddha Taught,* Colombo, 1959, 1996.

Vipassana Reserach Institute. *Ti-pitaka, The Caṭṭha Saṅghāya-na CD-ROM edition* (3th version). Igatpuri: VRI, 1998.

각묵 스님, 『초기불교이해』 초기불전연구원, 2010, 3쇄 2012

________, 〈초기불교 산책〉 1~50(불교신문 연재, 2010)

권오민, 『아비달마 불교』 민족사, 2003.

대림 스님/각묵 스님, 『아비담마 길라잡이』(전2권) 초기불전연구원, 2002, 9쇄 2011.

라다끄리슈난, 이거룡 옮김, 『인도 철학사』(전4권) 한길사, 1999.

마쓰야 후미오, 이원섭 역, 『아함경 이야기』 1976, 22쇄 1997.

빼야다시 스님, 소만 옮김, 『마음 과연 무엇인가』 고요한소리, 2008.

일창 스님, 『부처님을 만나다』 이솔, 2012.

赤沼智善, 『漢巴四部四阿含互照錄』 나고야, 소화4년.

平川 彰, 이호근 역, 『印度佛教의 歷史』(전2권) 민족사, 1989.

혜업 스님 역, 『선종 영가집』 불광사 출판부, 1991

찾아보기

【가】

가라앉음(samatha) 92[설명], 253
가부좌(pallaṅka) 65, 91, 340, 429
가사(cīvara) 143, 196
가섭 삼형제(Kassapa) 134
가야(Gayā) 101, 134[설명], 293
가야시사(Gayāsīsa) 134[설명]
가우따(gāvuta) 83[설명], 101, 159
가장 높은 분[無上士, Anuttara] 148, 221
각유정(覺有情)(bodhi-satta) 46
간다마다나 산(Gandhamādana) 128
간답바(gandhabba) 173, 177
갈애[愛, taṇhā] 92, 101, 120, 166, 169, 205, 243, 254, 259, 281, 297, 299, 302, 305, 348, 354, 497
감각기능[根, indriya] 160, 165, 211, 440
감각기능의 단속(indriya-saṁvara) 156, 246, 345, 415, 426, 469
감각의 대문을 잘 지킴(indriyesu gutta-dvāra) 36, 175, 181, 246, 426
감각장소[處, āyatana] 134[설명], 167, 276, 297, 354
감각적 욕망(kāmaguṇa, kāmarāga) 38, 56, 107, 109, 119, 217, 237, 244, 250, 260, 281, 288, 430, 452, 471, 482, 492
감각적 욕망(다섯 가닥의 얽어매는~ pañca kāmaguṇā) 85, 92, 107, 107, 217, 237
감각적 욕망에 기인한 번뇌[慾漏, kāmāsava) 71, 237, 289
감각적 욕망에 대한 갈애[欲愛, kāma-taṇhā] 120
감각적 욕망의 위험함 38
감각접촉[觸, phassa] 194, 298, 336, 354
감각접촉의 무리[六觸身, cha phassa-kāyā] 297, 298
감성의 물질(pasāda-rūpa) 427, 440
감촉(phoṭṭhabba) 107, 135, 211, 217, 297, 303, 364
감흥어(udāna) 381[설명], 387, 462
강가 강(Gaṅga) 34, 128, 172, 176
개념[施設, paññatti] 245, 264, 427
거만(atimāna) 269, 273, 282
거짓말(musā-vāda) 267, 272, 315, 317, 319, 416
거처(senāsana, nivāsa) 143, 161, 187, 241, 248, 348, 410, 412
검증(vīmaṁsa) 33
겁(kappa) 69, 72, 445
게송(gāthā) 133, 158
게으름(kosajja) 209, 245
견(見)(dassana) 56
견청정(diṭṭhi-visuddhi) 156
견해(diṭṭhi) 240, 258, 270, 274
결과 285, 331
결과에 대한 영감 285
결실(phala) 157, 158, 187, 202, 203, 228, 339, 377, 406
결정론 399
경안(passaddhi) 253, 286, 433
계(sīla) 156, 160, 175, 181, 243, 247, 287, 329, 374, 395

계 청정(sīla-visuddhi) 156
계(긴 길이의) 415, 422[설명]
계(중간 길이의) 415, 418[설명]
계(짧은 길이의) 415, 416[설명]
계 · 정 · 혜 287, 488
계 · 정 · 혜의 정형구(23단계) 469
계 · 정 · 혜의 정형구(15단계) 246, 455, 469, 479[설명]
계금취견(戒禁取見, sīlabbata-parā-māsa-diṭṭhi) 243
계급 239
계략 422
계목을 통한 단속(paṭimokkha-saṁ-vara) 233, 415
계속해서 생각함[隨念, anussati] 148, 150
계의 구족(sīla-sampanna) 425[설명], 467
계의 무더기[戒蘊, sīla-kkhandha] 114, 287
계의 조목[戒目, pātimokkha] 349, 415
계행(sīla, sīlana) 179, 243, 361, 375
고(dukkha) 94, 167, 305
고 · 집 · 멸 · 도 71
고따마(Gotama) 105
고뜨라부[種姓, gotrabhū] 233, 244, 449
고름 233, 333
고살라 망칼리뿟따(Gosāla Maṅkhali-putta) 393
고성제(苦聖諦, dukkha ariyasacca) 120[설명]
고수(固守, parāmāsa) 270
고요함 51, 55, 92[설명], 119, 253, 387, 497, 501
고통 130, 181, 229, 445
고행(tapa) 104, 155, 395
고향동네(pettika visaya) 218
곤경 216
골수 182, 332
골짜기 429
공(空, suññā) 130
공경 182, 347
공덕(puñña) 158, 291, 331, 391
공덕의 과보 409, 411
공무변처(空無邊處, ākāsanañc-āyatana) 110, 263[설명], 264, 496, 499[설명]
공부짓다(sikkhati) 160, 164, 165, 187, 202, 213
공양 149, 158, 391
공양받아 마땅한 사람 103
공의파 403
공평함(ajjhupekkhana) 253, 336, 338
공함[空性, suññatā] 346, 497
과(phala) 99, 251, 354, 450
과거 · 현재 · 미래 132
과대평가 259
과보(vipāka) 74, 228, 240, 274, 344, 391, 397, 406
과보로 나타난 마음(vipāka-citta) 298
과의 증득(phala-samāpatti) 82, 258, 316
과의 지혜(phala-ñāṇa) 104, 437
관정한 끄샤뜨리야 왕 485
관찰[隨觀, anupassanā] 167, 197, 213, 218, 344
관통(abhisamaya) 76
광명[光] 69, 122, 165, 235, 281
광명상(光明想) 165[설명], 430, 472
광명의 까시나 277
괴로운 과보 250, 319
괴로운 느낌[苦受, dukkha-vedanā] 44, 58, 60, 66, 135, 167, 198, 306
괴로움[苦, dukkha] 110, 120[설명],

130, 135, 158, 167, 181, 203, 209, 210, 223, 229, 234, 236, 236, 237, 241, 243, 243, 254, 262, 304, 307 [설명], 319, 331, 342, 346, 348, 353, 363, 375, 399, 497
괴로움의 성스러운 진리[苦聖諦, dukkha ariya-sacca] 119, 122, 289, 450
괴로움의 소멸[苦滅, dukkha-nirodha] 243
괴로움의 소멸로 인도하는 도닦음 243
괴로움의 소멸로 인도하는 도닦음의 성스러운 진리[苦滅道聖諦, dukkha-nirodha-gāmini-paṭipadā ariya-sacca] 121[설명], 123
괴로움의 소멸의 성스러운 진리[苦滅聖諦, dukkha-nirodha-ariya-sacca] 121[설명], 123
괴로움의 수관 174
괴로움의 일어남 243
괴로움의 일어남의 성스러운 진리[苦集聖諦, dukkhasamudaya ariya-sacca] 120[설명], 122
괴로움의 특상 134
괴롭지도 즐겁지도 않은 느낌[不苦不樂受, adukkhamasukhavedanā] 66, 135, 167, 198, 306
교계 169, 327
교단의 창시자 382
교법 275, 292, 466
교법(구분교) 133
교법의 체계화 80
구결해탈지 354
구경의 목적 167, 169
구경의 유가안은 166, 169
구경의 지혜(aññā) 126[설명]
구경해탈지(vimuttamiti ñāṇa, 해탈했다는 지혜) 90, 300, 365
구분교(九分教, navaṅga-satthu-sāsana) 133
구족(sampadā) 68, 161
구족계 293
구함 84
군대 146
굳기름 333
궁극적 실재 399
궁극적 행복[至福, parama-sukha] 349
권청 91, 95
귀 107, 135, 217, 302, 353, 363
귀의(saraṇa) 158
귀의 감각기능[耳根] 246
그릇됨 266 ^^바른
극단(anta) 119
근-경-식-촉-수-애(6근-6경-6식-6촉-6수-6애) 300
근본물질(bhūta-rūpa) 289
근심 120, 135, 191, 193, 241
근심의 독화살 191
근원을 벗어나서 마음에 잡도리함 235
근원적으로 마음에 잡도리함[如理作意] 235
근절 251, 344
근절에 의한 버림 260, 283
근접삼매(upacāra-samādhi) 349
급고독(給孤獨, Anāthapiṇḍika) 장자 79
급고독원(給孤獨園, Anāthapiṇḍikassa ārāma) 79, 112, 189
기능[根, indriya] 97[설명] 177
기별(記別) 133
기쁨 68, 202, 206, 262, 286
기설(記說) 133
기술(sippa) 338, 422
기억(saraṇa) 65, 252
기원정사 80
기초가 되는 선(padaka-jjhāna) 437
길 65, 137, 394

깃발 146[설명]
까마부 존자(āyasmā Kāmabhū)340
까시 바라드와자 바라문(Kasi-bhāra -dvāja brahmaṇa) 154, 158
까시(Kāsi) 102, 128, 154
까시/까시까(Kāsi, Kāsikā) 31, 128
까시나(kasiṇa) 277
까시의 전단향 31
까삘라왓투(Kapilavatthu) 315
깔라 용왕(Kāla-nāgarāja) 91
깔라마(Kālāma) 219
깔라붓다락키따(Kāḷa-Buddha-rakkhita) 76
깔라빠(kalāpa)에 대한 명상 438
깟띠까(kattikā) 달 380
깟사빠 부처님(Kassapa Buddha) 82, 95, 362
깨끗한 것 237
깨끗한 믿음[淸淨信] 284, 381, 485
깨달은 분[佛, buddha] 148, 221
깨달은 자 158, 451
깨달음(菩提, 보리, bodhi) 46[설명], 87, 89, 349
깨달음을 위한 길 64, 66
께사뿟따(Kesaputta) 219
께왈라(kevala) 404
꼬띠(koṭi) 125
꼬살라(Kosala) 34, 79, 128, 180, 221
꼬삼비(Kosambī) 79, 163
꼰단냐(Koṇḍañña) 100, 106, 125, 129
꼿타까(Koṭṭhaka) 82[설명]
꿰뚫어 안다(pajānāti) 70, 71, 168, 199, 236 241
꿰뚫음(paṭivedha, 통찰) 122, 174, 254, 501
끄샤뜨리야 36, 176, 180, 221, 239, 328, 459
끊임없이 반조해야 함 142[설명]

【나】

나[我] 329, 131, 259
나가(nāga) 173, 177
나라는 견해 211
나라는 생각 211, 355, 357
나라는 자만 339
나쁜 곳[惡處] 447
나의 자아 131, 259
나체수행자 41, 151
나체수행자 정형구 41
나타남(paccupaṭṭhāna) 252, 253
나태함 209
난다 왓차(Nanda Vaccha) 41
난행고행 104, 156
날라까가마까(Nālaka-gāmaka) 151 [설명]
날레루(Naḷeru) 님바 나무 171
날숨 58, 334
남김없이 빛바래어 소멸함 121
남의 마음을 아는 지혜[他心通] 443
낮 동안의 홀로 머묾 82
낮은 단계의 족쇄, 다섯 가지~ 376
낮잠 40, 73
내 것, 나, 나의 자아 131, 305, 329, 345, 353, 356, 357, 363
내 것이라는 생각 211, 355, 357
내면의 목욕 290
내생의 이익 187
냄새 107, 135, 211, 217, 303, 363
냄새의 감각장소 297
냐나몰리(Ñāṇamoḷi) 스님 263
네 가지 거룩한 마음가짐[四梵住, 四無量, cattaro brahmavihārā] 288
네 가지 과(phala) 366
네 가지 근본물질[四大 cattāro mahā -bhūtā] 332, 335, 438
네 가지 도 46, 51, 94, 354, 366
네 가지 마음챙김의 확립[四念處,

cattaro satipaṭṭhānā] 177, 218, 252[설명], 492
네 가지 무색계 선 49, 265
네 가지 바른 노력[四正勤, sammap-padhāna] 177
네 가지 번뇌 238, 244
네 가지 사문의 결실(사문과 354
네 가지 색계 선 265
네 가지 성스러운 진리[四聖諦, cattāri ariyasaccāni] 122[설명], 124
네 가지 성취수단[四如意足, cattāro iddhipādā] 72, 177
네 가지 요소[四大, catu-dhātu] 332
네 가지 전도[四顚倒] 237
정신의 무더기 253, 501
네 가지 진리[四諦, cttu-sacca] 46, 102, 168, 289
네 가지 폭류(ogha) 157
네 쌍의 인간들[四雙]과 여덟 단계의 사람들[八輩] 149
네 종류의 위대함 117
네란자라 113
노력(viriya) 193, 392, 395
녹야원(鹿野苑, Migadāya) 100, 103, 125, 129, 163
녹야원, 여러 곳의 녹야원 129[설명]
녹야원, 이시빠따나의~ 100, 118, 125
녹자모 강당(Migāramātu-pāsāda) 81[설명]
논장(Abhidhamma-piṭka) 91
논쟁 75, 166, 421[설명], 459
농경제 의식 64, 154
높은 계를 공부지음[增上戒學, adhi-sīla-sikkhā] 372, 374, 415
높은 마음을 공부지음[增上心學, adhi-citta-sikkhā] 372, 373, 374, 415
높은 통찰지를 공부지음[增上慧學, adhipaññā-sikkhā] 372, 374, 415
놓아버림 121, 168[설명], 197, 274, 343
놓아버림의 관찰 174, 197
누진통 71, 477
눈 있는 자 158, 230
눈[眼, cakkhu] 107, 122, 134, 217, 235, 245, 301, 363
눈·귀·코·혀·몸·마노 281
눈에 보이는 세상[器世間] 465
눈을 가진 자 33
눈의 감각기능[眼根] 245, 426
눈의 감각장소(cakkhāyatana) 297
눈의 감각접촉 135, 302, 363
눈의 감성(cakkhu-pasāda) 245
눈의 알음알이 134, 167, 298, 301, 363
느낌[受, vedanā] 57, 122, 130, 135, 167, 168, 194, 196, 218, 247, 249, 299, 302, 306, 330, 354, 356, 363
느낌과 관련된 생각 492
느낌을 조건으로 한 갈애 299
느낌의 무더기[受蘊, vedanā-kkhan-dha] 253, 341
느낌의 무리[六受身, cha vedanā-kāyā] 297
느낌의 일어남과 사라짐과 달콤함과 재난과 벗어남 306
늙기 마련인 것 85[설명], 189
늙음 29, 92, 96, 120, 135, 189, 191, 241
늙음·병듦·죽음 29, 92
늙음·죽음[老死, jarā-maraṇa] 92
능숙함(kosalla) 236, 241
니간타(nigaṇṭha) 40, 67, 74, 75, 76, 82, 402
니간타 나따뿟따(Nigaṇṭha Nātaputta) 75, 384, 402[설명]
니간타의 후예 40, 74
니그로다 나무 113

니르자라(nirjarā, 풀려남) 404

【다】

다람쥐 보호구역 480
다섯 가닥의 얽어매는 감각적 욕망 85, 107, 120, 217, 237, 275, 315, 348, 409
다섯 가지 기능[五根, pañc-indriya] 50, 97, 177, 361
다섯 가지 무더기[蘊, pañca-kkhandha] 참: 오온 167, 240, 259, 343
다섯 가지 장애[五蓋, pañca-nīvaraṇa] 281, 431[설명], 432, 472
다섯 가지 힘[五力, pañca-bala] 50, 177
다시 태어남[再有, punabbhava] 74, 90, 107, 120, 124, 349
다시는 돌아오지 않는 경지[不還果, anāgāmitā] 168[설명], 214
다원론 399
닥키나기리(Dakkhinagiri, 南山) 154
닦음[修, bhāvanā] 168, 451
단견(斷見, uccheda-diṭṭhi) 121, 237, 240
단말마 181
단멸 398
단속(saṁvara) 160, 166, 233[설명], 235, 244, 245, 321, 349, 404, 415, 427
단속함으로써 없애야 할 번뇌들 233, 244
단타죄(單墮罪, pācittiya) 375
달콤함(assāda) 236
닷띠 42
당부 196, 277
대겁(大劫) 395
대나무 숲 315, 480
대범천 328, 425
대상(ārammaṇa) 166, 217, 252, 276
대상(隊商) 79, 96
대상(명상주제), 38가지~ 73, 174, 276
대상(명상주제), 40가지~ 73, 174
대성자 158
대승불교 46
대자재천(大自在天) 147
더러움[不淨, asubha] 234
더미 245
더불어 기뻐함[喜, muditā] 228, 288, 339
덩어리진 먹는 음식[段食] 67
데와닷따 101, 134, 270, 380
데와뿟따 아시마 390
도(道, magga) 99, 121, 148, 168, 178, 243, 251, 305, 343, 344, 354, 427, 450
도닦음(paṭipadā) 94, 104, 121, 197, 261, 305, 427, 427
도닦음에 대한 지와 견에 의한 청정(paṭipadā-ñāṇa-dassana-visuddhi) 156
도덕부정론자 390, 398
도성제(道聖諦) 121[설명]
도솔천(兜率天, Tusitā) 126
도와 과 99
도와 도 아님에 대한 지와 견에 의한 청정(maggāmagga-ñāṇa-dassana-visuddhi) 156
도의 순간 476
도의 지혜 104, 344, 437
도의 진리[道諦] 289
도의 청정범행 168
도의 통찰지 156, 345
독각(獨覺) 331
독려 196, 198, 294, 353
독수리봉 산(Gijjhakṭṭa pabbata, 영

취산, 靈鷲山) 159
독존(獨尊) 158, 404
동문서답 401
동쪽 원림[東園林] 80, 81[설명], 82
두려움 146, 160, 209, 281, 293, 386, 415
두타행(13가지) 156, 174
둡바시따(惡說, dubbhāsita) 375
들뜸[掉擧, uddhacca] 166, 253, 269, 273
들뜸과 후회(uddhaccakukucca) 281, 430
들숨과 날숨을 모른 채 멸하지 않음 344
들숨날숨에 대한 마음챙김(ānāpāna-sati, 出入息念) 331, 332, 339 340
들어감을 통한 놓아버림 168, 343
디가나카(Dīghanakha) 366, 480
디가따빳시(Dīghatapassi) 402
따까실라(Takkasilā) 379
땀바빤니 섬(스리랑카) 76
땃뜨와아르타 아디가마 수뜨라(Tattv-ārthādhigāma Sūtra) 404
땅 336, 399
땅을 닮는 수행 336
땅의 몸 397, 399, 400
땅의 신 125
땅의 요소[地界, pathavī-dhātu] 332 345, 438
떨쳐버렸음에서 생긴 희열과 행복 64, 433
떨쳐버림(viveka) 109, 251[설명], 260
띠밍길라 173, 177

【라】

라마의 아들(Rāmaputta) 52
라자가하(왕사성, Rājagaha) 34[설명], 159, 315, 378, 480
라후(Rahu) 171
라훌라 존자(āyasmā Rāhula) 311, 315[설명], 328, 345, 350, 352, 355, 357, 361
람마까 바라문(Rammaka brāhmaṇa) 81
릿차위(Licchavi) 34, 390

【마】

마가(Māgha) 381
마가다(Magadha) 34[설명], 55 79, 88, 96, 151, 154, 159, 163
마가시라(Māgasira) 381
마노[意, mano] 135, 304, 353, 354
마노의 감각기능[意根] 246
마노의 감각장소[意處] 297
마노의 감각접촉 135, 304, 364
마노의 대상인 법 427
마노의 알음알이[意識] 135, 298[설명], 304, 364
마두라(Madhurā) 171
마라(Māra) 108, 109, 125, 189, 217
마우리야 왕조 34
마음 156, 160, 196, 218, 253, 271, 276, 447, 492
마음 청정(citta-visuddhi) 156
마음부수[心所, cetasikā] 253, 265, 427
마음에 잡도리함[作意, 주의, manasi-kāra] 74, 165, 234, 236, 241, 259, 281, 331, 413, 413
마음에서 생긴 물질 497
마음으로 이루어진 몸 434, 440
마음을 일으키는 것[發心] 271
마음을 전향함 329

마음의 단일한 상태 68, 109, 262
마음의 문 293
마음의 오염원(cittassa upakkilesā) 281[설명]
마음의 작용[心行, citta-saṅkhāra] 341
마음의 해탈[心解脫, ceto-vimutti] 71, 289, 376
마음의 행위 319, 323, 325, 326
마음이 한 끝에 집중됨[心一境性, cittassa ekaggatā] 261, 481
마음챙기고 알아차리다[正念 · 正知] 68, 73, 109, 165, 196, 262, 472
마음챙김[念, sati] 36, 50, 53, 65, 156, 160, 177, 188, 196, 197, 215, 228, 245, 252, 270, 274, 428
마음챙김과 알아차림[正念正知] 188, 415, 427
마음챙김과 영민함 430
마음챙김을 놓아버림(muṭṭha-sacca) 245, 361
마음챙김을 통한 단속 233
마음챙김의 깨달음의 구성요소[念覺支, sati-sambojjhaṅga] 251
마음챙김의 확립[念處, satipaṭṭhāna] 58, 60, 197, 218, 330, 361
마음챙김이 청정함[捨念淸淨] 262
마지막 태어남 90, 107, 124
마하나마(Mahānāma) 100, 129
마하목갈라나 존자(āyasmā Mahā-moggallāna) 163, 169
마하빠자빠띠(Mahāpajāpati) 117
마하살 52
마하위라(Mahāvīra, 大雄) 402
마하쭌다 존자(āyasmā Mahā-Cunda) 257
마할리(Mahāli) 390
마히(Mahī) 강 172, 176
마힌다(Māhinda) 457
막칼리 고살라(Makkhaligosāla) 41, 75, 382, 392[설명]
만뜨라(matra, manta) 193
만제리까(Mañjerika) 숲 90
만족 253, 428
말 156, 161, 166, 249, 271, 417, 418, 422
말레야데와 장로(Māleyyadeva thera) 310
말의 행위[口行, vacīsaṅkhāra] 319, 321, 325, 326, 394
맛(rasa) 107, 135, 205, 211, 217, 303, 364
맛의 감각장소 297
망고 316, 391
매도 222
머리털 143, 332
머묾[住, ṭhiti] 130, 241
멀리 여읨 258
멍에 156, 157
멸성제(滅聖諦, nirodha ariyasacca) 121[설명]
멸절 398
멸진 168
멸진정(滅盡定, nirodha-samāpatti) 128
명상 243, 259, 261, 276, 341, 438
명상주제(kammaṭṭhāna) 106, 174, 195, 276, 331, 429
명성 208, 221, 382, 385
명지[明, 明知, vijjā] 69, 71, 122, 235, 307
명지와 실천이 구족한 분[明行足] 148, 221
명칭 245
명행족(明行足) 148, 221
모습 239
모욕 269, 273, 282, 283
모태(gabbha) 240, 395

목갈라나 존자(āyasmā Moggallāna) 165, 310, 405
목마름 248
목샤(mokṣa, 해탈) 404
목숨(ayu) 175, 200
목욕 82, 83, 290, 292, 425
목욕을 마친 자 290
목표 285
몰입 349
몸(kāya) 107, 135, 143, 194, 196, 197, 211, 217, 218, 253, 262, 271, 286, 303, 332, 353, 355, 357, 364, 397, 430, 438, 439, 447, 492
몸(sarīra) 143
몸에 대한 마음챙김(kāyagata-sati) 330, 349
몸으로 짓는 업 394
몸을 닦는 수행 40, 350
몸을 보호함 156, 429, 469
몸의 감각기능[身根] 246
몸의 감각장소 297
몸의 감각접촉 135, 304, 364
몸의 경안 286
몸의 문 259, 293
몸의 알음알이 135, 167, 298, 304, 364
몸의 업 415
몸의 은둔 161
몸의 작용[身行, kāya-saṅkhāra] 340
몸의 행위 319, 326
몸털 332
몽둥이 402, 416
묘안석 173, 177
무간업(無間業) 454
무관심 94[설명]
무너짐[壞, bhaṅga] 130
무더기[蘊, khandha] 93, 240, 245, 276
무량(appamāṇā) 228, 288
무력증 281
무명(無明, avijjā) 69, 70, 71, 199, 244, 307, 308, 452
무명에 기인한 번뇌[無明漏, avijjāsava] 71, 237[설명], 289
무명의 무더기 94, 485
무명의 잠재성향 199, 307
무상(無常, anicca) 94, 130, 131, 167, 197, 202, 209, 213, 234, 236, 237, 243, 281, 305, 331, 342, 344, 353, 363, 497
무상 · 고 · 무아 130, 167, 300, 354, 365
무상 · 고 · 무아 · 부정 94, 237
무상 · 고 · 무아를 통한 염오-이욕-해탈-구경해탈지 354
무상복전(無上福田) 150
무상사(無上士) 148, 221
무상의 관찰(수관) 174, 343, 350
무상하고 괴로움이고 변하기 마련인 것 131
무색계(arūpāvacara) 49, 101, 102, 237
무색계 禪(arūpa-jjhāna) 237, 264, 268
무소유처(無所有處, ākiñcaññāyatana) 48, 49, 51, 98, 111, 264[설명], 496, 500[설명]
무쇠 184, 186
무아(無我, anatta) 94, 130[설명], 167, 167, 174, 203, 210, 234, 237, 240, 305, 343, 497
무애해(無碍解, paṭisambhidā) 76, 156
무애해도(無碍解道, paṭisambhidā) 238, 471
무인론자 398
무정물 350

무지 237
무짤린다 나무 91
무한한 알음알이[識無邊] 110, 264
무한한 허공 110, 263, 500
문(門, dvāra) 245, 259
문법 133
문자 풀 143, 440
물 337, 399
물의 몸 397, 399, 400
물의 요소[水界, āpo-dhātu] 333, 346, 438
물질[色, rūpa] 110, 130, 258, 289, 329, 356, 401, 404
물질에 대한 명상주제 331
물활론(物活論) 399
미가다야 129[설명]
미가라 81
미가라마따(Migāramātu, 녹자모) 80
미래 76, 239, 243
미래불 116
미세한 물질(sukhuma-rūpa) 427
미혹 73, 375
미혹하지 않음(asammoha) 74, 253
믿음(saddhā) 49, 53, 84, 97[설명], 98, 155, 270, 273, 293, 348

【바】

바나와라(bhāṇavārā) 76[설명]
바다 171[설명]
바라나시(Bārānasi) 31, 100, 103, 118, 125, 128[설명]
바라드와자 290
바라문 155, 176, 180, 189, 239, 460
바라밀(波羅蜜, pārami) 47, 94, 329
바라이죄(波羅夷罪, pārājika) 375
바란두[까] 깔라마(Bharaṇḍu Kālā-ma) 48
바람 248, 334, 399
바람을 닮는 수행 337
바람의 몸 397, 399, 400
바람의 요소[風界, vāyo-dhātu] 334, 346, 438
바르게 봄 158, 161
바른 견해[正見, sammā-diṭṭhi] 119, 122, 161, 235, 272
바른 깨달음(sambodha) 51, 55, 119
바른 노력[正勤, sammāppadhāna] 177
바른 도닦음(sammā-paṭipadā) 92
바른 마음챙김[正念,sammā-sati] 119, 122, 268, 273
바른 말[正語, sammā-vācā] 119, 122, 268, 272
바른 방법 234
바른 사람 236, 241
바른 사유[正思惟, sammāsaṅkappa] 119, 122, 244, 250, 267, 272
바른 삼매[正定, sammā-samādhi] 119, 122, 268, 273
바른 생계[正命, sammā-ājīva] 119, 122, 268, 272
바른 정진[正精進, sammā-vāyāma] 119, 122, 268, 273
바른 지혜(ñāṇa) 268, 273
바른 해탈(vimutti) 268, 273
바른 행실 160, 415
바른 행위[正業, sammākammanta] 119, 122, 268, 272
바름과 그릇됨[十正道・十邪道] 266
박가(Bhagga) 163[설명]
밖의(bahiddhā) 211
반연 200, 203, 225
반열반(般涅槃, parinibbāna) 151, 176
반조(paccavekkhaṇā) 52, 115, 143, 169, 209, 245, 284, 286, 287, 319,

323, 326, 354, 361
반조의 지혜(paccavekkhaṇa-ñāṇa) 90, 104, 107, 115, 268, 438
발로참회 292
발심 271
발우 36, 196, 469
밧다(Bhaddā) 393
밧다라(Bhaddara) 380
밧디야(Bhaddiya) 100, 129
방기(放棄) 168
방법 102, 211, 234
방일 187, 188, 196, 198, 209, 270, 273, 276, 282, 283, 294, 353, 481
방편 158, 230, 450
방향 158, 228, 230
배우지 못한 범부 32, 44, 189, 191, 236, 241
배움 270, 274
배워야 할 조목 415
백련 97, 435
백의파 403
버림 121, 168, 214, 235, 250, 283, 308, 343, 451
버림으로써 없애야 할 번뇌 233, 250
번뇌[漏, āsava] 71, 74, 102, 188, 231, 233[설명], 236[설명], 238, 244, 254, 289, 449[설명], 452, 495
번뇌 다한 자 74, 102, 158, 166, 496
번뇌를 소멸하는 지혜[漏盡通, āsavakkhaya-ñāṇa] 71, 448, 476
번영 213
범부(puthujjana) 189, 191, 236, 239, 275
범신천(梵身天, Brahmakāyikā) 126
범천(Brahma) 98, 125, 189, 362
범천의 권청 94, 117
범행(梵行, brahmacariya) 296, 395, 414, 466
법(法, dhamma) 80, 98, 112, 135, 158, 174, 196, 211, 218, 233, 243, 284, 286, 296, 304, 364, 414, 465
법(모든) ~ 90, 167, 497
법과 율(dhamma-vinaya) 88, 152, 174
법다운 수행 44
법담 84
법답게 참회 453
법들의 진실한 본성 253
법륜(法輪) 77, 125[설명]
법무애해(法無碍解, dhamma-paṭi-sambhida) 285
법문 233
법수념(法隨念) 148, 221
법안(法眼) 125
법을 간택하는 깨달음의 구성요소[擇法覺支, dhamma-vicaya-sambojjhaṅga] 252
법의 감각장소 297
법의 눈[法眼, dhammacakkhu] 366
법의 바퀴(法輪, dhammacakka) 102
법의 총사령관 310, 315
벗어남 107, 121, 149, 251, 288, 429, 430
베다(Veda) 147
베딕 문헌 292
베사깔라 숲(Bhesakalā-vana) 163
벽지불(pacceka-buddhā) 128, 325, 465
병 120, 191, 433, 497
병구완을 위한 약품 248, 348
병들기 마련인 것 85[설명]
병듦 29, 189
보드가야(Bodhgaya) 134
보디삿따(Bodhisatta) 46
보리분법(37가지) 174, 177
보리수 91, 157
보리좌 101
보배 173, 177, 329

보살 46[설명], 87
보시(布施, dāna) 149, 184, 186, 193, 271, 388, 391, 397, 398
보호(ārakkha) 156, 160, 228
복밭[福田, puññakkhetta] 149, 158
본삼매(appanā-samādhi) 265, 349, 434
본성(sabhāva) 193, 241, 253
봄[見, dassana] 235, 244
봄[見]으로써 없애야 할 번뇌들 231, 236[설명], 244
부동해탈지견(不動解脫知見, akuppa-vimutti-ñāṇa-dassana) 90
부딪힘 110, 263
부분 211, 245, 285
부분상[細相] 470
부분적으로 짓는 자 376
부서짐 189, 191, 497
부정(不淨) 94, 202, 203, 213, 234, 237, 331, 350
부처님 148, 286, 325, 385, 451
부처님 몸에 피를 내는 것 454
부처님의 고행 58, 60
부처님의 교법(Buddha-sāsana) 116
부처님의 밭갈이 155
부처님의 설법 118, 127, 134[설명]
부처님의 성도과정 39
부처님의 의지처 112
부처님의 출가 47
분노 143, 269, 273, 282, 283
분발(paggaha) 394
분해 332
불[火] 179[설명], 243, 334, 399
불 · 법 · 승 149
불 · 세존의 교법 453
불가지론(不可知論) 405
불결함 175, 181
불교의 특징 170
불꽃 200
불로장생 193
불무더기 180
불방일 188, 273
불변하는 존재 더미가 있다는 견해[有身見] 243
불사(不死) 96[설명], 102, 104, 157, 158, 202, 330, 497
불선법(不善法, 해로운 법, akusala-dhamma) 156
불수념(佛隨念) 148, 221
불을 닮는 수행 337
불의 몸 397, 399, 400
불의 요소[火界, tejo-dhātu] 334, 346, 438
불자(佛子) 311
불타오름 경(S35:28) 134[설명]
불행한 곳[惡趣] 70, 181
불환과(不還果, anāgamiphala) 178, 214
불환도 283, 285, 287
불환자(不還者, anāgami) 178, 260, 284, 288, 366, 376, 497
브르하다란야까 우빠니샤드 379
비구 30, 197, 372
비구 빠띠목카(pāṭimokkha) 292
비구계 415
비구니계 415
비난 223, 252, 332
비방 75, 76, 422
비상비비상처(非想非非想處, neva-saññā-nāsaññāyatana) 52, 55, 111, 233, 265[설명], 449, 496, 501
비영혼 404
비참한 곳 447
비탄 없음 121
빈집 144, 148, 276
빔비사라 왕(rājā Māgadha Seniya Bimbisāra) 34[설명]

빚 96, 431, 433
빚바램 93
빠꾸다 깟짜야나(Pakudha Kaccāya-na) 75, 383, 399[설명]
빠니니 문법서 93, 393
빠두뭇따라(Padumuttara) 부처님 362
빠딸리뿟다(Pāṭaliputta) 380
빠띠목카[戒目, pātimokkha] 160
빠띠목카의 단속(pātimokkha-saṁvara) 160, 415
빠라맛타 만주사(Paramatthamañjūsā) 340
빠사디까 스님(Bhikkhu Pāsādika) 217
빠세나디 꼬살라 왕(rājā Pasenadi Kosala) 35, 79
빠자빠띠(Pajāpati, 신의 왕~) 147
뽓타빠다(Poṭṭhapāda) 381
뿌라나 깟사빠(Pūraṇa Kassapa) 75, 382, 389[설명], 390[설명]
뿌리 뽑음 168
뿍꾸사 말라뿟따(Pukkusa Mallaputta) 48
쁘라끄르띠(自然) 404
삘로띠까 유행승(Pilotika paribbājaka) 458

【사】

사견 167, 237, 240, 244, 259, 259, 281, 291, 305, 345, 452
사견업(邪見業) 70, 447
사계(四界) 101
사고(四苦) 120
사구게 76
사그러짐 197
사기 269, 273, 282, 283, 418
사까 나무 38
사꺄 37[설명]
사꺄 가문 221
사꺄의 아들[釋子] 176
사념처(四念處, cattāro satipaṭṭhānā) 122, 177, 196, 340
사념청정(捨念淸淨) 110
사대(四大, cattāri mahā-bhūtāni) 397
사대왕천(Cātu-mahārājikā) 125, 362
사두 382
사띠(Sati)라는 비구 241
사라짐 301
사람을 잘 길들이는 분[調御丈夫] 148, 221
사량분별 245, 259
사르나트 128
사리뿟따 존자(āyasmā Sāriputta) 80, 151, 257, 310, 315, 330 331, 405
사마타(samatha, 止) 156, 260, 276, 341, 344
사마타와 위빳사나[止觀, samatha-vipassanā] 276
사명외도(邪命外道) 393
사무량심(四無量心) 228
사문 176, 181, 189, 377, 450, 451
사문들의 사상 404
사문이나 바라문 325
사미 315
사미/사미니계 415
사방 164
사범주(四梵住, 四無量心, brahama-vihāra) 228, 288
사사나왐사 457
사색 222
사선(四禪) 434, 495
사성제(四聖諦, cattāri ariya-saccā

-ni) 46, 96, 106, 118, 122[설명], 124, 168, 237, 243, 252, 349, 450
사성제의 관통 71, 450
사성제의 법 91
사소한 계[小小戒] 375
사쌍팔배(四雙八輩, cattāri purisayugāni aṭṭha purisapuggalā) 149, 284
사악도(四惡道) 280
사여의족(四如意足, cattāro iddhipādā) 177
사왓티(Sāvatthi) 79[설명], 81, 146, 163, 171, 189, 202, 215, 232, 257, 280, 296, 328, 352
사유 92[설명], 98, 164
사자 80, 165, 328
사자처럼 누움 82, 165
사정근(四正勤) 122, 177
사지(四肢) 164
사처(四處) 263, 495
사하까 95
사함빠띠 범천 91, 97, 98, 115
사후단멸론 396
삭까 37, 146
산자야 벨라티뿟따 75, 384, 405[설명]
살라와띠 379
삼계 101, 207, 237, 243
삼귀의(ti-saraṇa) 158, 230, 286, 293, 453, 478
삼독 135
삼매[定, samādhi] 50, 53, 68, 109, 166, 253, 262, 281, 287, 342, 361, 374, 433, 437, 444
삼매에서 생긴 희열과 행복 68, 434
삼매의 깨달음의 구성요소[定覺支, samādhisambojjhaṅga] 252
삼매의 무더기[定蘊, samādhi-khan-dha] 114, 287
삼매의 표상 72
삼명(三明, te vijjā) 477
삼보(三寶, ti-ratana) 145, 150
삼사화합 298
삼십삼천(Tāvatiṁsā) 125, 146
삼악도 280
삼업 319
삼장 76
삼특상(ti-lakkhaṇa) 130
삼학(三學, tisso sikkhā, sikkha-ttaya, tividhā sikkhā) 174, 287, 367, 371, 373, 374, 466
삽삐니(Sappinī) 강 159
삿된 견해 156, 241
삿된 생계 수단 422[설명]
삿짜까(Saccaka), 니간타의 후예 40, 74
상 · 락 · 아 · 정(常 · 樂 · 我 · 淨) 237
상견(常見, sassata-diṭṭhi) 121, 237, 239, 240
상세한 설명[受記] 124, 133[설명], 188, 388
상수멸(想受滅, saññā-vedayita-ni-rodha, 인식과 느낌의 그침) 111, 501
상수제자 465
상체를 곧추세우고 330, ,340, 429
상캬학파 404
상해 266, 271, 272, 418
사따빠타 브라흐마나(Śatapatha-brā-hmaṇa) 62
색계 101, 237
색계 마음 437
색계선 237, 268
생명 143, 394
생활필수품(parikkhāra) 143
서계(誓戒) 292, 395
석가족 37
선(禪, jhāna) 121, 237, 261

선과 해탈 361
선남자(善男子) 89, 374
선법(善法, kusala-dhamma) 156
☞ 유익한 법들
선서(善逝) 95, 148, 221, 330
선우(善友) 315, 348, 361
선인(仙人) 79
선처(善處) 280[설명], 282
선행 213, 228, 240, 397
설법 100
섭수 453
성냄 94, 121, 135, 147, 149, 223, 281, 336, 375, 444
성냄 없음 226
성숙 360
성스러운 121
성스러운 계의 조목[戒蘊] 426
성스러운 과(ariya-phala) 156
성스러운 교법 275
성스러운 구함 86[설명]
성스러운 도(ariya-magga) 96[설명], 156, 261, 283
성스러운 법 236, 241
성스러운 제자 260
성스러운 침묵 84
성스러운 팔정도[八支聖道] 119, 177, 243
성스럽지 못한 구함 84
성인(成人) 329
성자(聖者, ariya) 74, 236, 241, 262
성자들에게 적합한 지와 견의 특별함 64, 104, 144
성자의 율 44, 261
성취(iddhi) 222
성취(iddhi) 188, 272
성취수단[如意足, iddhi-pāda] 72, 177
성행위 203, 416
세 가지 양상과 열두 가지 형태(사성제의~) 123
세 가지 옷[三衣] 469
세간을 잘 알고 계신 분[世間解] 148, 221
세간적인(lokiya) 115, 187, 197, 472
세나니(Senāni)의 마을 55, 89
세니야 빔비사라 마가다 왕 34[설명]
세력범위 217
세상(loka) 111, 168, 207, 207, 213, 228, 258, 260, 272, 430, 465[설명], 471
세상의 기원 218
세상의 용어 241
세상의 일어남과 사라짐 214
세세한 부분상[細相] 246, 426
세속 316, 348
세속적인 329, 466
세존(世尊) 80, 148, 221
세존 · 아라한 · 정등각 385
소나 강 34
소리 107, 135, 211, 217, 302, 363
소리의 감각장소 297
소멸[滅, nirodha] 51, 55, 92, 167, 168, 174, 197, 214, 251, 305, 343, 497
소멸에 대한 지혜 450
소멸의 진리[滅聖諦, nirodha-sacca] 289
소문 222
속박(yoga) 33, 157, 238
속상함 246
속임 269, 273, 282
속행(javana) 245
손해 181, 223, 236
수 · 상 · 행 · 식 167, 268
수관(관찰, 7가지) 174
수기(受記) 47, 124, 133
수념(隨念, anussati)) 148, 150
수드라 176, 239

수명 218, 445
수명동자(壽命童子) 379
수순 66
수승함 92[설명], 252, 288, 412, 497
수용 109, 184, 186
수용함으로써 없애야 할 번뇌들 235, 247
수자따 55, 89
수치심 270, 273
수치심 없음 281
수행(bhāvanā) 203, 235, 244, 254, 260, 427
수행으로써 없애야 할 번뇌들 235, 251[설명]
수행자 367
수행하지 않음 209
숙고 164, 191, 245
숙명통[宿命通, pubbenivāsānussati-ñāṇa] 68, 477
순간적인 343
순다리까 바라드와자 바라문 290, 293
순다리까 강 291
순서(kama) 252
순차적인(ānupubbi-kathā) 공부지음/도닦음/실천 174
술(오랫동안 발효된~) 233, 449
숨수마라기리(Suṁsumāragiri, 악어산) 163
숨을 쉬지 않는 禪 58, 60
숩삐야(Suppiya) 405
숫도다나 왕(Suddhodana, 淨飯王) 65
숲 속 148, 161 340, 429, 487
쉬바(Siva) 147
스리랑카 310
스승 54, 80, 101, 102, 223, 243, 276
슬퍼하기 마련인 것 86[설명]
슬픔 68, 96, 157, 193, 262
슬픔 없음 121
승가(僧伽, saṅgha) 117, 148, 175, 243, 284, 286, 382, 454
승리자 79, 102
승잔죄(僧殘罪, saṅghādisesa) 375
시봉 99, 361, 458
시와루드라 147
시자 80, 257
시절인연 76
시체 172, 175
시키 부처님 82
시하 402
식무변처(識無邊處, viññāṇañcāyatana) 110, 264[설명], 496, 500
식물 399
식별함(vicinana) 253
신(神, deva) 190, 239, 395
신 · 구 · 의 삼업 319
신 · 수 · 심 · 법 340
신과 인간 167, 170, 458
신도 집 165
신성한 결말 388
신성한 귀의 요소[天耳界, 天耳通, dibba-sota-dhātu] 442
신성한 눈[天眼] 163
신성한 눈의 지혜[天眼通] 104, 446
신수관(身隨觀) 196
신심 184, 185, 186, 361, 418
신의 왕 147
신족통(神足通, iddhividha, 신통변화) 477
신참 비구 160
신참 출가자 159
신통 65
신통변화[神足通, iddhi-vidha] 441
신통의 기초(iddhipāda) 437
신통지(abhiññā) 156, 389, 434, 437, 441, 472
실라 숲 328
실천수행 276
실타래 395

싫어하는 마음 196, 218, 426
심리현상들[行, saṅkhāra] 130, 253, 330, 356, 357, 363
심오한(gambhīra) 91
심장토대(hadaya-vatthu) 289
십력(十力) 80, 81
십정도 266
십팔계(18계) 167
싯다르타 402
쓸개즙 333
쓸데없는 이야기 420[설명]
씨 뿌리는 자 155
씨앗 155, 373, 417

【아】

아귀(petā) 280
아나타삔디까 원림(給孤獨園, 급고독원, Anāthapiṇḍikassa ārāma) 79[설명], 81, 146, 189, 202, 215, 232, 257, 280, 296, 328, 352
아나타삔디까 장자 79
아난다 존자(āyasmā Aananda) 33, 80, 81, 159, 349
아내 84
아들 84
아디깍까 강 291
아라한(阿羅漢, arahan) 62[설명], 73, 76, 102, 104, 126, 132, 134, 136, 148, 152, 168, 178, 213, 221, 260, 289, 294, 310, 354, 365, 376, 454
아라한 · 정등각자 75, 116
아라한과(阿羅漢果, arahatta-phala) 106, 126, 156, 169, 178, 213, 286, 288, 290, 331, 477, 496
아라한도 254, 283, 308
아름다운 97, 236
아리야족 404
아바야(Abhaya) 왕자 379, 390, 402
아사와(āsava, 번뇌) 233
아살하 달(Āsāḷha) 130, 380
아소까(Asoka) 대왕 34, 393
아수라(asura) 146, 171, 173, 177, 280
아쉬람 48, 81, 83
아슈따다이이(Aṣṭadhyayī) 93
아시반다까뿟따(Asibandhakaputta) 402
아야랑가 숫따(Āyaraṅga-sutta) 402
아위룻다까(Aviruddhaka) 405
아자따삿뚜 웨데히뿟따 왕(rājā Ajāta-sattu Vedehiputta) 34, 379[설명], 454
아지따 께사깜발리(Ajita Kesakambalī) 75, 383, 396[설명]
아지와(ajīva) 404
아지와까(ājīvaka) 100, 393
아찌라와띠 사미(Aciravata samaṇuddesa) 480
악기웨사나(Aggivesana) 41, 403[설명], 480
악도(네 가지) 280 ☞ 악처
악의(vyāpāda) 229, 250, 267 272, 281, 288, 339, 430
악의 없음(avyāpāda) 228, 250
악작죄(惡作罪, dukkaṭa) 375
악처(惡處) 280[설명], 282, 286
악행 213, 228, 240, 397
안거 163
안냐 꼰단냐(Aññā-Koṇḍañña) 100, 126[설명], 129
안다까윈다(Andhakavinda) 159[설명]
안목 119
안식 245
안은(安隱) 38, 293

안전한 곳 433
알고 보는 234
알라라 깔라마(Āḷāra Kālāma) 48[설명], 50, 88, 98
알아야 할 것[苦聖諦] 451
알아차리고 마음챙기다 218, 228
알아차림 36, 188, 196, 203
알음알이[識, viññāṇa] 64, 66, 130, 167, 211, 264, 330, 354, 357, 363
알음알이가 있는/없는 존재 350
알음알이의 무리[六識身, cha viññāṇa kāyā] (여섯 가지 ~) 297
알음알이의 요소[識界] 335
알지 못함 245
암발랏티까(Ambalaṭṭhikā) 316[설명]
암송 76
암시 422
앗사지(Assaji) 100
애매모호함 405
애별리고 120
애욕 349
액체 상태 333
야마천(Yāmā) 125
아무나 172, 176
야소다라 362
약품 143, 187, 248, 348, 410, 412
양면으로 청정한 229
양심 156, 270, 273
양심 없음 281
얕봄 269, 273, 282
어둠 69, 71, 94[설명], 158
어리석은 범부 239, 260
어리석음 94, 121, 135, 147, 149, 224, 281, 444
어리석음 없음 226
어머니 397, 454
억압 251
얼굴 429
업(業, kamma) 33, 93, 144, 193, 391, 394, 397, 398, 447
업(검은~) 291
업(썩은~) 175, 181
업과 과보 398
업에서 생긴 것 332, 334, 497
업의 결과 392, 395
업의 상속자 144
업의 축적 121
업지음 391, 395
업형성력 344
엉킨 머리 수행자 134
에까날라(Ekanaaḷā) 154
여기저기서 즐기는 것 120
여덟 가지 구성요소를 가진 성스러운 도[八支聖道, ariya aṭṭhangika magga] 119, 122, 177
여덟 가지 증득[八等持, aṭṭha samā-patti] 251, 260, 266, 472
여덟 단계에 있는 사람들[八輩] 149
여래 75, 103, 119, 149, 325, 407, 465, 472
여래·아라한·정등각자 149
여래십호 148, 221, 284, 385, 413, 465
여리작의(如理作意) 234, 413
역할 124, 251, 253
연기(緣起, paṭicca-samuppāda) 92, 122, 194, 235, 239, 243, 300
연기연멸(緣起緣滅) 405
연꽃 47, 97
연민[悲, karuṇā] 96, 228, 276, 288, 339, 416, 430
열린 곳[露地] 33
열망 332
열매 156
열반(涅槃, nibbāna) 51, 55, 86, 89, 93[설명], 96, 97, 101, 107, 119, 121, 157, 166, 168, 176, 192, 243, 251, 289, 344, 349, 427, 450, 492,

497
열반의 동의어 92, 121
열반의 어원 93
열병 246
열의(chanda) 372, 373
열정과 욕망 282, 315
염라대왕 51
염료 280
염색 280
염소 84, 417
염소치기 113
염소치기의 니그로다 나무 91
염오(厭惡, nibbidā, 넌더리, 역겨움) 51, 55, 88, 132, 135, 236, 300, 309, 333, 343, 346, 349, 354, 364, 365
염오의 관찰 174, 343
염오-이욕-해탈-구경해탈지 300, 354
염통 332
영감 285
영민함 188, 226
영양분 156
영역이 아닌 곳 249, 329
영웅 96
영원 258
영원하다는 인식 241, 342
영원함 167, 211, 236
영혼[壽者, jīva] 394, 399, 400, 404
예류과(sotāpatti-phala) 82, 106, 125, 130, 178
예류도 243, 259, 283, 285, 454
예류자 106, 149, 178, 260, 366
예비단계의 도(pubbabhāga-magga) 166, 197
예언하기 422
오계(五戒, pañca sīla) 223, 267, 415
오근(五根, pañcindriya) 97, 177
오력(五力, pañca-bala) 177
오른쪽 옆구리로 누움 73
오비구(五比丘) 67, 99, 100[설명], 103, 119, 124, 129[설명], 130
오역중죄(五逆重罪, 五無間業, ān-antariya-kamma) 454[설명]
오염 86[설명], 121, 229
오염원 56, 74, 85, 101, 121, 168, 175, 181, 211, 253, 256, 260, 266, 275, 280[설명], 281, 282, 284, 290, 307, 329, 344, 426, 450, 472
오온(五蘊, pañca-kkhandha 다섯 가지 무더기) 130, 167, 202, 209, 214, 240, 259, 343, 354, 497
오온 무상 131, 208
오온 무아 106, 127, 130[설명], 210
오중세간(五衆世間) 465
오취온(五取蘊, pañca upādāna-kkhandha, 취착의 대상이 되는 다섯 가지 무더기) 120, 304, 465
오취온고(五取蘊苦) 120
옥까까 왕 328
온몸을 경험하면서 340
온화한 157, 466
옳은 방법 492
와라나시 128
와루나(Varuṇa), 신의 왕~ 147
와르다마나(Vardhamāna) 402
완고 269, 273, 282
완전하게 깨달은 분[正等覺] 143, 221
완전한 깨달음 113, 149
완전한 깨달음을 성취한 사람[正等覺者] 103
완전한 업 394
완전한 열반[般涅槃, parinibbāna] 168
완전한 지혜 174
왑빠(Vappa) 100, 106, 129
왓지(Vajji) 163, 380
왓차곳따 유행승(Vacchagotta parib-bājaka) 390

왕기사 존자(āyasmā Vaṅgīsa) 349
왕사성(Rājagaha) 34[설명], 159
외관 211
외도(añña-titthi) 166, 275
외딴 처소 161, 166, 348, 429
요소[界, dhātu] 167, 335
요자나(yogana) 82[설명], 101, 177
욕계(kāmāvacara) 101, 178
욕루(慾漏) 237[설명]
욕망(rāga) 282, 332, 471
욕망의 빛바램 332
욕설 267, 272
욕심(abhijjha) 196, 216, 218, 267, 282, 426, 430, 471
욕심과 그릇된 탐욕 282, 283
욕심과 싫어하는 마음 426
욕탐 430
용(nāgavāsa) 395
용감함(paggaha) 253
용맹정진 55, 58, 60, 67, 89, 99, 103
우기철 31, 380[설명]
우다이밧다 380
우다이밧다 왕자 387
우루웰라 55, 88, 100, 113, 128
우빠까 100[설명], 101
우빠니샤드 379
우빠디(upadhi 재생의 근거) 92
우빨리 장자(Upāli gahapati) 402
우사바(usabha) 83[설명]
우연발생론 239
우주 218
운명론 392, 395
움켜쥠 305
웃다까 라마뿟따(Uddaka Rāmaputta) 52[설명], 88, 99
원(願) 251
원림 79, 82
원숭이와 마음챙김 215
원인(kāraṇa) 102, 271, 285, 345, 394
원하는 것을 얻지 못함 120
원하는/원하지 않는 대상 336
원한 288
원한 없음 121 228
월식 423
웨데히뿟따(Vedhehiputta) 379
웨란자(Verañjā) 171
웨빠찟띠(Vepacitti) 아수라 왕 171
웨사카(Vesakhā) 381
웨살리(Vesalī) 34, 40, 163, 195
위대함(네 가지~) 117
위두다바(Viḍūḍabha) 79[설명]
위방가(分析論,Vibhaṅga) 285, 471
위빳사나(vipassanā) 76, 156, 168, 174, 239, 243, 251, 259, 276, 281, 288, 297, 341, 343, 350, 354, 450
위빳사나와 함께하는 도의 통찰지 156, 297, 346
위빳사나의 기초(vipassanā-pādakā) 261, 449
위빳사나의 지혜 104, 243, 344, 434, 437
위빳시 부처님 82
위사카(Visākhā) 81
위안, 금생의 네 가지~ 228
위없는 바른 깨달음 56, 124
위없는 청정범행의 완성 294, 461
위없는 평화로운 경지 48, 52, 88
위차야나 458
위험(ādīnava) 213, 252
윈댜 산맥 34
유가안은(瑜伽安隱, yogakkhema) 86, 107, 157[설명], 166
유념 159, 161
유루(有漏) 237[설명]
유물론자 240
유산의 상속 315
유순(兪旬, yojana) 82

유신견(有身見, sakkāyadiṭṭhi) 243, 258
유익하고 해로운 업의 길[十善業道·不善業道] 266
유익한 것[善] 52, 55, 88, 224, 319, 417
유익한 법[善法, kusala-dhamma] 156, 236, 251, 271, 274
유익함 47, 250, 252
유정물 350
유학(有學, sekha) 100, 107
유한 258
유행(遊行) 80, 96, 100, 103, 180, 350
유행승 151[설명], 394
유훈 188
육내처 281
육대(六大) 354
육도 윤회 171
육사외도(六師外道) 75, 96, 382, 390
육신통(六神通, chaḷabhiññā) 434, 441
육체적 괴로움[苦, dukkha] 120, 135, 241, 253
육통(육신통) 441, 477
윤회(輪廻, saṁsāra, vaṭṭa) 51, 193, 255, 304, 308, 329, 392, 395
윤회의 괴로움 255, 307
윤회의 뿌리 308
윤회의 토대 266
윤회전생(輪廻轉生) 404
율(律, vinaya) 174, 453
으뜸 195, 313
은 84, 173, 177, 417
은둔 161, 294, 353
은쟁반 155
음식 63, 143, 155, 158, 202, 205, 247, 287, 331, 348, 410, 412, 418, 428, 445
음식에 대해 혐오하는 인식 202, 205
응공(應供) 62, 103, 148, 221
의기소침 166
의기양양 253, 281
의도(cetanā) 354
의례의식에 대한 집착[戒禁取] 243
의무애(義無碍) 285
의미 148, 221
의미와 표현을 구족함 148, 221 414
의복 187, 196, 348, 410, 412
의식(儀式, kamma) 425
의심[疑, vicikicchā] 175, 131, 222, 238[설명], 243, 269, 273, 281, 430
의심을 극복함에 의한 청정(kaṅkhā-vitaraṇa-visuddhi) 156, 239
이득 208, 422
이로움 253, 293
이름 172, 176, 245, 445
이법(理法)의 신 147
이사나(Īsāna, 신의 왕~) 147
이숙(異熟) 406
이시빠따나(Isipatana) 100, 103, 125, 128[설명]
이십사불(二十四佛) 362
이욕 174, 300, 354, 365
이유 193, 222, 285, 338, 345, 385
이익(ānisaṁsa) 187, 193, 202, 223, 226, 236, 252, 271, 276, 329, 339, 416
인간(manussa, puggala) 149, 211, 218, 239, 395
인간계 394
인간세상 465
인간의 법 64, 144
인도하지 못함 51, 55
인도함 119, 236, 241
인드라(Indra) 37
인색(macchariya) 269, 273, 282, 293

인식[想, saññā, 산냐] 130, 201, 213, 240,265, 289, 330, 343 354, 356, 363
인식과정(vīthi-citta) 245
인식의 더미 245
인욕 233, 248
일곱 가지 깨달음의 구성요소[七覺支, satta bojjhaṅga] 177, 252[설명], 254
일래과(一來果, sakadāgami-phala) 178
일래도 285
일래자(sakadāgami) 178, 260, 366
일시적인 해탈(sāmāyika vimutti) 265
일어나고 멸하고 변하는 성질 343
일어나는 법은 그 무엇이건 모두 소멸하기 마련인 법이다[集法卽滅法] 125
일어나지 않음에 대한 지혜 450
일어남[生, uppāda/ 集, samudaya] 130, 234, 301, 304, 343
일어남과 사라짐 301
일으킨 생각[尋, vitakka] 64, 68, 95, 109, 260, 342
일체(sabbe) 101, 134
일체를 아는 지혜[一切知智] 90, 94, 98, 437, 438
일체승자 52, 101[설명]
있는 그대로(yathābhūta) 124, 297, 329, 345, 356
잊어버리지 않음(asammosa) 252
잊어버림 245

【자】

자구(資具) 469
자기 내면의 것 68, 262
자기 학대 119
자눗소니 바라문 458
자만[慢, māna] 165, 211, 254, 259, 281, 283, 305, 339, 345, 350, 356
자만심 143
자만의 잠재성향(māna-anusaya) 350, 355
자비로운 자 416
자아[我, attā] 130, 167, 237, 240, 258, 301, 331, 343
자애[慈, mettā] 228, 288, 293, 338, 466
자아세나 왕자 480
자유의지 393
자이나 교리 404[설명]
자이나교 292, 402
자자(自恣) 292
자질 97[설명], 266
잔인함 339
잘 배운 성스러운 제자 45, 132, 135, 191, 241, 309, 353
잘 지은/잘못 지은 업 406
잘못된 길 329
잠 196
잠부 열매 151
잠부나무 64
잠부 섬 329
잠부카다까 유행승(Jambukhādaka paribbājaka) 151[설명]
잠재성향 197, 306
잠재의식 245
잡담 267, 272, 417
잡초 157
장간막 332
장군촌, 장군의 마을(senāya nigama) 55, 89
장기 419
장님들의 숲 362
장애[蓋, nīvaraṇa] 287, 342

장엄 420[설명]
장자 180, 460
재가생활 388, 492
재가의 삶 33, 188, 414, 467
재가자 47, 79, 158, 166, 188, 230, 239, 388
재난 52, 86, 107, 193, 497
재산 411, 418
재생(再生, paṭisandhi) 239
재생연결(cuti-paṭisandhi) 121, 178, 274, 329
재생의 근거(upadhi) 84, 85[설명], 92, 93, 497
재앙 213, 216
저열한 143, 211, 249, 252, 288
적당함 348
적대감 263
적멸 102
적의(paṭigha) 198, 263, 269, 273, 282, 306, 339
적취설(積聚說) 399[설명], 404
전단향 31
전륜성왕 329, 465
전면에 마음챙김을 확립함 330, 340, 429, 471
전법륜(轉法輪, dhamma-cakka-pa-vattana) 95, 125
전변설(轉變說) 399
전생을 기억하는 지혜[宿命通, pubbe-nivāsa-anussati-ñāṇa] 68, 445, 474
전오식(前五識, pañca-viññāṇa) 167
전통 193
전향(āvajjana) 52, 245
절망 120, 135, 241
절제(veramaṇi, virati) 409, 411
정거천 283, 376
정견(正見, sammā-diṭṭhi) 235
정견업(正見業) 70, 447
정등각(正等覺, sammāsambodhi) 148, 221, 375
정등각자(正等覺者, sammāsambud-dha) 73, 75, 96, 102[설명], 149
정법 116
정신[名, nāma] 288
정신&물질[名色, nāma-rūpa] 243
정신의 무더기 253, 286
정신적 고통[憂, domanassa] 120, 135, 241, 253, 427
정진(viriya) 38, 50, 53, 97, 156, 157, 233, 253, 270, 281, 361, 394
정진의 깨달음의 구성요소[精進覺支 vīriya-sambojjhaṅga] 252
제2선(二禪, dutiya-jhāna) 68, 109, 262, 341, 434, 473, 493, 498[설명]
제3선(三禪, tatiya-jhāna) 68, 110, 262, 342, 435, 473, 493, 496, 498[설명]
제4선(四禪, catuttha-jhāna) 68, 110, 262, 342, 436, 493, 498[설명]
제따 숲(Jeta-vana) 79[설명], 146, 189, 202, 215, 232, 257, 280, 296, 328, 352
제사 397
제의서(祭儀書, Brāhmaṇa) 292
제호 143
젯타 381
조건[緣, paccaya] 197, 243, 298, 394
조건발생[緣起, 緣而生] 239
조건에 의해서 생겨난 것[緣而生] 92, 197
조어장부(調御丈夫) 148, 221
조죄(粗罪, thullaccaya) 375
조직적인 도(naya-magga) 91
족쇄(saṁyojana) 243, 255, 346, 375
족적 459
존경 62, 80, 208, 348

존재[有, bhava] 93, 168, 237, 244, 283, 315, 394, 452
존재 더미[有身] 243, 304[설명]
존재(큰~) 173, 177
존재론적 실재 405
존재에 기인한 번뇌[有漏] 71, 237, 289
존재에 대한 갈애[有愛, bhava-taṇhā] 120
존재하지 않음에 대한 갈애[無有愛, vibhava-taṇhā] 121
졸음 162
종기 52, 449, 497
종류 211
종살이 432
종성(種姓, gotrabhū) 244
종족 445
좋은 가문의 아들[善男子, kulaputta] 89, 294
좋은 곳[善處, sugati] 70, 228, 447
좋은 도반[善友, kalyāṇamitta] 270, 273, 348
주문/주술 422, 424
주의 235
주인 130
죽기 마련인 것 85[설명]
죽는 순간 331
죽림정사 35, 316
죽음[死, maraṇa] 29, 92, 120, 135, 144, 191, 194, 202, 204, 241, 494
죽지 않음 121
중각강당 40, 195
중도 119
중립적인 상태(majjhattatā) 253
중병 431
중상모략 267, 272, 416
중생(satta) 94, 239, 394, 397, 399
중생들의 죽음과 다시 태어남을 [아는] 지혜[天眼通, dibbacakkhuñāṇa] 69, 447, 475
중생세상[衆生世間, satta-loka] 213, 464
중앙에 위치한 나라[中國, majjha] 464
즐거운 과보 319
즐거운 느낌[樂受, sukha-vedanā] 44, 66, 70, 72, 135, 167, 196, 197, 306
즐거운 느낌, 괴로운 느낌, 괴롭지도 즐겁지도 않은 느낌 135
즐거움 131, 165, 319, 353, 399
즐김 120, 343
즐김과 탐욕 120
증득[等至, samāpatti] 52, 89, 261, 501
증득한 법 91, 93
증인 106
지계(sīla) 149
지금·여기[現法, diṭṭhe va dhamme] 104, 214, 261, 294, 307, 388, 410
지배력 130
지속적인 고찰[伺, vicāra] 64, 68, 109, 260, 342
지신(地神) 362
지옥(niraya) 70, 181, 280, 395
지와(jīva, 영혼) 404
지와 견(知見, ñāṇa-dassana) 56, 90, 98, 104, 107, 124, 144, 393, 434, 437
지와 견에 의한 청정(ñāṇadassana-visuddhi) 156
지와까 꼬마라밧짜(Jīvaka Komāra-bhacca) 378[설명], 384
지워 없앰 261, 271, 276
지워 없앰(44가지~) 266
지자 98, 148, 223, 382, 458
지족 409, 411

지혜(ñāṇa) 92, 104, 119, 122, 233, 245, 286, 459
지혜 없이 마음에 잡도리함[非如理作意] 234[설명], 239, 250
지혜로운 마음챙김 160
지혜로운 말 49, 53
지혜로운 주의[如理作意, yoniso manasikāra] 235, 413
지혜롭게 마음에 잡도리함[如理作意, yoniso manasikāra] 234[설명], 243
지혜롭게 숙고함 233, 246
지혜롭지 못한 주의[非如理作意] 235
지혜의 달인 52
지혜의 동의어 122
진리[諦, sacca] 76, 157, 234
진리에 대한 지혜 124
진리의 관통 76
진실 222, 253, 416
진언(進言) 382
진주 173, 177
진흙더미 497
진흙탕 275
질병 497
질투(issā) 269, 273, 282
집법즉멸법(集法卽滅法, yaṁ kiñci samudayadhammaṁ sabban taṁ nirodhadhammaṁ) 366
집성제(集聖諦, samudaya ariya-sacca, 일어남의 성스러운 진리) 120[설명]
집중 349
집착 92[설명], 204, 243
집착 없음 121
짠맛 173, 177
쭌다(Cunda) 66, 257, 259
쭐라나가(Cūḷanāga) 장로 310
찟따(Citta) 81, 340, 381

【차】

차분함 253
찰나(刹那, khaṇa) 126
찰나삼매(刹那三昧 khaṇikasamādhi khaṇika-cittekaggata) 342
참선 276
참을성 없음 245
참회 380, 453
창조의 신 147
처참한 곳[苦界] 70, 181
천상(sagga) 102, 272, 388
천상세계 70, 228, 280, 448
천신(deva) 98, 362
천안(天眼) 70, 104, 163
천안통(天眼通, dibbacakkhu-ñāṇa) 70, 477
천이통(天耳通, dibbasota-ñāṇa) 477
천인사(天人師) 148, 221
천착 167
철저한 버림 251
청련 97, 435
청정 156, 228, 293, 325, 326
청정범행[梵行, brahma-cariya] 47, 48, 88, 104, 106, 167, 168[설명], 175, 181, 221, 247, 267, 272, 375, 395, 413, 466
청정범행의 완성 104, 451
청정한 하늘눈[天眼] 70, 100, 163, 443, 447
초선(初禪, paṭhama-jjhāna) 64, 67, 109, 260, 341, 433[설명], 472, 496[설명]
초선의 세계(초선천) 95
초월 272
초월지[神通智, abhiññā] 331, 389, 434
초전법륜 91, 118[설명], 129

최상의 고행 248
최상의 지혜(abhiññā) 49, 51, 53, 55, 101, 119, 167, 294, 389
추론 222
축생(tiracchana) 280
출가 33, 84, 88, 101, 106, 152, 160, 187, 348, 377, 409, 411, 414, 461
출가생활의 결실 377, 412, 434
출가의 목적 104, 294, 461
출가자(pabbajita) 137, 142[설명], 145, 153, 159, 179, 201, 213, 239, 373
출구 429, 430
출리(出離)에 대한 사유(nekkhamma-saṁkappa) 250
출세간(lokuttara) 92, 102, 115, 187, 197, 472
출세간도(lokuttara-magga) 56, 197
출세간법 152, 266
출정(出定, uṭṭhāya) 52, 258, 261
춤 417, 419
충만함 253
취착[取, upādāna] 168, 176, 188, 214
취착 없음 121, 176
취착의 대상인 다섯 가지 무더기[五取蘊] 120, 304, 430, 471
치장 420[설명]
친견 236, 241, 381
칠각지(七覺支, satta bojjhaṅga, 깨달음의 구성요소) 177, 251
칠불 235
칠청정(七淸淨, satta visuddhi, 일곱 가지 청정) 156, 239
침묵 83, 196, 382
침체 253
칭송 33, 166, 458, 501
칭찬 222

【카】

캇띠야(끄샤뜨리야) 239
코 107, 135, 217, 303, 353, 363
코끝 429
코끼리 80, 84, 249, 315, 318, 328, 385, 418,jetavan463, 486
코끼리 길들이기 479
코끼리 사냥꾼 485
코의 감각기능[鼻根] 246
코의 감각장소 297
코의 감각접촉 135, 303, 363
코의 알음알이 135, 167, 298, 303, 363
콧구멍 335
콩팥 332
큰 숲[大林] 195

【타】

타락 95, 218
타심통(他心通, cetopariya-ñāṇa) 81, 477
타화자재천(Paranimmitavasavatti) 126
탁발 36, 330
탁발음식 184, 187, 348
탄식 120, 135, 241
탈것 418
탐 · 진 · 치(lobha, dosa, moha) 219
탐욕(lobha) 93, 94[설명], 120, 135, 147, 149, 175, 197, 223, 237, 250, 272, 281, 336, 343, 375, 444
탐욕 없음(alobha) 226
탐욕 · 성냄 · 어리석음 135, 149, 219
탐욕의 멸진(rāga-kkhaya) 121
탐욕의 빛바램[離慾, 이욕, virāga] 51, 55, 92, 132, 136, 167, 197,

214, 251, 310, 333, 343, 346, 354, 497
탐욕의 잠재성향 197, 306
탐착 426
태생 239
태어나기 마련인 것 84[설명]
태어나지 않음 121
태어날 곳 121, 240, 409
태어남 92, 96, 120, 135, 241, 274
태어남과 늙음과 죽음 74
택법각지(擇法覺支, dhamma-vicaya-sambojjhaṅga) 253
털끝이 곤두섬 146, 386
토굴 258
토대 156
통달지 167
통찰(paṭivedha, 빠띠웨다, 꿰뚫음) 342
통찰지(洞察智, 慧, paññā, 般若, 반야) 50, 53, 107, 111, 122, 132, 156[설명], 235, 259, 270, 274, 287, 329, 333, 356, 361, 375, 472
통찰지를 통한 해탈[慧解脫, paññā-vimutti] 376
통찰지의 무더기[慧蘊, paññā-khandha] 114, 244, 287
통찰지의 토양(paññā-bhūmi) 92
특별함 104, 144, 152, 203
특상(lakkhaṇa) 342
특징(lakkhaṇa) 252, 276
티 없고 때가 없는 법의 눈[法眼] 125, 366, 454
티끌의 요소 395
티크 나무 38

【파】

파멸처 70, 181
파생된 물질[所造色, upādā rūpa] 289, 335
파악 429
파충류에 닿음 248
팍구나 달 291, 381
판단의 근거 219
팔고(八苦) 120
팔정도(八正道, 八支聖道, ariya aṭṭh-aṅgika magga) 106, 118, 177, 266, 292, 492
팔통(八通) 434, 477
편안함의 깨달음의 구성요소[輕安覺支, passaddhi-sambojjhaṅga] 252
평온 68, 193, 203, 228, 262, 288, 339
평온으로 인한 마음챙김의 청정[捨念淸淨, upekhā-sati-pārisuddhi] 68, 110
평온의 깨달음의 구성요소[捨覺支, upekkhāsambojjhaṅga] 252
평탄한/평탄하지 않은 길 271
평화 88, 211, 350
포박 418
포살(uposatha) 292, 381[설명]
포살일 291, 380
포행 91
폭력 418
폭류(ogha) 157, 238
표상(nimitta) 211, 350, 470
표상 없음(animitta) 121, 350
표상, 밖의 모든~ 211[설명], 355, 357
표상, 아름다운~ 349
표상[全體相] 246, 426
표현 148, 221
풀려남 404
품행 158
풍만 228, 288
피로 98, 253
피안으로 잘 가신 분[善逝] 148, 221

피함으로써 없애야 할 번뇌들 233, 235, 249
필수품 109, 143, 247, 315, 348, 415, 428, 469

【하】

하나의 맛 173, 177
하녀 84, 417
하늘 음식 62
하늘과 인간의 스승[天人師] 148, 221
하늘눈(天眼) 100
하인 84, 409, 417
학습 243
학습계목 160, 175, 374, 415
한 번만 더 돌아오는 자[一來者] 375
한거(閑居) 248, 258, 316, 362, 409, 411
한계 285
한적한 곳 348
항상 72, 131, 197, 237, 241, 353, 363
해로운 것 223, 250, 319
해로운 마음 58
해로운 마음부수법들(akusala-cetasi-kā) 281, 431
해로운 법[不善法, akusala-dhamma] 67, 109, 156, 236, 260, 274, 426
해로운 사유 268
해로운 업의 길[十不善業道] 267
해로움 252
해설 133
해야 할 일 244
해체(vibhajja) 80
해체해서 보기 295, 297, 300, 365, 450
해코지 않음(不害)에 대한 사유 (avihiṁsā-saṁkappa) 250
해탈(vimutti) 90, 101, 121, 132, 136, 157, 166, 169, 177, 188, 211, 289, 291, 300, 310, 354, 357, 360, 365, 375, 403, 404
해탈 · 열반의 실현 451
해탈의 무더기[解脫蘊, vimutti-kkhandha] 114
해탈지견(解脫知見, vimutti-ñāṇa-dassana) 90, 112, 115
해탈한/해탈하지 않은 마음 444
해태 269, 273
해태와 혼침(thinamiddha) 163, 281, 430
행동의 영역(gocāra) 160, 217, 415
행복[樂, sukha] 66, 68, 109, 167, 226, 228, 236, 246, 260, 262, 271, 286, 341, 388, 427, 433, 445
행위 394
행처(行處) 409
향 418
향상 148, 218
허공 176, 264, 338
허공의 요소[空界] 335
허무론자 398
허물 160, 415
허수아비 497
헌공(獻供) 397, 422
헤아림(gaṇanā) 245
혀 107, 135, 217, 303, 353, 364
혀의 감각기능[舌根] 246
혀의 감각장소 297
혀의 감각접촉 135, 303, 364
혀의 알음알이 135, 167, 298, 303, 364
현자 92[설명], 193, 347
현재 239
현혹됨 228
혐오 205
형상(rūpa) 217, 230

형색(形色, rūpa) 107, 134, 211, 245, 281, 301, 363
형색의 감각장소 297
형성되지 않은 곳 157
형성된 것[行, saṅkhāra] 92, 121, 130, 261, 281, 343, 497
형성된 세상(saṅkhāraloka) 214, 465
형성된[有爲, saṅkhata] 197
형이상학적 문제 405
호사스러운 생활 103
혼침(middha) 164, 269, 273
혼합된 것(missaka) 197
홀로 앉음 195, 258, 316, 331
홍련 97, 435
화가라나(和伽羅那) 133
화락천 126
화살 157, 497
화생(化生) 376, 397, 406
화합 298, 416
확고부동한 마음의 해탈(akuppā cetovimutti) 90, 107, 124
확립(upaṭṭhāna) 252, 429
확신[信解, adhimokkha] 49, 53, 68, 262
환속 348
환희(pāmujja) 285, 321, 433
활발발(活潑潑) 437
황금색 328
횃불 347, 386
회과죄(悔過罪, pāṭidesanīya) 375
회의론 405
후회 158, 277
훈도 270, 273
흐르는 것 233, 449
흐름[相續, santati] 178, 233
흐름에 든 자[預流者] 178, 375
흐름을 거스름 94[설명]
흔들리지 않는 깨끗한 믿음[清淨信] 284
희열[喜, pīti] 67, 109, 253, 260, 252, 281, 285, 286, 321, 341, 381, 435
희열의 깨달음의 구성요소[喜覺支, pīti-sambojjhaṅga] 252
히말라야 37, 216
힘[力, bala] 177, 394, 431

니까야 강독 I
출가자의 길

2013년 3월 22일 초판 1쇄 발행
2023년 11월 6일 초판 6쇄 발행

옮긴이 | 대림스님·각묵스님
역은이 | 각묵스님
펴낸이 | 차명희
펴낸곳 | 초기불전연구원
경남 김해시 관동로 27번길 5-79
전화 (055)321-8579
홈페이지 | http://tipitaka.or.kr
http://cafe.daum.net/chobul
이 메 일 | chobulwon@gmail.com
등록번호 | 제13-790호(2002.10.9)
계좌번호 | 국민은행 604801-04-141966 차명희
하나은행 205-890015-90404 (구.외환 147-22-00676-4) 차명희
농협 053-12-113756 차명희
우체국 010579-02-062911 차명희

ISBN 978-89-91743-28-1
ISBN 978-89-91743-27-4(전2권)

값 | 27,000원